O medo e a liberdade

Keith Lowe

O medo e a liberdade

Como a Segunda Guerra Mundial nos transformou

Tradução:
Maria Luiza X. de A. Borges

 ZAHAR

*Grafia atualizada segundo o Acordo Ortográfico da Língua Portuguesa de 1990,
que entrou em vigor no Brasil em 2009.*

Título original
The Fear and the Freedom: How the Second World War Changed Us
Primeiramente publicado na Grã-Bretanha em inglês por Penguin Books Ltd.

Capa
Celso Longo + Daniel Trench

Imagem de capa
Robert Doisneau/ Gamma Rapho

Preparação
Diogo Henriques

Índice remissivo
Gabriella Russano

Revisão
Luís Eduardo Gonçalves
Luciane H. Gomide

Dados Internacionais de Catalogação na Publicação (CIP)
(Câmara Brasileira do Livro, SP, Brasil)

Lowe, Keith
    O medo e a liberdade : Como a Segunda Guerra Mundial nos transformou / Keith
Lowe ; tradução Maria Luiza X. de A. Borges. — 1ª ed. — Rio de Janeiro : Zahar, 2025.

    Título original: The Fear and the Freedom : How the Second World War
Changed Us.
    Bibliografia.
    ISBN 978-65-5979-146-0

    1. Guerra e sociedade – História – Século 20 2. Guerra Mundial, 1939-1945 –
Aspectos sociais 3. Guerra Mundial, 1939-1945 – Influência I. Título.

25-247669   CDD–940.5309

Índice para catálogo sistemático:
1. Guerra Mundial, 1939-1945 : História   940.5309

Cibele Maria Dias — Bibliotecária — CRB-8/9427

Todos os direitos desta edição reservados à
EDITORA SCHWARCZ S.A.
Praça Floriano, 19, sala 3001 — Cinelândia
20031-050 — Rio de Janeiro — RJ
Telefone: (21) 3993-7510
www.companhiadasletras.com.br
www.blogdacompanhia.com.br
facebook.com/editorazahar
instagram.com/editorazahar
x.com/editorazahar

Para Gabriel e Grace

Sumário

Lista de ilustrações

Ilustrações

1. Ogura Toyofumi e família
2. Leonard Creo, 2017
3. Representação de L. J. Jordaan da invasão dos Países Baixos pelos nazistas
4. Yuasa Ken
5. Otto Dov Kulka
6. Sala dos Nomes em Yad Vashem, Jerusalém
7. Memorial em Amsterdam aos holandeses mortos na guerra
8. Nagai Takashi com os filhos
9. Eugene Rabinowitch
10. Atol de Bikini, 1946
11. Cartum de propaganda soviética, início dos anos 1960
12. Giancarlo De Carlo, anos 1950
13. Diagrama de Ebenezer Howard da cidade-jardim ideal
14. Habitações de alta densidade na Polônia do pós-guerra
15. "Subtopia" do pós-guerra: conjunto residencial em Levittown, Pensilvânia
16. Famoso cartaz de J. Howard Miller convocando as americanas para o trabalho nas fábricas durante a guerra
17. Monumento ao papel desempenhado pelas mulheres britânicas durante a guerra
18. Presidente Truman, discurso em convenção da Associação Nacional para o Progresso de Pessoas de Cor, 1947
19. Hans Bjerkholt
20. Chittaprosad alguns anos depois da guerra
21. Retrato de Chittaprosad de um homem faminto com o filho durante a fome de Bengala
22. Desenho de Chittaprosad de Nehru aceitando dinheiro americano
23. Garry Davis, "cidadão do mundo", 1948
24. Logotipo da Associação de Cidadãos do Mundo
25. Ben Ferencz na França, 1944
26. Cartum de David Low sobre o veredicto de Nuremberg, 1º de outubro de 1946

Caderno de fotos

Mapas

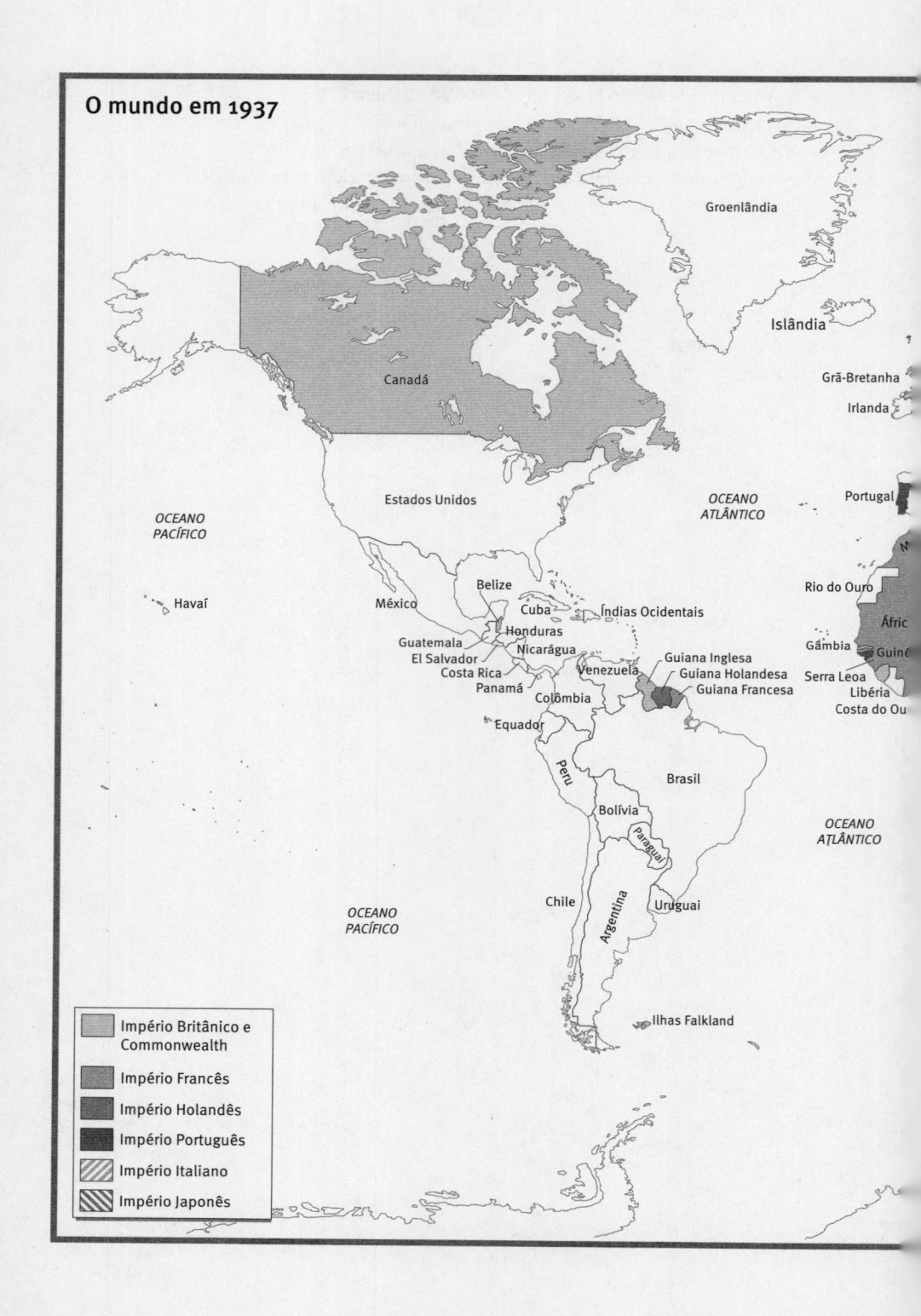

O mundo em 1937

- Groenlândia
- Islândia
- Grã-Bretanha
- Irlanda
- Canadá
- *OCEANO ATLÂNTICO*
- Portugal
- Estados Unidos
- *OCEANO PACÍFICO*
- Havaí
- México
- Belize
- Cuba
- Índias Ocidentais
- Rio do Ouro
- Áfric
- Guatemala
- Honduras
- Nicarágua
- El Salvador
- Costa Rica
- Panamá
- Venezuela
- Guiana Inglesa
- Guiana Holandesa
- Guiana Francesa
- Gâmbia
- Guiné
- Serra Leoa
- Libéria
- Costa do Ou
- Colômbia
- Equador
- Peru
- Brasil
- Bolívia
- Paraguai
- *OCEANO ATLÂNTICO*
- Chile
- Argentina
- Uruguai
- *OCEANO PACÍFICO*
- Ilhas Falkland

Legenda:
- Império Britânico e Commonwealth
- Império Francês
- Império Holandês
- Império Português
- Império Italiano
- Império Japonês

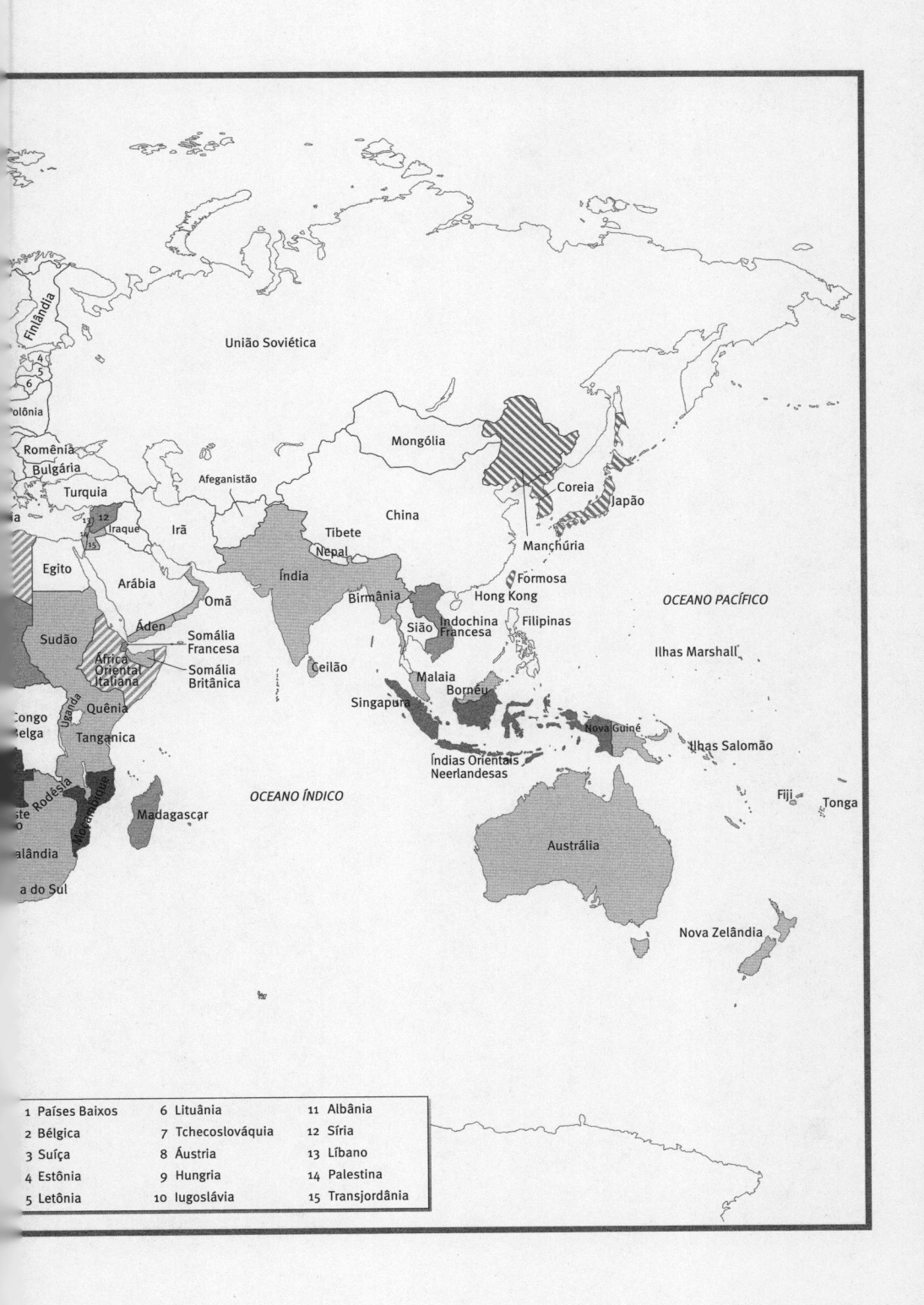

Mapa (legenda)

1 Países Baixos	6 Lituânia	11 Albânia
2 Bélgica	7 Tchecoslováquia	12 Síria
3 Suíça	8 Áustria	13 Líbano
4 Estônia	9 Hungria	14 Palestina
5 Letônia	10 Iugoslávia	15 Transjordânia

Labels no mapa:

Finlândia · União Soviética · Polônia · Romênia · Bulgária · Turquia · Iraque · Irã · Afeganistão · Mongólia · China · Tibete · Nepal · Coreia · Japão · Manchúria · Egito · Arábia · Índia · Birmânia · Formosa · Hong Kong · OCEANO PACÍFICO · Omã · Áden · Sião · Indochina Francesa · Filipinas · Somália Francesa · Somália Britânica · Ceilão · Ilhas Marshall · Sudão · África Oriental Italiana · Malaia · Bornéu · Singapura · Nova Guiné · Ilhas Salomão · Congo Belga · Uganda · Quênia · Tanganica · Índias Orientais Neerlandesas · Rodésia · Moçambique · Madagascar · OCEANO ÍNDICO · Austrália · Fiji · Tonga · Nova Zelândia · a do Sul · alândia · ste o

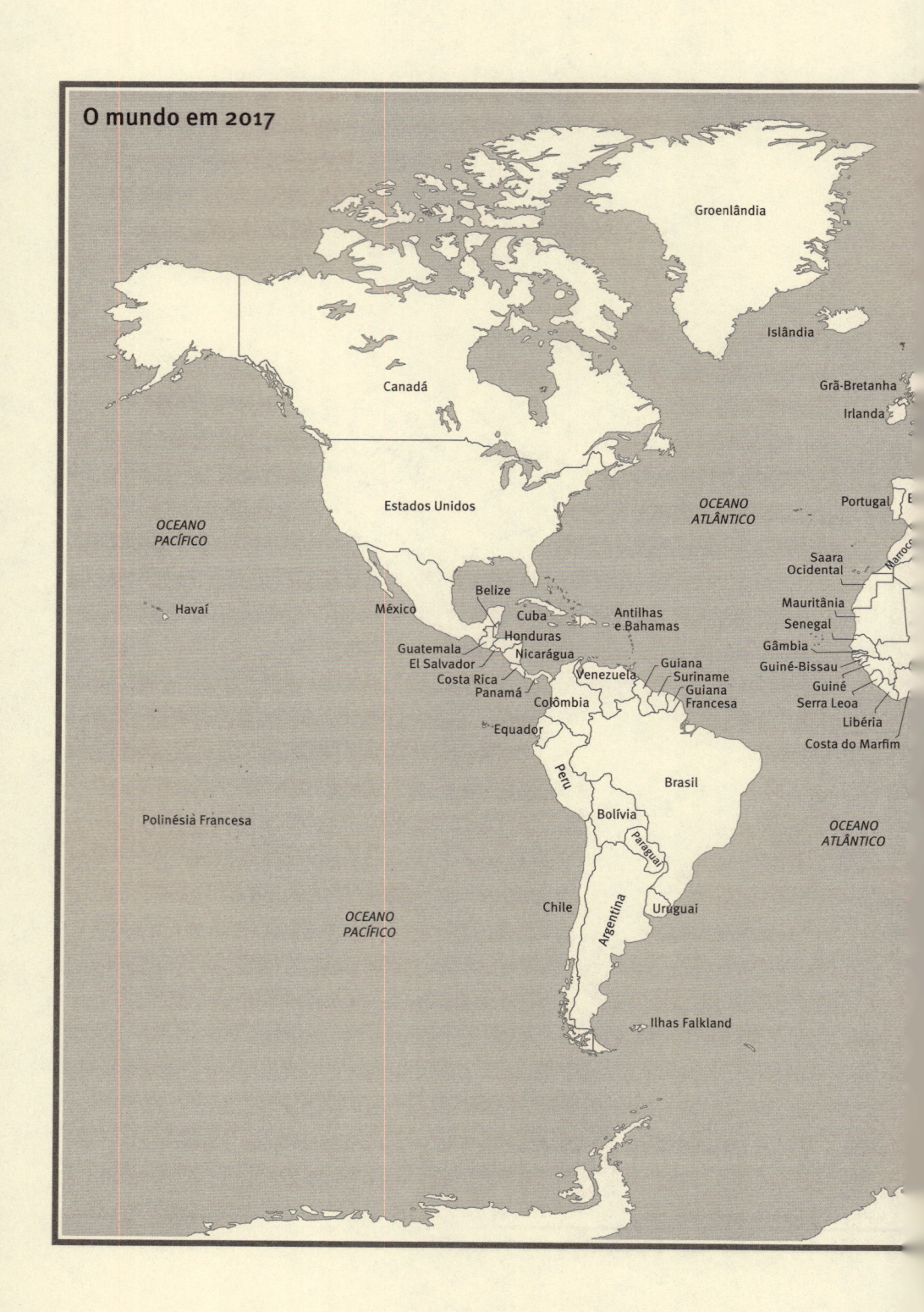

O mundo em 2017

Groenlândia

Islândia

Grã-Bretanha

Irlanda

Portugal

OCEANO ATLÂNTICO

Canadá

Estados Unidos

OCEANO PACÍFICO

Havaí

México

Belize

Cuba

Antilhas e Bahamas

Honduras

Guatemala
El Salvador
Costa Rica
Panamá

Nicarágua

Venezuela

Colômbia

Equador

Guiana
Suriname
Guiana
Francesa

Saara
Ocidental

Marrocos

Mauritânia

Senegal

Gâmbia

Guiné-Bissau

Guiné

Serra Leoa

Libéria

Costa do Marfim

Peru

Brasil

Bolívia

Paraguai

Polinésia Francesa

Chile

Argentina

Uruguai

OCEANO ATLÂNTICO

OCEANO PACÍFICO

Ilhas Falkland

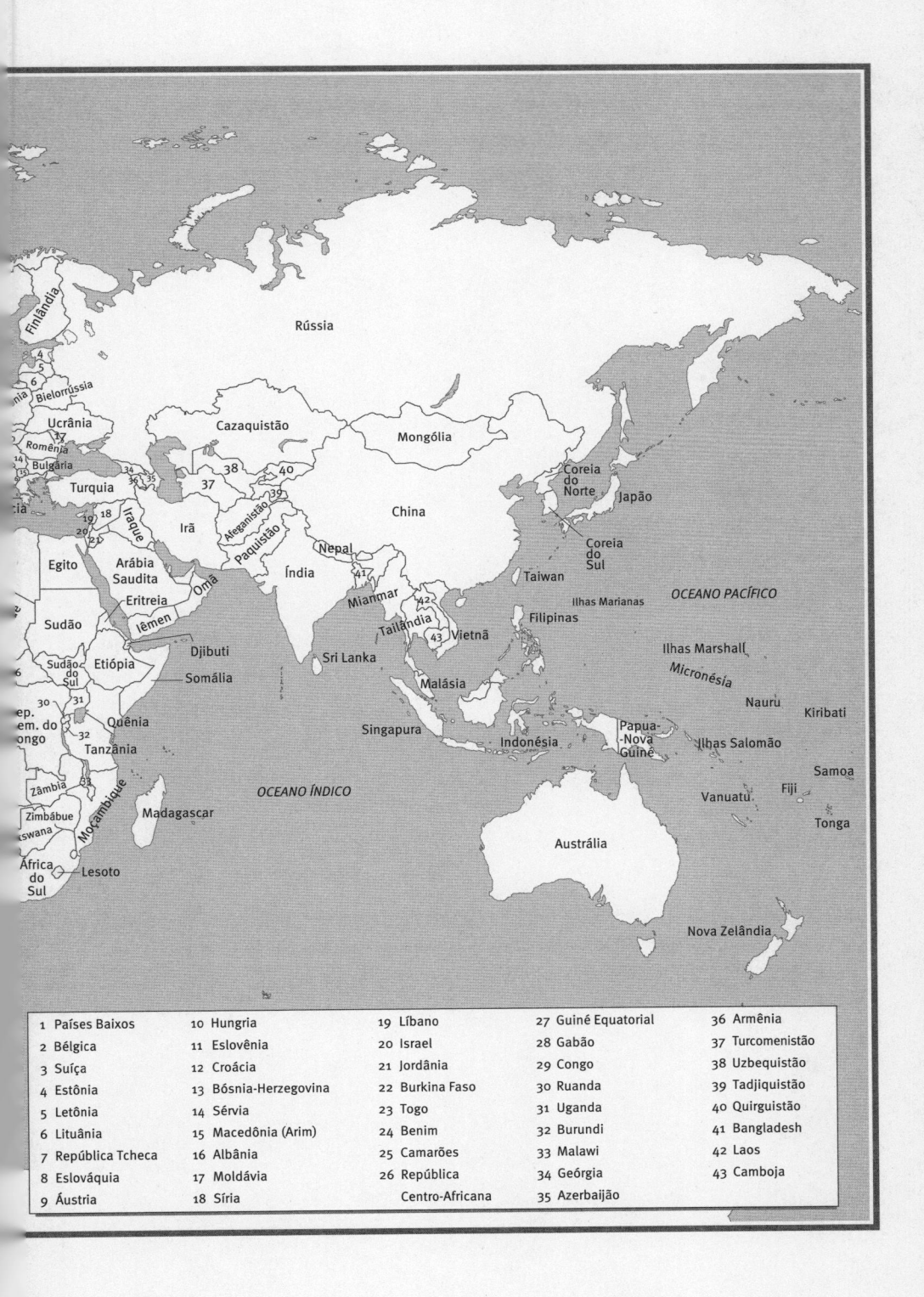

1 Países Baixos	10 Hungria	19 Líbano	27 Guiné Equatorial	36 Armênia
2 Bélgica	11 Eslovênia	20 Israel	28 Gabão	37 Turcomenistão
3 Suíça	12 Croácia	21 Jordânia	29 Congo	38 Uzbequistão
4 Estônia	13 Bósnia-Herzegovina	22 Burkina Faso	30 Ruanda	39 Tadjiquistão
5 Letônia	14 Sérvia	23 Togo	31 Uganda	40 Quirguistão
6 Lituânia	15 Macedônia (Arim)	24 Benim	32 Burundi	41 Bangladesh
7 República Tcheca	16 Albânia	25 Camarões	33 Malawi	42 Laos
8 Eslováquia	17 Moldávia	26 República	34 Geórgia	43 Camboja
9 Áustria	18 Síria	Centro-Africana	35 Azerbaijão	

Nota do autor sobre nomes asiáticos

EM TODO O TEXTO, tentei sempre me referir às pessoas pelos nomes que elas próprias usariam. Assim, nomes chineses, japoneses, coreanos e vietnamitas são escritos com o sobrenome primeiro e o prenome por último, como é a convenção nesses países. Fiz necessariamente uma ou duas exceções em casos nos quais a pessoa já é muito conhecida no Ocidente segundo a ordem oposta, ocidental. Assim, o líder sul-coreano do pós-guerra é chamado de Syngman Rhee, e o primeiro-ministro do Japão em tempo de guerra é referido como Hideki Tojo, quando seus sobrenomes são, respectivamente, Rhee e Tojo. Por vezes, um autor que viveu no Ocidente por um longo tempo dará seu nome na ordem ocidental, e portanto segui o exemplo nas notas. Quando em dúvida, o leitor pode recorrer ao índice remissivo e à bibliografia, onde todos estão listados alfabeticamente por sobrenome. Na Indonésia, é comum que as pessoas tenham um único nome. Assim, por exemplo, os leitores não deveriam se preocupar em descobrir o prenome do presidente Sukarno: Sukarno era o seu nome completo.

Introdução

"Nunca fui feliz." Foi assim que Georgina Sand, bem entrada na casa dos oitenta anos quando a entrevistei, se resumiu.

> Nunca pertenci realmente a lugar nenhum. Se estou na Inglaterra ainda me considero uma refugiada. Até hoje me perguntam de onde vim — e tenho de dizer a alguns que estou aqui desde bem antes que eles nascessem. Mas, quando estou em Viena, não me sinto mais uma austríaca. Sinto-me estrangeira. Não há mais qualquer sensação de pertencimento.[1]

Vista de fora, Georgina parece elegante e segura de si. Inteligente e erudita, nunca tem medo de expressar uma opinião. É também rápida para rir, não só dos absurdos do mundo, mas também de si mesma, várias vezes, e das idiossincrasias e excentricidades de sua família, que ela acha infinitamente adoráveis.

Ela sabe que tem muito pelo que se sentir grata. Por mais de cinquenta anos foi casada com seu amor de infância, Walter, com quem teve filhos, que lhe deram depois um neto, dos quais se sente enormemente orgulhosa. Georgina é uma pintora talentosa, e desde a morte do marido fez exposições tanto na Grã-Bretanha quanto na Áustria. Vive uma vida que a maioria das pessoas consideraria confortável, num grande e elegante apartamento no South Bank de Londres, com vista para o rio Tâmisa na direção da catedral de St. Paul.

Mas, sob o sorriso fácil, as realizações, a elegância e todo o aparente conforto do seu ambiente, encontra-se uma base instável:

Sempre tive muitas inseguranças. Sempre. [...] Minha vida foi uma constante angústia. [...] Por exemplo, sempre fui excessivamente apreensiva com meus filhos. Estava sempre com medo de perdê-los ou algo assim. Mesmo agora sonho que os perdi em algum lugar. A insegurança está sempre presente. [...] Meu filho diz que sempre houve uma subcorrente em nossa casa — uma subcorrente de inquietação.

Georgina não tem dúvidas quanto à fonte dessa inquietação, que vem, segundo ela, dos eventos que experimentou com o marido durante a Segunda Guerra Mundial — eventos que ela descreve abertamente como um "trauma". A guerra modificou sua vida de maneira irreversível, e a lembrança do que fez com ela a assombra até hoje. E ainda assim Georgina se sente na obrigação de contar sua história, porque sabe que ela afetou não somente sua própria vida, mas a de sua família e de sua comunidade. Ela sente também os ecos que sua história tem no mundo. Os eventos pelos quais passou mudaram a vida de milhões de pessoas como ela em toda a Europa e além. De certa forma, ainda que em pequena medida, sua história é emblemática de nossa era.

Georgina nasceu em Viena no final de 1927, numa época em que a cidade tinha perdido o status de centro de um império e lutava para encontrar uma nova identidade. Quando os nazistas entraram em Viena em 1938, as pessoas aplaudiram, imaginando o retorno de uma grandeza que sentiam merecer. Mas, como judia, Georgina não tinha nenhum motivo para comemorar. Passados poucos dias, disseram-lhe para se sentar no fundo da sala de aula, e vários de seus colegas disseram que os pais os tinham proibido de conversar com ela. Georgina testemunhou a pintura de slogans antissemitas nas vitrines das lojas judaicas e o assédio a judeus ortodoxos na rua. Em certa oportunidade, viu uma multidão reunida em torno de alguns judeus que estavam sendo forçados a lamber cuspe da calçada. "E as pessoas em volta riam e os estimulavam. Foi terrível."

A família de Georgina também tinha outras razões para se sentir apreensiva com a chegada dos nazistas: seu pai era um comunista atuante, e já estava sob vigilância por parte do governo. Considerando o novo ambiente perigoso demais, ele desapareceu silenciosamente — para Praga. Cerca de dois meses mais tarde Georgina e a mãe o seguiram. Sob o pretexto de fazer um piquenique na zona rural, elas juntaram alguns pertences e tomaram um trem até a fronteira, onde um homem "de aparência estranha" as introduziu clandestinamente na Tchecoslováquia.

No ano seguinte, a família viveu no apartamento do avô de Georgina em Praga, e ela estava feliz; então os nazistas chegaram mais uma vez, e todo o processo recomeçou. Seu pai voltou a se esconder. Para garantir a segurança da filha, a mãe de Georgina a inscreveu numa iniciativa britânica destinada a salvar crianças vulneráveis das garras de Hitler — um programa conhecido como *Kindertransport*. O avô de Georgina, que estivera várias vezes na Grã-Bretanha, disse à menina que ela iria morar numa casa grande, luxuosa, com uma família rica. Sua mãe disse-lhe que muito em breve iria a seu encontro. E assim Georgina, com onze anos, foi posta num trem e enviada para a Grã-Bretanha a fim de viver entre estranhos. Embora não soubesse disso naquele momento, nunca mais voltaria a ver a mãe.

Chegou a Londres num dia de verão em 1939, bastante animada, como se estivesse no início de férias, e não de uma nova vida. Não demorou para que a empolgação desaparecesse. Os primeiros guardiões a quem ela foi enviada eram uma família militar em Sandhurst. Eles pareciam frios e austeros, sobretudo a mãe. "Acho que ela queria uma menininha fofa, sabe?, porque tinha dois filhos. Mas eu estava sempre chorando, porque sentia falta da minha família."

De Sandhurst ela foi mandada para viver com um casal muito idoso numa casa úmida, dilapidada — efetivamente um barraco —, num bairro pobre de Reading.

Foi onde [as autoridades] me despejaram. Literalmente. Acho que devem ter dado uma pequena quantia ao casal para que cuidassem de mim, mas eles eram incapazes disso. Eu estava muito, muito infeliz. Eles tinham um neto metido a valentão — um homem adulto que morava na casa e tentava fazer coisas desagradáveis comigo. [...] Eu morria de medo dele.

Durante os seis meses seguintes Georgina desenvolveu furúnculos sob os braços e passou a ter cada vez mais medo das atenções do neto do casal. Foi finalmente salva pelo pai, que de alguma forma conseguira viajar clandestinamente para a Grã-Bretanha. Mas ele não pôde cuidar dela por muito tempo, porque as autoridades britânicas, desconfiadas de homens que falavam alemão, desejavam interná-lo como um estrangeiro potencialmente inimigo. Logo, mais uma vez, ela se viu entre estranhos, dessa vez na costa sul da Inglaterra.

Assim começou a série de deslocamentos que caracterizaria sua adolescência. Georgina foi logo evacuada da costa sul por causa da ameaça de invasão. Passou algum tempo em Lake District, e depois num internato em North Wales, antes de voltar a Londres para morar com o pai no outono de 1943. Nunca permaneceu num lugar por mais de um ou dois anos, e acabou por desenvolver um medo dos ingleses, nenhum dos quais parecia compreendê-la ou se importar com ela.

Quando a guerra terminou, Georgina tinha dezessete anos. Seu maior desejo era reunir-se com a mãe. Ela retornou então a Praga, onde conseguiu encontrar a tia, mas nenhum vestígio da mãe. A tia lhe contou que muitos tinham sido presos e enviados para o campo de concentração de Theresienstadt. A mãe de Georgina fora posta num transporte para Auschwitz, onde muito provavelmente tinha morrido.

Esses eventos assombram Georgina até hoje: os repetidos deslocamentos, a perda da mãe, a ansiedade e incerteza da guerra e suas consequências, e durante todo o tempo a ameaça de fundo, nunca plenamente reconhecida, de violência. Embora viva em Londres desde 1948, ela é incapaz de esquecer a década de contínua perturbação que caracterizou sua vida entre os dez e os vinte anos. É inegável que isso foi infinitamente melhor do que a alternativa, mas imaginar o que poderia ter acontecido com ela se tivesse permanecido na Europa central não a consola. Georgina não suporta pensar no que aconteceu com sua família e seus amigos nos campos de concentração, mas não pode tampouco evitar pensar neles. Até hoje não consegue assistir a filmes de judeus sendo deportados durante a guerra por medo de ver a mãe entre as vítimas.

Ela é assombrada também pelo que poderia ter sido:

> Quando vou a Viena, e quando costumava ir visitar minha tia na Alemanha, eu via famílias — famílias saudáveis, bonitas, com filhos pequenos. Eu não esquio, mas às vezes íamos às montanhas e eu observava as crianças, todas germanófonas, sadias e vigorosas. E pensava que poderia ter tido uma vida melhor. Poderia ter estado com minha família, crescendo num ambiente mais seguro. E certamente sabendo qual era meu lugar. Nunca pertenci realmente a lugar nenhum.

Meu interesse pela história de Georgina é tríplice. Em primeiro lugar, como historiador da Segunda Guerra Mundial e de suas consequências, sou um inveterado colecionador de histórias. A de Georgina é apenas uma das 25 que reuni para este livro — uma para cada capítulo. Algumas eu mesmo colhi, por meio de entrevistas presenciais ou por e-mail, enquanto outras foram retiradas de arquivos ou memórias publicadas; algumas são de pessoas famosas e outras de completos desconhecidos. Essas histórias são apenas uma pequena amostra das centenas que examinei a partir dos milhares — milhões — de histórias individuais que compõem nossa história coletiva.

Em segundo lugar, e mais importante, Georgina é parente da minha esposa, e, portanto, parte da minha família. Suas histórias explicam certo ramo da árvore da minha família — seus medos e ansiedades, suas obsessões, seus anseios, alguns dos quais foram transmitidos silenciosamente para minha mulher, para mim e para nossos filhos quase como que por osmose. A experiência das pessoas não pertence exclusivamente a elas — é parte de uma teia que famílias e comunidades constroem juntas, e a história de Georgina não é diferente.

Por último, e mais importante ainda, pelo menos no contexto deste livro, há algo de emblemático na história de Georgina. Assim como ela, centenas de milhares de judeus europeus — os que sobreviveram à guerra — foram deslocados de seus lares e espalhados pelo globo, podendo ser encontrados hoje em qualquer cidade grande, de Buenos Aires a Vladivostok. Assim como ela, milhões de germanófonos — talvez 12 milhões, ao todo — foram igualmente desarraigados e exilados de suas pátrias no período caótico que sucedeu à guerra. A narrativa de Georgina tem ecos não só na Europa, mas também na China, na Coreia e no Sudeste Asiático, onde dezenas de milhões foram igualmente deslocados; e no norte da África e no Oriente Médio, onde as idas e vindas de vastos exércitos causaram perturbações irreversíveis ao longo da guerra. Os ecos são mais fracos, mas ainda reconhecíveis, nas histórias de refugiados de conflitos posteriores, como Coreia, Argélia, Vietnã e Bósnia — conflitos que também têm raízes na Segunda Guerra Mundial. Elas foram transmitidas aos filhos dos refugiados e às suas comunidades — assim como Georgina compartilhou suas lembranças com a família e os amigos — e estão agora incorporadas ao próprio tecido de nações e diásporas no mundo todo.

Quanto mais estudamos os eventos pelos quais Georgina e outros como ela passaram, mais profundas e generalizadas parecem ser suas consequências. A Segunda Guerra Mundial não foi apenas mais uma crise — ela afetou diretamente mais pessoas que qualquer outro conflito na história. Mais de 100 milhões de homens e mulheres foram mobilizados, um número que faz parecer pequeno o daqueles que lutaram em qualquer guerra anterior, inclusive a Grande Guerra de 1914-8. Centenas de milhões de civis no mundo todo foram também arrastados para o conflito — não só na condição de refugiados, tal qual Georgina, mas também como operários fabris, fornecedores de comida ou combustível, provedores de conforto e diversão, prisioneiros, trabalhadores escravos e alvos. Pela primeira vez na história moderna o número de civis mortos superou vastamente o de soldados — não em milhões, mas em dezenas de milhões. Ao longo da Segunda Guerra Mundial foram mortas quatro vezes mais pessoas que na Primeira. E, para cada uma delas, dezenas foram indiretamente afetadas pelos vastos transtornos econômicos e psicológicos que acompanharam o conflito.[2]

Enquanto o mundo lutava para se recuperar em 1945, sociedades inteiras foram transformadas. As paisagens que surgiram a partir dos escombros do campo de batalha não se pareciam em nada com aquelas de antes. Cidades mudaram de nome, economias mudaram de moeda, pessoas mudaram de nacionalidade. Comunidades que tinham sido homogêneas durante séculos foram subitamente inundadas com estrangeiros de todas as nacionalidades, raças e cores — pessoas como Georgina, que não pertenciam a elas. Nações inteiras foram libertadas, ou subjugadas. Impérios caíram e foram substituídos por outros, igualmente gloriosos e cruéis.

O desejo universal de encontrar um antídoto para a guerra gerou um afluxo sem precedentes de novas ideias e inovações. Cientistas sonharam usar novas tecnologias — muitas delas criadas durante a guerra — para tornar o mundo um lugar melhor, mais seguro. Arquitetos sonharam construir novas cidades com os escombros das velhas, com melhores moradias, espaços públicos mais alegres e populações mais satisfeitas. Políticos, economistas e filósofos fantasiaram sociedades igualitárias, centralmente planejadas e eficientemente dirigidas para a felicidade de todos. Novos partidos políticos, e novos movimentos morais, brotaram em toda parte. Algumas dessas mudanças se baseavam em ideias surgidas em consequência de convulsões anteriores, como a Primeira Guerra Mundial ou a Revolução Russa, e algumas eram inteiramente novas; mas mesmo as ideias mais antigas foram adotadas após 1945 com uma velocidade e uma urgência que teriam sido impensáveis em qualquer outra época. A natureza esmagadora da guerra, sua violência singularmente assustadora e seu alcance geográfico sem precedentes tinham criado uma sede de mudança mais universal que a sentida em qualquer outro momento na história.

A palavra que vinha aos lábios de todos era "liberdade". O líder dos Estados Unidos durante a guerra, Franklin D. Roosevelt, falava de quatro liberdades — ser livre para se expressar, ser livre para ter seu culto, estar livre da miséria e estar livre de medo. A Carta do Atlântico, redigida em consulta com o primeiro-ministro britânico Winston Churchill, também falava da liberdade de todos os povos para escolher sua própria forma de governo. Comunistas falavam de liberdade da exploração enquanto economistas falavam de livre-comércio e mercados livres. E, na esteira da guerra, alguns dos filósofos e psicólogos mais influentes do mundo escreveram sobre liberdades ainda mais profundas, fundamentais para a condição humana.

O apelo foi atendido no mundo inteiro, até em países muito distantes da luta. Já em 1942 o futuro estadista nigeriano Kingsley Ozumba Mbadiwe pedia que a liberdade e a justiça fossem estendidas ao mundo colonial depois de terminada a guerra. "A África não aceitará outro prêmio que não a liberdade", escreveu ele.[3] Alguns dos mais entusiásticos membros fundadores das Nações Unidas foram os países das Américas Central e do Sul, que imaginavam um sistema internacional que baniria do mundo "a injustiça e a pobreza", e uma nova era em que "todas as nações, grandes e pequenas", cooperariam "como iguais".[4] Os ventos da mudança sopravam em toda parte.

Segundo o estadista americano Wendell Willkie, a atmosfera durante a Segunda Guerra Mundial foi muito mais revolucionária do que tinha sido durante a Primeira. Após percorrer o globo em 1942, ele retornou a Washington inspirado pela maneira como homens e mulheres no mundo inteiro estavam lutando para se livrar do imperialismo, recuperar seus direitos humanos e civis e construir "uma nova sociedade [...] revigorada pela independência e pela liberdade". Tratava-se, segundo ele, de um cenário muito animador, porque as pessoas em toda parte pareciam ter acabado de descobrir "que, com liberdade, podiam conseguir qualquer coisa". Mas Willkie também confessou achar essa atmosfera mais do que apenas um pouco assustadora. Ninguém parecia capaz de concordar quanto a um objetivo comum, e, caso não se chegasse a um consenso antes do fim da guerra, ele previa um colapso do espírito de cooperação que vinha mantendo os Aliados juntos, e um retorno às mesmas insatisfações que haviam levado à guerra.[5]

Assim a Segunda Guerra Mundial plantou as sementes não só de uma nova liberdade, mas também de um novo medo. Tão logo a guerra terminou as pessoas voltaram a olhar para seus ex-aliados com desconfiança. Retornaram as tensões entre as potências europeias e suas colônias, entre a direita e a esquerda, e, sobretudo, entre os Estados Unidos e a União Soviética. Tendo testemunhado uma catástrofe global sem precedentes, pessoas em toda parte começaram a temer que uma nova guerra, ainda maior, estivesse a caminho. A "subcorrente de inquietação" descrita por Georgina Sand foi um fenômeno universal após 1945.

Nesse aspecto, a história de Georgina no pós-guerra imediato talvez seja também emblemática. Depois que a paz foi declarada, ela retornou a Praga na esperança de resgatar o sentido de pertencimento que perdera quando criança; não o resgatando, esperou que em vez disso pudesse voltar a criá-lo. Ela reencontrou Walter, que conhecera quando menina, e se apaixonou. Casou-se, fez amigos, preparou-se para uma vida estável. Com todo o otimismo da juventude, imaginou que o futuro só poderia ser brilhante, apesar da obstinada sombra que a guerra ainda lançava sobre sua vida. Mesmo após descobrir a morte da mãe, acreditava verdadeiramente que seria capaz de superar toda a desgraça da guerra, porque queria seguir em frente, reinventar-se. Queria ser livre.

Infelizmente, as autoridades tchecas tinham outros planos. Em 1948, quando os comunistas assumiram o controle do país, ela e Walter foram instruídos a demonstrar lealdade incondicional ao novo regime, e por extensão à superpotência soviética. E, como não estavam dispostos a isso, foram obrigados a fugir do país mais uma vez. Essa nova fuga era simbólica de mais uma consequência da Segunda Guerra Mundial — a Guerra Fria, que polarizou o mundo entre Ocidente e Oriente e entre direita e esquerda. Para usar a expressão de Churchill, uma cortina de ferro foi puxada no centro da Europa; revoluções, golpes e guerras civis irromperam pelo mundo em desenvolvimento. Mais refugiados, mais histórias.

ESTE LIVRO É UMA TENTATIVA de examinar as maiores mudanças — tanto destrutivas quanto construtivas — que tiveram lugar no mundo por causa da Segunda Guerra Mundial. Ele cobre necessariamente os principais eventos geopolíticos: a emergência das superpotências, o início da Guerra Fria, o longo e lento colapso do colonialismo europeu e assim por diante. Cobre também as grandes consequências sociais e econômicas da guerra: a transformação de nosso ambiente físico; as enormes mudanças em padrões de vida, na demografia mundial, no comércio mundial; a ascensão e queda dos controles sobre o livre mercado; o nascimento da era nuclear. Mas, de maneira mais importante, tenta olhar além desses eventos e tendências para considerar os efeitos mitológicos, filosóficos e psicológicos da guerra. Como a memória do derramamento de sangue afetou nossas relações uns com os outros e com o mundo? Como mudou nossa concepção daquilo de que os seres humanos eram capazes? Como influenciou nossos medos de violência e poder, nosso anseio por liberdade e pertencimento, nossos sonhos de igualdade e justiça?

Para dramatizar essas questões, decidi colocar no coração de cada capítulo a história de um único homem ou mulher que, como Georgina Sand, passou por esses eventos da guerra e suas consequências, e foi profundamente afetado por eles. Em cada capítulo, essa história é usada como ponto de partida para guiar o leitor pelo quadro mais amplo — a história da comunidade de tal pessoa, de sua nação, de sua região, do mundo todo. Não se trata aqui de mero recurso estilístico, visto que é absolutamente fundamental para o que estou tentando expressar. Não estou afirmando que o relato de uma pessoa é capaz de resumir a gama completa de experiências vividas pelo resto do mundo; mas há elementos do universal em tudo o que fazemos e tudo o que lembramos, em particular no tocante ao que dizemos uns aos outros sobre nós mesmos e nosso passado. A história sempre envolveu uma negociação entre o pessoal e o universal, e em lugar algum essa relação é mais relevante que na história da Segunda Guerra Mundial.

Em 1945 havia uma compreensão geral de que as ações e crenças de cada indivíduo, e por extensão suas lembranças e experiências passadas, diziam respeito não só a ele mesmo, mas também à humanidade como um todo. Foi uma época em que psicanalistas como S. H. Foulkes e Erich Fromm começaram a investigar a relação entre o indivíduo e seus grupos de pertencimento. "A entidade básica do processo social", disse Fromm em 1942, "é o indivíduo. [...] Qualquer grupo consiste em indivíduos e nada senão indivíduos, e mecanismos psicológicos que encontramos operando num grupo só podem portanto ser mecanismos que operam em indivíduos."[6] Sociólogos e filósofos da época estavam também explorando a maneira como o indivíduo se reflete no todo, e vice-versa: "Ao modelar a mim mesmo, modelo o homem", disse Jean-Paul Sartre no fim de 1945, e muitos de seus colegas existencialistas ansiavam por extrair conclusões universais dos eventos que haviam testemunhado durante a guerra. Esses são princípios tão aplicáveis hoje quanto eram então: adotamos coletivamente as histórias de pessoas como Georgina como se fossem nossas.[7]

Claro que estou ciente de que as histórias que as pessoas contam nem sempre refletem a verdade absoluta. Aquelas contadas por sobreviventes de guerra são notoriamente pouco confiáveis. Fatos são esquecidos, ou lembrados incorretamente, ou embelezados. As opiniões das pessoas sobre si mesmas ou sobre seus feitos podem mudar radicalmente, e ser antedatadas e inseridas como opinião original. Nações e sociedades agem de maneira semelhante. Os mitos e mentiras que contamos a nós mesmos ao longo das décadas desde a Segunda Guerra Mundial são tão importantes para formar nosso mundo como as verdades jamais foram. É responsabilidade do historiador verificar essas histórias contra o registro do tempo, e tentar dar forma a uma narrativa que esteja tão próxima da verdade objetiva quanto possível. Tentei não emitir juízos de valor sobre os indivíduos cujos relatos transmito, mesmo nem sempre concordando com eles. Em vez disso, como esta é uma história global, reservei minha crítica para os casos em que nossas emoções *coletivas* levaram a melhor e incrustaram em nós uma memória coletiva em total contradição com a realidade dos fatos. Assim, as histórias individuais são exatamente isso — histórias. É na maneira como elas interagem com a narrativa coletiva que a "história" termina, e a História começa.

Tentei incluir estudos de caso do mundo todo, e de uma variedade de perspectivas políticas, algumas das quais distantes do meu próprio ponto de vista político e geográfico. Trago histórias da África e da América Latina, bem como da Europa, da América do Norte e da Ásia, porque essas regiões também foram profundamente afetadas pela guerra. Entretanto, há uma maior proporção de histórias das partes do mundo que estiveram diretamente envolvidas na luta, pois elas sem dúvida experimentaram maiores mudanças em consequência da guerra. Há mais histórias dos Estados Unidos que de qualquer outro lugar. Isso não se deve a meu viés liberal ocidental — ou, pelo menos, não só a ele. A ideia foi refletir aqui o equilíbrio de poder que emergiu da guerra: gostemos ou não, não é à toa que o século xx foi chamado de o "século americano". O Japão também ocupa um lugar de destaque na primeira parte do livro, porque sinto que sua importância simbólica está sub-representada nas narrativas ocidentais da guerra.

O leitor notará ainda que há mais histórias sobre indivíduos ligados à esquerda do que sobre indivíduos ligados à direita. Mais uma vez, isso é deliberado. Na história global, 1945 foi provavelmente o ponto culminante para a esquerda — aqueles com ideias socialmente progressistas, até abertamente comunistas, dominavam a agenda política como nunca mais aconteceu desde então. Tenho plena convicção, no entanto, de que ninguém é inteiramente coerente em suas crenças políticas, e incluí histórias de pessoas que passaram por mudanças drásticas em suas crenças em resultado das experiências vividas, tanto da direita para a esquerda quanto o contrário.

Por fim, é importante dizer que este livro pretende ser ao menos ligeiramente instigante. Nas páginas que se seguem o leitor encontrará muitos fatos familiares, mas também, espero, muitas coisas com as quais tem pouca familiaridade, ou mesmo alienantes. No mundo de hoje, que se assemelha a uma câmara de eco, onde um número cada vez maior de pessoas são expostas somente a pontos de vista que coincidem estritamente com os seus próprios, nunca foi tão importante termos nossas ideias contestadas de vez em quando, e nos permitirmos estar abertos a essa contestação. O mundo parece muito diferente quando considerado do ponto de vista de um soldado ou de um civil, de um homem ou de uma mulher, de um cientista ou de um artista, de um empresário ou de um sindicalista, de um herói, de uma vítima, de um criminoso. Todos esses pontos de vista estão representados nas páginas que se seguem. Mas sugiro que o leitor aborde este livro com os olhos de um outsider — um refugiado — cujas ideias preconcebidas devem ser postas temporariamente de lado em favor da compreensão do contexto. Eu próprio lutei contra isso. Historiadores podem ser tão preconceituosos quanto qualquer outra pessoa, e nas páginas que se seguem tentei ser sincero com relação a algumas das minhas próprias ideias e crenças preconcebidas. Uma ou duas vezes, como no capítulo sobre o nacionalismo europeu no pós-guerra, tomei a difícil decisão de pôr meus próprios medos e anseios sob escrutínio. Sugiro que o leitor faça o mesmo de vez em quando.

Um historiador é também uma espécie de refugiado: se o passado é um outro país, é um país ao qual ele nunca pode retornar, por mais entusiásticos que sejam seus esforços para recriá-lo. Iniciei este livro sabendo que ele não poderia ser senão uma representação borrada do novo e luminoso mundo que emergiu das cinzas de 1945, o qual de qualquer maneira sempre foi vasto demais para ser confortavelmente contido entre as capas de um único volume. Posso apenas ter a esperança de que os fragmentos que encontrei e reuni venham a inspirar os leitores a aprofundar sua exploração e preencher por si mesmos algumas das omissões e rachaduras mais amplas.

Mas, no fim das contas, sob muitos aspectos, este livro não é de maneira alguma sobre o passado. É sobre por que nossas cidades têm a aparência que têm atualmente, por que nossas comunidades estão se tornando tão diversas, por que nossas tecnologias se desenvolveram da maneira como o fizeram. É sobre por que ninguém mais acredita em utopia, por que defendemos direitos humanos ao mesmo tempo que os solapamos e por que há tanta desesperança com relação à possibilidade de algum dia reformarmos nosso sistema econômico. É sobre por que nossos esforços pela paz mundial são tão pontuados pela violência e por que nossas inúmeras disputas e conflitos civis ainda não foram resolvidos, apesar de décadas de politicagem e diplomacia. Todas essas questões, e muitas outras, estampam diariamente nossos jornais, e têm suas raízes na Segunda Guerra Mundial.

Acima de tudo, este é um livro sobre o eterno conflito entre o desejo de nos unirmos a nossos vizinhos e aliados e o desejo de nos mantermos independentes — um conflito que se desenrolou em escala planetária no período que se seguiu à Segunda Guerra Mundial e que continua a informar nossas relações pessoais e coletivas. Nossa natureza, mas também nossa história, nos mantém num espaço ambíguo que não está nem inteiramente dentro nem inteiramente fora de nossas comunidades. Como Georgina Sand, nenhum de nós pode dizer verdadeiramente que pertence a algum lugar.

PARTE I

Mitos e lendas

1. O fim do mundo

Na manhã de 6 de agosto de 1945, um professor japonês chamado Ogura Toyofumi estava entrando na cidade de Hiroshima quando testemunhou uma visão que iria mudar a história. A cerca de quatro quilômetros de distância, sobre o centro da cidade, ele viu um clarão cegante, branco-azulado, como a luz do flash de magnésio de um fotógrafo, mas em tal escala que parecia ter fendido o céu. Assombrado, ele se jogou no chão e observou. O clarão foi seguido por uma enorme coluna de chamas vermelhas e fumaça, "como a lava de um vulcão que tivesse entrado em erupção em pleno ar", elevando-se por quilômetros no céu.

A visão era tão bela quanto aterrorizante.

Não sei como descrevê-la. Uma imensa e indescritível coluna de nuvens apareceu, fervilhando violentamente na direção do firmamento. Era tão grande que tapou grande parte do céu azul. Depois seu topo começou a se derramar, como se fosse uma grande nuvem de tempestade, e a coisa toda começou a escorrer e a se espalhar para os lados. [...] A forma da coluna mudava o tempo todo, e suas cores eram caleidoscópicas. Aqui e ali ela brilhava com algumas pequenas explosões.

Nunca tendo visto nada parecido antes, Ogura se imaginou por um momento na presença de algum evento divino: a coluna de fogo vista por Moisés no Antigo Testamento, talvez, ou uma manifestação do cosmo *shumisen* budista. Mas enquanto imagens religiosas e míticas passavam rapidamente por sua mente, ele se deu conta de que nenhuma delas chegava perto da visão impressionante que se desdobrava diante de seus olhos. "Os conceitos e fantasias pouco sofisticados concebidos pelos antigos eram inúteis para descrever aquele horrível espetáculo de nuvens e luzes no céu."[1]

Momentos depois Ogura foi atingido pela explosão atômica, que suportou pressionando-se contra o solo. Por toda parte à sua volta ele pôde ouvir "sons de rachaduras, batidas e esmagamento, enquanto casas e prédios eram despedaçados". Teve também a impressão de ouvir gritos, embora mais tarde não soubesse dizer ao certo se haviam sido reais ou apenas fruto da sua imaginação.

Quando Ogura conseguiu se levantar, alguns instantes mais tarde, seu ambiente tinha sido completamente transformado. Onde antes houvera uma próspera cidade — a sétima maior do Japão —, agora de repente não havia nada exceto escombros, esqueletos de casas, ruínas enegrecidas. Em estado de choque, ele subiu ao topo de um morro próximo para examinar os danos, antes de rumar para o centro da cidade a fim de olhar mais de perto.

O que ele viu o assombrou.

Hiroshima tinha deixado de existir. [...] Eu não podia acreditar. Por toda parte à minha volta havia um vasto mar de escombros e ruínas fumegantes, com alguns edifícios de concreto erguendo-se aqui e ali como pálidas lápides, muitos deles cobertos de fumaça. Era só isso que se podia ver, até onde a vista podia alcançar. [...] Não havia absolutamente nenhuma diferença entre a visão distante e a cena em primeiro plano. [...] Por mais que eu caminhasse, o mar de ruínas que se estendia de ambos os lados da estrada ainda queimava e fumegava. [...] Eu tinha esperado ver uma grande devastação, mas fiquei perplexo ao ver que a área tinha sido completamente eliminada.[2]

A descrição de Hiroshima feita por Ogura foi uma das primeiras a serem publicadas no Japão. Escrita na forma de uma série de cartas para a mulher, morta em consequência da explosão, ela é uma tentativa de compreender como a cidade natal do autor foi instantaneamente transformada de um mundo dos vivos num mundo dos mortos, e está repleta de cenas infernais de cadáveres grotescamente deformados e sobreviventes tão horrivelmente feridos que mal era possível reconhecê-los como seres humanos. Há referências regulares ao "inferno", às "versões budistas do inferno" e ao "fim causticante de Sodoma e Gomorra". Nas páginas finais, Ogura menciona uma tempestade que atingiu Hiroshima um mês depois de terminada a guerra, e que ele comparou ao "dilúvio de Noé" descrito na Bíblia. A implicação era que ele havia experimentado não apenas a destruição de uma cidade, mas algo semelhante ao próprio apocalipse, como atesta o título em inglês de seu livro, *Letters from the End of the World*, "Cartas do fim do mundo".[3]

Essas visões apocalípticas foram comuns entre os sobreviventes de Hiroshima. A romancista Ota Yoko, que escreveu outro dos primeiros relatos sobre o bombardeio, não conseguiu encontrar nenhuma outra explicação razoável para a velocidade com que tudo tinha desaparecido:

> Eu simplesmente não conseguia entender como nossas imediações tinham mudado de maneira tão drástica de um minuto para o outro. [...] Pensei que podia ser alguma coisa sem qualquer relação com a guerra, o colapso da Terra que se dizia que ocorreria no fim do mundo, e sobre o qual eu tinha lido quando criança.

Assim como Ogura, Yoko tateou em busca de causas sobrenaturais, perguntando a si mesma se toda a guerra não era uma espécie de "fenômeno cósmico" provocado por um vasto fantasma decidido a destruir o mundo.[4]

Milhares de sobreviventes também acreditaram, pelo menos por algum tempo, que o que estavam testemunhando era o fim dos dias. Qualquer pesquisador que faça um estudo detalhado dos relatos de testemunhas de Hiroshima topará com as mesmas expressões repetidamente: "cenas do inferno", "um inferno vivo", "um inferno na Terra", "o mundo dos mortos", "parecia que o sol tinha caído do céu", "senti uma solidão terrível, parecia que todas as outras pessoas no mundo estavam mortas". Alguns sobreviventes ainda são incapazes de conciliar o que viram naquele dia com o mundo tal como ele havia sido antes do bombardeio, ou com o mundo tal como ele se tornou desde então: é como se tivessem testemunhado

Ogura Toyofumi e sua família. Esta foi a última
fotografia da família completa reunida: a mulher de
Ogura morreria em decorrência dos efeitos da radiação
duas semanas depois que a bomba destruiu Hiroshima.

algo numa realidade alternativa inteiramente desvinculada da nossa. "Ao
relembrar aquele dia", escreveu um sobrevivente quarenta anos depois,
"sinto que não era um mundo humano, e que o que vi era o inferno de
um outro mundo."[5]

ESSES PENSAMENTOS FAZEM ECO às experiências de incontáveis testemunhas de incontáveis outros eventos ocorridos durante a Segunda Guerra
Mundial em todo o globo. Por mais horrível que tenha sido, a experiência

de Hiroshima ainda era apenas um único evento num conflito mundial que já vinha se desenrolando havia muitos anos. Como o jornal do Vaticano, *L'Osservatore Romano*, deixou claro um dia após o ataque a Hiroshima, havia algo espantosamente familiar na bomba atômica: ela foi o episódio final de uma guerra cujas "surpresas apocalípticas" pareciam não ter fim.[6] Mesmo alguns daqueles que sofreram pessoalmente com a bomba atômica se viram obrigados a admitir que ela foi apenas o "vergonhoso eco tardio de uma guerra que já tinha terminado". Em suas memórias, Ota Yoko admitiu que o que tinha experimentado era somente o sintoma de algo muito maior, e muito mais horrível: uma única catástrofe numa cadeia interminável de "horror sufocante, apocalíptico".[7]

As experiências de civis na Alemanha foram similares às daqueles no Japão. A Alemanha nunca foi submetida à bomba atômica, mas suas cidades, ainda mais que as do Japão, sofreram anos de um bombardeio convencional que não foi menos catastrófico. Hamburgo, por exemplo, foi praticamente varrida da face do mapa em 1943, quando uma combinação de explosivos e bombas incendiárias fez com que um incêndio engolisse a cidade. Nos dias posteriores ao bombardeio, o romancista Hans Erich Nossack descreveu seu retorno à cidade como uma "descida aos infernos". Seu livro sobre a experiência foi intitulado, sucintamente, *Der Untergang*, "A ruína".[8]

No fim da guerra, imagens apocalípticas, particularmente imagens bíblicas, eram onipresentes: Dresden, como Hiroshima, foi consumida por uma "coluna de fogo bíblica"; Munique parecia o cenário do "Juízo Final"; Düsseldorf não era "nem mesmo um fantasma".[9] As autoridades em Krefeld referiam-se a seus abrigos antiaéreos como "Arca de Noé" — subentendendo-se que os poucos que encontrassem refúgio ali seriam salvos de um apocalipse que consumiria o resto do mundo.[10] As mesmas imagens aparecem em praticamente todas as cidades destruídas durante a guerra. Stalingrado era "a cidade dos mortos".[11] Varsóvia era uma "cidade de vampiros", tão terrivelmente destruída que "parecia que o mundo tinha desmoronado".[12] A libertação de Manila, nas Filipinas, foi "apenas obuses, bombas e estilhaços. [...] Pensamos que era o fim do mundo!".[13]

As pessoas usavam essa linguagem porque não conseguiam encontrar nenhuma outra maneira de expressar a magnitude do trauma que haviam experimentado. Muitos daqueles que legaram memórias da guerra, mesmo escritores profissionais, lamentam a inadequação da linguagem comum para descrever a experiência dessa perda total. Eles sabem que a palavra "inferno" é um clichê, mas são incapazes de encontrar qualquer alternativa.[14]

Não foram somente os indivíduos que reagiram à guerra dessa maneira: as reações coletivas foram igualmente de perplexidade. Em 1944 e 1945, os jornais costumavam retratar o conflito como algo tão universal, e tão sem precedentes, que parecia ter destruído por completo o mundo pré-guerra. Um exemplo particularmente bom apareceu na *New York Times Magazine* em março de 1945. Cyrus Sulzberger, correspondente da revista, declarou que a Europa era o novo "continente sombrio", antes de pintar um quadro de destruição sem precedentes, "que nenhum americano pode esperar compreender". A linguagem usada em seu artigo era notavelmente similar àquela empregada por Ogura Toyofumi para descrever Hiroshima após a bomba atômica. Num tempo espantosamente curto, segundo Sulzberger, a Europa civilizada que ele conhecera antes da guerra simplesmente deixou de existir. Em seu lugar estava uma paisagem nova, estrangeira, de devastação moral e física, onde a experiência cotidiana de pessoas comuns era uma experiência de "batalha, guerra civil, encarceramento, fome ou doença". Mercados "não existiam em grandes áreas". A juventude do continente tinha sido doutrinada com ideias "que filósofos bíblicos teriam associado com o Anticristo". Após o genocídio indiscriminado dos anos de guerra ainda "não havia nenhuma maneira de saber quantos europeus tinham massacrado uns aos outros". Em resumo, a Europa parecia "um afresco do Dia do Juízo pintado por Luca Signorelli" — do centro à periferia, fora tomada por "todos os horrores imaginados séculos antes no Apocalipse".[15]

O artigo era repleto de imagens bíblicas e apocalípticas, assim como a descrição de Ogura Toyofumi — era inclusive ilustrado com um desenho de meia página dos Quatro Cavaleiros do Apocalipse. Outros jornais ao redor do mundo fizeram o mesmo, e também instituições e governos. Eles reagiram dessa maneira porque, mais ou menos como os indivíduos apanhados nos piores episódios da guerra, eram incapazes de expressar, ou mesmo compreender, eventos dessa escala.

Depois de 1945, uma ampla variedade de instituições nacionais e internacionais compilou estudos sobre os danos físicos, econômicos e humanos causados pela guerra, mas as estatísticas que essas instituições produziram não faziam nenhum sentido em nível humano. A devastação foi apresentada como uma série de instantâneos: Berlim fora 33% destruída; Tóquio, 65%; Varsóvia, 93%. A França havia perdido mais de três quartos de seus trens; a Grécia, dois terços de seus navios; as Filipinas, ao menos dois terços de suas escolas, e assim por diante, cidade após cidade, país após país, como itens num inventário sinistro.[16] Numa tentativa de mobilizar nossa imaginação, estatísticos governamentais tentaram decompor os números em partes manejáveis: assim, fomos informados de que o bombardeio de Dresden produziu 42,8 metros cúbicos de escombros para cada habitante sobrevivente, e de que o 1,6 trilhão de dólares gastos na guerra representavam 640 dólares para cada homem, mulher e criança no planeta. Mas o que isso realmente significava em termos de devastação física e econômica estava sempre além da imaginação.[17]

O mesmo pode ser dito sobre a escala da matança, que nunca foi apropriadamente quantificada: alguns historiadores estimam o número total de mortos em 50 milhões, enquanto outros sugerem 60 milhões ou 70 milhões — mas ninguém afirma realmente saber.[18] Em certo sentido, os números absolutos não importam — 50 milhões, ou 70 milhões, ou 500 milhões, tudo isso soa como o fim do mundo. Os seres humanos não compreendem — não podem compreender — números como esses de forma objetiva. De maneira muito parecida com Ogura, ou qualquer dos outros milhões de pessoas que experimentaram o trauma da Segunda Guerra Mundial, recorremos a absolutos numa tentativa de exprimir o inexprimível.

Por isso, grande parte da terminologia usada para descrever a guerra continua a ter hoje uma qualidade portentosa. A palavra "holocausto", por exemplo, originalmente significava a queima de um sacrifício até que ele fosse inteiramente consumido pelo fogo: hoje, para muitas pessoas, o termo é compreendido não como uma metáfora mas como uma descrição literal do que aconteceu com os judeus europeus durante a Segunda Guerra Mundial (uma impressão que só se acentua com referências a judeus sendo enviados "para os fornos", "para os crematórios", ou sendo transformados em "cinzas").[19] Da mesma maneira, a expressão "guerra total", cunhada pelo ministro alemão da Propaganda Joseph Goebbels, carrega uma sinistra promessa: ela implica um processo inexorável rumo à "devastação total" e à "morte total".[20] Os historiadores hoje costumam escrever sobre a guerra nesses termos: com efeito, um historiador de renome internacional intitulou de *Armagedon* seu livro sobre os meses finais da guerra.[21] Diretores de documentários fazem o mesmo: uma série francesa revolucionária sobre a Segunda Guerra Mundial, por exemplo, transmitida no mundo todo, trazia o título *Apocalypse*.[22] A Segunda Guerra Mundial foi "a maior catástrofe da história humana", o "cataclismo global histórico-mundial", "o maior desastre produzido pelo homem na história" — para citar três historiadores de grande sucesso.[23] Nas palavras do presidente russo Vladimir Putin, ela foi uma "tempestade ardente" que "devastou não somente a Europa, mas também nações asiáticas e africanas".[24] Segundo o ex-presidente da China Hu Jintao, ela trouxe "um desastre inenarrável para o mundo e uma catástrofe sem paralelo para a civilização humana".[25] A impressão transmitida por essas declarações não é a tradicional mensagem de que "o fim do mundo está próximo", mas, ao contrário, de que ele já aconteceu.

É CLARO QUE, EM TERMOS OBJETIVOS, o mundo não acabou. Grandes áreas do globo não experimentaram absolutamente nenhuma destruição, entre as quais toda a América do Norte continental, além das Américas Central e do Sul. A maior parte da África Subsaariana também permaneceu fisicamente intacta, e embora os australianos tenham ficado surpresos com o bombardeio de Darwin em 1942, o resto de seu território não sofreu quase nenhuma devastação durante a guerra. Grandes partes da Europa e da Ásia oriental, onde o conflito alcançou sua maior intensidade, permaneceram resolutamente incólumes. Diversas cidadezinhas e aldeias da Alemanha, uma grande proporção delas, continuaram a ser refúgios de paz até o fim da guerra, a despeito da ampla desolação de seus centros urbanos maiores. Mesmo cidades como Dresden, que os urbanistas do pós-guerra afirmaram que precisaria de "pelo menos setenta anos" para ser reconstruída, estavam remendadas e funcionando novamente apenas alguns anos após o armistício.[26]

A perda de vidas, embora terrível, tampouco constituiu um fim do mundo. Embora os nazistas se gabassem de ter dado uma "solução final" para a questão dos judeus, mesmo as estimativas mais pessimistas da mortalidade judaica mostram que eles fracassaram: pelo menos um terço dos judeus da Europa sobreviveria para lembrar os crimes cometidos contra suas famílias.[27] Um olhar frio para as estatísticas mostra que outras raças e nacionalidades se saíram proporcionalmente melhor. Cerca de um em cada onze alemães perdeu a vida durante a guerra, um em 25 japoneses, um em trinta chineses, um em oitenta franceses, cerca de um em 160 britânicos e menos de um em trezentos americanos. Numa escala global, a guerra certamente fez uma grande mossa na população do mundo, mas ainda assim somente uma mossa: 70 milhões de mortos representam cerca de 3% da população do mundo pré-guerra — um número repugnante, sem dúvida, mas ainda não o apocalipse.[28]

Por que, então, persistimos em caracterizar a guerra dessa maneira? É verdade que a ideia do fim do mundo tem uma ressonância simbólica e emocional que nenhuma estatística pode reproduzir. E também é verdade que algumas partes do mundo ainda não assimilaram até hoje o trauma que experimentaram durante aqueles anos catastróficos. Mas o fato de imagens do apocalipse continuarem a ser tão populares, e tão difundidas, sugere que há alguma outra coisa acontecendo, que há de fato algo *reconfortante* no pensamento de que, durante a guerra, a vida tal como era conhecida chegou a um fim tão violento.

Há duas explicações para isso. Em primeiro lugar, como os próximos capítulos irão mostrar, o mito do apocalipse não existe de forma isolada:

ele é apenas uma parte de uma rede mitológica que também permite que outros mitos, mais esperançosos, prosperem. Em particular, ele nos permite acreditar que o velho e podre sistema pré-guerra foi inteiramente expurgado, deixando uma página em branco para reconstruirmos um mundo novo, mais puro, mais feliz. Não há nada mais reconfortante que acreditar que criamos nosso próprio universo, livre das ideias fracassadas de nossos predecessores, responsáveis por nos levar à guerra. Isso nos permite acreditar que nós, mais sábios que eles, não repetiremos seus erros.

Mas há também uma explicação mais sombria, menos agradável de contemplar. Segundo Freud, as pulsões do homem para a destruição e a autodestruição são tão primais quanto suas pulsões para viver e criar.[29] O regozijo da aniquilação em tempo de guerra — quanto mais total, mais satisfatória — está bem documentado, especialmente no que diz respeito às ordens inflexíveis dadas por alguns líderes nazistas.[30] Mas esse regozijo não era algo exclusivo daqueles que passamos a ver como monstros, tendo sido sentido também pelos heróis da guerra. Quando o diretor do projeto da bomba atômica em Los Alamos, Robert Oppenheimer, testemunhou o primeiro teste do artefato, ficou tão impressionado com o poder que agora possuía que pronunciou as palavras do deus hindu Vishnu no *Bhagavad Gita*: "Tornei-me a morte, a destruidora de mundos". Em anos posteriores, sempre que repetiu essas palavras, Oppenheimer o fez com grande solenidade; diz-se, porém, que no momento da explosão ele as acompanhou com um andar orgulhoso, como Gary Cooper no faroeste hollywoodiano *Matar ou morrer*.[31] Há tamanho regozijo na destruição, e na sensação de poder que ela proporciona, que por vezes até as vítimas dessa destruição podem ser seduzidas por seus efeitos embriagadores. Em sua descrição do bombardeio de Hamburgo, Hans Erich Nossack admitiu o desejo de que os bombardeiros prosseguissem, ansioso por ver a destruição total da cidade, apesar do grande horror que isso também lhe causava.[32] Os exageros que vieram após o bombardeio, quando sobreviventes espalharam rumores dando conta de até 300 mil mortes na cidade (o número real foi de cerca de 45 mil), foram uma tentativa não somente de expressar a enormidade do que os hamburgueses tinham sofrido, mas também de participar em seu poder.[33]

Se voltamos a olhar para a descrição de Ogura Toyofumi da devastação de Hiroshima, podemos ver traços de emoções similares. Ogura documenta não só sua perplexidade diante do poder da bomba atômica, mas também um fascínio perverso com a terrível beleza, a imensidão e as "cores caleidoscópicas" que "brilhavam" na nuvem de cogumelo.[34] Ele descreve o evento como algo divino, de significado quase sagrado. Depois da experiência inicial do clarão atômico, e da explosão que se seguiu, Toyofumi se sentiu compelido a caminhar até o centro da cidade, para experimentar por si mesmo a plena extensão do poder do que tinha visto, quase como se quisesse *fazer parte* dele. Há uma sensação de relutante satisfação, quase de orgulho, na declaração que ele faz nove meses depois, ao afirmar que a destruição que havia testemunhado fora "a maior do gênero que o homem já viu".[35]

Às vezes me pergunto se nosso perpétuo fascínio com a destruição da Segunda Guerra Mundial não se origina, pelo menos em parte, de nosso próprio desejo subconsciente de participar do fim do mundo. Quando nos entregamos a mitos de destruição, não sentimos também o gosto do que significa destruir? Suspeito que, como Ogura, sejamos fascinados por essa sensação, ainda que ao mesmo tempo repelidos por ela; mas, ao contrário de Ogura, a maioria de nós no século xxi não está tolhida por perdas imediatas e pessoais. Talvez seja por isso que desejamos que a destruição seja maior, mais bela, mais total — não porque ela explique alguma coisa mais claramente, mas porque nos dá uma prova do divino.

Nossa necessidade de descrever a guerra em termos divinos continua quase tão forte hoje quanto era nos anos 1940, mas nossas razões mudaram. O que era antes uma reação compreensível a eventos vastos e desumanos tornou-se desde então um método inconsciente de satisfazer outras pulsões, mais perturbadoras, algumas das quais pouco têm a ver com a guerra.

Como veremos nos próximos capítulos, essa pulsão de tentar se agarrar a absolutos é um tema recorrente em todos os nossos mitos dominantes da Segunda Guerra Mundial. E seus efeitos — na maneira como vemos a nós mesmos, assim como em nossas relações uns com os outros — foram frequentemente muito profundos. O "fim do mundo" não foi apenas um "evento" independente. Foi também uma ideia que forneceu o contexto perfeito para que uma pletora de outros mitos se enraizasse.

2. Heróis

A Segunda Guerra Mundial foi uma época não somente de catástrofes, mas também de heróis. Um homem que conhece a sensação de ser celebrado como um herói de guerra é um ex-soldado de infantaria do 232º Regimento dos Estados Unidos chamado Leonard Creo; sua história demonstra como essas celebrações podem ser poderosas, e como podem ser ocas.

Para Creo, a Segunda Guerra Mundial teve muitos começos.[1] Na época um adolescente em Nova York, ele estava ciente do tumulto que subitamente engolira a Europa em 1939 e 1940: costumava acompanhar os noticiários com grande empolgação, "como se fosse um jogo de futebol". Essa relação se tornou mais pessoal no fim de 1941, quando os japoneses bombardearam Pearl Harbor e os Estados Unidos foram arrastados para a guerra. Três meses mais tarde, aos dezenove anos, ele se ofereceu como voluntário ao Exército: começou na artilharia, fez novo treinamento no serviço de comunicações e depois como fuzileiro na 42ª Divisão de Infantaria. Mas foi apenas em 1944 que finalmente se viu num navio de transporte de soldados com destino à Europa, onde sua guerra começou de verdade.

Creo pisou na França pela primeira vez no final daquele ano. Sua unidade fora enviada antes do resto da divisão para ajudar a proteger a cidade de Estrasburgo, na linha de frente entre a França e a Alemanha. A cidade não estava nada segura. Tantos soldados americanos tinham sido sugados por outras batalhas mais ao norte que aquele trecho do front estava agora apenas esparsamente defendido, e Creo se viu muitas vezes patrulhando a linha ou protegendo curtos trechos do rio Reno mais ou menos sozinho.

Um dia, em janeiro de 1945, os alemães organizaram um ataque através do rio. O que aconteceu em seguida é um borrão em sua mente. Creo correu de uma posição para outra para evitar ser morto. Disparou sua bazuca contra os soldados inimigos. Não se lembra de ter sentido medo, só euforia: "Eu estava loucamente feliz!". Mas então uma bala atingiu a lateral de seu corpo, e ele foi apanhado na explosão de um obus alemão que encheu sua perna de estilhaços. "E foi assim que a minha guerra chegou ao fim."

Seguiram-se vários outros fins. Creo foi tratado e enviado para os Estados Unidos para se recuperar dos ferimentos. Apesar de severamente incapacitado, não foi dispensado do Exército, mas mantido para a eventualidade de poder ser usado como reforço após a recuperação. Ele comemorou o Dia da Vitória na Europa em Long Island, mas não muito entusiasticamente, pois sabia que aquele não era o fim de verdade: ainda era preciso derrotar o Japão. Comemorou o lançamento da bomba atômica com mais entusiasmo, assim como o dia da vitória sobre o Japão, porque esses eram fins mais enfáticos. Mas só foi dispensado em outubro de 1945.

A atmosfera que cercou esses vários fins da guerra foi completamente transformadora. Quando o comandante da divisão soube das proezas de Creo em Estrasburgo, concedeu-lhe uma estrela de bronze. O reconhecimento falava da "bravura indômita" de Creo, e de como ele tinha impedido, "sem ajuda de ninguém", que forças inimigas cruzassem o rio, "em face de mortífero fogo de metralhadora e artilharia". Era o bastante para deixar qualquer homem orgulhoso de si mesmo.[2]

Enquanto isso, quase *todos* os soldados que voltavam eram tratados como heróis nos Estados Unidos. Seus esforços em prol do país foram oficialmente reconhecidos na chamada G. I. Bill, uma lei que lhes assegurou um grande número de benefícios, como hipotecas a juros baixos, livre acesso à educação superior e uma renda garantida de vinte dólares por semana durante um ano caso não conseguissem encontrar emprego. Creo se aproveitou dessas medidas para estudar arte na universidade — algo que teria sido impensável antes da guerra. Após a faculdade, também usou sua generosa pensão por invalidez para se sustentar enquanto se estabelecia

Leonard Creo em 2017, vestindo seu velho uniforme
do Exército dos Estados Unidos.

como pintor — uma carreira que seguiria pelo resto da vida. Depois da guerra, as coisas certamente pareciam boas para homens como Creo.

Ao longo de toda a sua vida, ele desfrutou dessa atitude de respeito tanto formal quanto informal diante dos veteranos. Foi frequentemente chamado de herói — às vezes em termos genéricos, mas às vezes com referência específica a seu histórico de guerra e sua medalha. É um rótulo que ele outrora achava gratificante, mas que pouco a pouco se tornou motivo de vergonha. Quando ele relembra aquele dia em Estrasburgo, percebe que alguns dos detalhes específicos em seu reconhecimento não são precisos, e que, em todo caso, não houve provavelmente nada de especial no que fez. "Era o que qualquer sujeito comum faria nas circunstâncias. Ou você fugia ou fazia *aquilo*." Ele acrescenta:

No fim da guerra, decidiram que todos os soldados de infantaria que haviam travado combate ativo mereciam uma estrela de bronze, de modo que recebi uma condecoração em forma de folhas de carvalho.* Assim, acabei ganhando duas [medalhas]. Uma delas não tem valor, e a segunda não significa nada.

Hoje, ele acha a reverência automática concedida a veteranos da Segunda Guerra Mundial "desconfortável" e "absurda". Nunca comparece a comemorações da guerra porque não suporta a cultura de transformar todo cozinheiro e escriturário em heróis apenas em virtude de sua idade e seu uniforme.

Estamos vendo cada vez mais adulação à medida que o tempo passa, porque estamos nos tornando cada vez menos numerosos. Muito em breve só restará um de nós, o último, assim como ocorreu com a Primeira Guerra Mundial. E vão encher de glórias um sujeitinho que pode ter sido apenas um escriturário na Companhia A ou algo do tipo.

A Segunda Guerra Mundial mudou a vida de Creo. Foi seu envolvimento na guerra que lhe permitiu se beneficiar das leis para os ex-combatentes, estudar, tornar-se pintor: ele agora tem pinturas na coleção permanente de museus e universidades por todos os Estados Unidos. Os ferimentos que sofreu durante a guerra o instigaram a se dedicar à caminhada — primeiro com o objetivo de reabilitação, mais tarde como um esporte. Ele é hoje campeão de marcha atlética, e quebrou recordes para seu grupo etário em corridas de veteranos. Foi a guerra que o levou pela primeira vez ao exterior: ele agora fala três línguas, viajou pelo mundo todo e passou longos períodos morando no México, na Itália, na Espanha, na França e hoje na Grã-Bretanha. Nenhuma dessas coisas teria acontecido sem a Segunda Guerra Mundial. Quando o entrevistei, ele foi muito enfático quanto a esse ponto. "Ela mudou minha vida de quase

---

* Indicativa de que a pessoa recebeu mais de uma outorga de uma condecoração particular. (N. T.)

todas as maneiras possíveis", disse. "Tudo que algum dia me aconteceu veio da guerra."

Há somente um outro recado que ele frisa com a mesma ênfase. "Não sou um herói. E, se *eu* digo isto, vocês têm de acreditar em mim."

A HISTÓRIA DE LEONARD CREO REFLETE um problema profundamente arraigado na maneira como o mundo — e em especial as nações vitoriosas — se lembra da Segunda Guerra Mundial. Creo não escolheu tornar-se um herói; esse foi um rótulo que lhe foi impingido, um rótulo que parece ter brotado e se desenvolvido de maneira totalmente independente do próprio Creo. Como ele compreende melhor do que a maioria, os eventos reais da guerra e a maneira como os *recordamos* são coisas muito diferentes, e essa discrepância, cada vez maior, o deixa muito incomodado.

A maioria de nossas imagens de heróis da Segunda Guerra Mundial data de 1944 e 1945 — os anos em que nação após nação foi libertada, e em que os Aliados emergiram pouco a pouco como vitoriosos. Provavelmente a imagem mais famosa da guerra — e de fato uma das imagens icônicas de todo o século — é a fotografia tirada por Alfred Eisenstaedt de um marinheiro beijando uma enfermeira na Times Square de Nova York no dia da vitória sobre o Japão. Essa única imagem contém todos os elementos do mito aliado do fim da guerra. É um momento de alegria desenfreada. Um momento de unidade e celebração. O foco da imagem está sobre duas pessoas de uniforme, representando o país a que servem. E, como seus rostos não estão visíveis, são também qualquer homem e qualquer mulher. Mais importante, porém, eles representam um conto de fadas: o herói, que derrotou um monstro, voltando para casa para conquistar a moça. Se a Segunda Guerra Mundial fosse um filme de Hollywood, seria exatamente assim que escolheríamos encerrá-lo.

A imprensa na Grã-Bretanha e nos Estados Unidos com frequência destacou histórias similares de heróis do sexo masculino sendo beijados ou cortejados de outra maneira por mulheres durante e após a guerra. O jornal do Exército americano, *Stars and Stripes*, publicava regularmente

fotografias de mulheres europeias beijando seus libertadores, ou dançando com eles, ou apenas os contemplando, extasiadas. A revista *Life*
fazia o mesmo. O *Daily Express* da Grã-Bretanha retratou prazerosamente
a França durante a libertação cheia de donzelas aflitas, "jogando-se sobre
os soldados para abraçá-los e dizer: 'Oh, esperamos durante tanto tempo,
estávamos tão impacientes'".[3]

Isso não era mera propaganda: refletia a experiência de muitos soldados
britânicos e americanos comuns, que muitas vezes ficavam perplexos com
essas efusões de gratidão. Populações locais cobriam-nos de flores, comida
e vinho, e mulheres de todas as idades acorriam para beijá-los. Um capitão
britânico lembra que, sentado em seu jipe, lhe foi servida uma refeição de
quatro pratos em belas peças de porcelana, embora "infelizmente a coluna
tenha avançado justo quando eu estava chegando aos licores".[4] Outro recorda ter sido erguido no ar por uma "mulher enorme", que o abraçou, o
beijou e por fim dançou com ele no meio da estrada. "Meus pés, eu juro,
em nenhum momento tocaram no chão."[5]

Às vezes a paixão da multidão, sobretudo das mulheres, era como um
frenesi erótico: de fato, um historiador a descreveu como uma espécie de
Beatlemania dos anos 1940.[6] Mas para a maioria das pessoas a libertação foi
um evento espiritual, não erótico. O repórter de guerra australiano Alan
Moorehead descreveu a "histeria" que testemunhou durante a libertação
de Paris como uma espécie de fervor patriótico: "Mulheres erguiam seus
bebês para serem beijados. Velhos se abraçavam. Alguns estavam sentados
na sarjeta derramando lágrimas. Outros apenas estavam parados, de pé,
e choravam alto de alegria".[7]

Durante a libertação dos Países Baixos, uma jovem relembrou sua primeira visão de um soldado aliado quase como uma experiência religiosa.
Maria Haayen estava morando em Haia quando os canadenses chegaram
em seus tanques: "Todo o sangue se esvaiu do meu corpo, e pensei: *aí vem
nossa libertação*. E, quando os tanques se aproximaram, perdi o fôlego e o
soldado se levantou — ele era como um santo".[8] De maneira semelhante,
um holandês recordou que "mesmo tocar na manga de um uniforme canadense era um privilégio. Cada soldado raso canadense era um Cristo,

um salvador".[9] Até endurecidos prisioneiros de guerra podiam reagir à sua libertação com uma espécie de êxtase espiritual. Um ex-cativo na prisão alemã em Colditz descreveu o momento em que um soldado americano entrou no pátio e anunciou que os prisioneiros estavam livres:

> De repente, uma multidão estava correndo em direção a ele, gritando e dando vivas, esforçando-se loucamente para chegar até ele, para se assegurar de que ele estava vivo, para tocá-lo e com o toque conhecer novamente o milagre de viver. [...] O choro jorrava feito fonte, eles transbordavam, rompiam suas margens, caíam no chão, desimpedidos e descontrolados. Franceses com lágrimas escorrendo pelo rosto beijavam-se uns aos outros em ambas as faces, num cumprimento de irmãos. Beijavam também o soldado, beijavam todos a seu alcance. [...] Era o ápice do homem em meio à grandeza daquele momento de libertação. Uma nobre sinfonia arranjada pelo Grande Compositor chegara a seu estrondoso finale, e, quando o último e triunfal acorde deu lugar ao Hino das Nações, o homem olhou para a face do Criador voltada para ele, uma visão de ternura, espelhada por um instante pela pureza de sua própria torrente incontida de alegria e gratidão. Num momento como esse, montanhas se movem ao comando do homem, ele tem tal poder aos olhos de Deus.[10]

O foco dessa experiência mística — o portador dessa mensagem divina do "milagre de viver" — é o único soldado americano que entrou no pátio do castelo nesse dia. Como um representante dos Aliados vitoriosos, ele é um herói; mais do que isso, é um messias.

Nos anos que se passaram desde 1945, Grã-Bretanha e Estados Unidos com frequência sucumbiram à tentação de acreditar piamente nisso. Um dos legados mais potentes da Segunda Guerra Mundial foi a forma como os Aliados cultivaram uma ideia de si mesmos como "guerreiros da liberdade", combatentes da "boa guerra", ou até, de forma mais memorável, "a mais excelente geração que qualquer sociedade jamais produziu".[11]

Os analistas de grupo há muito notaram a tendência de grupos nacionais a se autoproclamarem o maior, o mais justo ou o melhor, frequentemente num grau que num indivíduo soaria megalomaníaco.[12] A Segunda Guerra Mundial, no entanto, permitiu que as nações vitoriosas levassem essa tendência a novas alturas. No quinquagésimo aniversário do Dia da Vitória na Europa, o presidente americano Bill Clinton proclamou que todos e cada um dos americanos que haviam servido na guerra mereciam nossa imorredoura devoção: "seja qual for seu posto, cada soldado, aviador, fuzileiro naval, marinheiro, cada marinheiro mercante, cada enfermeiro, cada médico foi um herói". Não só isso, mas também: "Milhões foram heróis aqui no front interno". Esses milhões e milhões de heróis tinham não apenas vencido uma guerra, mas "salvado o mundo"; e mais tarde, com seu continuado heroísmo, "trouxeram meio século de segurança e prosperidade ao Ocidente" e até mesmo "nossos antigos inimigos de volta à vida".[13]

É fácil encontrar casos de americanos — tanto democratas quanto republicanos — engrandecendo a si mesmos e às suas gerações de tempo de guerra. Talvez mais interessante, porém, seja que, em se tratando da Segunda Guerra Mundial, tantas outras nacionalidades continuem a se sentir moralmente obrigadas a concordar com eles. No sexagésimo aniversário do Dia D, o presidente da França, Jacques Chirac, não só agradeceu os americanos por libertarem seu país em 1944 — como de fato era justo e apropriado de sua parte —, como foi além e proclamou-os "heróis lendários" que haviam "mudado o curso da história", "conferido uma nova estatura à humanidade" e até "alçado a consciência humana a um plano mais elevado". Mesmo tantas décadas depois, o soldado americano comum ainda estava sendo proclamado um messias.[14]

O problema com esse ideal heroico, conforme veteranos como Leonard Creo reconhecem, é que é completamente impossível corresponder a ele. Os Aliados podem ter produzido sua boa cota de homens estereotipicamente corajosos e abnegados, mas milhões também participaram da guerra sem jamais ter sua coragem posta à prova de maneira mais séria. Cozinheiros e escriturários merecem tanto respeito quanto qualquer outro homem — mas será que merecem o título "herói"? E que dizer daqueles homens que *foram* postos à prova no campo de batalha mas não suporta-ram a pressão? Apenas no teatro europeu, cerca de 150 mil soldados britâ-nicos e americanos desertaram de seus postos, e mais de 100 mil tiveram de ser tratados por distúrbios nervosos porque foram incapazes de lidar com o estresse do combate.[15] Esses homens certamente não eram "heróis lendários", mas, se forem excluídos desse título, tão liberalmente conce-dido aos demais soldados aliados, no que isso os transforma? Uma coisa é certa: quem nunca encarou a perspectiva de uma morte violenta não tem qualquer direito de julgá-los.

Se os soldados aliados não eram todos corajosos, tampouco eram todos "nobres" ou "galantes". Na Normandia, soldados aliados invadiram rotinei-ramente casas de civis, destruíram propriedades à procura de despojos, in-timidaram a população local e roubaram objetos de valor. Uma mulher em Colombières afirmou que os soldados canadenses que libertaram a aldeia também a submeteram a um "violento ataque" de pilhagem e vandalismo: "os homens roubaram, pilharam, saquearam tudo. [...] Eles apanhavam roupas, botas, provisões, até dinheiro de nosso cofre. Meu pai foi incapaz de detê-los. A mobília desapareceu; eles roubaram até minha máquina de costura".[16] Um oficial de artilharia britânico ficou horrorizado após tes-temunhar a desenfreada destruição da casa de um agricultor normando por seus colegas: "Trezentos alemães, ao que parece, tinham vivido ali por perto e respeitado a propriedade, o gado e os bens do homem. Como ele reagiria ao voltar e descobrir tal ultraje? A única coisa que podia fazer era amaldiçoar seus libertadores".[17] Segundo consta, soldados americanos se comportaram igualmente mal, se não pior. De acordo com arquivos poli-ciais franceses e belgas, na esteira da libertação a maioria esmagadora de assaltos, roubos e casos de embriaguez pública aliados tinha relação com soldados americanos.[18]

Se as mulheres da Europa ocidental estavam esperando que os Aliados fossem heróis cavalheirescos, o que muitas vezes tiveram foi um exército de jovens endurecidos pelas batalhas e sexualmente frustrados, a maioria mal saída da adolescência. O Exército dos Estados Unidos sozinho é acu-sado de estuprar nada menos que 17 mil mulheres na África do Norte e na

Europa entre 1942 e 1945.[19] Embora esse número seja apenas uma fração dos centenas de milhares de estupros cometidos por soldados soviéticos na metade oriental do continente, ainda está a uma longa distância da lenda popular dos americanos como "cavalheiros em armadura reluzente".[20] Os britânicos não foram muito melhores. Segundo Yvette Levy, uma judia francesa que foi libertada de um campo de trabalhos forçados na Tchecoslováquia,

> os Tommies* se comportaram tão mal quanto os russos. Um homem de uniforme perde toda sua dignidade. Os soldados ingleses diziam que só nos dariam comida se dormíssemos com eles. Todas nós tivemos disenteria, estávamos doentes, sujas... e essa foi a acolhida que tivemos! Não sei o que esses homens pensavam de nós. Devem ter nos tomado por animais selvagens.[21]

Se na Europa os Aliados algumas vezes se comportaram mal, na Ásia e no Pacífico seu comportamento por vezes beirou a atrocidade.[22] A população civil asiática certamente nem sempre ficou feliz em vê-los. Para muitos birmaneses, malaios e singapurenses, o retorno dos britânicos foi tão indesejável quanto o dos soviéticos tinha sido na Europa oriental: alguns os viram como a mera substituição de um ocupante colonial por outro. O preço da libertação foi também às vezes considerado alto demais. A retomada de Manila, por exemplo, pode ter custado a vida de mil soldados americanos e cerca de 16 mil soldados japoneses, mas também matou cerca de 100 mil filipinos.[23] "Cuspi no primeiro soldado americano que vi", afirmou depois uma mulher de Manila. "'Malditos sejam', pensei. 'Aqui há somente civis filipinos, e vocês fizeram tudo que puderam para nos matar'."[24]

Há milhares de histórias semelhantes de ressentimento e raiva em relação aos Aliados — com efeito, seria muito fácil construir uma história da libertação em que eles aparecem não como santos, mas como monstros. O que se pretende aqui não é subestimar os feitos dos Aliados ou a bon-

---

* Apelido dos soldados rasos ingleses. (N. T.)

dade fundamental de suas intenções, mas desmistificar a ideia de que eles eram de alguma forma perfeitos. Isso pode parecer óbvio; mas a estrutura emocional que envolve nossa compreensão popular da guerra nem sempre permite essa nuance. *Queremos* acreditar que nossos heróis eram perfeitos, ainda hoje. Ficamos enfurecidos com qualquer sugestão de que eles possam ter sido também egoístas, incompetentes, ignorantes, chauvinistas, por vezes brutais — em suma, humanos. No balanço final, os soldados aliados que travaram e venceram a Segunda Guerra Mundial não foram nem heróis nem monstros, mas homens comuns como Leonard Creo.

A ILUSÃO DA PERFEIÇÃO ALIADA durante a Segunda Guerra Mundial teve profundas repercussões no mundo pós-guerra. Convencidos de terem travado uma "boa guerra", britânicos e americanos vêm procurando uma nova boa guerra desde então. Isso não quer dizer que saíram conscientemente à procura de problemas, mas que, quando se viram em apuros, exploraram despudoradamente sua posição como os mocinhos da história para justificar sua causa.

Ou talvez seja cínico demais afirmar isso: com frequência, ambos os países se viram arrastados para conflitos em que nunca desejaram estar envolvidos, mas dos quais se apropriaram movidos por um sentimento de responsabilidade em relação ao mundo. Os Estados Unidos em particular foram muitas vezes chamados a agir como a polícia do mundo. Quando se apresentam para cumprir seu dever, os americanos reúnem a coragem necessária recordando que, uma vez que são heróis, são obrigados a agir como tal.

Desde 1945, praticamente todas as guerras em que a Grã-Bretanha e os Estados Unidos se envolveram foram acompanhadas por evocações de seu heroísmo na Segunda Guerra Mundial. Depois que a Guerra da Coreia foi deflagrada, em junho de 1950, o presidente Truman apelou repetidamente para a lembrança de 1945 em suas falas na televisão e discursos ao Congresso.[25] Os presidentes Kennedy e Johnson compararam "os vigorosos jovens americanos" que estavam lutando no Vietnã à "legião de heróis americanos" que havia lutado na Segunda Guerra Mundial.[26] E, em 1982, durante a Guerra das Falklands, jornalistas britânicos se juntaram a Margaret Thatcher ao comparar o heroísmo da força-tarefa com o dos heróis que haviam "construído o império" e "vencido a Segunda Guerra Mundial".[27]

Não há nada de singular nisso. *Todas* as nações, praticamente sem exceção, exploram seu passado para justificar seu presente. Ocorre apenas que a Grã-Bretanha e os Estados Unidos, que se veem como os maiores heróis da maior guerra, têm mais a explorar que a maioria.

Um exemplo perfeito de como os Estados Unidos fazem isso foi dado pelo presidente Ronald Reagan em junho de 1984. No quadragésimo aniversário do Dia D, numa cerimônia na costa da Normandia, Reagan fez um discurso que foi sobre a comemoração mas também sobre a Guerra Fria.

Ele começou com uma evocação familiar, previsível, do mito da Segunda Guerra Mundial como uma batalha titânica entre as forças do bem e do mal:

> Estamos aqui para marcar aquele dia na história em que os Exércitos aliados se uniram em campo para recuperar a liberdade deste continente. Por quatro longos anos, grande parte da Europa ficou sob uma terrível sombra. Nações livres tinham caído, judeus gritavam nos campos, milhões clamavam por libertação. A Europa foi escravizada, e o mundo orava por seu resgate. Aqui na Normandia o resgate teve início. Aqui os Aliados se levantaram e lutaram contra a tirania num empreendimento gigantesco, sem paralelo na história da humanidade.[28]

Deste momento em diante ele pintou repetidamente um quadro idealizado, mítico, dos perfeitos heróis aliados: "Estes são os campeões que ajudaram a libertar um continente", "Estes são os heróis que ajudaram a encerrar uma guerra", "todos foram corajosos naquele dia", "Os homens da Normandia acreditavam que estavam fazendo a coisa certa, que lutavam por toda a humanidade, que um Deus justo lhes concederia misericórdia na próxima cabeça de ponte". Os Aliados, ele afirmou, eram motivados puramente por "fé e crença", por "lealdade e amor", e pela certeza de "que Deus era um aliado nessa grande causa".

Na metade de seu discurso, porém, Reagan tomou uma nova direção, e passou a falar de eventos ocorridos após o fim da guerra. Ao contrário dos americanos, disse ele, "os soldados soviéticos que vieram para o centro deste continente não partiram quando a paz chegou. Ainda estão aqui, sem que ninguém os tenha convidado, indesejados, inflexíveis, quase quarenta anos após a guerra". Por causa disso, o heroísmo americano foi obrigado a continuar. Enquanto os soviéticos persistissem numa atitude de conquista, os Estados Unidos continuariam a proteger a liberdade das democracias europeias: "Estamos ligados hoje pelo que nos ligava quarenta anos atrás, as mesmas lealdades, tradições e crenças. [...] Estávamos com vocês então; estamos com vocês agora".

Ouvindo esse discurso, seria fácil imaginar que a Segunda Guerra Mundial não havia terminado. Há um elo direto e explícito entre "então" e "agora": as mesmas forças do bem estão combatendo as mesmas forças do mal. E um dado importante: o inimigo não são os alemães ou os nazistas, que não são mencionados nenhuma vez no discurso, mas as forças muito mais abstratas da "tirania" — termo que pode ser aplicado tanto aos nazistas quanto aos soviéticos. É como se a mentalidade de junho de 1944 tivesse sido de algum modo congelada no tempo.

Se avançarmos um par de décadas veremos que, apesar de algumas enormes mudanças históricas no mundo, a retórica não parece ter mudado. Em 2001, os Estados Unidos tinham um novo inimigo. Após os ataques do Onze de Setembro, eles lançaram uma "guerra contra o terror" que teve início com um ataque militar ao Afeganistão. A fim de granjear apoio internacional, quando discursou para as Nações Unidas naquele novembro, o presidente George W. Bush evocou deliberadamente paralelos com os Estados Unidos em tempo de guerra:

Na Segunda Guerra Mundial, aprendemos que não nos isolamos do mal. Afirmamos que alguns crimes são tão terríveis que ofendem a própria humanidade. E decidimos que é preciso opor-se cedo, decisiva e coletivamente às ambições dos iníquos, antes que eles nos ameacem a todos. Esse mal retornou, com uma causa renovada.[29]

Algumas semanas depois ele declarou que "os terroristas são os herdeiros do fascismo", num discurso que comparava diretamente o Onze de Setembro ao bombardeio japonês de Pearl Harbor.[30]

Nos meses seguintes, Bush traçou repetidamente paralelos entre a Segunda Guerra Mundial e a guerra contra o terror. Comparou as alianças dos Estados Unidos com suas alianças na Segunda Guerra Mundial; comparou a fortaleza do povo americano com sua fortaleza nos anos 1940; chegou até a chamar seu secretário de Estado de uma versão contemporânea do general George Marshall (e sugeriu que ele próprio era um Roosevelt).[31] Mas talvez tenha sido seu discurso no Memorial Day* em 2002 o que melhor demonstrou suas tentativas de retratar aquela guerra moderna como um eco da "boa guerra" de 1945. Bush decidiu passar o feriado não nos Estados Unidos, como seus predecessores sempre haviam feito, mas no memorial da guerra erguido pelos americanos na Normandia. Num discurso salpicado de histórias e imagens religiosas, lembrou ao mundo que os soldados americanos "tinham vindo para libertar, não para conquistar", que eles haviam se "sacrificado" pelo "futuro da humanidade" e que chegaram trazendo "a luz que dispersou a escuridão" do mundo. Embora a retórica seja boa, é injusta para com os próprios soldados americanos. Em 2002, exatamente como em 1945, eles continuavam a ser chamados a desempenhar o papel irrealista de messias uniformizados.[32]

OS POLÍTICOS BRITÂNICOS E AMERICANOS não estão sozinhos em suas constantes pretensões ao heroísmo, nem em suas frequentes menções à Segunda Guerra Mundial. Os russos muitas vezes fazem o mesmo, e Putin foi tão rápido quanto Bush em evocar o heroísmo do povo russo em tempo

---

* Feriado nacional nos Estados Unidos que homenageia os militares americanos que morreram em combate. (N. T.)

de guerra (e usá-lo para justificar sua própria guerra contra o terror).[33] Da mesma forma, os chineses proclamam orgulhosamente seus próprios "feitos heroicos" na "guerra de resistência do povo contra a agressão japonesa", mas mantêm um véu de silêncio sobre a selvageria da guerra civil que estava ocorrendo dentro de suas próprias fronteiras.[34] Os países europeus que tiveram movimentos clandestinos significativos durante a guerra, como França, Itália, Países Baixos, Noruega e Polônia, também exageram seu heroísmo e minimizam a natureza de suas atividades de resistência, que frequentemente envolveram violência, crime e o uso de terror contra seu próprio povo.[35] A única razão pela qual me concentrei nos britânicos e americanos neste capítulo é porque são as duas nacionalidades cujo heroísmo na Segunda Guerra Mundial continua até hoje em grande parte imaculado. Eles talvez sejam os exemplos mais interessantes, porque são os que mais têm a perder. Os Estados Unidos são também a única nação "heroica" que continua a exercer poder numa escala verdadeiramente global: a psicologia do heroísmo americano não é, portanto, uma questão restrita aos americanos, mas um problema que afeta a todos nós.

E ela é de fato um problema. Heróis, seja de que nacionalidade forem, podem ficar presos em sua própria ideia de si mesmos a ponto de se tornarem cegos para seus próprios defeitos, enquanto enxergam rapidamente os defeitos dos outros. O problema dos heróis é que eles vão sempre precisar de um monstro para combater: e, quanto mais perfeito o herói, mais ameaçador deve ser o monstro.

Isso nos leva a um outro mito potente que nos foi legado pela Segunda Guerra Mundial: o ano de 1945 nos brindou não apenas com o modelo psicológico dominante do heroísmo, mas também com um modelo correspondente do mal. Esses dois arquétipos estão de tal modo entrelaçados que muitas vezes é impossível referir-se a um sem também se referir ao outro — mas seus efeitos sobre a sociedade são muito distintos. O mito do herói pode às vezes ser oco. Mas, como mostrarei em seguida, o mito do monstro e seu impacto sobre a sociedade podem ser altamente tóxicos.

3. Monstros

Segundo os psicanalistas, há uma íntima relação entre heróis e demônios. Nações raramente exaltam suas próprias virtudes sem as contrastar com os males de estrangeiros. Essa é uma boa maneira de projetar tudo de que não gostamos em nós mesmos em outras pessoas, e é também uma excelente maneira de nos desviarmos das dificuldades e divisões que existem entre nós mesmos. Abraçamos nossos inimigos — reais ou imaginários — porque eles nos permitem concentrar nossos sentimentos negativos em outro lugar. Para parafrasear Freud, nações inteiras podem se reunir em amor fraternal, contanto que tenham alguém para odiar.[1]

Em tempos de guerra a demonização de nossos inimigos torna-se uma prioridade ainda mais urgente, porque a necessidade de coesão social é maior. Não há nada como uma ameaça externa para criar o que os britânicos ainda chamam de "espírito de Blitz". De qualquer maneira, uma nação é obrigada a retratar seus inimigos como maus *para* justificar a entrada em guerra contra eles. Além disso, ela os chamará de maus para inspirar seu povo a fazer o que deve: a guerra é basicamente uma questão de matar, e é muito mais fácil matar nossos inimigos quando acreditamos que são monstros.

Durante a Segunda Guerra Mundial, todos os lados demonizaram seus inimigos. Estudos da propaganda no tempo da guerra mostram que essa demonização foi impressionantemente parecida em todos os lugares. Para começar, o inimigo, quem quer que fosse, era descrito como de alguma forma torto, depravado ou racialmente "inferior". Assim, a propaganda alemã e a italiana costumavam retratar os americanos como gângsteres, negros e judeus; os japoneses caracterizavam os britânicos como imperialistas impiedosos que tinham escravizado a Ásia meridional; ao passo que os soviéticos eram pintados como uma nova encarnação das hordas bárbaras.[2] Já os Aliados mostravam os alemães como assassinos ímpios, insensíveis e dissimulados, e os japoneses como as "hordas amarelas da Ásia".[3] Todos os lados descreviam os inimigos como ávidos de poder, falsos, exploradores, manipuladores, violentos, psicopáticos e particularmente dados a atacar mulheres e crianças.[4]

Com mais frequência não se fazia ao inimigo a cortesia de considerá-lo um ser humano em absoluto — ou, se era, então era na melhor das hipóteses deformado, ou "sub-humano". Os japoneses rotineiramente caracterizavam os chineses como símios, ratos ou asnos, e desenhavam cartuns deles com garras, chifres ou rabos curtos, atarracados. Em troca, a propaganda chinesa rotineiramente caracterizava seus invasores japoneses como anões ou demônios.[5] Como todos sabem, os nazistas representavam judeus e eslavos como ratos; em troca, eram representados como vários animais, de porcos a cães raivosos, tigres, cobras, escorpiões, baratas, mosquitos e até bactérias.[6] Talvez a propaganda antigermânica mais cruel tenha vindo dos jornais soviéticos, que estimulavam seus soldados a exterminar os alemães como se eles fossem uma praga. "Não podemos viver enquanto essas lesmas cinza-esverdeadas estiverem vivas", proclamou o jornal do Exército Vermelho em agosto de 1942. "Hoje só há um pensamento: matar os alemães. Matar todos eles e enfiá-los debaixo da terra. Somente então poderemos dormir."[7]

Todos os lados desumanizavam os inimigos precisamente por isso: porque era mais fácil matá-los se fossem percebidos como animais. Assim os japoneses eram descritos na propaganda americana como uma "praga" cujos "viveiros em torno de Tóquio devem ser completamente aniquilados", enquanto os japoneses respondiam com exortações a "golpear os americanos até a morte!".[8]

Nos casos mais extremos, contudo, o inimigo era representado como algo inteiramente mais lúgubre e mais aterrorizante que um mero sub--humano. Animais míticos eram evocados: hidras, demônios alados, esqueletos voadores, robôs desalmados, a Ceifadora, o monstro de Frankenstein, os Cavaleiros do Apocalipse.[9] Uma das imagens mais comuns, usada por

todos os lados, foi a do vampiro. A capa da revista *Collier's* nos Estados
Unidos representou a Força Aérea japonesa como um morcego-vampiro
levando bombas para Pearl Harbor, ao passo que a capa da *Manga* no Japão
mostrou o presidente Roosevelt como um monstro ganancioso de cara
verde com caninos de Drácula.[10] Essas imagens muitas vezes não eram
meramente caricaturas: pretendiam expressar um medo muito real. Durante a ocupação alemã dos Países Baixos, por exemplo, a revista *De Groene
Amsterdammer* publicou um cartum perturbador e sombrio de um vampiro
com uma máscara de gás em vez de rosto, sugando a força vital do corpo
nu de um patriota holandês.

Os Estados Unidos produziram imagens similares do "perigo amarelo":
num cartum famoso de 1942, o primeiro-ministro japonês, Hideki Tojo,
foi representado como um monstro simiesco inclinado sobre o corpo de
um aviador americano, com sangue pingando da boca.[11]

A inquietante representação da invasão nazista dos Países Baixos em 1940,
por L. J. Jordaan, tal como reproduzida em *De Groene Amsterdammer*.

Há algo de verdadeiramente assustador nessas imagens, quando vistas da perspectiva do século XXI. Hoje sabemos tudo sobre as atrocidades que caracterizaram a Segunda Guerra Mundial: o Holocausto, as vastas redes nazistas de trabalho escravo por toda a Europa, o uso de seres humanos para experimentação científica ou prática de baioneta e, talvez mais perturbadoramente, a maneira como alguns soldados japoneses em partes do Sudeste Asiático abateram prisioneiros de guerra para comer sua carne. Armados com esse olhar retrospectivo, é tentador imaginarmos que grande parte da demonização, pelo menos do lado aliado, foi inteiramente justificada. Mas temos de lembrar que a vasta maioria das imagens e diatribes citadas foram criadas *antes* que as atrocidades ocorressem, e sem dúvida antes que fossem amplamente conhecidas. A demonização do inimigo não foi, portanto, uma reação à atrocidade, mas uma precursora dela. Com efeito, como revelam vários estudos sociológicos e psicológicos, ela foi um dos fatores que possibilitou o surgimento de tais atrocidades. Ficamos horrorizados, com razão, ao ver cineastas nazistas retratando os judeus como ratos; mas, sabendo o que sabemos agora, deveríamos nos preocupar também com a propaganda aliada, que representou os japoneses como piolhos e os alemães como bactérias.[12]

SOLDADOS NA LINHA DE FRENTE com frequência relatam um redespertar para a humanidade do inimigo depois que a batalha é vencida. Robert Rasmus, um atirador da 106ª Divisão dos Estados Unidos, conta como ele e seus companheiros entraram na Segunda Guerra com um ódio absoluto dos alemães, até ficarem finalmente face a face com alguns de seus mortos na primavera de 1945:

> Era um dia ensolarado e calmo. Estávamos passando pelos alemães que tínhamos matado. Ao olhar para eles, cada um assumia uma personalidade. Não havia mais uma abstração. Não havia mais os alemães de rostos brutais e os capacetes que tínhamos visto nos cinejornais. Eles eram exatamente da nossa idade. Eram rapazes como nós.[13]

No curso normal dos acontecimentos, podemos imaginar um processo semelhante ocorrendo em nível social. Depois de derrotados, a Alemanha e o Japão já não pareceriam mais tão ameaçadores — os Aliados poderiam, portanto, ter sido capazes de reconhecer sua humanidade novamente. Segundo versões tradicionais da história, foi exatamente isso que aconteceu: Alemanha e Japão foram "reabilitados", ajudados a se levantar, ganharam o direito de se tornar os "alunos" das superpotências. Nas palavras do presidente americano Bill Clinton, "trouxemos nossos antigos inimigos de volta à vida".[14]

Infelizmente, um dos mais fortes legados da Segunda Guerra Mundial é o grau em que essa reumanização do "inimigo" *não* aconteceu. Ao contrário, no pós-guerra imediato, quando as atrocidades cometidas pelos alemães e japoneses se tornaram amplamente conhecidas, as atitudes em relação aos inimigos dos Aliados endureceram. Cartuns de esqueletos ambulantes e pilhas de cadáveres foram substituídos por fotografias e cinejornais da coisa real. Rumores e histórias de atrocidades isoladas foram substituídos por provas concretas de maus-tratos sistemáticos, tortura e extermínio de milhões de civis — difundidas no mundo todo por jornais que cobriram os vários julgamentos de crimes de guerra. Até 1945, algumas das imagens mais extremas do inimigo poderiam facilmente ter sido descartadas como metáforas; depois dos julgamentos de crimes de guerra, não pareciam mais metafóricas, de forma alguma.

O movimento para reabilitar a Alemanha e o Japão, portanto, teve lugar contra um pano de fundo de muitas vozes concorrentes que demonizavam os inimigos dos Aliados em tempo de guerra como nunca antes. Se hoje nos lembramos mais facilmente dos apelos por moderação é somente porque isso nos convém: de fato, ódios suscitados pela guerra subsistiram em nível oficial por meses após o fim dela. Os soldados americanos que ocuparam o sul da Alemanha receberam panfletos que descreviam os civis como "ratos capturados" que tinham "compartilhado os lucros da desumanidade da Alemanha".[15] Segundo alguns historiadores escandinavos, o ódio público aos alemães durou cerca de vinte anos.[16] Muitos políticos da época eram bastante francos com relação a seus sentimentos. "Não quero jamais ver o restabelecimento de um Reich", disse o presidente francês Charles de Gaulle no final de 1945.[17] Prokop Drtina, futuro ministro da Justiça da Tchecoslováquia, gostava de dizer que "não há bons alemães, somente maus e ainda piores". Até mesmo clérigos estavam prontos a declarar a raça alemã tão "maléfica" que "o mandamento de amar ao próximo [...] não se aplica".[18]

Em todo o Pacífico, as atitudes em relação aos japoneses eram um pouco parecidas. Na literatura popular filipina surgida após a guerra, os japoneses eram quase sempre retratados como estupradores "selvagens" de "pernas arqueadas" e "olhos puxados", cujo único papel era o de vilão. Essas caracterizações predominaram até os anos 1960, e continuaram comuns desde então.[19] Yukawa Morio, primeiro embaixador japonês nas Filipinas no pós-guerra, lembra que, assim que chegou ao país, em 1957, "embora tivesse me preparado, fiquei muito surpreso com o grau de animosidade em relação ao Japão".[20] Na Malásia e em Singapura, segundo algumas fontes, a demonização dos japoneses após a guerra foi ainda mais forte.[21] Enquanto isso, na Coreia, o ódio aos japoneses foi talvez o mais intenso de todos: as atitudes coreanas em relação ao Japão eram tão tóxicas que, quando os países finalmente assinaram um tratado para normalizar suas relações diplomáticas, em 1965, após quase catorze anos de negociações, ele causou distúrbios generalizados, e membros do partido de oposição renunciaram à Assembleia Nacional em protesto.[22]

Nos anos que se passaram desde 1945, o sentimento antinipônico nos Estados Unidos, diretamente herdado da Segunda Guerra Mundial, nunca esteve longe da superfície. Após a rápida ascensão do poder econômico do Japão nos anos 1960 e 1970, todos os níveis da sociedade americana voltaram a difamar os japoneses. Senadores dos Estados Unidos em meados dos anos 1980 começaram a se referir à importação de carros japoneses como "um Pearl Harbor econômico", ao passo que aspirantes à presidência como Howard Baker usaram o quadragésimo aniversário do fim da guerra para proclamar dois "fatos": "Primeiro, ainda estamos em guerra com o Japão. Segundo, estamos perdendo". Em 1985, Theodore H. White, vencedor do prêmio Pulitzer, publicou um artigo na *New York Times Magazine* intitulado "The Danger from Japan" [O perigo do Japão], em que advertia que os japoneses estavam utilizando práticas comerciais "marciais" para criar uma nova versão de sua Esfera de Coprosperidade da Ásia Oriental de tempos de guerra. Esses sentimentos foram ecoados através da Ásia e da Austrália nos anos 1980.[23]

Na China, a explosão de um sentimento antinipônico é ainda mais recente, tendo sido provocada por um reavivamento da memória pública a respeito da guerra. Imagens trágicas de crianças brutalizadas durante o Estupro de Nanquim foram "praticamente entranhadas no inconsciente coletivo chinês" por meio de sua contínua reutilização em filmes documentários, e a história do massacre é repetida a intervalos de poucos anos em um número cada vez maior de longas-metragens muito apreciados.[24] Em 2013, as redes de televisão chinesas transmitiram mais de duzentos programas nos quais se dramatizava a guerra de 1937-45. Em fevereiro de 2014, o governo chinês instituiu dois novos feriados nacionais: um para marcar o aniversário do massacre de Nanquim e o outro, o da rendição final do Japão.[25]

O sentimento antigermânico suscitado pela guerra também continua muito vivo, sobretudo na Europa. Em 2013, a eleição presidencial na República Tcheca desceu ao nível dos insultos raciais, com políticos e a imprensa acusando um dos candidatos, Karel Schwarzenberg, de ser "alemão demais" para merecer ser eleito.[26] Na Grécia, os que se opuseram às medidas de austeridade da UE na esteira da crise financeira de 2008 com frequência queimaram suásticas em seus protestos. Em fevereiro de 2012, o jornal grego de direita *Dimokratia* chegou a ponto de publicar, na primeira página, uma imagem da chanceler alemã Angela Merkel usando um uniforme nazista, acima de uma manchete de assombroso mau gosto comparando a Grécia ao campo de concentração de Dachau.[27] Em agosto do mesmo ano, o primeiro-ministro italiano Silvio Berlusconi moveu uma campanha política baseada no sentimento antigermânico, com frequentes referências à Segunda Guerra Mundial. Um de seus periódicos, *Il Giornale*, estampou na primeira página uma fotografia de Merkel levantando a mão num gesto similar à saudação nazista, sob a manchete "Quarto Reich".[28]

Muitas dessas percepções de alemães e japoneses têm mais a ver com a política contemporânea do que com a Segunda Guerra Mundial — a retórica antinipônica da China, por exemplo, cresceu durante a disputa territorial entre os dois países por um grupo de ilhas no mar da China Oriental, e muitas nações europeias estão irritadas com o crescente domínio político e econômico da Alemanha dentro da União Europeia. Contudo, é à Segunda Guerra Mundial que todas as nações recorrem instintivamente quando procuram um modelo para demônios contemporâneos.

Na imaginação coletiva, os nazistas em particular tornaram-se o modelo-padrão do mal. Em todo o mundo, uma série de bichos-papões do pós-guerra foram comparados a Hitler, inclusive os presidentes do Egito, Gamal Abdel Nasser, nos anos 1950; da Palestina, Yasser Arafat, nos anos 1970; da Argentina, general Galtieri, nos anos 1980; e do Iraque, Saddam Hussein, e da Sérvia, Slobodan Milošević, nos anos 1990.[29] Grupos políticos tendem a caracterizar seus rivais como fascistas de maneiras que carecem de sentido histórico: assim, membros do Parlamento indiano acusam uns aos outros de serem "como Hitler" e australianos proeminentes comparam ativistas pelos direitos dos gays à Gestapo.[30] Às vésperas da campanha presidencial americana de 2016, o *Philadelphia Daily News* chegou a publicar uma imagem na primeira página de Donald Trump com o braço levantado como se numa saudação nazista, acima da manchete "O novo furor" (um trocadilho intencional com *Führer*).[31]

Hoje, "nazista" é um termo empregado em toda parte como abreviatura conceitual de "perversidade". A figura de Adolf Hitler em particular tornou-se o que um crítico cultural chamou de "a epítome do mal", empregada por romancistas, cineastas e políticos para enfatizar as pessoas e ideias que eles mais temem. Assim, Richard Nixon e Osama bin Laden foram ambos retratados como "Hitlers" contemporâneos.[32] Nazistas aparecem como vilões em milhares de filmes conhecidos, de *A noviça rebelde* aos de Indiana Jones. Até os Stormtroopers na série *Star Wars* são baseados na Wehrmacht alemã — a forma de seus capacetes por si só já os identifica como o "inimigo". Uma lista abrangente de todas as muitas e variadas referências culturais a essa "epítome do mal" no pós-guerra seria praticamente interminável. Nas décadas que se passaram desde a Segunda Guerra, o nazista, falso ou não, transformou-se num monstro tão persistente quanto qualquer um dos demônios mitológicos retratados na propaganda do tempo de guerra.

A face do "mal"

Hitler era realmente mau? Os homens que serviam na ss e na Gestapo eram maus? E quanto àqueles que realizaram experimentos médicos ou científicos com seres humanos? A mitologia em torno dessa questão é tão forte que mesmo sugerir que essas pessoas possam não ter sido monstros, e sim "homens comuns", é um sacrilégio.[33] Escolas de história foram fundadas sobre a noção de que os nazistas eram não apenas maus, mas singularmente maus; os que afirmam algo diferente disso provocam gritos de ultraje em círculos acadêmicos, parlamentos e na mídia no mundo todo.[34]

Nenhum historiador respeitado negará que as ações dos nazistas ou do Kempeitai (a polícia secreta militar japonesa) foram frequentemente más, todavia talvez seja um erro caracterizar todas as pessoas que levaram a cabo esses atos da mesma forma. De um ponto de vista psicológico não existem pessoas más, apenas pessoas doentes, ou capturadas por um sistema doente. De um ponto de vista filosófico, também há uma diferença entre pessoas más e aquelas que realizam atos maus. A grande tragédia da Segunda Guerra Mundial foi não apenas ter alçado pessoas com tendências psicopáticas a posições de grande poder, mas ter também alimentado e amplificado a doença dos sistemas sociais, a tal ponto que mesmo homens comuns tornaram-se capazes de cometer atos maléficos, e com entusiasmo.

É extremamente raro que alguém se disponha a falar abertamente sobre as atrocidades que cometeu durante a Segunda Guerra Mundial, e ainda mais incomum que um agressor exiba interesse genuíno pelas consequências humanas de suas ações. Uma dessas pessoas foi Yuasa Ken, um médico japonês que executou vivissecções em vários prisioneiros chineses durante a guerra. Sua história é um bom indicador do que se perdeu no Japão do pós-guerra, e no mundo em geral.

Yuasa nasceu em 1916 em Tóquio, filho de um médico. Segundo seu próprio relato, foi o perfeito produto de sua criação: obediente, trabalhador, desejoso de se mostrar capaz perante os superiores. Estava habituado a ouvir falar da superioridade racial japonesa, e nunca questionou o direito do país de invadir os vizinhos: tinha uma forte lembrança de seu professor na escola primária dizendo: "Os japoneses são uma raça superior. Devem conquistar a China e se tornar os senhores de toda a Ásia". Yuasa nunca questionou isso: na verdade, a ideia de questionar ou criticar seus superiores em qualquer aspecto jamais lhe ocorreu.[35]

Seguindo os passos do pai, Yuasa formou-se na escola de medicina em 1941, aos 24 anos. Entretanto, estava ansioso por contribuir para o esforço de guerra do Japão na China, por isso inscreveu-se imediatamente para se tornar cirurgião do Exército. Recebeu treinamento durante dois meses e, depois de ser nomeado primeiro-tenente cirurgião médico, foi enviado para o nordeste da China.

Em março de 1942, menos de seis semanas após sua designação para o Hospital do Exército de Luan, perto da cidade de Taiyuan, na província chinesa de Shanxi, foi chamado para assistir a uma sessão de prática cirúrgica. Ele já tinha ouvido falar que cirurgiões do Exército executavam vivissecções e sabia que se esperava que todo o pessoal mais jovem comparecesse; assim, apesar de um inoportuno sentimento de medo, aliado a uma certa curiosidade sobre o que estava prestes a testemunhar, dirigiu-se com relutância à sala de autópsia.

Ao chegar, encontrou-a repleta de funcionários do hospital e militares — não só médicos iniciantes como ele, mas de todas as hierarquias. Num canto estavam dois agricultores chineses com as mãos amarradas nas costas. Um deles mantinha-se em silêncio, aparentemente resignado a seu destino; o outro, contudo, estava obviamente aterrorizado e não parava de chorar. Yuasa observou-os com apreensão, mas tratou de manter o autocontrole diante dos superiores. Ele se lembra de ter perguntado se os dois homens tinham cometido algum crime que justificasse a pena de morte, ao que lhe responderam que isso não fazia diferença — a guerra provavelmente reclamaria a vida deles de uma forma ou de outra.

Uma vez todos reunidos, o diretor do hospital anunciou que a sessão iria começar. Guardas japoneses impeliram os agricultores a dar um passo à frente. O mais corajoso dos dois andou calmamente até a mesa de operação e se deitou, mas o outro continuou chorando e começou a se afastar. Recuou até onde estava Yuasa. Não querendo parecer fraco diante de seus superiores, Yuasa hesitou por um momento antes de dar um empurrão no homem aterrorizado, ordenando-lhe para avançar. Ao fazer isso, teve a impressão de ter sido submetido a uma espécie de teste, ou rito de passagem.

Depois que os dois chineses foram desnudados e anestesiados, os cirurgiões começaram sua sessão de prática. Primeiro, executaram uma apendicectomia, seguida pela amputação de um dos braços dos homens. Em seguida, removeram fragmentos do intestino dos homens e voltaram a costurá-los; e por fim realizaram uma traqueostomia. O objetivo era familiarizar os cirurgiões com o tipo de cirurgia que seria comum depois de batalhas. Isso permitiu que Yuasa justificasse mentalmente a vivissecção como uma forma de se preparar para salvar a vida de seus compatriotas. Como lhe haviam ensinado, a vida de soldados japoneses era muito mais valiosa que a de camponeses chineses.

Após três horas de cirurgia, os dois chineses ainda respiravam, mas debilmente. Agora que a sessão havia terminado, tudo que restava fazer era acabar de vez com os agricultores e descartar seus corpos. O diretor do hospital tentou fazer isso injetando ar em seus corações, mas não funcionou. Nesse momento, o próprio Yuasa foi solicitado a ajudar: "Estrangulei um deles com minhas próprias mãos. Pressionei a artéria carótida, mas ainda assim não consegui fazê-lo parar de respirar". E prossegue: "Eu e o primeiro-tenente O. amarramos então o cinto do homem em volta de seu pescoço e o estrangulamos puxando com força as duas pontas, mas sua respiração se recusou a parar". No fim das contas, um dos médicos sugeriu injetar cloreto de etila diretamente nas veias dos agricultores. Depois que Yuasa fez isso, os dois homens por fim expiraram.[36] Nessa noite, depois do trabalho, Yuasa saiu com os colegas. Estava estranhamente nervoso, mas depois de alguns drinques sentiu-se melhor, e não voltou a pensar nos acontecimentos do dia.

Durante os três anos seguintes, Yuasa participou de seis outras vivissecções em catorze chineses. Algumas das sessões foram de pouca utilidade para o treinamento de médicos de Exército: incluíram extrações testiculares, uma extração cerebral e aulas gerais de anatomia. Numa ocasião, balas foram disparadas contra quatro homens para que cirurgiões do Exército praticassem sua remoção, sem anestesia. Em outra ocasião, quando os presentes se revelaram em quantidade pequena demais para que a prática valesse a pena, o diretor do hospital aproveitou a oportunidade para tentar decapitar um homem com uma espada. Depois de abril de 1943, o próprio Yuasa foi encarregado de organizar as sessões de vivissecção. Ele o fez sem questionamentos, embora soubesse que o Kempeitai escolhia suas vítimas de forma mais ou menos aleatória.

> Nunca tivemos que usar prisioneiros nas vivissecções porque havia gente de sobra. Sempre que precisávamos de um corpo, bastava pedir e eles apareciam. Eram necessários para a prática médica, de modo que pudéssemos salvar a vida de soldados japoneses. Chineses eram detidos unicamente com esse fim.[37]

Yuasa admitiu sem reservas que, na época, não sentia nenhuma culpa por cometer assassinatos dessa maneira. "Para nós, eles não passavam de lixo."[38]

QUANDO A GUERRA CHEGOU AO FIM, em agosto de 1945, Yuasa teve de decidir se voltaria para casa no Japão ou se permaneceria na China. E, como milhares de seus conterrâneos, decidiu ficar. Nunca lhe ocorreu que os chineses pudessem querer se vingar pelo que médicos japoneses como ele haviam feito, mesmo porque julgava não ter feito nada de errado. Assim, permaneceu na China, casou-se, teve filhos. Nos anos seguintes, continuou a exercer a medicina, atendendo pacientes chineses e japoneses e formando novos médicos chineses.

Somente dois anos depois de os comunistas terem tomado o poder no país é que Yuasa foi preso. Em janeiro de 1951, ele foi enviado para um campo de prisioneiros de guerra, mas não ficou muito preocupado, porque ainda não pensava que realizar práticas cirúrgicas em seres humanos vivos fosse um crime grave ou algo repreensível:

> Por dentro, eu fazia todo tipo de racionalização para justificar minhas ações. "Eu estava apenas cumprindo ordens. Não havia nada que pudesse fazer. Estávamos em guerra. Não era a primeira vez que se fazia algo desse tipo. Todos estavam fazendo o mesmo." Coisas assim. Além disso, a guerra já tinha terminado.[39]

Ele só começou a ficar preocupado quando os comunistas o instruíram a fazer uma confissão completa e franca, tranquilizando-o com a promessa de que todos aqueles que se arrependessem genuinamente de seus atos seriam perdoados: tudo o que ele precisava fazer era admitir seus crimes e seria repatriado para o Japão. Assim, sem grande entusiasmo, ele fez uma confissão meio frouxa — deixou de fora os detalhes mais vergonhosos, como o episódio da extração de cérebro, mas esperava que fosse o bastante para satisfazer os investigadores. Mas eles não se deram por satisfeitos. A confissão de Yuasa foi rejeitada como insincera e ele continuou preso.

No final de 1952, após quase dois anos de cárcere e numerosas tentativas de confissão, foi transferido de volta para a província de Shanxi e alocado na prisão de Taiyuan. Foi lá que recebeu a carta da mãe de uma de suas vítimas — o homem cujo cérebro havia removido. A carta descrevia a angústia da mãe ao ver o filho sendo detido pelo Kempeitai; sua fracassada tentativa de seguir o caminhão da polícia em sua bicicleta; as incessantes buscas que havia feito até ser informada de que o filho fora levado ao hospital para ser dissecado vivo. "Fiquei tão triste que pensei que meus olhos iriam explodir de tanto chorar", ela escreveu. "Não conseguia cuidar dos campos de arroz. Não conseguia comer. Ouvi dizer que você agora está preso, Yuasa. Pedi ao governo para puni-lo severamente."[40]

Essa carta, mais do que qualquer outra coisa, fez com que Yuasa finalmente compreendesse a monstruosidade de suas ações durante a guerra. Antes, ele tinha visto suas vítimas como meros corpos, espécimes para instrução cirúrgica — tanto que mal conseguia recordar seus rostos. Agora, compreendia que essas pessoas também haviam sido seres humanos, com famílias e comunidades, e pela primeira vez conseguiu recordar a expressão de impotente terror em seus rostos quando começava a operá-las.

Yuasa passou mais três e meio em sua lúgubre cela na prisão, refletindo sobre essas imagens e tentando compreender como era possível que tivesse sido capaz de fazer coisas tão terríveis. No verão de 1956, ele foi finalmente libertado e enviado de volta para o Japão.

A NEGAÇÃO PERCORRE A HISTÓRIA de Yuasa quase do início ao fim. No começo, ele negou para si mesmo que o que estava fazendo era errado. E continuou negando durante toda a guerra, com a consciência aparentemente limpa: segundo ele próprio admitiu, não teve noites de insônia, nem pesadelos, nem qualquer outro tipo de remorso. Depois da guerra, continuou em negação, e não viu motivo para ter medo de uma retaliação chinesa. A única coisa que o arrancou desse estado de desmemória foi um prolongado período de exame de consciência — a princípio forçado, mas posteriormente mais voluntário, depois que a carta da mãe de sua vítima abriu seus olhos para os terríveis atos que havia cometido. Se Yuasa tivesse voltado para casa logo após a guerra, é provável que jamais tivesse iniciado o processo de aceitar o seu passado, e o do Japão.

Esse certamente parece ter sido o caso dos ex-colegas de Yuasa. Ao voltar ao Japão, em 1956, ele foi recebido com uma festa de boas-vindas. Entre os convidados estavam alguns cirurgiões e enfermeiros do Exército com quem havia trabalhado. Yuasa percebeu, para sua completa surpresa, que a maior parte deles parecia não ter voltado a pensar no que tinham feito durante a guerra. Um deles chegou a lhe perguntar por que os chineses o haviam rotulado como criminoso de guerra quando ele, como todos os demais cirurgiões, agira sempre de maneira perfeitamente correta. Yuasa apenas lhe perguntou: "Você não se lembra do que fizemos?". Mas o colega pareceu não entender ao que ele estava se referindo.

Ao longo dos anos seguintes, Yuasa trabalhou com centenas de médicos e enfermeiros que haviam participado da ocupação da China, mas nenhum deles dizia uma palavra sequer sobre culpa. No início dos anos 1960, ele decidiu descrever em um livro o que tinha visto e feito na China. Pensou que era importante se pronunciar sobre a própria culpa, e desse modo lançar um pouco de luz sobre uma parte da história japonesa que nunca fora publicamente reconhecida. Mas, assim que o livro foi publicado, Yuasa começou a receber cartas furiosas nas quais era tratado como "desgraça" ou "epítome da estupidez", por chamar a atenção para um aspecto da guerra que grande parte do Japão julgava melhor esquecer. Colegas dos tempos de vivissecção também lhe escreveram, dizendo sentir-se "ameaçados" pelo livro, pois não queriam encarar o passado. A negação estava em toda parte.

Segundo o psiquiatra Noda Masaaki, que entrevistou Yuasa extensamente, essas atitudes são sintomáticas do establishment médico no Japão, e de fato da sociedade japonesa como um todo.

> O que perdemos negando o passado dessa maneira, eu me pergunto? Quando negamos nossas experiências de vida, fazemos um convite à autodestruição psicológica. Quando reprimidas, as feridas da alma acabam por explodir na forma de disfunção emocional e doença mental. Será que os japoneses estão vivendo num estado espiritual diferente daquele que vivemos durante a guerra de agressão? Negando o passado, que espécie de futuro reservamos a nós mesmos?[41]

Poucas pessoas, para não falar sociedades, estão dispostas a mergulhar no doloroso processo de enfrentar seus crimes no qual Yuasa mergulhou. A Alemanha foi muito elogiada pela maneira como assumiu o passado — sobretudo por acadêmicos japoneses, que não podem imaginar nenhum processo similar ocorrendo em seu próprio país. No entanto, assim como Yuasa, a Alemanha só tomou esse caminho por ter sido obrigada a fazê-lo:

Yuasa Ken pouco antes de sua morte em 2010.

primeiro pelos Aliados, que, por meio de cinejornais e viagens forçadas a campos de concentração, insistiram em reeducar os alemães sobre as maldades de seu país; e mais tarde pela geração nascida após a guerra, que chegou à maturidade nos anos 1960 e exigiu saber o que seus pais e avós tinham feito durante os tempos de nazismo. Nenhum desses processos foi empreendido no Japão em escala sequer comparável.

No entanto, mesmo na Alemanha continua sendo necessário fazer um grande esforço para lembrar às pessoas que não foram monstros e sim pessoas comuns que supervisionaram o Holocausto, que fuzilaram prisioneiros de guerra, que avançaram pela Europa oriental cometendo estupros e assassinatos. Nos últimos anos, a figura de Hitler como um personagem mefistofélico, demoníaco, dominou a memória coletiva da guerra na Alemanha; e a própria guerra passou a ser vista cada vez mais da forma como é vista na Grã-Bretanha ou nos Estados Unidos: como um gigantesco conflito entre o bem e o mal. Essa é uma narrativa muito mais fácil de abraçar, pois parece absolver os alemães "comuns" da responsabilidade — se os crimes de guerra são cometidos apenas por "monstros", então podemos dormir em paz.[42]

Histórias como a de Yuasa nos lembram que não são apenas as vítimas da guerra que são humanas, mas também os agressores. Reconhecer sua humanidade não os absolve, como afirmam alguns; muito pelo contrário, na verdade, uma vez que apenas nossos semelhantes podem ser condenados pela recusa em assumir a responsabilidade por suas próprias ações.[43] Rotular esses homens de "monstros" tem o efeito oposto: em certo sentido, os liberta da culpa. No entanto, ainda nos sentimos compelidos a fazê-lo, porque é uma maneira conveniente de mantermos distância deles. E, assim, ignoramos o enorme conjunto de evidências históricas, sociológicas e psicológicas que sugerem que pessoas comuns — não muito diferentes de nós — são perfeitamente capazes de cometer crimes atrozes, dependendo das circunstâncias. Não há dúvida de que também estamos em negação.[44]

A Segunda Guerra Mundial não apenas amplificou preconceitos entre povos e nações num grau vasto e sem precedentes, mas também propiciou oportunidades para que esses preconceitos se tornassem ódio, e esse ódio se tornasse assassino. Em alguns casos, ela criou demônios que antes não existiam. Esses eventos ocorreram em ampla escala em lugares tão distantes entre si quanto a Noruega e a Nova Guiné.

Um dos aspectos que distinguem esse conflito de outros é a simples extensão de sua crueldade. Atrocidades ocorreram em todos os teatros de guerra, perpetradas por todos os lados, e foram frequentemente encorajadas pelos Estados e suas instituições, a tal ponto que por vezes era difícil, até perigoso, agir em relação ao inimigo com alguma decência. Todos os lados invocavam demônios, que, uma vez invocados, logo se tornavam reais.

Ainda vivemos com esses demônios hoje, tanto em sua forma original quanto na forma de novos inimigos, que — como não é de surpreender — têm notável semelhança com os do passado. Nossas animosidades nunca terminarão enquanto continuarmos a representar a guerra como um conflito entre forças absolutas do bem e do mal. Tais conceitos tornam fácil para os vitoriosos negar seus próprios defeitos, e difícil para os vencidos enfrentar seus pecados, e continuam sendo o principal obstáculo para nossa compreensão coletiva de por que seres humanos de todas as nacionalidades e classes agiram da forma como agiram.

Existem ótimas razões para que esses mitos do bem e do mal não desapareçam — razões que têm pouco a ver seja com os vencedores, seja com os vencidos. Em sua vasta maioria, aqueles que participaram da Segunda Guerra Mundial não se veem como heróis ou monstros, mas sim como vítimas. De fato, de muitas formas, nossa compreensão da guerra é definida por essa esmagadora experiência de vitimização. É o sofrimento da vítima que condena o vilão e que confere ao herói sua autoridade moral; e é nossa necessidade de comemorar esse sentimento de vitimização que nos força a retornar reiteradamente à guerra. Heróis e vilões têm ao menos a opção de pôr o passado de lado e esquecer suas diferenças. As vítimas, como veremos em seguida, não podem se dar a esse luxo.

4. Mártires

Em 2013, um professor universitário em Jerusalém publicou um livro de memórias de suas experiências durante a Segunda Guerra Mundial, e como elas o tinham afetado desde então. A história de Otto Dov Kulka serve como um bom exemplo do tipo de questões psicológicas enfrentadas por milhões de pessoas nos anos que se seguiram à guerra. Ela é ao mesmo tempo inteiramente singular e, apesar disso, representativa de algo muito maior; à sua própria maneira, fornece uma metáfora para a maneira como o mundo experimentou tanto a guerra, em geral, como o Holocausto, em particular.[1]

Kulka tinha apenas seis anos quando os alemães invadiram seu país natal, a Tchecoslováquia, em 1939. Sendo judeus, ele e a família estavam particularmente sujeitos à repressão alemã, mas seu pai acabou sendo preso por atividades antinazistas. Kulka e a mãe também foram detidos e encarcerados, junto com o restante da população judaica da Tchecoslováquia.

No outono de 1943, aos dez anos de idade, Kulka foi mandado para o campo de concentração de Auschwitz-Birkenau. Ele e a mãe foram alojados num "acampamento familiar" que deveria ser mantido como uma atração para a comunidade internacional, caso a Cruz Vermelha decidisse inspecionar o campo. Assim, Kulka gozou de "privilégios" inacessíveis a internos de outras partes do complexo. Não teve de passar pela abominável "seleção" na estação de trem, que separava aqueles aptos a trabalhar dos que seriam imediatamente enviados às câmaras de gás. Não teve a cabeça raspada, ou suas roupas e pertences confiscados. Foi permitido a ele e a mãe continuarem levando algo parecido com uma vida normal: Kulka frequentava uma escola improvisada, onde, com os amigos, encenava peças e dava concertos, e até ingressou num coral, no qual, à vista dos crematórios, aprendeu a cantar a "Ode à alegria" de Beethoven.

Todos no acampamento estavam cientes de que a situação era extremamente inusitada e não entendiam por que haviam sido selecionados para um tratamento tão especial. Mas a boa sorte não durou muito. Em março de 1944, exatamente seis meses após sua chegada, todos foram levados para as câmaras de gás. Não houve nenhuma seleção, e nenhuma possibilidade de fuga — eles foram simplesmente descartados e substituídos por um novo grupo, que deveria novamente receber os mesmos privilégios e as mesmas liberdades — mas somente por outros seis meses. Kulka e a mãe sobreviveram à primeira matança por pura sorte: por acaso, estavam ambos na enfermaria na noite do extermínio. Mas sabiam que se tratava apenas de um adiamento temporário.

Apesar de ter tangenciado a morte várias outras vezes, Kulka conseguiu sobreviver a Auschwitz. No entanto, passou o resto da vida tentando assimilar o trauma que experimentou ali. Mais tarde, tornou-se um historiador especializado no estudo do Terceiro Reich, inclusive da criação de Auschwitz e de campos de extermínio similares. Em 1984, Kulka escreveu uma detalhada história do acampamento familiar onde foi aprisionado, na qual desvelou cuidadosamente a motivação por trás de sua criação e de seu extermínio.

Ao mesmo tempo, começou a construir uma paisagem metafórica profundamente pessoal, baseada nas emoções e experiências de infância. Em sua mente, transformou Auschwitz na "Metrópole da Morte", o centro de um vasto império de aniquilação que se espalhava pelo mundo todo. As câmaras de gás e os crematórios tornaram-se símbolos da eternidade, bastante apartados de sua existência na realidade; e o rio Vístula, em cujos tributários as cinzas dos mortos eram despejadas, tornou-se um mitológico Estige, ou o "Rio da Verdade".

Kulka estava ciente de que esse mundo interior era incompatível com seu trabalho acadêmico. Na universidade onde trabalhava como historiador, era conhecido pela natureza desapaixonada, científica, das pesquisas que conduzia — nas quais metáforas, símbolos e mitologia pessoal não tinham lugar. Por esse motivo, ele manteve seu mundo interior e seu mundo acadêmico escrupulosamente separados; reconhecia, porém, que um era o espelho do outro — que um não era possível sem o outro.[2]

Apesar de ter sobrevivido, e apesar do desmantelamento do Estado nazista e de seus centros de matança, Kulka estava convencido de que jamais escaparia ao poder simbólico de Auschwitz. Era perseguido por pesadelos recorrentes, circulares, em que era repetidamente salvo das câmaras de gás e se via de volta ao ponto de partida, para enfrentar de novo o mesmo suplício. Na década de 1970, numa tentativa de se libertar desses sonhos, Kulka visitou as ruínas de Auschwitz. Fez questão de entrar numa das antigas câmaras de gás, à guisa de conclusão simbólica da narrativa de morte que o perseguia. Os sonhos continuaram, e Kulka conservou pelo resto da vida a sensação de que a morte — não a morte comum, mas a "Grande Morte" que reinava em Auschwitz — era a "única perspectiva certa governando o mundo".[3]

As memórias de Kulka são uma descrição particularmente eloquente de um fenômeno que muitos sobreviventes da guerra experimentaram: não só os que sobreviveram ao Holocausto, mas também os que sobreviveram a campanhas de bombardeio, tortura, deslocamento, limpeza étnica ou os muitos, muitos outros traumas provocados pela guerra em todo o globo. Os que tinham experimentado esses infortúnios eram com frequência compelidos a reciclá-los interminavelmente em sonhos, flashbacks, escritos ou conversas. Alguns, como Kulka, sentiam-se impelidos a estudar os eventos que tinham experimentado ou testemunhado e até reencená-los, numa infrutífera tentativa de dominá-los. Para essas pessoas não podia haver nenhum apagamento. O "fim do mundo" simbólico que tinham experimentado não abria caminho para nenhum tipo de ressurreição pessoal: ao contrário, os aprisionava num estado em que a consciência da morte e a possibilidade do apocalipse estava sempre presente — um estado que o psicólogo Robert Jay Lifton, ao escrever sobre os sobreviventes da bomba atômica, denominou de "morte em vida", numa expressão que ficou famosa.[4]

Para essas pessoas a guerra estava ao mesmo tempo concluída e inconcluída: elas habitavam uma espécie de "terra de ninguém", separadas de um passado que tinha sido destruído, mas incapazes de mergulhar inteiramente num futuro que prometia renascimento. A experiência de Otto

Otto Dov Kulka, eminente historiador
e ex-interno do "acampamento
familiar" em Auschwitz.

Dov Kulka na "Metrópole da Morte" estava, portanto, longe de se reduzir a meras "memórias", no sentido convencional do termo. Para ele, o fim do mundo não era um evento já concluído, mas algo que fazia "parte do meu presente de modo ininterrupto".[5] Ao longo de toda a sua vida Kulka conservou a convicção de que Auschwitz, ou o que Auschwitz representava, acabaria inevitavelmente por consumi-lo, assim como consumira todas as pessoas que ele conhecera em 1944.

Comunidades de vítimas

O que é verdadeiro com relação a indivíduos também é verdadeiro, em certa medida, com relação a comunidades. Era quase impossível ser judeu após 1945 e não ter uma intensa relação com o Holocausto; e milhões de judeus que não tiveram nenhuma experiência direta desse terrível evento viveram no entanto com uma forte consciência de sua sombra.[6] A jornalista britânica Anne Karpf escreveu com eloquência sobre como foi crescer com pais sobreviventes do Holocausto. Apesar da atmosfera de otimismo forçado em casa, Karpf logo desenvolveu uma série de intensas ansiedades, sob as quais repousava uma obsessão pouco saudável com a morte:

> A morte estava viva e presente em nossa casa. Meus pais tinham álbuns de antes da guerra com fotografias de grupos de pessoas perturbadoramente alegres. Eles indicavam quem era quem e como tinham morrido. Com tão poucos parentes vivos, tinham de se contentar com os mortos. [...] Eu diria que, desde que nasci, sempre fui obcecada pela morte.[7]

Para o mal ou para o bem, o Holocausto se tornou cada vez mais central para a identidade judaica. Com o declínio tanto das crenças religiosas

Um santuário para as vítimas do Holocausto —
a Sala dos Nomes em Yad Vashem, Jerusalém.

como do movimento sionista, judeus do mundo todo por vezes tinham que se esforçar para encontrar uma grande ideia que os unificasse: em certa medida, a sombra do Holocausto preencheu essa lacuna. Isso não é algo com que todos os judeus se sintam confortáveis. Mas, do mesmo modo que indivíduos como Otto Dov Kulka foram obrigados a incorporar a memória de Auschwitz à vida diária, assim também a comunidade judaica como um todo deve viver com o Holocausto como uma presença constante, inescapável.[8]

Muitos eventos redespertaram intensas ansiedades entre judeus: para citar apenas alguns, os julgamentos de fachada de figuras políticas e intelectuais judaicas na União Soviética durante o início dos anos 1950, a captura e o julgamento de Adolf Eichmann nos anos 1960, a Guerra Árabe-Israelense de 1967, a Guerra do Yom Kippur de 1973, a intifada árabe, a intensificação de ataques antissemitas no mundo todo após o Onze de Setembro, o crescimento da capacidade nuclear do Irã, a enorme popularidade do partido político antissemita Jobbik na Hungria e assim por diante. À luz do que aconteceu durante a Segunda Guerra Mundial, a comunidade judaica global não pode, de fato, deixar de levar esses eventos a sério.

OS JUDEUS NÃO SÃO OS ÚNICOS a reagir dessa maneira. A guerra causou um trauma de escala similarmente grande em muitas outras comunidades: basta olhar para as estatísticas associadas à guerra para se ter uma boa compreensão da assombrosa escala de suas perdas. Cerca de um em cada seis poloneses e um em cada cinco ucranianos foram assassinados entre 1939 e 1945. Acredita-se que pelo menos 20 milhões de cidadãos soviéticos tenham morrido na guerra, provavelmente mais: os números são tão enormes, e a perturbação para a sociedade tão imensa, que a margem de erro dos historiadores está sempre na casa dos milhões.[9] O mesmo se pode dizer da China, onde até estimativas conservadoras da quantidade de mortos durante a guerra variam de 15 milhões a 20 milhões, havendo historiadores chineses que calculam essa cifra num patamar bem mais elevado, de 50 milhões.[10] A palavra "holocausto" foi usada com frequência em 1945 para descrever não apenas o genocídio de judeus europeus, mas a guerra como um todo.

Os judeus não são portanto a única comunidade em que a experiência da Segunda Guerra Mundial imprimiu uma identificação mórbida com os mortos. Um dos símbolos mais importantes da guerra na França, por exemplo, é a aldeia de Oradour-sur-Glane, que foi destruída em 1944 em represália à atividade da Resistência na área. A aldeia original foi preservada exatamente como era no dia em que sua população foi massacrada, um símbolo fossilizado da negação, e hoje essa vila-fantasma ocupa um lugar especial na memória da França. Há aldeias, vilas e cidades martirizadas semelhantes por toda a Europa que são igualmente mórbidas, e igualmente importantes para a consciência nacional. Os tchecos têm a aldeia de Lídice, que foi inteiramente arrasada em represália ao assassinato do líder nazista Reinhard Heydrich. Os gregos têm a aldeia de Distomo, os italianos têm Marzabotto, os belgas têm Vinkt. O símbolo definidor do martírio polonês foi a destruição sistemática de Varsóvia, quando a cidade foi deliberadamente arrasada pelos nazistas após uma insurreição fracassada em 1944. Os chineses têm emoções parecidas em relação a Nanquim, que foi destruída em 1937 e teve sua população sistematicamente estuprada e massacrada pelos japoneses. Mesmo as chamadas nações agressoras têm seus próprios símbolos de martírio: os alemães recordam o bombardeio de Dresden, e os japoneses têm Hiroshima e Nagasaki.

Em 1945, todas as nacionalidades participantes, em maior ou menor grau, foram consideradas vítimas da guerra; e suas reações comuns aos diversos traumas espelharam as dos indivíduos. Muitas nações experimentaram flashbacks da sensação de impotência que haviam sentido durante a guerra, sobretudo nos anos 1960, 1970 e 1980, quando existia o temor generalizado de que uma Terceira Guerra pudesse estar prestes a irromper. Algumas experimentaram a compulsão de repetir o passado, ao ponto de reencenar a agressão que tinham sofrido em 1945 — vêm logo à mente as ondas de sentimento antinipônico que sacudiram a Coreia do Sul de

A nação como mártir sagrado: memorial aos holandeses
mortos na guerra, em Amsterdam.

tempos em tempos. Livros foram escritos psicanalisando a maneira como Israel parece ter adquirido algumas das características dos opressores de judeus dos anos 1930 e 1940 (e, naturalmente, outros livros foram escritos refutando tais afirmações). Nos piores casos, nações foram incapazes de lidar com o trauma da guerra, e sofreram um colapso psíquico total. Na Iugoslávia, por exemplo, a violenta desintegração do país nos anos 1990 aconteceu numa atmosfera impregnada com a retórica da Segunda Guerra Mundial, e envolveu episódios de limpeza étnica que eram praticamente reinterpretações de eventos ocorridos cinquenta anos antes. Até hoje há comunidades em toda a região que continuam a viver em negação ou medo, e que têm pouca ou nenhuma confiança nos vizinhos, por conta do incessante ciclo de atrocidades praticadas por ambos os lados, iniciado durante a Segunda Guerra Mundial. A crise de 2014 na Ucrânia apresenta muitas das mesmas marcas: o país, despedaçado pela guerra e pela limpeza étnica nos anos 1940, foi incapaz desde então de criar uma identidade estável e única.

A ascensão do mártir

De todos os diferentes grupos que foram perseguidos durante a guerra, e que hoje discutem quem foi o responsável por seu sofrimento, um se destacou como o mais proeminente — a vítima quintessencial da Segunda Guerra Mundial. Há muitas razões para que o mundo tenha escolhido os judeus para cumprir esse papel. Tendo sido o principal foco do veneno nazista antes e durante a guerra, seria razoável que eles se tornassem o principal foco de nossa compaixão uma vez que a guerra chegasse ao fim. Eles foram assassinados de maneira mais eficiente e em números mais elevados que qualquer outro grupo racial. E os métodos industriais empregados para exterminá-los parecem representar a desumanidade tanto do sistema nazista quanto da própria guerra. Assim, os judeus são o símbolo ideal de nossa vitimização coletiva.

Igualmente significativos, contudo, são os motivos sociológicos por trás de nossa escolha. Como não tinham nação, os judeus pertenciam efetivamente a todas as nações. Em consequência, todos nós podemos nos identificar com seu sofrimento sem redespertar as perigosas rivalidades nacionais que ameaçariam mais uma vez nos levar para o abismo. Da mesma forma, todas as nações ocidentais reconhecem algum grau de cumplicidade no Holocausto — seja como participantes ativos ou como espectadores passivos — e sabem que não precisam arcar com essa culpa sozinhas. A culpa de nossos antepassados ao não fazer nada enquanto judeus eram assassinados é algo que estamos todos dispostos a admitir. Uma vítima universal pode ser tão útil para unir nações e povos como um bode expiatório universal.

É importante lembrar que esse estado de coisas não surgiu da noite para o dia. Os povos ocidentais estão tão acostumados a expressar sua comiseração pelo sofrimento dos judeus que supõem que todas as pessoas decentes fazem o mesmo, e sempre o fizeram; mas, na verdade, esse pesar coletivo levou décadas para se desenvolver. Ao contrário do que pensamos lembrar, os soldados aliados que entraram em Auschwitz, Belsen e Dachau não reuniram imediatamente os judeus no que Bill Clinton caracterizou como "o cálido abraço da liberdade".[11] Na verdade, a maioria dos soldados recuou diante do horror desses lugares, e com frequência viu sua comiseração esmagada pelo nojo das "criaturas" e esqueletos vivos "simiescos" encontrados ali.[12] As organizações humanitárias que cuidaram dos deslocados de guerra nos meses seguintes tiveram uma relação similarmente complicada com os judeus. Enquanto tentavam permanecer solidárias com esse grupo particularmente traumatizado, começaram a ficar cada vez mais frustradas com a incapacidade dele de se comportar de maneira "normal", de mostrar alguma gratidão, e passaram a ver os judeus como problemáticos, vingativos e "futuros criminosos". Até mesmo o diretor da Administração das Nações Unidas para Auxílio e Reabilitação na Alemanha Ocidental caracterizou-os como "homens desesperados que não se apegarão a nada".[13] Mais tarde, quando esses judeus voltaram para casa, suas comunidades deixaram penosamente claro que não estavam interessadas em ouvir sua história — com efeito, muitas eram abertamente hostis ao retorno dos judeus. Todos haviam sofrido durante a guerra. Ninguém estava interessado em saber como o sofrimento de outra pessoa podia ter sido maior que o seu próprio.[14]

A comiseração pelos judeus não cresceu muito nos anos seguintes. Segundo vários estudos históricos recentes, os europeus nos anos 1940 e 1950 evitavam ativamente ouvir histórias sobre o genocídio, porque ele revelava as mais sombrias consequências de sua colaboração com os nazistas em tempo de guerra — uma colaboração da qual ansiavam por se distanciar. Ele também contradizia o mito tranquilizador de que todos os europeus tinham sofrido igualmente juntos.[15] Os americanos não eram muito mais compassivos: nos anos 1950, o sofrimento dos judeus já era notícia antiga, e as pessoas estavam mais preocupadas com o novo mal do comunismo do que com o velho espectro do nazismo.[16] Mesmo no recém-criado Estado de Israel, a comiseração pelos sobreviventes do Holocausto estava claramente ausente. Os judeus israelenses queriam pensar em si mesmos como guerreiros, heróis, fortes o suficiente para se apoderar do próprio país e mantê-lo: com frequência desprezavam os judeus europeus que tinham caminhado docilmente para a própria morte, "como ovelhas para o matadouro". Os sobreviventes eram, nas palavras da poeta israelense Leah Goldberg, "feios, empobrecidos, moralmente instáveis e difíceis de amar".[17] Até mesmo David Ben-Gurion, um dos pais fundadores de Israel, caracterizou alguns sobreviventes como "pessoas duras, más e egoístas", cujo suplício levara embora "toda a parte boa de suas almas".[18]

Longe de se identificar com as vítimas, portanto, parece que grande parte do mundo ainda se sentia bastante hostil em relação a elas. Foi somente quando uma nova geração chegou à maturidade, nos anos 1960, que o mundo enfim começou a abraçar os sofredores e envolver-se ativamente com o pleno horror do Holocausto. Há várias razões para que essa mudança tenha ocorrido, algumas das quais estão inextricavelmente ligadas a eventos históricos. A captura do criminoso de guerra nazista Adolf Eichmann por agentes do Mossad em Buenos Aires, em 1960, foi talvez o mais importante deles: seu julgamento no ano seguinte foi deliberadamente construído para mostrar ao mundo o que os nazistas tinham feito com o povo judeu, e a cobertura do julgamento por luminares como Hannah Arendt foi avidamente consumida em todo o Ocidente.[19] Mas mudanças sociais também desempenharam seu papel. A geração dos anos 1960 rejeitava a autoridade e se identificava com o outsider, o marginal. O judeu, nas palavras de Jean-Paul Sartre, era não somente "o estrangeiro, o intruso, o não assimilado no próprio coração de nossa sociedade", mas também a "quintessência do homem". Os anos 1960 foram a época em que todos os tipos de grupos começaram a se identificar como minorias perseguidas: foi a era do paz e amor, do feminismo, dos direitos civis para os afro-americanos etc. Quando tomaram as ruas de Paris em 1968 com o slogan *"Nous sommes tous des Juifs allemands"* ("Somos todos judeus alemães"), os estudantes franceses estavam expressando não apenas solidariedade com o outsider arquetípico, mas também um senso compartilhado de vitimização.[20]

Em paralelo a essa mudança de atitude, os anos 1960 testemunharam o início de uma explosão de relatos, biografias, romances, dramas para a TV, documentários e filmes de Hollywood sobre o Holocausto — uma tendência que só se acelerou nas décadas de 1970 e 1980, tornando o Holocausto um gênero em si. Foi nessa época que memorialistas como Primo

Levi e Elie Wiesel encontraram pela primeira vez um público de massa, e em que o emblemático livro de Raul Hilberg, *A destruição dos judeus europeus*, abriu caminho para estudos subsequentes sobre a história do Holocausto. Talvez o ponto de inflexão mais importante na descrição do genocídio tenha sido a minissérie dramática americana *Holocaust*, de 1978, que chocou e atraiu dezenas de milhões de espectadores tanto nos Estados Unidos quanto na Alemanha Ocidental. Sua aceitação na Alemanha foi particularmente influente: foi a primeira vez que se apresentou a um público de massa uma descrição destemida do Holocausto, e alguns historiadores atribuem à minissérie o impulso inicial ao processo de aceitação, pela Alemanha, de seu passado nazista.[21] Outros momentos divisores de águas incluem o documentário *Shoah*, de 1985, um épico do diretor francês Claude Lanzmann, e *A lista de Schindler*, de 1993, filme de Steve Spielberg de enorme sucesso e ganhador de vários Oscars.

O que quase todas as descrições do Holocausto têm em comum é a maneira como glorificam o sofrimento da vítima como a experiência central da guerra. As histórias do Holocausto são inteiramente indiferentes a versões tradicionais da guerra enquanto uma luta titânica entre heróis e vilões — em vez disso, a dicotomia que exploram é aquela entre agressores e vítimas, poderosos e impotentes, inocentes e culpados. Nessas histórias, as vítimas são quase sempre idealizadas como "pessoas gentis, cultas, de classe média, *civilizadas*, pessoas como nós", nas palavras de um crítico americano. Judeus brigões e ignorantes — os valentões, mentirosos e vagabundos que são encontrados em toda comunidade — raramente são retratados, ou mesmo nunca.[22] Os agressores, por sua vez, são quase sempre demonizados. Já os guardas dos campos são invariavelmente sádicos e os dirigentes nazistas, invariavelmente corruptos e traiçoeiros. Em muitas das memórias e dramas mais importantes há também uma ameaçadora sensação de algum mal vasto e sem nome à espreita — o que o sobrevivente do Holocausto e premiado escritor Elie Wiesel chamou de "uma convulsão demoníaca" nas forças que formam nosso mundo.[23]

Essa percepção do Holocausto como uma luta entre pessoas boas e inocentes e um mal vasto e incontrolável instalou-se de maneira sólida em nosso inconsciente coletivo. Jornalistas e acadêmicos que tentam questionar essa dicotomia são frequentemente vilipendiados. O livro de Hannah Arendt sobre o julgamento de Eichmann, por exemplo, provocou fúria entre judeus americanos por conta da maneira como ela questionou esses dois absolutos morais. Por um lado, insistiu que Eichmann não era "nem monstruoso nem demoníaco", mas apenas medíocre e banal; por outro, chamou a atenção para a maneira como alguns líderes judeus tinham colaborado ativamente com o regime nazista. Por causa disso, foi tachada por um jornal judaico de "judia autodepreciativa", enquanto uma proeminente instituição judaica americana moveu uma campanha contra o que chamou de seu "livro maléfico".[24] O jornalista John Sack recebeu tratamento semelhante quando tentou publicar um livro sobre atos de vingança praticados por judeus após o fim da guerra. Diversas editoras nos Estados Unidos e na Europa cancelaram a publicação do livro por medo de má publicidade, e o próprio Sack foi acusado tanto na TV quanto na imprensa de negação do Holocausto.[25] Quando o professor Christopher Browning escreveu um livro sugerindo que os perpetradores do Holocausto não eram monstros inspirados por ódio ou fanatismo, mas "homens comuns", seu colega acadêmico Daniel Goldhagen ficou tão enfurecido que escreveu uma refutação de seiscentas páginas: seu livro *Os carrascos voluntários de Hitler* demonizava a Alemanha como uma nação inspirada por ódio assassino aos judeus. Embora o livro de Browning tenha recebido mais elogios nos círculos acadêmicos, foi a reconfortante descrição do monstro por Goldhagen que se tornou um extraordinário sucesso de vendas.[26]

Hoje, idealizamos "os judeus" da Segunda Guerra Mundial e demonizamos "os nazistas" quase sem pensar. Judeus que passaram pelo Holocausto são tratados com uma reverência pública usualmente reservada a heróis de guerra — com efeito, eles são com frequência chamados de "heróis" em discursos memoriais e editoriais.[27] Raramente enfatizamos quantos judeus tornaram-se amargurados pelo que sofreram; em vez disso, descrevemos suas vidas como "o triunfo do bem sobre o mal", "um testemunho de coragem", ou "um notável exemplo da sobrevivência do espírito humano".[28] Discursos memoriais de presidentes e papas nos lembram continuamente que os judeus do tempo de guerra foram "vítimas inocentes, pessoas inocentes", ou "6 milhões de inocentes [...] homens, mulheres, crianças, bebês".[29] Esse mantra de inocência não é apenas a rejeição justificada e tão esperada de estereótipos semíticos: é um apelo a algo maior — uma pureza espiritual que está diretamente relacionada a seu status como vítimas. Eles costumam ser descritos como "sagrados", o "equivalente judaico dos santos", e possuidores de segredos sagrados que "outros jamais conhecerão". Em 1974, o bispo de Nova York os descreveu como "Sagrados Inocentes", cujo "sacrifício" teve o potencial de nos redimir a todos. "O sobrevivente tornou-se um sacerdote", afirmou o diretor de educação do Memorial do Holocausto israelense, Yad Vashem, em 1993; "por causa de sua história, ele é sagrado."[30]

Muitos historiadores, sociólogos e psicólogos observaram a maneira como o Holocausto se transformou numa espécie de "religião secreta" a que não faltavam textos, relíquias e lugares sagrados.[31] Na superfície, essa "religião" tem alguma semelhança com a mitologia pessoal que Otto Dov Kulka revelou em suas memórias, com seu "império da morte" e suas leis imutáveis e incognoscíveis. Entretanto, há também muitos aspectos em que essa mitologia coletiva não se parece em absoluto com a mitologia pessoal de Kulka. Em primeiro lugar, Kulka sempre teve o cuidado de separar sua mitologia pessoal de sua compreensão científica dos fatos; os que estão fora do universo acadêmico nem sempre são tão conscienciosos.[32] Em segundo lugar, enquanto o mundo mitológico de Kulka permaneceu imutável, quase fossilizado pelo trauma que ele sofreu, nossas próprias percepções tendem a mudar em função do clima político e cultural. A maneira mística como vemos a história judaica hoje não tem nenhuma semelhança com as histórias de resistência heroica que formavam a narrativa judaica dominante nos anos 1950, nem com a pesada sensação de depressão que costumava pairar sobre o tema durante a década de 1980. De fato, em alguns aspectos nossa narrativa já não parece mais particularmente judaica. Em sua erudita dissecação da maneira como o Holocausto foi descrito na vida americana, Peter Novick chamou a atenção para esse fato curioso:

Uma das coisas que acho mais impressionantes em grande parte da recente comemoração do Holocausto judaico é em que medida ela é "não judaica" — em que medida ela é *cristã*. Penso no ritual de seguir reverentemente os caminhos estruturados do Holocausto nos principais museus, que evocam os passos da via-sacra; penso nos objetos transformados em fetiches, em exibição como tantos fragmentos da Verdadeira Cruz e das tíbias de santos. [...] Talvez mais importante, há também a forma como o sofrimento é sacralizado e descrito como o caminho para a sabedoria — o culto do sobrevivente como um santo secular. Esses são temas que têm precedente menor e periférico na tradição judaica, mas correspondem estreitamente a temas importantes no cristianismo.[33]

Quanto mais "global" se tornou, mais a mitologia do Holocausto adotou a linguagem e o simbolismo da cultura dominante, que no Ocidente é sobretudo cristã. Nesse contexto, Auschwitz se converteu no equivalente judaico do Gólgota, e os enormes memoriais e museus em Jerusalém, Washington e Berlim são catedrais judaicas nacionais. Assim, na imaginação coletiva, as vítimas foram lentamente transformadas de "cordeiros para o matadouro" no próprio Cordeiro de Deus — uma espécie de Messias cristão coletivo. No pensamento cristão, os judeus da Europa são muitas vezes chamados de "mártires do Holocausto" cujo "sacrifício" finalmente levou o mundo a recobrar o juízo; e as imagens da crucifixão foram com frequência utilizadas para descrever sua "paixão". Assim, aos olhos do mundo, uma experiência especificamente judaica foi convertida de maneira sutil numa experiência cristã.[34]

O final lógico dessa narrativa é a redenção e a ressurreição. De uma clara história de horror, que demonstra a profundidade da capacidade do homem para o mal, o Holocausto está se transformando lentamente numa história de esperança. Observamos com satisfação a forma como a Europa se levantou das cinzas para se tornar um continente estável, tolerante e pacífico. Como comunidade global, nos orgulhamos de nossas instituições internacionais e do sistema internacional de leis e declaramos que jamais se permitirá que os terrores do Holocausto voltem a acontecer. Uma mitologia muito mais esperançosa do que aquela de décadas anteriores, mas não obstante uma mitologia.[35]

Martírio competitivo

Onde isso deixa as vítimas efetivas — as pessoas reais que experimentaram o Holocausto? Sem dúvida, a sacralização do Holocausto convém a muitos dos sobreviventes. Ela faz com que se sintam respeitados e ouvidos e até dá sentido às suas vidas, enquanto eles buscam adeptos com a mensagem do "nunca mais". Por outro lado, faz com que outros se sintam profundamente incomodados, não só pela maneira como são pressionados a encontrar algo redentor em suas experiências, mas também porque acham a visão comum do Holocausto desnecessariamente sufocante. Em suas memórias, Otto Dov Kulka confessou nunca ter visto filmes sobre Auschwitz ou lido relatos de colegas prisioneiros — não porque eles trouxessem de volta lembranças penosas, mas porque nunca reconhecia o lugar que descreviam. As memórias de Auschwitz, ele observou, tinham uma "linguagem uniforme" — uma mitologia uniforme — que passou a ser aceita no mundo todo; mas ela não se harmonizava com sua própria linguagem, sua própria mitologia, seu próprio Auschwitz. Para seu grande desconforto, ouvir outros sobreviventes nunca lhe despertava empatia, apenas um sentimento de "total alienação".[36] Outros sobreviventes disseram coisas semelhantes. Suas histórias pessoais, embora individualmente respeitadas, tinham sido sacrificadas no altar de uma mitologia mais geral e mais conveniente; aos olhos do mundo, o sobrevivente do Holocausto foi reduzido a pouco mais que "uma peça de museu, um fóssil, uma aberração, um fantasma".[37]

Não são somente indivíduos que se veem alienados pela santificação do sofrimento judaico. A Polônia é uma nação entre muitas que sofre do que foi chamado, talvez com certa falta de gosto, de "inveja do Holocausto". Durante os dois últimos séculos os poloneses se definiram como uma nação de mártires, lutando perpetuamente pela liberdade, mas repetidamente vitimados por seus vizinhos maiores, mais poderosos. O que aconteceu com a Polônia durante a Segunda Guerra Mundial pareceu a confirmação final dessa crença: o país foi repetidamente desmembrado e emergiu da guerra com uma economia arruinada, cidades arrasadas e fronteiras inteiramente redesenhadas. Ao contrário da Europa ocidental, que recuperou sua liberdade em 1945, a Polônia viu-se escravizada por um novo sistema totalitário que continuou a sacrificá-la até a queda do comunismo mais de quarenta anos depois. Em termos absolutos, ela sofreu o mesmo número de mortes que os judeus — na verdade, metade dos judeus que foram assassinados eram também poloneses. Mas, por conta da colaboração de muitos poloneses com o Holocausto, o resto do mundo com frequência se lembra deles não como vítimas, mas como agressores. Os poloneses hoje realmente se debatem com essa ideia — não porque sejam mais antissemitas que outros povos, ou menos capazes de aceitar a responsabilidade por seus malfeitos, mas porque estão tão acostumados a se ver como o "Cristo entre as nações" que ainda não conseguem aceitar o fato de que esse papel foi agora tomado pelos judeus.[38]

Há muitos outros grupos que invejam o status do judeu como o mártir arquetípico do mundo. Em 2005, quando a Assembleia Geral da onu dedicou todo um dia a celebrar a memória do Holocausto, alguns delegados fizeram questão de chamar a atenção para suas próprias tragédias nacionais durante a Segunda Guerra Mundial. O porta-voz da Coreia do Sul não deixou de ressaltar que as atrocidades da guerra não se restringiam à Europa: outras regiões do globo também "haviam enfrentado violações generalizadas de direitos humanos e brutalidade forçada". Ele presumivelmente pensava no destino das "mulheres de conforto" — aquelas que foram coagidas a uma vida de escravidão sexual em bordéis militares japoneses e que simbolizaram o sentimento coreano de vitimização desde os anos 1990. O representante chinês realçou a aterradora matança em seu país — 35 milhões de mortes, segundo ele. A Alemanha nazista podia ter cometido inúmeras atrocidades, mas os "açougueiros militares" do Japão "não ficavam atrás".

Outros delegados nessa comemoração quiseram ampliar ainda mais o discurso sobre vitimização. O enviado especial da Guiné, falando em nome dos Estados africanos, aproveitou a oportunidade para trazer à baila os horrores da escravidão, do colonialismo e do apartheid. O delegado ruandês discursou longamente sobre o genocídio em seu próprio país, assim como o porta-voz da vizinha Tanzânia. O delegado armênio mencionou não só o genocídio armênio, mas também muitos outros, e queixou-se dos "padrões duplos" da onu ao comparar um genocídio com outro. O orador venezuelano ousou até condenar as "conquistas levadas a cabo pelos Estados Unidos e seus aliados" durante a segunda metade do século xx.

Isso pode indicar o início de uma mudança em nossas concepções sobre a vitimização produzida pela Segunda Guerra Mundial, mas ao menos por ora o Holocausto continua sendo o símbolo mais importante em torno do qual todas as outras vítimas se congregam. Durante essa sessão especial da Assembleia Geral da onu, pelo menos a centralidade do Holocausto nunca esteve seriamente sob ameaça, e ele continuou sendo o padrão contra o qual todas as outras atrocidades foram medidas. Ele ainda era "o crime máximo do século xx", "a abominação moral absoluta", "o maior ato de desumanidade do homem para com o homem". Mesmo aqueles que exigiam reconhecimento semelhante de suas tragédias particulares admitiam o valor de uma vítima universal. Como disse o delegado armênio, ecoando os sentimentos de muitas outras "vítimas" diante dele, "somos todos judeus".[39]

Na verdade, a principal razão para termos adotado os judeus da Segunda Guerra Mundial como nossas vítimas arquetípicas é o simples fato de que isso convém a quase todos. Na Europa, o Holocausto fornece uma narrativa admonitória e permite uma forma de culpa coletiva que une o continente — ele é praticamente a única questão em que todos concordam.[40] Para muitas nações na América do Sul ele ofereceu uma maneira indireta de lidar com um passado conturbado: o Memorial do Holocausto em Montevidéu, por exemplo, foi usado como modelo para memoriais posteriores às vítimas da ditadura fascista do próprio Uruguai.[41] Na África e na Ásia, o Holocausto foi o último prego no caixão do mito da superioridade branca: ele ofereceu mais uma justificativa para a decisão de livrar-se do domínio colonial.[42] Os americanos, por sua vez, continuam usando o

Holocausto como uma maneira não só de demonstrar seu heroísmo ao libertar o mundo do nazismo, mas também de mostrar a diferença entre o Velho Mundo, pútrido, e o Novo Mundo, superior.[43] Por fim, os próprios judeus, na condição de vítimas, foram imbuídos de um sentimento de poder moral em acentuado contraste com a impotência que sentiram durante a guerra. Na imaginação do mundo, o Holocausto fez deles quase uma raça sagrada, abençoada por uma inocência aparentemente eterna.[44]

Com raras exceções, o mundo todo se beneficia com o mito da vítima universal: não porque tenha aprendido alguma lição com o Holocausto, mas por acreditar que isso de fato aconteceu. Esse é o mito final do Holocausto, para o qual nos voltaremos em seguida: a crença tranquilizadora de que o horror da Segunda Guerra Mundial nos levou a uma espécie de redenção e renascimento. De todos os mitos que surgiram da guerra, esse é provavelmente o mais sedutor.

5. O começo do mundo

Em 9 de agosto de 1945, apenas três dias depois de Hiroshima ter sido destruída, uma segunda bomba atômica foi lançada no Japão. Nesse momento, Nagai Takashi trabalhava em seu consultório no hospital universitário de Nagasaki. Ao contrário de Ogura Toyofumi, ele não viu a beleza terrível da explosão: tomou conhecimento dela quando um clarão cegante entrou pela janela, seguido por um deslocamento de ar que o arremessou da cadeira e o enterrou sob um monte de escombros e vidro quebrado.

O relato que Nagai fez desse dia, como os de praticamente todos os sobreviventes da bomba atômica, tem contornos apocalípticos. Ele descreve objetos enormes precipitando-se pelo céu numa "dança macabra", e corpos carbonizados por toda parte num "mundo dos mortos". Fala também de um grupo de colegas tentando entender o que havia acontecido, e especulando que o próprio Sol acabara de explodir. Alguns dias depois, o anúncio da capitulação do Japão pelo imperador Hirohito pareceu apenas sublinhar a sensação de apocalipse, pelo menos em âmbito doméstico:

Nosso Japão — o Japão simbolizado pelo monte Fuji perfurando as nuvens e iluminado pelo sol erguendo-se no mar a leste — estava morto. Nosso povo, o povo de Yamato, foi jogado nas profundezas de um abismo. Nós que estávamos vivos vivíamos apenas em vergonha. Felizes eram nossos companheiros que tinham deixado este mundo no holocausto da bomba atômica.[1]

Notavelmente, Nagai parece ter sido capaz de aceitar o próprio destino, e o do Japão, sem muita amargura. Cristão devoto, ele sem dúvida tinha uma enorme capacidade de aceitar a perda; ainda assim, a velocidade e profundidade de sua recuperação psicológica parecem extraordinárias. Quando um de seus ex-alunos se aproximou dele naquele ano falando de vingança, Nagai o repreendeu gentilmente:

> Minha mulher está morta; perdi todos os meus bens, minha casa foi destruída. Perdi tudo. Não tenho nada. Dei tudo que tinha, mas fui derrotado. Por que deveria dizer que essa é uma tragédia, ou uma situação deplorável? Por que ela é deplorável? Nossa situação agora é como a do homem que olha para a lua depois da chuva. Era uma guerra. Nós perdemos. Não me arrependo de nada.[2]

Nagai começou a experimentar então um período de renascimento espiritual. Como radiologista universitário, ele estava familiarizado com a ciência por trás da física nuclear, e rapidamente imaginou que a cidade

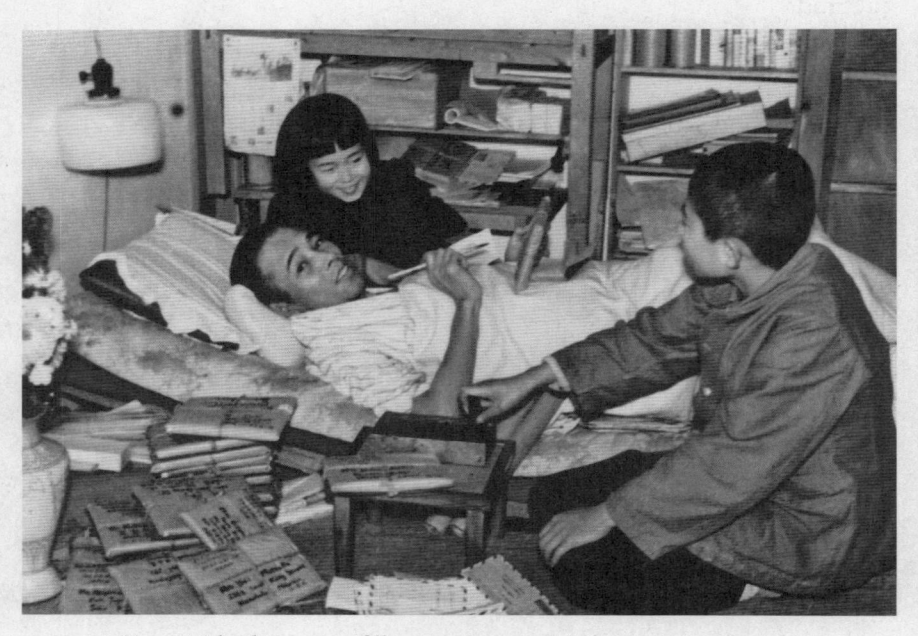

Nagai Takashi com os filhos, pouco antes de sua morte, em 1951.
Seus livros, sucessos de venda, deram esperança
a um Japão desalentado no período após a derrota.

havia sido atingida por uma bomba atômica. A ideia em si fascinou-o. Ao mesmo tempo que o mundo desmoronava à sua volta, ele reconheceu que "abria-se a cortina de uma nova era: a era atômica". A despeito de seu esmagador pesar, ele e os colegas sentiram surgir "dentro de nós um novo ímpeto e uma nova motivação em nossa busca pela verdade. Nesse desolado deserto atômico, uma vida científica nova e vigorosa começou a florescer".[3] Ao longo dos meses seguintes, ele e seus colegas cientistas registraram pela primeira vez os efeitos da doença causada pela radiação, tanto na população em geral como em si mesmos. Nagai, que já tinha leucemia, foi afetado de maneira particularmente grave, e morreria seis anos mais tarde.

Essa progressão do desespero para o luto, a aceitação e o renascimento espiritual é algo que psicólogos reconheceriam como uma resposta relativamente saudável aos eventos traumáticos experimentados por Nagai. Graças a seu cristianismo e à paixão pela ciência, ele conseguiu transformar sua perda em algo significativo; embora fosse viver com as consequências dessa perda pelo resto de sua curta vida, foi pelo menos capaz de começar de novo.

A JORNADA PESSOAL DE NAGAI pareceu tocar uma fibra sensível no Japão. Suas memórias, *Os sinos de Nagasaki*, tornaram-se um best-seller e foram também transformadas num filme de enorme sucesso, cuja música-tema virou uma espécie de hino da época. Além disso, o livro foi recomendado pelo Ministério da Educação japonês para todas as escolas. Durante os meses seguintes, Nagai passou a ser visto como uma espécie de santo: na verdade, os jornais japoneses com frequência se referiam a ele como "o santo de Nagasaki", e comparações com Gandhi eram comuns. A cidade concedeu-lhe o título de cidadão honorário, e ele foi formalmente declarado um herói nacional pelo Estado. Seus livros também lhe proporcionaram renome internacional: em seu leito de doente Nagai foi visitado pela escritora americana Helen Keller, pelo imperador Hirohito e por um emissário do papa. Após sua morte, em maio de 1951, foi considerado por alguns uma espécie de Cristo, cujo sofrimento era representativo do sacrifício do Japão durante e após a guerra.[4]

Parte do que atraía em Nagai era a maneira como ele conseguiu transformar a catástrofe em triunfo. A bomba não o destruíra, o transformara: ele tinha efetivamente renascido através do martírio. Essa foi sem dúvida a mensagem que ele próprio pregou em seus livros e outros escritos. Em novembro de 1945, falando numa missa de réquiem nas ruínas da catedral de Urakami de Nagasaki, Nagai descreveu a bomba atômica não como uma portadora de destruição, mas como um presente de Deus:

> Creio que não foi a tripulação americana que escolheu nosso subúrbio. Foi a providência divina que escolheu Urakami e levou a bomba na direção de nossas casas. Ou será que não há uma íntima relação entre a aniquilação de Nagasaki e o fim da guerra? Não foi Nagasaki a vítima escolhida, o cordeiro imaculado, morto como oferenda de fogo num altar de sacrifício a fim de expiar os pecados de todas as nações durante a guerra? [...] Agradeçamos que Nagasaki tenha sido escolhida para o completo holocausto, e que através desse sacrifício a paz tenha sido concedida ao mundo.[5]

Esse discurso extraordinário refletia o que muitas outras figuras culturais e políticas estavam dizendo. Também em novembro de 1945, o presidente da Universidade de Tóquio disse aos alunos que voltavam às aulas que eles também deveriam celebrar a derrota como o começo de uma nova era de "razão e verdade".[6] Um dos filósofos mais influentes do país no pós-guerra, Tanabe Hajime, caracterizou o desespero do Japão como um passo natural no caminho para a "ressurreição e regeneração": a nação, ele afirmou, iria não somente renascer, mas mostrar o caminho para um planeta mais seguro, mais pacífico.[7] Mesmo antes do início da ocupação americana, no fim de agosto de 1945, o chefe da Agência de Inteligência do governo já estava promovendo a experiência da bomba atômica como a chave que faria os japoneses deixarem de ser os "perdedores da guerra" para se transformarem nos "vencedores da paz".[8] O Japão finalmente tinha um lugar especial no mundo — lugar conseguido não mediante a conquista, mas mediante a derrota: na condição de primeiro e único mártir atômico do mundo, ele podia servir como um exemplo dos perigos da guerra para toda a humanidade.

Em parte por conta de tais ideias, o Japão passou por uma transformação tão rápida quanto a de Nagai Takashi. Nos anos imediatos do pós-guerra, ele se converteu de uma das sociedades mais militaristas do mundo numa das mais pacíficas. Mais tarde viveria transformações econômicas, políticas e culturais semelhantes, reinventando-se repetidamente. Tudo isso originou-se da experiência da Segunda Guerra Mundial, e em especial da bomba atômica, que continua sendo o momento isolado mais icônico na fundação do Japão contemporâneo.

Por mais impressionante que tudo isso possa ser, ainda há algo ligeiramente perturbador na situação, tanto em nível pessoal quanto social. Apesar da suposta sacralidade de Nagai, ele não foi um personagem livre de controvérsias. Alguns, por exemplo, receberam com horror sua ideia de que a bomba atômica fora uma espécie de presente de Deus, e muitos que assistiram à missa de réquiem ficaram, segundo consta, irritados com sua caracterização das famílias japonesas mortas, descritas como "sacrifícios sagrados" em vez de vítimas de uma monstruosidade. Além disso, sua descrição de Nagasaki como um símbolo de inocência martirizada também continha algo de suspeito. Nem Nagasaki nem o Japão eram o "cordeiro imaculado" que os japoneses gostavam de acreditar que eram: não tinham sido "os pecados de todas as nações" que haviam dado início à guerra, mas os pecados do *Japão*. Nagai nunca estabeleceu verdadeiramente a conexão entre seu apoio incondicional ao governo do tempo de guerra e os crimes que foram cometidos em nome do Japão. Este é um problema que atormentou o país desde então: ao lado do martírio coletivo dos japoneses havia um elemento de culpa coletiva que nunca foi abraçado da mesma forma, nem na época nem hoje.

No fim das contas, o milagroso renascimento do Japão após a guerra foi apenas um renascimento parcial. Os japoneses podem ter reinventado sua economia, mas nem os americanos nem o governo do pós-guerra jamais conseguiram romper os cartéis que haviam controlado a indústria do Japão nos tempos de guerra. Nenhum dos líderes industriais do país jamais foi levado a julgamento, embora tivessem não só pavimentado o caminho para a guerra como auferido dela enormes lucros, sobretudo graças à utilização de mão de obra escrava. Durante todo o pós-guerra, pairou no ar uma forte sensação de que o milagre econômico japonês foi parcialmente construído sobre bases podres. Mesmo no século XXI, algumas das corporações japonesas mais importantes — como Mitsubishi, Mitsui e Nippon Steel — seguem disputando batalhas legais por seu suposto comportamento durante a Segunda Guerra.[9]

Os japoneses também reformularam completamente seu sistema político após o confronto: sob a tutela americana, dissolveram o império, introduziram uma nova constituição e concederam pela primeira vez às mulheres o direito de voto. No entanto, seu mais elevado símbolo de autoridade continuou a ser o imperador em cujo nome a guerra foi travada. Algumas das principais figuras políticas responsáveis pela guerra ou permaneceram em seus cargos nos anos imediatos após o conflito ou foram reinstaladas no poder assim que os americanos o entregaram de volta aos japoneses. Em 1952, um político chegou a ser eleito para o parlamento pela primeira vez graças à sua notoriedade como criminoso de guerra que havia escapado da Justiça.[10]

Embora a cultura japonesa também tenha passado por uma enorme transformação desde 1945, em outro sentido o país nunca foi realmente capaz de seguir adiante. Segundo um psiquiatra japonês, a maníaca busca de ganho material no Japão durante a segunda metade do século XX foi em parte uma maneira de esconder as cicatrizes da guerra. Todos os japoneses, afirma Noda Masaaki, tornaram-se especialistas em inventar desculpas "aparentemente sofisticadas para si mesmos", a fim de evitar uma confrontação honesta com as questões de guerra e culpa. Mesmo o movimento pacifista, com sua narrativa da vitimização japonesa, é baseado numa forma de negação. O Japão hoje é "uma cultura que ainda se recusa a reconhecer suas feridas emocionais": por mais que tenha se reinventado, o país nunca alcançou um verdadeiro renascimento espiritual, porque nunca conseguiu abraçar plenamente suas responsabilidades em tempo de guerra.[11]

O renascimento de nações

Não há, é claro, nada de único em tudo isso. O mito da ressurreição foi um tema constante no mundo todo desde o fim da guerra. Se examinarmos com atenção as metáforas usadas por testemunhas da devastação de 1945, veremos que muitas delas são bem mais esperançosas do que parecem à primeira vista. O Juízo Final, Gomorra, o Dilúvio de Noé, a queima do universo empreendida por Vishnu — essas são imagens não só de destruição total, mas também de renascimento. A guerra pode ter provocado o fim do velho mundo, mas também prometeu o começo de um novo, melhor e mais justo. Quer esse renascimento tenha ou não de fato ocorrido, a ideia dele trouxe enorme esperança e consolo para uma população mundial completamente desalentada por anos de penúria, violência e opressão.

Quase todo mundo tinha um interesse pessoal em difundir esse mito de um novo mundo surgindo a partir das cinzas do velho. Ele certamente harmonizava bem com os vencedores. Em seus discursos à nação, o presidente Truman sublinhou reiteradamente o fato de que o povo americano estava prestes a testemunhar uma "nova era", de que eles se encontravam "no limiar de um novo mundo" e de que com a morte do "mundo em guerra" vinha o nascimento de um "mundo de paz". Em 16 de agosto de 1945, dia seguinte à capitulação do Japão, ele proclamou: "Este é o fim das grandiosas maquinações dos ditadores para escravizar os povos do mundo, destruir civilizações e instituir uma nova era de escuridão e degradação. Este dia é um novo começo na história da liberdade na Terra".[12] Não poderia haver melhor síntese de todos os mitos que cobri até agora: a vitória do bem sobre o mal, o martírio do mundo e, por fim, a ressurreição propiciada por heróis dos Aliados.

A União Soviética, por sua vez, levou mais tempo para abraçar 1945 como o começo de algo *completamente* novo. A ideologia soviética sempre enfatizara 1917 como o ano da fundação da União Soviética, e, embora a Segunda Guerra Mundial continuasse exercendo uma enorme influência em todos os aspectos da sociedade soviética, algumas décadas se passaram antes que ela eclipsasse o simbolismo da Revolução de Outubro. Contudo, no final dos anos 1960 os soviéticos começaram a produzir centenas de filmes, livros e obras de arte dedicados à guerra. Memoriais e museus foram abertos em todo o país, e a celebração do Dia da Vitória tornou-se um importante evento nacional. A principal narrativa da guerra era a de uma enorme perda levando ao triunfo final: o povo soviético tinha sido massacrado, mas, através de seu sacrifício, a nação não apenas fora salva como também renascera para a gloriosa vitória.[13]

No fim das contas, os soviéticos adotaram os mesmos mitos sobre a Segunda Guerra Mundial abraçados desde o princípio pelos países comunistas na Europa oriental. Fora a guerra que permitira "o nascimento de uma nova Tchecoslováquia", que criara "uma magnífica visão de uma nova vida" na Iugoslávia, e que "libertara o povo alemão [oriental] de suas correntes".[14] Num discurso no Dia da Vitória em 1985, o ministro da Defesa albanês, Prokop Murra, resumiu a visão comunista prevalente no Leste Europeu: a Segunda Guerra Mundial fora "um dos maiores eventos na história do mundo, tendo desferido o golpe irreparável no sistema capitalista, instigado as lutas de libertação nacional, marcado o declínio do colonialismo e criado uma nova proporção de forças em favor do socialismo e da revolução".[15] Apesar de seu vasto legado de morte e destruição, a guerra nunca foi pranteada pelos comunistas que ela levou ao poder; ao contrário, foi celebrada como a força que havia marcado o início de um admirável mundo novo.[16]

Algo parecido aconteceu também em grande parte da África e da Ásia, onde grupos nacionalistas viram a guerra como um cadinho a partir do qual seus Estados poderiam ser forjados novamente, livres do domínio colonial. Num debate sobre a independência no fim de 1946, o futuro primeiro-ministro indiano Jawaharlal Nehru invocou a guerra e o tumultuoso período que a seguiu como um dos principais fatores para o renascimento da Índia:

Acabamos de sair da Segunda Guerra Mundial e as pessoas falam de maneira vaga e bastante irrefletida sobre novas guerras por vir. É nesse momento que surge a Nova Índia: renascente, vital, destemida. Talvez esse renascimento ocorra num momento adequado, em meio à confusão que reina no mundo.[17]

O futuro presidente da Indonésia, Sukarno, foi ainda mais claro sobre o papel desempenhado pela Segunda Guerra Mundial na fundação de seu país. "Não se esqueçam de que vivemos num tempo de guerra", ele afirmou a um comitê do governo que se preparava para declarar a independência em junho de 1945:

> É durante este tempo de guerra que vamos estabelecer o Estado da Indonésia — em meio ao estrondo da guerra. Agradeço a Deus porque vamos estabelecer o Estado indonésio não sob céu claro, mas ao som dos tambores de guerra e das armas de fogo. A Indonésia Merdeka ["Indonésia livre"] emergirá como uma Indonésia temperada no fogo da guerra.[18]

Há sentimentos semelhantes em grande parte do Sudeste Asiático, da África do Norte e do Oriente Médio, onde a guerra desencadeou uma onda incontrolável de lutas de independência. Por causa da guerra, "tudo mudou e está mudando".[19] Por causa da guerra, o imperativo moral para a autodeterminação crescia por "toda a superfície da Terra".[20]

As vítimas e os perpetradores da guerra talvez fossem aqueles com o maior incentivo para proclamar 1945 como um ano de renascimento. Ambos tinham boas razões para querer deixar o passado para trás e começar de novo. No período do pós-guerra, nações como França, Bélgica e Países Baixos investiram uma grande quantidade de energia política para proclamar-se não apenas renascidas, mas também mais fortes e unidas. Esse anseio comum por um retorno à estabilidade foi tão forte que hoje essa época é lembrada como um período de celebração, unidade e reconstrução, ainda que também tenha havido muita inquietação e violência durante esses anos.[21]

Na Alemanha, por sua vez, 1945 foi proclamado *Stunde Null*, cuja tradução pode ser lida como "Ano Zero".[22] Esse conceito expressava não só o medo de que o país tivesse sido reduzido pelas bombas a uma espécie de Idade das Trevas pré-cristã, mas também a esperança de que pudesse ter um novo começo: assim como os japoneses, os alemães do pós-guerra ansiavam por enterrar para sempre seu passado recente. É fácil criticá-los por isso, mas, no contexto de um mundo em que a maioria das nações estava anunciando um novo começo, teria sido extremamente incomum que a Alemanha e o Japão não tivessem feito o mesmo. Embora cada país pudesse ter motivações diferentes, o *Stunde Null* era uma ideia universal.

Um renascimento global

Embora muitos países tenham adotado um mito de renascimento nacional após a guerra, talvez o mais interessante seja a forma como esse mesmo mito foi adotado em escala internacional, até mesmo global. Não foram apenas o Japão ou a França ou a Índia que renasceram, mas o mundo todo: 1945 marcou um Ano Zero comum e assim permaneceu em nossa imaginação coletiva. Um mundo de violência, repressão e mal tinha sido destruído. E um novo mundo, inspirado pelos valores da Carta do Atlântico e das Nações Unidas, havia sido criado.

Desde o princípio, porém, essa visão global entrou em conflito com os mitos de nações individuais. Todos os mitos nacionais que surgiram da guerra dependiam, em diferentes graus, de um sentimento de vitimização. França, Grã-Bretanha, Estados Unidos e os demais Aliados tinham sido atacados por um monstro, mas triunfado; os comunistas estavam se libertando dos grilhões do capitalismo; os países coloniais estavam se libertando dos senhores de escravos que os haviam oprimido por séculos, e assim por diante. Mas o mito *internacional* de renascimento era muito diferente. Ele imaginava um futuro em que não haveria a menor chance de tais disputas e conflitos: no novo mundo, seríamos todos governados por um desejo de paz. Nesse mundo, experimentaríamos a fraternidade e a prosperidade, o estado de direito e a meticulosa regulação das forças políticas e do mercado. O nacionalismo e todas as paixões irracionais fomentadas por ele iriam pouco a pouco se tornar dispensáveis.

Talvez a expressão mais forte dessa nova utopia possa ser vista nos mitos de fundação da União Europeia, que foi mais longe que qualquer outro organismo internacional para derrubar barreiras entre nações. Os líderes da UE sempre aclamaram a maneira como "a União Europeia nasceu das cinzas e dos escombros da Segunda Guerra Mundial"; de fato, é difícil encontrar um documento ou declaração europeia importante que *não* faça referência à fundação da nova Europa como uma reação à guerra.[23] Desde o início, a UE foi concebida não somente como uma "nova Europa", mas como um novo *tipo* de Europa, em que catástrofes como a Segunda Guerra Mundial não mais seriam possíveis.[24] Nas palavras de Konrad Adenauer, primeiro chanceler da Alemanha no pós-guerra e um dos pais fundadores da UE, o mundo no pós-guerra era "o começo de uma nova época histórica":

> A era dos Estados nacionais chegou ao fim. Todos devem sentir que uma mudança ocorreu, que uma era desapareceu e que está nascendo agora uma nova era em que os homens vão olhar além das fronteiras de seu próprio país e trabalhar em fraterna cooperação com outras nações pelos verdadeiros objetivos da humanidade.[25]

O que começou como uma parceria econômica entre França e Alemanha rapidamente se espalhou para incluir a maior parte da Europa ocidental e, a partir de 1989, também do Leste Europeu. Muitos países do antigo Bloco Oriental consideram seus anos de comunismo uma espécie de prosseguimento da Segunda Guerra Mundial: aderir à União Europeia era para eles uma das principais formas de deixar para trás simbolicamente a opressão do passado e ingressar num novo mundo de "liberdade" e "democracia". Até hoje, esse mito fundador continua sendo a justificativa central para a expansão da UE e a união cada vez mais estreita entre os países do continente europeu.[26]

Exatamente as mesmas ideias são expressas em nível global nos mitos de fundação das Nações Unidas. As palavras de abertura da Carta das Nações Unidas declaram explicitamente que a organização foi fundada em 1945 para evitar que outra guerra mundial trouxesse "indizível dor para a humanidade". Como no caso da União Europeia, é difícil encontrar algum discurso ou documento importante da onu que não mencione o fato de ela ter nascido "das cinzas da Segunda Guerra Mundial" com o propósito de estabelecer uma nova era de "paz e respeito aos direitos humanos" e "poupar o mundo de outro cataclismo".[27] Ainda hoje a câmara do Conselho de Segurança das Nações Unidas é dominada pelo enorme mural de uma fênix surgindo dos escombros da guerra.

O custo do mito

Nenhum dos mitos e lendas que descrevi até agora apareceu do nada. Havia muita verdade em cada um deles: a vasta destruição que acometeu grandes partes da Europa e da Ásia certamente assemelhava-se ao fim do mundo; a guerra, de maneira inegável, envolveu grandes doses de heroísmo, monstruosidade e martírio; e o renascimento da esperança que ocorreu em toda parte após 1945 foi sem dúvida milagroso. Mas essas verdades não são toda a verdade. Elas escondem muitas das dúvidas e apreensões que pessoas de todos os países sofreram enquanto o mundo estava em guerra, e fornecem desculpas para que as pessoas hoje não examinem sua história com muita atenção. Só podemos nos entregar a esses mitos — que parecem tão absolutos e claros — desviando os olhos da realidade desagradável e moralmente ambígua daqueles anos terríveis.

É importante destacar que nenhum desses mitos existe de maneira isolada. Uma das razões pelas quais eles persistiram por tanto tempo é que, por mais questionáveis que possam ser individualmente, como grupo eles se sustentam uns aos outros, *amplificam* uns aos outros. As imagens de devastação total fornecem o pano de fundo perfeito para recordarmos a Segunda Guerra Mundial como uma luta titânica pela própria alma da humanidade. Nossos heróis tornam-se mais heroicos pela imagem do mal absoluto contra o qual estão lutando, e nossos monstros tornam-se mais monstruosos por nossa crença na inocência plena dos mártires que eles torturaram. O mito do novo mundo surgido das cinzas do velho amarra tudo isso — a destruição total, o heroísmo abnegado e o sofrimento infinito. Esse é o prêmio final concedido a nossos heróis e mártires, pois enobrece seu sacrifício e faz todo o sofrimento parecer ter valido a pena. Tomada em conjunto, essa rede de mitos representa um sistema de crenças que foi adotado no mundo todo — com muitas variações locais, naturalmente.

É importante reconhecer que um sistema de crenças como esse se estabelece por boas razões. Durante a guerra, a crença em absolutos morais era inteiramente necessária, uma vez que a crise que confrontava as pessoas no mundo todo as obrigava a tomar medidas decisivas. A mitologia que elas abraçavam diante dessa crise não só lhes dava a coragem e a força moral para fazer face àquilo que era exigido delas, mas também criava o sentimento de unidade necessário para que se agrupassem e lutassem de forma exitosa. Mas esses absolutos morais também satisfaziam profundas necessidades emocionais. Não há nada mais gratificante do que saber que você está do lado certo, movendo a guerra do bem contra um mal que deve ser destruído. Assim, embora fizessem perfeito sentido em 1945, esses mitos também encerravam um certo perigo, pois não davam espaço para a sutileza, para a nuance — para a dúvida.

Hoje não há razões práticas para que devamos nos agarrar a esses mitos. Eles não são mais necessários para nossa sobrevivência, como foram antes. Não precisamos mais deles para explicar o inexplicável. O mundo seguiu adiante, ao contrário de nós, que ficamos presos na mesma atitude a que nos entregamos em 1945. Mas não parecemos inclinados a fazer coisa alguma a esse respeito. Simplesmente aceitamos nossos mitos como eles são, pela única razão de serem familiares, e porque ainda satisfazem as mesmas necessidades emocionais que experimentamos tantos anos atrás: ansiamos pelas velhas certezas de tempos de guerra — sobre bem e mal, heróis e vilões, monstros e mártires —, que contrastam tão fortemente com as incertezas do dia a dia de nossa vida contemporânea. Assim, alimentamos uma desavergonhada nostalgia pela guerra, apropriada ou não, e nos sentimos consolados por essa nostalgia, mesmo quando ela ameaça reavivar os mesmos incêndios que lutamos tão arduamente para extinguir em 1945.

Todos esses mitos contribuem para as instabilidades que continuam a atormentar nosso sistema internacional, mesmo aqueles que a princípio parecem relativamente benignos. É fácil criticar nossas crenças em heróis, monstros e mártires pela maneira como nos dividem, mas a ideia do mundo renascido como uma fênix em 1945 também é suspeita. Às vezes é difícil reconhecer isso, porque fazê-lo frustra alguns de nossos desejos mais caros. *Queremos* imaginar o mito do renascimento como uma força positiva, repleta de cura e perdão. *Queremos* acreditar que uma linha pode ser traçada sob toda a violência, e que podemos nos elevar acima de nosso passado sem ressentimento ou remorso. Mas impor esses valores à sociedade sem um exame apropriado dos eventos que estamos deixando para trás é ao mesmo tempo desonesto e doentio. Por mais nobre que seja enterrar diferenças passadas, insistir na ideia de que seguimos adiante, de que fomos purificados por nosso renascimento após a guerra, nos nega a oportunidade de prantear nossas perdas e reconhecer nossa culpa.

PARA AQUELES QUE EMERGIRAM da sombra da guerra em 1945, nada disso era ainda uma questão. De todos os mitos que surgiram nessa época, o único que ainda não estava inteiramente formado era precisamente o do renascimento. Quando as bombas pararam de cair e as pessoas no mundo inteiro foram para as ruas celebrar o fim da guerra, a imagem da fênix surgindo das cinzas ainda não era um mito, mas uma esperança muito real que vivia no coração de milhões. Enquanto os pensamentos das pessoas se voltavam para a reconstrução, era muito natural que novos luminares se apresentassem, com visões de novas maneiras de viver, novas relações e novas formas de expressão. Grande parte do resto deste livro se ocupará dos sonhos de liberdade que eles tinham, e de como estes foram realizados e frustrados em meio aos efeitos secundários da guerra.

Mas dentro desses sonhos havia também pesadelos. Desde o princípio, o novo mundo sempre pareceu dolorosamente frágil, porque o que tinha sido destruído antes podia com facilidade ser destruído de novo. O medo da repetição assombrava o mundo todo. Talvez sua expressão mais eloquente tenha vindo do novo primeiro-ministro indiano, Jawaharlal Nehru, num discurso em 1949:

> Se olharmos para trás, para os últimos trinta e tantos anos, que compreende-ram duas guerras e o período entre elas, encontraremos os mesmos gritos, ligeiramente diferentes conforme as circunstâncias, é claro, mas ainda assim os mesmos clamores, as mesmas abordagens, os mesmos medos e suspeitas, o mesmo armamentismo de todos os lados e a guerra se aproximando. A mesma conversa de que esta é a última guerra e de que é preciso lutar pela democracia é ouvida em todos os lados. E então a guerra termina, mas os conflitos persistem, e recomeçam os preparativos para o confronto. Então vem uma nova guerra. [...] Nenhuma pessoa e nenhum país deseja a guerra. À medida que ela se torna cada vez mais terrível, eles a desejam ainda menos. No entanto, algum mal, algum carma passado ou algum destino continua empurrando as pessoas rumo ao abismo, e elas repetem os mesmos argu-mentos e executam os mesmos gestos como autômatos.[28]

A verdadeira mensagem do fim da guerra foi, portanto, não só de liberdade, mas também de medo. Com o início da era atômica, o mundo não podia mais se permitir seguir o interminável ciclo de destruição e reconstrução que caracterizara os mundos anteriores. Após Hiroshima e Nagasaki, todos sabiam que a próxima guerra global poderia resultar num apocalipse não mais simbólico, mas muito real.

PARTE II

Utopias

6. Ciência

SE HOUVE UM GRUPO que se sentiu oprimido em 1945 tanto pelos sonhos quanto pelos pesadelos do mundo foram os cientistas que passaram os anos da guerra trabalhando na bomba atômica.

Um desses cientistas foi Eugene Rabinowitch, um químico nascido na Rússia. Rabinowitch já tinha vivenciado alguns dos eventos mais turbulentos do século xx. Quando jovem, fora obrigado a fugir de São Petersburgo na esteira da Revolução Russa. Mais tarde, teve também de fugir da Alemanha para escapar à perseguição antissemita empreendida pelos nazistas. Em 1938, quando a Europa estava à beira da guerra, juntou-se ao êxodo geral de cientistas europeus para os Estados Unidos. Mas seria o tempo que passou como químico sênior no Projeto Manhattan, em Chicago, no auge da guerra, que mudaria sua vida de maneira mais decisiva. Rabinowitch era apenas um entre centenas de cientistas empregados para pesquisar e construir armas nucleares — a experiência, no entanto, e as consequências das descobertas que ele e seus colegas cientistas fizeram, iria assombrá-lo pelo resto de seus dias.[1]

Rabinowitch foi convidado a ingressar no projeto da bomba atômica em 1943 por James Franck, um vencedor do prêmio Nobel com quem havia trabalhado na Alemanha antes da guerra. Pouco tempo depois, expressou pela primeira vez suas dúvidas com relação a um futuro nuclear. Saía com Franck e outros cientistas seniores como Leo Szilard para longas caminhadas, nas quais discutia em voz baixa suas preocupações. Embora compreendesse a necessidade urgente de construir a bomba, tinha a forte impressão de que o establishment americano estava deixando de considerar as implicações de longo prazo do que estava fazendo. Os segredos da energia nuclear não continuariam sendo um monopólio dos Estados Unidos por muito tempo. Depois que outras nações também descobrissem esses "segredos", uma nova corrida armamentista estava destinada a ocorrer. As consequências eram impensáveis.

Na primavera de 1945, as preocupações de Rabinowitch ganharam nova urgência: corria entre os cientistas que uma bomba atômica logo estaria pronta para teste. Naquele mês de junho, um comitê foi formado às pressas para considerar as implicações sociais e políticas das armas nucleares, sobretudo se fossem usadas na guerra contra o Japão. Rabinowitch se tornaria um dos principais autores do relatório final. Anos depois, ele lembrou:

> Estava insuportavelmente quente em Chicago naquela época. Enquanto andava pelas ruas da cidade, fui tomado pela visão de arranha-céus se espatifando sob um firmamento em chamas. Alguma coisa tinha de ser feita para advertir a humanidade. Fosse por causa do calor ou da minha própria excitação interna, não consegui dormir aquela noite. Comecei a escrever nosso relatório muito antes do amanhecer. James Franck tinha me dado um rascunho de uma página e meia como contribuição. Mas meu tratamento pessoal da questão foi muito mais detalhado.[2]

O "Relatório Franck", como se tornou conhecido, fazia duas observações cuidadosamente ponderadas.[3] Em primeiro lugar, o advento da energia nuclear representava para a humanidade não só uma oportunidade, mas uma ameaça maior do que jamais houvera antes. Para que as nações do mundo pudessem evitar uma futura corrida armamentista, era essencial que os Estados Unidos abrissem mão de seu monopólio temporário sobre a bomba e ajudassem a fundar um organismo internacional com o poder de controlar a energia atômica para o bem de toda a humanidade.

Em segundo lugar, argumentava ele, a bomba não deveria ser usada num "ataque-surpresa" ao Japão, uma vez que isso solaparia gravemente a possibilidade de alcançar qualquer acordo internacional sobre energia atômica. Seria muito melhor se a demonstração da bomba para o mundo fosse feita em local aberto, num deserto desabitado ou numa ilha estéril.

Dessa forma, o Japão talvez ficasse assustado e impelido a se render sem a necessidade de uma enorme perda de vidas. Se as Forças Armadas japonesas insistissem em continuar a guerra apesar disso, a bomba ainda poderia ser usada contra eles.

O relatório dos cientistas foi enviado a Washington com urgência, mas o governo dos Estados Unidos simplesmente o ignorou. "Esperamos alguma reação, e continuamos esperando", Rabinowitch lembrou mais tarde. "Tínhamos a impressão de que teria dado no mesmo jogar o relatório no lago Michigan."[4] Menos de dois meses mais tarde, bombas atômicas foram lançadas em Hiroshima e Nagasaki, levando a guerra a um repentino e culminante encerramento. Enquanto o resto do mundo celebrava, uma

Eugene Rabinowitch, cientista atômico e por muitos
anos a voz da consciência para a era nuclear.

profunda melancolia se abateu imediatamente sobre vários membros da comunidade científica.

Nos meses seguintes, Rabinowitch decidiu se dedicar a divulgar seus temores. Ele e um colega cientista, Hyman Goldsmith, fundaram uma nova revista chamada *Bulletin of the Atomic Scientists*, cujo objetivo era "despertar o público para a plena compreensão da horrenda realidade das armas nucleares e de suas implicações de longo alcance para o futuro da humanidade".[5] Nos anos seguintes, como porta-voz não oficial do "movimento dos cientistas", a revista de Rabinowitch se tornaria uma voz da consciência para a era atômica. Ela publicaria artigos dos principais físicos do mundo — como Albert Einstein, J. Robert Oppenheimer, Niels Bohr e Edward Teller —, mas também incluía entre seus colaboradores vários filósofos e sociólogos (Bertrand Russell e Raymond Aron), políticos (Henry J. Morgenthau e Andrei Gromiko), economistas (Abba P. Lerner) e até teólogos (Reinhold Niebuhr). Cada aspecto da bomba atômica e de suas consequências foi discutido e dissecado na esperança de "impelir os homens à racionalidade pelo medo".[6]

Segundo o próprio Rabinowitch admitiu, as esperanças encarnadas em sua revista sempre tenderam a se frustrar. As conversas entre as superpotências para internacionalizar a gestão da energia atômica por fim fracassaram em 1948. No ano seguinte, a União Soviética detonou sua própria bomba nuclear, e, como Rabinowitch temera, uma corrida armamentista logo teve início, incluindo Grã-Bretanha, França, China, Índia, Paquistão, Israel e — já em pleno século xxi — Coreia do Norte. Nos setenta anos após o primeiro teste da bomba atômica, em 1945, cerca de 125 mil ogivas foram construídas e utilizadas no mundo todo. Apesar dos melhores esforços de organismos internacionais como a onu e a Agência Internacional de Energia Atômica, os temores de Eugene Rabinowitch com relação à proliferação nuclear acabaram confirmados.[7]

Apesar disso, ele nunca deixou de acreditar que a ciência ainda representava a melhor esperança para a humanidade — não só para desvendar os segredos do universo, mas também porque cientistas de toda parte insistiam em ignorar disputas políticas e colaborar uns com os outros. "O alcance da revolução científica de nosso tempo é tão imenso, e tão cheio de potencialidades futuras ainda maiores, que está transformando as próprias bases da existência humana", ele escreveu tempos depois. "Para uma mente míope, nossa era pode parecer [...] uma época de alienação em que a humanidade se dividiu como nunca antes [...], mas para gerações futuras ela será vista como a era em que teve começo a cooperação mundial da humanidade."[8]

A REVELAÇÃO DA ENERGIA ATÔMICA em 1945 produziu uma sensação global de perplexidade que é difícil compreender hoje. Quando o presidente Truman anunciou o lançamento da bomba sobre Hiroshima, a mídia internacional estava completamente despreparada para a história e não soube como reagir. O poder da bomba, a escala e o investimento dos Estados Unidos naquele projeto secreto, a possibilidade do fim da guerra — todos esses assuntos competiam por espaço nas manchetes. Mas o que obtève mais atenção foi o comentário de Truman de que os cientistas tinham conseguido "utilizar a energia básica do universo". Essa única linha, que foi reproduzida em jornais do mundo todo, pareceu captar a imaginação de todos.

Um dos primeiros a descrever a sensação combinada de choque e assombro produzida pelos eventos daquele verão foi o romancista americano E. B. White. "Pela primeira vez em nossa vida podemos sentir as perturbadoras vibrações de um completo reajustamento humano", escreveu ele na *New Yorker* apenas duas semanas após o bombardeio de Hiroshima. "Em geral elas são tão fracas que passam despercebidas. Desta vez, porém, são tão fortes que chegam a eclipsar o fim da guerra." Outros escritores apressaram-se em concordar. "Num instante, sem aviso, o presente tornou-se o impensável futuro", afirmou a revista *Time* dois dias depois. Com a explosão da primeira bomba atômica, afirmou outro jornalista, "o seu mundo e o meu, o mundo que conhecíamos, chegou ao fim. Um novo mundo nasceu naquela montanha de fogo".[9]

O homem utiliza a "energia básica do universo": atol de Bikini, 1946.

Embora todos concordassem que algo fundamental havia mudado, não existia consenso sobre a mudança ter sido positiva ou negativa. Nos Estados Unidos, surgiu muito rapidamente uma forte polarização entre os que consideravam a energia atômica uma nova aurora para a humanidade e aqueles que temiam que ela levasse ao apocalipse.

No primeiro grupo destacou-se William Laurence, do jornal *The New York Times*, o único jornalista que tivera acesso ao Projeto Manhattan enquanto ele ainda era secreto. Em setembro de 1945, Laurence escreveu uma série de artigos em que comparou o advento da era atômica a um redespertar espiritual. Na energia atômica, afirmou, a humanidade encontrara "a verdadeira 'Pedra Filosofal' [...], a chave para o manancial da própria energia que faz o universo funcionar".[10] Laurence também descreveu o primeiro teste da bomba atômica no deserto do Novo México, que viu em primeira mão: "A sensação foi de ter tido o privilégio de testemunhar o Nascimento do Mundo — de estar presente no momento da Criação, quando o Senhor disse: Faça-se a luz!".[11]

Muitos outros jornalistas americanos também proclamaram o nascimento de uma nova era. A energia atômica, segundo eles, trazia a oportunidade de "abolir a guerra" para dar lugar a um futuro de energia "inesgotável" e "ilimitada riqueza", e até criar "um paraíso terrestre".[12] Em 1946, Gerald Wendt, da revista *Time*, chegou ao ponto de sugerir que a energia atômica seria disponibilizada um dia em "forma de cápsula", e o homem não precisaria de mais nada: "Então finalmente a ciência terá libertado a raça humana não apenas da doença, da fome e da morte precoce, mas também da pobreza e do trabalho".[13]

Ao mesmo tempo, porém, outros pensadores proeminentes não puderam deixar de imaginar um futuro muito mais sombrio. Max Lerner, que escrevia para o jornal *PM*, foi um dos muitos que viram na energia atômica a ameaça de um "mundo com que os fascistas vêm sonhando há muito tempo, em que uma pequena elite impiedosa poderia deter o poder de vida e morte sobre a grande massa da humanidade".[14] Jean-Paul Sartre considerou a bomba atômica "a negação do homem"; Einstein descreveu a situação como "o mais terrível perigo em que o homem jamais se encontrou"; enquanto o general Carl Spaatz, o chefe da Força Aérea dos Estados Unidos que supervisionara o bombardeio do Japão, previu um futuro em que uma guerra atômica "pode terminar no mais trágico dos paradoxos: a boa sociedade, na tentativa de destruir o mal, pode acabar destruindo a si mesma".[15]

Muitas outras partes do mundo expressaram suas esperanças e medos com relação àquela nova maravilha científica em termos similarmente maniqueístas. Exemplo disso é uma reportagem da revista britânica *Picture Post*, que publicou uma edição especial no final de agosto de 1945 tendo por foco as implicações da bomba. "O domínio da energia atômica é provavelmente o maior evento de nossa existência", afirmava a abertura do artigo, um evento que "abre novos e amplos horizontes tanto de esperança quanto de horror". A capa estampava a perturbadora fotografia de uma criança numa praia no crepúsculo, acompanhada da legenda: "Aurora... ou crepúsculo?".[16] Da mesma forma, a *Illustrated Weekly of India* publicou matérias sobre como a humanidade podia "destruir a si mesma na última e mais aterradora das guerras; ou viver doravante numa utopia, como a dos sonhos de Edward Bellamy". Poucas semanas após os eventos em Hiroshima e Nagasaki, a revista já estava imaginando "quantidades ilimitadas de energia [...] a um custo tão baixo que para todos os efeitos práticos seria gratuita" — mas ao mesmo tempo publicava artigos sobre como essa

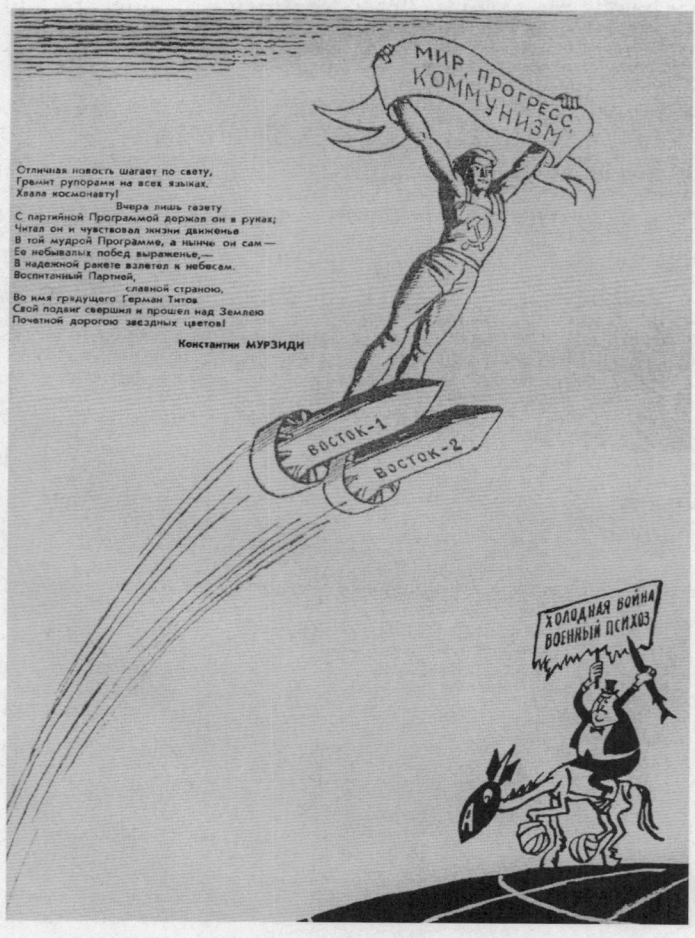

A propaganda soviética, como este cartum do início dos anos 1960, promoveu o sonho de "paz, progresso e comunismo" por meio da energia nuclear. Os Estados Unidos, por outro lado, são representados como um ser belicista frustrado, impotentemente agarrado a seu armamento de Guerra Fria.

energia podia pôr em perigo todo o "futuro econômico e industrial do mundo".[17]

Nos anos seguintes, essa polarização de pontos de vista se manifestou em quase todas as nações. Na União Soviética, houve uma proibição quase completa de publicar notícias sobre a bomba até que os próprios soviéticos tivessem criado uma — momento em que ela foi aclamada como um triunfo do socialismo que anunciava uma nova era de energia ilimitada para todos. Na Alemanha, as visões opostas da era nuclear dependiam da metade do país em que se vivia: o potencial destrutivo da energia atômica era enfatizado no lado ocidental, enquanto ideais socialistas de um futuro atômico utópico eram com maior frequência destacados no lado oriental. No Japão, que acabou abraçando a tecnologia nuclear apesar de sua medonha experiência em tempo de guerra, a dicotomia era entre "maus" usos militares da energia nuclear e "bons" usos civis dela. Países menores, nesse meio-tempo, viram-se muitas vezes como espectadores impotentes num mundo de superpotências atômicas. Nos Países Baixos, a era atômica foi muitas vezes descrita como uma força da natureza que conduzira a humanidade a uma encruzilhada: qualquer que fosse a estrada que ela seguisse — a da perdição ou a do paraíso —, os holandeses seriam arrastados sem muita escolha.[18]

ESSA IMAGEM POLARIZADA DA CIÊNCIA e dos cientistas era em parte um resultado da maneira como eles sempre foram vistos pela imaginação popular, que ao longo de toda a história demonizou seus Faustos e Frankensteins ao mesmo tempo que celebrava seus Galileus e Newtons.[19] Mas era também um resultado dos mitos dominantes que começavam a ganhar forma no fim da guerra — do apocalipse seguido pelo renascimento, de heróis e monstros, de pecado e redenção. O incrível progresso da física nuclear no espaço de apenas alguns poucos anos e a maneira dramática e violenta como ele foi revelado ao mundo enquadravam muito bem com todas essas ideias.

Mas e quanto às outras ciências? Como a química, a biologia, a matemática, a tecnologia etc. eram vistas logo após a guerra? A resposta é que elas também se encaixavam nos mesmos mitos que a física nuclear, mas com uma ênfase diferente e muito mais esperançosa. Sem dúvida, essas ciências também haviam produzido sua justa cota de monstros durante a guerra — pessoas como o eugenista nazista Josef Mengele e os muitos médicos e pesquisadores japoneses que realizaram experimentos humanos na China. As máquinas de destruição que criaram, embora não tão espetaculares quanto a bomba atômica, podiam ser igualmente devastadoras: estima-se, por exemplo, que os japoneses tenham matado mais de meio milhão de pessoas na China por meio de suas inovações na guerra bacteriológica.[20] Mas, em geral, as histórias sobre ciência que se cristalizaram após 1945 não eram de monstros, mas de heróis, e não de destruição, mas de renascimento e redenção. O simples volume de descobertas científicas que haviam sido feitas durante a guerra, e seus usos aparentemente milagrosos nos anos que se seguiram, sublinhava a mensagem de que 1945 era o começo de um mundo novo.

A Segunda Guerra Mundial havia mudado a face da ciência. O novo sentido de urgência que ela engendrara, a súbita intervenção de governos e o investimento de enormes somas de dinheiro público em pesquisa tinham transformado o ritmo em que todos os tipos de descobertas científicas ocorriam. O progresso feito no campo da engenharia aeronáutica, por exemplo, era quase tão incrível quanto o da ciência nuclear. Em 1939, pilotos de todas as nações ainda voavam em biplanos; em 1945, no entanto, estavam voando em jatos. Os helicópteros, raros antes da guerra, estavam sendo produzidos em massa quando ela chegou ao fim. De maneira semelhante, a engenharia espacial ainda era relativamente pouco sofisticada no início da guerra, mas em 1945 a humanidade já era capaz de enviar mísseis à borda do espaço. Foi a guerra que propiciou essas maravilhas. Muitas vezes a tecnologia básica já existia antes do conflito — o primeiro avião a jato, por exemplo, voou na Alemanha em 27 de agosto de 1939, apenas alguns dias antes do início do conflito na Europa —, mas foi a guerra que forneceu o incentivo para que essas invenções fossem desenvolvidas e refinadas até o ponto em que foram capazes de transformar nossa compreensão do mundo.[21]

No campo da medicina e da prevenção de doenças houve saltos semelhantes. O tratamento de queimaduras e traumas físicos foi transformado — em grande parte porque os cirurgiões militares adquiriram muita prática lidando com eles. Mas outros avanços resultaram de pura determinação inspirada pelo esforço de guerra. O desenvolvimento da penicilina é um exemplo perfeito. Descoberta por Alexander Fleming em 1929 e desenvolvida por Howard Florey e Ernst Chain no final da década seguinte, a penicilina ainda era pouco mais que uma curiosidade médica no início da guerra. Em 1941, a produção comercial da substância nos Estados Unidos era zero; no fim do conflito, como resultado de um enorme esforço em pesquisa e desenvolvimento, as fabricantes americanas estavam produzindo mais de 646 bilhões de unidades de penicilina *por mês*. Isso só ocorreu por conta de uma colaboração sem precedentes entre cientistas britânicos e americanos, entre governos e interesses comerciais e até mesmo entre companhias rivais. Apenas dez dias após o bombardeio de Pearl Harbor, por exemplo, as companhias farmacêuticas americanas se reuniram e concordaram em compartilhar sua pesquisa com o governo, ao que este respondeu com fortes subsídios a essa pesquisa, e até financiando a construção de fábricas de penicilina. O subsequente desenvolvimento de outros antibióticos revolucionários, como a estreptomicina, foi uma consequência desse trabalho.[22] A história do inseticida DDT seguiu o mesmo padrão. Assim como a penicilina, ele havia sido descoberto antes da guerra — mas somente quando dezenas de milhares de soldados aliados começaram a contrair malária no teatro do Pacífico o governo americano viu a necessidade de financiar seu uso em ampla escala. Em 1945 ele era pulverizado por aviões voando a baixa altura sempre que soldados aliados estacionavam em determinado teatro de guerra. Após a libertação de Manila e Singapura, o DDT era pulverizado rotineiramente sobre cidades inteiras para proteger as populações civis de doenças; jornalistas do *Straits Times* saudaram isso como uma bênção para a humanidade. O inseticida foi usado também durante a liberação de prisões e campos de concentração, para matar os piolhos que transmitiam a febre tifoide. Embora seus desastrosos efeitos ambientais tenham sido revelados no final dos anos 1960 e ao longo dos anos 1970, foi em grande parte graças ao DDT que as epidemias que todos temiam na esteira da guerra nunca se materializaram.[23]

A tecnologia computacional também deu imensos saltos em consequência da guerra. Em 1941, Konrad Zuse construiu o primeiro computador digital programável do mundo, o Z3, que foi usado pelo Instituto Alemão de Pesquisa Aeronáutica para efetuar cálculos complexos relacionados ao projeto de aviões. Nesse meio-tempo, na Grã-Bretanha, computadores ainda mais poderosos estavam sendo criados para decifrar mensagens alemãs codificadas. O mais importante deles foi o Colossus, de Thomas Flowers — uma enorme máquina, financiada pelo departamento de pesquisa do correio britânico, capaz de processar milhares de caracteres de mensagens codificadas por segundo. O matemático Alan Turing, considerado por muitos o pai da computação moderna, esteve estreitamente envolvido no projeto dessa e de outras máquinas de decodificação. Ao mesmo tempo, os cientistas americanos John Mauchly e J. Presper Eckert trabalhavam num computador ainda mais poderoso na Universidade da Pensilvânia. O Electronic Numerical Integrator and Computer (Eniac) foi, ele também, construído especificamente para a guerra: seu objetivo original era fazer complicados cálculos de artilharia.[24] Essas máquinas provavelmente teriam sido criadas de qualquer forma, com o tempo, mas a urgência da guerra e a disposição dos governos em fornecer o financiamento necessário aceleraram em grande medida seu desenvolvimento.

O simples volume e ritmo da experimentação científica durante a guerra produziu todo tipo de resultados, alguns dos quais acabariam por ter usos claramente não militares. Em 1945, por exemplo, um engenheiro americano chamado Percy Spencer, em visita a um laboratório onde magnétrons — o componente central de um radar ar-terra aliado que funcionava produzindo micro-ondas — estavam sendo testados, percebeu que a barra de amendoim em seu bolso começara a derreter. Curioso para entender melhor o fenômeno, Spencer pediu para um menino ir comprar um pacote de milho: quando ele o colocou perto do magnétron, o milho começou a estourar. No dia seguinte, um novo experimento acabou com um ovo explodindo na cara de um dos técnicos do laboratório. Assim, a partir de pesquisas feitas em tempo de guerra nasceu uma das maiores inovações da tecnologia doméstica: hoje os magnétrons não são mais utilizados em aparelhos de radar, mas milhões deles são produzidos todos os anos para uso em fornos de micro-ondas.[25]

Outra inovação doméstica resultou da pesquisa com plásticos em tempo de guerra. O cientista americano Harry Coover estava tentando descobrir um novo tipo de plástico transparente que pudesse ser usado para miras de precisão quando topou com um grupo de substâncias chamadas cianocrilatos. Excessivamente pegajosas, elas eram inúteis para miras. Mas, depois da guerra, foram bem empregadas como base da supercola.[26]

Não foram apenas cientistas e engenheiros formados que fizeram essas descobertas durante a guerra: por vezes a inovação vinha das fontes mais surpreendentes. Hedy Lamarr, por exemplo, era mais conhecida como uma atriz e pin-up de Hollywood — "a mulher mais bonita do mundo", como era com frequência chamada pelos estúdios MGM. Mas, em 1942, ela provou que era muito mais que apenas um rosto bonito quando, junto com um amigo compositor, propôs uma nova ideia para os sistemas de torpedos guiados da Marinha dos Estados Unidos. As transmissões de rádio que controlavam os torpedos podiam ser obstruídas — mas isso seria impossível caso se conseguisse fazer essas transmissões saltarem continuamente de uma frequência para outra. A ideia de Lamarr não foi bem recebida pelas autoridades americanas — que lhe disseram que ela serviria melhor ao esforço de guerra entretendo os soldados —, porém mais tarde tornou-se a base da tecnologia de espectro expandido, utilizada hoje pela vasta maioria dos telefones celulares e sistemas de GPS, Bluetooth e conexão sem fio.[27]

A lista das novas ideias e tecnologias que resultaram da guerra é aparentemente interminável. A pesquisa das ondas de rádio não somente produziu a cadeia de estações de radar que salvou a Grã-Bretanha do ataque alemão em 1940, como também levou a enormes avanços em navegação aérea, mísseis guiados e tecnologia furtiva. A pesquisa nuclear criou novos isótopos que puderam ser usados em medicina para radioterapia. Talvez um dos desenvolvimentos mais importantes tenha sido a maneira como a guerra transformou subitamente a física em algo glamoroso, abrindo portas para que físicos migrassem para outras áreas da ciência, como a biologia. Assim aconteceu, por exemplo, com o par formado por Maurice Wilkins, um físico neozelandês que havia trabalhado na pesquisa de radares durante a guerra, e Francis Crick, que se dedicara ao projeto de minas magnéticas. A mudança de ambos para a pesquisa biológica depois da guerra deu frutos quando, oito anos depois, eles estiveram entre o seleto grupo de pesquisadores que revelaram a estrutura do DNA.

O fato de tantas dessas inovações científicas e tecnológicas terem se dado na Grã-Bretanha e nos Estados Unidos deveu-se também à guerra, ao menos em parte. Os Estados Unidos em particular foram provavelmente o único país do mundo desenvolvido que, ao mesmo tempo que quase não se viu afetado pela guerra, dispunha dos recursos para financiar o tipo de pesquisa detalhada, de grande escala, necessária para produzir resultados rápidos. Como estava quase inteiramente fora do alcance de qualquer força de invasão, ou mesmo de bombardeiros alemães ou japoneses, eram um local muito mais adequado que qualquer outro na Europa ou na Ásia para pesquisas sensíveis, e assim cientistas e técnicos afluíram do mundo todo para instituições científicas americanas. Muitos permaneceram após o fim da guerra. Enquanto outros países gastavam seus recursos na reconstrução de infraestruturas danificadas, os Estados Unidos tiveram condições de seguir investindo maciçamente em pesquisa científica e desenvolvimento tecnológico. O fato de continuarem a financiar e produzir mais inovação que quase qualquer outra nação no mundo, mesmo hoje, se deve em parte ao modo como abriram frente em relação ao resto do mundo durante os anos de guerra e pós-guerra.

MAS NÃO FOI SÓ NA GRÃ-BRETANHA e nos Estados Unidos que os avanços científicos da guerra inspiraram esperanças de um novo mundo de abundância para todos. Na União Soviética, a pesquisa durante a guerra levou a avanços em antibióticos, foguetes e tecnologia nuclear que por vezes puseram o Ocidente na sombra. Autoridades soviéticas proeminentes, entre as quais o primeiro-ministro Nikolai Bulganin, estavam tão inspiradas que começaram a falar de "uma nova revolução científico-técnica e industrial, superando de longe em importância as revoluções industriais relacionadas ao surgimento da máquina a vapor e da eletricidade".[28] De meados dos anos 1950 em diante, a imprensa popular soviética começou a apresentar visões fantásticas de progresso na indústria, na medicina e na agricultura — não como sonhos utópicos, mas como eventos factuais.[29]

Parecia não haver limites para o potencial científico no mundo do pós-guerra. Muito antes que a União Soviética pusesse o primeiro homem no espaço, cientistas soviéticos previam a exploração do sistema solar e além em "foguetes de fótons" cuja velocidade, segundo imaginavam, seria "próxima à da luz".[30] Na Alemanha, pouco depois da guerra, artigos de jornal afirmavam que a radiação logo seria capaz de preservar alimentos, curar doenças mentais e até reverter o processo de envelhecimento. Já em 1946 o *Neue Berliner Illustrierte* publicou uma matéria prevendo o advento de uma espaçonave capaz de levar um homem à Lua em apenas três horas e 27 minutos.[31] Enquanto isso, os jornais indianos pintavam sonhos de trens expressos que fariam o trajeto entre Bombaim e Calcutá em apenas uma hora, da conversão de desertos em oásis, do polo Norte num resort de férias, e até mesmo da criação de novas formas de vida.[32]

É importante lembrar que essas visões eram evocadas não por cientistas, mas por jornalistas, políticos e pessoas comuns, muitas das quais eram simplesmente arrastadas pela sensação geral de otimismo desencadeada pelo fim da guerra. A maioria dos cientistas fazia o possível para refrear esse otimismo, sobretudo quando se tratava das previsões mais absurdas sobre o futuro. Albert Einstein, por exemplo, advertiu o mundo em novembro de 1945 de que nenhum benefício prático da energia nuclear seria visto "por um longo tempo", ao passo que o físico russo-americano George Gamow jogou água fria na ideia de carros ou aviões atômicos, afirmando que eles seriam completamente impraticáveis: os reatores necessários para provê-los de energia teriam de ser enormes, e encerrados em muitas toneladas de chumbo para absorver a radiação. "Não espere que uma bolinha de urânio-235 impulsione seu carro por um ano", advertiu Otto Frisch, que trabalhara em Los Alamos nas primeiras bombas atômicas. "Alguns minutos andando nesse carro seriam suficientes para matá-lo."[33]

Se sua mensagem nem sempre foi compreendida, foi parcialmente porque os próprios cientistas tinham se tornado parte do mito. A imprensa americana costumava se referir a eles como "titãs" e "deuses", criadores do novo mundo em que a humanidade estava nascendo. Os cientistas atômicos em particular eram com frequência comparados a Prometeu, o titã que, segundo a mitologia grega, deu o fogo para a humanidade. (Essa qualidade sobre-humana ainda é frequentemente associada a eles hoje: uma biografia de Robert Oppenheimer vencedora do prêmio Pulitzer em 2005 chamou-o de "Prometeu americano".)[34] Esses homens eram venerados não só nos Estados Unidos mas no mundo todo, tanto por causa das maravilhas que haviam realizado como porque, após a guerra, o mundo tinha uma sede insaciável de heróis. Depois de tantos anos de terror e incerteza, as pessoas em toda parte queriam desesperadamente acreditar no nascimento de algo novo e maravilhoso. E cientistas, sendo quem iria trazer esse novo mundo à vida, seriam venerados, quisessem ou não.

Foi NESSA ATMOSFERA QUE EUGENE Rabinowitch lançou sua revista, que realçava constantemente a ameaça de catástrofe nuclear acima da utopia nuclear e retratava os cientistas não como deuses, mas como seres humanos comuns, preocupados, tão à mercê de governos e forças mundiais quanto qualquer um.

Folhear as páginas da *Bulletin of the Atomic Scientists* hoje revela quase todas as questões importantes que preocupavam os cientistas nas décadas de 1940 e 1950 e que, por meio deles, encontraram seu caminho para a consciência do grande público. Os grandes avanços dos anos de guerra eram celebrados, com justiça, mas também se questionava se eles vinham com algum custo. Tantos cientistas haviam sido retirados de seus trabalhos normais para colaborar com o esforço de guerra que o número de descobertas aceleradas pela guerra talvez fosse igual ao número de descobertas que ela havia adiado. William Shockley, por exemplo, considerado por muitos o pai fundador do Vale do Silício, abandonou por vários anos sua pesquisa sobre semicondutores premiada com o Nobel para trabalhar na guerra antissubmarinos. Nas páginas da *Bulletin of the Atomic Scientists*, Oppenheimer insistiu que a guerra teve "um efeito temporariamente desastroso na realização da ciência pura".[35]

A revista também criticava a maneira utilitarista como a sociedade sempre louvava as tecnologias revolucionárias que então transformavam a vida das pessoas mas permanecia desconfiada da ciência pura concebida em torres de marfim. Num editorial de 1951, Rabinowitch afirmou que o mundo parecia ver a ciência como "uma ave mágica cujos ovos de ouro todos querem, mas que ao voar livremente para regiões inacessíveis à maioria torna-se uma criatura suspeita". Ele argumentava apaixonadamente que os cientistas deveriam ser deixados em paz para trabalhar em ideias obscuras, etéreas — quer tivessem ou não alguma aplicação imediata para a sociedade —, pois, do contrário, "passado algum tempo não haverá mais ovos de ouro".[36] Outros cientistas concordaram. Mais tarde na vida, Ernst Chain afirmou de maneira categórica que nunca teria sido capaz de fazer seus avanços iniciais com a penicilina na atmosfera obcecada por metas inspirada pela guerra, e que continuou por muito tempo depois. O que os cientistas mais almejavam era a liberdade.[37]

A revista criticava a politização da ciência nos Estados Unidos, onde os orçamentos eram mais ou menos controlados pelas Forças Armadas, e também na União Soviética, onde ideias falsas, como a visão enganosa de Trofim Lisenko sobre a genética, eram propagadas pela simples razão de harmonizarem com a teoria stalinista. Argumentava em favor da colaboração continuada de cientistas de todas as partes do mundo e defendia as Conferências Pugwash sobre Ciência e Assuntos Mundiais (nas quais, a propósito, como falante de russo, Rabinowitch teve de atuar várias vezes como mediador entre cientistas soviéticos e ocidentais).

Mas, acima de tudo, a *Bulletin of the Atomic Scientists* se afligia com a maneira como a ciência devia interagir com a sociedade como um todo. Os cientistas deveriam ser considerados responsáveis pelas invenções que produziam? Ajudar a moldar uma nova sociedade baseada em princípios científicos? Será que a humanidade tinha chegado ao ponto em que se tornara imprescindível criar um organismo internacional, uma espécie de governo mundial, para supervisionar a enormidade das descobertas científicas?[38]

Permeando essas ideias estava a angustiante suspeita de que os cientistas haviam desencadeado inadvertidamente forças para as quais a humanidade ainda não estava preparada, as quais teria sido melhor não descobrir. Como afirmou Robert Oppenheimer num famoso comentário, talvez com sentimento de culpa em razão da maneira como ele próprio havia se pavoneado após o teste da bomba atômica em Alamogordo: "De certa forma, num sentido grosseiro, que nenhuma vulgaridade, nenhum humor, nenhum exagero pode extinguir, os físicos conheceram o pecado; e esse é um conhecimento que não serão capazes de abandonar".[39] Nos anos que se seguiram à guerra, vários cientistas demonstraram arrependimento público por seu trabalho no projeto da bomba atômica, e lamentaram que sua celebridade recém-adquirida se devesse ao fato de terem sido "brilhantes colaboradores da morte".[40] O objetivo desse novo "movimento de cientistas", do qual Eugene Rabinowitch e sua revista eram uma parte importante, era pressionar o mundo a criar uma sociedade nova e melhor — não uma Utopia tecnológica de pílulas antienvelhecimento e carros nucleares, mas uma Utopia social mais convencional de cooperação e entendimento entre os países.

Eles fracassaram. Ainda assim, seus esforços proporcionaram três importantes benefícios para o desenvolvimento do mundo no pós-guerra.

Em primeiro lugar, forneceram ao Ocidente em geral, e aos Estados Unidos em particular, uma muito necessária voz da consciência. Os Aliados nem sempre haviam se comportado bem durante a guerra, por melhores que fossem suas intenções originais, e era importante para a saúde da sociedade que isso fosse reconhecido de alguma maneira. Por motivos diversos, a sociedade de modo geral parecia não sentir nenhuma indignação moral ou culpa pelo que os Aliados haviam feito, preferindo recordar a guerra em termos puramente triunfalistas. O movimento de cientistas de Eugene Rabinowitch ao menos forneceu uma saída para aqueles que estavam dispostos a enfrentar alguns dos episódios mais sombrios do esforço de guerra aliado.[41]

Em segundo lugar, foram eles que empreenderam os maiores esforços para preservar a reputação da ciência e dos cientistas pelo resto do século. É da natureza humana esperar que nossos heróis sejam perfeitos, e desprezá-los uma vez que se descobre que não são. Mas, ao descer voluntariamente do pedestal em que o mundo os havia colocado em 1945 e confessar seus "pecados" em público, eles conquistaram muito mais admiração do que teriam obtido se tivessem apenas se deleitado em sua glória temporária. Homens como Rabinowitch trabalharam de maneira incansável para demonstrar que a ciência e a sociedade estavam inextricavelmente ligadas e tinham uma responsabilidade recíproca que era muito mais importante que quaisquer sonhos vãos de uma Utopia.

E, por fim, eles estabeleceram de uma vez por todas a necessidade de os cientistas considerarem as implicações morais do que estavam fazendo. A Segunda Guerra Mundial, mais do que qualquer outra na história moderna, foi uma guerra moral, na medida em que uniu quase todos numa compreensão geral do que era certo e do que era errado. O mundo que emergiu da guerra continha as sementes de uma nova moralidade, e uma nova espiritualidade, que foi compartilhada por pessoas de todo o globo. Eugene Rabinowitch e o movimento de que ele foi parte asseguraram que a ciência e os cientistas permanecessem profundamente ligados a esse novo senso moral, que na loucura da guerra fora perdido.

7. Utopias planejadas

As INOVAÇÕES CIENTÍFICAS E TECNOLÓGICAS que tiveram lugar durante a guerra nunca teriam acontecido sem o envolvimento governamental. O projeto da bomba atômica foi um exemplo perfeito de poder do Estado bem dirigido: o governo americano estabeleceu um objetivo, investiu dinheiro e expertise para alcançá-lo e acabou transformando o mundo. Houve muitos outros casos quase igualmente impressionantes. Na Grã-Bretanha, por exemplo, durante o conflito, o governo impôs o sistema de racionamento de comida mais abrangente do mundo: isso não só permitiu conservar provisões vitais, mas também assegurou que todos, ricos ou pobres, recebessem uma dieta cientificamente balanceada. Apesar da terrível escassez da maioria dos gêneros alimentícios, as taxas de mortalidade infantil na verdade declinaram na Grã-Bretanha durante a guerra, assim como as mortes por doenças na população mais ampla.[1]

Esses êxitos, reforçados pela grande vitória da própria guerra, imediatamente suscitaram a pergunta: se o planejamento central por parte do Estado podia resultar em triunfo na guerra, não seria capaz também de resultar em triunfo na paz? Se a velha economia do laissez-faire dos anos 1920 e 1930 tinha levado ao colapso, à depressão e por fim à própria guerra, não era chegada a hora de o Estado intervir e assegurar que catástrofes similares nunca mais acontecessem? E por que parar na reforma econômica? Será que o Estado podia — *devia* — usar seu poder para tornar a sociedade mais justa e igualitária, melhor para todos?

Na atmosfera idealística de 1945, era impossível ignorar o clamor por um maior envolvimento do governo na sociedade. Na Europa dilacerada pela guerra, não eram somente os comunistas que pressionavam por reformas comandadas pelo governo, mas também muitos conservadores e democratas cristãos. Em outras partes do mundo, os apelos vinham igualmente de partidários americanos do New Deal, nacionalistas asiáticos e africanos e populistas de direita na América Latina. Especialistas de todas as tendências políticas desejavam igualmente aproveitar o poder do Estado, de cientistas como o britânico J. D. Bernal e o americano Edward Teller a economistas como John Maynard Keynes e Jean Monnet. Todos acreditavam fervorosamente no poder do Estado de transformar nossa vida para melhor.

Entretanto, como a guerra demonstrara, havia tanto perigos quanto benefícios nas soluções estatais. Afinal a crença num Estado centralizado e forte não tinha sido uma das pedras fundamentais do nazismo, do stalinismo e do militarismo japonês? Aqueles que defendiam soluções estatais para os problemas do mundo podiam por vezes ser bastante fanáticos, assim como seus opositores. No pós-guerra, as velhas discussões entre os que acreditavam na sacralidade do indivíduo e os que acreditavam no poder transformador do coletivo voltaram à tona. Mas eram os centralizadores que agora saíam vitoriosos, mais do que nunca — às vezes com resultados de fato surpreendentes.

DEVERÍAMOS SEMPRE TOMAR CUIDADO com visões de utopia — não porque o paraíso na Terra seja impossível, mas porque a busca obstinada desse paraíso representa, para a sociedade, uma espécie de morte. "A totalidade é o falso", como escreveu o filósofo alemão Theodor Adorno em 1944. Em outras palavras, qualquer sistema que acredite ser ele próprio a única resposta para todos os nossos problemas só pode fazer isso negando toda a miríade de outras respostas e possibilidades — inclusive todas as outras utopias — que também existem.[2]

Um homem que passou a vida lutando contra dogmas totalitários foi o arquiteto italiano Giancarlo De Carlo, e sua história nos mostra como era difícil resistir aos grandiosos planos utópicos durante os turbulentos anos de meados do século XX.

De Carlo nasceu em Gênova em 1919 e cresceu num mundo dominado pelo conflito ideológico. Ele mal começava a andar quando Mussolini tomou o controle da Itália, e embora tenha ido morar com os avós na Tunísia por vários anos, nunca pôde escapar da atmosfera polarizada que pairava sobre a comunidade italiana, e de fato sobre a Europa como um todo. Na idade adulta, já estava bem versado na obsessão dos fascistas pela grandeza, na maneira como eles transformavam a violência em fetiche e acreditavam fanaticamente na superioridade do forte sobre o fraco. De Carlo achava essas ideias abomináveis e cercava-se de pessoas que pensavam como ele. Alguns desses conhecidos tinham suas próprias ideologias — socialismo, anarquismo, comunismo —, podendo ser às vezes bastante fanáticos; mas, para De Carlo, nenhum deles era nem de longe tão perigoso quanto aqueles que detinham as rédeas do poder.[3]

Em 1939, quando a guerra foi deflagrada, De Carlo estudava engenharia estrutural na universidade, mas começava a ficar cada vez mais fascinado por uma disciplina relacionada — a arquitetura. Alguns de seus amigos eram arquitetos, e ele se viu cada vez mais inspirado por suas ideias. Foram eles que o introduziram aos escritos de Le Corbusier, que De Carlo achou inebriantes — pelo sentimento de esperança que transmitiam, pela crença numa vida melhor para todos, e sobretudo pela fé inabalável de que era possível mudar o mundo apenas mudando o ambiente das pessoas. "Eu estava procurando uma atividade que me permitisse [...] participar da transformação da sociedade através da atividade criativa", ele explicou mais tarde. "Compreendi que a arquitetura podia oferecer essa oportunidade."[4] E, assim, De Carlo decidiu começar um curso de arquitetura tão logo obtivesse o diploma em engenharia.

Infelizmente, as autoridades fascistas tinham outras ideias: tendo lhe permitido terminar um curso antes de ser convocado para o serviço de guerra, elas não permitiriam que ele começasse um novo. Um dia depois de se matricular na faculdade de arquitetura, De Carlo foi chamado para começar o treinamento para um posto na Marinha. Assim, em 1943, ele foi enviado para a Grécia, onde se viu lutando por uma causa em que não acreditava, em apoio a um governo ao qual se opusera ativamente.

De Carlo serviu quatro meses em comboios navais, dormindo no deque e sempre esperando ser atacado por aviões britânicos. Bem diferente do terrível combate que estava tendo lugar no continente grego, a guerra no mar era relativamente simples, assim como as obrigações de De Carlo no navio. No entanto, havia algo profundamente perturbador em ver a bandeira nazista sobrevoando a Acrópole. Assim que foi designado de volta para Milão, ele decidiu que era hora de desempenhar um papel mais ativo contra o fascismo. Ainda fardado, ingressou num grupo de resistência chamado Movimento di Unità Proletaria e começou a distribuir folhetos antifascistas em torno de fábricas locais. Se tivesse sido apanhado, teria sido submetido a uma corte marcial e provavelmente executado. Mas ele era ingênuo e indiferente aos riscos — para ele, tudo aquilo era uma espécie de jogo.

Depois que Mussolini caiu e os alemães assumiram o controle da Itália, o jogo de repente tornou-se mais sério. De Carlo e alguns outros fugiram para as montanhas em torno do lago Como, na esperança de organizar uma enorme resistência junto com outros ex-militares; mas, "ao contrário do que foi dito posteriormente, havia bem poucos de nós".[5] A guerra de guerrilha havia começado.

Enquanto os recrutas eram lentamente reunidos, De Carlo viu-se muitas vezes com tempo disponível. Ele tinha levado consigo dois livros — *Die Neue Architektur*, de Alfred Roth, e *Oeuvre Complète*, de Le Corbusier —, e passava horas esboçando fachadas e detalhes arquitetônicos a partir das fotografias que eles continham. Às vezes, reunia novos recrutas numa casa de fazenda abandonada e, após lhes explicar a situação da guerra de guerrilha, dava palestras sobre arquitetura e as possibilidades que ela oferecia à sociedade. Mas, quando o Comitê de Libertação Nacional soube disso, ele recebeu ordem de parar. O comitê era dominado por comunistas, e a ordem era que ele e seus camaradas se concentrassem na solidariedade para com o povo soviético e em vencer a guerra contra a Alemanha.

Não levou muito tempo para que De Carlo recebesse ordem de voltar a Milão para ajudar a treinar e organizar a resistência urbana. A fim de não chamar a atenção de colaboradores e espiões, ele e sua futura mulher,

Giancarlo De Carlo no trabalho, anos 1950.

Giuliana, foram obrigados a mudar de casa oito vezes no espaço de apenas alguns meses. Naquela atmosfera desesperada, parecia impossível não se deixar seduzir pela natureza polarizante da guerra, que transformava tudo numa batalha entre certo e errado, bem e mal. De Carlo percebeu que estava se tornando tão inflexível quanto os comunistas que o comandavam ou os fascistas que combatia. "Podemos chegar a um tal nível de fanatismo ou isolamento que cometemos as maiores asneiras imaginando que são atos de extrema virtude", ele admitiu mais tarde. "Isso nos leva a acreditar que só podemos reorganizar melhor a sociedade nos livrando de nossos inimigos. Na verdade, não nos livramos de ninguém, nos envolvemos em atos de sabotagem."[6]

A cidade está morta; viva a cidade

No fim da guerra, o mundo pelo qual De Carlo lutara estava em andrajos. Nada menos que um terço da rede de estradas da Itália tinha sido inutilizada, e 13 mil pontes encontravam-se danificadas ou destruídas. A condição das cidades era bastante chocante: centenas de milhares de casas e prédios de apartamentos haviam sido reduzidos a ruínas durante os combates, tanto por fogo de artilharia quanto por bombardeio aéreo. Em cidades devastadas como Milão, onde De Carlo estava quando a guerra terminou, Turim ou Bolonha, as pessoas eram obrigadas a viver nas ruínas e em porões. Em Nápoles, centenas de mulheres e crianças desesperadas tinham passado a viver em cavernas.[7]

A situação no resto da Europa era igualmente ruim, ou até pior. Na Grã-Bretanha, cinco anos de bombas e mísseis haviam destruído 202 mil casas e tornado outras 255 mil inabitáveis. A França sofrera ainda mais, com cerca de 460 mil construções destruídas e 1,9 milhão danificadas. Já a Alemanha havia perdido 3,6 milhões de apartamentos, ou um quinto de todas as habitações do país. Na União Soviética, não só muitas das principais cidades — Kharkov, Kiev, Odessa, Minsk — foram devastadas, mas também 1700 cidades menores e 70 mil aldeias.[8] A situação foi talvez ainda mais grave na Polônia, que sofrera não só com a destruição provocada pelo avanço das tropas soviéticas, mas também com a política de terra arrasada dos nazistas em retirada. Depois da guerra, o país foi desmembrado e a seguir reagrupado com partes da Alemanha devastada. Ninguém sabia como avaliar o número de casas ou cidades destruídas, porque não estava claro nem que casas ou cidades incluir nos cálculos.

Essa destruição, que foi tão grande na Ásia quanto na Europa, cobrou um alto preço da população mundial, e se somou aos enormes deslocamentos que tiveram lugar durante a guerra. Em 1945 havia cerca de 9 milhões de sem-teto no Japão, 20 milhões na Alemanha e 25 milhões na União Soviética. Algumas estimativas para a China põem esse número na casa de até 100 milhões.[9] Tudo isso só se agravou após o ano final da guerra, quando populações no mundo inteiro começaram subitamente a prosperar e as pessoas no campo retomaram sua rotina de migração para a cidade. A falta de moradias urbanas foi portanto um problema global na esteira do confronto.[10]

Seria razoável imaginar que essa extensa paisagem de destruição e populações desabrigadas tivesse levado ao desespero arquitetos e urbanistas, mas na verdade foi o contrário. Muitos deles vinham esperando por uma oportunidade como essa havia anos. Arquitetos como Sigfried Giedion e Le Corbusier, por exemplo, defendiam desde 1933 que as cidades do mundo fossem derrubadas e reconstruídas seguindo linhas modernas, funcionais. Tinham sido ignorados pelos que estavam no governo porque uma operação dessa escala era politicamente impensável; mas agora, com tantas cidades em ruínas, de repente um replanejamento completo parecia possível. Em 1945, *tudo* parecia possível.[11]

Assim, em vez de lamentar a devastação de suas cidades, muitos arquitetos e urbanistas viram nela a oportunidade pela qual vinham esperando. "O planejamento urbano frequentemente nasce das bombas", escreveu um intelectual francês enquanto contemplava as ruínas de Brest e Lorient: agora, finalmente, essas cidades do litoral francês, notórias por sua miséria, poderiam ser reconstruídas como portos grandiosos dignos do século xx.[12] Na Alemanha, Paul Schmitthenner e Konstanty Gutschow tinham o mesmo sentimento em relação a Hamburgo e Lübeck, e chegaram a chamar seu bombardeio de uma "bênção" — ainda que uma bênção fortemente disfarçada.[13] Em Varsóvia, de longe a cidade mais devastada da Europa, arquitetos como Stanisław Jankowski ingressaram com entusiasmo no Biuro Odbudowy Stolicy, o Departamento de Reconstrução da Capital, sabendo que apenas naquele lugar, naquele momento, teriam a "oportunidade de realizar seus sonhos mais magníficos!".[14]

Talvez o país mais otimista fosse a Grã-Bretanha. "A Blitz foi uma dádiva dos céus para os urbanistas", disse um consultor britânico em 1944. "Não só se encarregou de produzir parte da demolição que era necessária para nós como, mais importante, fez pessoas de todas as classes compreenderem a necessidade da reconstrução."[15] Outros urbanistas britânicos escreveram entusiasticamente sobre a chance de "refundar Birmingham", de transformar Durham numa "cidade bonita" e York numa "cidade dos sonhos".[16] Exeter, segundo seu planejador, Thomas Sharp, era uma "fênix" pronta para "surgir renovada das próprias cinzas".[17] Plymouth podia agora ser replanejada como uma cidade "digna de seu glorioso passado e de seu presente heroísmo".[18]

Essa atitude era tão difundida na Grã-Bretanha, e todos estavam tão determinados a "fazer planos audaciosos" para o futuro, que muitos arquitetos em outras partes do mundo chegavam a sentir inveja. "Se a Blitz fez isso", escreveu em 1944 Catherine Bauer, especialista americana em habitação, "então explica-se o pesar culpado e secreto de muitos liberais americanos por termos perdido tal experiência."[19] No pós-guerra imediato, havia nos Estados Unidos o sentimento de que, enquanto as cidades europeias tinham finalmente uma chance de remover seus bairros miseráveis e se modernizar, as cidades americanas seriam deixadas para trás. Numa tentativa de capturar um pouco desse empenho modernizador, arquitetos como Walter Gropius e Martin Wagner, que tinham fugido para os Estados Unidos antes da guerra, fizeram comparações diretas entre as bombas que choviam sobre as cidades europeias e o "flagelo" que atormentava suas contrapartes americanas.[20] Organismos do setor industrial americano, como a Associação Nacional de Corretoras Imobiliárias, seguiram o exemplo: "Cada prédio deteriorado destrói um quarteirão tanto quanto uma bomba de 4 mil libras lançada de um bombardeiro quadrimotor. O efeito é exatamente o mesmo", dizia um folheto no fim da guerra.[21]

Assim, o fim da guerra produziu uma nova atmosfera em quase toda parte, mesmo em lugares do mundo que não haviam sido fisicamente atingidos. O velho mundo, com suas construções em ruínas e cidades disfuncionais, precisava ser varrido.

Os 25 anos que se seguiram a 1945 testemunhariam a reconstrução mais radical na história das cidades do mundo. Mas, antes que esse novo mundo começasse a surgir das cinzas do velho, houve muitos debates sobre como ele deveria ser.

A única coisa com que quase todos concordavam era que ele não deveria ser regido pelo livre mercado. Os proprietários privados, ressaltavam eles, não tinham incentivo para criar ambientes espaçosos, saudáveis, para seus inquilinos: na verdade, muito pelo contrário, a fim de maximizar seus lucros, eram motivados a aglomerar tantas pessoas quanto possível em suas propriedades, e a construir em cada centímetro de espaço verde disponível. Na opinião de arquitetos como Le Corbusier, um dos urbanistas mais influentes da época, governos que permitiam a tais proprietários agir sem fiscalização estavam na verdade desapontando seus eleitores. Em 1943, ele afirmou:

> Um açougueiro seria condenado pela venda de carne podre, mas os códigos de construção permitem que moradias podres sejam impingidas aos pobres. Para o enriquecimento de alguns poucos egoístas, toleramos índices aterradores de mortalidade e doenças de todo tipo, que impõem cargas esmagadoras a toda a comunidade.[22]

Como o Estado já era encarregado de organizar programas em áreas de interesse coletivo como infraestrutura, esgoto e estradas, que a iniciativa privada não tinha vontade nem capacidade de fornecer por si própria, muitos arquitetos sustentavam que faria sentido que o Estado se encarregasse também de outros aspectos do desenvolvimento urbano. Na Europa, o Congresso Internacional de Arquitetura Moderna (Ciam) vinha exigindo havia muito o "planejamento científico" não só de cidades, mas de regiões inteiras, com um equilíbrio cuidadosamente planejado entre locais de moradia, locais de trabalho e locais de lazer, e uma eficiente rede de transporte entre todos eles.[23] Do outro lado do Atlântico, a Associação de Planejamento Regional dos Estados Unidos também defendia um maior envolvimento estatal. Um de seus principais luminares, o crítico de arquitetura Lewis Mumford, exigia um "planejamento regional em grande escala", chegando a mencionar a criação de uma "ordem mundial". O planejamento apropriado das cidades, ele afirmou, era "talvez a tarefa mais premente de nossa civilização: as questões de guerra e paz, socialização e desorganização, cultura e barbárie repousam em boa parte em nosso sucesso ao lidar com esse problema".[24]

Nenhuma dessas ideias era nova em 1945: eram argumentos que os arquitetos vinham desenvolvendo havia anos, e certamente muito antes da guerra. A única diferença era que os governos estavam agora começando a prestar atenção. A guerra havia criado uma nova atmosfera no mundo: pessoas em toda parte exigiam mudanças sociais e em seu ambiente físico. E, cada vez mais, esperavam que o governo lhes proporcionasse isso.

Em termos gerais, havia três escolas de pensamento com relação à melhor maneira de planejar as cidades do futuro, todas baseadas em ideias anteriores à guerra. A primeira era inspirada pelos esquemas utópicos de Ebenezer Howard, um idealista britânico que sugeriu que os males da aglomeração de pessoas só poderiam ser revertidos com o realojamento das classes trabalhadoras em novas "cidades-jardim": vilas com população não superior a 30 mil pessoas, planejadas em todos os detalhes de modo a combinar os benefícios da cidade com a beleza e o ar fresco da zona rural. Segundo a visão de Howard, as pessoas morariam em pequenas casas construídas em terra de propriedade coletiva e coletivamente administrada para o bem de todos. Ele imaginou centenas de vilas como essas, compondo uma sociedade de "pessoas felizes", livres da aglomeração e da insalubridade dos bairros pobres, vivendo num estado de "harmonia e cooperação" umas com as outras e com a natureza. "Cidade e campo *devem estar casados*, e dessa feliz união brotará uma nova esperança, uma nova vida, uma nova civilização." A visão de Howard deu início a um movimento mundial, e se tornaria uma das maiores influências sobre o planejamento urbano após 1945.[25]

Se a solução para o apinhamento das cidades passava por dispersar a população em unidades menores, então havia alguns arquitetos que acreditavam que as ideias de Howard não iam longe o suficiente. Essa segunda escola de pensamento queria levar a ideia de dispersão à sua conclusão lógica e abolir completamente as cidades. O arquiteto americano Frank Lloyd Wright, por exemplo, imaginou um mundo no qual os centros urbanos desapareceriam, e toda a população se dispersaria pela nação num

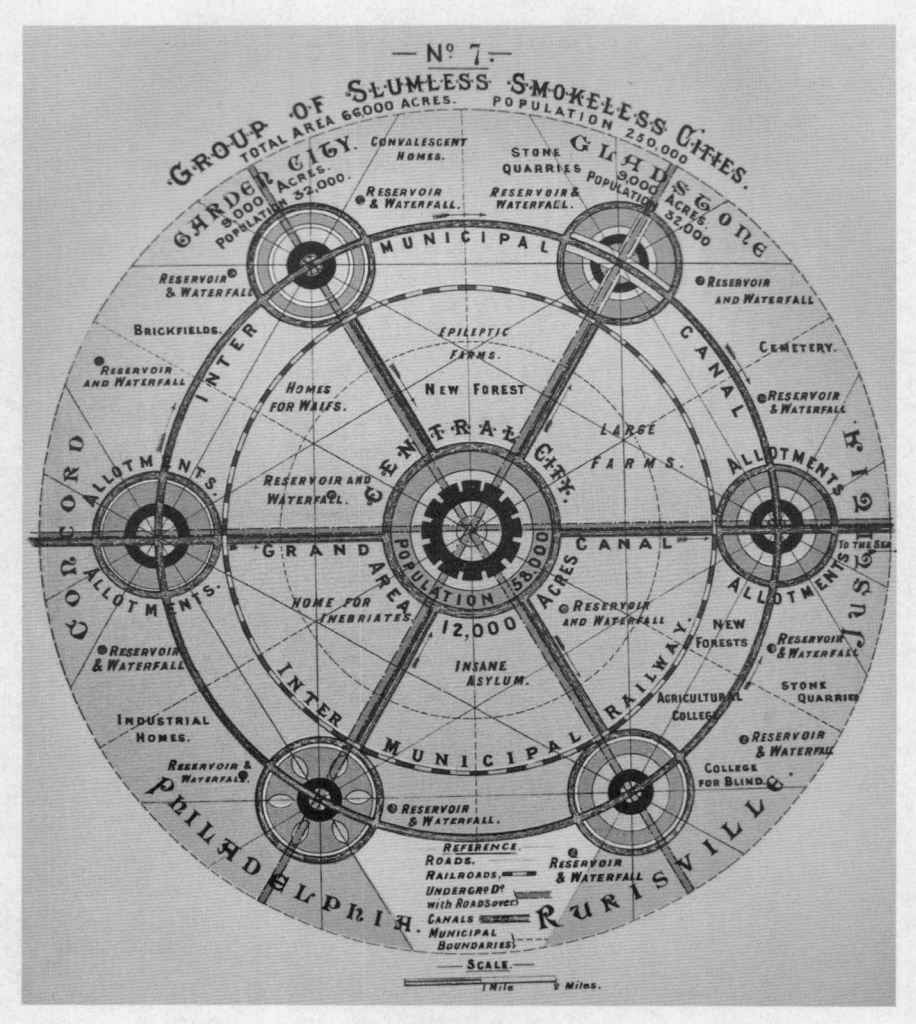

Diagrama de Ebenezer Howard da cidade-jardim ideal: um município central separado de um punhado de cidades-satélites por um cinturão verde.

interminável e idílico "festival da vida".[26] Em *The Disappearing City*, livro escrito antes da guerra, ele imaginou um tempo em que cada família receberia um lote de 4 mil metros quadrados de terra para fazer com ele o que quisesse: cultivá-lo e tornar-se autossuficiente, transformá-lo num jardim ou mantê-lo como espaço natural. Enquanto Howard sonhara com a vida em comunidade, Wright elevava a autodeterminação do indivíduo acima de todos os outros valores. Ele chamou seu modelo de "Broadacre City", e afirmou repetidas vezes que ele existiria "em todo lugar e em lugar algum" (vinculando sua ideia, muito conscientemente, à palavra grega para "não lugar": "utopia"). O desejo de Wright de dissolver as cidades e dispersar a população teve muitos adeptos nos Estados Unidos na nova era nuclear: pela lógica, se a população estivesse dispersa os mísseis soviéticos não teriam nenhum alvo substancial.[27]

A última escola de pensamento, e de longe a mais influente em escala global, foi a defendida pelo modernista Ciam, que provavelmente tinha as ideias mais audaciosas. Para seus membros, o problema não era a concentração de pessoas nas cidades, mas a compreensão ultrapassada do mundo do que *era* de fato uma cidade. Na Europa, em particular, as cidades ainda estavam dispostas segundo planos de ruas medievais, com vias públicas estreitas e construções apinhadas totalmente inadequadas para a era moderna. A única forma de mudar essa situação, segundo o vice-presidente do Ciam, Josep Lluís Sert, era empregando "medidas drásticas cuja aplicação mudará toda a estrutura das cidades".[28] As ruas tradicionais seriam abolidas, de modo que os pedestres pudessem manter-se afastados do ruído e do perigo de veículos em grande velocidade. As construções tradicionais também seriam substituídas: em vez de viver em quarteirões de casas e apartamentos pequenos, cercados por tráfego e ruído, os moradores deveriam exigir edifícios altos, alinhados com o sol e separados por jardins. Para Sigfried Giedion, colega modernista de Sert, não se tratava apenas de uma questão de projeto, mas de "direitos humanos".[29]

Houve, é claro, variantes dessas ideias no mundo todo. Na Europa comunista, o conceito de uma cidade especificamente socialista foi discutido, mas os modelos propostos muitas vezes acabaram apresentando notável semelhança com os do Ocidente. Por exemplo, a ideia da cidade-jardim, muito ridicularizada por arquitetos comunistas, foi de fato abraçada por diversos urbanistas soviéticos: não tinham os próprios Marx e Engels defendido a "abolição da distinção entre cidade e campo"?[30] Na Alemanha Oriental do pós-guerra, onde o governo decidiu que não havia uma cidade socialista ideal, os urbanistas adotaram "dezesseis princípios" de planejamento urbano, a maioria dos quais coincidia com os do Ciam.[31] A obsessão stalinista pela construção de arcos imponentes e avenidas triunfais dava a impressão de que a cidade estava sempre prestes a *chegar* a alguma coisa — a utopia socialista, que, como a utopia modernista, estava sempre logo ali, a poucos passos.[32]

O que todos esses movimentos arquitetônicos compartilhavam era uma crença quase religiosa no planejamento central — e cada grupo via a si mesmo como o sumo sacerdote que conduziria a humanidade à Terra Prometida. A arquitetura, eles afirmavam, era "a arte dominante por excelência"; era a "chave de tudo", e deveria portanto servir como "um guia de ordem para todos os outros departamentos de atividade".[33] Até mesmo Frank Lloyd Wright, que detestava a ideia de governo grande, pintou um mundo ordenado segundo uma série de regras universais.[34] Já na Europa oriental, os urbanistas comunistas reconstruíram suas cidades reproduzindo deliberadamente características da arquitetura russa — edifícios idênticos, enormes praças centrais, avenidas imponentes. Isso era planificação urbana em sua forma mais absurda, como se a lealdade ao sonho soviético pudesse ser assegurada pela simples reconstrução do mundo à imagem e semelhança de Moscou.

Em todos os casos, tanto no Oriente quanto no Ocidente, não era apenas o entorno construído que esses arquitetos e urbanistas desejavam mudar, mas a sociedade como um todo. Eles nunca se furtaram a expressar isso. O arquiteto modernista polonês Szymon Syrkus afirmou que a arquitetura desempenhava "o papel social supremo", e que sua característica mais importante era "mudar o padrão social".[35] Arquitetos modernistas como ele queriam nada menos do que transformar a sociedade obrigando as pessoas a viverem de maneira mais racional, coletiva e igualitária. O movimento da cidade-jardim pretendia igualmente transformar a sociedade por meio da criação de comunidades ideais obrigadas a cooperar umas com as outras pela própria estrutura do mundo em que viviam. Caso seus planos visionários fossem aplicados, eles acreditavam que podiam não apenas salvar a sociedade da ruína, mas também provocar um novo

Renascimento. "Dignidade, ação, saúde, serenidade, alegria de viver", escreveu Le Corbusier, "tudo isso pode ser parte de nossa vida" — bastava seguir o plano.[36]

A utopia encontra a realidade

De Carlo acompanhou avidamente muitas dessas ideias e debates através da imprensa especializada em arquitetura. A seu ver, elas representavam apenas uma pequena parcela de uma miríade de possibilidades que haviam se aberto para ele no fim da guerra. Ele próprio tinha florescido nessa nova atmosfera, livre da ameaça de violência e dos ditames do fascismo. Começara a escrever livros e artigos para revistas de arquitetura e ingressara na Escola de Arquitetura de Veneza. Chegara inclusive a ser aceito como membro do Ciam, máximo expoente mundial sobre planejamento urbano. Pareciam tempos mágicos.

No entanto, ele também começou a perceber algo um pouco mais preocupante:

Lembro-me daqueles anos como uma época de grande energia e curiosidade; eu estava vivendo em meio a um processo incessante de descoberta e invenção. Mas também estava triste, porque podia ver todas as velhas formas retornando. Os políticos estavam reconstruindo o mundo exatamente como ele tinha sido antes.[37]

Para De Carlo, não eram somente os cristãos democratas no poder os responsáveis por isso, mas também os comunistas, que se aferravam à linha partidária soviética em vez de abraçar as infinitas possibilidades de uma sociedade melhor que se ofereciam. A velha mentalidade maniqueísta dos anos da guerra retornava agora como a mentalidade maniqueísta da Guerra Fria.

Igualmente perturbadora, do ponto de vista de De Carlo, era a fissura que parecia estar se abrindo no mundo da arquitetura e do planejamento urbano. A divisão era menos entre Oriente e Ocidente que entre discípulos das diferentes escolas de pensamento anteriores à guerra: os modernistas do Ciam (e seus derivados na Europa oriental), o movimento da cidade-jardim e a escola "orgânica" de arquitetos como Frank Lloyd Wright. De Carlo, que logo após a guerra escrevera extensamente sobre todos esses movimentos, não via razão para eles não encontrarem um terreno comum. Cada um deles, disse anos mais tarde, nascera da mesma mensagem de liberdade.

O Ciam era particularmente dogmático. De Carlo sempre sentira que havia algo "claustrofóbico" na maneira como os seguidores de Le Corbusier insistiam que sua ideia de cidade era universal e inquestionável — "o onisciente método corbusiano", como o descreveu mordazmente.[38] Ele observou consternado quando, no boom na construção civil do pós-guerra, bairros centrais de cidades do mundo todo começaram a ser destruídos e substituídos por torres de apartamentos modernistas, construídas segundo os princípios de Le Corbusier. Tudo era padronizado, desde a forma das janelas e o tamanho dos cômodos até a compartimentalização da cidade em diferentes "zonas". Essa padronização também aconteceu na Europa oriental, onde foi elevada à condição de virtude, por representar uma forma de igualdade. No bloco oriental, técnicas de produção centralmente dirigidas asseguraram que conjuntos habitacionais idênticos e monótonos fossem construídos em toda parte, de Vilnius a Tashkent.

De Carlo suspeitava que esse tipo de uniformidade estava sendo buscado, tanto no Oriente quanto no Ocidente, por convir a arquitetos, construtores, interesses comerciais e ao governo, que financiava todo o empreendimento — isto é, a todos exceto aqueles que teriam de viver nas cidades que estavam sendo criadas. Em vez de melhorar a vida das pessoas e de suas comunidades, os urbanistas pareciam preocupados unicamente com a eficiência do projeto, a eficiência do transporte, a eficiência do custo.

Na década de 1950, o modernismo alcançou seu apogeu com o projeto de duas novas cidades construídas inteiramente segundo os seus princípios: o plano de Le Corbusier para Chandigarh, na Índia, e a nova capital brasileira, Brasília, projetada por Lúcio Costa e Oscar Niemeyer. Embora ambas contivessem monumentos inspiradores, De Carlo sentia que lhes

Habitações de alta densidade na Polônia do pós-guerra. Esse único
bloco, contendo mais de mil apartamentos, é apenas um de uma
dezena no distrito de Zaspa, em Gdansk. Após 1945, conjuntos
residenciais semelhantes brotaram no mundo inteiro.

faltava alma. "As questões relativas às cidades ideais são muito menos preocupantes que as que dizem respeito às cidades reais — impuras, complicadas, mas reais", afirmou. Ele descreveu Chandigarh como "a última
grande utopia do Iluminismo", e via com preocupação a maneira como
fora explicitamente projetada para suprimir as histórias pessoais daqueles
que nela se instalassem, de modo a refazê-los como cidadãos-modelo.[39]

Por fim, De Carlo começou a comparar o Ciam com o Partido Comunista — uma organização que, de maneira semelhante, perdera contato
com as preocupações das pessoas reais ao se envolver em dogmas.[40] Em
meados dos anos 1950, De Carlo desferiu uma série de ataques ao Ciam,
uma "sociedade autocongratulatória com seus próprios rituais, sumos sacerdotes e razões de Estado", imobilizada por um "culto de regras e uma
escravidão voluntária à sua despótica disciplina". Ele instou seus colegas
modernistas a escolherem entre utopia e realidade, entre a "arquitetura

de prancheta" e a arquitetura real, "consumida diariamente pelas pessoas em sua vida cotidiana".[41]

Ainda mais importante, De Carlo atacou as construções do modernismo na prática: "No que diz respeito à Itália", escreveu ele em 1957, "o sucesso da linguagem da arquitetura moderna não trouxe resultados positivos. [...] Sob sua égide, comunidades urbanas estão sendo sumariamente destruídas e substituídas por bairros áridos e desumanos e casas que em poucos anos se transformam em barracos decrépitos".[42] Esses ataques, somados aos de arquitetos com opinião semelhante, acabaram por levar ao desmembramento do Ciam no fim da década.

Desde então, muitas das censuras de De Carlo foram confirmadas. Nos Estados Unidos, a crítica de arquitetura Jane Jacobs escreveu um artigo devastador sobre a maneira como os programas de remoção de bairros miseráveis financiados pelo governo haviam criado um pesadelo modernista. Em seu clássico *Morte e vida de grandes cidades*, Jacobs mostrou como grande parte da reconstrução empreendida no pós-guerra degenerou em cidades desprovidas de vida comunitária e infestadas de comportamentos antissociais. Suas descobertas foram confirmadas por um estudo adicional de Oscar Newman, que utilizou evidências estatísticas para mostrar como o projeto de muitos conjuntos habitacionais modernistas tinha não somente fracassado em melhorar a vida de seus residentes mas também levado a um enorme aumento da criminalidade nos bairros mais pobres.[43]

Estudos realizados no mundo todo pareciam apoiar essas descobertas. Uma pesquisa da onu sobre urbanização feito na Venezuela, por exemplo, mostrou que as áreas nas quais os invasores tinham erguido suas próprias moradias engendravam estruturas sociais muito mais estáveis que grandes conjuntos habitacionais modernistas, nos quais inquilinos por vezes assassinavam cobradores de aluguel. Estudos procedentes dos Países Baixos, da Finlândia, da Rússia, da China, da África do Sul e de Porto Rico apresentaram conclusões semelhantes. Longe de conduzir à utopia, muitos dos bairros urbanos modernistas criados na esteira da Segunda Guerra Mundial propagavam um novo sentimento de alienação urbana.[44]

E QUANTO ÀS OUTRAS IDEIAS utópicas de planejamento urbano? Como se saíram?

Na Grã-Bretanha, o modelo da cidade-jardim foi o que mais fascinou os urbanistas do pós-guerra. O mais importante deles foi Patrick Abercrombie, cujo Plano para a Grande Londres propôs a remoção de mais de 1 milhão de pessoas da capital e sua reinstalação em novas cidades arborizadas fora da metrópole. No admirável mundo novo de 1945, essas novas cidades — lugares como Harlow e Stevenage — serviriam ao duplo propósito de fornecer habitação de boa qualidade e produzir, nas palavras do ministro do Planejamento, "um novo tipo de cidadão: uma pessoa saudável, com amor-próprio, digna, dotada de um senso de beleza, cultura e orgulho cívico".[45]

Ao longo dos trinta anos seguintes, 28 comunidades planejadas foram fundadas em toda a Grã-Bretanha. Mas, se seus planejadores acreditavam estar dando vida a uma utopia, estavam redondamente enganados. Nenhuma dessas cidades foi construída segundo os princípios originais da cidade-jardim: a maioria acabou se revelando grande demais, e esparramada numa paisagem aparentemente interminável de casas idênticas. Muitas foram construídas tão perto de cidades grandes que acabaram por se tornar meras cidades-dormitório. No final da década de 1950, estudos já destacavam como algumas dessas novas cidades estavam se tornando "comunidades mortas", abrigando um novo sentimento de alienação e depressão conhecido como "melancolia da cidade nova".[46]

Já nos Estados Unidos, o ideal de propriedade coletiva, tão caro aos fundadores originais do movimento da cidade-jardim, foi quase inteiramente ignorado em favor da propriedade privada: cada proprietário instalava-se comodamente em seu lote particular, em meio a milhares de lotes particulares similares, como uma versão diluída da "Broadacre City" de Frank Lloyd Wright. Nas décadas de 1960 e 1970, os subúrbios americanos tinham se tornado uma "subtopia" de densidade e qualidade baixas, da qual, nas palavras de Lewis Mumford, "é impossível fugir".[47]

Trinta anos após o fim da Segunda Guerra Mundial, a profissão de urbanista caiu em descrédito — por ironia, justo no momento em que começava a aprender as lições do passado e por fim estabelecer uma base científica. Governos em toda parte retiraram-se do papel de urbanistas que haviam abraçado tão intensamente: nos anos 1980, começaram a conceder autonomia cada vez maior a construtoras privadas, confiando mais uma vez no mercado. Arquitetos proeminentes também deixaram de se envolver em planos grandiosos de bairros ou cidades inteiras, preferindo concentrar sua energia artística em edifícios únicos, autônomos.

Foi com consternação que De Carlo viu tudo isso acontecer. Ao rememorar sua vida nos anos 1990, ele lamentou a maneira "histérica" como os arquitetos, e a sociedade em geral, tendiam a oscilar de um extremo a outro, descartando seus sucessos e seus fracassos segundo o dogma do momento, e nunca aprendendo sua lição:

> Durante alguns anos, todos os arquitetos concordaram que não era possível organizar e dar forma a um espaço [...] sem primeiro decidir a organização e a morfologia de todos os espaços da vizinhança, da cidade, da região, da nação, do mundo inteiro. [...] Alguns anos depois, os termos da questão se inverteram e os arquitetos começaram a dizer que a organização e a forma da região em relação à cidade não lhes dizem respeito. [...] A cada vez, portanto, o que foi feito anteriormente é jogado fora.[48]

A história do planejamento no pós-guerra é repleta de triunfos e desastres. Se as novas cidades britânicas nem sempre prosperaram, as escandinavas tiveram mais sucesso — Vällingby, na periferia de Estocolmo, por exemplo, ou a cidade-jardim de Tapiola, nos arredores de Helsinque. Embora alguns conjuntos habitacionais financiados pelo governo tenham se revelado desastrosos, outros se tornaram lugares agradáveis e requisitados — como os construídos no âmbito do programa INA-Casa, na Itália, por exemplo. Além disso, ainda que as ideias modernistas para a cidade pudessem ser feias e alienantes, elas ao menos traziam a esperança de um futuro melhor. Em seus últimos anos, De Carlo não pôde deixar de sentir falta do senso de propósito coletivo desencadeado pelos idealistas que planejaram as cidades do pós-guerra do mundo, e dos apaixonados debates

"Subtopia" do pós-guerra: no final dos anos 1940 e ao longo da década de 1950, moradias quase idênticas, como nesse conjunto residencial em Levittown, Pensilvânia, se espalharam pelos Estados Unidos.

que suas visões de utopia tinham inspirado. "Sim, sinto-me mais solitário", ele disse a um entrevistador perto do fim da vida, antes de acrescentar: "Mas não sou apenas eu; estamos todos mais solitários".[49]

A centralidade do plano

No pós-guerra imediato, a ideia de um planejamento central conduzido pelo Estado foi endossada por grande parte do mundo. É verdade que os arquitetos estiveram entre os mais obstinados defensores dos grandes projetos centralizados, e que os planos que conceberam provavelmente continuam a ser os exemplos mais tangíveis de como a intervenção governamental mudou o mundo em que vivemos. Mas seus esforços foram somente uma parte de uma crença muito superior no papel do Estado, que fascinou o mundo nos anos que se seguiram à Segunda Guerra Mundial.

Em toda a Europa no pós-guerra, em ambos os lados da Cortina de Ferro, muitas indústrias foram nacionalizadas, especialmente as de carvão, aço, serviços públicos e, em algumas nações, bancos e seguradoras. Em maio de 1946, um quinto da capacidade industrial total da França já era propriedade do Estado. No final do ano seguinte, três quartos das indústrias da Tchecoslováquia tinham sido estatizadas — isto, convém lembrar, foi *antes* que o país passasse ao controle dos comunistas.[50] Já na Polônia, na Hungria e na Romênia todas as grandes indústrias e instituições financeiras passaram a ser controladas pelo Estado, e até a própria terra foi coletivizada. Essas medidas foram decretadas em parte por razões ideológicas, em parte como punição contra os industriais e financistas que haviam colaborado com os nazistas. Mas era também uma questão de controle: a lógica era que, se um governo quisesse planejar o futuro, precisava ter controle sobre o que o país estava produzindo.

O pós-guerra também foi marcado por uma expansão do envolvimento estatal em outras áreas da vida europeia, como educação financiada pelo Estado, transporte público subsidiado e apoio à arte e à cultura, bem como a introdução de sistemas abrangentes de seguridade social e assistência médica pública. Isso era planejamento social em enorme escala, e uma contrapartida direta do planejamento econômico em que o Estado estava simultaneamente envolvido. Em 1945 havia uma crença universal de que aqueles que haviam nascido pobres deviam ter a oportunidade de ascender na sociedade, e de que os que atravessavam tempos difíceis — por desemprego, doença ou velhice — deviam contar com uma rede de segurança para ampará-los. Tudo isso seria financiado por uma redistribuição de renda dos ricos para os pobres, enorme e sem precedentes — na Europa ocidental por meio de impostos, na Europa oriental por apropriação direta.

Tentativas semelhantes de planejamento econômico e social ocorreram em outras partes do mundo. No Japão, os planejadores do pós-guerra reorientaram a economia para as novas tecnologias que haviam estado entre as "muitas valiosas lições e lembranças" legadas pela guerra.[51] Na China, o novo governo comunista seguiu uma linha parecida com a dos soviéticos e europeus orientais, e instituiu uma série de Planos Quinquenais. Na Índia pós-independência também houve uma série de Planos Quinquenais, que visavam a nada menos que "uma nova ordem social livre de exploração e pobreza, desemprego e injustiça social".[52] Já na África colonial era cada vez mais bem aceita a ideia de que o progresso teria de contar com uma direção central se as nações africanas quisessem alcançar algum dia verdadeira independência econômica e política. Até mesmo nos Estados Unidos, onde havia uma tradicional desconfiança do Estado, o planejamento central expandiu-se após a guerra — do New Deal ao Fair Deal e à Grande Sociedade de Lyndon Johnson em meados dos anos 1960. Por fim, a crença no planejamento central expandiu-se em âmbito internacional, com uma variedade de instituições globais sendo fundadas em 1944 e 1945 para regular a economia mundial, o direito mundial e até mesmo o governo mundial, com variados graus de sucesso.

Todos esses planos diferiam em intenções e implementação, mas tinham em comum a crença de que instituições técnicas, compostas por especialistas, deveriam ter um papel central na organização da vida da nação e do mundo. A Segunda Guerra Mundial — com todos os seus sucessos administrativos e militares, com a atmosfera de colaboração que havia produzido e a obsessão de jamais repetir os erros do passado — foi diretamente responsável por isso.

Entretanto, seria um erro imaginar que todos esses planos e aquisições foram adotados sem oposição. Assim como Giancarlo De Carlo opôs-se ao dogma do planejamento urbano modernista na esteira da guerra, muitos se opunham ao dogma das economias e sociedades planejadas.

O principal opositor foi o economista e filósofo liberal Friedrich Hayek, que via com grande receio o crescimento do poder do Estado. Hayek acreditava veementemente que os socialistas — para não falar dos comunistas — tinham extraído da guerra uma lição errada. O desejo de erradicar a desigualdade e a insatisfação era sem dúvida admirável, ele afirmava, mas centralizar cada vez mais poder nas mãos do governo era a maneira errada de concretizá-lo. Onde outros viam progresso social, Hayek via somente a erosão de liberdades civis fundamentais. Quando governos se apropriavam do poder dessa maneira, a longo prazo fazia pouca diferença que fossem totalitários ou democráticos: todo grande governo era, segundo ele, "o caminho para a servidão".[53]

Hayek não estava sozinho. Em 1947, ele e um grupo de pensadores com ideias semelhantes fundaram a Sociedade Mont Pèlerin, que defendia a liberdade de expressão, a liberdade política e, acima de tudo, a economia de livre mercado. Entre seus membros estavam alguns dos economistas mais influentes do século xx: Wilhelm Röpke, Milton Friedman, George Stigler, Frank Knight, Lionel Robbins, Ludwig von Mises e muitos outros que defendiam a ideia do livre mercado como o único caminho seguro para a liberdade. Assim, mesmo no apogeu do intervencionismo governamental estavam sendo lançadas as sementes da revolta contra economias planejadas.[54]

A influência desses pensadores só faria crescer durante o resto do século. Nas décadas de 1960 e 1970, mais ou menos ao mesmo tempo que o planejamento urbano caía em descrédito, a crescente desilusão do Ocidente com a planificação econômica e social deu aos economistas liberais muito mais influência sobre as políticas governamentais. Nos anos 1980 eles já tinham começado a desmantelar o sistema de intervencionismo governamental do pós-guerra: a regulação do mercado foi relaxada em todo o Ocidente, os controles sobre as taxas de câmbio foram abandonados e indústrias em toda parte foram privatizadas. Nos anos 1990, até os antigos países comunistas da Europa oriental tinham adotado o livre mercado como credo central, para a enorme satisfação de filósofos liberais em toda parte.

De certa forma, tratava-se da mesma oscilação de um dogma para outro que Giancarlo De Carlo tinha observado no mundo da arquitetura, e muitos a viam com semelhante consternação. Fosse ou não a melhor maneira de organizar a sociedade, o planejamento central era muito valorizado, porque garantia o emprego de muitas pessoas comuns, redistribuía renda e trazia um senso de justiça social para um mundo que, nos anos 1940, acabara de ver como a depressão e a enorme desigualdade eram capazes de levar o mundo à guerra. Apesar de todos os seus desastres posteriores, os projetos de regeneração urbana planejada proporcionaram às pessoas padrões mínimos de moradia. Apesar de todas as suas ineficiências, as indústrias nacionalizadas pelo menos buscavam utilizar seus recursos para o bem de toda a comunidade. Hoje os sistemas públicos de assistência médica e previdência ainda são as formas mais apreciadas de planejamento social, sobretudo na Europa, por conta do que representam: uma tentativa de levar justiça e igualdade para todos, independentemente de fortuna, classe, raça ou qualquer outra forma de status social.

Como veremos no próximo capítulo, essa exigência de igualdade e justiça foi mais uma ideia utópica alimentada pela Segunda Guerra Mundial. Ela também promoveria algumas extraordinárias inovações — e algumas terríveis decepções.

8. Igualdade e diversidade

ANTES DA GUERRA, Françoise Leclercq levava o que muitos considerariam uma vida privilegiada. Rica, morava num "enorme apartamento" em Paris, a poucos minutos de caminhada do Louvre. Como cidadã francesa, fazia parte de uma cultura imperial que reivindicava controle sobre grandes partes do globo. Mas, como mulher da classe média, era também excluída de muitos aspectos importantes da sociedade. Na década de 1930, de acordo com a lei francesa, não tinha o direito de votar. Recebera uma "educação modesta", e não se esperava que trabalhasse. "Até o início da Segunda Guerra Mundial", ela confessou mais tarde, "meu horizonte era bem estreito, limitado às quatro paredes da minha casa e a meus quatro filhos."[1]

A guerra mudou tudo isso de maneira repentina e drástica. Quando os nazistas entraram em Paris, em 1940, Françoise foi tomada por uma sensação esmagadora de vergonha nacional: viu soldados estrangeiros marchando pela rua onde morava e bandeiras com a suástica sendo levantadas em homenagem a eles. Notícias coladas nos muros exibiam os nomes de homens que haviam sido fuzilados, e ela ficou horrorizada quando se anunciou que todos os judeus seriam agora obrigados a usar estrelas amarelas. Seu primeiro ato de desafio contra o regime nazista foi em apoio a essas pessoas, as mais vulneráveis em Paris: depois de reunir todas as suas joias de ouro, ela as levou à Cartier para que fossem transformadas em sua própria estrela de ouro, que usou em volta do pescoço pelo resto da guerra. Era, admitiu, uma atitude um tanto ineficaz — um "protesto infantil" —, mas, sendo uma francesa católica, ela queria demonstrar solidariedade por seus compatriotas judeus.

A princípio, apesar de indignada, nunca passou pela cabeça de Françoise agir de maneira mais decisiva que isso. Sem apoio, sem uma rede de pessoas, era impossível desafiar o regime da Ocupação: como ela mesma disse mais tarde, "para fazer parte da Resistência, é preciso primeiro conhecer a Resistência".

Essa oportunidade foi dada a Françoise no início de 1941, inteiramente por acaso, graças a uma operação de vesícula. Quando se preparava para ir ao hospital, ela ficou sabendo que o cirurgião que a operaria era um crítico declarado do novo regime — na verdade, segundo os boatos, talvez até mais que um mero crítico. Num ato espontâneo, ela decidiu se arriscar: depois de se recuperar da cirurgia, abordou o médico e lhe ofereceu o uso de seu apartamento — caso ele quisesse se encontrar com algum amigo em segredo. Foi uma conversa que acabou mudando a sua vida, pois os amigos do cirurgião eram ninguém menos que Pierre Villon, o coronel Henri Rol-Tanguy, Laurent Casanova e outros cujos nomes viriam a se tornar famosos em toda a França. Durante os meses e anos seguintes, o apartamento de Françoise abrigou incontáveis encontros entre alguns dos membros mais proeminentes da Resistência, e sua sala de estar aos poucos se encheu de panfletos ilegais, jornais da Resistência e mapas dos esgotos de Paris.

À medida que a guerra avançava, Françoise começou a se sentir inquieta. Era muito bom atuar como anfitriã da resistência de outros, mas observar toda aquela movimentação em sua casa dera-lhe o desejo de participar de maneira mais ativa. Assim, ela se aproximou de um dos líderes da Resistência, Pierre Villon, e lhe disse "que estava muito feliz em ajudar a Resistência, mas gostaria de fazer mais". Nas semanas seguintes, recebeu um posto no comitê de direção de uma nova organização clandestina, a União das Mulheres Francesas (UFF), e escreveu um apelo, transmitido pela rádio BBC, para que as mulheres católicas apoiassem a Resistência e "combatessem a Alemanha hitlerista". Em certa oportunidade, foi inclusive enviada em missão para recolher metralhadoras de um contato nos arredores de Paris. Françoise abraçou esse novo estilo de vida com todo o coração, e chegou a permitir que a filha de quinze anos participasse de atividades da Resistência.

A experiência da Segunda Guerra Mundial mudou profundamente sua visão de vida: não só a expôs a perigos até então inauditos como lhe deu uma liberdade que nunca antes havia experimentado, e uma sensação de que estava fazendo algo importante, valoroso. Ela se habituou a trabalhar, empreender campanhas e defender a si mesma e a outros. Aprendeu o valor de fazer parte de um grupo unido em torno de um objetivo comum.

Após 1945, Françoise Leclercq não retornou à sua antiga vida. Não se sentia mais satisfeita com os papéis tradicionais que a sociedade francesa sempre impusera a mulheres como ela. Assim, continuou a integrar a União das Mulheres Francesas e começou a fazer campanha pelos direitos femininos —ao trabalho, à igualdade salarial e à licença-maternidade. Além disso, defendeu os direitos dos trabalhadores e camponeses em toda a França, a melhoria da assistência médica e o pagamento de indenizações às vítimas do fascismo. E não parou por aí: quando as colônias francesas começaram a pedir independência, também as apoiou. Em 1946, Françoise chefiou uma delegação de mulheres ao Ministério das Colônias para pedir o fim da intervenção militar francesa no território que viria mais tarde constituir o Vietnã.[2] "Acredito que a luta pela libertação da França nos tornou sensíveis para as lutas do povo e para as lutas das mulheres por independência em países oprimidos", ela afirmou mais tarde. Assim, ela traduziu as lições aprendidas ao longo de sua libertação pessoal, e da libertação de seu país, numa luta universal que envolvia toda a humanidade. Graças à Segunda Guerra Mundial, seus horizontes haviam se expandido muito além das quatro paredes de casa.

Igualdade das mulheres

A Segunda Guerra Mundial representou um momento de despertar para mulheres no mundo inteiro. Onde quer que houvesse combates, as mulheres não apenas apoiavam seus homens como frequentemente lutavam ao lado deles. Na França, além de servir em comitês, a exemplo de Françoise, elas também atuavam como agentes de ligação, contrabandistas de armas, especialistas em explosivos, espiãs, propagandistas, combatentes e assassinas. Foram organizações formadas e encabeçadas por mulheres que salvaram milhares de crianças judias, removidas para a Suíça ou áreas remotas do Haute-Loire.[3] A cofundadora do movimento Combat foi a ativista feminista Berthie Albrecht; e o movimento Libération-Sud foi cofundado por Lucie Aubrac, que, num episódio famoso, salvou o marido da Gestapo num feroz tiroteio, mesmo estando grávida. As mulheres da Resistência desempenhavam os mesmos papéis que os homens e, quando apanhadas, muitas vezes sofriam exatamente o mesmo destino: tortura, prisão, execução.[4]

Esse padrão se reproduziu em toda a Europa ocupada, onde a participação das mulheres foi aliás muito maior do que na França. Na Itália, segundo números oficiais, mais de 25% dos membros da Resistência eram mulheres e 35 mil desempenharam um papel ativo nos combates.[5] Na Polônia, 40 mil mulheres faziam parte do Armia Krajowa, o "exército nacional" clandestino, e, na Iugoslávia, cerca de 100 mil estavam alistadas no Exército de Libertação Nacional de Tito.[6] Também na Ásia as mulheres desempenharam um importante papel nos movimentos de resistência; nas Filipinas, lutaram ao lado do Huk contra o domínio japonês; já na Indonésia, combateram tanto os japoneses quanto os holandeses.[7] Nas principais nações aliadas, centenas de milhares de mulheres serviram ainda como enfermeiras e auxiliares da Marinha e da Força Aérea; nas tropas soviéticas, mais de meio milhão de mulheres atuaram na linha de frente.[8]

Mas a guerra não estava circunscrita aos combates, e as mulheres demonstraram seu valor de muitas outras formas. Na França, com 1,5 milhão de soldados franceses presos, as mulheres começaram a dirigir não só os lares da nação, mas também muitas de suas fazendas e pequenos negócios. As fábricas estavam apinhadas de mulheres, e em 1942 havia tantas delas trabalhando nas ferrovias do país que o prefeito de Toulouse se queixou de que elas começavam a superar o número de homens.[9] O mesmo acontecia em vários países: milhões de mulheres que até então nunca tinham trabalhado tornaram-se agricultoras, funcionárias administrativas e operárias em todo tipo de indústria. Nos Estados Unidos, a propaganda de guerra apresentou uma nova e glamorosa imagem da força feminina na figura de "Rosie, a rebitadora", que construía os aviões e os navios Liberty com os quais o país combatia.

Por causa da guerra, o mito da mulher passiva e caseira foi solapado quase em toda parte. Segundo Denise Breton, ex-combatente da Resistência francesa, a atmosfera de esperança e transformação gerada pelo fim da guerra na França deu forma a uma "nova mulher", acostumada a defender seus direitos e determinada a mudar o mundo. Outros, como René Cerf-Ferrière, afirmaram que ela deu forma também a um novo tipo de homem, sobretudo nos círculos da Resistência: "A parceria com as mulheres mudou a mentalidade dos homens na Resistência", ele escreveu. "Elas demonstraram ser iguais a nós."[10] Ao mesmo tempo, o mito do homem heroico foi igualmente solapado — sobretudo naquelas partes do mundo onde os homens não tinham correspondido ao estereótipo. "Entre as muitas derrotas do fim desta guerra está a do sexo masculino", escreveu uma berlinense em 1945.[11] Algumas francesas parecem ter sentido o mesmo. Marguerite Gonnet, mãe de nove, foi presa em 1942 por chefiar uma célula da Resistência em Isère. Quando questionada pelo tribunal militar por que havia pegado em armas, respondeu: "Basicamente, coronel, foi porque os homens as tinham deixado cair".[12]

Nessa atmosfera, não surpreende que as mulheres sentissem uma nova confiança, ou que tantas novas organizações femininas tenham surgido no mundo todo. No Egito foi formada a Bint El-Nil (Filha do Nilo), que defendia mudanças na lei que subordinava as mulheres a seus maridos e pais; em 1951, um grupo de cerca de 1500 mulheres chegou a invadir o prédio do parlamento.[13] Na Indonésia, a Gerwis coordenava boicotes e manifestações a favor de todo tipo de causas, inclusive o fim da poligamia.[14] Enquanto isso, a Federação de Mulheres do Brasil, criada em 1949, fazia campanha não só pela igualdade salarial mas também pelo direito a água limpa, alimentação adequada e habitação.[15] Já na França, um novo movimento internacional logo se juntou à União das Mulheres Francesas de Françoise Leclercq: a Federação Democrática Internacional das Mulheres (WIDF), fundada em

Famoso cartaz de J. Howard Miller convocando as mulheres americanas para o trabalho nas fábricas durante a guerra.

Paris em 1945 por mulheres de quarenta países, viria a se tornar uma das organizações femininas mais influentes do mundo no pós-guerra.[16]

Por conta de toda essa atividade, e das transformações por vezes espetaculares na opinião pública que a acompanharam, as mulheres começaram a conquistar todo tipo de novos direitos. O principal foi o direito ao voto. Em muitas partes da Europa ele já fora adquirido após a Primeira Guerra Mundial, mas, na França, só foi concedido às mulheres em 1944. O papel que elas haviam desempenhado na Resistência foi usado como justificativa: se as mulheres podiam lutar ao lado dos homens, então também deveriam poder opinar na decisão sobre entrar ou não em guerra com outro país.[17]

Pouco tempo depois de as francesas conquistarem o direito de votar e serem votadas, este foi estendido às mulheres de Itália e Iugoslávia (1945), Malta (1947), Bélgica (1948) e Grécia (1952). Se resta alguma dúvida de que tais avanços resultaram diretamente da Segunda Guerra Mundial, basta ver o caso das mulheres na neutra Suíça, que só obtiveram o direito de votar e serem votadas em 1971, e em Portugal, também neutro, onde elas tiveram de esperar até 1976. Na Ásia a história foi a mesma: chinesas, japonesas, coreanas, vietnamitas e indonésias também ganharam pleno direito de voto nos anos 1940. Já na América Latina e no Caribe, os únicos países que asseguraram o sufrágio universal *antes* da guerra foram Brasil, Uruguai e Cuba — mas, durante e após o conflito, quase todos os outros seguiram rapidamente o exemplo (o Paraguai, em 1961, foi o último).[18]

Por fim os direitos das mulheres foram reconhecidos em escala internacional pelas Nações Unidas em 1945. A Carta da onu se inicia com uma declaração de intenções na qual o organismo se propõe não apenas a salvar o mundo de futuras guerras, mas também a promover "direitos iguais entre homens e mulheres e nações grandes e pequenas". Em 1946, a onu já havia criado uma Comissão sobre o Estatuto da Mulher, que desempenharia um papel significativo no esboço da Declaração Universal dos Direitos Humanos. Esse documento histórico, publicado em 1948, afirma explicitamente, pela primeira vez, que "todos os membros da família humana" devem gozar dos mesmos direitos, dignidade e valor.

À primeira vista, portanto, o palco parecia estar armado para uma nova era, em que mulheres como Françoise Leclercq, que tinham crescido sem direitos fundamentais, poderiam finalmente começar a ocupar seu lugar de direito na vida econômica, política e social do mundo. As esperanças que foram expressadas por muitas mulheres na França e em todo o mundo eram despudoradamente utópicas. Até mesmo Simone de Beauvoir, que fazia violentas críticas ao patriarcado francês, permitiu-se sonhar com um tempo não muito distante em que homens e mulheres "se veriam como iguais" e "afirmariam sua fraternidade".[19]

INFELIZMENTE, foi nesse momento que o progresso rumo à igualdade começou a encontrar obstáculos. Em nenhum lugar isso ficou mais evidente do que na França. Considerando as enormes transformações que haviam ocorrido no país em consequência da guerra, é tentador retratar os franceses como uma nação de agitadores — quando, na verdade, as forças do conservadorismo eram tão fortes quanto as da revolução. Embora os membros da Resistência defendessem os direitos das mulheres, grande parte do resto da sociedade francesa, que tinha ficado de cabeça baixa durante a ocupação, só desejava que o mundo voltasse a ser como antes. Ao regressar para casa em 1945, os prisioneiros de guerra franceses esperavam retomar suas posições como chefes de família, por melhor que tivesse sido o desempenho de suas mulheres na condução das questões do lar durante sua ausência. Além disso, muitas mulheres se sentiram aliviadas por poderem retornar aos papéis tradicionais a que estavam acostumadas, e não tinham nenhum interesse em lutar por novas funções na vida pública. Estavam cansadas de conflitos e queriam apenas levar uma vida "normal".[20]

Tampouco seria verdadeiro afirmar que a maior parte dos homens na Resistência considerava suas contrapartes femininas como iguais. Jeanne Bohec, uma experiente especialista em explosivos em Saint-Marcel, queixou-se de ter sido rapidamente deixada de lado assim que homens jovens começaram a ingressar nas Forças Francesas do Interior. Ela queria participar da libertação, mas "disseram-me polidamente para esquecer a ideia. Não se esperava que uma mulher lutasse quando havia tantos homens disponíveis. Mas a verdade é que eu sabia usar uma submetralhadora melhor do que muitos dos voluntários que tinham acabado de chegar".[21] Na Itália, mulheres que haviam participado da Resistência foram muitas vezes impedidas de tomar parte nos desfiles de vitória após a libertação — e as que assim fizeram foram com frequência rotuladas de "prostitutas".[22]

Quando a guerra terminou, a pressão para que as mulheres retornassem a seus papéis tradicionais foram muitas vezes irresistíveis. Igrejas, governos, escolas e até novas revistas femininas como *Elle* e *Marie-France*, que apareceram no mercado após a guerra, exortavam as mulheres a retornar ao lar. Em agosto de 1946, uma leitora escreveu à *Elle* explicando seu desejo de arranjar um emprego, contrariando os desejos do noivo. A revista lhe disse francamente: "Seu noivo está certo. O lugar da mulher casada é o lar", antes de sugerir que, se ela não desejava se curvar aos desejos do noivo, então talvez não o amasse de verdade. "A mulher deve criar a felicidade", afirmava outra revista. "E o melhor lugar para fazer isso é o lar. O lar, e somente o lar, é seu verdadeiro ambiente profissional." Nas escolas, as meninas aprendiam nos livros didáticos que "a verdadeira felicidade reside no lar", e que "a ausência da mulher no lar enfraquece a vida da família". O governo francês, enquanto isso, exortava as mulheres a voltar não só para dentro de casa, mas para o quarto de dormir, uma vez que o incremento da taxa de natalidade fora anunciado como prioridade nacional, e todo tipo de benefícios, de isenções fiscais a rações extras, era oferecido às mães. O próprio De Gaulle proclamou que precisava de 12 milhões de bebês para ajudar na reconstrução da França. Segundo Robert Prigent, ministro de População e Saúde Pública no pós-guerra imediato, a verdadeira realização das mulheres consistia em "aceitar sua natureza feminina" e dedicar-se ao lar e aos filhos.[23]

No final da década de 1940 começou a ficar claro que o incipiente movimento feminista, tão vibrante em 1945, tinha voltado a ponto morto. Em 1947, as muito elogiadas leis de igualdade do ano anterior estavam sendo rotineiramente ignoradas: era fácil justificar os salários menores para as mulheres, uma vez que era a elas que se reservavam os trabalhos mais subalternos na sociedade.[24] Reformas adicionais tampouco se materializaram: mais vinte anos se passariam antes que as mulheres casadas obtivessem o direito legal de trabalhar e abrir uma conta bancária sem a permissão dos maridos, e outros vinte anos até que conquistassem direitos iguais com respeito aos filhos.[25] Se as 61 mulheres eleitas para o parlamento francês em 1946 esperavam abrir caminho para que outras as seguissem, devem ter ficado terrivelmente decepcionadas: a representação feminina teve uma brusca queda ao longo dos anos 1950, e continuou a declinar. No final da década de 1960, restavam apenas treze mulheres: oito na Assembleia Nacional e cinco no Senado.[26] A despeito de todo o seu entusiasmo no pós-guerra, as mulheres francesas fizeram pouco progresso em questões como desigualdade de salários, de acesso à educação e de representação política após 1946, o que levou algumas ex-combatentes a se perguntarem se haviam sido realmente "libertadas".[27]

O mesmo padrão de progresso imediato para as mulheres após a guerra, seguido por um longo período de estagnação até os anos 1960, se repetiu no mundo todo. A guerra certamente fornecera uma plataforma para mudança radical, mas, uma vez que o caos começou a se estabilizar,

Progresso? Esse *Monumento às mulheres da Segunda Guerra Mundial*, instalado no Palácio de Whitehall, em Londres, em 2005, por fim reconheceu o papel das mulheres britânicas durante a guerra; mas, inconscientemente, acabou revelando também a atitude oficial em relação a elas, ao representar apenas suas roupas. As mulheres em si estão ausentes.

velhos interesses voltaram a se afirmar, e em alguns casos até inverteram o processo.

No Egito, por exemplo, apesar do progresso que as mulheres tinham feito para derrubar a lei de status pessoal, o movimento vacilou depois que a República Árabe do Egito foi declarada em 1952. As egípcias teriam de esperar até 1979 para que a lei sobre seu status subordinado fosse reformada. Já a campanha de mulheres indonésias pelo fim da poligamia efetivamente terminou quando o próprio pai da nação, o presidente Sukarno, desposou uma segunda mulher, em 1954. No Brasil, a campanha da Federação de Mulheres por melhores condições de vida nas favelas também fracassou. Em todos esses três países, os movimentos de mulheres foram proibidos nas décadas de 1950 e 1960, e só ressurgiriam quinze ou vinte anos depois.[28]

Da mesma forma, a campanha por igualdade salarial fracassou em quase toda parte. Nos Estados Unidos, uma lei de igualdade salarial só foi aprovada em 1963, e as australianas só conquistaram esse direito em 1969, quando os sindicatos judicializaram a questão. Na Grã-Bretanha, apenas em 1975 uma lei semelhante entrou em vigor. A Organização Internacional do Trabalho elaborou uma Convenção sobre Igualdade de Remuneração para Trabalhos de Igual Valor já em 1951, mas grande parte do mundo só se decidiu a ratificá-la nos anos 1960 e 1970.[29] Por isso mesmo, a discrepância salarial entre homens e mulheres não se reduziu em nenhuma medida até os anos 1970. Hoje disparidades graves subsistem por toda parte: em 2015, o Fórum Econômico Mundial estimou que a discrepância salarial talvez só seja completamente eliminada no século XXII.[30]

Mesmo a campanha pelo sufrágio das mulheres não foi inteiramente bem-sucedida após a guerra. Como já vimos, somente na década de 1970 as mulheres na Suíça e em Portugal conquistaram o direito ao voto. Já as mulheres no Oriente Médio tiveram de esperar ainda mais. O Bahrein, por exemplo, só estendeu o direito de voto às mulheres em 2002; em Omã, isso aconteceu apenas um ano depois; e no Kuwait, que *eliminara* o sufrágio feminino em 1999, o direito só foi restabelecido em 2005. A Arábia Saudita não realizou absolutamente nenhuma eleição até 2005, mas só em 2015 as mulheres conquistaram o direito de votar.[31]

Hoje, apesar de décadas de campanhas empreendidas por milhões de homens e mulheres no mundo todo; apesar das convenções da ONU sobre os Direitos Políticos da Mulher (que entraram em vigor em 1954) e sobre a Eliminação de Todas as Formas de Discriminação Contra a Mulher (1981); apesar de numerosas conferências internacionais realizadas sob os auspícios de organizações tão diversas quanto a Federação Democrática Internacional das Mulheres e a ONU; apesar do Fundo de Desenvolvimento para a Mulher, do Conselho de Mulheres Líderes Mundiais, da Women's World Wide Web e de dezenas de outras organizações internacionais, em muitas partes do mundo o sonho de direitos e oportunidades iguais parece tão distante quanto sempre. Como vêm dizendo as feministas desde os anos 1940, igualdade abstrata não significa nada: "Para transformar a liberdade em realidade, as mulheres devem dispor também da saúde, da instrução e do dinheiro de que precisam para fazer uso de seus direitos".[32]

A mulher como "o Outro"

Então, o que deu errado? Se o apetite por mudança era tão forte em 1945, por que foram necessários outros 25 anos antes que ocorressem mudanças mais significativas?

Em parte, isso se deve à tendência conservadora da natureza humana. Os anos 1940 foram um período de grande instabilidade para todos: não só a guerra tinha ocasionado enormes turbulências sociais e econômicas, mas avanços científicos e tecnológicos que estavam transformando nossa compreensão do mundo. Para muitos, essas mudanças já eram difíceis demais de assimilar: a ideia de alterar também a própria natureza da relação entre homens e mulheres era ir longe demais. Na maior parte das culturas no mundo todo, e sem dúvida no Ocidente, as mulheres representavam aqueles aspectos da sociedade nos quais a ideia de estabilidade assumia sua forma mais preciosa — o lar, a família, o leito conjugal. Muitos homens — e a rigor também mulheres — que se mostravam dispostos a encarar a revolução no mundo em geral não estavam preparados para encará-

-la dentro de casa. Até mesmo Eleanor Roosevelt, defensora dos direitos das minorias e coautora da minuta da Declaração Universal dos Direitos Humanos, assumia uma postura contida quando se tratava do lugar das mulheres na sociedade. Quaisquer que fossem as responsabilidades de uma mulher, ela declarou, sua primeira lealdade deveria ser "para com o lar, o marido e os filhos".[33]

Outra razão pela qual o progresso fraquejou foi puramente política. É significativo que o processo de mudança tenha estagnado mais ou menos na mesma época em que a Guerra Fria começou. Muitas das organizações de mulheres mais ativas eram de esquerda, e várias eram dominadas por comunistas. Esse foi o caso da França, onde a maioria das mulheres no parlamento eram comunistas; e o mesmo acontecia na política local. As fundadoras da União das Mulheres Francesas eram todas comunistas, e sua vice-presidente após a guerra foi Jeannette Vermeersch, esposa de Maurice Thorez, líder do Partido Comunista Francês. Isso não importava muito em 1945 e 1946, quando ainda existia um espírito de colaboração entre o Ocidente e a União Soviética, mas, na atmosfera de desconfiança que passou a imperar no início da Guerra Fria, era fácil rejeitar essas mulheres como fantoches soviéticos, por mais meritório que fosse o trabalho que realizavam.

No Brasil, na Indonésia e em outros lugares, as organizações de mulheres foram proibidas precisamente por essa razão. Também nos Estados Unidos os defensores dos direitos das mulheres foram silenciados por conta de suas tendências esquerdistas. O Congresso das Mulheres Americanas, por exemplo, que lutou ruidosamente por creches, igualdade salarial e o fim do racismo, foi obrigado a se dispersar em 1950, depois de ser tachado de "comunista" pelo Comitê de Atividades Antiamericanas da Câmara dos Representantes. O sindicato com maior número de afiliados do sexo feminino, o United Electrical, Radio and Machine Workers of America, também foi perseguido por conta de suas ligações com o comunismo, o que prejudicou sua campanha pela igualdade de direitos.[34] Em geral, era muito difícil que mulheres ou organizações maculadas desse modo recuperassem sua credibilidade. Um bom exemplo é o da Federação Democrática Internacional das Mulheres, que, embora fosse a organização de mulheres mais influente do pós-guerra, foi praticamente ignorada pelos historiadores (e historiadoras) ocidentais, em grande parte por ter sido tachada de comunista nos anos 1950.[35]

Considerando o entusiasmo demonstrado pelos comunistas no que dizia respeito à igualdade de gênero, poderíamos supor que as mulheres nos países comunistas tiveram uma vida melhor que a de suas contrapartes ocidentais — mas, na verdade, as soviéticas eram igualmente marginalizadas, ignoradas no trabalho e incumbidas de realizar todos os trabalhos mais subalternos, estando sujeitas a atitudes profundamente sexistas. Das que se casavam, esperava-se ainda que realizassem todo o trabalho doméstico, mesmo que trabalhassem fora e tivessem maridos desempregados.[36] Mesmo aquelas que tinham participado da luta não recebiam o respeito que mereciam, sendo em vez disso tachadas de fáceis. Como lembrou uma antiga enfermeira soviética: "Bastava um homem voltar da guerra para ser considerado um herói. [...] Mas, quando se tratava de uma moça, as pessoas logo lançavam um olhar atravessado: 'Sabemos o que você foi fazer lá!'".[37] As desigualdades entre homens e mulheres que persistiram tanto no Oriente quanto no Ocidente iam sem dúvida além da simples política.

Foi com tudo isso em mente que, no final dos anos 1940, Simone de Beauvoir iniciou um estudo da feminilidade. Segundo ela, o verdadeiro problema que as mulheres enfrentavam não tinha a ver com história, política, psicologia ou biologia: a fonte de sua subordinação residia na própria definição de "mulher". Os homens, observou ela, não eram compelidos a se definir como "homens" — eram livres para experimentar, para levar uma vida ativa, inventando a si mesmos à medida que avançavam. As mulheres, por outro lado, eram sempre definidas antes que tivessem sequer começado a viver. Eram "mães" ou "esposas", "virgens" ou "prostitutas", por vezes ameaçadoras, com frequência misteriosas, mas sempre ausentes do núcleo da sociedade, exclusivamente masculino.

Em seu revolucionário *O segundo sexo*, Beauvoir definiu pela primeira vez as diferenças existenciais entre homens e mulheres. Os sexos até podiam se definir como as duas metades de um todo platônico, ela escreveu, mas isso era patentemente falso:

Os termos *masculino* e *feminino* são usados simetricamente apenas por uma questão de forma, como nos documentos legais. Na verdade, a relação dos dois sexos não é inteiramente como a de dois polos elétricos, porque o homem representa tanto o positivo quanto o neutro, conforme indica o uso comum de *homem* para designar os seres humanos em geral, ao passo que a mulher representa apenas o negativo, definido por critérios limitantes, sem reciprocidade. [...] Assim a humanidade é masculina e o homem define a mulher não em si mesma, mas em relação a ele [...] ela é o incidental, o inessencial em contraposição ao essencial. Ele é o Sujeito, o Absoluto; ela é o Outro.[38]

Essa designação da mulher como "o Outro" não estava muito distante de imaginá-la como um inimigo, até mesmo uma espécie de "monstro"; mas, ao contrário do que faziam com outros monstros, os homens não eram livres para rejeitá-la por completo, porque ao mesmo tempo a desejavam e precisavam dela, sobretudo para a propagação da espécie. Assim, para explicar e conter essa "Alteridade", os homens tinham criado uma série de mitos em torno da feminilidade. Converteram a mulher num ser "exótico", com todas as conotações de desejabilidade e inferioridade que a palavra encerra, e a tornaram dependente deles, da mesma forma como os escravos dependiam de seus senhores.

Os homens se convenceram de que a subordinação das mulheres era algo benéfico, porque lhes dava tudo que eles supunham querer: uma donzela na sala de estar, uma cozinheira na cozinha e uma puta no quarto. Mas, ao manter esse tipo de relação senhor/escravo, eles apenas se escondiam de suas próprias inadequações e medos. Além disso, negavam a possibilidade de uma relação mais satisfatória como parceiros de vida — o tipo de relação que muitos homens e mulheres haviam desfrutado durante a guerra, lutando lado a lado na Resistência como iguais.

Enquanto isso, as mulheres muitas vezes também eram cúmplices da própria subordinação, que as livrava da responsabilidade de fazer suas próprias escolhas de vida. No caso das mulheres de classe alta e média, essa subordinação lhes permitia viver uma vida de indolência e luxo. Mas, na verdade, esse tipo de vida não passava de uma gaiola dourada, que as privava de qualquer oportunidade de abrir as asas e experimentar o que realmente significava estar vivo. Foi desse tipo de monotonia confortável que Françoise Leclercq se libertou ao tomar a decisão de entrar primeiro na Resistência, e mais tarde no movimento feminista. Para Beauvoir, somente mediante esse tipo de luta as mulheres seriam um dia capazes de dotar a própria vida de significado. Nem o casamento, nem a maternidade, nem mesmo um emprego fora de casa serviam como substitutos: "Não há outra saída para a mulher senão lutar pela própria libertação", escreveu ela.[39]

O livro de Simone de Beauvoir, como o movimento feminista em geral, não seria levado a sério pelo establishment francês nos vinte anos seguintes. Depreciado na imprensa, foi criticado até mesmo por pares existencialistas como Albert Camus, que acusou a autora de fazer o homem francês parecer ridículo. Pela franqueza do livro na abordagem de questões sexuais, o Vaticano chegou ao ponto de incluí-lo em sua lista de obras heréticas. Ainda assim, ele foi lido — não somente na França, mas também nos Estados Unidos e na Grã-Bretanha. Durante toda a década de 1950, não houve outro livro para o qual mulheres que quisessem refletir sobre sua posição no mundo pudessem se voltar. Anos mais tarde, ele se tornaria uma fonte de inspiração para uma nova onda de feministas, como as americanas Betty Friedan e Kate Millett e a australiana Germaine Greer. Segundo a feminista norueguesa Toril Moi, as ideias de Beauvoir formam a própria base de todo o feminismo contemporâneo — quer as feministas contemporâneas o reconheçam ou não.[40]

Mas essas ideias foram também um produto de seu tempo. *O segundo sexo* foi escrito na esteira da maior guerra da história, quando grande parte da Europa havia lutado para se libertar de outras formas de opressão e tirania e quando a humanidade sonhava com um mundo mais igual e justo. Essas subcorrentes estão todas representadas no movimento feminista que Simone de Beauvoir ao mesmo tempo descreveu e ajudou a fundar.

O problema das minorias

A luta pela igualdade, com suas vitórias iniciais e subsequentes decepções, não é um tema que diz respeito apenas às mulheres. A igualdade não é algo que se possa distribuir em pacotes enfeitados com laços para aqueles que consideramos merecedores — ela ou existe ou não existe, e onde existe é indivisível. O tratamento concedido às mulheres é um bom parâmetro para o modo como todos os grupos marginalizados são tratados: quanto maiores as oportunidades para as mulheres, maiores também as oportunidades para as minorias étnicas, religiosas, sexuais e outras. De fato, estudos recentes apontam uma clara correlação entre igualdade de gênero e realização de direitos sociais e econômicos universais. O que aconteceu com as mulheres depois da guerra, portanto, dizia respeito não somente às mulheres, mas a todos.[41]

Há sem dúvida notáveis paralelos entre a situação das mulheres após a guerra e a de outros grupos sociais marginalizados. Mais ou menos na mesma época em que Simone de Beauvoir escrevia sobre as mulheres como "o Outro", seu companheiro Jean-Paul Sartre escrevia sobre os judeus franceses exatamente nos mesmos termos.[42] Do outro lado do Atlântico, o escritor mestiço Anatole Broyard escrevia apaixonadamente sobre como os negros também haviam sido transformados no "Outro", enquanto o ativista dos direitos dos negros W. E. B. Du Bois escrevia sobre como a África — e os negros em geral — tinha não apenas sido designada para um papel inferior na história do mundo mas, com frequência, era completamente excluída dessa história.[43]

Simone de Beauvoir reconheceu esses dois paralelos repetidas vezes em 1949.[44] Considerava as similaridades entre a situação das mulheres e a dos negros nos Estados Unidos especialmente pungentes:

Ambos estão sendo emancipados de um paternalismo semelhante, e a antiga classe dos senhores deseja "mantê-los em seus lugares", isto é, o lugar escolhido para eles. Em ambos os casos os antigos senhores derramam elogios mais ou menos sinceros, seja sobre as virtudes do "bom negro", com sua alma latente, infantil e alegre — o negro submisso — ou sobre os méritos da mulher "verdadeiramente feminina", isto é, frívola, infantil, irresponsável — a mulher submissa. Em ambos os casos a classe dominante baseia sua argumentação num estado de coisas que ela própria criou.[45]

Depois que a guerra terminou, os negros nos Estados Unidos não se mostraram nem de longe tão submissos quanto haviam sido no passado. A guerra tinha aberto novos horizontes para todos — não só para as centenas de milhares de soldados que tinham viajado para o exterior, mas também para os cerca de 1,5 milhão de negros que deixaram o sul dos Estados Unidos ao longo da década de 1940 em busca de novos empregos e oportunidades.[46] Sua participação na força de trabalho teve um enorme crescimento: durante o curso da guerra, o número de trabalhadores negros empregados na indústria americana saltou de 500 mil para 1,2 milhão.[47] A filiação de negros a sindicatos e outros grupos políticos também aumentou exponencialmente: a Associação Nacional para o Progresso de Pessoas de Cor (NAACP), por exemplo, passou de apenas 50 mil membros no começo da guerra para 450 mil ao final dela. "Não acredito que os negros ficarão de braços cruzados vendo as oportunidades econômicas que se abriram para eles simplesmente desaparecerem", escreveu um jornalista negro em 1945, sobretudo depois de terem lutado numa guerra "pela democracia contra o fascismo".[48]

Assim como as mulheres na França, os afro-americanos ganharam toda sorte de direitos na esteira da guerra. Em 1946, a Suprema Corte decidiu contra a segregação racial em ônibus e trens interestaduais, e em 1948 o presidente Truman decretou o fim da segregação nas Forças Armadas, além de uma série de medidas antirracistas referentes a habitação, educação e oportunidades de emprego tomadas por volta dessa época. No entanto, quase todas essas mudanças vieram como resultado de decisões judiciais e ordens executivas do presidente, e não por consenso: na verdade, todo o programa de direitos civis de Truman foi rejeitado pela maioria do Congresso. Por mais que a população negra ansiasse por mudanças, elas raramente eram concedidas sem forte oposição da maioria branca.

O presidente Truman discursa numa convenção da Associação Nacional
para o Progresso de Pessoas de Cor no Lincoln Memorial, em 1947.
Esse evento seria ecoado de maneira bem mais triunfal dezesseis anos depois,
quando Martin Luther King se dirigiu a 250 mil negros no mesmo local.

Um curso semelhante pode ser traçado para o status de homens e
mulheres gays, que gozaram de um período de relativa tolerância após
a guerra, sobretudo na Europa e na América do Norte. Na Europa, eles
tentaram capitalizar o momento formando organizações como a holandesa Cultuur en Ontspanningscentrum (mais conhecida como COC) e a
dinamarquesa Forbundet af 1948, que por fim se uniram a vários outros
grupos para formar o Comitê Internacional para a Igualdade Sexual.[49] Nos

Estados Unidos, homens e mulheres gays nas Forças Armadas também haviam experimentado um período de relativa tolerância durante a guerra. Segundo o historiador Allan Bérubé, isso representou uma pequena revolução sexual, e muitos soldados gays, ao voltarem do front, sentiam-se confiantes o suficiente para declarar que não dariam um passo atrás. Eles enfrentaram renovada repressão no final da década de 1940 e ao longo dos anos 1950, em particular durante o chamado "Terror Lilás" da era McCarthy. Apesar disso, tal como os movimentos das mulheres e pelos direitos civis dos negros, o movimento homófilo que emergiu da Segunda Guerra Mundial lançou as bases para os movimentos pelos direitos dos homossexuais, que viriam a surgir décadas depois.[50]

O impulso em direção à igualdade chegou a se refletir, em escala internacional, na maneira como os povos coloniais foram tratados após 1945. Meia dúzia de nações asiáticas obtiveram sua independência política em consequência direta da Segunda Guerra. Elas foram seguidas pelas nações da África, cujo caminho para a liberdade foi igualmente influenciado pelos eventos do conflito mundial e seu resultado. À medida que tomavam seu lugar em fóruns internacionais como a Assembleia Geral da ONU, essas nações eram recebidas pela primeira vez como iguais. Esse progresso não foi alcançado com facilidade. Nações como a Indonésia e a Argélia tiveram de lutar com unhas e dentes pelo direito de ser reconhecidas como Estados soberanos, e a cada passo do caminho se defrontaram com a resistência dos mesmos europeus que haviam passado a guerra clamando por seu próprio direito à autodeterminação.

O problema da identidade

Após a guerra, muitos grupos ganharam consciência, alguns pela primeira vez, do que significava ser "o Outro". As mulheres, as minorias étnicas, os povos coloniais, os homossexuais, os mais pobres, os outsiders políticos — cada um desses grupos havia constatado que, embora sua humanidade tivesse sido "universalmente reconhecida", os plenos benefícios dela continuariam a lhes ser negados. Como "o Outro", eles eram definidos por sua diferença em relação à "norma" humana — uma norma que não foram eles que escolheram, e que tampouco podem influenciar.

Em 1945, cada um desses grupos foi obrigado a decidir como reagiria a essa constatação. Eles podiam tentar se assimilar à corrente principal e obter a igualdade por essa via — contudo, isso significava negar os próprios traços que os tornavam quem eram. Um homem negro jamais poderia ser igual a um homem branco, porque carregava consigo uma história interna da qual a maior parte dos brancos não tinha noção. Um ex-conde na Europa oriental, despojado de seu título e de suas terras, podia tentar viver como um comunista — mas no fundo ainda seria um aristocrata. Além disso, assimilação só era verdadeiramente possível quando tanto a maioria quanto a minoria concordavam em deixá-la acontecer. A experiência dos judeus mostrou que não fazia diferença até que ponto uma pessoa era ou não era "judia": a única coisa que importava durante o Holocausto era o que os nazistas acreditavam que ela fosse.

Um segundo caminho que esses grupos podiam escolher era abraçar sua diferença em relação à norma, celebrá-la — declarar, como fez o movimento do Orgulho Gay, nos anos 1980, que "eu sou o que sou", não importa o que o mundo pense. Mas fazer isso implica automaticamente aceitar ser "o Outro". De fato, torna qualquer minoria cúmplice da própria marginalização. As diferenças com o *mainstream* vão se arraigando, e resta sempre o perigo de que isso leve a maior preconceito de ambos os lados. Poucos grupos escolheram esse caminho após a guerra, precisamente porque ele os teria tornado muito vulneráveis: a experiência dos judeus durante a guerra era uma advertência a todos para que não se destacassem.

Uma opção mais extrema era separar-se completamente — fundar comunidades alternativas em que a "minoria" é a maioria e pode escolher o que é e o que não é a norma. Alguns grupos tentaram fazer isso na esteira da guerra, em geral com consequências desastrosas: no sul da Itália, por exemplo, um punhado de comunidades insatisfeitas fundaram "repúblicas camponesas" que foram violentamente reprimidas pelo governo central.[51] Em escala nacional, uma separação desse tipo podia ser mais efetiva: os países da Europa oriental conseguiram expulsar quase todas as populações étnicas alemãs para a Alemanha; os muçulmanos foram igualmente expulsos da Índia e os hindus do Paquistão, e os chineses nacionalistas preferiram se exilar em Taiwan a se submeter ao comunismo no continente. Mas esses eventos sempre foram acompanhados de um enorme derramamento de sangue, e apenas mudaram o foco do preconceito de um nível local para um nível nacional ou internacional. Mais uma vez, os judeus são talvez o melhor exemplo disso: se os judeus sionistas acreditavam que poderiam abolir o preconceito criando seu próprio Estado em 1948, estavam redondamente enganados — o Estado de Israel tornou-se desde então um "Outro" nacional para grande parte do mundo, e criou ao mesmo tempo seus próprios "Outros", tanto em escala regional como internacional.

A única outra opção era colaborar com grupos variados, inclusive os que estavam no poder e os que haviam oprimido pessoas no passado, e tentar chegar a algum tipo de consenso. Essa foi a abordagem que as Nações Unidas adotaram com sua Declaração Universal dos Direitos Humanos. Foi também a abordagem escolhida por proeminentes filósofos e sociólogos como Simone de Beauvoir e W. E. B. Du Bois, que acreditavam que as diferenças entre indivíduos e grupos eram inevitáveis e universais, e que a única esperança de uma igualdade maior era, para todos os indivíduos e todos os grupos, reconhecer suas responsabilidades uns para com os outros. Mas essa abordagem também tem as suas desvantagens, como ficou claro nas décadas seguintes, quando se constatou a ausência de qualquer progresso significativo na direção da igualdade. Foi em reação a essa falta de progresso que um movimento pelos direitos civis mais militante, em favor dos direitos da mulher e dos gays, começou a se organizar nos anos 1960. A essa altura, uma nova geração de ativistas havia surgido, mais interessada em resultados que em consenso.

Esses foram os tipos de dilemas enfrentados por grupos marginalizados logo após a guerra — assimilar-se ou fragmentar-se, confiar no consenso ou tomar o próprio destino nas mãos de forma unilateral, a despeito das consequências. Qualquer que fosse o caminho escolhido, a igualdade — a *verdadeira* igualdade, no sentido utópico — era e continua sendo impossível.

Mas esses dilemas também apontam o caminho para uma das características mais importantes da era: o conflito entre o desejo de forjar uma unidade e a vontade de fragmentar-se em grupos distintos e cada vez menores. Esse foi o dilema que, mais que qualquer outro, definiu o pós-guerra. Nós o veremos na Organização das Nações Unidas, fundada com o objetivo tanto de representar um consenso mundial quanto de oferecer um fórum para que países do mundo todo possam defender seus programas particulares e egoístas. Nós o veremos também no seio de nações nas quais o desejo de unidade nacional frequentemente entrou em conflito com uma ampla variedade de forças autodestrutivas. Mas talvez mais pungente tenha sido a maneira como ele se manifestou nos indivíduos. Como veremos a seguir, o conflito entre o desejo de pertencer e o desejo de ser livre de todas as restrições foi um dos dilemas filosóficos mais urgentes do pós-guerra.

9. Liberdade e pertencimento

Ao contrário de muitos dos indivíduos cuja vida descrevo neste livro, Hans Bjerkholt não era jovem em 1945. Tinha bem mais de cinquenta anos e a vida perfeitamente encaminhada. Assim, as mudanças que a guerra e suas consequências provocaram no seu caso foram ainda mais notáveis, porque no curso dos cinco anos seguintes ele daria as costas para tudo em que havia acreditado anteriormente e se lançaria numa nova busca pela unidade do mundo.[1]

Hans Bjerkholt nasceu numa zona rural do sudeste da Noruega onde, segundo ele próprio, teve uma infância idílica. Cresceu numa fazenda, e passava seus dias alimentando as galinhas, cuidando dos cavalos com o pai e brincando de esconde-esconde no celeiro com seus muitos irmãos e irmãs. Durante os longos dias de verão eles passavam horas no bosque, ou iam nadar ou pescar no lago, antes de descerem para a cozinha da mãe e serem alimentados com pão feito em casa, manteiga fresca, bacon, ovos e leite extraído diretamente das vacas.

Tudo isso terminou de repente quando ele tinha dez anos. O pai havia emprestado uma grande quantia a homens de negócio que mais tarde declararam falência, e a família não teve escolha senão vender a fazenda. Entre soluços, eles embalaram seus pertences e se mudaram para Sarpsborg, cidade próxima onde se viram num apartamento pequeno, com apenas dois quartos e uma cozinha para uma família de doze pessoas.

O irmão mais velho de Hans encontrou emprego como motorista, a irmã como garçonete, e o pai foi trabalhar numa fábrica de papel — um lugar sem alma, cheio de "trabalhadores de rosto cinza, exaustos". Pouco a pouco, eles conseguiram se reerguer, mas certo dia o infortúnio voltou a bater à porta: o pai de Hans sofreu um grave acidente de trabalho que o deixou hospitalizado por um ano e meio. Os donos da fábrica se recusaram a assumir qualquer responsabilidade, o que forçou a família a arcar com as dispendiosas contas do hospital. E assim o adolescente Hans também foi obrigado a arranjar um emprego — na mesma fábrica em que o pai tinha sido ferido.

Privado de sua herança, financeiramente arruinado pelos inescrupulosos donos da fábrica, Hans não podia evitar o sentimento de que a vida havia desmoronado. Quando criança, na fazenda, sentia-se livre e animado, "como se o mundo me pertencesse". Agora, porém, ele e a família tinham se tornado mera engrenagem numa máquina imensa que não se importava com eles e que os despojara de sua dignidade humana. "Eu me sentia consternado e fisicamente doente na fábrica, e todo o sistema social me fazia ferver de raiva."

Assim começou uma vida de ativismo militante. Hans ingressou no sindicato e tornou-se um de seus principais representantes. Mais tarde, foi um dos membros fundadores do Partido Comunista Norueguês, e representou seu país em conferências do Comintern em Moscou. Incitado pelas injustiças de que ele próprio e a família tinham sido vítimas, os princípios que o norteavam eram uma eterna "desconfiança do governo" e o ódio ao sistema capitalista que dominava não só a Noruega, mas também a maior parte do mundo. Ele ansiava pelo tempo em que o comunismo triunfaria em toda parte, e a injustiça de classe se tornaria algo do passado.

Bjerkholt nunca imaginou que um dia perderia a fé no comunismo, mas, com a deflagração da Segunda Guerra Mundial, sua perspectiva mudou por completo. Em primeiro lugar, alguns de seus camaradas comunistas não tinham se comportado bem no começo da guerra, quando haviam defendido a colaboração com os nazistas (sob o pretexto de que os soviéticos ainda tinham um pacto com os alemães naquele momento). Mais importante ainda, porém, foi durante a guerra que ele conheceu um espírito de cooperação que nunca experimentara. Quando os alemães invadiram a Noruega, ele se viu trabalhando com todo tipo de grupos em prol de um objetivo comum que pouco tinha a ver com a luta dos trabalhadores:

noruegueses de todos os credos políticos estavam lutando juntos por sua própria liberdade. Em 1942, Bjerkholt foi detido e levado para um campo de prisioneiros — e ficou impressionado com a atmosfera de unidade que reinava ali, sobretudo entre comunistas e sociais-democratas. Durante seus 37 meses de cárcere, concluiu que esse sentimento de unidade não se limitava a seu campo — ele se espalhava pela sociedade norueguesa e pelo mundo, onde britânicos, franceses, americanos e soviéticos trabalhavam em colaboração para derrotar o nazismo.

Com o fim da guerra, ele esperava ardentemente que esse espírito de cooperação pudesse prosseguir, e iniciou uma série de conversas com os socialistas com a ideia de criar algum tipo de frente unida em nome do homem comum. "A grande ideia para a nossa era é a ideia do trabalho em equipe", ele escreveu mais tarde, "o trabalho em equipe de todas as forças progressistas por um grande objetivo." A experiência de guerra havia despertado nele a vontade de trabalhar com as pessoas, em vez de contra elas, e ele desejava desesperadamente que os diferentes partidos, as diferentes classes e as diferentes nações do mundo pudessem de alguma maneira se juntar em "uma grande força unificadora". Mas não demorou para que as velhas divisões de classe recomeçassem a aparecer, e as conversas entre comunistas e socialistas foram por água abaixo. Em âmbito internacional, as relações entre Oriente e Ocidente também fracassaram, "mostrando assim que nossas esperanças tinham sido ilusões".

Então, no Natal, seu filho lhe deu um livro que mudaria sua vida. A obra falava de um movimento ideológico chamado Moral Re-Armament, ou Rearmamento Moral, iniciado pouco antes da guerra por um evangelista protestante e que atraía agora seguidores de todos os credos e classes sociais. Esse movimento defendia uma nova abordagem às relações humanas baseada em quatro princípios morais: honestidade absoluta, pureza absoluta, abnegação absoluta e amor absoluto. Os adeptos eram aconselhados a se sentar e meditar por cerca de uma hora todas as manhãs, a prestar atenção à voz de Deus e a agir de acordo com a própria consciência. Era uma ideia simples que atraiu o forte senso de responsabilidade moral de Bjerkholt.

Hans Bjerkholt, convertido do comunismo para o Rearmamento Moral.

Curioso para saber mais, ele viajou até o centro de conferências do movimento, em Caux, na Suíça, e ficou imediatamente impactado por sua atmosfera pacífica e consensual. Não pôde deixar de compará-la com as muitas conferências do Partido Comunista a que tinha comparecido, sempre divididas por lutas internas e sectarismos. "Em Caux, experimentei um espantoso sentimento de unidade, baseado num amor e numa compreensão fortes o suficiente para romper todas as barreiras de cor, credo e classe. Não havia facções em Caux, e até comunistas e socialistas encontravam unidade." Ali ele conheceu delegados da Itália, da França e até da recém-

-derrotada Alemanha, todos os quais pareciam se relacionar uns com os outros num espírito de mútuo respeito e conciliação. Um marxista francês chegou a se levantar e fazer um pedido formal de desculpas aos delegados alemães pelo ódio que nutria por eles antes — um gesto que Bjerkholt achou não apenas assombroso, mas muito comovente.

Quando voltou para a Noruega, ele era um homem transformado. Imediatamente fez uma declaração solene comprometendo-se com a causa do Rearmamento Moral e prometendo introduzir seus princípios no movimento comunista norueguês. "Aceitei o Rearmamento Moral de todo o coração", ele escreveu mais tarde. "Tive de aceitar o desafio dos padrões morais absolutos e abandonar inteiramente minha própria obstinação." Bjerkholt estava convencido de que aquela era a única maneira de libertar-se "de si mesmo" e de ajudar a lançar as bases da sociedade sem classes com que sempre havia sonhado. Se os homens pudessem se relacionar uns com os outros da maneira como faziam em Caux, então todos os males do mundo poderiam ser curados.

Quando o Partido Comunista Norueguês soube de sua conversão, rapidamente o condenou ao ostracismo. No fim, restou-lhe pouca escolha a não ser deixar o partido, mas ele insistiu que nunca se arrependeu. "O marxismo é um marco na estrada", disse mais tarde a uma plateia italiana, "mas não é a resposta decisiva para a nova era ideológica. O novo caminho para o nosso tempo é a filosofia do Rearmamento Moral." Era somente através do Rearmamento Moral, com seu espírito de consenso e "amor absoluto", que a humanidade seria capaz de alcançar seus verdadeiros objetivos. "Nenhuma classe e nenhum grupo podem produzir sozinhos, sem o auxílio de outros grupos, o novo mundo que desejamos. Devemos primeiro criar o novo homem dentro de nós, e depois lutar junto com todos os outros para engendrar esse novo mundo."

Da maneira como ele a narrava, a vida de Hans Bjerkholt havia sido uma história de paraíso perdido e paraíso recuperado — ou *quase* recuperado. Bjerkholt não viveu para ver o mundo unificado com que sonhava, ou a sociedade sem classes pela qual havia lutado durante toda a vida — embora a versão norueguesa da social-democracia provavelmente seja o mais perto disso a que qualquer nação um dia conseguiu chegar. Ele ingressou no Rearmamento Moral num momento em que este ganhava impulso no mundo, e contribuiu para sua rápida expansão durante as décadas de 1950 e 1960, mas, quando morreu, em 1983, a influência do movimento já minguava havia muito tempo. Hoje ele se chama Initiatives of Change, Iniciativas de Mudança, e se tornou apenas mais uma organização não governamental entre muitas. Continua a pregar as mesmas virtudes que inspiraram Hans Bjerkholt nos anos que se seguiram à guerra — tolerância, abnegação e agir conforme a própria consciência —, mas o zelo missionário que outrora o impeliu à proeminência no mundo todo agora é coisa do passado.[2]

Todos precisam de algo em que acreditar. Uma das tragédias da modernidade é que, quanto mais afluentes nossas sociedades se tornam, e quanto mais liberdade temos para escolher nosso próprio modo de vida, mais alienados tendemos a ficar dos aspectos de nossa vida que mais apreciamos — nosso sentido de identidade, nosso espírito comunitário, nossos vínculos com a natureza, nossa familiaridade com o divino. Desde o século XIX, sociólogos e pensadores políticos vêm anunciando a longa e lenta morte da religião convencional e a correspondente queda da humanidade na atomização, no isolamento e na banalidade do consumismo. Nossa obsessão por produzir e acumular riquezas, afirmam eles, pode até ter tirado grande parte do mundo da miséria absoluta, mas no processo reduziu a humanidade ao que o pai da sociologia, Max Weber, chamou de um grande "nada" aprisionado em uma carcaça de materialismo "dura como o aço" e desprovida dos próprios valores que nos tornam humanos.[3]

Apesar de toda sua violência e desumanidade, a Segunda Guerra Mundial deu ao mundo um momento de gloriosa trégua diante desse declínio. Já escrevi sobre os elementos destrutivos da guerra, sobre as divisões de longa duração que ela produziu no seio de grupos étnicos, religiosos e políticos, e sobre a crueldade que desencadeou, e que continuou por muito tempo depois de 1945.[4] Mas, num nível mais amplo, mais abstrato, a Segunda Guerra fez algo que nenhum outro evento nos tempos modernos jamais foi capaz de fazer no mesmo grau: uniu indivíduos, comunidades, nações e até grupos inteiros de nações numa única causa. Dezenas de milhões foram sem dúvida lançados à deriva pelo conflito, mas centenas de milhões experimentaram um novo sentido de pertencimento, diferente de tudo que já conheciam. Se Deus é a sociedade, como afirmou Émile Durkheim, então pelo menos nesse sentido a Segunda Guerra Mundial foi um evento divino.[5]

O esforço coletivo empenhado na guerra não encontra paralelo na história moderna. Mais de 100 milhões de homens e mulheres foram mobilizados entre 1937 e 1945. Destes, cerca de 70 milhões lutaram ao lado dos Aliados — número que supera o *total combinado* das forças empregadas por ambos os lados durante a Primeira Guerra Mundial.[6] Esse número não inclui as muitas dezenas de milhões que serviram na frente doméstica, nas fábricas e no campo, nem as dezenas de milhões de civis que dedicaram tempo, dinheiro e a própria vida em apoio ao esforço de guerra. Quer estivessem ou não diretamente envolvidos na guerra, quase todos no planeta tinham com ela algum grau de relação emocional: a maioria desejava que fosse vencida pelo lado que apoiava; todos queriam que terminasse.

Essa unidade de propósito deu sentido à vida das pessoas de uma maneira que atravessava todas as divisões tradicionais de raça, nacionalidade, política, religião, classe e renda. Americanos cooperavam com burocratas comunistas, sindicatos com patrões, cristãos com judeus, hindus com muçulmanos, negros com brancos, ricos com pobres. Nas Forças Armadas, pessoas de todos os tipos e classes serviam juntas, celebravam juntas suas vitórias, morriam juntas, viviam seu luto juntas. Mesmo entre aqueles que não tinham combatido havia um sentimento mais intenso de igualdade e sacrifício compartilhado, provocado pelo racionamento e a escassez universal. Isso não quer dizer que as diferenças entre grupos rivais tenham desaparecido — na verdade, elas permaneceram logo abaixo da superfície, e por vezes irromperam —, mas, como quase todos tinham investido uma grande dose de energia e emoção no conflito maior, em geral conseguiam superar suas diferenças. Entre todas as tempestades pessoais e locais que se formaram e se dispersaram durante essa época, ao menos em escala global, a guerra continuou sendo um ponto fixo, uma estrela pela qual todos podiam se guiar.

Como todas as ideias universais, essa ideia da guerra era necessariamente cheia de paradoxos. Para começar, envolvia uma violenta divisão da humanidade, mas era travada em nome da paz e da unidade. Envolvia trabalho compulsório, recrutamento para o serviço militar, racionamento, restrições de viagem e maior regulação de praticamente todos os aspectos da vida — e ainda assim, em ambos os lados, era considerada uma luta pela liberdade. Trouxe mudanças revolucionárias em toda parte, mas falava ao anseio das pessoas por um futuro novo e estável. Fossem quais fossem os fatos brutais da guerra, como ideia abstrata ela prometia toda sorte de paraísos a todo tipo de pessoas: enquanto prosseguisse, o mundo poderia acreditar em seus ideais, por mais paradoxais que parecessem.

Tudo isso chegou ao fim no verão de 1945. Europa e Ásia foram libertadas. Soldados foram desmobilizados, operários dispensados, e trabalhadores agrícolas em regime de trabalho compulsório autorizados a ir para casa. À medida que as restrições à liberdade de expressão foram relaxadas em toda parte, até em países como a União Soviética, as pessoas começaram a se perguntar o que iriam fazer em seguida. Pelo que deveriam lutar, agora que a guerra chegara ao fim? Deveriam tentar reerguer o que tinham perdido ou construir algo novo? Deveriam exigir ainda mais mudanças em suas comunidades ou, em vez disso, tentar recuperar uma certa sensação de estabilidade? Deveriam cuidar de si mesmas, de sua comunidade, nação, classe, raça, ou algo ainda maior — talvez toda a humanidade? Na ausência da guerra, qual era o sentido da vida? O que significava "liberdade"?

Hoje, quando rememoramos o Dia da Vitória e o dia da rendição do Japão, nos lembramos apenas da alegria da vitória e do alívio que o mundo todo sentiu com o fim das hostilidades — mas, na verdade, sob as celebrações, algo muito diferente também acontecia. Está claro que a maioria das pessoas compreendia que o fim da guerra trazia um novo tipo de incerteza em relação à vida, mas seus sentimentos com frequência iam muito além da mera incerteza. Lendo diários, cartas e testemunhos orais do fim da guerra, é notável a quantidade de vezes que as pessoas se fazem a mesma pergunta: "Por que não estou realmente feliz?".[7] Para aqueles que tinham perdido familiares e amigos havia uma resposta óbvia; outros, porém, sentiam um vazio muito mais difícil de definir. Eles se queixavam de "não ter nenhuma âncora na vida", ou de que "o fim da guerra tinha acabado com sua razão de viver".[8] "Quando a guerra terminou, fiquei surpreso por não ter ficado tão exultante", recordou anos depois um oficial de inteligência britânico. "Senti-me apenas um pouco perdido. [...] Aquilo a que havíamos nos habituado por um tempo terrivelmente longo tinha desaparecido, e parecia não haver nada para ocupar o seu lugar. [...] Tudo acabara."[9]

A guerra tinha ocupado a vida das pessoas por tanto tempo que muitas começaram a sentir falta dela. Comparada ao drama dos anos de conflito, a vida no pós-guerra parecia entediante, e suas contínuas adversidades pareciam agora carecer de sentido. A nostalgia da guerra — comum até hoje, sobretudo nas nações vitoriosas — nasceu desse sentimento de vazio. Ao rememorar o confronto, as pessoas começaram a imaginá-lo como um tempo de heróis no qual, apesar da violência, todos pelo menos sabiam o que era certo e o que era errado. O autor soviético Emmanuil Kazakevich narra uma cena que presenciou num bar local no quinto aniversário do Dia da Vitória, em 1950. "Dois inválidos e um encanador [...] estavam tomando cerveja e rememorando a guerra. Um deles chorou e disse: 'Se houvesse outra guerra, eu iria'."[10]

Liberdade

Como seria de esperar, o credo filosófico que mais captou o espírito do pós-guerra imediato foi o existencialismo. Para o filósofo francês Jean-Paul Sartre, a atmosfera ambivalente gerada pelo fim da guerra era bastante previsível, embora ele nunca tenha aprovado a nostalgia que ela provocou. Sartre testemunhara a libertação de Paris em agosto de 1944, quando seus concidadãos tomaram as ruas da cidade, por vezes portando revólveres, por vezes sem arma nenhuma, "embriagados com a sensação de liberdade e a leveza de seus movimentos". Segundo sua descrição da libertação, registrada um ano depois, a violência ocorreu numa atmosfera de festividade espontânea, como se fosse um "ensaio para o apocalipse". Foi, disse ele, uma "explosão de liberdade", em que pessoas comuns celebraram não só "sua própria liberdade e a de cada francês", mas "o poder dos seres humanos" em geral: "Toda Paris sentiu durante aquela semana de agosto que o homem ainda tinha uma chance, que ainda podia vencer contra a máquina". No entanto, essa atmosfera festiva também fora acompanhada por uma esmagadora sensação de medo. Outras vilas e cidades, como Varsóvia, na Polônia, tinham sido inteiramente arrasadas por um desafio como esse. Ao escolher participar de sua libertação, o povo de Paris tinha abraçado não somente sua liberdade, mas também as possíveis consequências que vinham com ela.[11]

Ao rememorar esses acontecimentos, Sartre ficou impressionado com a universalidade não só do anseio por liberdade que havia testemunhado, mas também do insuportável medo que acompanhava esse anseio. No verão de 1945, quando a guerra mais ampla finalmente terminou, os parisienses seguiam "vestidos com suas roupas de domingo", mas estavam também insuportavelmente apreensivos com relação ao futuro. Era significativo, ele escreveu, "que o aniversário do levante de Paris tivesse caído tão perto da primeira bomba atômica". Da mesma forma como os parisienses haviam enfrentado, em 1944, a escolha entre participar da luta pela liberdade ou deixá-la nas mãos de outros, agora a humanidade precisava fazer uma escolha ainda mais importante, entre liberdade total (com a pavorosa responsabilidade que isso implicava) ou submissão a uma nova desumanidade, nuclear. Diante de tal escolha, era apenas natural que as pessoas estivessem angustiadas.

No contexto da Segunda Guerra Mundial e do pós-guerra, povos de todo o mundo se viram obrigados a contemplar a noção de liberdade com um novo sentido de urgência. Durante o conflito, a palavra "liberdade" tinha sido usada para expressar todo tipo de coisa, de direitos humanos como "liberdade de expressão" e "liberdade de culto" à libertação da humanidade das várias formas de opressão — nazismo, stalinismo, imperialismo, pobreza e assim por diante. Para Sartre, contudo, a verdadeira liberdade era algo muito mais profundo: uma condição humana fundamental a que estávamos todos "condenados", gostássemos disso ou não. Segundo sua filosofia, uma vez que todos os seres humanos nascem sem qualquer noção preconcebida do que significa ser "humano", somos todos livres para fazer da vida o que quisermos: "Primeiro o homem existe, se descobre, surge no mundo, e só depois irá se definir".[12] Mesmo aqueles que nascem em sociedades repressivas sempre têm escolhas — obedecer ou resistir, falar abertamente ou silenciar, viver ou morrer. Mas nessa liberdade está também a compreensão de que estamos todos fundamentalmente sozinhos, e que somos por isso os únicos responsáveis por cada ação que realizamos, e por todas as suas consequências. Não há nenhuma orientação de Deus; não há nenhum molde para a ação humana — a única coisa que podemos fazer é nos inventarmos à medida que avançamos. Em alguns dos ensaios que escreveu durante a guerra, Sartre usou a metáfora de um combatente da Resistência sentado "sozinho e nu" na cadeira do torturador, tentando decidir se revela ou não os nomes de seus camaradas. Nessas circunstâncias, como em toda a vida, a liberdade de escolher como vamos agir não é uma dádiva, mas um terrível fardo.[13]

Na essência, não havia nada de especialmente novo no conceito de liberdade de Sartre: filósofos com Søren Kierkegaard e Friedrich Nietzsche haviam explorado ideias semelhantes no século XIX, assim como Martin Heidegger na década de 1920. Mas o contexto do fim da guerra trouxe um novo significado para essas ideias, quando pessoas em toda parte, enfim face a face com a própria liberdade, foram obrigadas a contemplar como tinham agido durante o conflito e como iriam saudar os novos horizontes do mundo do pós-guerra. A imensa popularidade internacional de que o existencialismo na linha de Sartre desfrutou após 1945 pode ser atribuída pelo menos em parte a esse novo sentimento de angústia experimentado pelas pessoas no mundo todo na esteira da guerra.[14]

Mas Sartre não foi de modo algum o único intelectual a passar a guerra ponderando sobre a agonia da liberdade: outros pensadores estavam formulando ideias semelhantes a partir de perspectivas inteiramente diferen-

tes. Um dos mais influentes foi Erich Fromm, um psicólogo social judeu
alemão que tinha deixado a Alemanha pouco após a ascensão de Hitler
ao poder. Em 1942, ele publicou sua primeira obra em inglês, um livro
inteiramente dedicado ao problema da liberdade e da aterradora sensação
de pavor que quase sempre a acompanha. *O medo à liberdade* pretendia ser
uma crítica das condições que primeiro tinham dado origem ao nazismo;
mas tratava também dos problemas que residiam no coração de democracias capitalistas como a Grã-Bretanha e os Estados Unidos, onde as pessoas
que se consideravam "livres" muitas vezes se entregavam sem perceber a
outras formas de tirania.

Para Fromm, o "medo à liberdade" surge não de causas existenciais,
mas de causas puramente psicanalíticas. Todo ser humano começa a
vida num estado de união e harmonia dentro da barriga da mãe. Então, ao nascer, é forçado a uma separação, depois desmamado, e segue
crescendo, passando da infância à adolescência, até o momento em que
chega à esmagadora compreensão de que a harmonia, a união e a segurança que havia conhecido até então desapareceram para sempre. Em
essência, a história de cada um de nós pode ser representada pela jornada
traumática de Hans Bjerkholt desde o paraíso da cozinha da mãe, na casa
da fazenda, para o impessoal mundo adulto da fábrica. Devemos todos
deixar a infância para trás, e como adultos estamos todos fundamentalmente sozinhos. Nossa liberdade, segundo Fromm, não só faz com que
nos sintamos vulneráveis, mas também nos apresenta a realidade de
nossa própria insignificância diante da vastidão do universo. Em comparação com tudo o que está fora de nós, diz ele, somos meras partículas
de poeira, e nossa vida carece de sentido.[15]

Como Sartre, Fromm acreditava que podemos reagir à aterradora
compreensão de nossa liberdade de duas formas: encará-la e abraçá-la,
com toda a angústia e responsabilidade que isso implica, ou recuarmos
atemorizados diante dela e deixarmos nossa responsabilidade a cargo de
um poder "superior": Deus, o destino, a sociedade, ordens de superiores,
nossa nação, classe ou família. Infelizmente, a segunda dessas duas situações hipotéticas é muito mais comum: como diz Fromm, "não existe nada

mais difícil para o homem comum do que o sentimento de não estar identificado com um grupo maior".[16] A maioria de nós, portanto, irá se agarrar a qualquer ideologia que ofereça um sentido de pertencimento, quer ela envolva religião, adesão servil às normas da sociedade ou a mais maligna devoção a um regime totalitário — porque qualquer coisa é mais fácil de suportar do que a responsabilidade e a agonia da liberdade.

Em sua análise da sociedade nazista, Fromm descreveu a ânsia desesperada dos alemães por submergir numa ilusão coletiva de poder e eternidade. O nazismo, afirmou ele, foi simplesmente uma manifestação extrema dos anseios que existem dentro de todos nós. Em nosso âmago, todos guardamos uma memória central da infância, de quando sentíamos, como Hans Bjerkholt, "como se o mundo me pertencesse". Em certo grau, todos temos o desejo de consumir os outros, ou de sermos consumidos por eles, de maneira a formar assim uma unidade, do mesmo modo como formamos uma unidade com nossas mães. Para aqueles que ficam aterrorizados com a ideia de enfrentar a vastidão da própria solidão, até a escravidão em massa e o sadismo em massa podem ser levados a parecer necessários, talvez até belos.

No entanto, Fromm também advertiu que a submissão ao autoritarismo não era a única maneira por meio da qual a humanidade fugia do vazio da condição humana. O simples fato de os Aliados afirmarem lutar em nome da "liberdade" não significava que homens e mulheres nos Estados Unidos ou na Grã-Bretanha fossem mais livres que suas contrapartes na Alemanha. A conformidade cega às expectativas de nossos pares, patrões ou nações era tão perigosa quanto a submissão a uma ideologia totalitária — se não mais, pois, ao contrário do nazismo, esses perigos haviam sido completamente internalizados. "Ficamos fascinados com a liberdade cada vez maior que adquirimos graças a poderes *externos* a nós", ele advertiu, "e ao mesmo tempo cegos para restrições, compulsões e medos *internos*, que tendem a solapar o significado das vitórias conquistadas pela liberdade contra seus inimigos tradicionais." A guerra contra Hitler era portanto apenas um aspecto de uma batalha muito maior para libertar a alma humana dos muitos outros grilhões que forjamos para nós mesmos.[17]

No fim das contas, apesar de suas diferenças filosóficas, tanto Sartre como Fromm acreditavam que a ideia de liberdade encerrava um "duplo significado para o homem moderno".[18] Ela era ao mesmo tempo sedutora e repelente: por um lado, nos oferecia a infinita promessa de autoinvenção e autorrealização, mas, por outro, nos condenava a uma vida de total responsabilidade e solidão. Ambos os pensadores acreditavam que o único caminho verdadeiro para a humanidade era virar-se para o apavorante fardo da liberdade e abraçá-lo, com toda a angústia que isso implicava. A alternativa seria dar as costas a ela, num ato que Sartre descreveu como de "má-fé", e nos submetermos a novas regras, novas ideologias e novas tiranias, que, segundo Fromm, iriam apenas voltar a nos aprisionar.

Num mundo em processo tanto de se reinventar quanto de enfrentar sua recém-descoberta liberdade, essa mensagem era uma dura advertência. O fim da guerra oferecera à humanidade uma oportunidade sem paralelo de agarrar sua liberdade com todo o coração, e em escala global; mas tanto Fromm quanto Sartre compreenderam que, para aproveitar essa oportunidade, seria preciso dar um salto de fé como jamais se havia exigido do homem, nem mesmo nos perigosos tempos de guerra. Nossa decisão de encarar o desafio ou recuar diante dele determinaria a própria natureza do mundo que naquele momento surgia das cinzas da guerra.[19]

Explosão do capital social

Hans Bjerkholt não foi a única pessoa a ter suas certezas profundamente abaladas durante a guerra ou encontrar conforto nos anos seguintes em um novo sistema de crenças. No pós-guerra, milhares e milhares de convertidos ao Rearmamento Moral, como Bjerkholt, viam nele a chance de "este mundo, este vasto mundo, tornar-se uma família", de "um novo mundo baseado em homens novos", de "um fim para as divisões entre classes e nações", e acima de tudo uma oportunidade de salvação, de não ficar de "mãos vazias e coração vazio".[20] Em seu apogeu, o Rearmamento

Moral teve escritórios em três continentes, e mais de mil voluntários em tempo integral — era de fato um movimento mundial.[21]

Mas ele não foi o único oferecendo chances de salvação. No fim da guerra, observou-se no mundo todo uma explosão de ideologias — algumas antigas, algumas novas — que buscavam levar adiante o espírito de propósito coletivo nascido na guerra. Em âmbito global, houve um renovado interesse por movimentos políticos como o federalismo mundial, o comunismo e a social-democracia, cada um dos quais acreditava ser a força capaz não só de unir a humanidade de uma vez por todas, mas também de curar suas feridas espirituais e políticas. Em âmbito regional, houve outras panaceias; enquanto algumas eclodiram inteiramente formadas após a guerra, outras se desenvolveriam ao longo do tempo, como o desejo de "união cada vez maior" na Europa, o "espírito de Bandung" na Ásia e na África ou a visão idealizada do "American way of life", o estilo de vida americano. Os países também perseguiam seus próprios sonhos de "fraternidade e unidade" (Iugoslávia), "unidade na diversidade" (Indonésia), "unidade espiritual" (Argentina) e toda sorte de "unidades", desde a "ideologia da amizade" de Stálin até o apelo de Jan Smuts, na África do Sul, em 1945, pela "total mobilização do espírito humano".[22] Todos esses movimentos do pós-guerra eram em parte dirigidos de cima, às vezes de maneira bastante cínica por políticos cujo único objetivo real era aumentar seu próprio poder. Mas eles eram também amplamente apoiados a partir de baixo por milhões e milhões de indivíduos comuns cujo primeiro instinto era aprofundar o sentido de missão que haviam experimentado pela primeira vez durante a guerra.

Uma medida grosseira desse desejo surgido no pós-guerra de acreditar em algo maior que si mesmo pode ser vista no renascimento da fé religiosa após 1945, sobretudo na Europa, onde todos os modelos sociológicos tradicionais tinham previsto que a marcha da "modernidade" produziria apenas declínio. As estatísticas religiosas são notórias pela imprecisão, mas tudo indica que as crenças cristãs na Europa passaram por uma espécie de recuperação, pelo menos até meados dos anos 1950.[23] Na Alemanha, por exemplo, a Igreja católica emergiu da guerra como uma "vencedora entre ruínas": paróquias em toda parte registraram um enorme afluxo de novos membros, e logo estavam transbordando de pessoas ávidas por algum tipo de estabilidade.[24] Na Polônia, as admissões nos seminários triplicaram entre 1945 e 1951, enquanto na Itália o número de sacerdotes nas ordens religiosas também registrou um acentuado aumento.[25] Roma recebeu cinco vezes mais peregrinos no jubileu de 1950 do que no anterior, de 1925.[26] Já na Grã-Bretanha, a modesta recuperação na fé protestante ocorrida após a guerra foi acompanhada por um aumento muito mais acentuado no catolicismo: segundo estatísticas compiladas pela Latin Mass Society of England and Wales, o número de casamentos, batismos e recepções na Igreja católica aumentou em torno de 60% nos cerca de dez anos que se seguiram imediatamente à guerra, e não voltaram a declinar até as décadas de 1960 e 1970.[27]

Outra medida grosseira do desejo de acreditar em algo e pertencer a um grupo pode ser vista no súbito e enorme crescimento do Partido Comunista no mundo todo. Assim, no momento em que Hans Bjerkholt estava se afastando do comunismo, milhões de outros o descobriam. Mais uma vez, alguns dos casos mais extraordinários de crescimento ocorreram na Europa. Passados três anos do fim da guerra, haviam ingressado no Partido Comunista mais de 900 mil franceses, mais de 1 milhão de romenos, 1,4 milhão de tchecos e 2,25 milhões de italianos. Na Hungria do pós-guerra, o número de filiados ao Partido Comunista elevou-se num único ano (1945) de apenas 3 mil para 500 mil. Essa enorme expansão refletiu-se também na China, onde, segundo um observador ocidental, a ascensão do comunismo após a guerra finalmente "unificou a nação"; na América Latina, onde o número de membros do Partido Comunista mais do que quintuplicou entre 1939 e 1947; e até na própria União Soviética, onde teve um incremento de cerca de 50% entre 1941 e 1945, mesmo após as enormes perdas ocasionadas pela guerra.[28] A esmagadora maioria desses novos comunistas eram pessoas que queriam fazer parte do que viam como a maré da história, que parecia seguir inexoravelmente rumo a um ambiente de maior justiça e igualdade para todos. Havia algo de místico, talvez até messiânico, nessa rápida expansão. Em 1957, o filósofo lituano-francês Emmanuel Levinas afirmou:

O crescimento ininterrupto do Partido Comunista, sua conquista do mundo, mais rápida do que a difusão do cristianismo ou do islã, seu alcance universal, a fé, o heroísmo e a pureza de sua juventude [...] nos habituaram a ouvir nesse movimento os próprios passos do Destino.[29]

Não foram apenas aqueles que buscavam mudanças radicais na esteira da guerra que obtiveram maior apoio: o engajamento político *de todos os tipos* aumentou em toda parte, qualquer que fosse o grau de radicalismo ou conservadorismo dos partidos. Na Europa oriental, por exemplo, não foram os comunistas que receberam o maior aumento súbito de apoio político, mas aqueles partidos que apelavam ao vínculo emocional das pessoas com sua terra, como o Partido dos Pequenos Proprietários Independentes, na Hungria, ou o Partido dos Camponeses, na Romênia, que assumiram o poder por algum tempo antes de serem destituídos e reprimidos pelos comunistas. Na Europa ocidental, por sua vez, o súbito aumento de apoio ao comunismo e ao socialismo foi igualado por um aumento semelhante no apoio à democracia cristã, movimento político bastante conservador que viria a dominar a paisagem política na Europa continental pelos trinta anos seguintes. Já na América Latina, os enormes movimentos populistas que caracterizavam a vida política da região em 1945 deram lugar a uma reação conservadora que só foi profundamente sentida alguns anos depois. É instrutivo que uma das organizações políticas de mais rápido crescimento na África do Norte e no Oriente Médio tenha sido a Irmandade Muçulmana, que defendia a revolução e a promoção de valores muçulmanos conservadores.

Outra estratégia que as pessoas empregaram em sua busca por um sentido de missão e pertencimento foi a adesão a organizações trabalhistas, sobretudo sindicatos. Essas organizações tiveram um enorme crescimento no mundo todo após a guerra. Na América Latina, o número de sindicalizados disparou: exemplos típicos foram o Brasil e a Colômbia, onde ele mais que dobrou entre 1940 e 1947, e a Argentina, onde quase quadruplicou em apenas quatro anos (de 532 mil em 1945 para quase 2 milhões em 1949).[30] Na África, novos sindicatos surgiram por toda parte, e o riacho de novos membros logo se transformou numa torrente, e depois numa inundação. Somente em Gana, por exemplo, o número de sindicatos cresceu de catorze para 41 entre 1946 e 1949, período em que o número de membros inteiramente quites com suas obrigações sindicais sextuplicou.[31] Outros países africanos observaram um aumento similar na adesão aos sindicatos, e mesmo na militância sindical: o final da década de 1940 foi marcado por enormes greves em lugares como África do Sul, Rodésia do Sul, Quênia, Tanganica, Camarões, Nigéria e toda a África Ocidental Francesa. Esse padrão de crescimento também se repetiu na Ásia, na Europa e no Oriente Médio, onde os trabalhadores reuniram-se em grupos, organizaram-se em federações e, por fim, ingressaram nos movimentos nacionalistas e internacionalistas mais amplos. Tudo isso não só fazia sentido político e econômico, mas infundia em trabalhadores comuns em toda parte um novo sentido de missão, de comunidade e de pertencimento.

A lista de organizações que floresceram após a guerra é infinita, indo de grupos sociais e culturais a redes de negócios e organizações filantrópicas. Nunca houve um levantamento histórico mundial daquilo que acabou por se tornar conhecido como "capital social", mas as evidências sugerem que os mesmos padrões gerais podem ser encontrados na maior parte do mundo: o envolvimento comunitário em grupos sociais de todos os tipos parece ter crescido de maneira significativa durante e após a guerra.

Dados relativos aos Estados Unidos, onde *houve* um levantamento abrangente, parecem confirmar isso. Em 2000, o sociólogo americano Robert D. Putnam completou um estudo inovador sobre todos os tipos de envolvimento comunitário observados ao longo do século, desde a participação formal em grupos políticos à socialização informal em jantares e jogos de pôquer. Seus achados revelam que a frequência média à igreja no país cresceu exponencialmente nos dez anos que se seguiram à guerra, de cerca de 37% para cerca de 47% da população adulta. O número de sindicalizados chegou ao ápice logo após a guerra e não declinou de maneira significativa nos trinta anos seguintes; e o número de membros de agremiações profissionais como a American Bar Association ou o American Institute of Architects seguiu um padrão semelhante. Organizações comunitárias como clubes rotarianos, de escoteiros e associações de pais e professo-res observaram um súbito aumento em seu número de associados após a guerra, variando de 60% a 190%. Mais americanos ingressaram em clubes de boliche e jogaram cartas juntos nas décadas de 1940 e 1950 do que em qualquer outro momento da história. Até mesmo as doações filantrópicas registraram um aumento de cerca de 40% no pós-guerra imediato, nível que se manteve até meados dos anos 1960. Segundo Putnam, "em pratica-mente todos os casos é possível detectar a mesma aceleração característica do pós-guerra observada nas organizações comunitárias e religiosas entre os anos 1940 e 1960". Em suma, "as duas décadas que se seguiram a 1945 testemunharam um dos períodos mais vitais de envolvimento comunitário na história americana".[32]

Convém destacar que nenhuma dessas tendências pode ser atribuída de maneira exclusiva à influência espiritual da guerra. Por exemplo, o cresci-mento do número de membros observado em vários grupos cívicos ame-ricanos resultou da melhora dos níveis de educação e prosperidade nos Estados Unidos ao longo das décadas de 1940 e 1950. De maneira seme-lhante, o crescimento do catolicismo na Grã-Bretanha deveu-se em parte à imigração do pós-guerra, e o aumento do número de sindicalizados na América Latina deveu-se em parte a um aceleramento do processo de industrialização e urbanização. Mas muitas dessas causas secundárias fo-ram elas próprias efeitos da Segunda Guerra Mundial: em outras pala-vras, tudo isso apenas deixa claro que os efeitos espirituais e materiais da guerra trabalharam em conjunto. Até que se empreenda um estudo mun-dial abrangente sobre o capital social no pós-guerra, parece seguro supor que o aumento do envolvimento comunitário observado no mundo todo nessa época deveu-se em grande parte ao que veio a se tornar conhecido como o "espírito da guerra". Em outras palavras, aqueles que haviam expe-rimentado as vitórias e sacrifícios coletivos dos anos de guerra eram mais propensos a valorizar a participação em algo maior do que eles próprios.

Segundo Robert Putnam, esse aumento no envolvimento comunitário chegou ao fim nos Estados Unidos mais ou menos na mesma época em que o Rearmamento Moral começou a entrar em declínio, a partir do início dos anos 1970. Desde então, a queda no número de membros de todo tipo de grupos cívicos tem sido fortíssima, e em alguns casos catastrófica. Houve muitas razões para isso, como a proliferação de tevês e computadores, a crescente falta de tempo das pessoas e o maior isolamento causado pela expansão suburbana. Mas o principal fator isolado foi a "mudança geracional". Em outras palavras, à medida que homens e mulheres que tinham vivido a guerra envelheciam e morriam, o mesmo ocorria com o compromisso dos Estados Unidos com a vida comunitária no país.[33]

QUANDO OLHAMOS EM RETROSPECTO para o final dos anos 1940 e a década de 1950, é fácil cairmos vítimas da mesma sensação de nostalgia que por vezes se apossa de nós quando rememoramos a guerra. Podemos invejar o maior sentido de comunidade experimentado pelas pessoas que viveram durante esse período, mas ao mesmo tempo esquecer que isso quase sempre veio a um custo enorme. Os anos 1950 não se destacaram apenas pela sensação de pertencimento, mas também pela de medo, quando pessoas de todos os tipos e todas as nações olhavam à sua volta à procura de alguém a quem culpar por suas inseguranças, e encontravam uma infinidade de razões aterradoras para fugir da própria liberdade pela qual haviam lutado durante tantos anos.

É isso que torna a história de Hans Bjerkholt tão irresistivelmente ambígua. Por um lado, ele estava determinado a abraçar as responsabilidades da liberdade: reconhecia inequivocamente a dolorosa verdade de que não é possível sonhar em mudar o mundo sem primeiro estar disposto a viver à altura de seus próprios princípios. Como observou Jean-Paul Sartre, "nada pode ser melhor para nós a menos que seja melhor para todos". No entanto, o vocabulário usado por Bjerkholt não era o da liberdade, mas o da escravização: "abandonar por completo minha própria vontade".[34] Ele ansiava não só por abraçar sua individualidade, mas também por se incorporar ao Rearmamento Moral, e dessa forma à humanidade como um todo. Em outras palavras, o que ele realmente queria era tanto a liberdade como um sentido de pertencimento, uma síntese perfeita de seu destino individual e das necessidades coletivas dos seres humanos. "Essa será a maior e a mais radical revolução em toda a história da humanidade", ele escreveu, cheio de esperanças, no começo dos anos 1950. "Dará a cada homem o tipo de mundo pelo qual ele anseia."[35] Tal ideia é a própria definição de utopia.

Foi por isso que muitos desqualificaram o Rearmamento Moral como um culto milenarista. Jornalistas contemporâneos questionaram seu financiamento, seus motivos e sua excessiva simplificação de problemas infinitamente complexos.[36] Clérigos cristãos convencionais condenaram sua "autoconfiança megalomaníaca" e seu "fanatismo", que solapavam a responsabilidade moral das pessoas em vez de promovê-la.[37] Sociólogos afirmaram que sua ênfase numa comunhão *pessoal* com Deus, em vez de compartilhada, refletia a própria atomização da sociedade que o movimento afirmava estar tentando curar.[38] Psicólogos, da mesma forma, interpretaram-no como um culto.[39] Em resposta a tudo isso, os seguidores do Rearmamento Moral mostraram-se impenitentes. Na esteira da maior guerra da história, uma ideologia que atravessava toda a complexidade de quem havia feito o quê a quem não era exatamente aquilo de que precisávamos? Afinal de contas, fora a adesão a ideias e doutrinas convencionais que nos havia levado à guerra. Além disso, o que havia de errado em tentar preencher o vazio de nossa vida? De que valia a liberdade se não nos trazia sentido?

Todas as visões de utopia que discuti até agora foram tentativas de indivíduos, e das sociedades em que eles viviam, de encontrar algum tipo de significado uma vez terminada a guerra. Cada um deles tentou encontrar princípios universais sobre os quais construir um novo tipo de sociedade, mas, no processo, acabou se vendo face a face com a impossibilidade de algum dia concretizar os seus sonhos.

O desejo de Eugene Rabinowitch de promover o pensamento racional, científico, no que dizia respeito aos desafios da era nuclear foi sua tentativa de se interpor no caminho daqueles impulsos humanos irracionais que haviam levado à guerra. No entanto, a concepção mitológica que as pessoas em geral e alguns de seus colegas cientistas tinham sobre a bomba atômica solapava a própria mensagem que pessoas como ele estavam tentando promover.

Giancarlo De Carlo dedicou igualmente a vida a tornar o mundo um lugar melhor depois da guerra. Sentia-se ao mesmo tempo inspirado pela promessa de criar novas cidades, voltadas para o bem comum, e repelido pela maneira como essas promessas pareciam esmagar as necessidades dos indivíduos — e passaria o resto da vida tentando conciliar esses dois impulsos opostos.

Já Françoise Leclercq viu sua vida ser completamente transformada pela guerra. Mais tarde, ela se dedicaria a promover uma maior igualdade para as mulheres, para os pobres e para pessoas de diferentes nacionalidades e credos. No entanto, no cerne de suas ações, havia um paradoxo: ao optar por esses grupos, ela necessariamente reconhecia sua diferença, sua "Alteridade", sua desigualdade.

Assim como Hans Bjerkholt, todas essas pessoas se esforçavam para afastar o medo e abraçar a liberdade. O fato de nenhuma delas ter tido pleno sucesso não deve ser considerado decepcionante: a utopia, por sua própria natureza, é impossível. Essas pessoas eram motivadas pela crença de que é melhor tentar e fracassar do que jamais tentar; se estavam de fato fadadas ao fracasso, então iriam ao menos tentar fracassar com dignidade. Nesse processo, cada uma delas se viu apoiada por comunidades de pessoas com ideias semelhantes, que lhe deram, se não a realização de seus sonhos, ao menos um sentido de pertencimento.

Em certa medida, o restante deste livro fala sobre aquilo a que as pessoas de todas as nações recorreram para preencher o vazio trazido pela "liberdade" conquistada ao fim da guerra. Nos próximos capítulos, deixarei que o leitor decida se os vários protagonistas estavam correndo em direção à liberdade ou para longe dela (ou então se destruindo na tentativa de satisfazer ao mesmo tempo os dois anseios). Por ora, quero apenas observar que poucas pessoas são capazes de tolerar um vazio espiritual por muito tempo. Terminada a guerra, aquilo que quase todo mundo desejava era se sentir parte de algo; e, quer esse desejo se manifestasse de maneira positiva ou negativa, foi ele acima de todos os outros que mais caracterizou o espírito da era.

PARTE III

Um só mundo

10. Economia mundial

Na memória coletiva, a Segunda Guerra Mundial foi uma época de intenso drama, marcada por enormes batalhas nas quais as pessoas morriam com tiros de canhão, granadas, bombas e todo tipo de maquinário da violência. Essa imagem mental de sangue e fumaça se impõe de forma tão imediata que é impossível ignorá-la; mas na verdade a guerra teve muitas outras facetas que, embora a princípio não tão dramáticas, podiam se revelar não menos mortais. Tendo sido a primeira guerra verdadeiramente "total", ela se manifestou em termos não somente militares, mas também econômicos.

Uma testemunha desse lado econômico da guerra foi um jovem artista indiano chamado Chittaprosad Bhattacharya. Quando a guerra começou, ele tinha vinte e poucos anos e se esforçava para encontrar um estilo artístico próprio e significativo. Tinha feito experiências com a arte tradicional indiana e com a arte moderna, mas não conseguira encontrar uma maneira de conectar suas pinturas com a realidade da vida indiana. O que queria expressar, dizia ele, parecia estar sempre "logo adiante"; mas, sempre que ele pensava tê-lo encontrado, "ele se revelava uma nova quimera".[1]

A guerra mudou tudo. De repente, a província natal de Chittaprosad tornou-se um enxame de atividade. Dinheiro do governo começou a entrar em abundância em Bengala, especialmente na cidade de Calcutá, que logo se tornou um dos centros da produção de guerra da Índia. O Exército começou a recrutar e a deslocar recursos para as fronteiras, no intuito de proteger o país contra invasões externas. A atividade política — já muito forte na Índia — começou a crescer em toda parte. As pessoas eram a favor ou contra a guerra, ou simplesmente exigiam que os britânicos "saíssem da Índia".

Para Chittaprosad, essa mudança pareceu subitamente colocar o mundo em foco. Ele compartilhava a indignação de milhões de indianos com a maneira como as autoridades britânicas tinham levado o país para a guerra sem nem sequer consultar o povo; mas, pelo menos por ora, a nova ameaça de uma potência japonesa fascista suplantava todo o resto. Inspirado por alguns amigos camponeses, Chittaprosad ingressou no Partido Comunista e logo começou a pintar cartazes de propaganda em apoio ao esforço de guerra. Compôs canções sobre a "guerra do povo" e começou a percorrer as áreas de fronteira da Índia e da Birmânia com suas pinturas antifascistas. Tinha a impressão de ter nascido para uma "nova vida".[2]

Essa "nova vida" foi confirmada de vez em meados de 1942, quando os japoneses finalmente chegaram às bordas da Índia. Chittaprosad vivia no distrito de Chittagong, último posto de fronteira da Índia no leste do país, e viu em primeira mão a situação difícil de dezenas de milhares de refugiados birmaneses que chegavam pela fronteira. Em pânico, as auto-

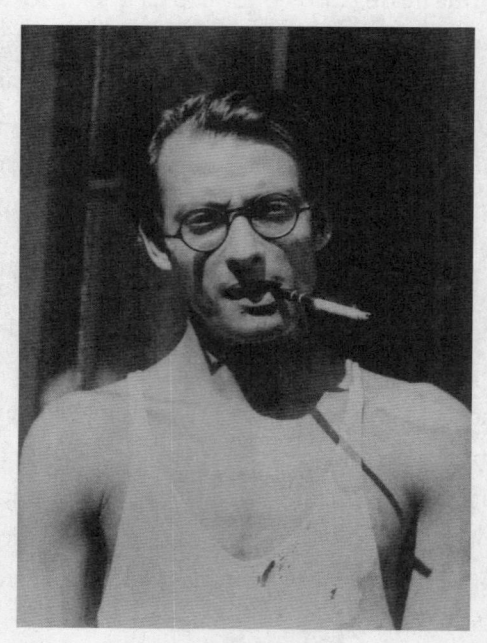

Chittaprosad alguns anos depois da guerra.

ridades britânicas começaram a requisitar estoques de arroz, e a confiscar ou afundar todos os barcos da aldeia a fim de negá-los aos japoneses. Não se deu nenhuma atenção ao fato de que esses barcos constituíam "o único meio de subsistência ou de comunicação para a vasta maioria dos aldeões em todo o distrito". Pela primeira vez, Chittaprosad testemunhou um fenômeno que jamais tinha visto: "um mercado clandestino, sobretudo de comida", que rapidamente "começou a levantar sua monstruosa cabeça". De repente ele teve a impressão de estar "num navio que afundava".[3]

Durante o ano seguinte, Chittaprosad viu o preço do arroz dobrar, e depois dobrar de novo. No final de 1943, havia relatos de que o quilo do arroz estava sendo vendido em Chittagong por cerca de duas rúpias — mais de dez vezes o preço de antes do início da crise.[4] Quando um ciclone atingiu os campos de arroz em Bengala Ocidental, a crise se espalhou para além da fronteira e por toda a província. De repente, parecia faltar arroz em toda parte. Os que tinham comida começaram a estocá-la, o que elevou ainda mais os preços, até o ponto em que somente aqueles com economias substanciais, ou algo para vender, tinham condições de comprá-la. O povo bengali começava a passar fome.

Dizer que a resposta do governo à situação foi inadequada seria um eufemismo. Antes da guerra e ao longo dela, Bengala teve seu próprio governo provincial autônomo, com poderes para impor controles econômicos sobre a população. Se ele tivesse estabelecido um amplo sistema de racionamento e controle de preços no início da guerra, como haviam feito vários outros governos no mundo todo, a crise que se avizinhava poderia ter sido evitada. Em vez disso, foram instituídos controles para limitar os preços, que logo foram abandonados, com desastrosas consequências. O racionamento só foi introduzido em 1944, mas mesmo então somente em Calcutá, o que simplesmente teve o efeito de sugar ainda mais comida da zona rural faminta.[5]

A reação do governo indiano central não foi muito melhor. Quando ministros bengalis tentaram chamar a atenção para a crise de alimentos em sua província, o governo central fez ouvidos moucos — na verdade, insistiu para que Bengala continuasse a exportar comida para o Ceilão, que também estava sofrendo problemas de desabastecimento.[6] Se o governo central indiano tivesse estabelecido um centro de abastecimento da mesma forma que os Aliados haviam feito no Oriente Médio, talvez estivesse mais consciente da série de gargalos que começavam a estrangular o nordeste do país. De qualquer forma, um Ministério da Alimentação exclusivo só foi criado no final de 1942, quando as condições para a fome já tinham se estabelecido. Nesse ínterim, o governo havia se comprometido com uma política de "livre-comércio irrestrito", que, no contexto de uma guerra mundial, provou-se completamente desastrosa.[7] Em 1944, um jornalista escreveu, irritado:

> Pode ser amargo, mas temos que encarar os fatos. O governo central ignorou o grave problema de distribuição de comida na Índia até que fosse tarde demais, e, frente à ameaça de invasão, alimentou o Exército, isolou o país do mercado mundial, julgou conveniente relegar os alimentos da Índia à sorte cega e aplicar uma política de laissez-faire num momento em que tal inação era não apenas negligente, mas criminosa.[8]

No entanto, a responsabilidade final pelo que aconteceu em seguida deve ser imputada ao governo imperial britânico em Londres, cuja prolongada negligência das necessidades econômicas de Bengala impedira que a província se preparasse para lidar com as pressões da guerra total. Entre 1940 e 1942, os britânicos estavam ocupados demais com a própria sobrevivência para se preocupar com problemas econômicos em partes remotas do império. Em 1943, quando a magnitude da crise alimentar em Bengala chegou ao noticiário internacional, Churchill e seu governo continuavam a resistir a qualquer medida de ajuda. Apesar de uma série de pedidos urgentes de socorro alimentar, e ofertas de auxílio de outras partes da Commonwealth, Churchill e os chefes do Estado-Maior Conjunto Aliado insistiram que não podiam prescindir dos navios. Mesmo quando o Canadá se ofereceu para enviar 100 mil toneladas de trigo à província, Londres recusou a oferta. O povo de Bengala seria deixado para morrer de fome sem ajuda.[9]

Chittaprosad testemunhou de perto as consequências desses eventos. Em Bengala Oriental, viu o impacto do Exército britânico, que confiscou terras agrícolas de qualidade para construir estradas, acampamentos, aeródromos e campos de treinamento. Viu a corrupção de autoridades locais e *"mahajans* (agiotas) barrigudos", que conspiravam para manter os preços dos alimentos nas nuvens, e compartilhou o "ódio e a amargura" que as pessoas à sua volta nutriam pelos políticos nacionais, cuja hipocrisia, indiferença e relativa riqueza representavam "um insulto para os milhares de famintos".[10] Mas, acima de tudo, viu um ódio universal pelos britânicos, cuja apatia só alimentara a crise. Para ele, era esse "governo estrangeiro" o culpado pelo total colapso do moral nacional durante a fome, e pela morte de "instintos sociais civilizados" em toda Bengala.

Durante os meses seguintes, Chittaprosad começou a pintar quadros de mendigos esqueléticos, cadáveres na rua e bandos de urubus sobrevoando toda Bengala. Escreveu artigos sobre a fome nos jornais do Partido Comunista e, em novembro de 1943, iniciou uma viagem a pé por Midnapur, um dos distritos mais gravemente afetados, a fim de documentar o que estava acontecendo com o país. Descreveu-o como uma terra de "urubus e ladrões", coberta pelas caveiras e ossos dos que tinham morrido. Em sua jornada, conheceu mulheres que se viram forçadas a se prostituir como única maneira de comprar comida, e famílias miseráveis que tinham vendido todas as suas terras e bens em troca de arroz. Depois de uma caminhada particularmente desoladora por uma zona erma, descreveu uma paisagem que parecia desprovida de toda vida: "Comecei a duvidar de que encontraria um ser vivo, mesmo se continuasse caminhando até os confins da Terra. Até onde minha vista podia alcançar, não havia qualquer vestígio de habitação humana em parte alguma. Somente campos estéreis que se estendiam até o horizonte". Era uma espécie de apocalipse provocado não por bombas ou granadas, mas pela lenta asfixia econômica. A experiência foi tão deprimente que ele começou a sentir como se "tivesse perdido a fé na própria vida".[11]

A fome de Bengala de 1943-4 e a guerra global que havia sido responsável por ela assombrariam Chittaprosad pelo resto de seus dias. Foi essa

Retrato de Chittaprosad de um homem faminto com o filho durante a fome de Bengala: "Ele perdeu suas terras e foi abandonado pela mulher. Resta muito pouco no mundo que poderia chamar de seu".

época, mais que qualquer outra, que o definiu como artista. Mais tarde, ele afirmou:

Se alguém está em posição de aprender alguma coisa com a vida, é contra o pano de fundo da morte. No momento em que a própria existência da humanidade e da civilização se vê ameaçada por surtos de brutalidade, destruição e morte, um artista ou abandona o pincel e pega em armas ou se retira do mundo humano e se une ao diabo. [...] Não consegui abandonar o pincel, porque não consegui encontrar uma arma para usar contra as hordas fascistas. E não consegui encontrar uma arma porque os governantes britânicos estavam "cuidando das coisas" para nós, apesar da nossa ávida disposição e inquestionável capacidade de cuidar de nós mesmos.

No contexto do colonialismo, da guerra total e da devastação econômica, a arte foi a única defesa concedida a Chittaprosad. "Fui obrigado pelas circunstâncias a transformar o pincel numa arma tão afiada quanto possível."[12]

Os efeitos econômicos da guerra

A fome de Bengala foi um dos eventos mais devastadores da Segunda Guerra Mundial. No espaço de apenas um ano, o número de pessoas que morreram na província superou o das que foram mortas durante a libertação de toda a Europa ocidental — e sem que uma única bala precisasse ser disparada. Estimativas oficiais no fim da guerra situaram o total em cerca de 1,5 milhão, mas relatórios acadêmicos posteriores sugerem que o número real esteja na casa de 3 milhões de óbitos — todos diretamente atribuíveis à fome.[13] O que aconteceu em Bengala foi um exemplo de um fenômeno que ocorreu no mundo todo. Uma fome semelhante assolou a China no mesmo ano, e estima-se que até 2 milhões de camponeses tenham morrido na província de Henan; estima-se também que um número similar de camponeses tenha perecido em Tonkin, na Indochina francesa.[14] Outros milhões sucumbiram em fomes locais nas Filipinas, nas Índias Orientais Neerlandesas, no Japão, na Rússia, na Ucrânia, na Polônia, na Grécia, nos Países Baixos e até mesmo em partes da África. Segundo alguns historiadores, cerca de 20 milhões de pessoas morreram durante a guerra não por causa da violência, mas por causa da fome.[15]

O que faz essas mortes parecerem duplamente trágicas é o fato de não ter havido, mesmo em Bengala, uma escassez insuperável de alimentos. Segundo o economista Amartya Sen, provavelmente havia comida suficiente para suprir as necessidades — mas aqueles que possuíam estoques de alimentos não estavam dispostos a vendê-los a um preço que os pobres tivessem condições de pagar.[16] Da mesma forma, em escala global o problema tampouco foi de abastecimento, mas de distribuição. Em toda a Europa, grande parte da rede de transporte havia sido destruída pela guerra, e o que restava fora reservado em grande parte para uso militar: assim, a distribuição de alimentos pelo continente foi inevitavelmente afetada. E o mesmo aconteceu em grande parte do mundo. Dezenas de milhões de toneladas de mercadorias foram destruídas durante a guerra — cerca de 11,7 milhões somente na Marinha Mercante britânica —, e a frota mercante japonesa foi praticamente aniquilada.[17] Uma parte tão grande da capacidade de transporte remanescente foi reservada para objetivos militares que acabou sendo impossível evitar o acúmulo de alimentos em algumas nações e a escassez em outras. Assim, por exemplo, enquanto o açúcar estava racionado nos Estados Unidos, enormes estoques do produto se acumulavam nas Índias Ocidentais. E, enquanto pessoas passavam fome em grande parte da Ásia e na Europa oriental, a Argentina queimava milho como combustível.[18]

Esses gargalos eram tão sérios que governos em toda parte foram obrigados a instituir controles severos. Eles se encarregaram da cadeia de abastecimento, impuseram restrições de preços e implementaram sistemas de racionamento. Novas indústrias foram criadas, muitas vezes com apoio do Estado, com o objetivo de maximizar o espaço de transporte. A carne era desossada, conservada e enlatada; os ovos eram desidratados e pulverizados; o leite era condensado. Dava-se prioridade aos alimentos mais energéticos, como a batata, em vez de arroz ou trigo, e aos ricos em proteína, como queijo, em vez de manteiga. Quando bem executadas, como aconteceu na Grã-Bretanha, ações centralizadas como essas podiam ser extraordinariamente eficazes. Mas, quando mal administradas, como ocorreu em Bengala, ou quando orientadas para a exploração, como se viu em grande parte da África colonial e na Europa e na Ásia ocupadas, podiam causar terrível sofrimento.

Não foi somente o comércio de alimentos que foi perturbado pela Segunda Guerra Mundial: entre 1939 e 1945, toda a economia global foi virada de cabeça para baixo. Padrões de comércio construídos ao longo de décadas desapareceram quase da noite para o dia, muitas vezes para serem substituídos por novos arranjos, desconhecidos. Assim, por exemplo, muitos países na África francófona perderam até dois terços de seu mercado de exportação quando a guerra os isolou da França, enquanto outros países, como o Congo Belga, dobraram o valor de suas exportações por meio de parcerias comerciais com a Grã-Bretanha, a África do Sul e os Estados Unidos.[19] Uma transformação semelhante ocorreu na América Latina e no Caribe: quando seus laços tradicionais com a Europa foram praticamente cortados, toda a região tornou-se muito mais dependente do comércio com os Estados Unidos — uma dependência que persistiria por várias décadas.[20]

Junto com as mudanças no comércio internacional vieram mudanças igualmente dramáticas no emprego. Quando milhões de pessoas foram recrutadas para os exércitos do mundo e suas indústrias de guerra vitais, os níveis de emprego se elevaram em quase toda parte. Os salários também subiram, uma vez que várias indústrias competiam para atrair trabalhadores. É possível que essas mudanças tenham encantado trabalhadores comuns no curto prazo, mas elas podiam se provar desastrosas para algumas indústrias tradicionais. Por que pessoas em Tonga deveriam continuar trabalhando na indústria de polpa de coco verde quando podiam ganhar muito mais dinheiro alugando bicicletas para soldados americanos estacionados na ilha? E por que trabalhadores agrícolas na Islândia deveriam se prestar a trabalhar longas horas no campo quando podiam dobrar sua renda trabalhando nas novas bases militares aliadas?[21]

Para manter as indústrias essenciais em funcionamento, nações no mundo todo recorreram ao recrutamento de trabalhadores. Em países como Grã-Bretanha, Austrália e Estados Unidos, onde foram formados verdadeiros exércitos de trabalhadoras agrícolas para manter as fazendas em funcionamento, o recrutamento era mais ou menos aceito como um sacrifício necessário à guerra. Em muitos países africanos, porém, ele com frequência foi recebido com forte ressentimento, como mais uma forma de exploração colonial. Em Tanganica, por exemplo, os trabalhadores das plantations eram alojados em instalações vigiadas, a fim de evitar deserções, e o governo autorizava a aplicação de castigos corporais contra aqueles que se recusavam a laborar. Na Nigéria, mais de 100 mil camponeses foram obrigados a deixar suas terras para trabalhar nas minas de estanho; e, na Rodésia, colonos brancos manipularam a opinião do governo para recrutar dezenas de milhares de trabalhadores agrícolas por salários ínfimos.[22] Na África Ocidental Francesa, o ressentimento universal pelo trabalho forçado, que já existia antes da guerra mas aumentou substancialmente enquanto ela durou, foi uma das principais forças motrizes de reforma nos primeiros anos do pós-guerra.[23]

Mas talvez a consequência econômica mais generalizada e destrutiva da guerra tenha sido a inflação. Com tantos gastos sendo feitos pelos governos no mundo todo, havia cada vez mais pessoas com mais dinheiro no bolso. Ao mesmo tempo, por causa da guerra, bens de todos os tipos eram agora mais escassos que nunca. Assim, havendo mais dinheiro para comprar cada vez menos bens, os preços em toda parte começaram a subir rapidamente. Esses aumentos, é claro, não eram necessariamente problemáticos para aqueles cujos salários eram reajustados conforme a inflação, mas revelavam-se desastrosos para quem penava em trabalhos mal remunerados, uma vez que diminuíam seu poder de compra, tornavam suas economias sem valor e, nos piores casos, como em Bengala, levavam à fome.

A única maneira de combater esse tipo de inflação durante a guerra era exercendo um controle draconiano sobre a cadeia de abastecimento e instituindo um sistema de tabelamento de preços. Isso funcionou bem na Grã-Bretanha, onde o governo dispunha de recursos para aplicar esses controles e onde o povo estava mais ou menos unido em sua defesa, mas em muitas outras partes do mundo foi simplesmente impossível (como

Elevação do índice de custo de vida em decorrência da guerra (1937=100)

Nação	Meados de 1937	Meados de 1945	1947	Resumo
AMÉRICA DO NORTE				
Estados Unidos	100	128	156	Estável
Canadá	100	120	137	
AMÉRICA LATINA				
Argentina	100	135	185	
Bolívia	100	496	650	
Brasil	100	197	—	Majoritariamente estável
México	100	247	354	
Venezuela	100	141	171	
AUSTRALÁSIA				
Austrália	100	129	136	Estável
Nova Zelândia	100	123	126	
ÁSIA				
Índia	100	—	260	
Malaia	100	—	270	
Indonésia	100	—	1600	Forte aumento nas nações mais devastadas
Filipinas	100	—	400	
Japão	100	250	15 000	
China (Chongqing)	100	207 400	—	
ORIENTE MÉDIO				
Egito	100	287	280	
Irã	100	779	688	Forte aumento durante a guerra, seguido por deflação no pós-guerra
Líbano	100 (em 1939)	607	505	
Turquia	100 (em 1938)	354	344	
ÁFRICA				
África do Sul	100	137	146	Relativamente estável no sul, mas acentuados aumentos em áreas destruídas pela guerra no norte
Quênia	100 (em 1939)	—	198	
Argélia	100 (em 1938)	539	2160 (em 1949)	
EUROPA				
Reino Unido	100	132	132	Estabilidade no Reino Unido, na Escandinávia e em países neutros; enorme inflação nos países mais destruídos pela guerra
França	100	400	1200	
Itália	100	—	5000	
Polônia	100	—	15 000	
Romênia	100	3800	160 000	

mostra a tabela da página anterior).[24] Na Europa ocupada, não houve quase nenhum apoio popular ao racionamento, e um mercado clandestino logo floresceu. Assim, enquanto o custo de vida na Grã-Bretanha subiu apenas cerca de 30% durante a guerra, na França ele quadruplicou, e continuou a subir por alguns anos.[25] Já no mundo em desenvolvimento, a estrutura administrativa e os recursos necessários para impor esses complexos sistemas de controle eram muitas vezes inexistentes. Assim, o custo de vida quase dobrou no Brasil, quase triplicou no Egito, e aumentou quase oito vezes no Irã.[26] Por vezes, em âmbito local, a subida dos preços foi ainda mais assombrosa: nas cidades chinesas de Quanzhou e Shanghai, por exemplo, o arroz ficou entre duzentas e 240 vezes mais caro durante a guerra, e seu custo acelerou ainda mais durante a guerra civil que veio em seguida.[27]

Em muitos países, sobretudo nas regiões devastadas da Europa, as pessoas haviam perdido completamente a fé no dinheiro, preferindo permutar comida ou cigarros. Na Polônia, na Romênia e na Hungria, o dinheiro tornou-se tão desprovido de valor que as pessoas nem se davam o trabalho de apanhar cédulas que caíssem no chão. A Hungria em particular sofreu provavelmente a maior hiperinflação que o mundo já viu — maior até do que a hiperinflação alemã ocorrida após a Primeira Guerra Mundial —, com os preços triplicando de um dia para o outro. Passado um ano do fim da guerra, o preço do pão subira de seis pengős para quase 6 bilhões de pengős. Cédulas eram emitidas com números de que só os matemáticos e astrônomos tinham ouvido falar. "Os húngaros estavam multibilionários", gracejou um homem.[28] Embora esse tipo de inflação resultasse em parte de uma política governamental deliberada, esta era em grande medida ditada pelas condições herdadas da guerra. É possível que a Hungria seja um exemplo extremo, mas a inflação subiu em taxas alarmantes não só em todas as regiões dilaceradas pelos combates, mas em muitas geograficamente distantes dos campos de batalha.[29]

Desde então o mundo jamais se recuperou. Hoje, a inflação faz parte da vida cotidiana, como nunca aconteceu nos séculos XVIII ou XIX, quando os preços no mundo todo permaneciam relativamente estáveis. Foram as duas grandes guerras — e, em boa parte do mundo, sobretudo a Segunda Guerra Mundial — que criaram essa nova normalidade.[30]

Vencedores e perdedores

As mudanças econômicas desencadeadas pela guerra foram tão grandes que era inevitável que houvesse vencedores e perdedores — não só entre indivíduos, mas também entre diferentes grupos e nações. Mesmo no ápice da fome de Bengala, quando milhões de pessoas definhavam, houve aqueles que enriqueceram, sobretudo os *"mahajans* barrigudos" que Chittaprosad tanto desprezava. Especuladores de alimentos são mencionados em praticamente todos os relatórios sobre a fome, inclusive o inquérito oficial, e quase sempre com opróbrio. Nas palavras de um jornalista britânico, "o dinheiro fluía na bolsa de valores; o arroz tornou-se uma mercadoria cujo valor era determinado pela escassez; e os tubarões das grandes empresas obtinham grandes lucros todos os dias negociando com a vida das pessoas, com seu alimento básico".[31]

No mundo todo, fortunas similares estavam sendo feitas e perdidas — inspirando julgamentos morais semelhantes. No contexto de tanta miséria e morte, muitos tinham dificuldade em aceitar a ideia de que alguns poderiam estar lucrando com a guerra. Assim, na Europa, choveram críticas a industriais que haviam colaborado com os nazifascistas e a fazendeiros que haviam lucrado com o desespero dos moradores das cidades, obrigados a fazer viagens regulares à zona rural para trocar suas joias por alimentos.[32] Em partes da África, cresceu o ressentimento contra os europeus que haviam usado a guerra como desculpa para explorar a mão de obra negra, e contra as classes mercantis asiáticas que haviam enriquecido com a especulação de alimentos e outros produtos essenciais. Anos depois, esses ressentimentos voltariam a assombrar nações como Tanganica, Quênia e Uganda.[33] Já em Bengala, todos culpavam os britânicos pelo que tinha acontecido mas também se culpavam uns aos outros. A Liga Muçulmana acusava varejistas hindus de se negarem a fornecer arroz a outras comunidades, enquanto os hindus acusavam atacadistas muçulmanos de abusarem de seu monopólio de contratação junto ao governo. Nada disso era um bom presságio para o futuro das relações inter-religiosas em Bengala.[34]

Em escala internacional também houve vencedores e perdedores. O maior vencedor foram sem dúvida os Estados Unidos, cuja riqueza por vezes inspirava tanto ressentimento quanto sua contribuição para os Aliados inspirava gratidão. O papel do país como principal fornecedor das nações aliadas durante a guerra lhe permitiu enriquecer enormemente. Entre 1939 e 1945, a economia americana quase dobrou de tamanho, e no fim da guerra os Estados Unidos respondiam por cerca de metade da produção *total* do mundo.[35] Além disso, agora controlavam o transporte mundial: enquanto a maioria de seus concorrentes tinha sofrido enormes perdas durante o conflito, a frota mercante dos Estados Unidos tinha mais do que quadruplicado, e em 1947 era maior que a do resto do mundo junto. Eram eles, portanto, que decidiam o que transportar e para onde.[36] Nunca haviam estado tão bem: em média, sua riqueza pessoal em 1945 era 80% maior que em 1939.[37]

Outros vencedores da guerra incluíram o Canadá, a Austrália e a África do Sul, além de alguns países neutros, como a Suécia e a Suíça: mantendo-se afastados dos combates e da destruição, esses países conseguiram sustentar níveis de crescimento sem precedentes e emergiram do conflito significativamente mais ricos do que antes.[38] A África do Sul, por exemplo, liquidou toda a sua dívida nacional, assim como o Canadá, que além disso comprou ativos estrangeiros, aumentou suas reservas de ouro e acumulou enormes saldos comerciais com outros países.[39] Muitas nações menores também se beneficiaram com a guerra. A Islândia, por exemplo, conseguiu resolver o problema de enormes dívidas do pré-guerra graças aos gastos militares americanos na ilha.[40] Irã, Iraque, Egito e Palestina igualmente terminaram o conflito com grandes superávits orçamentários, graças apenas aos gastos militares britânicos no Oriente Médio.[41] A Índia também conseguiu acumular enormes saldos em libras esterlinas, apesar de comprar ativos britânicos em todo o país. Embora Bengala tivesse sofrido, a Índia como um todo não havia se saído tão mal.[42]

Os maiores perdedores nessa guerra econômica incluíram não só a Alemanha e o Japão mas também os países que eles ocuparam e aqueles que foram à falência para derrotá-los. A União Soviética havia sem dúvida se tornado um gigante militar, mas sua economia estava em farrapos: um quarto de toda a riqueza nacional tinha sido perdida, e a produção agrícola estava tão gravemente abalada que só em 1955 voltou a níveis anteriores à guerra.[43] As economias da França, dos Países Baixos e da Grécia foram reduzidas à metade durante o conflito, assim como as das Filipinas, da Coreia do Sul e de Taiwan — mas, enquanto as economias europeias se recuperaram rapidamente, em parte graças à ajuda financeira americana, a maior parte das economias asiáticas só retornou a seus níveis de antes da guerra em meados dos anos 1950.[44]

A Grã-Bretanha, nesse meio-tempo, fora obrigada a vender quase um quarto de seus ativos no exterior, a incorrer em enormes déficits cambiais e a mendigar bilhões de dólares americanos por meio de empréstimos e leasings. Mesmo depois que a guerra terminou, o governo britânico foi obrigado a pedir aos Estados Unidos um empréstimo adicional de 3,7 bilhões de dólares — uma dívida que só foi liquidada no final de 2006.[45]

A dependência da Grã-Bretanha em relação aos Estados Unidos era sintomática de uma drástica mudança na relação entre os dois países, e talvez tenha sido uma das maiores consequências de longo prazo da guerra. Em 1939, tanto americanos quanto britânicos tinham gozado de padrões de vida semelhantes, com relações de PIB per capita quase iguais. Mas enquanto o primeiro se elevou durante a guerra, o segundo estagnou. Quase todos os demais países desenvolvidos observaram uma queda similar em seus próprios padrões quando comparados aos Estados Unidos, mas ao longo das décadas quase todos se recuperaram, e nos anos 1970 e 1980 haviam no mínimo reconquistado as posições que ocupavam antes da guerra. Mas a perda relativa da Grã-Bretanha foi permanente. A guerra tinha custado ao país sua riqueza, seu império, alguns de seus mercados tradicionais e a posição dominante de sua moeda — e, quando sua indústria também começou a declinar, a diferença tornou-se simplesmente grande demais para ser recuperada. A Grã-Bretanha foi provavelmente o maior perdedor a longo prazo.[46]

Uma observação final importante a fazer sobre os vencedores e perdedores da guerra em termos econômicos diz respeito à disparidade entre ricos e pobres. Em algumas partes do mundo — lugares como Bengala —, a guerra inquestionavelmente puniu muito mais os pobres que os ricos. Mas, na maioria dos lugares, sobretudo no mundo desenvolvido, acabou sendo uma espécie de nivelador. Não só os ricos perderam uma enorme parcela de sua riqueza para a destruição geral como o clima político durante e após a guerra também os obrigou a aceitar impostos mais altos, um controle maior sobre sua capacidade de cobrar aluguéis e até mesmo a estatização de suas empresas. Na China e em toda a Europa oriental, os partidos comunistas instituíram enormes programas de reforma agrária, e alguns países conseguiram pela primeira vez superar um modo de economia feudal. E embora os habitantes das cidades possam ter ficado ressentidos com o preço da comida no mercado clandestino, para camponeses e fazendeiros isso produziu um retorno muito necessário da riqueza das cidades para a zona rural. Assim a guerra reduziu enormemente a desigualdade entre ricos e pobres, cidade e campo. De fato, alguns economistas chegaram a dizer que a guerra "apagou o passado e permitiu que a sociedade começasse de novo a partir do zero".[47]

A visão de uma economia mundial controlada

Em 1944, economistas em toda parte concordaram que algum tipo de ação radical tinha de ser empreendida para regular a economia global. A guerra tinha deixado todo o sistema extremamente instável, e havia um temor universal de que os anos de boom do conflito pudessem ser seguidos em 1945 por outra depressão mundial. Todos temiam voltar à era tóxica dos anos 1930, quando os desastres da economia do laissez-faire haviam sido agravados pela ascensão de um tipo muito estreito de nacionalismo.

Se a guerra tinha ensinado alguma coisa ao mundo era não só que economias centralizadas podiam alcançar maravilhas se bem dirigidas, mas também que *nada* podia ser alcançado sem a cooperação entre aliados. Como ressaltou em 1944 o principal economista dos Estados Unidos, Harry Dexter White, a paz universal e a prosperidade jamais se materializariam "se à guerra militar se seguir uma guerra econômica — se cada país, desconsiderando o interesse dos demais, lutar apenas por seus próprios interesses econômicos de curto prazo". Assim, a cooperação internacional era uma das "pedras fundamentais para uma paz segura".[48]

Foi com esses pensamentos em mente que White, ao lado de John Maynard Keynes e dezenas de outros importantes economistas, compareceu a uma conferência no centro turístico de Bretton Woods em 1944. O objetivo deles era dar forma a uma série de instituições globais encarregadas de regular a economia do mundo após a guerra, e ajudar a evitar que ela voltasse a cair em crise e depressão. As medidas que eles propuseram não foram meramente práticas: houve também um forte tom moral nos procedimentos, que foram acompanhados por um sentido de urgência que hoje seria impensável. O fato de 44 nações aliadas terem sido capazes de estabelecer essas instituições em apenas algumas *semanas* demonstra a importância que todas davam a se chegar a um acordo.

As instituições que foram criadas naquele verão seriam a base da economia mundial pelos trinta anos seguintes, e até hoje continuam a exercer enorme influência. A primeira e principal delas foi o Fundo Monetário Internacional. O principal objetivo do FMI era regular o fluxo de dinheiro em todo o mundo através de um sistema de taxas de câmbio fixas, evitando assim a batalha campal que tanto caos havia causado na década de 1930. Além disso, ele proveria fundos para os Estados-membros, que poderiam sacá-los a fim de sanar problemas como um grande déficit de balança de pagamentos. Por fim, forneceria orientação econômica para aqueles que precisassem — uma função que desempenha até hoje.

Dizer que o FMI foi uma ideia radical é pouco. Nunca antes as nações do mundo tinham reformulado de maneira tão abrangente a estrutura do sistema monetário internacional. Depois de Bretton Woods, elas não iriam mais valorizar ou desvalorizar suas moedas segundo sua própria conveniência, nem estariam inteiramente sujeitas aos caprichos do mercado. O FMI iria estabelecer as taxas de câmbio, que não poderiam ser substancialmente alteradas sem sua aprovação — em outras palavras, os países estavam cedendo sua soberania econômica a essa nova instituição internacional.[49] Todas as moedas estariam vinculadas ao dólar americano, que substituíra a libra esterlina britânica como moeda internacional — mais um indicativo de como os Estados Unidos haviam deslocado a Grã-Bretanha na economia mundial.

Desde o início, a instituição esteve cercada de controvérsias. Keynes queria que as nações credoras assumissem tanta responsabilidade quanto as nações devedoras por quaisquer desequilíbrios entre elas, ao passo que White adotava o ponto de vista muito mais moralista segundo o qual cabia apenas aos devedores quitar seus débitos. (E isso não surpreende, uma vez que a Grã-Bretanha era agora uma das nações mais endividadas do mundo, e os Estados Unidos seu principal credor.) No fim, como de costume, o ponto de vista americano levou a melhor.[50]

Enquanto isso, para o resto do mundo, o mais importante era obter tanta influência quanto possível na nova instituição. Quanto maior a contribuição, ou cota, que uma nação pagasse ao FMI, mais voz e voto ela teria sobre a gestão do fundo. O tamanho da cota era definido pela força econômica de cada nação — porém, mais uma vez, eram os americanos que controlavam os cálculos. Embora os participantes ainda não soubessem, as cinco maiores economias do FMI iriam acabar tendo enorme importância política e econômica, pois viriam a ocupar também os cinco assentos permanentes do Conselho de Segurança das Nações Unidas.[51]

Uma segunda instituição global fundada durante a mesma conferência foi o Banco Internacional para Reconstrução e Desenvolvimento — o organismo central daquele que é hoje mais conhecido como Banco Mundial. O objetivo original do banco era fornecer crédito para a reconstrução de países na Europa e na Ásia — a reedificação de portos ou ferrovias danificados pela guerra, por exemplo —, mas ele também tinha ambições de promover "o desenvolvimento das áreas economicamente atrasadas do mundo".[52] Nas décadas que se passaram desde a guerra, o desenvolvimento pouco a pouco passou a ser o principal objetivo do banco.

O último grande organismo sugerido na conferência de Bretton Woods foi uma Organização Internacional do Comércio, cujo objetivo seria reduzir as barreiras comerciais entre nações. Ela deveria ser fundada alguns anos mais tarde, em 1948, mas no curso daqueles poucos anos a lembrança que o mundo tinha da guerra esmaeceu, assim como seu sentido de urgência e espírito de cooperação. A organização nunca foi ratificada pelo Congresso americano, que não estava mais disposto a sacrificar os interesses nacionais em nome do bem maior. Assim, o mundo teve de se contentar com um arranjo mais limitado, o Acordo Geral de Tarifas e Comércio (Gatt, da sigla em inglês), e esperar que ele crescesse lentamente ao longo das cinco décadas seguintes.[53]

DINHEIRO, desenvolvimento e comércio. Esperava-se que a gestão internacional dessas três coisas servisse como cimento para edificar a economia do pós-guerra e criar um luminoso mundo novo. Com a administração dos fluxos de dinheiro em todo o mundo, o financiamento de grandes projetos de reconstrução e desenvolvimento e a lubrificação das engrenagens do comércio, contava-se que todos se beneficiassem. Em discurso ao Congresso americano em fevereiro de 1945, Roosevelt afirmou que tudo isso fazia parte de uma visão coerente de "um mundo no qual pessoas simples em todos os países possam trabalhar em tarefas que desempenham bem, trocar em paz os produtos de seu trabalho e encontrar seus vários destinos em segurança e paz".[54] Os acordos de Bretton Woods em particular foram saudados como grandes avanços em "internacionalismo construtivo".[55]

Infelizmente, nenhuma dessas instituições globais foi capaz de nos conduzir a esse luminoso mundo novo, por mais elevadas que fossem suas aspirações. As desigualdades políticas e econômicas a serem superadas eram simplesmente grandes demais, e o dano infligido pela guerra era demasiado intenso. Os fundos de 10 bilhões de dólares do Banco Mundial, por exemplo, eram apenas uma gota no oceano se comparados ao montante necessário para reconstruir a totalidade da Europa e da Ásia. No fim das contas, tanto o FMI quanto o Banco Mundial acabaram se tornando praticamente irrelevantes na Europa quando os Estados Unidos resolveram conceder quase 13 bilhões de dólares em ajuda direta ao continente sob o Plano Marshall.

O FMI tampouco se mostrou capaz de impor suas regras aos que estavam determinados a ignorá-las, em particular quando se tratava de países poderosos. Como se queixou o delegado da Índia na conferência de Bretton Woods, esperar que o FMI exercesse controle sobre países como a Grã-Bretanha ou os Estados Unidos era como "enviar uma água-viva para atacar uma baleia".[56] Quando a organização se tornou oficialmente ativa, em 1947, quase todos os membros invocaram imediatamente seu direito de não permitir que sua moeda fosse inteiramente conversível durante os primeiros cinco anos. A maior parte dos países europeus não permitiu que isso acontecesse até 1958, e só passaram a obedecer inteiramente às regras do FMI em 1961.[57] Apesar de todo o seu suposto poder como árbitro das moedas do mundo, o FMI estava começando a parecer um tanto ineficaz.

Ao mesmo tempo, as negociações comerciais do pós-guerra também pareciam estar fracassando. Em 1948, os Estados Unidos se retiraram das conversas sobre comércio mundial; a Grã-Bretanha, por sua vez, se negava a fazer qualquer tipo de ajuste no tratamento preferencial que dava a países da Commonwealth. Anos se passariam até que negociações comerciais viessem a reduzir essas barreiras, e foi somente em 1995 que o mundo enfim viu o organismo internacional com poderes legais sobre política comercial imaginado pela primeira vez em Bretton Woods — a Organização Mundial do Comércio (OMC).

Por fim, e de maneira crucial, havia entre muitas nações do mundo diferenças políticas que não podiam ser superadas. E, quer gostassem ou não, todos sabiam que eram dependentes dos Estados Unidos, os quais estavam financiando a maior parte da reconstrução e do desenvolvimento do pós-guerra. Se a Grã-Bretanha achava essa dependência difícil de engolir, para a União Soviética e seus satélites ela era intolerável. Embora tenha assinado os acordos de Bretton Woods em 1944, a União Soviética não chegou a ratificá-los, abrindo uma divisão política e econômica entre Oriente e Ocidente que só faria crescer ao longo das décadas seguintes.

As nações mais pobres do mundo, enquanto isso, começaram muito rapidamente a ver as instituições de Bretton Woods como uma espécie de clube de ricos. Até 2012, todos os presidentes do Banco Mundial foram americanos e todos os presidentes do FMI foram europeus. Além disso, os conselhos executivos de ambas as instituições são igualmente dominados por europeus e americanos. Assim, talvez não surpreenda que, nos anos do pós-guerra imediato, a reconstrução da Europa tenha sido sempre favorecida em detrimento da reconstrução da Ásia. Em anos posteriores, o FMI seria acusado de cercar seus empréstimos ao mundo em desenvolvimento com condições punitivas que pareciam não convir a ninguém senão às nações credoras do Ocidente — como a supressão de barreiras comerciais e o corte de gastos públicos. Para as nações menores, isso muitas vezes deu a impressão de que o mundo desenvolvido estava violando sua soberania. Ficou famosa a pergunta do presidente da Tanzânia, Julius Nyerere, em 1981: "Quem escolheu o FMI para ser o Ministério da Fazenda de todos os países do mundo?".[58]

O que emergiu da guerra, portanto, não foi exatamente uma nova época de maior harmonia econômica, mas um sistema que também consagrava as diferenças entre o Ocidente capitalista e o Leste comunista, e entre o Norte rico e o Sul em desenvolvimento. Embora tenha sido mitificado desde então como responsável pelo "mais longo período de estabilidade e crescimento econômico na história", em particular após a crise econômica mundial de 2008, o sistema de Bretton Woods nunca foi perfeito, nem inteiramente justo.[59]

Mas muitos afirmam que, por mais defeituoso que fosse, era melhor que a alternativa. Desde que o sistema desmoronou, nos anos 1970, a economia mundial — assim como a de muitas nações ocidentais — tem estado submetida a uma regulação mínima, com repetidos ciclos de altos e baixos e a disparidade entre ricos e pobres voltando a subir a níveis que não eram vistos desde antes da guerra. Hoje, alguns dos economistas mais influentes do mundo defendem uma nova era de cooperação internacional para refrear os excessos do livre mercado. É a única maneira, dizem eles, de evitar o tipo de desigualdade que produziu a fome de Bengala em 1943.[60]

Talvez haja quem se pergunte como os bengalis viram essa evolução na economia mundial. Será que acolheram com alegria essa nova era de finanças, comércio e investimento globais? Ou terão se aborrecido com as injustiças no modo como a ordem mundial estava sendo estabelecida? Imaginavam um futuro mais brilhante para Bengala depois que a guerra terminasse? E, nesse caso, como encararam o fato de que, para eles, não haveria nenhum Plano Marshall, como houve na Europa; nenhuma ajuda da Administração das Nações Unidas para o Auxílio e Restabelecimento (Anuar), como houve na China; e nenhum fim à vista para a exploração da província, iniciada sob os britânicos e continuada pelos paquistaneses desde 1947?[61]

Chittaprosad, por exemplo, não tinha a ilusão de um mundo de abundância e prosperidade para todos. Seu pincel, outrora afiado para realçar as injustiças econômicas da guerra e a fome, continuou a ser usado para desmascarar a hipocrisia dos ricos em sua relação com os pobres. Nos anos do pós-guerra imediato, ele continuou a desenhar cartazes contra os britânicos, mas, à medida que o equilíbrio de poder mundial mudou, passou a se concentrar nos americanos. Num cartum, ele representou o primeiro-ministro indiano Jawaharlal Nehru explorando os pobres da nação para extrair uma ajuda em dólares do que parece ser o cano de um canhão americano. Em outro, caracterizou a Índia como um escravo liberto lutando contra as intenções predatórias do Tio Sam, que tem um chapéu cheio de dólares e um bolso repleto de bombas atômicas.[62]

Chittaprosad, assim como as pessoas que pintava, passou o resto da vida em condições de extrema pobreza. Ainda que em certo momento tenha se desiludido com o Partido Comunista, jamais abandonou seus ideais socialistas, e as lutas e triunfos dos pobres e famintos da Índia continuariam a ser um tema constante de sua arte. Em anos posteriores, também desenhou e fez ilustrações para o movimento pacifista. Mas embora tenha alcançado certa fama como artista político, os temas desafiadores que insistiu em pintar jamais captaram por completo a imaginação daqueles que estavam fora do mundo da arte. Quando ele faleceu, em Calcutá, em novembro de 1978, sua morte foi inteiramente ignorada.[63]

A amargura de Chittaprosad ante uma economia mundial dominada pelos Estados Unidos se expressa neste desenho em que retrata Nehru aceitando dinheiro do cano de um canhão americano. Os pobres da Índia se mantêm firmes enquanto estendem as mãos em busca de ajuda comunista.

Apesar de sua partida prematura, Chittaprosad viveu o suficiente para ver as transformações de sua Bengala nativa, embora não a transformação econômica à qual ele e tantos de seus conterrâneos aspiravam. Suas esperanças de um futuro melhor, com planejamento governamental adequado, desenvolvimento e progresso econômico e social, foram muito rapidamente frustradas. As décadas que se seguiram à guerra foram caracterizadas por frequentes turbulências políticas, desastres naturais e o retorno da fome. Quando a província finalmente se tornou um país independente, Bangladesh, nos anos 1970, após um prolongado e sangrento período de repressão e guerra civil, ainda era uma das regiões mais pobres do mundo.

Desde a morte de Chittaprosad, Bangladesh se tornou um dos maiores beneficiários de auxílios e empréstimos para o desenvolvimento, mas até o Banco Mundial admite que décadas de financiamento a projetos de desenvolvimento pouco fizeram para corrigir o problema da desigualdade. Mais de um quarto dos empréstimos do Banco Mundial para o país até a década de 1990 destinava-se à segurança alimentar e ao combate à pobreza no campo, mas a maior parte desse dinheiro acabava nas mãos de grandes proprietários de terra em detrimento dos pequenos agricultores, que com frequência se viam ainda mais afundados em adversidades e dívidas.[64]

No momento em que escrevo, segundo a Conferência das Nações Unidas sobre Comércio e Desenvolvimento, Bangladesh continua a ser um dos países menos desenvolvidos do mundo. Mais de 30% de sua população ainda vive abaixo da linha de pobreza, e mais de 15% continua desnutrida. A "Bengala faminta" de Chittaprosad continua lutando até hoje.[65]

11. Governo mundial

"Fui TREINADO PARA MATAR. Não só outros soldados, mas pessoas nas cidades [...] mulheres, crianças, velhos."[1] Foi assim que o ex-piloto de bombardeiro americano Garry Davis resumiu sua experiência da Segunda Guerra Mundial. Foi um remorso que começou a sentir em 1944, e que o assombrou pelo resto da vida:

> Eu me sentia moralmente degradado como ser humano. Antes da guerra, era ator. No palco, diante de uma plateia, eu me sentia feliz, realizado, merecedor da vida. Minha relação com o público era de respeito mútuo, apreço, até amor. [...] Mas, como piloto durante a guerra, tinha perdido minha humanidade, minha alma. Era um mero assassino de outros seres humanos. [...] "Vencer a guerra contra os nazistas" era minha única e irrefletida razão de viver. [...] Eu não era mais apenas um artista feliz. Sentia-me degradado, usado, humilhado.[2]

Não é incomum que ex-soldados se sintam à deriva depois que retornam à vida civil, sobretudo depois de experimentar os intensos altos e baixos do campo de batalha. Em 1945, dezenas de milhões de combatentes em todo o mundo experimentavam uma sensação semelhante de deslocamento. Alguns, a exemplo de Davis, a expressavam com ressentimento pela maneira como a guerra os modificara; outros se esforçavam para conter a agressividade, ocultar a apreensão ou aceitar a súbita falta de urgência e foco que caracterizava a vida em tempo de paz. Não eram somente ex-soldados que se sentiam dessa forma: civis em todo o mundo tinham compartilhado os horrores e triunfos dos combates, e na esteira da guerra também compartilhavam uma sensação de indefinível inquietação.

O que tornou Garry Davis excepcional foi a forma que ele escolheu de enfrentar esses sentimentos. Durante dois anos e meio ele perambulou a esmo por Nova York, atormentado não só por lembranças do irmão e de amigos mortos durante a guerra, mas também por uma sensação de responsabilidade pessoal pelas coisas que tinha feito, e por uma persistente suspeita de que o mundo não aprendera nada com todos os anos de destruição. Quando não foi mais capaz de tolerar esses pensamentos, decidiu tomar uma atitude: iria se manifestar pela paz mundial. Assim, retornou à Europa, para a "cena do crime", e no dia 25 de maio de 1948 renunciou à cidadania americana. Foi o primeiro ato de desafio numa cruzada pessoal que acabaria por se estender por toda a sua vida.[3]

Davis não tinha nada em particular contra seu país natal: sua queixa era contra a própria ideia de "nacionalidade". A seus olhos, renunciar à cidadania americana não era um ato negativo, mas positivo — o primeiro passo para se tornar um "cidadão do mundo", cuja principal lealdade não era para com nenhum Estado, mas para com a humanidade como um todo. "Para mim, as raízes da guerra pareciam inerentes ao Estado-nação", ele explicou mais tarde. "Para eliminar a guerra [...] seria necessário primeiro eliminar as nações." Se ele conseguisse convencer um número suficiente de pessoas a seguirem seus passos e se declararem cidadãs do mundo, raciocinava, não haveria mais qualquer necessidade de Estados-nações, e a guerra internacional se tornaria algo do passado.[4]

Durante os 65 anos seguintes, Davis se envolveu em uma série de lances publicitários destinados a chamar a atenção para as incoerências e absurdos das distinções nacionais. Ao renunciar à sua cidadania na França, ele colocou as autoridades francesas num dilema: como ele não era cidadão francês, o correto seria deportá-lo — mas, como também já não era cidadão americano, tecnicamente não havia para onde enviá-lo. Quando as autoridades francesas, apesar disso, seguiram adiante com uma ordem de deportação, Davis entrou numa loja de departamentos de Paris e furtou deliberadamente algumas peças de roupas de baixo femininas com o objetivo expresso de ser preso — dessa maneira, seria legalmente obrigado a permanecer no país. Em outra ocasião, em Londres, tentou entrar no Palácio de Buckingham com a vaga ideia de apresentar uma petição à rainha. Foi detido e despachado para os Estados Unidos.

Apesar de seu compromisso apaixonado com a paz mundial, Davis parecia possuir um raro talento para atrair insultos. O romancista americano Paul Gallico o qualificou, assim como a outros que renunciaram à cidadania americana, de jovens estúpidos de "coração aberto" cujas façanhas beneficiavam uma "gangue de brutos" na Europa central e oriental.[5] Os soviéticos o viam como um "louco que exportava um governo mundial a partir dos Estados Unidos junto com ovos desidratados e histórias de detetive", cujo programa real era "abrandar a Europa para a colonização americana".[6] Enquanto isso, o presidente da Assembleia Geral das Nações Unidas, o estadista australiano Herbert Evatt, o via como

O "cidadão do mundo" Garry Davis, carregado nos ombros de seus adeptos após um discurso no Vélodrome d'Hiver em Paris, 1948.

um idealista incorrigível, sem contato com as realidades da diplomacia internacional.[7]

Entretanto, não havia como negar o enorme apelo popular de Davis. No fim dos anos 1940, ele inspirou centenas de clubes de "cidadãos do mundo" em toda a Europa, Estados Unidos e África do Norte, e fez discursos para multidões de até 20 mil pessoas. Recebeu o apoio de uma série de intelectuais, entre os quais o romancista Albert Camus, o filósofo Jean-Paul Sartre, o também filósofo Albert Schweitzer, ganhador do prêmio Nobel da paz, o violinista e concertista Yehudi Menuhin e o mais famoso cientista do século xx, Albert Einstein. Segundo vários jornais, ele foi "um sonhador de belos sonhos" e "um pioneiro à frente de seu tempo", que expressou "uma profunda necessidade emocional compartilhada por milhões de pessoas". Anos mais tarde, o *Times of India* o comparou a Sócrates, Galileu, Joana d'Arc e Beethoven. O jornal australiano *The World's News* o definiu como "um símbolo dos milhares de homenzinhos no mundo que estão tentando sair do fosso mental em que as guerras são criadas". Segundo a revista *New Yorker*, tivesse ou não razão, Davis estava sem dúvida "em sintonia com o universo".[8]

Durante sua campanha vitalícia contra o conceito de nacionalidade, ele conheceu as dependências de uma dezena de prisões em uma dezena de países diferentes, em geral por ignorar restrições de vistos nacionais. Iniciou um registro de "cidadãos do mundo" que atraiu quase 1 milhão de membros. Criou sua própria "moeda mundial", e até um "governo mundial", sediado em Washington. Como todas as nações exigiam que tivesse documentos para viajar, imprimiu em casa seu próprio "passaporte mundial", e emitia passaportes semelhantes a quem quer que solicitasse. Parte de seu duradouro apelo era a determinação de não apenas falar da federação mundial, mas de pôr em prática suas palavras. Os sacrifícios que fez foram substanciais; e embora ele próprio admitisse ser irremediavelmente ingênuo, sobretudo nos primeiros tempos, sua dedicação à causa nunca esteve em dúvida. "Eu queria uma cruzada, não uma reunião", disse. "Queria compromisso total, não um cartão de filiação e um botão de lapela." Quando morreu, em 2013, ele ainda lutava pelo fim das nações e das guerras.[9]

A POPULARIDADE DE DAVIS FOI sintomática de uma enorme mudança nas tendências do sentimento mundial. Já vimos como a guerra engendrou um novo anseio por liberdade, por igualdade, por um sentido de propósito e pertencimento. Vimos também como a fé do mundo no racionalismo científico e no centralismo tinham crescido em consequência da guerra. O que Davis parecia estar defendendo era uma síntese perfeita de todas essas coisas. Sua insistência em poder viajar sem documentos era simbólica da sensação de liberdade que todos desejavam depois do conflito. Suas invocações de uma fraternidade de homens e mulheres eram um convite a um sentido de pertencimento — não a uma nação, mas a um grupo mais universal que incluía toda a humanidade. Seu desejo de se tornar um "cidadão do mundo" implicava uma sensação de igualdade entre todas as pessoas: a característica definidora de um cidadão do mundo não era sua raça, nacionalidade, religião, classe ou gênero, mas sua humanidade. No mundo de Davis não haveria nenhuma necessidade de guerra, uma vez que não haveria mais nações pelas quais lutar. No âmbito comunitário, não haveria mais heróis, nem monstros, nem mártires.

Garry Davis tinha a forte convicção de que a única maneira racional de organizar um mundo assim era dar a cada ser humano a mesma voz na escolha de um governo mundial de caráter federalista, de modo a equilibrar os desejos de cada região contra as necessidades do todo. Ele sempre foi vago quanto à forma que um governo como esse assumiria, mas, em suas memórias, disse que o imaginava na mesma linha do sistema americano: em outras palavras, um Estados Unidos do Mundo.[10]

Um sistema assim teria todo tipo de vantagens. Para começar, seria um sistema com que os americanos já estavam familiarizados. Como força motriz da mudança internacional no pós-guerra, era essencial que os Estados Unidos assumissem um papel de liderança em qualquer nova organização mundial, em vez de retirar-se para o isolamento, como haviam feito nos anos 1920 e 1930. Em segundo lugar, ele oferecia uma nítida ruptura com o antigo sistema mundial — a Liga das Nações —, que não contava com a participação americana e cujo fracasso em impedir que o mundo submergisse na catástrofe a desacreditara aos olhos de quase todos. Um governo federalista mundial significaria também a centralização do poder nas mãos de uma elite eleita. Para Davis, isso significava a organização racional da sociedade mundial por um organismo cuja única lealdade era para com a humanidade como um todo, e que iria incorporar cientistas e líderes espirituais.[11]

Os lances publicitários e os chamativos protestos de Garry Davis expressavam todas essas ideias de maneira bastante caótica — mas havia muitos outros que estavam dispostos a organizá-las dentro de uma estrutura intelectual e ideológica apropriada.

O primeiro livro a popularizar a ideia de um novo governo mundial, sobretudo entre os americanos, foi o best-seller internacional de Wendell Willkie, *One World*, de 1943. Willkie era um senador republicano e ex-candidato à presidência dos Estados Unidos que fora enviado por Roosevelt numa missão de reconhecimento através do mundo durante a guerra. Seu livro, que resumia as descobertas feitas durante essas viagens, descrevia o desejo universal por mudança que ele descobrira ao longo do caminho. "O mundo todo", ele escreveu, encontrava-se "num estado de ansiedade, fome, ambição, disposto a incríveis sacrifícios se pudesse ter esperanças de que valeriam a pena."[12] Willkie insistia que essas esperanças teriam de ser realizadas se o mundo quisesse encontrar paz no futuro; e, além disso, que os Estados Unidos deveriam mostrar o caminho:

Os Estados Unidos devem escolher um de três cursos após a guerra: o nacionalismo estreito, que significa inevitavelmente a perda final de nossa própria liberdade; o imperialismo internacional, que significa o sacrifício da liberdade de alguma outra nação; ou a criação de um mundo em que haja igualdade de oportunidades para todas as raças e todas as nações. Estou convencido de que o povo americano escolherá, por esmagadora maioria, o último destes três cursos.[13]

One World foi direto para o topo da lista de best-sellers do *New York Times* em maio de 1943, e lá permaneceu por quatro meses, vendendo um total de 2 milhões de exemplares. Um mérito do livro foi ter varrido do mapa o isolacionismo tradicional, sobretudo no Partido Republicano, que no passado impedira a participação ativa dos Estados Unidos nas questões mundiais.[14]

Dois anos depois, bem no final da guerra, o escritor e editor Emery Reves publicou outro livro influente, que foi traduzido para 25 línguas e vendeu 800 mil exemplares no mundo todo. Reves era um judeu húngaro que tinha sido educado em Berlim, Zurique e Paris antes de estabelecer-se nos Estados Unidos. Como muitos outros de sua geração, fora pessoalmente afetado pela guerra, e perdera a mãe no Holocausto.[15]

Num tratado muito bem argumentado, Reves afirmava que a Segunda Guerra Mundial era apenas "o sintoma da doença": vencê-la não teria sentido se o mundo não continuasse tratando suas causas. Assim como Garry Davis, Reves acreditava que a raiz de todo o conflito moderno era o apego emocional da humanidade aos Estados-nações.

> O nacionalismo é um instinto gregário. É uma das múltiplas manifestações daquele instinto tribal que é uma das características mais profundas e constantes do homem como criatura social. É um complexo de inferioridade coletivo que dá respostas reconfortantes aos sentimentos de medo, solidão, fraqueza, incapacidade, insegurança e impotência das pessoas, permitindo que elas busquem refúgio numa consciência e num orgulho exagerados de pertencer a certo grupo.[16]

Enquanto existissem nações, elas acabariam sempre entrando em divergência com outros grupos com medos e inseguranças parecidos, e o conflito seria o resultado inevitável. A única maneira de resolver esse problema era pararmos de nos dividir em grupos amedrontados, mutuamente excludentes, e integrar todas as nações em "uma única soberania unificada, superior, capaz de instituir uma ordem legal na qual todos possam gozar da mesma segurança, das mesmas obrigações e dos mesmos direitos sob a lei". Em outras palavras, era necessário um governo federalista mundial.[17]

Em todo o Ocidente, outros chegavam às mesmas conclusões. Nos Estados Unidos, vinte figuras proeminentes, entre as quais Albert

Einstein, Thomas Mann e três senadores, escreveram uma carta aberta ao povo americano, exortando-o a ler o livro de Reves, "que expressa clara e simplesmente o que tantos de nós temos pensado"; a carta foi publicada no *New York Times*, no *Washington Post* e em cinquenta outros jornais.[18] Enquanto isso, um grupo de destacados acadêmicos na Universidade de Chicago já rascunhava o que esperavam que pudesse se tornar a base de uma constituição mundial.[19] Na Grã-Bretanha, em 1947, o parlamentar trabalhista Henry Usborne fundou o All Party Parliamentary Group for World Governance, que em seu ponto alto teve mais de duzentos membros de ambas as casas do parlamento. Ao mesmo tempo, Robert Sarrazac, ex-líder da Resistência francesa, fundava o Le Front Humain des Citoyens du Monde. Foi o grupo de Sarrazac que por fim assumiu a causa de Garry Davis e o promoveu como o rosto do movimento.[20]

Embora fossem mais proeminentes na Europa e na América do Norte, grupos desse tipo também surgiram em países como Argentina, Austrália, Nova Zelândia, Índia, Paquistão, Filipinas, Japão e Turquia. Em 1947, mais de cinquenta dessas organizações de 24 países reuniram-se em Montreux, na Suíça, e tomaram a decisão de se fundir num Movimento Federalista Mundial. Seu manifesto declarava que "a humanidade só poderá se libertar para sempre da guerra mediante o estabelecimento de um governo federalista mundial". A organização continua ativa até hoje, e tem ligações com grupos com ideias afins em todos os cantos do globo.[21]

É importante reiterar que não foi somente o idealismo que motivou esse movimento: havia também um medo desesperado do que poderia acontecer se o mundo *não* encontrasse um remédio para seus problemas. Nas palavras de Frank Buchman, fundador do Rearmamento Moral, "todo mundo quer uma resposta. Chegamos a um ponto em que, a menos que encontremos uma resposta e a apresentemos rapidamente para o mundo, não apenas uma mas todas as nações serão esmagadas".[22]

O que dominava a mente das pessoas era o medo de uma nova guerra, ainda mais devastadora. Mesmo antes do advento da bomba atômica, estadistas como Jan Smuts, da África do Sul, já advertiam: "É muito provável que uma Terceira Guerra Mundial se prove além dos limites do que a

Logotipo da Associação de Cidadãos do Mundo, uma das muitas organizações internacionais que promoviam o federalismo mundial.

sociedade civilizada é capaz de suportar, talvez até além dos limites de nossa existência como espécie humana".[23] Mas depois de Hiroshima essas opiniões tornaram-se ainda mais urgentes e intensas. O idealismo de *One World*, de Wendell Willkie, estava dando lugar a uma nova mensagem, encerrada no título de outro best-seller, publicado em 1945, sobre as inseguranças da era atômica: *One World or None* — um só mundo, ou nenhum.[24]

As Nações Unidas

Foi nessa atmosfera de idealismo apaixonado e pavor subconsciente que as Nações Unidas nasceram. À primeira vista, a ONU parecia compartilhar muitos dos mesmos ideais de pessoas como Garry Davis e Emery Reves. Tinha a aparência de uma espécie de governo mundial, com representantes de 51 diferentes países que pareciam unidos em seu desejo de "salvar as gerações futuras do flagelo da guerra". Ao assinar a Carta da ONU, esses países prometiam solenemente "praticar a tolerância e viver juntos e em paz uns com os outros, como bons vizinhos". Tudo soava muito nobre.[25]

Na aurora da organização, pessoas em todo o globo desejavam desesperadamente acreditar que ela seria a solução para todos os problemas do mundo. Muitos dos primeiros recrutas da ONU haviam lutado do lado dos Aliados ou em movimentos clandestinos de resistência, e consideravam a oportunidade de trabalhar pela paz um "sonho realizado".[26] Na Europa, a nova organização foi saudada por alguns jornais como "o grande ato histórico [...] que dá ao mundo a enorme esperança de poder viver em paz daqui por diante".[27] Na Ásia, ela foi louvada como uma "grande coalizão para a paz" e um "jardim utópico" (ainda que em certas ocasiões fosse atingido pelas "duras pedras da realidade").[28] Alguns intelectuais africanos também se permitiram acreditar nas Nações Unidas como um lampejo de esperança num mundo melhor. "Nunca antes", disse o veterano nigeriano Eyo Ita, "a raça humana teve uma oportunidade maior e melhor para estabelecer uma comunidade mundial de povos livres e iguais."[29]

Houve entusiasmo similar nos tradicionalmente isolacionistas Estados Unidos da América, onde republicanos e democratas eram só elogios à nova organização. O secretário de Estado americano, Cordell Hull, afirmou que a ONU possuía a chave para "a realização das mais elevadas aspirações da humanidade e a própria sobrevivência de nossa civilização".[30] Outros políticos proeminentes chamaram a Carta da ONU de o "mais esperançoso e importante documento na história da diplomacia", cujos princípios iriam nos levar "para uma idade de ouro de liberdade, justiça, paz e bem-estar social".[31] Esses superlativos se refletiam na população americana como um todo. Numa enquete da Gallup conduzida em julho de 1945, os defensores da Carta da ONU se mostraram mais numerosos que os contrários a ela numa proporção de vinte para um.[32]

Ainda hoje seguimos romantizando o espírito que fez nascer as Nações Unidas, assim como as façanhas de idealistas excêntricos como Garry Davis. Ainda hoje a ONU continua a celebrar o momento em que a conferência de San Francisco votou a nova Carta e "cada delegado se levantou e permaneceu de pé [...] e o salão ressoou com uma imensa ovação".[33] Os políticos contemporâneos ainda louvam não só os "ideais da Carta", mas também os "pioneiros" que construíram a Organização das Nações Unidas "a partir das cinzas da guerra e do genocídio".[34] Até mesmo historiadores tendem a ficar de olhos marejados ao rememorar os "visionários e heróis" que fundaram a onu.[35]

Lamentavelmente, os heróis da paz são tão incapazes de corresponder a essa idealização quanto os heróis da guerra. Os motivos daqueles que criaram as Nações Unidas não eram nem de longe tão puros quanto eles gostavam de pensar, e os sistemas que implementaram eram com frequência dirigidos para objetivos egoístas e nacionalistas tanto quanto para objetivos nobres e universais. Uma rápida análise das transcrições dos debates travados em San Francisco é o suficiente para revelar que a realização da utopia nunca foi muito provável.[36] De fato, havia certos aspectos no sistema das Nações Unidas que pareciam calculados para desapontar a quase todos.

Para começo de conversa, a nova organização não fez absolutamente nada para enfrentar o problema que idealistas como Davis e Reves tinham identificado como a raiz da guerra: o nacionalismo. Na verdade, muito pelo contrário, ela consagrou o nacionalismo como a filosofia política mais importante a governar nossa vida: o próprio nome da organização sublinhava que ela não representava as *pessoas* do mundo, mas as *nações* do mundo.

Além disso, a carta deixava claro que algumas dessas nações seriam mais iguais que outras. Embora houvesse originalmente 51 membros, as cinco nações mais poderosas — os Estados Unidos, a União Soviética, a Grã-Bretanha, a França e a China — teriam privilégios e responsabilidades especiais. Além disso, somente a elas seria concedido um assento permanente no Conselho de Segurança da onu, considerado o coração e o cérebro da nova organização, e o direito de vetar propostas com que não estivessem de acordo.

Esses arranjos faziam perfeito sentido para as "Cinco Grandes" — afinal de contas, elas é que haviam travado a maior parte dos combates durante a guerra, e era a elas que se recorreria em busca de recursos para impedir a deflagração de novos confrontos. No entanto, como ressaltou o futuro primeiro-ministro da Colômbia Alberto Lleras, embora somente as grandes potências fossem fortes o bastante para assegurar a paz, da mesma forma somente elas são capazes de "ameaçar a paz e a segurança do mundo".[37] Ao ser debatido em San Francisco, em 1945, o poder de veto das Cinco Grandes causou uma tempestade de protestos entre os países menores. O ministro das Relações Exteriores do Egito foi um dos muitos que objetaram a ideia de que nações como a Grã-Bretanha ou a União Soviética pudessem estar em posição de atuar "tanto como juiz quanto como júri" em qualquer assunto de seu interesse.[38] Nações de todos os cantos do globo condenaram o dispositivo como "imoral" e também "injusto e indefensável", e declararam que as "asas do poder" precisavam ser "aparadas". Mas, no fim das contas, as Cinco Grandes conseguiram intimidar delegados suficientes para que aceitassem suas regras, e ganharam o direito tanto a seus assentos permanentes no Conselho de Segurança quanto ao amplo poder de veto.[39]

Uma última questão que preocupava os idealistas de 1945 era a maneira como a Carta da ONU proibia expressamente que seus membros interferissem "em assuntos da jurisdição interna de cada Estado".[40] Na superfície, parecia uma maneira razoável de impedir que as nações solapassem seus vizinhos a partir de dentro, como Hitler havia feito nas vésperas da guerra; mas, ao mesmo tempo, significava que qualquer país estava livre para reprimir seus cidadãos sem medo de interferência externa. Além disso, ela ia contra o princípio fundamental de uma lei para todos; em vez disso, endossava a ideia de que diferentes nações estariam sujeitas a diferentes sistemas políticos, diferentes leis e diferentes níveis de liberdade. Assim, foi permitido aos soviéticos justificar sua repressão aos Países Bálticos como um "assunto interno", e potências europeias puderam rejeitar uma série de apelos pela libertação de seus impérios sob a alegação de que ninguém tinha nada a ver com o assunto, exceto elas próprias.

Essa inviolabilidade da soberania nacional teria consequências imediatas e devastadoras. Minorias nacionais cujos direitos sempre tinham sido garantidos antes da guerra, sob a Liga das Nações, estavam agora efetivamente abandonadas à misericórdia daqueles que as governavam. Assim, quando milhões e milhões de alemães e outras minorias foram brutalmente expulsos de suas pátrias em toda a Europa oriental entre 1945 e 1947, as Nações Unidas nada fizeram para intervir. Isso estabeleceu um precedente que causou imensa desgraça desde então: sem um mandato para intervir por sua própria conta, a ONU permaneceu à margem enquanto genocídios eram levados a cabo em países como Camboja, Ruanda, Iugoslávia e Sudão.[41]

Muitos já vinham se desiludindo com a ONU antes mesmo da publicação da Carta. Segundo o diplomata canadense Escott Reid, toda a delegação canadense se retirou de San Francisco cheia de "um profundo pessimismo com relação ao futuro das Nações Unidas".[42] O diplomata americano George Kennan estava convencido de que a redação ambígua da carta levaria inevitavelmente a futuras disputas, enquanto o diplomata britânico Gladwyn Jebb temia que a conferência tivesse pretensões altas demais para "este mundo cruel".[43] Já os países menores deixaram a conferência sentindo-se desesperadamente lesados. Mas talvez os mais desapontados fossem as nações e colônias sequer representadas na conferência. "Hoje estamos no limiar de uma nova era", lamentou um jornal nigeriano, mas, longe de libertar a África dos impérios que a dominavam, a Carta da ONU parecia destinada apenas "a negar aos povos coloniais paridade de tratamento na nova ordem mundial".[44]

Para idealistas como Garry Davis e Emery Reves, a criação das Nações Unidas era a expressão máxima de tudo que havia de errado no mundo. Reves em particular protestou contra as "falácias" que julgava inerentes ao sistema da ONU. Ele avaliou desde o princípio que interesses nacionais estreitos iriam sempre superar qualquer iniciativa para o bem comum; e que a paixão pela "autodeterminação" significaria apenas a fragmentação dos antigos impérios "em unidades cada vez menores, cada soberano em seu próprio canto". Mas, acima de tudo, zombou da hipocrisia de um sistema tão obviamente parcial em favor dos poderosos. Nações como os Estados Unidos ou a União Soviética, previu, iriam quase sempre impor sua vontade, porque "todas as grandes potências se comportam como gângsteres. E todas as pequenas nações se comportam como prostitutas".[45]

Garry Davis, por sua vez, era um pouco mais prático em suas críticas. Um de seus lances publicitários mais notórios em 1948 envolveu penetrar clandestinamente na reunião da Assembleia Geral da ONU e importunar os delegados com perguntas. Ele declarou que "o povo do mundo" não estava representado pela ONU, e pediu-lhes que "não nos enganem mais com essa ilusão de autoridade política". Longe de promover a paz mundial, ele disse, "os Estados soberanos que os senhores representam nos dividem e nos conduzem para o abismo da guerra total". A recompensa que Davis recebeu por esse acesso de franqueza — como aconteceria durante grande parte de sua vida — foi ser removido à força do prédio e trancafiado pelo resto da noite.[46]

É fácil detectar um sentimento de traição nas palavras de Davis. Tanto ele quanto o comitê de intelectuais franceses que o apoiava — e de fato os milhões de pessoas no mundo todo que acompanhavam suas façanhas pelos jornais — tinham feito enormes sacrifícios durante a guerra e consideravam as incertezas do mundo pós-guerra quase insuportáveis. Tinham lutado a serviço de um ideal; em troca, haviam recebido apenas uma solução de compromisso.

Alguns sucessos silenciosos

Em retrospecto, é difícil imaginar de que outra forma a Organização das Nações Unidas poderia ter sido constituída, ou se havia um jeito melhor para fazer isso. A ideia de que os povos do mundo abririam mão do nacionalismo em prol de um sonho de humanidade compartilhada nunca foi mais do que uma ilusão: tendo lutado por seus países durante a guerra, era improvável que a maioria das pessoas seguisse a orientação de Garry Davis e abandonasse sua nacionalidade agora que os confrontos haviam chegado ao fim. A ideia de que as nações mais poderosas do mundo aceitariam abdicar de sua soberania em favor de um organismo superior também não passava de ilusão. Mas talvez a mais ilusória de todas as ideias fosse a de que o Oriente comunista e o Ocidente capitalista poderiam continuar a cooperar agora que não tinham mais um inimigo mútuo para uni-los. A destruição do capitalismo estava consagrada no *Manifesto comunista*, assim como a inevitabilidade de uma reação capitalista. Se deveria haver um só mundo, só haveria espaço para um único sistema.

E assim os acordos foram feitos, e a ONU avançou aos tropeços pelo resto do século XX. Nos anos seguintes, quase todas as dúvidas de 1945 foram confirmadas. A maioria das Cinco Grandes de fato usou seu poder de veto para se lançar às suas próprias guerras, para a fúria impotente da ampla maioria dos membros da ONU. Assim os britânicos e os franceses invadiram Suez em 1956; os soviéticos invadiram a Hungria (1956), a Tchecoslováquia (1968) e o Afeganistão (1979), e os americanos se lançaram numa série de aventuras duvidosas na América Central nos anos 1980. O padrão continuou no século XXI com a invasão do Iraque liderada pelos americanos (2003), a invasão russa da Geórgia (2008) e a anexação russa da Crimeia (2014), todas levadas a cabo sem a aprovação do Conselho de Segurança, e sem qualquer reprimenda por parte dele. As Cinco Grandes mostraram que, quando a corda aperta, são mais ou menos livres para iniciar guerras sempre que querem.[47]

Assim como seus aliados. Outra característica do poder de veto do Conselho de Segurança é a maneira como ele tem sido invariavelmente usado para impedir sanções contra qualquer país que esteja sob a proteção de uma das grandes potências. Assim, a União Soviética sempre protegeu Cuba, a China ainda protege a Coreia do Norte e os Estados Unidos impedem resolutamente quaisquer sanções contra Israel. Não obstante os acertos ou erros em cada caso, isso produziu um sistema de dois pesos e duas medidas em que algumas nações são punidas por ameaçarem a paz enquanto outras parecem estar livres para fazê-lo à vontade.

No entanto, apenas porque a ONU não foi capaz de produzir paz universal e permanente, isso não significa que devamos rejeitá-la por completo. Longe dos interesses das grandes potências, ela alcançou alguns sucessos impressionantes. Por exemplo, ajudou a aplainar o caminho para a independência na Indonésia e em muitos Estados africanos. Em diferentes estágios, conseguiu manter precários acordos de armistício no subcontinente africano, no Oriente Médio e no Chipre. Além disso, retaliou fortemente a agressão comunista na Coreia na década de 1950, e nos anos 1990 obrigou as tropas de Saddam Hussein a se retirarem do Kuwait.

Mesmo o poder de veto dos cinco membros permanentes do Conselho de Segurança nem sempre foi nocivo. Ele ao menos proporcionou uma válvula de escape que permitiu que as grandes potências continuassem participando do processo internacional, em vez de se afastarem da mesa de negociação, como acontecia com tanta frequência na Liga das Nações. Assim, se nem sempre foi capaz de evitar *pequenas guerras*, a onu pelo menos ajudou a evitar outra guerra *mundial*.

Em outras esferas da vida ela alcançou alguns sucessos respeitáveis. Depois da Segunda Guerra, e durante todo o século xx, ela cuidou de milhões de refugiados — provendo alimentação, habitação e vestuário, além de assistência psicológica. Agências da onu ajudaram a erradicar a varíola do mundo, a elevar os padrões de trabalho, a ampliar a educação e a melhorar os direitos das mulheres em toda parte. Toda vez que telefonamos para o exterior, ou postamos uma carta internacional, ou voamos para outro país, estamos nos valendo de acordos internacionais negociados e regulados por agências das Nações Unidas. E a lista continua. Essas conquistas podem parecer menos impressionantes do que a tentativa de alcançar a paz mundial, mas fazem parte da mesma ânsia de construir um mundo mais unido que tanto inspirou idealistas como Garry Davis e Emery Reves.

Hoje, o que mais chama a atenção na onu é como ela parece anacrônica, em particular a estrutura de seu Conselho de Segurança. Mesmo em 1945, estava claro que Grã-Bretanha e França jamais voltariam a ser tão influentes: hoje, elas em nada diferem de dezenas de outras nações. A Rússia contemporânea é uma mera sombra da antiga União Soviética, e embora a China possua enorme poder econômico, ainda não alcançou a categoria de superpotência política. Somente os Estados Unidos conseguiram manter um status semelhante àquele de que gozavam quando da criação das Nações Unidas. Enquanto isso, gigantes econômicos como Alemanha e Japão e potências emergentes como Índia e Brasil são obrigados a se submeter a um sistema que não reconhece seu verdadeiro valor. O "um só mundo" que escolhemos em 1945 congelou as configurações de poder do fim da Segunda Guerra Mundial. Para o bem ou para o mal, esse ainda é o sistema em que somos obrigados a operar.

Mesmo os mais ferrenhos defensores da ONU compreendem que é um sistema absurdo. Como o expressou um advogado internacional:

> Se alguém se aproximasse de vocês e dissesse: "Vejam, queremos criar uma organização para governar o mundo, mas [...] ela não terá orçamento próprio, nem poder de imposição; terá de mendigar apoio, seja militar ou financeiro, a seus Estados-membros; terá uma carta de compromisso, com princípios contraditórios para conseguir que as pessoas a aceitem; e seu pessoal terá de lidar com todo tipo de línguas. Vocês acham que ela vai funcionar?", vocês me diriam: "Está de brincadeira?". Eu diria que é um milagre que ela seja capaz de fazer tudo o que faz. Sou um forte defensor das Nações Unidas simplesmente porque não temos nada melhor. Mas vocês precisam melhorá-la.[48]

O homem que disse essas palavras é um húngaro americano que esteve entre os quadros da ONU durante meio século. É para sua história que vamos nos voltar em seguida.

12. Direito mundial

Benjamin Ferencz não teve uma boa guerra.[1] Assim que os japoneses bombardearam Pearl Harbor, no final de 1941, ele se apresentou voluntariamente para servir aos Estados Unidos, mas parecia que ele e o Exército tinham opiniões muito diferentes sobre o tipo de contribuição que poderia dar. Estudante de direito em Harvard e poliglota, Ferencz achava que poderia ser útil no serviço de inteligência militar. Mas o Exército não estava interessado em seu cérebro — queria apenas completar seus efetivos. Assim, após se formar em direito, Ferencz foi convocado como soldado raso de artilharia.

Durante os dois anos seguintes ele aprendeu todos os truques do Exército. Descobriu como burlar o sistema, como evitar seguir ordens perigosas ou ilegais ("havia muitas"), como superar em astúcia seus oficiais superiores e seus métodos intimidatórios — e, por fim, como combater os alemães. Ferencz participou dos desembarques na Normandia, da Batalha das Ardenas e do rompimento da Linha Siegfried. Com sua unidade de artilharia, derrubou aviões e bombardeou tropas inimigas. E odiou cada minuto.

Foi somente em dezembro de 1944, depois que Ferencz havia avançado até as fronteiras da Alemanha, que alguém na hierarquia do Exército percebeu que seus talentos poderiam ser mais bem empregados em outro lugar. Os militares vinham recebendo relatórios perturbadores da Alemanha que exigiam investigação — histórias sobre aviadores aliados sendo surrados até a morte, prisioneiros sendo maltratados e coisas muito, muito piores. O que eles precisavam agora era de um especialista em crimes de guerra, e, de alguma maneira, descobriram que Ferencz era exatamente essa pes-

Ben Ferencz na França, em 1944,
quando servia como soldado raso no
115º Batalhão de Artilharia Antiaérea
do Exército dos Estados Unidos.

soa: como parte de um projeto de pesquisa para um de seus professores, ele tinha lido e resumido praticamente todos os livros sobre o assunto existentes na biblioteca de Harvard. Assim, foi imediatamente transferido da artilharia: de agora em diante, faria parte da seção legal do Terceiro Exército como investigador de crimes de guerra.

A princípio, ele se entregou ao novo trabalho com entusiasmo. Agora, pensou, pelo menos estaria longe dos horrores do campo de batalha. Recebeu seu próprio veículo e autorização para ir aonde fosse necessário, e fazer qualquer pergunta que desejasse. Ele tinha uma visão romântica de si mesmo; via-se como um homem que podia simplesmente ir a uma cidade e restabelecer seu equilíbrio moral, como uma versão legal do Cavaleiro Solitário. Chegou até a pintar as palavras IMMER ALLEIN — "sempre só" — na frente de seu jipe.

Mas nada poderia tê-lo preparado para o que estava prestes a ver. Na primavera de 1945, após trabalhar em alguns casos individuais de assassinato, Ferencz foi chamado para investigar os campos de concentração que o Exército americano começava a descobrir à medida que avançava por território alemão e austríaco: Ohrdruf, Buchenwald, Mauthausen, Dachau, para citar apenas alguns. A partir do momento em que Ferencz pôs os pés pela primeira vez num desses lugares, ficou claro que estava testemunhando uma atrocidade em escala sem precedentes:

> Em essência, todos esses campos eram muito semelhantes: corpos mortos espalhados pelo terreno, pilhas de pele e ossos, cadáveres amontoados como lenha diante dos crematórios em chamas, esqueletos impotentes com diarreia, disenteria, tifo, tuberculose, pneumonia e outras enfermidades, vomitando no chão ou em beliches infestados de piolhos, não tendo senão seus comoventes olhos a suplicar ajuda.

No exercício de suas funções, Ferencz visitou pelo menos meia dúzia de campos de concentração, e as visões com que se deparou iriam assombrá-lo pelo resto da vida.

Sua formação em direito tampouco poderia tê-lo preparado para as realidades da desforra no caótico período que se seguiu à libertação. Ao chegar ao campo de Ebensee, por exemplo, viu alguns internos vingando-se de um antigo guarda da ss. Depois de surrar impiedosamente o homem, eles o amarraram numa espécie de bandeja de metal utilizada para deslizar os corpos para dentro do forno crematório. E em seguida assaram-no vivo. "Vi isso acontecer e não fiz nada. Não era minha obrigação, e, mesmo que eu pudesse ter feito alguma coisa, a verdade é que não tive nenhuma vontade de tentar." Mas a visão ficou marcada para sempre em sua memória.

Mais tarde, durante os julgamentos militares em Dachau, ele viu alguns acusados tendo apenas um ou dois minutos para se explicar antes de receberem sentenças de morte. "Como advogado, aquilo não me causou muita impressão. Pelo menos não de forma positiva. Parecia injusto? A verdade é que não. Eles estavam no campo, viam o que acontecia. [...] Mas fiquei um tanto enojado."

Durante quase um ano, experiências como essa fizeram parte de seu cotidiano. Em dezembro de 1945, ele estava farto. Em vez de esperar para ser desmobilizado, ausentou-se sem permissão e embarcou clandestinamente num navio de transporte de tropas com destino aos Estados Unidos. Ninguém no Exército pareceu se incomodar. Quando chegou aos Estados Unidos, não havia nenhum registro do que tinha feito ou de onde havia estado, e assim ele foi dispensado com honras e autorizado a ir para casa. "Os três anos que passei no Exército na Segunda Guerra Mundial foram a experiência mais infeliz da minha vida", ele confessou mais tarde. Tudo o que eu queria era voltar a ser um advogado civil e tentar esquecer o que tinha visto.

O caminho para Nuremberg e Tóquio

O tipo de vingança testemunhado por Ben Ferencz em Ebensee foi bastante comum no pós-guerra imediato. Amargurados por anos de crueldade, muitos na Europa e na Ásia aproveitaram o vácuo temporário de poder para empreender suas próprias formas de justiça. Na Tchecoslováquia, oficiais da ss capturados foram enforcados em postes de luz. Na Polônia, suspeitos de nazismo foram enterrados em estrume líquido, surrados até a morte por ex-internos dos campos ou forçados a desenterrar valas comuns com as mãos nuas.[2] Na França, a Resistência executou sumariamente cerca de 9 mil colaboradores durante e após a libertação; ao passo que na Itália até 20 mil fascistas tiveram o mesmo destino.[3]

Na vasta maioria dos casos, os que cometeram atos de vingança não viram qualquer razão para recorrer à lei. A culpa de policiais corruptos e milicianos violentos era bem conhecida: por que deveriam ter direito a um julgamento justo se eles próprios haviam negado esse luxo às suas vítimas? Até advogados podiam ver nisso um tipo selvagem de justiça. Um advogado francês, por exemplo, questionou o valor de submeter a julgamento um grupo de bandidos fascistas que admitiam ter arrancado os olhos de seus prisioneiros, "posto insetos nas cavidades e costurado as órbitas". Com pessoas assim, ele refletiu, "talvez o melhor fosse o fuzilamento imediato".[4]

Por vezes grupos inteiros, até populações inteiras, eram alvo de retaliação. Na Iugoslávia, cerca de 70 mil soldados e civis colaboracionistas foram enfileirados diante de trincheiras e fuzilados, ou amarrados uns aos outros e jogados em precipícios. Embora uma forma rudimentar de seleção fosse utilizada, a nenhuma dessas pessoas era dada qualquer oportunidade de se defender num sentido legal.[5] Ao mesmo tempo, em toda a Europa oriental, pessoas com ascendência alemã eram banidas de suas comunidades. Entre 1945 e 1948, de 12 milhões a 14 milhões de pessoas foram expulsas para a Alemanha, com tamanha crueldade que se acredita que pelo menos meio milhão tenham morrido pelo caminho.[6] "Toda a nação alemã é responsável por Hitler", anunciou o futuro ministro da Justiça da Tchecoslováquia em 1945, "e portanto toda a nação alemã deve arcar com a punição pelos crimes cometidos."[7]

Cenas similares ocorreram em partes da Ásia. Em Hong Kong, soldados japoneses eram arrancados de bondes e surrados até a morte na rua; colaboradores e informantes eram caçados por justiceiros, julgados por tribunais clandestinos e mortos com um tiro na nuca; ao ser descoberto tentando fugir numa barca, o carrasco do Kempeitai na prisão de Stanley foi amarrado por um grupo de operários chineses e jogado do porto para se afogar.[8] Na Birmânia, agentes da inteligência militar não tiveram nenhum escrúpulo em executar colaboradores, e na Manchúria estima-se que nada menos que 3 mil japoneses suspeitos de crimes de guerra tenham sido sumariamente executados pelos soviéticos.[9] Na Malaia, nesse ínterim, guerrilheiros comunistas implantaram um "reino do terror", com frequência executando supostos colaboradores e mulheres que haviam dormido com oficiais japoneses. Segundo testemunhas oculares, a simples execução não bastava: as vítimas eram muitas vezes surradas, torturadas ou mortas a golpes de baioneta. Olhos podiam ser arrancados, genitais cortados fora, corpos estripados. "Não havia mais lei", afirma um historiador malaio. "E a vida humana não tinha mais nenhum valor."[10]

HAVIA TRÊS GRANDES PROBLEMAS com esse tipo de justiça sumária: ela era cruel, raramente discriminava bem entre inocentes e culpados e, talvez o mais importante, era muitas vezes indistinguível das atrocidades cometidas pelos próprios nazistas ou pelos militares japoneses. "Estamos repetindo alguns dos procedimentos hediondos empregados pela Gestapo", lamentou um jornal da Resistência após a libertação. "Que sentido havia em triunfar sobre os bárbaros se iremos imitá-los e nos tornarmos como eles?"[11]

Os Aliados ocidentais também realizaram muitas execuções sumárias, tanto na Europa quanto na Ásia. Mas certamente não era assim que desejavam que sua justiça fosse lembrada. Eles queriam se imaginar como heróis honrados e arquitetos de um mundo mais justo e seguro; e queriam que os outros os vissem dessa maneira também. Mais importante ainda, sabiam que para estabelecer uma paz duradoura seria essencial demonstrar a todos que a era de violência e atrocidades chegara ao fim: o novo mundo, em que todos os homens e mulheres bons estariam livres do medo, devia ser governado pelo império da lei.

Foi com isso em mente que os Aliados abordaram o problema do que fazer com os dirigentes alemães e japoneses após o fim da guerra. Muitos no establishment aliado, inclusive figuras importantes como Winston Churchill, preferiam execuções simples, sumárias. Mas, no fim das contas, decidiu-se que submetê-los a julgamento enviaria uma mensagem mais forte. Dezenas de tribunais militares foram instalados em toda a Europa e a Ásia, e dois deles foram concebidos para servir como modelos de justiça — o primeiro em Nuremberg e o segundo em Tóquio. Nesses dois, os mais altos dirigentes de cada regime seriam levados ao banco dos réus, para que seus crimes pudessem ser registrados para a posteridade. A ideia era não só fornecer ao mundo um exemplo simbólico de como a justiça deveria ser conduzida no futuro, mas estabelecer a culpa daqueles que tinham planejado e executado a guerra e outras atrocidades.

Entretanto, ao proceder dessa maneira, os Aliados se viram diante de um sério dilema. Por um lado, eles queriam demonstrar sua própria retidão moral: assim, o acusado deveria ser tratado com dignidade, receber recursos para montar uma defesa adequada e ter a permissão para se exprimir no tribunal. Mas, por outro lado, era essencial que a maior parte deles, se não todos, fossem considerados culpados. O mundo inteiro sabia que eles eram culpados de alguma coisa, mesmo que não dispusesse necessariamente da terminologia para descrever seus crimes com precisão. Se fosse permitido que algum deles se safasse por causa de uma tecnicidade legal, os Aliados nunca seriam capazes de afirmar que se fizera justiça.

Por isso, a maneira de conduzir os julgamentos foi alvo de muita reflexão. Numa reunião em Londres no verão de 1945, representantes da Grã--Bretanha, dos Estados Unidos, da União Soviética e da França redigiram uma carta descrevendo as leis e os procedimentos que seriam utilizados. Antes de mais nada, deixaram claro desde o princípio que não se admitiria como defesa a alegação de "estar apenas cumprindo ordens". "Chega um momento em que um homem deve se recusar a obedecer a seu líder, se quiser obedecer também à própria consciência", explicou o promotor britânico, Sir Hartley Shawcross, nos estágios iniciais dos julgamentos de Nuremberg. "Nem mesmo o soldado comum, servindo nas fileiras do Exército, deve obedecer a ordens ilegais."[12] De modo oposto, os comandantes também seriam considerados responsáveis pelas ações de seus homens. Assim, se qualquer Exército agisse de forma descontrolada contra populações civis, seus líderes seriam considerados pessoalmente responsáveis — mesmo não tendo eles próprios ordenado ou aprovado as atrocidades. Esse precedente foi estabelecido num dos primeiros julgamentos, em Manila, quando o comandante do Exército japonês nas Filipinas foi, numa decisão controversa, considerado culpado pelas ações bárbaras de sua força.[13] Por fim, de modo a assegurar que o maior número possível de militares nazistas e japoneses fosse obrigado a prestar contas, os Aliados também previram o crime de conspiração. Se eles pudessem provar a existência de uma conspiração entre os líderes — para começar uma guerra ilegal ou cometer atrocidades —, cada um deles poderia ser considerado individualmente culpado pelos crimes cometidos coletivamente. Esses princípios, formalizados pela primeira vez em 1945, tornaram-se desde então a base do direito penal internacional e permanecem em vigor até hoje.

Os crimes dos acusados em Nuremberg e Tóquio recairiam em três amplas categorias. A primeira, e menos contenciosa, era a de crimes de guerra convencionais: o assassinato de prisioneiros e de reféns, a destruição desenfreada de cidades e assim por diante. Esses atos já estavam estabelecidos como criminosos desde antes da guerra pelas convenções de Genebra e de Haia, que formavam a base do direito internacional que estudantes como Ben Ferencz tinham estudado antes e durante a guerra.

No entanto, a simples magnitude de certas atrocidades era tão sem precedentes que parecia clamar por uma categoria de crimes inteiramente nova. Assim, os Aliados cunharam a expressão "crimes contra a humanidade", definidos como aqueles que envolvessem a degradação sistemática de seres humanos em ampla escala: perseguição em massa, escravização em massa, deportação em massa e assassinato em massa. Foi também por volta dessa época que a palavra "genocídio" foi usada pela primeira vez para descrever a tentativa de aniquilar grupos étnicos, raciais ou nacionais. Lamentavelmente, a introdução desses termos causou indignação entre juristas em toda parte. Até advogados e juízes aliados acusaram as autoridades de inventar novas leis e aplicá-las de forma retroativa. Harlan Fiske Stone, juiz da Suprema Corte dos Estados Unidos, chegou a dizer que se tratava de uma "festa de linchamento de alto nível".[14]

Mas talvez a categoria mais controversa fosse a terceira, a "Classe A": "crimes contra a paz". Segundo a Carta de Londres, qualquer dirigente que planejasse, organizasse ou iniciasse uma guerra de agressão era por definição um criminoso de guerra. De fato, começar uma guerra sem a justificativa da autodefesa não era apenas um crime, mas "o supremo crime internacional", porque "contém em si mesmo o mal acumulado do todo", segundo o Tribunal de Nuremberg.[15] Não surprende que isso tenha deixado muitos no establishment militar aliado extremamente nervosos —

não só porque a nova lei seria aplicada de maneira retroativa, mas também porque questionava o conceito de guerra como parte normal do comportamento humano. De agora em diante, a guerra, se movida sem provocação, não seria mais considerada nobre ou gloriosa — pelo contrário. Com efeito, a comunidade internacional parecia estar dando passos no sentido de banir a guerra completamente. Como afirmou na época um general americano, "é melhor que os Estados Unidos não percam a próxima guerra, ou nossos generais e almirantes serão todos fuzilados ao nascer do sol".[16]

Assim, ao serem iniciados, em 20 de novembro de 1945, os julgamentos de Nuremberg já estavam cercados de controvérsia. Ao longo do ano seguinte, 21 dos nazistas mais graduados da Alemanha foram obrigados a explicar suas ações perante o mundo. O processo contra eles era esmagador: milhões de documentos haviam sido reunidos, bem como fotografias e filmes feitos por equipes nazistas; a esse material se somavam testemunhos oculares não só de vítimas, mas também de oficiais da ss que admitiam francamente sua participação nas matanças. Jornalistas do mundo todo cobriram os julgamentos em detalhes. No final, onze dos acusados foram condenados à morte, sete receberam sentenças que variavam de dez anos de prisão a prisão perpétua e três foram absolvidos por falta de provas.

Os julgamentos de Tóquio começaram cerca de cinco meses depois, no final de abril, e foram ainda mais controversos. Os Aliados não só foram acusados de inventar novos crimes após os fatos, mas também criticados por *quem* estavam julgando. Entre todos os integrantes da classe dirigente japonesa, o único que estivera envolvido na guerra do início ao fim era o imperador — e, no entanto, ele era o único homem que fora isentado de prestar contas à Justiça. O juiz francês ficou tão irritado com essa evidente omissão que escreveu uma opinião discordante após o julgamento, declarando que, como o imperador era o "principal autor" do belicoso plano japonês para dominar a Ásia, todos os demais acusados "podiam apenas ser considerados cúmplices".[17] No fim do processo, dos 25 militares julgados, sete foram condenados à morte e dezoito receberam diferentes sentenças de prisão.

Pungente cartum de David Low sobre o veredicto
de Nuremberg, 1º de outubro de 1946.

É fácil criticar os princípios que guiaram os julgamentos dos crimes de
guerra. Era evidente que os Aliados estavam fazendo a "justiça dos vencedores", e eram eles próprios culpados por muitos desses crimes. Churchill
e os comandantes da Força Aérea britânica sem dúvida eram culpados pela
"injustificável destruição de cidades", e os presidentes Roosevelt e Truman
eram igualmente culpados por autorizarem o bombardeio de Tóquio com
bombas incendiárias e os ataques nucleares a Hiroshima e Nagasaki. Esses
eram atos claramente contrários ao direito internacional que vigorava antes mesmo da guerra. Parecia particularmente absurdo que os soviéticos
pudessem julgar os nazistas por sua agressão à Polônia em 1939, quando os
próprios soviéticos haviam atacado os poloneses quase ao mesmo tempo,
e igualmente sem provocação.

Mesmo juristas aliados reconheciam os padrões duplos pelos quais a Alemanha e o Japão estavam sendo julgados. Em 1945, o promotor americano em Nuremberg, Robert Jackson, relatou ao presidente Truman que os Aliados

> fizeram ou estão fazendo algumas das mesmas coisas pelas quais estamos processando os alemães. Os franceses estão violando de tal modo a Convenção de Genebra no tratamento aos prisioneiros de guerra que nosso comando está trazendo de volta prisioneiros enviados a eles. Estamos processando atos de pilhagem e nossos aliados a estão praticando. Dizemos que a guerra de agressão é um crime, mas um de nossos aliados afirma soberania sobre os Países Bálticos sem ter qualquer direito a isso, com base unicamente em seu desejo de conquista.[18]

Mas qual era a alternativa? A possibilidade de absolver mais do que uns poucos acusados de Nuremberg e Tóquio jamais foi contemplada. A justiça dos vencedores era a única alternativa realística à justiça sumária, que teria não apenas enviado a mensagem errada após a guerra, mas negado aos juristas a oportunidade de estabelecer alguns dos mais importantes princípios do direito internacional.

A despeito de todas as suas imperfeições legais, os julgamentos desempenharam uma importante função. Eles foram planejados desde o início para ser um espetáculo, de modo que pessoas em todo o globo pudessem ter a satisfação de ver a justiça sendo feita. Fotografias dos acusados no banco dos réus foram publicadas em jornais do mundo todo, acompanhadas de relatos sobre suas ações. Os julgamentos ganharam destaque em jornais cinematográficos e em programas de rádio, sobretudo na Alemanha, onde os de Nuremberg foram transmitidos duas vezes por dia durante todo o ano de 1946. Os documentos e filmes que haviam feito parte das provas vêm sendo usados nas escolas alemãs e em toda parte desde então. Embora continue havendo discussões sobre a legalidade dos julgamentos, eles forneceram ao mundo um registro duradouro de alguns dos piores crimes já cometidos em nossa história.

É importante lembrar, porém, que tudo isso teve um preço. Há infinitas gradações de culpa e inocência em relação ao Holocausto, e o julgamento dos líderes por si só jamais poderia abarcá-las. A natureza simbólica dos julgamentos engastou os mitos de monstros e mártires em nossa consciência global de uma vez por todas; e, embora isso possa ter sido necessário para criar um senso de justiça após a guerra, veio acompanhado de uma perda de nuance que os historiadores vêm tentando retomar gradativamente desde então.

A Justiça segundo os tribunais militares internacionais

Benjamin Ferencz também se viu envolvido nos julgamentos de Nuremberg. Não fazia muito tempo que voltara aos Estados Unidos quando o Exército voltou a procurá-lo. Os Aliados estavam planejando realizar uma nova série de julgamentos em Nuremberg — desta vez contra vários tipos de profissionais que haviam abusado de sua posição para cometer atrocidades. Assim, haveria um julgamento dos médicos nazistas, por conta dos experimentos humanos realizados em Auschwitz e outros campos de concentração. Haveria um julgamento de juízes, outro de industriais alemães e assim por diante. Para conduzir esses processos, precisavam desesperadamente de investigadores que não apenas conhecessem as leis, mas tivessem experiência de trabalho na Alemanha.

No início de 1946 Ferencz foi convocado para uma entrevista em Washington, onde lhe perguntaram se consideraria voltar à Europa. Ele estava compreensivelmente relutante em retornar a um período tão sombrio de sua vida, mas o pessoal no Departamento de Guerra fez o possível para persuadi-lo. "Benny", um deles suplicou, "você esteve lá, você já sabe como são as coisas — você tem de voltar." Depois de pensar muito, ele por fim concordou, mas somente sob a condição de ser autorizado a ir como civil. Não queria jamais ser obrigado de novo a seguir regras militares.[19]

E foi assim que ele novamente atravessou o Atlântico, dessa vez para Nuremberg e Berlim. Durante o resto de 1946 ele mergulhou mais uma vez na tarefa de reunir evidências sobre os crimes de guerra dos nazistas. Era um trabalho exaustivo, que se tornaria ainda mais exaustivo no ano seguinte, quando ele e seus pesquisadores descobriram um enorme esconderijo de arquivos secretos da Gestapo em Berlim. Esses arquivos descreviam em detalhe as ações dos Einsatzgruppen da ss na Europa oriental, que tinham arrebanhado sistematicamente judeus e outros grupos indesejados para depois fuzilá-los. As evidências encontradas nesse esconderijo eram tão convincentes que Ferencz pensou que mereciam um julgamento à parte. Mas, quando mostrou o que tinha descoberto a seus superiores, eles hesitaram. Os promotores aliados estavam afundados em trabalho, e o apoio político para os julgamentos começava a diminuir. Em desespero, e talvez também com uma centelha de ambição, Ferencz sugeriu assumir ele próprio o trabalho extra, em paralelo a suas atividades habituais. E foi assim que foi designado promotor-chefe no que a Associated Press logo descreveria como "o maior julgamento por assassinato da história". Ele tinha apenas 27 anos.

Decidir como proceder não era nada simples. A escala dos crimes que Ferencz havia descoberto era imensa, envolvendo o assassinato de mais de 1 milhão de pessoas. Era simplesmente impossível julgar todos os participantes desse horrível empreendimento, por isso ele decidiu concentrar seus esforços numa pequena amostra de "oficiais de alta patente e assassinos cultos". Ele viria a indiciar 24 homens, 22 dos quais seriam julgados.

Quando o julgamento dos Einsatzgruppen começou, em 29 de setembro de 1947, a declaração inicial de Ferencz deixou claro que aquele era um caso com enormes implicações. "Nosso objetivo não é a vingança", disse ele, "nem buscamos meramente uma justa punição." O que estava em jogo era algo muito maior: "o direito do homem de viver em paz e de maneira digna, qualquer que seja sua raça ou credo". Assim, ele afirmou, o julgamento não era nada menos que "um apelo da humanidade à lei". A própria consciência da humanidade exigia que os arquitetos da morte fossem não só declarados culpados, mas recebessem uma punição exemplar. "Se esses homens ficarem impunes", ele concluiu, "então a lei terá perdido seu sentido e o homem terá de viver no medo."[20]

O julgamento dos Einsatzgruppen, em setembro de 1947, foi um
dos treze realizados em Nuremberg. Aos 27 anos, Ferencz,
que se esforçou para incluir o julgamento na pauta, e se tornou seu
principal promotor, aparece sentado à mesa, à esquerda.

Ao longo dos seis meses seguintes, Ferencz apresentou quase duzentos documentos mostrando o assassinato sistemático de judeus em toda a Europa oriental, com detalhes opressivos e repugnantes. Quando o julgamento finalmente foi concluído, em abril de 1948, os juízes reconheceram que a revelação desses crimes era importante não só para a Alemanha, mas para "toda a humanidade", e que "o mundo inteiro está ele próprio preocupado com as sentenças". Todos os acusados foram considerados culpados. Catorze foram condenados à morte.[21]

Ben Ferencz nunca chegou a ficar inteiramente satisfeito com o que ele e seus colegas promotores fizeram em Nuremberg. Por um lado, ele sabia que era bom que a lei tivesse finalmente sido cumprida. Por outro, porém, não podia deixar de refletir sobre todos os demais assassinos — os "sortudos desgraçados", como os chamava — que tinham escapado de qualquer tipo de punição. O Holocausto fora perpetrado por milhares de pessoas, e ele tinha levado à justiça apenas duas dezenas.[22]

Além disso, ficou perplexo quando todas as sentenças de morte decretadas em seu julgamento, à exceção de quatro, foram comutadas pelo governador militar da Alemanha, John J. McCloy. Ele sabia que a justiça devia ser temperada com um pouco de misericórdia, mas achava que essa decisão "mostrava mais misericórdia que justiça". Anos mais tarde, apesar de seu compromisso permanente em defender os valores do direito em todas as circunstâncias, ele confessou que perguntava a si mesmo se a justiça sumária não poderia ter sido uma solução melhor, afinal de contas. "Sendo um homem da lei, eu não podia aceitar isso, mas muitas vezes me perguntei..."[23]

A DECEPÇÃO DE BEN FERENCZ com os resultados de Nuremberg foi compartilhada por muitos. Esperava-se que os julgamentos tivessem sido o ponto focal de algo muito maior — um expurgo completo da Europa não apenas de criminosos de guerra, mas de nazistas e fascistas em geral. Mas, na verdade, isso nunca chegou a acontecer. Não só os julgamentos de crimes de guerra foram perdendo ímpeto no final da década de 1940, também o processo de desnazificação como um todo. À medida que as paixões da guerra declinavam e as exigências de uma nova Guerra Fria começavam a se impor, a vontade de continuar processando pessoas foi pouco a pouco desvanecendo.

No fim do conflito, havia 8 milhões de membros registrados no Partido Nazista da Alemanha. Entre os Aliados, eram os americanos que se mostravam mais determinados a persegui-los. Somente na zona americana do país eles filtraram mais de 13 milhões de alemães, dentre os quais 3,4 milhões pareciam ter algum tipo de causa a responder. Mas nem mesmo os americanos tinham recursos para julgar tantas pessoas: no fim das contas, mais de 70% obtiveram anistias antes mesmo de irem a julgamento.[24] Os demais Aliados foram muito menos zelosos. Das 207 259 pessoas julgadas por atividades especificamente nazistas ou militaristas após a guerra, menos de 10% foram julgadas pelos soviéticos, 8% pelos franceses e somente 1% pelos britânicos.[25] No fim, ninguém ficou impressionado com os resultados.

Em toda a Europa ocidental, a história foi mais ou menos a mesma: à medida que o conflito ficava no passado, criminosos de guerra eram tratados de maneira mais leniente, traidores eram mais facilmente perdoados, colaboradores recebiam permissão para voltar a seus antigos empregos. A Itália oferece um exemplo perfeito. Em contraste com os cerca de 20 mil fascistas executados pela Resistência nos últimos dias da guerra, os tribunais italianos só conseguiram emitir 92 sentenças de morte. E mesmo aqueles que foram para a prisão não ficaram lá por muito tempo: em 1946, quase todas as sentenças para colaboradores foram canceladas sob uma anistia geral. Na Bélgica, 2940 sentenças de morte foram emitidas, mas todas, à exceção de 242, foram comutadas; os tribunais na Áustria produziram apenas 43 sentenças de morte, das quais só trinta foram cumpridas.[26] A justiça foi por vezes mais severa na Europa oriental, mas, em países como Romênia e Hungria, acusações de colaboração e fascismo foram também usadas pelos comunistas como método para remover seus inimigos políticos. Colaboradores e fascistas reais foram com frequência reabilitados, absolvidos e autorizados a voltar para seus antigos empregos.[27]

Esse fenômeno foi ainda mais pronunciado no Japão. Infelizmente, os julgamentos de Tóquio revelaram-se pouco mais que um gesto simbólico: não apenas concedeu-se ao imperador Hirohito imunidade a processos, mas cerca de cem outros suspeitos de crimes de guerra "de Classe A" presos em 1945 acabaram sendo libertados sem julgamento.[28] Ao final, somente cerca de 5700 japoneses foram indiciados em tribunais em toda a Ásia; destes, 984 foram condenados à morte e 475 à prisão perpétua. Os demais receberam sentenças pequenas (2946), foram absolvidos (1027) ou libertados sem julgamento (279).[29] No próprio Japão, o expurgo que deveria livrar a sociedade de fascistas e belicistas, embora sincero a princípio, foi rapidamente abandonado no fim dos anos 1940.[30]

Enquanto isso, no resto da Ásia, todo o conceito de "colaboração" com os japoneses foi silenciosamente ignorado. De um ponto de vista nacionalista, em que medida colaborar com os japoneses diferia de colaborar com os britânicos, os franceses ou os holandeses? Numa região que lutava para se libertar de séculos de domínio colonial, a colaboração com os japoneses podia até ser vista como algo heroico. Na Índia, por exemplo, quando os britânicos tentaram acusar de traição meia dúzia de colaboradores locais, o fato causou tamanha indignação na sociedade que foi preciso abandonar todos os futuros julgamentos planejados, inclusive na vizinha Birmânia. Não fazia nenhuma diferença que alguns desses "colaboradores" tivessem cometido atos de enorme atrocidade: em seu entusiasmo pela independência, a opinião pública indiana estava disposta a considerá-los heróis, não monstros.[31]

Houve muitas razões para que a busca por justiça fosse gradualmente abandonada nos anos do pós-guerra. Para começar, ela era dispendiosa, e, num mundo que lutava para alimentar e abrigar seus habitantes, havia muitas outras coisas com que os políticos preferiam gastar dinheiro. Assim, exceto nos países comunistas, de todas as categorias de pessoas processadas após a guerra os empresários parecem ter sido os mais facilmente inocentados. Se as economias da Ásia e da Europa ocidental deviam se reerguer, não fazia sentido persegui-los, por mais culpados que alguns sem dúvida fossem.

Em segundo lugar, os julgamentos geravam discórdias políticas. Muitas partes da Europa e da Ásia encontravam-se à beira da guerra civil no final da década de 1940. As tensões entre diferentes grupos étnicos ou políticos eram tão fortes que muitas nações se viram novamente envolvidas em atos de violência: Grécia, Polônia, Ucrânia, Países Bálticos, Argélia e Malaia são apenas alguns exemplos, mas a violência residual deixada pela guerra continuava quase em toda parte. Em benefício da coesão social, muitas nações tomaram a decisão deliberada e consciente de parar de perseguir colaboradores e criminosos de guerra e dizer a si mesmas que a justiça havia sido feita. Era mais seguro simplesmente pôr um ponto final na questão.

Acima de tudo, porém, foram as necessidades da Guerra Fria que puseram fim aos julgamentos. Em 1948 o Ocidente tinha um novo inimigo, na forma do comunismo. Se derrotar o comunismo significava reabilitar antigos fascistas e colaboradores, então esse era um preço que valia a pena pagar. No Leste comunista, nesse meio-tempo, ocorreu uma sutil reformulação do termo "fascista", que passou a incluir também capitalistas, empresários e políticos ocidentais, deixando assim a porta aberta para que os *verdadeiros* fascistas mudassem suas lealdades e ingressassem no Partido Comunista.

Assim, a chama da justiça foi extinta pelo simples peso dos aspectos políticos e econômicos que recaíam sobre ela. A questão da culpa de guerra nunca foi adequadamente resolvida, mas apenas enterrada, e desde então ficou escondida nas profundezas de nosso subconsciente coletivo, só vindo à tona de maneira esporádica em nossos mitos sobre monstros e mártires da Segunda Guerra Mundial.

A busca do direito penal internacional

Esse novo cinismo surgido com a Guerra Fria não ficou logo evidente em âmbito global. Na ONU, pelo menos na superfície, parecia haver apoio generalizado a uma nova visão de mundo em que a busca da guerra de agressão seria proscrita, com consequências legais para os transgressores. Não só a Carta das Nações Unidas prometia "salvar futuras gerações do flagelo da guerra" como, em 1948, a organização também promulgou a Declaração Universal dos Direitos Humanos, na qual se proclamou pela primeira vez os "direitos inalienáveis da família humana", independentemente de raça, cor, sexo, classe, visão política, religião, língua, nacionalidade ou qualquer outro tipo de distinção. Ela foi adotada de maneira quase unânime (embora alguns países, sobretudo comunistas, tenham se abstido), e desde então serviu como base para a criação de leis sobre direitos humanos no mundo todo. Também em 1948, a ONU promulgou a Convenção da Prevenção e Repressão do Crime de Genocídio, que proscrevia qualquer tipo de tentativa de aniquilar grupos nacionais, raciais ou religiosos. Ela foi imediatamente assinada por 41 países, e desde então ratificada por um total de 147 nações.[32] Os horrores da guerra tinham sido tão chocantes que povos do mundo inteiro pareciam unidos em seu desejo de condená-los.

Infelizmente, porém, os processos muitas vezes paravam na fase de condenação. Estava claro que uma declaração sobre direitos humanos era uma ótima ideia, mas quem os iria impor? A própria expressão "direitos humanos" sugeria que aqueles que os violassem seriam julgados e punidos por um tribunal representativo de toda a humanidade. Mas, depois que os julgamentos de Nuremberg e Tóquio foram concluídos, nenhum outro tribunal foi designado para a tarefa. Vários planos foram traçados para criar um, mas qualquer urgência que houvesse em relação a esse tema no fim da guerra logo se dissolveu. O obstáculo, mais uma vez, era o problema da soberania nacional. Poucas nações estavam dispostas a permitir que seus cidadãos fossem julgados por estrangeiros, e menos ainda a se expor a potenciais condenações por rivais — especialmente as duas superpotências, que temiam que um tribunal desse tipo pudesse ser usado com o simples propósito de lhes criar problemas. Assim, restou ao mundo aceitar o absurdo sistema no qual as únicas autoridades capazes de salvaguardar os direitos humanos eram os governos nacionais, inclusive nos casos em que esses mesmos governos eram os responsáveis pela violação de tais direitos.

Problemas semelhantes surgiram quando chegou o momento de proscrever as "guerras de agressão". Em teoria, todos concordavam que elas eram um crime. Mas como se definia exatamente o termo "agressão"? As Nações Unidas passaram quase trinta anos debatendo o assunto. Alguns afirmavam que o agressor era sempre aquele que disparava os primeiros tiros. Outros argumentavam que havia muitas situações que poderiam justificar tal atitude — quando um país saía em auxílio a um aliado, por exemplo, ou se antecipava ao ataque de outro. Havia ainda os que discutiam se o termo "agressão" deveria ficar restrito à esfera militar — o ataque econômico a um país, por meio de bloqueios, sanções ou acordos comerciais injustos, não era também uma forma de agressão? Argumentos como esses foram debatidos ao longo de décadas na onu, até que, em 1974, a Assembleia Geral finalmente produzisse uma definição — tão ampla, no entanto, que praticamente carecia de sentido. Um "ato de agressão", declarava a Resolução nº 3314 da Assembleia Geral, podia ser uma invasão militar, um bombardeio ou um bloqueio, ou uma variedade de outros atos — em última análise, caberia ao Conselho de Segurança decidir se ele havia de fato ocorrido.

Como árbitro final do que era ou não agressão, do que era ou não guerra, e do que exigia ou não ação, o Conselho de Segurança da onu continuou sendo o organismo supremo em todas as relações internacionais. Mas ele estava tão dividido por fraturas internas, e tão paralisado pela necessidade de unanimidade entre seus cinco membros permanentes, que muitas vezes era simplesmente incapaz de fazer qualquer coisa para impedir persistentes atrocidades, genocídios e crimes contra a paz em todo o mundo.

Ben Ferencz observava de longe essa falta de progresso. Uma vez concluídos os julgamentos de Nuremberg, no final da década de 1940, ele passou os trinta anos seguintes tentando obter indenizações para aqueles cuja vida e meios de subsistência haviam sido destruídos pelos nazistas. Permaneceu na Alemanha por alguns anos antes de voltar aos Estados Unidos, onde continuou lutando em nome daqueles afetados pela guerra. Apesar de seus muitos sucessos, porém, não podia evitar a sensação de que alguma coisa estava faltando. Naqueles dias terríveis e esperançosos em Nuremberg, ele sonhara não apenas com punições aos agressores e indenizações às vítimas, mas também com a construção "de um mundo livre de Holocaustos". De que valiam as indenizações se a guerra e as atrocidades continuavam no mundo todo sem enfrentarem oposição?

Assim, em 1970, Ferencz abandonou a advocacia e decidiu "dedicar o resto da vida à busca da paz mundial". Começou a frequentar reuniões e conferências nas Nações Unidas e a estudar as complexidades do direito internacional, além de pressionar diplomatas e escrever artigos criticando a lentidão da onu. E, mais importante, começou a fazer campanha pelo estabelecimento de um Tribunal Penal Internacional, na esperança de que o legado de Nuremberg pudesse de algum modo ser revivido.

Sua luta se estenderia pelos vinte anos seguintes, durante os quais ele descobriria muitos aliados em meio à comunidade legal internacional. Mas seus esforços coletivos fracassaram repetidamente. Para Ferencz, os vários comitês da ONU dedicados aos problemas da paz mundial pareciam ser pouco mais que um exercício de frustração: "Eles falam, falam, falam, e se arrastam lentamente para fora do lodo". Enquanto isso, as superpotências da Guerra Fria raramente cediam algum terreno, quase por uma questão de princípios. Ferencz ficou particularmente enojado com o comportamento do governo de seu próprio país, que, para ele, tinha a responsabilidade de dar o exemplo para o resto do mundo. "Os Estados Unidos levaram quarenta anos para ratificar a Convenção da Prevenção e Repressão do Crime de Genocídio, que *nós* patrocinamos", disse ele certa vez, com irritação, a uma audiência da ONU. "Quarenta anos!"[33]

Foi só depois que a Guerra Fria terminou, e que dois novos genocídios ocorreram na Iugoslávia e em Ruanda nos anos 1990, que a comunidade internacional enfim se mexeu. Um tribunal ad hoc foi criado, a exemplo dos tribunais de Nuremberg e Tóquio, e voltou-se a discutir a criação de um Tribunal Penal Internacional permanente. Alguns anos depois, essas discussões enfim deram fruto. Em 1º de julho de 2002, cerca de 57 anos depois de a Segunda Guerra Mundial ter ressaltado pela primeira vez a necessidade de uma instituição mundial desse tipo, o Tribunal Penal Internacional foi finalmente criado.

Para Ferencz, foi uma vitória um tanto oca. "Um tribunal que só aparece depois que os fatos já foram concretizados é uma confissão de fracasso", disse ele mais tarde. "A ideia é impedir o crime, não permitir que ele aconteça e depois responsabilizar algumas pessoas." Também o entristecia a constatação de que muitos dos Estados-membros mais poderosos das Nações Unidas, entre os quais China, Índia, Israel e os Estados Unidos, continuassem se recusando a aceitar a autoridade desse tribunal. Mas Ferencz não desanimava. O sistema legal internacional, dizia ele, ainda estava em sua infância, e não deveríamos ficar surpresos com a lentidão com que as coisas se moviam. "Estamos vendo protótipos — um processo que nunca existiu na história da humanidade." Se os resultados ainda não pareciam muito alentadores, isso viria com o tempo. O mais importante era que "começamos a *nos mover*".

A Segunda Guerra Mundial e os julgamentos de Nuremberg mudaram para sempre a vida de Ben Ferencz. Foi naqueles anos que ele compreendeu pela primeira vez o verdadeiro valor do direito, e o papel que a guerra desempenhava ao solapar as leis, degradar o espírito humano e negar direitos universais. "Aprendi que nunca houve, e nunca haverá, uma guerra sem atrocidades. A única maneira de impedir esses crimes cruéis é impedindo a própria guerra."

No momento em que escrevo este livro, Ben Ferencz continua a lutar por maneiras práticas de curar as feridas de 1945 e promover um futuro em que o crime de agressão internacional possa finalmente ser restringido pelo poder do direito.*

COMO A HISTÓRIA DE BEN FERENCZ MOSTRA, um dos maiores legados da Segunda Guerra Mundial foi um desejo universal e permanente de restringir alguns dos piores instintos da humanidade e de criar um sistema destinado a promover a harmonia e a unidade entre os seres humanos. É em grande parte por causa da guerra que temos algumas de nossas mais importantes instituições globais: o Banco Mundial, o Fundo Monetário Internacional, o Tribunal Penal Internacional, as próprias Nações Unidas. A despeito de todos os seus defeitos, essas instituições representam um ideal: se a guerra trouxe algum benefício, então foi seguramente este, o de ter criado o desejo e a vontade de mudar as coisas.

Mas, assim como todas as demais utopias que emergiram em 1945, a ideia de "um só mundo" acabou sendo apenas um sonho. Não deixa de ser irônico que, ao criar esse desejo de unidade, o legado da guerra tenha criado também os obstáculos que a tornariam para sempre impossível. Os povos traumatizados não estavam prontos para perdoar uns aos outros pelas feridas infligidas. As nações estavam pouco dispostas a abrir mão de sua soberania para qualquer autoridade superior, sobretudo depois de uma luta tão árdua para assegurá-la. Porém, mais do que qualquer outra coisa, seria a rivalidade entre as duas superpotências, ambas nascidas das cinzas da Segunda Guerra Mundial, que iria regular as relações internacionais durante a maior parte do resto do século.

---

* Benjamin Berell Ferencz faleceu nos Estados Unidos a 7 de abril de 2023, aos 103 anos. (N. T.)

PARTE IV

Duas superpotências

13. Estados Unidos

Cord Meyer era um americano exemplar. Quando os Estados Unidos entraram na guerra, ele se apressou em finalizar a faculdade para poder se alistar no Corpo de Fuzileiros Navais. Era um homem jovem, inteligente, cheio de entusiasmo e ávido para se dedicar a uma causa. Os Estados Unidos, acreditava ele, tinham a responsabilidade de lutar contra o fascismo, e era apenas muito natural que os soldados americanos estivessem ocupando seu lugar na vanguarda do conflito. No dia em que partiu para a guerra, Meyer escreveu em seu diário sobre seus sentimentos: "Parecia que nós, os jovens e os fortes, estávamos partindo para defender o povo, nos campos e em toda parte neste vasto país, e lutar por nosso legado contra o invasor desumano". No fundo, ele sabia que esses sentimentos não eram inteiramente reais, mas apenas a expressão de um ideal atemporal; ainda assim, não podia evitar deixar-se levar por eles.[1]

Não demorou muito para que a violenta realidade da guerra o alcançasse. Em julho de 1944, durante a batalha por Guam, Meyer estava abrigado numa toca de raposa quando uma granada de mão japonesa caiu a seu lado. A explosão arrancou seu olho esquerdo, e feriu-o tão gravemente que o médico do batalhão o declarou "morto em ação". Lamentavelmente, um telegrama com essa informação foi enviado a seus angustiados pais, que só vários dias mais tarde souberam que o filho tinha sido salvo por uma oportuna transfusão de sangue. Meyer foi embarcado num navio-hospital e cruzou o Pacífico rumo aos Estados Unidos, onde foi condecorado com o Coração Púrpura e a Estrela de Bronze e recebeu um olho de vidro. Assim terminou sua primeira aventura a serviço de uma causa maior. Ele tinha 24 anos.

No fim da guerra, Meyer foi convidado a integrar a delegação dos Estados Unidos na Conferência das Nações Unidas em San Francisco. O delegado oficial, Harold Stassen, achava que causaria boa impressão ter um veterano de guerra condecorado em sua equipe, e Meyer não hesitou em aceitar o convite. San Francisco, acreditava ele, oferecia uma oportunidade única para dar forma a "uma ordem mundial pacífica [...] a partir das ruínas da guerra", e ele estava ávido para contribuir nesse empreendimento histórico. Mas não levou muito tempo para que ficasse desiludido:

> Enojado de tanta destruição, sofrimento e morte, observei com crescente preocupação enquanto a estrutura das Nações Unidas começava a ganhar forma. Havia muita oratória grandiosa sobre a necessidade de paz. [...] Mas logo ficou claro que nem os Estados Unidos nem a União Soviética estavam realmente dispostos a fazer qualquer sacrifício no que dizia respeito a sua independência nacional e a seu poder, e sem isso a paz só poderia ser uma breve trégua armada antes de outro conflito mundial. A vitória, conseguida a um enorme custo, foi desperdiçada na mesa de conferências. [...] Deixei San Francisco com a convicção de que a Terceira Guerra Mundial era inevitável, a menos que a ONU fosse substancialmente fortalecida no futuro próximo.[2]

Foram essas preocupações que redespertaram o senso de missão de Meyer. Se a ONU se revelava incapaz de cumprir os objetivos para os quais havia sido criada, ele faria campanha para reforçar seu poder. E foi assim que voltou a se dedicar a uma causa — desta vez, "construir um mundo mais justo e pacífico".[3] Meyer começou a escrever artigos sobre as deficiências da ONU e como ela poderia ser fortalecida. Ingressou no movimento pelo governo mundial e fundou uma de suas mais importantes organizações, a United World Federalists. Durante os dois anos seguintes, percorreu os Estados Unidos de maneira incansável, pressionando políticos, levantando fundos e realizando palestras sobre os perigos de uma nova corrida armamentista com a União Soviética.

O maior medo de Meyer durante essa época era o poder destrutivo da bomba atômica, que, na sua maneira de ver, poderia levar o mundo a uma nova Idade das Trevas. Ele acreditava apaixonadamente que, sendo a única nação a possuir a bomba, os Estados Unidos tinham o dever de afastar o mundo da possibilidade de uma nova catástrofe. "Aqueles que têm o poder têm também a responsabilidade", escreveu. Os Estados Unidos, portanto, deveriam endossar de todo o coração o princípio do governo mundial, "com boa-fé e sem ameaças de coerção". Somente então a União Soviética poderia ser inspirada a responder da mesma forma.[4]

Mais uma vez, Meyer estava fadado a se decepcionar. Por mais paixão e energia que ele pusesse em sua argumentação, tornou-se cada vez mais óbvio que o governo americano jamais iria abraçar sua cruzada, nem o povo americano. A União Soviética não mostrava nenhum sinal de endossá-la, tampouco: com efeito, o próprio Meyer fora pessoalmente atacado na mídia soviética como "a folha de figueira do imperialismo americano".[5] No outono de 1949, ele estava começando a sofrer uma crise de confiança. Sentia-se "improdutivo" e "estéril", e tinha começado a duvidar do "fanatismo desumano" de seus próprios argumentos. "Meus reiterados avisos sobre um apocalipse nuclear iminente ressoavam ocamente em minha cabeça, e comecei a desgostar do som da minha própria voz quando prometia uma salvação federalista em que não tinha mais confiança de fato." Desiludido, esgotado, ele renunciou à presidência da United World Federalists e se retirou da vida pública.[6]

Durante os dezoito meses seguintes, seu estado de ânimo voltou a se transformar. Meyer passava os dias meditando sobre as relações cada vez mais obscuras entre Estados Unidos e União Soviética, e sobre a natureza do comunismo stalinista. Tivera uma breve experiência com os comunistas, que tinham tentado se infiltrar no American Veterans Committee — outra das causas de Meyer — e subvertê-lo, e adquirira uma incômoda noção de quão determinados eles podiam ser. No início dos anos 1950, estava convencido de que era o comunismo, e não a "independência nacional", que representava agora a maior ameaça à paz no mundo. Com um toque de amargura, ele afirmou mais tarde que nunca importara quanta "boa-fé" os Estados Unidos exibissem: a liderança comunista não se deteria em nada até dominar o resto do mundo. E assim, em 1951, ele tomou a decisão de

Um jovem Cord Meyer visita Albert Einstein em 1948 para discutir
a atitude da União Soviética em relação ao federalismo mundial.

"se alistar" numa nova cruzada: ingressou na CIA e começou a se dedicar
à luta contra o comunismo. Ao contrário das outras causas que o haviam
inspirado, esta duraria o restante de sua vida profissional.[7]

Nas décadas seguintes, a conversão de Meyer de pacifista e defensor da
ideia de um só mundo em combatente frio e comprometido seria caracterizada por alguns como uma traição de seus valores liberais originais. "Ele
se converteu à Guerra Fria", disse um ex-amigo.[8] Meyer preferia pensar

nessa conversão como uma jornada do idealismo para o realismo. Ele nunca abandonou suas esperanças de paz mundial, ou o sonho de um sistema genuíno e democrático de cooperação internacional. Mas sua primeira prioridade era a proteção dos Estados Unidos, e por extensão do resto do mundo, contra a ameaça do comunismo soviético. "De maneira gradual e reticente, acabei por chegar à conclusão de que os americanos tinham um temível adversário na figura da União Soviética", ele escreveu quase vinte anos depois de ingressar na CIA. "Na época, eu não sabia o que sei agora, e tive de aprender do jeito mais difícil."[9]

Sonhos americanos e traições soviéticas

Sempre houve um certo traço de utopia na sociedade americana. A nação que nasceu do idealismo dos Pais Peregrinos, que foi fundada sobre a verdade de que todos os homens são criados iguais, e que ao longo da história se caracterizou como um "novo mundo" de liberdade, aspirações e justiça, entrou na guerra em 1941 não em busca de ganhos econômicos ou territoriais, mas para apoiar um sonho. Os Estados Unidos eram a terra da liberdade. Assim, quando os japoneses bombardearam Pearl Harbor, os americanos tomaram o ato como um ataque não só à nação, mas à própria liberdade.

Nas duas décadas que antecederam esse "dia da infâmia", a política externa americana era dominada pela ilusão de que os Estados Unidos podiam perseguir seus sonhos de liberdade e felicidade de maneira isolada, livre de estorvos estrangeiros; mas a chegada da guerra demoliu essa crença tão completamente que desde então ela nunca foi restaurada. Mesmo antigos isolacionistas como o senador republicano Arthur Vandenberg acabaram por concluir que a liberdade americana jamais poderia ser realmente assegurada enquanto se permitisse que a tirania e a injustiça florescessem em outras partes do mundo. "Pearl Harbor levou a maioria de nós a concluir que a paz mundial é indivisível", disse Vandenberg após a guerra.[10] Assim, quando os Estados Unidos pegaram em armas, fizeram-no com a intenção de levar o dom da liberdade a todos os cantos do mundo.

As quatro liberdades de Roosevelt — ser livre para se expressar, ser livre para ter seu culto, estar livre da miséria e estar livre de medo — não eram apenas um mantra, mas se tornariam um manifesto, consagradas primeiro na Carta do Atlântico e mais tarde na própria Carta das Nações Unidas.

Em 1945, com o fim da guerra e os Estados Unidos tomados pela euforia da vitória, esse sonho utópico pareceu, pelo menos por um momento, quase realizável. O país estava no "topo do mundo", com a "maior força e o maior poder que o homem jamais alcançara".[11] Todos os seus inimigos estavam derrotados, e seus aliados tinham se reunido, sob a liderança americana, para criar uma série de instituições mundiais cujo propósito declarado era erradicar a guerra por meio da promoção dos direitos civis, dos direitos humanos, das reformas econômicas e da liberdade democrática.

Nos últimos dias do conflito, muitos americanos ainda esperavam e acreditavam que a União Soviética, com a ajuda das novas instituições internacionais, também abraçaria esses ideais. Cord Meyer não era o único a pensar que os soviéticos acabariam por entender o valor desse sonho americano, se fossem tratados com tolerância e compreensão. Grande parte da imprensa estava tão acostumada a louvar "nossos valentes aliados" que não via com bons olhos diplomatas que expressavam dúvidas com relação aos soviéticos.[12] A maior parte dos políticos, fossem republicanos ou democratas, estava similarmente disposta a dar à União Soviética o benefício da dúvida. "Não precisamos temer a Rússia", Wendell Willkie dissera aos americanos durante a guerra. "Precisamos aprender a trabalhar com ela."[13] O secretário de Guerra, Henry Stimson, chegou a defender o compartilhamento de segredos atômicos com os soviéticos. "A lição mais importante que aprendi numa longa vida", ele escreveu a Truman em setembro de 1945, "é que a única maneira de tornar um homem digno de confiança é confiando nele."[14] Há nessas palavras uma certa dose de idealismo e ingenuidade, mas também um toque de arrogância. Homens como Meyer e Stimson simplesmente supunham que as demais nações deviam querer as mesmas coisas que os Estados Unidos, e ficavam de fato surpresos — e perturbados — quando isso não se mostrava verdadeiro.

LAMENTAVELMENTE, os soviéticos não se esforçavam muito para inspirar confiança, e ao fim da guerra já eram considerados pessoas de trato extremamente difícil. Seu ministro das Relações Exteriores, Viatcheslav Mólotov, era conhecido por seus camaradas como "Bunda de Pedra", por conta da obstinada capacidade de ficar sentado por horas à mesa de conferências sem se mexer; enquanto seu subordinado, Andrei Gromiko, logo seria caracterizado na imprensa americana como "sr. Niet".[15]* Os representantes americanos em Viena e Berlim achavam quase impossível chegar a qualquer tipo de entendimento com seus homólogos soviéticos, e maravilhavam-se com sua capacidade de "encontrar razões técnicas para justificar a violação de entendimentos".[16]

Apesar de toda a sua riqueza, seu poderio militar, sua supremacia atômica e seu domínio político, era difícil para os Estados Unidos não parecerem estranhamente impotentes em face de tal intransigência. Logo após a conferência dos Três Grandes em Ialta, por exemplo, espalharam-se rumores em Washington de que "o presidente Roosevelt havia cedido a Stálin em quase todas as questões" — rumores negados com veemência por seus assistentes.[17] Já na conferência de Bretton Woods, na qual os soviéticos perseguiram abertamente uma política de "aceitar todos os benefícios mas rejeitar todos os deveres e obrigações", delegados do mundo todo ficaram indignados com o modo como britânicos e americanos repetidamente voltavam atrás em suas posições sempre que os soviéticos fincavam o pé. Um deles, o delegado belga Georges Theunis, não pôde evitar se queixar a economistas britânicos: "É uma desgraça. Os americanos cedem aos russos em tudo. E com vocês, britânicos, não é diferente. Vocês estão de joelhos diante deles. Esperem só. Vocês vão ver no que isso vai dar".[18]

Os diplomatas que trabalhavam nas embaixadas americanas na Rússia e na Europa oriental foram os primeiros a avaliar que tipo de ameaça os soviéticos representavam para o mundo. Segundo o embaixador americano na Polônia, Arthur Bliss Lane, os soviéticos nunca haviam pretendido cumprir as promessas feitas em Ialta e Potsdam, de realizar "eleições

---

* *Niet* significa "não" em russo. (N. T.)

livres e sem restrições": seus informes a partir de Varsóvia estão repletos
de referências a "eleições fictícias", "atividades terroristas" e "atos contra
a liberdade de expressão e outras liberdades humanas".[19] O embaixador
americano em Moscou, Averell Harriman, foi ainda mais franco. "Stálin
está descumprindo todos os acordos", ele advertiu o presidente durante
uma viagem a Washington em abril de 1945, chegando inclusive a prever
uma nova "invasão bárbara" da Europa.[20]

Em outras partes da Europa oriental, a avaliação dos diplomatas seguia
as mesmas linhas gerais. Na Romênia, integrantes britânicos e americanos do Conselho de Controle Aliado queixaram-se de estar "encerrados
e vigiados tão de perto" que era quase como se estivessem presos, enquanto os soviéticos dedicavam-se ativamente a destruir o governo romeno e substituí-lo por um governo fantoche comunista.[21] Na Bulgária,
diplomatas americanos lamentavam sua "incapacidade" de deter o terror
apoiado pelos soviéticos; não só não tinham voz nem acesso significativo à
informação como se viam obrigados a ficar de lado enquanto uma polícia
estatal apoiada pela União Soviética era usada para "aterrorizar e controlar
a população".[22] Já o ministro das Relações Exteriores tcheco, Jan Masaryk,
admitiu a seu homólogo americano que estava à beira do desespero por
conta da forma como os soviéticos o forçavam continuamente a se submeter: "Para os russos, você estar de joelhos não é suficiente".[23]

Parecia não se passar nem um dia sequer sem que surgissem novas
histórias de violações de direitos civis e humanos por parte dos soviéticos:
o estupro de milhões de alemãs pelo Exército Vermelho, a pilhagem indiscriminada de propriedades na Europa oriental, a criação de forças policiais
secretas, a perseguição a padres católicos, a intimidação a políticos de oposição, a execução de ex-líderes da Resistência e a deportação em massa de
civis eram temas repetidamente debatidos por funcionários americanos
horrorizados, e ganhavam cada vez mais espaço na imprensa americana.

Logo ficou claro para todos que quem quer que defendesse a liberdade e a democracia na Europa oriental era um alvo. O líder da oposição
búlgara, Nikola Petkov, foi detido por acusações inventadas e executado.
O líder da oposição polonesa, Stanisław Mikołajczyk, acabou fugindo por

temer pela própria vida, assim como o primeiro-ministro húngaro, Ferenc Nagy, e o primeiro-ministro romeno, Nicolae Rădescu. Já a carreira de Jan Masaryk chegou a um fim abrupto em 1948, quando ele, misteriosamente, "caiu" de uma janela no Ministério das Relações Exteriores da Tchecoslováquia. Os americanos acreditavam ter posto fim a esse tipo de ocorrência na Europa, e a ideia de que eles estivessem acontecendo novamente era intolerável.

Mas a ideia mais perturbadora, de longe, era a de que a influência — aliás, a subversão — soviética havia começado a desestabilizar os próprios Estados Unidos. Em 1945, surgiu o primeiro de uma série de escândalos de espionagem que iriam sacudir a América do Norte. Ao desertar da embaixada soviética em Ottawa, um criptógrafo russo chamado Igor Gouzenko revelou os nomes de nada menos que vinte canadenses e três britânicos que haviam atuado como espiões da União Soviética, muitos dos quais eram funcionários do governo. Logo começaram a circular rumores de redes de espionagem semelhantes no establishment americano, alguns dos quais se revelariam verdadeiros. Em julho de 1948, uma ex-intermediária soviética chamada Elizabeth Bentley compareceu perante o Comitê de Atividades Antiamericanas da Câmara dos Representantes e denunciou publicamente 32 pessoas por espionagem. Entre elas havia uma série de funcionários do governo Roosevelt, inclusive Harry Dexter White, o homem que havia planejado a conferência de Bretton Woods sobre a nova economia internacional. Pouco tempo depois, um ex-comunista chamado Whittaker Chambers revelou o nome de outros espiões soviéticos que ocupavam altos cargos — entre eles Alger Hiss, que desempenhara um importante papel tanto no estabelecimento das Nações Unidas quanto na conferência dos Três Grandes em Ialta. Mais escândalos se seguiram. Em 1950, Julius e Ethel Rosenberg foram indiciados por furtar segredos atômicos e passá-los aos soviéticos. Por algum tempo, a impressão era de que havia espiões por toda parte.

Para a vasta maioria dos americanos, em especial aqueles que, como Cord Meyer, sempre haviam desejado pensar o melhor dos soviéticos, isso era uma traição intolerável. Meyer perguntou a si mesmo após o julgamento de Alger Hiss: "Onde terminou a desconfiança?".[24] Outros começaram a desqualificar os soviéticos: "Os russos não passam de um bando de trapaceiros e mentirosos", dizia um anúncio de página inteira publicado no *New York Herald Tribune*.[25] Bill Mauldin, cujos cartuns publicados em tempo de guerra no jornal *Stars and Stripes* tinham simbolizado as opiniões e pensamentos de milhões de soldados americanos, resumiu o sentimento de amargura generalizado, numa entrevista anos depois:

> Pensei que talvez eles não entendessem como nos sentíamos. Quando você luta como aliado de alguém numa guerra, acaba estabelecendo um vínculo forte com ele. Os russos tinham um imenso reservatório de boa vontade nos Estados Unidos. Mas não estavam interessados em ser nossos amigos. Queriam apenas acabar conosco da forma que fosse possível.[26]

Esse sentimento de traição iria perdurar pelo resto do século, e se estender pelo seguinte. Até mesmo historiadores sentiram-se por vezes compelidos a comentá-lo. "Nunca um país furtou tantos segredos políticos, diplomáticos, científicos e militares de outro", escreveu um historiador americano em 2003. "Em termos de espionagem, foi uma situação análoga à pilhagem de obras de arte europeias pelos nazistas. Com a diferença de que, no espírito amistoso e cooperativo da época, fomos nós que abrimos a porta para eles."[27]

A reação americana

À medida que esses acontecimentos se desdobravam, os americanos foram obrigados a se fazer algumas perguntas incômodas. Se os Estados Unidos eram a nação mais poderosa do planeta, por que pareciam tão impotentes em face das provocações soviéticas? E, mais importante, por que pareciam incapazes de deter a marcha do comunismo? Nos anos imediatos do pós-guerra, uma série de países da Europa oriental e central caíram sob domínio comunista. Na China, da mesma forma, uma guerra civil levou finalmente à vitória do Exército Vermelho de Mao Tsé-tung, de modo que no fim de 1949 um quinto da população mundial estava vivendo sob governos comunistas — no total, mais de meio bilhão de pessoas.[28] De que adiantavam todo o poder e toda a riqueza dos Estados Unidos se eles não podiam salvar o mundo daquilo que só podiam ver como opressão e tirania? E de que adiantava seu monopólio da bomba atômica se não podiam usar a ameaça dessa nova arma para promover seus objetivos?

Nada disso coadunava com a visão heroica que os Estados Unidos tinham de si mesmos após a Segunda Guerra Mundial, ou com o que um cientista político da época chamou de "a ilusão da onipotência americana".[29] Em vez de aceitar a decepcionante realidade de que até o poder dos Estados Unidos era limitado, muitos preferiram acreditar que as esperanças e ambições americanas tinham sido frustradas pela incompetência do governo — ou por algo ainda pior, uma punhalada nas costas. Assim, começaram a imaginar que os vários escândalos de espionagem eram apenas o sintoma de algo muito mais profundo: a corrupção da própria sociedade americana. Era essa a visão dos republicanos, por exemplo, que usaram a questão para fustigar seus rivais democratas. Nas eleições para o Congresso no final de 1946, eles acusaram os democratas de permitir "a infiltração de radicais com ideias estrangeiras" no governo, de ignorar "o perigo iminente do comunismo" e de não expurgar os sindicatos de "vermelhos". Um candidato republicano em Indiana chegou a afirmar que 70 mil comunistas conhecidos estavam na folha de pagamento do governo — uma sugestão absurda que seria ecoada quatro anos depois em acusações semelhantes, porém ainda mais infames, do senador Joe McCarthy.[30]

Mas essa ideia também obrigou os Estados Unidos a enfrentar algumas questões difíceis. Se a nação estava de fato repleta de comunistas, a que se devia isso? O sonho americano não era suficiente? Por que um verdadeiro americano trairia o próprio país em nome de um Estado totalitário tão abertamente oposto aos valores dos Estados Unidos?

Esses questionamentos apontam para uma série de problemas que atormentaram a sociedade americana ao longo da década de 1930, e que reemergiram, acompanhados de novas indagações, após o fim da guerra.

A maior parte dos historiadores da Guerra Fria, ao privilegiar a situação internacional logo após a guerra, se esquece de olhar para o que estava acontecendo nos confins do território americano. Os Estados Unidos até podiam "dominar o mundo como um colosso", conforme expressou um comentarista na revista *The Nation*, mas os americanos comuns não se sentiam muito poderosos.[31] Na verdade, em 1945 e 1946 os Estados Unidos estavam sob enorme tensão. A desmobilização de milhões de homens das Forças Armadas, a demissão em massa de mulheres dos postos de trabalho, a conversão da economia de guerra para uma economia de tempo de paz — tudo isso criava tensões que era difícil conter. Além disso, as rivalidades políticas, adormecidas durante a guerra, começavam a reemergir.

Os americanos haviam recebido de seu governo a promessa de uma idade de ouro de prosperidade e harmonia depois que o conflito terminasse. Mas, em vez disso, tiveram de conviver com racionamentos, inflação crescente e escassez de moradias. No outono de 1945, dezenas de milhares de mulheres faziam filas diante das lojas de roupas para comprar meias de náilon, e se insurgiam quando os estoques se esgotavam. Ao mesmo tempo, as greves ameaçavam quase todas as grandes indústrias: em 1946, um número recorde de 4,6 milhões de trabalhadores realizou quase 5 mil greves. Os índices de divórcio também dispararam nesse ano, em especial entre os soldados, assim como os índices de doenças sexualmente transmissíveis (dois fatos que nem sempre estiveram inteiramente desvinculados). Ao voltar da guerra, os soldados negros mostraram-se determinados a lutar contra a segregação racial, dando início a uma luta que por fim levaria a questão dos direitos civis ao cerne da política americana. Sem a força unificadora da guerra para manter a sociedade coesa, muitas velhas divisões — entre trabalhadores e patrões, ricos e pobres, brancos e negros, homens e mulheres, classe média e classe trabalhadora — voltaram a aflorar, assim como antigas tensões entre americanos mestiços de todas as origens étnicas.[32]

Um dos muitos ingredientes desse coquetel de frustrações nacionais era de fato um aumento da atividade comunista. No fim da guerra, o Partido Comunista Americano contava com 63 mil membros, e, no âmbito do Congresso de Organizações Industriais, os comunistas controlavam sindicatos que chegavam a 1,37 milhão de filiados.[33] Para aqueles que estavam dispostos a ver, havia pessoas ligadas ao comunismo em quase todas as esferas da vida pública, inclusive os meios de comunicação, a educação, a indústria e até mesmo o governo. Para Cord Meyer e outros, isso era sem dúvida um problema, e alguns dos métodos empregados pelos comunistas americanos podiam ser bastante cruéis. No entanto, tratava-se de um problema menor. Mesmo na época, muitos americanos estavam cientes de que se concentrar nessa questão e excluir todas as demais era simplesmente uma desculpa para evitar encarar outras divisões profundas na sociedade americana.[34]

O comunismo era de fato aquilo em que quase todos se concentravam — não só anticomunistas experientes como o ex-congressista republicano Hamilton Fish e o chefe do FBI, J. Edgar Hoover, mas figuras de todas as esferas da vida pública, entre os quais políticos de ambas as casas do Congresso e ambos os partidos; líderes militares como George Marshall e o almirante Leahy; líderes empresariais como Francis P. Matthews, da Câmara Americana de Comércio; e até líderes sindicais como George Meany e William Green, da Federação Americana do Trabalho. O teólogo protestante Reinhold Niebuhr condenava o comunismo em seus escritos, o radialista católico Fulton J. Sheen atacava os comunistas pelas ondas de rádio, e o American Jewish Committee lançou uma intensa campanha para expurgar o comunismo de grupos judaicos.[35] Até o presidente Truman se viu obrigado a fazer um pronunciamento público contra o comunismo, embora, em particular, avaliasse que tudo aquilo não passava de histórias de "bicho-papão".[36] Enquanto isso, a imprensa não somente comentava a paranoia pública, mas atiçava-a com toda a força. Os veículos de Randolph Hearst pavimentaram o caminho, com manchetes do tipo "Maré vermelha ameaça civilização cristã", publicada apenas alguns dias após o término da guerra.[37] No final dos anos 1940, as manchetes tinham se tornado mais específicas e sinistras: "Fascismo vermelho nos Estados Unidos hoje", "Comunistas infiltram-se em Wall Street", ou "Os vermelhos estão atrás dos seus filhos".[38]

Uma das coisas mais fascinantes sobre o vocabulário rotineiramente utilizado para descrever a ameaça comunista, tanto internamente quanto no exterior, era sua semelhança com a linguagem empregada anos antes para descrever a ameaça nazista. "Fascismo vermelho" era uma expressão usada com frequência por jornais, políticos e pelo FBI, como se as ideologias de Stálin e Hitler fossem intercambiáveis. Da mesma forma, nazismo e comunismo eram muitas vezes fundidos sob o termo "totalitarismo", ainda hoje bastante utilizado.[39] Stálin por vezes era chamado de "o Hitler russo", e políticos falavam dos perigos de "apaziguá-lo", assim como os britânicos tinham tentado fazer com Hitler em 1938. "Lembrem-se de Munique!", o radialista H. V. Kaltenborn advertia seus ouvintes em março de 1946.[40] A propaganda comunista era comparada à propaganda de Goebbels; o gulag soviético, aos campos de concentração nazistas; o Comissariado do Povo para Assuntos Internos, à Gestapo. Segundo o embaixador americano na Polônia, Arthur Bliss Lane, "uma batida à porta na calada da noite provoca hoje o mesmo terror que provocava durante a ocupação nazista". Essa repressão e esse terror, ele afirmou numa transmissão de rádio em 1947, eram igualmente terríveis, "quer sejam praticados sob o emblema da suástica ou do martelo e da foice".[41] Um futuro congressista americano chegou a comparar o *Manifesto comunista* de Marx ao livro de Hitler, *Minha luta*.[42] A comparação entre soviéticos e nazistas era feita em toda parte por todo mundo, até mesmo o presidente. "Não há nenhuma diferença entre o governo totalitário russo e o governo de Hitler", disse Truman numa entrevista coletiva em março de 1950. "Eles são todos parecidos. São Estados policialescos."[43]

Assim, o medo aos soviéticos foi paramentado com as mesmas roupas do conflito que os Estados Unidos acabavam de deixar para trás, e o povo americano foi estimulado a acreditar que estava vivendo uma repetição dos anos 1930. De certa forma, o medo aos soviéticos não tinha relação com os soviéticos em si, sendo na verdade uma manifestação de algo ligeiramente mais profundo— uma ansiedade para não repetir os erros do passado que haviam levado à guerra. Essa ansiedade foi reiterada nas invocações a Hitler que acompanharam quase todos os conflitos em que os Estados Unidos estiveram envolvidos desde então, da Coreia ao Onze de Setembro.

Macarthismo

As consequências dessa atmosfera de medo e paranoia seriam profundas não só em âmbito doméstico, mas também internacional. Em março de 1947, numa tentativa de silenciar aqueles que o consideravam demasiado brando em relação ao comunismo, o presidente Truman expediu uma ordem executiva declarando que todos os empregados civis do governo seriam obrigados a se submeter a uma investigação de lealdade. De todas as muitas medidas anticomunistas que seriam implementadas nessa época — as restrições ao poder dos sindicatos incorporadas na Lei Taft-Hartley, as listas de proscritos de Hollywood, o julgamento de líderes comunistas sob a Lei Smith, para citar apenas alguns exemplos —, o programa de lealdade de Truman seria de longe o mais difuso. Ao longo dos nove anos seguintes, mais de 5 milhões de servidores civis seriam triados, e mais de 25 mil submetidos a meticulosas investigações por parte do FBI. Nenhuma dessas investigações revelou um único espião, embora tenham levado a 12 mil pedidos de demissão e a cerca de 2700 exonerações, causando muito sofrimento ao longo do caminho. Foi talvez o maior ataque à privacidade e à liberdade civil jamais registrado na história americana.[44]

Alvo de uma ampla investigação de lealdade pouco tempo depois de ingressar na CIA, Cord Meyer mais tarde descreveu o processo como perturbador. Ele fora acusado de manter relações com comunistas conhecidos, de associar-se com organizações de fachada comunistas e de expressar pontos de vista antiamericanos. Uma das acusações contra ele dizia respeito a um agente do FBI que teria ouvido supostos comunistas se perguntando em voz alta se seriam capazes de convencer Meyer a se unir a eles. Embora indignado, Meyer teve de tratar o boato com a máxima seriedade. Desde o início, o ônus de provar sua inocência era dele. Nunca lhe revelaram quem o havia acusado. Não lhe permitiram sequer estar presente ao próprio julgamento. Meyer foi suspenso do trabalho por três meses, durante os quais ficou sem receber e foi obrigado a escrever uma autobiografia detalhada justificando sua infância, sua educação e suas crenças políticas, e corroborar tudo isso com documentos. Ele perdeu não apenas o sono e

O medo vence a liberdade: um americano histérico tenta extinguir
a chama da liberdade durante o "Perigo Vermelho" em 1949.

muito dinheiro, mas também vários amigos: pessoas que conhecia e de
quem gostava afastaram-se deliberadamente, temendo ser associadas com
um comunista. "Na atmosfera envenenada daquele tempo, era preciso
ter genuína coragem para se associar a alguém suspeito de constituir um
risco de segurança."[45]

No fim das contas, Meyer teve sorte — não apenas conseguiu com-
provar sua inocência, como foi investigado uma única vez. Muitos outros
funcionários do governo, sobretudo aqueles com ideias mais à esquerda,

viram-se repetidamente escrutinados pelo FBI, por comissões do governo, pelo Comitê de Atividades Antiamericanas da Câmara dos Representantes e pelo Subcomitê Permanente de Investigações do Senado, então sob o comando de McCarthy.[46] Talvez o pior suplício fosse ser arrastado para a frente das câmeras de TV para ser interrogado por McCarthy — um espetáculo que ficou tão profundamente gravado na consciência americana que a brutal importunação de suspeitos de comunismo passou a ser conhecida desde então como "macarthismo". Meyer sempre se perguntou por que fora poupado dessa indignidade, e concluiu que provavelmente tinha sido salvo por suas condecorações militares. McCarthy, como qualquer valentão, "não desejava confrontar um fuzileiro naval que tinha visto muito mais ação do que ele".[47]

É impossível avaliar os danos causados a dezenas de milhares de indivíduos que, como Meyer, foram submetidos a esses processos. Muitos ficaram tão traumatizados pela forma como tiveram sua vida pessoal devassada que relutaram em voltar a pôr seus verdadeiros sentimentos no papel, mas os que o fizeram descreveram o suplício como "exaustivo", "devastador" e até "infernal".[48] Uma advogada afro-americana que foi impedida de trabalhar para o governo descreveu como o processo de investigação a afetou:

A pessoa se sente amedrontada, insegura, exposta. Pensa em todos os erros pessoais que cometeu e nos segredos mais profundos de sua vida, sem qualquer relação com atividades políticas. Fica apreensiva de que todos os detalhes de sua vida íntima sejam espalhados pelas páginas dos autos, para serem lidos, esquadrinhados, pesados, avaliados e julgados por estranhos.[49]

Aqueles mais alinhados à esquerda afirmaram que tudo isso serviu como uma boa desculpa para que os republicanos impusessem valores conservadores sobre uma geração inteira de americanos. O verdadeiro custo, segundo eles, não se media pelo número de indivíduos traumatizados e carreiras destruídas, mas pelo número de "suposições jamais questionadas, perguntas nunca feitas, problemas ignorados durante uma década". A campanha contra o comunismo silenciou a voz da esquerda americana por uma geração. Os liberais foram obrigados a seguir uma linha mais conservadora ou recair imediatamente sob suspeita: com efeito, para muitas pessoas termos como "socialista" ou "liberal" logo se tornaram sinônimos de "comunista". Questões de classe e de raça foram deixadas de lado diante do enorme Perigo Vermelho, assim como questões sobre o papel das mulheres na sociedade. Ao longo de toda a década de 1950 e do início dos anos 1960, quase todos que saíam de seus papéis tradicionais na sociedade se expunham automaticamente a acusações de radicalismo perigoso.[50]

Na verdade, porém, a maneira como essas medidas foram implementadas nem sempre convinha aos republicanos. Embora alguns citassem como justificativa a necessidade de garantir a segurança dos Estados Unidos contra a ameaça do comunismo mundial, o espetáculo de governos intrometendo-se na vida privada de indivíduos e ditando-lhes como viver não condizia com a crença republicana na liberdade individual. Ainda hoje, os republicanos se apressam a ressaltar que alguns dos aspectos mais repressivos do Perigo Vermelho, como o programa da lealdade, foram instigados pelos democratas.

Independentemente de em qual lado se estivesse, a guinada à direita em termos de valores que ocorreu durante essa época representou uma grande mudança na sociedade americana, mudança que iria afetar sua visão do mundo ao menos pelos próximos vinte anos.

A Doutrina Truman

A segunda grande mudança inspirada pela ameaça do comunismo ocorreu em nível internacional. Longe de ser um viveiro de espiões, o Departamento de Estado americano foi muitas vezes a vanguarda da luta dos Estados Unidos contra o comunismo. Já em 1946, não restava no Departamento de Estado praticamente nenhum alto funcionário que tivesse algo de bom a dizer sobre a União Soviética.[51] O estado de ânimo dominante foi resumido por um diplomata da embaixada americana em Moscou, que em fevereiro de 1946 enviou a Washington uma mensagem que se tornaria um dos momentos definidores na gênese da Guerra Fria. O "longo telegrama" de George Kennan retratava a liderança soviética como "cruel", "perdulária" e "insegura" ao ponto da paranoia, sobretudo quando se tratava de sua relação com os Estados Unidos. Os soviéticos, ele explicou, estavam "fanaticamente comprometidos" com a destruição do "American way of life", semeando desarmonia entre o povo americano e solapando a autoridade internacional dos Estados Unidos.[52] A única maneira de combater o "parasita maligno" do comunismo era traçando uma linha clara na areia. A ameaça soviética tinha de ser contida.

O telegrama de Kennan causou sensação em Washington, mas só porque resumia pela primeira vez o que todos no Departamento de Estado já vinham pensando. Ao longo do ano seguinte, as ideias de Kennan iriam se tornar a nova ortodoxia, não só no Departamento de Estado como também no resto do governo.[53]

Com o passar do tempo, no entanto, uma política passiva de contenção já não era mais considerada suficiente. Em muitas partes do mundo, restava a ameaça muito real de que revoltas locais levassem os comunistas ao poder independentemente de Moscou. Uma dessas revoltas estava em curso na Grécia, que vivia uma brutal guerra civil desde que fora libertada pelos nazistas. Quando os britânicos anunciaram que não tinham mais condições de sustentar o governo grego nacionalista, o Departamento de Estado decidiu que havia chegado o momento de intervir e começar a desempenhar um papel mais ativo.

Assim, em março de 1947, o presidente Truman compareceu perante uma sessão conjunta do Congresso e fez um discurso destinado a "apavorar o povo americano".[54] O pretexto era solicitar aos parlamentares a liberação de 400 milhões de dólares em ajuda imediata para a Grécia e a Turquia, mas, como havia feito naquele mesmo mês ao anunciar seu programa de lealdade, Truman tentava mostrar também que estava disposto a adotar uma linha dura com relação ao comunismo, e os princípios delineados em seu discurso iriam se tornar a pedra angular da política externa americana pelo resto do século.

Numa fala de apenas vinte minutos, Truman invocou todos os valores mais caros ao povo americano: liberdade, justiça, boa vizinhança e a determinação de defender os mais fracos. As palavras "livre" ou "liberdade" foram usadas nada menos que 24 vezes: se de fato desejavam viver num mundo pacífico, não bastava que os Estados Unidos se proclamassem a "Terra da Liberdade"; era preciso que apoiassem também a causa dos "povos amantes da liberdade" no mundo todo. Na imagem evocada por Truman, os Estados Unidos apareciam como um herói solitário, lutando contra as forças do "terror e opressão", assim como tinham feito na recente guerra mundial.

Mas foi o apelo de Truman aos temores americanos que se revelou mais eficaz. As consequências de *não* se levantar em defesa da Grécia, ou de outros países menores ameaçados pelo comunismo, "seriam desastrosas não somente para eles, mas para o mundo todo". Ecoando as vozes de seus conselheiros mais graduados no Departamento de Estado, ele invocou a perspectiva de "confusão e desordem" espalhando-se pelo Oriente Médio, trazendo consigo o "colapso de instituições livres" e o fim da "liberdade e da independência". O espectro da Segunda Guerra Mundial, tanto como lição quanto como advertência, esteve presente ao longo de todo o discurso. Os Estados Unidos tinham deixado de combater o totalitarismo no passado. O custo de apoiar a Grécia em seu momento de maior necessidade, afirmou Truman, era um investimento sólido quando comparado aos 341 bilhões de dólares que os Estados Unidos tinham sido obrigados a desembolsar para vencer a última guerra. O ponto crucial de sua fala veio perto do fim, quando ele pronunciou as palavras que iriam estabelecer o tom da política externa americana durante toda a Guerra Fria:

Acredito que os Estados Unidos devem adotar uma política de apoio aos povos livres que lutam contra as tentativas de subjugação empreendidas por minorias armadas ou grupos de pressão externa. [...] Os povos livres do mundo se voltam para nós em busca de apoio para manter suas liberdades. Se vacilarmos em nossa liderança, poderemos pôr em perigo a paz mundial.[55]

A retórica de Truman surtiu o efeito desejado: o pedido de 400 milhões de dólares em ajuda para a Grécia e a Turquia foi atendido. Mas, ao falar em termos tão amplos, ele havia sugerido que os Estados Unidos estavam dispostos a ajudar toda e qualquer nação que se sentisse ameaçada pelo comunismo. Nas semanas seguintes, autoridades do Departamento de Estado como Dean Acheson se veriam em dificuldades para afastar a ideia de que isso representava uma espécie de cheque em branco para o mundo; de qualquer modo, restou a impressão de que os Estados Unidos estavam comprometidos com o combate ao comunismo em escala mundial, fosse qual fosse o custo.[56] O fato de Truman ter sido capaz não só de fazer essas promessas, como também de cumpri-las em grande parte, dá uma boa medida da riqueza que os Estados Unidos haviam acumulado na esteira da Segunda Guerra Mundial. Nas semanas seguintes, o secretário de Estado americano, George Marshall, anunciaria outro enorme pacote de ajuda destinado a afugentar a ameaça do comunismo na Europa ocidental: o Plano Marshall acabaria por injetar 12,3 bilhões de dólares na economia europeia. Somente entre 1945 e 1953, o valor total do auxílio global prestado pelos Estados Unidos alcançou 44 bilhões de dólares.[57]

Nos anos seguintes, mesmo essas cifras estratosféricas pareceriam uma gota d'água no oceano. Quando a Guerra Fria chegou ao fim, em 1989, estimava-se que os Estados Unidos tivessem desembolsado cerca de 8 trilhões de dólares em apoio à Doutrina Truman. Eles haviam fornecido ajuda a mais de cem países, estabelecido tratados de defesa mútua com mais de cinquenta e construído enormes bases militares em trinta. Além disso, haviam mobilizado cerca de 1 milhão de soldados a cada ano em todo tipo de ambiente, de cidades europeias a ilhas remotas do Pacífico, de bases aéreas na selva a acampamentos no deserto, de porta-aviões a submarinos nucleares — e, mais tarde, foguetes espaciais. A Doutrina Truman tinha sido usada para justificar a guerra total na Coreia e no Vietnã, e operações secretas da CIA em toda parte, de Cuba a Angola, passando pelas Filipinas. Além disso, servira de fundamento para a derrubada de governos no Irã, na Guatemala e no Chile, e para o patrocínio de ditaduras de direita em toda a América Central e do Sul. Tudo isso estava muito distante da política isolacionista que havia dominado o pensamento americano antes da Segunda Guerra. O legado da guerra nos Estados Unidos, somado à Doutrina Truman, que preconizava o envolvimento ativo do país nas questões mundiais, fez com que os Estados Unidos se sentissem moralmente obrigados a participar de todos esses conflitos.[58]

E esse sentimento permanece até hoje. Mesmo após o fim da Guerra Fria, a obrigação de defender os valores da democracia levou os Estados Unidos a intervirem no Iraque (1991), na Somália (1992), no Haiti (1994), na Bósnia (1995) e no Kosovo (1999) — não para sua própria segurança imediata, mas em defesa da "liberdade", da "democracia" e do "próprio tecido do Ocidente". Mesmo o segundo embate do país com o Iraque, que se intensificou do final dos anos 1990 até 2003, não começou como parte da "guerra contra o terror" empreendida por George W. Bush, mas como uma tentativa de manter a ordem no mundo. Por mais cansado que o povo americano possa estar de carregar esse fardo, e por mais que os Estados Unidos sejam criticados por países menos dispostos a participar de guerras, o legado tanto da Segunda Guerra Mundial quanto da Doutrina Truman parece pronto para continuar no futuro. Como observou em 2014 um graduado conselheiro de política externa do Departamento de Estado, "superpotências não podem se aposentar".[59]

EM 1947, quando Truman fez seu famoso discurso, tudo isso se situava num futuro distante. Os americanos comuns sabiam apenas que, apesar de sua suposta riqueza e poder, sentiam-se inquietos e apreensivos, como se à espera de algum acontecimento terrível e iminente. Para o psicanalista holandês Abraham Meerloo, que passou um tempo no país após a guerra, parecia que os Estados Unidos estavam tomados por "um temor vago e indefinido". Ele sugeriu que a razão subjacente a esse estado de ânimo era o "sentimento oculto de culpa" dos americanos pelas coisas que haviam sido obrigados a fazer durante a guerra, inclusive o bombardeio de Hiroshima e Nagasaki. Se o país não fosse capaz de enfrentar a realidade do que tinha feito, disse ele, continuaria a ser atormentado por premonições de algum tipo de punição.[60]

A julgar pelo grau de ansiedade suscitado pela bomba atômica nos Estados Unidos, é bastante plausível que houvesse de fato um elemento de culpa oculta na psique americana. Mas a história não termina aqui. Se não há dúvida de que a Segunda Guerra Mundial provocou sofrimento em uma parte do país, e em certa medida o traumatizou, ela ao mesmo tempo lhe proporcionou um sentido de propósito. No dia em que partiu para a guerra, após o ataque a Pearl Harbor, Cord Meyer se sentiu mais vivo do que nunca. Seus sentimentos eram compartilhados por milhões de americanos que se deleitavam com o senso de missão e solidariedade que a guerra lhes havia trazido. Os Estados Unidos podiam ter comemorado o fim dos conflitos e o fato de terem saído vitoriosos, mas, no fundo, havia muitas pessoas que lamentavam o fim da guerra.

A descoberta de um novo inimigo deu aos americanos não só a oportunidade de pôr de lado quaisquer sentimentos de culpa que pudessem ter tido por suas ações durante a guerra, mas também um repositório para toda a raiva e a agressividade acumuladas pelas pessoas durante os anos de confronto, além de um bode expiatório para todos aqueles que possuíam algum interesse pessoal, fossem velhos ou jovens. Os soviéticos eram uma entidade sobre a qual os americanos podiam depositar seus medos e apreensões, e, como eram um inimigo consensual, permitiram que os americanos voltassem a experimentar um sentimento de solidariedade. Porém, ainda mais importante, esse novo inimigo devolveu aos Estados Unidos seu senso de propósito: de que serve um cavaleiro em armadura reluzente quando não há um dragão para matar? Para o bem ou para o mal, a Segunda Guerra e a Guerra Fria estabeleceram uma espécie de modelo psicológico: desde então os Estados Unidos vêm combatendo todo tipo de dragões.[61]

14. União Soviética

Em 1949, o dragão mostrou que podia cuspir fogo. Quando a União Soviética testou sua primeira bomba atômica, tudo mudou: pela primeira vez o mundo tinha não uma, mas duas potências nucleares, e a ideia de uma guerra atômica tornou-se uma possibilidade real. Nos anos seguintes, Estados Unidos e União Soviética se lançariam numa corrida armamentista que levaria o mundo à beira do apocalipse — mais notavelmente por causa da Coreia nos anos 1950, durante a crise cubana dos mísseis, na década de 1960, e durante as fortes tensões entre Oriente e Ocidente em meados dos anos 1980.

Ao longo de todo esse período, um cientista nuclear soviético se tornaria emblemático do país que servia. Andrei Sakharov é lembrado hoje como um dissidente russo e um ganhador do prêmio Nobel da paz, mas, quando jovem, era mais conhecido como o pai da bomba termonuclear soviética. Eram cientistas como Sakharov que encarnavam tudo que os Estados Unidos mais temiam em relação ao Estado soviético, mas também o que os americanos mais admiravam em seu próprio povo. Uma figura de destaque na história não só da Rússia mas do mundo, Sakharov desempenharia um importante papel tanto na promoção do poder soviético quanto em sua derrocada.

Quando a União Soviética entrou na guerra, Andrei Sakharov tinha apenas vinte anos e estava a meio caminho de se formar em física na Universidade de Moscou. Muitos de seus colegas de classe se alistaram imediatamente como voluntários no Exército, mas Sakharov, que foi impedido de fazer o mesmo por conta de uma doença cardíaca, apresentou-se em vez disso para realizar trabalhos técnicos. Após concluir seus estudos, ele foi trabalhar numa fábrica de munições em Kovrov, primeiro no chão de fábrica, mais tarde em seus laboratórios, onde inventou máquinas para testar a qualidade dos projéteis e obuses perfurantes. As condições eram terríveis: crianças trabalhavam ao lado de adultos, e mulheres grávidas eram obrigadas a labutar como todos os outros. Muitos, inclusive Sakharov, compartilhavam dormitórios infestados de piolhos, e viviam à base de mingau de milho misturado com ovos desidratados americanos. Mas, como todos de sua geração, ele não se queixava. "Tínhamos de lutar para vencer", ele escreveu mais tarde, fossem quais fossem os sacrifícios pessoais que precisassem ser feitos.[1]

Depois da guerra, Sakharov voltou a estudar, como aluno de pós-graduação no prestigioso Instituto de Física da Academia de Ciências. Mas, perto do final de 1946, quando já estava completando o curso, ele se deu conta de uma mudança de atmosfera: subitamente, o Estado parecia manifestar um grande interesse pelo trabalho dos físicos teóricos. Em duas oportunidades lhe ofereceram trabalho em projetos ultrassecretos do programa nuclear soviético, com um salário correspondente, e nas duas oportunidades ele recusou. Por fim, no verão de 1948, não teve mais escolha. Por decisão do Conselho de Ministros e do Comitê Central do Partido Comunista, um grupo de pesquisa especial estava sendo formado para investigar a possibilidade de construir uma bomba de hidrogênio. Sakharov estava entre seus membros.

Assim como havia feito durante a guerra, aceitou esse novo papel sem grandes questionamentos, uma vez que acreditava sinceramente na necessidade de manter a União Soviética a salvo de um ataque americano:

> Eu compreendia, é claro, a natureza aterradora e desumana das armas que estávamos construindo. Mas a guerra recente também havia sido um exercício de barbaridade; e, embora eu não tivesse travado combate no campo de batalha, considerava-me um soldado nessa nova guerra científica.

Sakharov e seus colegas cientistas viam o trabalho que realizavam como "heroico", e se lançaram na pesquisa de armas nucleares com zelo genuíno: "Estávamos possuídos por uma verdadeira psicologia de guerra". Acima de tudo, ele escreveu, "eu me sentia comprometido com o objetivo que supunha ser também o de Stálin: após uma guerra devastadora, tornar o país suficientemente forte para assegurar a paz". A União Soviética não tinha opção a não ser abraçar a corrida armamentista, porque essa era a única maneira de proporcionar "segurança em face das armas nucleares americanas e britânicas".[2]

Nos anos seguintes, Sakharov seria decisivo para a criação de uma série de armas cada vez maiores: a "Joe 4", a "Grande Bomba", a "Extra", a "Bomba-Tsar". Em reconhecimento à sua devoção, foi proclamado Herói do Trabalho Socialista em três ocasiões, e agraciado com o prêmio Stálin em 1953 e o prêmio Lênin em 1956.

O "pai da bomba de hidrogênio":
Andrei Sakharov no Instituto de
Energia Atômica soviético em 1957.

No entanto, com o passar do tempo, sua dedicação ao Estado soviético começou a oscilar. Quando jovem, nunca passara pela cabeça de Sakharov questionar o marxismo como "a ideologia mais adequada para libertar a humanidade". Ele nunca conhecera outra Rússia senão a comunista, e fora criado para acreditar que o Estado soviético "representava um grande avanço rumo ao futuro, um exemplo [...] a ser seguido por todos os outros países". Mas, como adulto e cientista, não podia deixar de notar certos defeitos perigosos no sistema. Deplorava a violência com que se havia implementado o programa de coletivização antes da guerra, razão pela qual se recusara a ingressar no Partido Comunista, e condenava abertamente a posição de destaque conferida pela Academia de Ciências a Trofim Lisenko, cuja versão politizada da genética era ridicularizada em outras partes do mundo. Além disso, opunha-se à realização de testes nucleares na atmosfera, uma vez que produziam muita precipitação radioativa e eram verdadeiros "crimes contra a humanidade". Pouco a pouco, ele estava se tornando mais crítico do sistema em que vivia.[3]

O momento definidor de sua vida chegou em 1968, quando, influenciado por eventos tanto na Rússia quanto no exterior, Sakharov decidiu registrar algumas reflexões sobre os problemas de seu tempo. O resultado foi um ensaio intitulado "Reflexões sobre progresso, coexistência pacífica e liberdade intelectual", que publicou como samizdat,* mas que logo foi detectado pela imprensa estrangeira. Nesse texto, Sakharov expressa a esperança idealista de que os sistemas capitalista e socialista gradualmente parassem de se opor e eventualmente convergissem. Essas ideias eram heréticas na União Soviética, mas foram bem recebidas no Ocidente. O ensaio foi publicado pela primeira vez no jornal holandês *Het Parool* no início de julho, e duas semanas depois pelo *New York Times*. Ao longo do ano seguinte, mais de 18 milhões de cópias foram publicadas no mundo todo, tornando-o uma sensação editorial. De repente, o nome de Sakharov estava sendo mencionado junto com o de Aleksandr Soljenítsin

---

* Livros copiados e distribuídos clandestinamente na União Soviética para burlar a censura. (N. T.)

e os de outros dissidentes, como o polonês Jan Lipski e o tchecoslovaco Ivan Klíma.[4]

Pelo resto da vida, Sakharov seria famoso não como cientista, mas como dissidente. Ele perdeu seu emprego por causa das "Reflexões", mas continuou a escrever panfletos contrários ao regime. Além disso, assinou uma série de petições contra o governo e participou de protestos públicos contra ações do Estado soviético. Nos anos 1970, receberia vários prêmios, inclusive o Nobel da paz, para grande irritação das autoridades soviéticas, que o atacaram impiedosamente na imprensa, a ele e sua mulher. Em 1988, a Comunidade Europeia daria seu nome a um prêmio de direitos humanos.

Apesar de tudo isso, Sakharov continuou sendo um cientista, e seguiu trabalhando como físico teórico. Até o fim de seus dias, jamais expressou qualquer arrependimento por ter contribuído para a pesquisa de armas nucleares. A corrida atômica, ele afirmou em 1988, foi "uma grande tragédia, que refletia a natureza trágica da situação mundial, em que para preservar a paz era necessário fazer coisas medonhas e terríveis". Ainda assim, "no balanço final, o trabalho que fizemos era justificado, bem como o trabalho que foi feito por nossos colegas no lado oposto".[5]

Trauma nacional

Na esteira da Segunda Guerra Mundial, os Estados Unidos e a União Soviética se viram numa posição que nenhum dos dois países poderia ter previsto apenas seis anos antes. A guerra não só os propelira à grandeza militar, mas também enfraquecera ou destruíra seus rivais a tal ponto que nenhuma outra nação era capaz de desafiá-los. A União Soviética possuía o maior Exército continental que o mundo já vira, e dominava todo o continente eurasiano. Já os Estados Unidos tinham uma Marinha que reinava tanto no Pacífico quanto no Atlântico, e um Exército e uma Força Aérea que faziam os de qualquer outra potência ocidental parecer pequenos. Além disso, havia ainda o monopólio sobre a bomba atômica. Na ausência de rivais comparáveis, essas duas potências tornaram-se algo que o mundo nunca tinha visto até então: superpotências.

No entanto, pelo menos em 1945, teria sido absurdo imaginar que esses dois países eram iguais. Os Estados Unidos tinham saído da guerra quase incólumes do ponto de vista material, com uma economia florescente que, de longe, os tornava a nação mais rica do mundo. A União Soviética, por sua vez, encontrava-se prostrada. Qualquer que fosse seu poderio militar, ela estava exaurida em termos físicos, emocionais e econômicos, e era incapaz de projetar sua influência muito além das partes da Europa e do nordeste da Ásia que havia libertado.

Foi só depois que a Segunda Guerra Mundial chegou ao fim que a maioria dos soviéticos se permitiu avaliar o que tinha perdido. A destruição física era verdadeiramente assombrosa. "No Exército, vivíamos falando sobre como seria a vida depois da guerra", escreveu em 1947 o jornalista Boris Galin. "Imaginávamos um futuro cor-de-rosa. Nunca pensamos na escala da destruição ou na magnitude da reconstrução necessária para sanar as feridas infligidas pelos alemães."[6] As estatísticas oficiais dão uma ideia do que pessoas como Galin viram: além de grandes cidades como Kiev, Minsk, Kharkov e Stalingrado, mais de 1700 vilas e 70 mil aldeias estavam devastadas. Cerca de 32 mil instalações industriais tinham sido destruídas, assim como 65 mil quilômetros de estradas de ferro.[7]

Nas áreas invadidas pela Alemanha, mais de 50% das habitações urbanas tinham sido severamente danificadas ou destruídas, deixando 20 milhões de pessoas sem teto. Mesmo nos lugares que não tinham sido ocupados a situação habitacional se deteriorara gravemente: tantos recursos tinham sido desviados para o esforço de guerra que reparos essenciais acabaram sendo negligenciados. Em Moscou, por exemplo, 90% dos sistemas de calefação central estavam fora de serviço, assim como metade de todos os sistemas de água encanada e esgoto. Reparos urgentes eram necessários em 80% dos telhados, 60% das instalações elétricas e 54% das instalações de gás. Quando viveu ali após a guerra, com a esposa e o filho bebê, Sakharov teve de se mudar a cada um ou dois meses, e passou por uma série de apartamentos degradados — vivendo às vezes em porões úmidos, às vezes em cômodos pouco melhores que corredores, e certa vez numa casa sem calefação nos arredores de Moscou onde precisavam estar envoltos em peles o dia todo para não morrer congelados. Sakharov teve sorte, e a Academia de Ciências finalmente lhe forneceu um quarto: outros como ele viveriam em ruínas, porões, barracões e abrigos cavados na rocha quase até o final dos anos 1950.[8]

Em meio a essa devastação material, as perdas humanas também eram imensas, a ponto de desafiar a compreensão. As estimativas do número de mortos variam de 20 milhões a 27 milhões, mas estudos contemporâneos tendem a apontar para o limite superior dessa faixa.[9] Além dos mortos, havia também os feridos. Dezoito milhões de soviéticos sofreram algum tipo de ferimento durante a guerra, e 2,5 milhões ficaram permanentemente incapacitados. Como em muitos outros países, a visão de rapazes inválidos pedindo esmola em mercados e estações ferroviárias tornou-se comum.[10] Por fim, cerca de 15 milhões a 18 milhões de pessoas foram deslocadas — ou porque fugiram para o leste, a fim de escapar dos alemães, ou porque foram levadas para a Alemanha na condição de trabalhadores forçados.[11] Não havia praticamente ninguém na União Soviética que não tivesse experimentado algum tipo de perda ou privação em decorrência da guerra: 1945 não foi um ano apenas de vitória, mas também de luto.

É impossível quantificar as consequências psicológicas dessa vasta experiência coletiva. Inúmeras pessoas sofreram com flashbacks e pesadelos por vários anos, desde operadores de rádio que sonhavam estar caindo de paraquedas atrás das linhas inimigas até mulheres jovens que se recusavam a se casar ou a ter filhos porque não podiam evitar a sensação de que uma nova guerra estava prestes a irromper. "Eu sabia, racionalmente, que a guerra tinha acabado", afirmou um ex-guerrilheiro, "mas todo o meu corpo, todo o meu ser a recordavam." Depois do conflito, uma médica da linha de frente viu-se perseguida aonde quer que fosse pelo cheiro de carne queimada. Outra era assombrada pelo cheiro de sangue. "Assim que vinha o verão, eu achava que uma guerra ia começar", afirmou Tamara Umniáguina anos depois. "Quando o sol aquecia tudo — árvores, casas, asfalto —, tudo tinha aquele cheiro, para mim tudo cheirava a sangue.

Não importava o que eu comesse ou bebesse, eu não conseguia me livrar daquele cheiro!"[12]

Às vezes esses flashbacks eram coletivos. Rumores místicos de um apocalipse iminente tornaram-se generalizados nos últimos dias da guerra, sobretudo entre as pessoas religiosas. Numa aldeia em Stávropol, espalhou--se o boato de que "nos próximos dias a Terra colidirá com um cometa, numa ocorrência para anunciar o fim do mundo". Os aldeões começaram a se preparar febrilmente, rezando, acendendo velas votivas diante de ícones, vestindo-se com suas melhores roupas e deitando-se diante de suas casas com os braços cruzados sobre o peito, preparados para morrer.[13]

O mais interessante sobre esse episódio em particular é que ele aconteceu no início de 1945, antes que qualquer soviético tivesse conhecimento da bomba atômica. Em outras palavras, não era o medo do apocalipse nuclear que gerava entre os soviéticos essa sensação de destruição iminente, mas algo mais profundo, nascido da experiência da guerra.

Após a revelação da bomba atômica, esses sentimentos apenas se intensificaram. Mais uma vez, porém, isso não se deveu, a princípio, a nenhum medo em particular da bomba atômica em si. O que o povo soviético temia acima de tudo era uma repetição da catástrofe que acabara de experimentar: a bomba atômica só era uma ameaça porque revelava um novo desequilíbrio de poder, e portanto tornava uma guerra mais provável. Como explicou Alexander Werth, correspondente do *Sunday Times* em Moscou:

As notícias [de Hiroshima] tiveram um efeito intensamente deprimente sobre todos. Estava claro que se tratava de um acontecimento novo na política mundial, que a bomba constituía uma ameaça para a Rússia, e alguns pessimistas russos com quem conversei naquele dia observaram, desolados, que a vitória do país sobre a Alemanha, conseguida com muito esforço e desespero, "agora já não valia nada".[14]

Nos meses seguintes, o país como um todo começou a experimentar uma espécie de flashback coletivo dos dias sombrios de 1941. Em Moscou, começaram a circular rumores de que "o Estado soviético está em perigo" e de que "a Inglaterra e os Estados Unidos estão ameaçando uma nova guerra". Alguns chegaram a alimentar temores de que uma nova guerra mundial já tivesse começado. "Ouvi dizer", afirmou em 1946 um operário moscovita, "que a guerra já começou na China e na Grécia, com a intervenção dos Estados Unidos e da Inglaterra. A qualquer momento eles vão atacar a União Soviética."[15]

Estava claro que a catástrofe da guerra tinha afetado todos os estratos da sociedade soviética, e não apenas em termos materiais, mas também em nível psicológico. Tivessem ou não motivo para isso, o fato é que os soviéticos se sentiam tão vulneráveis em 1945 quanto haviam estado em 1941, e o advento da bomba atômica apenas intensificou esse sentimento. Era necessário um prolongado período de calma — uma espécie de convalescença nacional — para que o povo soviético sentisse que os horrores da guerra haviam ficado para trás e que os trabalhos de reconstrução poderiam começar em segurança. Infelizmente, isso lhe seria negado.

Nós e eles

E quanto à classe dirigente soviética? Como seus membros reagiram a esse conjunto de circunstâncias? Em primeiro lugar, é preciso deixar claro que os líderes soviéticos *jamais* tinham se sentido seguros. Desde seus dias como revolucionários, sendo perseguidos pela polícia secreta do tsar, passando pela agitação da Guerra Civil, a fome ucraniana e o Grande Expurgo de 1936-8, Stálin e seu círculo sempre tinham se sentido vulneráveis, tanto em âmbito doméstico como internacional. Além disso, em 1941, com a invasão alemã, o comunismo soviético havia estado mais próximo do que nunca do aniquilamento total; assim, não surpreende que os líderes do Partido Comunista estivessem determinados a jamais voltar a se expor a tamanha vulnerabilidade. Diplomatas ocidentais como George Kennan falavam depreciativamente da obsessão russa com o "cerco hostil" e de sua "paranoia" com relação ao Ocidente, mas havia razões muito claras para essa paranoia, que eram sentidas tanto pelo regime quanto pelo povo soviético.

A vitória em 1945 ofereceu aos soviéticos uma oportunidade sem precedentes de proteger suas fronteiras contra qualquer ataque futuro, e eles a agarraram com ambas as mãos. Territórios que outrora tinham feito parte do Império Russo — a Carélia, nos Países Bálticos, a Ucrânia ocidental, a Moldávia — foram reivindicados pelos soviéticos, e aqueles que tinham fornecido à Alemanha uma plataforma de lançamento para a invasão — Polônia, Hungria, Romênia e Bulgária — foram ocupados e submetidos à influência da União Soviética. Governos potencialmente hostis foram removidos e substituídos por regimes comunistas; sociedades foram reestruturadas segundo as linhas comunistas, e, no caso dos países que haviam lutado ativamente contra a União Soviética, indenizações foram exigidas.

Os soviéticos acreditavam ter o direito tanto histórico quanto moral de tomar tais medidas. O Exército Vermelho havia capturado os territórios da Europa oriental com sangue soviético, e a liderança política não via razão para retirar suas tropas sem primeiro assegurar a futura lealdade desses países. É preciso enfatizar também que os ideólogos soviéticos acreditavam genuinamente estar *libertando* essas nações, oprimidas durante séculos por sistemas feudais. Mais importante ainda, a União Soviética sentia ter a responsabilidade de construir uma zona-tampão entre seu território e o de seus potenciais inimigos. "Tínhamos de consolidar nossas conquistas", afirmou anos depois o ministro das Relações Exteriores soviético, Viatcheslav Mólotov. A subjugação da Europa oriental, assim, não tinha tanto a ver com a expansão do comunismo, ou com um imperialismo antiquado, mas com a proteção da pátria contra futuros ataques.[16]

Quando o Ocidente se opôs a esses planos, foi difícil para os soviéticos aceitar a objeção. No que dizia respeito a Stálin, ele não estava fazendo nada no Leste Europeu que Truman e Churchill não estivessem fazendo também na Europa ocidental. "Esta guerra não é como as anteriores", ele disse em 1944 ao comunista iugoslavo Milovan Đilas, num comentário que ficou famoso. "Quem quer que ocupe um território também impõe seu sistema social. Todos impõem seu próprio sistema até onde seu Exército chega. Não pode ser de outra maneira."[17]

Essa divisão da Europa em "esferas de influência" soviética e ocidental não foi algo que Stálin impôs unilateralmente — na verdade, era uma
situação que a própria Grã-Bretanha e os Estados Unidos haviam endossado. Ao se encontrar com Stálin em Moscou, em outubro de 1944, Churchill concordara explicitamente em deixar a Bulgária e a Romênia para
os soviéticos em troca do controle britânico na Grécia. Stálin cumpriu
escrupulosamente sua parte no acordo (a despeito do que Truman iria
sugerir mais tarde): assim, que direito tinha Churchill de se queixar se as
autoridades britânicas eram impedidas de influenciar os acontecimentos
em Bucareste? Além disso, tanto a Grã-Bretanha quanto os Estados Unidos haviam assinado acordos de armistício com a Bulgária, a Romênia e a
Hungria, nos quais, mais uma vez, declarava-se explicitamente que cada
um desses países seria administrado pelos soviéticos enquanto a guerra
prosseguisse.[18] No que dizia respeito aos soviéticos, o que acontecia nessas
partes do mundo não era da conta do Ocidente.

Do ponto de vista soviético, a hipocrisia dos estadistas ocidentais era
bastante descarada. Na Carta do Atlântico, eles falavam sobre o "direito
dos povos de escolher a forma de governo sob a qual vão viver", mas ao
mesmo tempo apoiavam o colonialismo na Ásia e na África; queixavam-se
do abuso de direitos humanos no Leste Europeu, mas deixavam deliberadamente de processar fascistas e criminosos de guerra na Europa ocidental;
condenavam a "escravização" de povos da Europa oriental, mas silencia-
vam sobre a opressão aos negros no sul dos Estados Unidos; acusavam
os comunistas de fraudes eleitorais, porém nada diziam de países mais à
direita que faziam o mesmo — como a Grécia, o Paraguai ou a República
Dominicana, que estavam dentro da "esfera de influência" britânica ou
americana. Em 1948, os americanos investiram uma grande quantidade de
recursos e influência para assegurar que as eleições italianas produzissem
o resultado "correto" — em que isso se distinguia dos esforços soviéticos
para manipular as eleições húngaras ou polonesas?[19]

Enquanto os soviéticos faziam tudo que podiam para expandir suas
fronteiras, guarnecer suas defesas e se fortalecer contra um mundo hostil,
os Estados Unidos pareciam determinados a expor suas vulnerabilidades.

Na primeira conferência das Nações Unidas, em San Francisco, o governo americano rejeitou, com grande espetáculo, todos os pedidos soviéticos para que a Polônia fosse aceita como membro, ao mesmo tempo que levava a cabo a filiação da Argentina — país que a União Soviética acreditava ter passado a maior parte da guerra "auxiliando nossos inimigos fascistas". Essa demonstração de domínio esmagador da diplomacia mundial pelos Estados Unidos pareceu opressiva até mesmo para alguns de seus aliados. Ao longo dos sete anos seguintes, a União Soviética se viu obrigada a usar seu poder de veto no Conselho de Segurança da ONU 59 vezes — não apenas para criar dificuldades, como sugeriu grande parte da imprensa ocidental, mas porque os Estados Unidos insistiam em apresentar resoluções contrárias a interesses soviéticos vitais. Do ponto de vista diplomático, o veto era o único poder de que os soviéticos dispunham para se proteger.[20]

Os Estados Unidos também submeteram a União Soviética ao que os soviéticos perceberam como uma série de ataques econômicos. Em 1945, quase assim que os canhões silenciaram na Europa, os americanos cortaram abruptamente todo o auxílio concedido até então aos russos; em 1946, suspenderam todos os pagamentos de indenização feitos pela zona americana da Alemanha; e, em 1947, anunciaram a Doutrina Truman, seguida pelo Plano Marshall. Os 12 bilhões de dólares que seriam despejados na Europa nos anos seguintes viriam acompanhados de estritas condições capitalistas, com as quais os famintos e empobrecidos soviéticos não podiam competir. Assim, ninguém ficou surpreso, nem mesmo os americanos, quando o ministro da Cultura soviético, Andrei Jdanov, descreveu o Plano Marshall como "o plano americano para escravizar a Europa".[21]

De maneira igualmente preocupante, os Estados Unidos pareciam determinados a exibir sua superioridade militar sempre que possível. No fim da guerra, eles tinham a Força Aérea mais poderosa do mundo, tanto em termos de qualidade quanto de quantidade. Em suas memórias, Nikita Khruschóv afirmou:

> Eu inclusive me atreveria a dizer que os Estados Unidos eram invencíveis. [...] E eles alardeavam esse fato enviando seus aviões sobre toda a Europa,

violando fronteiras e até sobrevoando o território soviético, para não falar de países como a Tchecoslováquia. Não se passava um único dia sem que aviões americanos violassem o espaço aéreo tchecoslovaco.[22]

Por fim, e talvez esse fosse o aspecto mais danoso de todos, os Estados Unidos detinham o monopólio sobre a bomba atômica. De toda a longa lista de vantagens americanas em 1945, era essa a que mais desconcertava os soviéticos. Nenhum dirigente da União Soviética jamais se dera conta antes de quão poderosa uma bomba atômica podia ser — não só do ponto de vista físico, mas também em termos de política externa. Stálin ficou imediatamente impressionado com a forma como a bomba tinha sido usada para dar fim à guerra e forçar a rendição incondicional do Japão. Um poder bruto dessa natureza dava aos Estados Unidos uma vantagem estratégica sobre o resto do mundo, e sem dúvida afetava a União Soviética. De fato, havia um sentimento generalizado de que as bombas lançadas sobre Hiroshima e Nagasaki haviam tido "por alvo não o Japão, mas a União Soviética".[23]

Como explicou o embaixador britânico em Moscou em dezembro de 1945, o bombardeio de Hiroshima e Nagasaki naquele momento não poderia ter sido mais inoportuno. Depois de todos aqueles anos de guerra, a vitória na Europa tinha encorajado os soviéticos a acreditar que a segurança nacional estava enfim ao seu alcance — e que a permanência do sistema soviético estava enfim garantida. "Então, bum, veio a bomba atômica. De uma hora para outra, o equilíbrio que parecia ter se estabelecido e consolidado sofreu um grande abalo. A Rússia foi frustrada pelo Ocidente quando tudo parecia a seu alcance."[24]

A resposta soviética a isso foi lançar-se ao ataque. Segundo um ex-agente do Comintern, Gueórgui Andreitchin, a União Soviética tornou-se mais agressiva após setembro de 1945 sobretudo porque o advento da bomba atômica havia exposto sua relativa fraqueza — e, como reconheceu mais tarde o próprio círculo de Stálin, a fraqueza era justamente o que Stálin sempre fizera questão de esconder.[25] Ao longo dos anos seguintes, tanto Mólotov quanto Stálin fizeram questão de deixar claro que não se

Diplomacia nuclear: cartum soviético mostrando
o domínio dos Estados Unidos sobre os países
produtores de petróleo do golfo Pérsico.

sentiam intimidados pelos americanos, e minimizaram deliberadamente a eficácia das armas nucleares. "As bombas atômicas foram concebidas para intimidar os fracos", disse o líder russo a uma plateia de jornalistas ocidentais no outono de 1946, "mas não podem decidir o resultado de uma guerra, já que não são de maneira alguma suficientes para esse fim."[26]

Foi nesse contexto, entre fanfarrices e bravatas, que os soviéticos lançaram um novo programa acelerado para construir sua própria bomba atômica. Não há registro de nenhum debate governamental sobre a necessidade desse empreendimento; simplesmente se presumiu que, se os Estados Unidos tinham a bomba, então a União Soviética deveria tê-la também. Essa decisão, porém, teria enormes repercussões para o mundo. Toda a atmosfera geopolítica dos cinquenta anos seguintes — as guerras por procuração na Ásia e na África, as revoluções e contrarrevoluções no mundo em desenvolvimento, a paz nuclear na Europa — nasceu, pelo menos em parte, nesse momento.

Ao iniciar uma corrida armamentista com os Estados Unidos, Stálin estava lançando as bases de uma política que seus sucessores seriam incapazes de abandonar, e que acabaria por levar ao colapso da União Soviética. Entre 1945 e 1946, o orçamento soviético para as ciências triplicou. Em 1950, os gastos militares correspondiam a um quarto do produto interno bruto — e isso num momento em que o país precisava desesperadamente ser reconstruído.[27] Ao longo das quatro décadas seguintes, a União Soviética gastaria uma enorme fortuna numa guerra econômica e tecnológica que jamais teve chance de vencer.

Renascimento frustrado

Não há nada como uma guerra, mesmo uma Guerra Fria, para criar um sentimento de "nós" e "eles". Os soviéticos, portanto, abraçaram seu novo inimigo a partir de 1945. Como na Segunda Guerra Mundial, "eles" proporcionavam um foco em que a sociedade podia projetar seus principais temores e apreensões. Também como durante o conflito mundial, qualquer medida e qualquer despesa feitas pelo governo podiam ser justificadas pela necessidade de proteger a nação. A curto e médio prazo, "eles" acabaram prestando um valioso serviço ao Estado soviético.

Mas quem era o grande "nós" coletivo da União Soviética? Em contraste com a maneira como os ocidentais tendiam a vê-la, a União Soviética não era um vasto monolito, mas um país ricamente variado, cindido por todos os tipos de divisões, mais ou menos como os Estados Unidos. Desde a sua criação havia tensões entre as forças da tradição e as forças da modernidade, entre a zona urbana e a zona rural, entre a burguesia e as classes trabalhadoras, entre o Partido Comunista e a intelligentsia, entre militares e civis; isso para não falar em todas as velhas divisões entre as diferentes regiões e repúblicas, entre as diferentes minorias étnicas e religiosas. Antes da guerra, o comunismo havia tentado substituir todas essas divisões por uma única ideologia unificadora, mas com tal crueldade e violência que só conseguira realmente empurrá-las para a clandestinidade, além de criar novas divisões, sobretudo entre povo e Estado.

A Segunda Guerra Mundial mudou tudo isso. Ela uniu a maior parte desses diferentes grupos de uma forma que nenhuma propaganda ou coerção jamais havia conseguido. Em um instante, todas as categorias de "nós" e "eles" foram redefinidas: um único "nós" expandiu-se para incluir quase toda a sociedade, porque agora todos estavam mais ou menos unidos numa causa comum; de maneira semelhante, "eles" se tornaram um inimigo único, universal: o invasor nazista. No curso da guerra, esse inimigo foi tão demonizado, e assumiu proporções tão monstruosas, que passou a ocupar um espaço central na imaginação soviética. Ele também desempenhou um papel crucial ao manter a sociedade soviética unificada durante esses perigosos anos.

Em 1945, depois de anos de trauma e destruição, havia uma grande esperança de que a União Soviética pudesse extrair algo positivo da guerra. O dramaturgo Konstantin Simonov lembrou mais tarde que as pessoas haviam começado a falar "de liberalização [...] de indulgência [...] de otimismo ideológico". Segundo Andrei Sakharov, "todos acreditávamos — ou pelo menos esperávamos — que o mundo no pós-guerra seria decente e humano. De que outra forma poderia ser?". Parecia seguro afirmar essas coisas precisamente por causa do espírito de unidade que subsistia após a guerra.[28]

Havia, no entanto, fortes sinais de que esse espírito começava a se romper, em particular à medida que a ruína absoluta da economia do país no pós-guerra tornava-se clara. Em 1945, não eram só os Estados Unidos que sofriam com escassez, agitação na indústria, tensões étnicas e aumento nas taxas de divórcio —, tudo isso acontecia na União Soviética também, mas num grau muito maior. Nos três anos que se seguiram à guerra, durante os quais 8,5 milhões de soldados do Exército Vermelho foram desmobilizados, o governo soviético não promulgou nenhuma lei especial a fim de facilitar sua transição para a sociedade civil — simplesmente não havia recursos para isso. Enquanto os trabalhadores americanos faziam greves por salários e melhores condições, os operários das fábricas russas em Penza trabalhavam ao ar livre, com as pernas enterradas até o joelho na neve.[29] Enquanto as americanas clamavam por meias de náilon, as russas em Tula se viravam sem sapato, casaco ou roupa íntima.[30] Em 1946, os americanos se queixavam da persistência do racionamento, mas na União Soviética as pessoas estavam literalmente passando fome. Segundo o historiador russo Veniamin Zima, 100 milhões de pessoas na União Soviética sofreram de desnutrição entre 1946 e 1948, e cerca de 2 milhões morreram de inanição. Isso se deveu em parte ao clima adverso e em parte à má gestão do governo — mas era também um resultado direto da perturbação das fazendas soviéticas causada pela guerra.[31]

O contraste entre os sonhos de um futuro cor-de-rosa e a realidade da vida no pós-guerra suscitou ondas de insatisfação em todo o país. Camponeses nas fazendas coletivas frequentemente se recusavam a trabalhar sob a alegação de que lhes pagavam pouco demais para viver — e em alguns casos nada.[32] Greves e protestos de grande escala estouraram em regiões industriais, sobretudo nas imensas instalações de defesa nos Urais e na Sibéria. Somente em 1945-6, mais de meio milhão de pessoas em toda a União Soviética enviaram cartas ao Comissariado do Povo para Assuntos Internos queixando-se das condições de vida. "Então foi a isso que chegamos!", escreveu uma delas. "É isso que vocês chamam de preocupação do Estado com as necessidades materiais do povo trabalhador?" Segundo o autor ou autora dessa carta, uma atmosfera de revolta crescia visivelmente, e os trabalhadores começavam a se perguntar: "Para que lutamos?".[33]

Em algumas partes do país, rebeliões de grande escala já estavam em curso. Uma enorme insurreição contra o governo havia começado na Ucrânia, onde cerca de 400 mil pessoas estavam ativamente envolvidas na resistência ao retorno das tropas soviéticas. O levante, que logo evoluiu para uma espécie de guerra civil, persistiria até a década de 1950. Insurreições semelhantes ocorreram nas repúblicas recém-anexadas da Lituânia, Letônia e Estônia, onde dezenas de milhares de pessoas saíram para as florestas a fim de lutar contra as forças soviéticas. Essas tentativas fadadas ao fracasso eram alimentadas pela vã esperança de que "a Inglaterra e os

Estados Unidos entrassem em guerra contra a União Soviética". Em outras palavras, em muitas partes das zonas fronteiriças ocidentais as pessoas esperavam ativamente por uma Terceira Guerra Mundial.[34]

As autoridades soviéticas, é claro, não podiam permitir que tais sentimentos se espalhassem. Assim, como de hábito, começaram a culpar os estrangeiros por todos os problemas do país. As acusações seguiam o mesmo padrão das acusações americanas ao comunismo. Stálin deu entrevistas ao *Pravda* em que comparou Churchill a Hitler; seu ministro das Relações Exteriores, Viatcheslav Mólotov, chamou os Estados Unidos de potência "fascistoide"; enquanto outros membros graduados do partido, como Andrei Vichinski e Gueórgui Malenkov, afirmaram que os americanos eram "imitadores dos bárbaros fascistas".[35] Assim como nos Estados Unidos, a liderança soviética usou essa nova ameaça não só como desculpa e distração, mas também como estratégia para exortar o povo a se unir novamente sob seu comando, como havia feito durante a guerra.

Nesse meio-tempo, qualquer um que tivesse vínculos com o Ocidente era imediatamente denunciado. Tão logo a guerra terminou, começou a caça às bruxas. Suas primeiras vítimas foram os prisioneiros de guerra que voltavam para casa, e civis levados à força para a Alemanha durante a guerra a fim de servir como escravos. Essas pessoas haviam passado longos períodos no meio do inimigo, muitas vezes seguidos por curtas temporadas entre britânicos e americanos. Embora não haja números precisos sobre quantos prisioneiros de guerra retornados foram enviados para o gulag, é possível dizer que a cifra se situa na casa das dezenas de milhares. Aleksandr Soljenítsin descreve campos de trabalho lotados na esteira da guerra.[36] Ao mesmo tempo, 60 mil comunistas que haviam sido capturados pelos alemães durante a guerra foram expulsos do partido.[37]

Os próximos a serem demonizados foram os grupos nacionais que já não pareciam demonstrar lealdade ao ideal soviético. Durante a guerra, vários grupos étnicos haviam sido deportados de suas terras natais para as estepes cazaques por conta de sua suposta deslealdade — sobretudo alemães do Volga, tchetchenos, inguches, calmucos e tártaros da Crimeia. Já no pós-guerra, os novos demônios eram as populações rebeldes das regiões fronteiriças ocidentais. Entre 1945 e 1952, mais de 108 mil lituanos foram deportados como "bandidos" ou "cúmplices de bandidos", assim como 114 mil ucranianos, 34 mil moldávios, 43 mil letões e 20 mil estonianos. Ações como essas inflamaram nesses países um ressentimento em relação a Moscou que beirava o ódio, e que só iria crescer nas décadas seguintes.[38]

À medida que as tensões entre a União Soviética e o Ocidente cresciam, as autoridades iniciaram uma violenta campanha contra o que Stálin chamou de "admiração por alemães, franceses, estrangeiros e imbecis".[39] Ela começou em agosto de 1946 com a perseguição da intelligentsia de Leningrado, liderada pelo ministro da Cultura, Andrei Jdanov. Em essência, essa perseguição em nada diferia dos expurgos de antes da guerra: apenas ganhara um verniz de respeitabilidade pela ênfase na necessidade de eliminar elementos "estrangeiros" que haviam se infiltrado na sociedade soviética.

Em seguida, medidas repressivas contra todas as formas de arte e ciência foram tomadas. Compositores como Chostakovitch, Khachaturian e Prokofiev entraram numa lista de proscritos por exibirem "influências ocidentais decadentes" em sua música. O Museu Estatal de Arte Moderna Ocidental foi fechado, assim como o Instituto de Economia e Política Mundial de Evgueni Varga.[40] Em janeiro de 1947, o filósofo G. F Aleksandrov foi acusado de subestimar a contribuição russa para a filosofia ocidental, e demitido de seu posto como chefe de agitação e propaganda.

Ao mesmo tempo, as autoridades soviéticas iniciaram uma campanha a fim de enaltecer a arte, a filosofia e a ciência russas como superiores às de todas as demais nações. Segundo Andrei Sakharov, isso afetou até mesmo o importantíssimo programa nuclear, para o qual haviam sido contratados experientes cientistas alemães que, a bem da verdade, nunca chegaram a contar com a real confiança das autoridades.[41] Toda descoberta importante tinha de ser uma descoberta russa. Revistas começaram a publicar artigos exagerados afirmando que os cientistas russos tinham inventado tudo, desde o avião e a máquina a vapor até o rádio e a lâmpada elétrica. Cientistas *de verdade*, como Sakharov, começaram a fazer piadas irônicas sobre a "Rússia, terra natal do elefante".[42]

Tudo isso fazia parte de uma forma feia de nacionalismo, que foi um dos maiores legados da guerra e é visível na Rússia até hoje. Estadistas e mesmo historiadores ocidentais muitas vezes se viram em apuros por confundirem os termos "soviético" e "russo", como se fossem a mesma coisa. Mas essa confusão também foi bastante comum entre os russos na esteira da guerra. Assim como Stálin *era* o Estado, também a Rússia *era* a União Soviética.[43] Nos anos seguintes, russos étnicos passaram a dominar cada vez mais todas as principais instituições soviéticas, do Exército ao Politburo, e o russo passou a ser a língua do poder em toda a União Soviética. A longo prazo, isso contribuiria para alimentar um crescente ressentimento entre os demais povos da União Soviética — para não mencionar os da Europa oriental —, que seria umas das causas da dissolução da União Soviética em 1991. Nesse meio-tempo, entretanto, o nacionalismo foi uma das principais forças usadas por Stálin para justificar a perseguição empreendida contra "elementos estrangeiros" na sociedade soviética.

O que exatamente constituía um "elemento estrangeiro" nem sempre estava claro. Com o passar do tempo Stálin moveria sucessivas campanhas de repressão contra todo tipo de grupos — soldados veteranos, médicos moscovitas, o Partido Comunista de Leningrado —, quase sempre sob a alegação de influência estrangeira, total ou parcial. O apogeu dessa onda de intolerância se revelou na campanha contra os judeus — ou "cosmopolitas", como eram eufemisticamente chamados. Entre 1948 e 1952, dezenas de milhares de judeus soviéticos foram presos, demitidos de seus empregos, expulsos de suas universidades ou despejados de suas casas pelo simples fato de serem judeus. A desculpa oficial era que os judeus eram sionistas associados aos Estados Unidos e a outros países do Ocidente, mas até mesmo os subordinados mais próximos de Stálin admitiam que isso era "um absurdo". Na verdade, como ocorreu tantas vezes ao longo da história, os judeus eram apenas um símbolo que podia ser usado para representar tudo que Stálin temia em relação ao mundo exterior, e que portanto era preciso expurgar da vida pública soviética.[44]

Há sem dúvida paralelos entre a paranoia que tomou conta dos Estados Unidos nos anos 1940 e 1950 e a que se apossou da União Soviética. Em ambos os casos, a ameaça de um inimigo externo foi utilizada para unir uma sociedade dividida, e recorreu-se à repressão para punir aqueles que não se amoldavam. Se a mentalidade soviética reagiu de maneira mais extrema que a americana, isso foi certamente um reflexo do trauma muito superior sofrido durante a guerra, quando seus temores de aniquilação quase se concretizaram. Mas a diferença na escala e na natureza da repressão empreendida na União Soviética também deve muito ao seu sistema político. A repressão nos Estados Unidos foi imposta mais ou menos por consenso, e esse consenso podia facilmente mudar — como de fato mudou em meados dos anos 1950 —, quando se considerasse que a repressão tinha ido longe demais. Na União Soviética, por sua vez, o poder estava tão concentrado nas mãos de um só homem que praticamente não havia limites para os tormentos que podiam ser desencadeados sobre a sociedade se Stálin assim desejasse.

No fim das contas, a concepção de Stálin do que significava "nós" tornou-se tão estreita que ninguém estava inteiramente a salvo de ser perseguido, nem mesmo aqueles no centro do poder. Stálin assassinou vários de seus amigos e associados mais próximos durante essa época, e fez com que dezenas de outros fossem torturados ou enviados para o gulag. Seu círculo mais íntimo se reunia com regularidade para jantares intermináveis regados a álcool, nos quais cada um era obrigado alternadamente a suportar várias humilhações nas mãos do líder soviético. Nikita Khruschóv, que mais tarde viria a ser primeiro-ministro, recordou com horror esses jantares. Depois de um deles, dividiu um carro de volta para casa com Nikolai Bulganin, que se deixou cair no assento com visível alívio. "Chegamos à mesa de Stálin como amigos", disse ele, "mas nunca sabemos se vamos voltar para casa ou ganhar uma carona para a prisão!" Quando Stálin morreu, em março de 1953, não havia nenhum grupo ou indivíduo que pudesse se considerar inteiramente a salvo de sua desconfiança.[45]

SAKHAROV VIVEU À MARGEM desses eventos. Não testemunhou o horror de perto, embora tenha conhecido alguns dos envolvidos, como o ex-chefe de segurança de Stálin, Lavrenti Beria, a quem caracterizou como "um ser humano aterrorizante".[46] Mas cientistas como Sakharov estavam em grande parte imunes ao medo diário que todos na sociedade eram obrigados a suportar, de tal modo seu trabalho era considerado essencial. Eles eram mais bem remunerados que a maioria e recebiam privilégios que estavam fora do alcance da maior parte das pessoas: tinham suas próprias datchas, seus próprios carros, além de acesso a literatura proibida no resto do país. A independência de pensamento que na população em geral seria considerada suspeita era positivamente estimulada entre os cientistas nas instalações secretas em que as bombas atômicas eram criadas.

Embora isso pudesse tê-los distanciado das tribulações do resto da população, segundo Sakharov criou também um molde para a democracia do futuro. Em seu ensaio seminal de 1968, ele reivindicou que os privilégios intelectuais de que ele e seus colegas cientistas gozavam fossem estendidos à sociedade em geral. Além disso, sugeriu que a elite tecnocrática deveria governar a sociedade segundo critérios científicos, priorizando, acima de tudo, "o cuidado e a preocupação com os valores humanos de índole moral, ética e pessoal".[47]

É instrutivo que Sakharov tenha sido imediatamente privado de sua habilitação de segurança* em consequência desse ensaio. No fim das contas, cientistas como ele aprenderam o que muitos na sociedade soviética já tinham percebido há muito tempo: que havia uma diferença fundamental e intransponível entre a maneira como eles viam o mundo e a maneira como o Estado o via.

Essa diferença era ilustrada pela atitude do Estado em relação à bomba nuclear. Sakharov conta a história de um banquete do qual participou em 1955, em celebração a um teste bem-sucedido. Sendo o principal responsável pela tecnologia por trás da bomba testada, ele sentiu que era seu dever dizer algumas palavras; assim, levantou-se e propôs um brinde à esperança de que a União Soviética nunca precisasse usar bombas nucleares numa guerra real. Segundo Sakharov, um silêncio constrangedor caiu imedia-

---

* Para acesso a informações ultrassecretas. (N. T.)

tamente sobre a sala. Então, bem devagar, e de maneira inquietante, o vice-ministro da Defesa levantou-se para responder:

> Permitam-me contar uma parábola. Um velho vestindo apenas uma camisa rezava diante de um ícone. "Guia-me, dai-me força", repetia ele. "Guia-me, dai-me força." Sua mulher, que estava deitada perto da lareira, disse a ele: "Reze apenas para ter força, velho. Eu mesma posso guiá-lo". Brindemos à força.

Devidamente repreendido, Sakharov bebeu seu conhaque de um trago e não voltou "a abrir a boca pelo resto da noite".[48]

Em sua incansável busca pela bomba atômica, a União Soviética ao mesmo tempo ganhou e perdeu tudo o que desejava após a guerra. Sua potência, tão danificada pelo colapso militar de 1941, foi restaurada acima de seus sonhos mais delirantes. Mas sua falta de humanidade propagou tantas sementes de dissensão que, com o tempo, o Estado estaria fatalmente condenado.

15. Polarização mundial

Os paralelos entre a psicologia coletiva dos Estados Unidos nos primeiros anos do pós-guerra e a da União Soviética são impressionantes. Nesses dois países, recém-alçados a posições de poder global para as quais não estavam inteiramente preparados, e que ainda não haviam tido tempo de assimilar, a guerra havia selado a unidade da nação em um grau jamais alcançado por nenhuma propaganda, nenhum terror, nenhum progressismo como o do New Deal. Mas, agora que ela havia terminado, as divisões em ambos os países começavam a ressurgir. O ingrediente essencial tanto da unidade americana quanto da unidade soviética fora a existência de um inimigo comum — um monstro —, porém com esse monstro derrotado não restara nada em torno do qual eles pudessem se unir. À medida que as relações entre eles começaram a se deteriorar, pareceu natural que cada um substituísse o velho monstro alemão ou japonês por um novo monstro americano ou soviético. Assim, de maneira imperceptível, a mentalidade da guerra quente, do "nós" e "eles", foi ato contínuo transposta para a Guerra Fria.

O domínio desses dois países nas questões globais acabou por arrastar o resto do mundo para suas disputas, como era inevitável. Depois da guerra, já não bastava aspirar à mera unidade nacional: os Estados Unidos começaram a pressionar por unidade no que chamavam agora de "o hemisfério ocidental", ou, de maneira ainda mais ampla, "o Ocidente". Enquanto isso, a União Soviética, que sempre tivera uma perspectiva internacionalista, começou a pressionar seus vizinhos e aliados para formar um "bloco comunista" unificado. Sob pressão das duas superpotências, a maioria das nações teve pouca escolha senão tomar partido.

O ministro da Cultura soviético, Andrei Jdanov, resumiu a nova atmosfera em 1947, quando disse a uma conferência de partidos comunistas europeus que o mundo estaria dali em diante dividido em "dois campos". Por um lado, ele declarou, havia o "campo imperialista e antidemocrático". Este era liderado pelos Estados Unidos e por seu parceiro britânico, e tinha como principal objetivo "a dominação mundial" e "a destruição dos movimentos democráticos". Do outro lado estavam a União Soviética e seus aliados, que deviam agora "cerrar fileiras e se unir" contra o Ocidente. Segundo Jdanov, não podia haver qualquer cooperação entre esses dois campos, "diametralmente opostos".[1]

Os americanos, de modo geral, concordavam com esse ponto de vista, embora o expressassem numa linguagem muito diferente. Naquele mesmo ano, o diplomata americano George Kennan publicara um artigo extremamente influente na revista *Foreign Affairs*, em que declarava que uma "coexistência feliz" entre as duas superpotências era impossível. Os Estados Unidos, ele escreveu, não tinham escolha senão tentar "conter" a ameaça soviética. Já era hora, portanto, de os americanos começarem a "aceitar as responsabilidades de liderança moral e política que a história claramente pretendia que assumissem". A implicação era que — ou pelo menos foi assim que suas palavras foram universalmente interpretadas — os Estados Unidos deveriam ser o porta-estandarte numa nova cruzada internacional contra a difusão do comunismo.[2]

Mas e quanto ao resto do mundo? Como os demais países se sentiam diante da forma como as duas superpotências congregavam blocos à sua volta? Alguns, naturalmente, aceitavam essa nova ordem mundial, no espírito do pragmatismo. Muitos países na Europa ocidental e na Ásia apoiaram alegremente os Estados Unidos porque os americanos eram poderosos e pareciam oferecer o melhor caminho para restabelecer tanto a segurança quanto a ordem no pós-guerra. O dinheiro americano também parecia ser a chave para a reconstrução da infraestrutura dessas regiões. De modo semelhante, a maioria dos países da América Latina viu pouca escolha senão apoiar os americanos, uma vez que sua dependência e proximidade geográfica do vizinho do norte tornavam a cooperação a melhor opção.

Enquanto isso, a maior parte da Europa oriental aceitou o controle soviético porque a recusa em fazê-lo significaria um retorno a uma guerra total; e comunistas em toda parte também apoiaram a União Soviética porque acreditavam que isso lhes daria maior oportunidade de realizar mudanças políticas em seus próprios países.

Houve, entretanto, muitas outras partes do mundo que se ressentiram de ser obrigadas a escolher entre um lado e outro, e que portanto fizeram o possível para evitá-lo. Elas utilizaram todo tipo de nomes para descrever sua posição. "Neutralidade" era o termo legal para países como a Suíça, que prometeu não se envolver em nenhuma guerra internacional, mas vários outros definiram-se como "desengajados", "não alinhados", "não comprometidos", "progressivamente neutros" e assim por diante.[3]

Ao fazer esse tipo de declaração, esses países esperavam conseguir se afastar da Guerra Fria, quando na verdade o que conseguiram foi se tornar vulneráveis a uma série de outros dilemas políticos, econômicos

Enfrentamento entre Andrei Vichinski, da União Soviética, e Henry Cabot Lodge Jr., dos Estados Unidos, durante um debate na onu sobre o futuro da Coreia. A reação de Sir Gladwyn Jebb, da Grã-Bretanha, ensanduichado entre os dois, diz tudo.

e morais. Na condição de países não alinhados, deveriam recusar investimentos muito necessários de um lado ou de outro a fim de preservar sua imparcialidade? Estariam livres para criticar as iniquidades das superpotências? E, nesse caso, alguém lhes daria ouvidos? Se recusassem todos os tratados militares, quem os defenderia em caso de invasão? Sem aliados formais, que voz poderiam ter no mundo? E, acima de tudo, o que fariam caso fossem submetidos a pressões prolongadas de um lado ou de outro?

A impossibilidade da neutralidade

Anthony Curwen conhecia as pressões de tentar manter-se neutro. Sendo um pacifista britânico, sempre detestara a ideia de "empunhar uma arma, apontá-la para um ser humano e matá-lo"; assim, quando o mundo entrou em guerra, em 1939, Curwen escolheu um caminho diferente: declarou-se um objetor de consciência. Recusando-se a pegar em armas, ele ingressou na Friends' Ambulance Unit (FAU), uma organização quacre devotada aos princípios do pacifismo e da neutralidade. Entre 1943 e 1946, Curwen cuidou dos doentes e feridos — primeiro em hospitais britânicos, mais tarde em áreas remotas da Síria. Foi um trabalho construtivo e inteiramente neutro que mais tarde ele descreveu como "muito satisfatório".[4]

Terminada a guerra, Curwen decidiu levar adiante seu compromisso com o pacifismo e continuou na FAU, que agora estava enviando pessoas à China para ajudar a reconstruir o país após a devastadora guerra contra os japoneses.

Infelizmente, um novo conflito civil irrompera no país, desta vez entre o governo nacionalista do Kuomintang e os comunistas. A FAU pretendia permanecer neutra, mas isso não impediu que Curwen formasse uma opinião sólida sobre a situação. "Quando fui para a China, eu era muito ingênuo politicamente", ele admitiu anos depois. "Lembro-me de pensar como era estúpido iniciar uma guerra civil logo depois de outra guerra, quando o país estava em desordem total. Iniciar uma guerra civil seria muita *burrice*!"

Curwen embarcou para Shanghai em 14 de março de 1946 — o dia de seu 21º aniversário. Ele não tinha nenhuma ideia real daquilo em que estava se metendo. A China não se parecia em nada com o mundo a que estava acostumado. Depois de ter sido despedaçada por oito anos de violência, era agora uma nação tomada por "sujeira, desordem, destruição e refugiados". Ele ficaria estacionado na cidade de Zhongmu, no centro-leste do país, a cerca de cinquenta quilômetros da capital provincial de Zhengzhou. Metade da cidade fora destruída por bombardeios japoneses e a outra metade pelo Kuomintang, que havia rompido os diques do rio Amarelo em 1938 e inundado toda a região, numa tentativa de conter os japoneses. "Quando chegamos lá", disse Curwen, "não restava de pé mais que meia dúzia de casas." Seu primeiro trabalho foi supervisionar a construção de uma clínica e de uma escola, usando tijolos reaproveitados a partir das paredes desmoronadas da cidade. Além disso, ele organizou uma série de cooperativas para ajudar os locais a se recompor. Mas, diante do enorme caos do pós-guerra, com uma guerra civil grassando não muito longe e centenas de milhares de refugiados em situação de extrema pobreza retornando para a região, ele logo começou a se sentir esmagado.

Um dos maiores obstáculos ao processo de reconstrução era a atitude dos vários funcionários com que se deparou. Curwen aprendeu muito depressa a odiar os soldados e policiais do Kuomintang, tipos "maltrapilhos, semicriminosos e opressivos" que tiravam as pessoas do seu caminho a pontapés ou as empurravam dos trens quando não tinham passagem. Seu sangue fervia. Ele achava os funcionários do governo "absolutamente ineficazes", "absolutamente insensíveis" e corruptos até a última gota. Alguns eram polidos, até deferentes com estrangeiros como Cowen, "mas dava para sentir que no fundo eles nos odiavam".

Havia corrupção até mesmo entre os trabalhadores humanitários chineses, e a ajuda recebida das Nações Unidas geralmente era surrupiada muito antes de chegar às pessoas a quem se destinava.

Dos produtos enviados à China pelas Anuar, da ONU, não havia literalmente nada que não estivesse à venda. Era possível comprar qualquer coisa. Havia leite em pó da Anuar em qualquer barraca de feira em todo o país. Se você soubesse como as coisas funcionavam, podia comprar uma traineira enviada para ajudar a reconstruir a indústria pesqueira.

Causava repulsa a Curwen que as pessoas que dirigiam esse mercado clandestino fossem as mesmas que haviam sido encarregadas de aliviar a penúria dos mais pobres e vulneráveis.

Não demorou para que ele começasse a se perguntar o que estava fazendo ali. Suas tentativas de ajudar pareciam ineficazes e mesmo inúteis, e ele começou a ver seu trabalho humanitário como mera "fachada" diante de uma tragédia nacional. Parecia-lhe que a raiz dos problemas da China era "a absoluta indiferença do governo", sua "completa ineficácia" e sua atitude violenta em relação ao próprio povo. "Muito rapidamente desenvolvi um ódio ao regime tal como ele existia."

Pouco a pouco, a crença de Curwen na estrita neutralidade começou a ruir. Ele seguia sem saber nada sobre o comunismo, que via com o preconceito característico dos britânicos de sua classe. Mas sua repugnância pelo Kuomintang era tão forte que ele começou a acreditar que a única maneira de salvar a China era varrendo o regime — mesmo que isso significasse abandonar sua neutralidade. "Tendo desenvolvido um forte ódio pelo regime nacionalista do Kuomintang, e não sabendo nada sobre os comunistas, eu ansiava por um meio-termo, mas descobri que não havia caminho intermediário."

O primeiro contato de Curwen com os comunistas chineses ocorreu no verão de 1948, quando eles invadiram Zhongmu temporariamente. A princípio ele se sentiu bastante apreensivo, mas, em contraste com quase todos os soldados nacionalistas com que havia topado, teve a impressão de que eram polidos, honestos e bem-educados. Não houve nenhuma atrocidade em sua cidade, nenhuma pilhagem, muito pelo contrário: quando um colega teve o suéter furtado, um oficial comunista encontrou o culpado e devolveu a peça. Grãos foram confiscados dos ricos e distribuídos entre os pobres. Seus temores retornaram por um breve momento quando os comunistas decidiram se retirar da cidade e ele foi feito prisioneiro; mas explicaram-lhe que só o levavam como testemunha, caso os nacionalistas, ao retornar, promovessem um massacre de estrangeiros e tentassem culpá-los.

Ao longo dos meses seguintes, as linhas de batalha deslocaram-se de um lado para outro, e Curwen teve a oportunidade de observar os dois lados. A comparação lhe pareceu reveladora:

> Fiquei profundamente impressionado com o comportamento dos comunistas como pessoas, como indivíduos; com a atmosfera de dinamismo e entusiasmo que se respirava em toda parte; com o imenso prestígio do Partido Comunista Chinês, tão rapidamente conquistado e sem dúvida merecido. Desconheço a situação em Beijing ou Shanghai, mas na zona rural e nas periferias os comunistas angariaram um apoio esmagador num curtíssimo intervalo, graças a seu comportamento, ao auxílio prestado aos pobres e coisas assim.

O que mais o impressionou foi a cultura de autocrítica que os comunistas encorajavam. Nas áreas sob domínio comunista, esperava-se que as pessoas examinassem seu comportamento, confessassem suas más condutas e prometessem melhorar. Isso se aplicava igualmente, se não mais, aos líderes partidários, que deviam dar o exemplo. Curwen recorda uma ocasião, durante uma campanha pelos direitos das mulheres, em que o chefe do Partido Comunista local subiu ao palco e admitiu que batia na esposa. Depois de reconhecer que esse tipo de comportamento era inaceitável, ele prometeu aos presentes fazer um autoexame por escrito. Sob o Kuomintang, essa sinceridade, essa determinação de mudar, teria sido impensável.

Em 1949, quando os comunistas finalmente venceram a guerra civil, Curwen observou "um renascimento moral no povo e uma revolução nas relações pessoais". Longe de destruir a China, a guerra civil e a vitória comunista tinham transformado o país para melhor.

E também transformara o próprio Curwen. A força de seus sentimentos pegou-o de surpresa, e o fez questionar tudo em que acreditara até então — em relação não só a permanecer neutro, mas também a evitar a violência:

> Não posso lhe dizer quando deixei de ser pacifista, porque não sei. Mas em algum momento acabei percebendo que às vezes é necessário lutar. [...] Eu não conseguia ver possibilidades para os pobres, que eram a maioria na zona rural chinesa, sem uma revolução. E obviamente não há revolução sem violência. [...] Assim, deixei de ser pacifista e comecei a criticar meu pacifismo, e cheguei à conclusão de que estava errado.

Desse momento em diante, toda vez que relembrava a Segunda Guerra Mundial, Curwen lamentava profundamente ter sido um objetor de consciência. Começou a lamentar também não ter abandonado o pacifismo mais cedo, o que lhe teria permitido opor-se ativamente ao fascismo e combater Hitler. Apesar de todo o bem que havia feito com a Friends' Ambulance Unit, achava que teria sido melhor pegar em armas.

Em 1954, ao retornar à Grã-Bretanha, Curwen decidiu que nunca mais ficaria em cima do muro. Ingressou no Partido Comunista e manteve seu compromisso com o socialismo pelo resto da vida.

Havia uma série de boas razões para tentar permanecer neutro durante e após a Segunda Guerra Mundial. Enquanto alguns eram *ativamente* imparciais, e discordavam de ambos os lados, outros eram *passivamente* imparciais, e queriam apenas evitar ser arrastados para o que acreditavam ser a guerra de outros. Muitos indivíduos e muitas nações temiam ver-se envolvidos caso escolhessem o lado errado. Alguns se apegavam à neutralidade como um ideal moral. No caso particular de Curwen, sua postura pacifista era uma combinação entre princípios e "pura rebeldia". Mas não fazia diferença: mais cedo ou mais tarde, quase todos eram obrigados a escolher um lado; e, caso se recusassem a fazer essa escolha, ela muitas vezes era feita por eles.

Histórias como a de Anthony Curwen são raras porque ele ao menos teve a chance de *escolher* não participar da Segunda Guerra Mundial. Ele tinha a sorte de viver numa sociedade que lhe dava a possibilidade de optar por não lutar durante a guerra — embora só depois de comparecer perante dois tribunais a fim de provar que era movido por uma genuína objeção de consciência, e não por covardia. Na maioria dos outros países, o pacifismo de Curwen teria sido absolutamente impensável — fosse porque as pressões sociais para se adequar teriam sido demasiado esmagadoras, fosse porque simplesmente não seria permitido. A história da guerra está repleta de pessoas em nações ocupadas que tentaram se manter fora da violência mas foram forçadas a tomar partido — pela própria consciência, pelos vizinhos ou pelas várias forças armadas e milícias que dominavam a paisagem bélica.

Não só pessoas foram com frequência incapazes de manter-se neutras durante a guerra: as nações se saíram igualmente mal. Antes do conflito, Noruega, Dinamarca, Bélgica, Países Baixos e Luxemburgo declaravam-se países neutros — fato que não impediu que fossem invadidos pela Alemanha em 1940. Da mesma forma, outros três países neutros, Estônia, Letônia e Lituânia, foram invadidos pela União Soviética. No Sudeste Asiático, as declarações de neutralidade da Tailândia não a livraram da invasão pelos japoneses, que desejavam transportar suas tropas através do território tailandês. O governo autoritário do país aquiesceu, e a Tailândia esteve o restante da guerra numa desconfortável aliança com o Japão. Na América Latina, tanto a Argentina quanto o Chile passaram a maior parte da guerra professando sua neutralidade, mas, sob pressão constante dos Estados Unidos, foram enfim obrigados a abandonar essa posição em 1944 e 1945. Nações sob domínio colonial nunca tiveram escolha: a Índia, a Coreia, o Oriente Médio e quase toda a África foram obrigados a tomar um partido ou outro, quer o desejassem ou não.

Somente algumas poucas nações tiveram permissão para manter a neutralidade durante a guerra, com destaque para Irlanda, Suécia, Suíça, Espanha, Portugal e o Vaticano. No entanto, mesmo esses Estados foram muitas vezes compelidos a tomar decisões que beneficiavam um lado ou outro. A Suécia, por exemplo, foi forçada a permitir que trens abarrotados de soldados alemães cruzassem seu território a caminho da linha de frente russa; Portugal foi pressionado a permitir que navios e aviões aliados usassem seus portos ultramarinos; e a Suíça, que estava inteiramente cercada por países do Eixo durante a guerra, foi forçada a abandonar o comércio de armas com a Grã-Bretanha e intensificá-lo com a Alemanha.[5]

Nas raras ocasiões em que esses países romperam sua neutralidade por motivos de consciência, sua verdadeira face política acabou por se revelar. A Suécia secretamente forneceu bases para a Resistência norueguesa. O governo fascista da Espanha, como o da Argentina, tolerava alegremente espiões nazistas, e o Vaticano fazia vista grossa para os pecados de quem quer que se opusesse ao comunismo, mesmo quando se tratava de criminosos de guerra procurados. No fim das contas, a neutralidade durante a guerra foi sempre, na melhor das hipóteses, uma aspiração. Na pior, uma desculpa para a hipocrisia.[6]

Depois das severas lições da guerra, muitas nações abandonaram a neutralidade. Os Países Baixos, neutros desde 1839, renasceram no início na Guerra Fria como um dos membros fundadores da Otan (Organização do Tratado do Atlântico Norte), uma aliança militar criada a fim de garantir a segurança da Europa ocidental e da América do Norte contra a ameaça soviética. O mesmo pode ser dito de nações como Noruega, Dinamarca, Bélgica, Luxemburgo e Portugal. A Turquia, que também havia sido neutra durante a guerra, declarou-se firmemente do lado do Ocidente, e em 1952 ingressou na Otan. Nesse meio-tempo, a Espanha, outrora neutra, estabeleceu uma aliança direta com os Estados Unidos.[7] (De maneira inversa, duas nações europeias *tornaram-se* neutras após a guerra — a Áustria (1955) e a Finlândia (1956) —, embora em ambos os casos por imposição da União Soviética: de outro modo, os soviéticos se recusavam a retirar suas tropas desses países.)

Outras partes do mundo seguiram o exemplo. A Tailândia abandonou sua tentativa de neutralidade e tornou-se membro fundadora da Organização do Tratado do Sudeste Asiático, o equivalente regional da

Otan, com sede em Bangcoc. Na América Latina, os países que haviam sido obrigados a apoiar os Estados Unidos durante a guerra, como o Chile e a Argentina, aprofundaram seus laços graças ao Tratado Interamericano de Assistência Recíproca, ou Tratado do Rio, de 1947 — talvez não por amor, mas por um temor mútuo do comunismo. Uma vez iniciada a Guerra Fria, a neutralidade tornou-se praticamente impossível na América Latina. Quem não apregoasse a visão anticomunista de mundo dos Estados Unidos ou era submetido a uma mudança forçada de regime, como aconteceu com a Guatemala em 1954, ou era assediado de maneira tão persistente, e tão desajeitada, que acabava indo parar nos receptivos braços da União Soviética — como ocorreu com a Cuba de Fidel Castro em 1961.[8]

Mais uma vez, mesmo as nações que mantiveram o status de neutralidade durante a Guerra Fria nem sempre agiram de maneira neutra. A Suécia, por exemplo, estava economicamente integrada ao Ocidente, comprava armas da Grã-Bretanha e dos Estados Unidos (nunca da União Soviética) e chegou a conduzir missões de espionagem na União Soviética em nome da Otan.[9] A Suíça, por sua vez, era um Estado profundamente conservador. Seu medo patológico do comunismo a levou a fazer pactos secretos com a Otan, a comprar enormes quantidades de armas do Ocidente e até a flertar com a criação de sua própria força nuclear dissuasiva.[10] Além disso, a polícia federal suíça envolveu-se num programa grotesco e ilegal de vigilância sobre seu próprio povo, plano que só foi revelado depois de terminada a Guerra Fria. Ela teve a ajuda de milhares de empresários, políticos, militares, especialistas e "cidadãos preocupados", que espionavam os vizinhos com muito gosto e relatavam às autoridades qualquer atividade de esquerda.[11] Essas pessoas eram uma parte importante do subconsciente nacional. Assim como Curwen foi incapaz de permanecer neutro diante de um sistema chinês corrupto e falido, também esses "cidadãos preocupados" eram incapazes de pôr de lado sua desconfiança dos comunistas, por mais neutro que seu país professasse ser.

O Movimento Não Alinhado

Se a ideia de neutralidade muitas vezes se mostrou ilusória para indivíduos e nações, como isso funcionou de maneira mais ampla? Na esteira da guerra, havia duas organizações internacionais que se apresentavam como neutras — ou, para ser mais preciso, "não alinhadas" (uma vez que o termo "neutro" tinha um significado legal muito específico): a própria ONU e um grupo de países conhecidos como o "Movimento Não Alinhado". Será que esses organismos internacionais se saíram melhor?

Os fracassos da ONU nesse aspecto são bem conhecidos. Ao longo dos anos 1940 e 1950, a organização foi dominada pelos Estados Unidos, que proporcionavam a maior parte de seu financiamento e contavam com o apoio quase inabalável da vasta maioria de seus membros-fundadores. Nesses primeiros tempos, foram somente o Conselho de Segurança e o poder de veto soviético que a impediram de se tornar pouco mais que um instrumento da política externa americana.[12]

O Movimento Não Alinhado, nesse meio-tempo, tinha problemas diferentes. Oficialmente fundado em 1961, suas raízes remontam ao período do pós-guerra imediato, quando várias nações asiáticas estavam à beira da independência. Tendo testemunhado a destruição causada pela guerra, o novo primeiro-ministro da Índia, Jawaharlal Nehru, considerava sensato "manter-se afastado da política de poder de grupos adversários que no passado havia levado a duas guerras mundiais e que podia levar mais uma vez a desastres numa escala ainda maior".[13] Mais importante ainda, tendo lutado por tanto tempo pela independência, ele não via nenhuma razão para subordinar a política externa da Índia à agenda de outros. "Quando nos alinhamos a qualquer potência", ele disse ao parlamento indiano em 1951, "deixamos de lado a nossa opinião, abandonamos a política que normalmente seguiríamos porque alguém decidiu que devemos seguir outra."[14] Por essa razão, a Índia começou sua nova vida como nação independente seguindo uma política externa de estrita independência.

Essa linha foi também adotada por outros países asiáticos recém-independentes, como a Indonésia, cujo presidente, Sukarno, considerava a

Guerra Fria apenas mais uma manifestação do mesmo velho imperialismo de que seu povo acabava de se libertar.[15] Ela se espalhou para as nações árabes, como o Egito, que adotaram o "neutralismo positivo" como "a única política sensata", e também para os países africanos, alguns dos quais defendiam, na figura de seus dirigentes, que "todo o continente africano deveria ser zona neutra". Gamal Abdel Nasser, do Egito, chegou ao ponto de chamar a política de não envolvimento de "a expressão da consciência da humanidade", porque era "contra a dominação e a desigualdade, contra o militarismo, contra experimentos nucleares e a favor da paz e da independência das nações". Assim como Anthony Curwen abraçou o comunismo por motivo de consciência, Nasser abraçou o não alinhamento pelo bem do país.[16]

Nos quinze anos que se seguiram ao fim da Segunda Guerra Mundial, o Movimento Não Alinhado tornou-se uma espécie de fenômeno. Na Conferência de Bandung, em 1955, 29 países africanos e asiáticos se reuniram para expressar seu repúdio à intromissão das grandes potências em seus assuntos. O "espírito de Bandung" inflamou rapidamente o mundo colonial. Em 1961, na conferência de fundação do Movimento Não Alinhado em Belgrado, esse espírito se espalhou para a Europa e a América Latina. No final do século, contava com 114 membros, entre os quais 37 países asiáticos, mais de vinte latino-americanos e todas as nações africanas. Ele continuou a se expandir desde então: várias nações caribenhas ingressaram nos anos 2000, e Fiji e o Azerbaijão foram admitidos em 2011.[17]

No entanto, sempre houve pontos de interrogação quanto ao verdadeiro grau de "não alinhamento" dessa organização. Apesar de seu título coletivo, muitas das nações envolvidas *estavam* claramente alinhadas a um bloco de poder ou outro. A República Popular da China foi convidada para a Conferência de Bandung mesmo sendo um país comunista explicitamente aliado à União Soviética. Seis anos depois, quando tornou-se um dos membros fundadores do movimento, Cuba estava a apenas seis meses de permitir que a União Soviética construísse bases de mísseis nucleares em seu território. O Chipre, outro membro fundador, forneceu bases militares para a Grã-Bretanha, e a Arábia Saudita e o Paquistão tinham fortes vínculos com os Estados Unidos. Vários países na África francófona, como Senegal e Gabão, mantiveram deliberadamente vínculos militares com a França. Muitos dos Estados supostamente não alinhados firmaram pactos militares com as grandes potências, e muitos mantêm esses pactos até hoje. Tudo isso é explicitamente contrário aos princípios do Movimento Não Alinhado, tal como expostos em seus próprios documentos.[18]

Além disso, o próprio movimento adotou posições antiamericanas com muito mais frequência do que posições antissoviéticas. Ao longo dos anos 1970, em particular, tendeu a tomar partido da União Soviética na maioria dos temas, censurando as potências ocidentais, sobretudo os Estados Unidos, por seu imperialismo econômico, pelas atrocidades no Vietnã e pela intromissão política e militar na América Latina. À frente da acusação estava Cuba, que possuía estreitos laços com a União Soviética, e cuja posição era compartilhada por cada vez mais nações não alinhadas, muitas das quais começavam a se voltar elas próprias para ideias marxistas.[19]

No fim das contas, o "não alinhamento" revelou-se uma ilusão, tanto quanto a "neutralidade". Num mundo em que quase toda ação era reivindicada ou rejeitada por um lado ou pelo outro, era praticamente impossível seguir um caminho intermediário. Talvez a única nação a chegar perto disso tenha sido a Birmânia, que foi ao extremo de praticamente se isolar do resto do mundo, adotando uma posição próxima do pacifismo e até se retirando temporariamente do Movimento Não Alinhado em 1979, devido a preocupações sobre uma parcialidade cada vez maior no seio da organização.[20] Mas para qualquer nação que desejasse travar relações com o resto do mundo realmente não havia escolha senão optar por um lado. O único guia para isso, como Anthony Curwen demonstrou, era seguir a própria consciência, para onde quer que ela pudesse levá-lo.

MAS A HISTÓRIA NÃO TERMINA AQUI. É muito tentador retratar conceitos como "neutralidade" ou "não alinhamento" simplesmente como reações aos blocos das superpotências que haviam se estabelecido no pós-guerra, mas, é claro, as coisas não eram tão simples assim. Havia outras forças poderosas em ação. Anthony Curwen não se tornou comunista em reação à Guerra Fria, mas por causa das circunstâncias locais muito específicas em que se viu. Outros indivíduos com diferentes antecedentes e em diferentes circunstâncias escolheram exatamente o oposto e tomaram o partido dos nacionalistas chineses. De forma semelhante, os países nem sempre consideravam o ambiente internacional ao adotar suas políticas externas — com frequência eram sua própria história e seus próprios problemas domésticos que se provavam mais influentes. A determinação suíça de permanecer neutra após 1945, por exemplo, tinha menos a ver com a Guerra Fria do que com o orgulho nacional. Na segunda metade do século xx, a neutralidade tornou-se uma característica definidora da identidade suíça, algo que a diferenciava de seus vizinhos. Paradoxalmente, foi esse mesmo sentimento de orgulho nacional que levou ao *abandono* secreto da neutralidade quando a elite do país caiu na velha armadilha de acreditar que eles eram muito mais importantes para os assuntos europeus e mundiais do que realmente eram.[21]

Forças semelhantes operavam no Movimento Não Alinhado. Como ressaltou em 1979 o primeiro-ministro da Jamaica, Michael Manley, o movimento "começou não apenas porque existiam blocos": havia outras razões que pareciam muito mais prementes que a Guerra Fria.[22] No início, o principal foco não era em absoluto os Estados Unidos ou a União Soviética, mas o colonialismo europeu ocidental. "O conflito ideológico *não* é, repito, *não* é o principal problema do nosso tempo", afirmou Sukarno na Conferência de Belgrado. "Em todos os casos, as tensões internacionais são motivadas pelo imperialismo, pelo colonialismo e pela divisão forçada de nações."[23] A primeira prioridade do movimento, portanto, sobretudo entre as nações asiáticas e africanas, era a luta pela independência das velhas colônias de Grã-Bretanha, França, Bélgica, Portugal e Países Baixos. A Guerra Fria só era considerada importante porque se interpunha no caminho dessa luta.

O que deu ao Movimento Não Alinhado sua imensa energia foi o sentimento de injustiça histórica de asiáticos, africanos e latino-americanos em relação ao colonizador branco, sobretudo europeu. Todos os mitos mais fortes do pós-guerra imediato foram empregados aqui em abundância.

Os povos africanos e asiáticos foram retratados como vítimas da história, mas também como heróis da libertação nacional, erguendo-se das cinzas dos impérios devastados da Europa. A guerra, que tinha destruído o velho mundo, havia também criado a oportunidade, como afirmou Sukarno, "de construir um mundo novo".[24]

Sob toda a retórica acerca de liberdade, justiça e paz mundial operava a mesma força que impelia os Estados Unidos, a União Soviética e a maior parte dos outros países no mundo: o nacionalismo. Fora o nacionalismo que impulsionara todas as lutas de independência do movimento, e era o nacionalismo que os inspirava a trabalhar juntos para ter uma voz cada vez maior nas questões mundiais. "Em essência", disse o primeiro presidente da Tunísia, Habib Bourguiba, à Conferência de Belgrado em 1961, "o nacionalismo foi para todos nós, antigos povos colonizados, uma luta pela dignidade do homem em todos os seus aspectos."[25] Assim a força que fora tão desacreditada pela Segunda Guerra Mundial ganhou nova vida após o conflito, por meio das nações emergentes do mundo.

Se alguma vez houve um desafio às esperanças e aos sonhos dos federalistas mundiais de criar um sistema único, mundial, foi nesse momento. Da mesma forma que o ímpeto de unificação foi bruscamente interrompido pela Guerra Fria, assim também as desigualdades e injustiças inerentes ao sistema mundial deram um novo impulso àqueles que desejavam romper com ele.

É para essas forças de libertação, nacionalismo e fragmentação — desencadeadas pela Segunda Guerra Mundial e alimentadas pelas trágicas tentativas do velho mundo de se aferrar a um poder colonial moribundo — que me voltarei em seguida.

PARTE V

Duzentas nações

16. O nascimento de uma nação asiática

O QUE É UMA NAÇÃO? Algo que se define pela terra que um povo escolhe para chamar de sua pátria? Uma questão de raça, etnicidade genética? Ou uma nação se caracteriza por traços mais intangíveis — uma língua ou religião compartilhada, ou uma herança cultural comum? Pode uma nação se definir por suas crenças políticas, e, nesse caso, impor essas crenças, direta ou indiretamente, a seus membros?

Na esteira da Segunda Guerra Mundial, dezenas de nações foram criadas, e logo tiveram de confrontar essas questões. Quase sem exceção, elas descobriram rapidamente que não existe nenhuma definição operacional de nação. Uma nação é uma "comunidade imaginária", isso é tudo — e ela se transforma a depender de quem a está imaginando. Ela é muitas vezes definida tanto por quem faz parte da nação quanto por quem *não* faz; mas seus inimigos podem mudar, assim como suas crenças políticas e religiosas e suas referências culturais. Fronteiras entre países também podem mudar: quando a linha de demarcação entre uma nação e outra é determinada por uma linha num mapa, como podemos verdadeiramente dizer quem somos "nós" e quem são "eles"?

Uma das primeiras nações a enfrentar esse desafio em 1945 foi a Indonésia, e o processo pelo qual ela passou demonstra a agonia de ver-se face a face com uma lousa em branco. As pessoas que declararam independência em agosto daquele ano tinham liberdade para se definir como quer que desejassem, mas esforçaram-se para encontrar algo que as unisse. O território que reivindicavam se espalhava por 19 mil diferentes ilhas, algumas das quais não passavam de amontoados de areia e atóis, enquanto outras eram grandes e densamente povoadas. Os povos que representavam compreendiam mais de duzentos grupos culturais e étnicos, que falavam mais de trinta línguas e dialetos, tinham costumes e religiões diferentes e relações também distintas com a modernidade. Os camponeses hindus em Bali não tinham praticamente nada em comum com os petroleiros muçulmanos em Achém ou os trabalhadores cristãos das plantations em Ambon. A elite urbana de Jacarta estava a um mundo de distância dos caçadores-coletores dayaks em Kalimantan. O único vínculo entre essas pessoas era o fato de terem sido conquistadas pelos holandeses. Mas, além do ódio comum ao colonialismo, não havia nenhuma razão em particular para que elas se unissem numa única nação.[1]

E, no entanto, elas se uniram. O processo mediante o qual alcançaram esse feito nos diz muita coisa sobre o que significava ser uma nova nação na esteira da Segunda Guerra Mundial, mas também sobre os perigos e armadilhas da própria "liberdade".

ANTES DA SEGUNDA GUERRA MUNDIAL, a Indonésia era governada pelos holandeses e conhecida como "Índias Orientais Neerlandesas". No entanto, durante as décadas de 1920 e 1930, um pequeno e comprometido movimento nacionalista tinha se desenvolvido no país, em particular na ilha de Java. Um de seus ativistas era uma jovem professora e jornalista chamada Trimurti, que ingressara no Partido Nacional Indonésio em 1933. No início da guerra, ela andava em apuros com as autoridades holandesas. Após ter instruído seus alunos do curso primário a, em suas palavras, "se recusar a serem governados por outro país", Trimurti fora proibida de ensinar. Mais tarde, passou nove meses na prisão por distribuir folhetos subversivos. Durante o ataque japonês de 1942 ela estava presa novamente, desta vez por ter publicado um artigo escrito pelo marido, um companheiro nacionalista chamado Sayuti Melik, no qual se afirmava que holandeses e japoneses eram igualmente nocivos. "Os Países Baixos e o Japão são como o tigre e o crocodilo", dizia o artigo. "Ambos são perigosos. Os indonésios fariam melhor em se fortalecer, em preparação para sua própria independência."[2]

Quando o Exército japonês avançou por Java, muitos dos compatriotas de Trimurti celebraram, acreditando que a libertação havia enfim chegado. A própria Trimurti foi logo libertada. Mas, no fundo, ela sabia que nem ela nem seu país estavam realmente livres: houvera apenas a substituição de um império por outro. Suas suspeitas se confirmaram em agosto daquele ano, quando foi novamente presa, agora por obra do Kempeitai.

Ela imediatamente descobriu que, no fim das contas, holandeses e japoneses não eram assim tão parecidos. Sob os holandeses, ela recordou, "não era demasiado ruim. Sabíamos o que esperar, cumpríamos nossa pena e éramos libertados na data prevista. Enquanto estávamos na prisão, exigia-se que trabalhássemos. Era isso. A prisão japonesa era completamente diferente".[3]

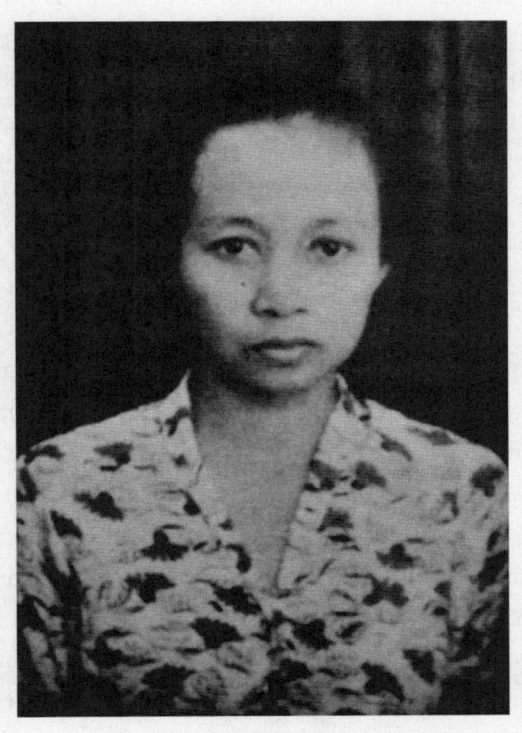

S. K. Trimurti alguns anos depois
da Segunda Guerra.

Desta vez, seus interrogadores não mostraram nenhuma clemência. Surraram-na repetidamente até que ela se deitou semiparalisada no chão, e então mandaram seu marido entrar, para que visse o que tinha sido feito com ela. Ficou claro que eles não estavam realmente interessados nela — queriam apenas forçar uma confissão do marido, acusado de organizar uma célula da resistência antinipônica. Ele olhou para ela no chão e assinou o documento. "Foi a primeira vez que vi meu marido chorar."[4]

O que se seguiu foram tempos de enorme sofrimento físico e emocional. O marido de Trimurti foi mandado para a prisão pelo resto da guerra; ela, enquanto isso, foi posta em prisão domiciliar em Semarang. Incapaz de trabalhar, e face à necessidade de alimentar a si mesma e aos filhos, vendeu um a um todos os seus bens, até que não lhe restou nada.

Foi salva finalmente em 1943 por Sukarno, um dos mais importantes líderes políticos da Indonésia, que a conhecia desde os primeiros dias de ativismo. Os japoneses tinham permitido que ele instalasse uma administração nacionalista fortemente regulada — não porque apoiassem a independência indonésia, mas porque esperavam usar o país como fantoche. Ao saber das dificuldades de Trimurti, Sukarno solicitara especificamente que ela fosse trabalhar com ele em Jacarta.

Durante os dois anos seguintes, Trimurti viu seu país transformado. "Quase todos os dias eu via trabalhadores escravos recém-recrutados em Jacarta mortos na beira da estrada ou deitados semimortos nas ruelas", ela lembrou mais tarde. Pela primeira vez, sentiu-se impotente para fazer qualquer coisa a respeito. "Eu não podia divulgar esses incidentes num jornal. Naquela época não havia nenhum jornal independente capaz de descrever o que estava realmente acontecendo no país. Todos os jornais pertenciam aos japoneses e eram estritamente controlados."[5] A única coisa que ela podia fazer era ser paciente e esperar para ver como a guerra progrediria.

Então, certo dia, veio a mudança. Em 1944, com a maré finalmente virando contra o Japão, o governo militar começou a fazer concessões. Os indonésios tiveram permissão para exibir sua bandeira e para cantar o hino nacional, *Indonesia Raya*. Em 1945, Trimurti foi convidada a um congresso para discutir a melhor maneira de se preparar para a independência. Os japoneses até começaram a libertar alguns prisioneiros políticos, entre os quais seu marido. Então, em agosto, surgiram notícias de que uma espécie de bomba milagrosa havia explodido sobre o Japão. Cerca de uma semana mais tarde, o Japão anunciou sua rendição incondicional. De repente, a guerra havia terminado.

A partir desse momento, os acontecimentos se sucederam rapidamente. Em vez de esperar a concessão da independência, alguns nacionalistas mais radicais sugeriram que transmitiriam uma mensagem mais positiva se eles mesmos a declarassem. Sukarno e o outro principal líder político, Muhammad Hatta, relutavam em fazer isso, temendo provocar os japoneses, mas, depois de acaloradas discussões com a ala jovem do movimento, finalmente concordaram. Assim, o marido de Trimurti datilografou uma curta declaração. E a própria Trimurti partiu com outro grupo para ajudar a tomar o controle da estação de rádio japonesa.

Em 17 de agosto de 1945, dois dias após a rendição japonesa, a declaração de independência foi lida em voz alta por Sukarno. O curto texto não era de modo algum poético ou bombástico, apenas expunha os fatos: o colonialismo chegara ao fim, e a nação indonésia havia nascido.

Hoje, S. K. Trimurti é lembrada como uma das pouquíssimas testemunhas do momento em que a declaração foi assinada. Foi um momento de triunfo que a vinculou a toda a nação: depois de todos os muitos anos de detenções, encarceramento e subjugação por potências estrangeiras, ela e seus compatriotas haviam enfim conquistado a liberdade.

Merdeka!

A história de Trimurti é uma inspiradora narrativa de triunfo contra ventos e marés, e é tentador aplaudi-la como um exemplo de vitória do protesto pacífico sobre a opressão e a violência. Infelizmente, a história não termina aí. Na esteira da guerra a Indonésia foi um país tomado pelo caos. Muitas das estruturas de poder coloniais construídas pelos holandeses no século anterior tinham sido varridas pelos japoneses durante a guerra. Agora os japoneses estavam eles próprios sendo varridos, e o incipiente governo nacional de Sukarno, embora a princípio gozasse de enorme apoio popular, ainda não tinha nenhum poder real na prática. Seria necessário tempo para instituir uma polícia, um Judiciário e um Exército nacionais — que dirá uma estrutura democrática que pudesse satisfazer a todos. Nesse meio-tempo, não havia ninguém capaz de impor controle sobre um povo que ficara frenético com a ideia de liberdade, e extremamente volátil ante a ideia de vingança.

Assim, por um tempo, o país esteve mergulhado na anarquia, enquanto todo tipo de milícias locais, caudilhos, grupos de jovens revolucionários e gangues de criminosos ocuparam o vácuo de poder. A única coisa que unia todos esses grupos era o medo de que os holandeses estivessem planejando retornar e reivindicar a colônia — fora isso, eles tinham muito pouco em comum. Ao longo da costa norte de Java, por exemplo, na área conhecida como as "Três Regiões", gangues de valentões chamadas "Galos de Briga" se associaram com comunistas locais para instituir um expurgo indiscriminado das estruturas locais de poder. Autoridades e chefes de aldeia foram publicamente humilhados diante de suas comunidades, e eurasianos e outros suspeitos de simpatia pelos holandeses foram assassinados. No centro e no leste de Java, porém, foram as milícias muçulmanas que abriram caminho, lutando contra a esquerda e em nome de valores religiosos tradicionais. Ao longo das costas de Sumatra e Kalimantan, empreenderam-se ataques selvagens contra os sultões malaios, que haviam mantido seu domínio tanto sob os holandeses quanto sob os japoneses. Os senhores de Achém foram igualmente depostos por grupos de esquerda. Comerciantes chineses em todo o arquipélago foram atacados, ou por terem sido colaboradores, ou por terem "explorado" o povo, ou simplesmente por serem chineses: numa região dos arredores de Jacarta, tantos cadáveres haviam sido jogados dentro de poços que a população local teve dificuldade para obter água potável. Enquanto isso, prisioneiros de guerra europeus encarcerados em campos terríveis desde 1942 eram aconselhados a não se aventurar a sair para a liberdade, ainda que a guerra tivesse terminado. Dada a atmosfera vingativa lá fora, era mais seguro permanecer sob a guarda japonesa.[6]

Trimurti testemunhou essa atmosfera caótica em primeira mão. Em outubro de 1945, ela foi enviada a Semarang para ajudar a difundir a notícia da *merdeka* — "liberdade", em indonésio — e se viu em meio a uma batalha entre grupos de jovens revolucionários e soldados japoneses. Pouco depois, ela e o marido foram enviados a Tegal durante a Revolta das Três Regiões, na qual o marido foi capturado e quase morto por rebeldes comunistas. Quando partiu para Jogjacarta a fim de solicitar reforços a Sukarno, foi detida como "espiã holandesa". Só escapou com vida porque por acaso conhecia o líder rebelde, que ordenou a seus homens que a soltassem. A realidade estava bem distante do final feliz pelo qual ela e seus companheiros nacionalistas haviam lutado com tanto afinco.

ESSA FOI A SITUAÇÃO QUE OS ALIADOS encontraram quando finalmente chegaram às ilhas, entre setembro e outubro de 1945. Os britânicos, especialistas em controlar distúrbios coloniais, sabiam que a primeira coisa a fazer era restabelecer a ordem, mas se equivocaram ao pensar que isso seria relativamente simples. Os holandeses tinham assegurado que eles seriam recebidos como libertadores, e que após uma transferência de poder breve e ordeira poderiam se retirar pacificamente e concentrar suas atenções em suas próprias colônias na região.[7]

Os holandeses imaginavam que seriam capazes de restabelecer seu domínio sobre o país sem muita dificuldade, mas não tinham percebido o quanto a Indonésia havia mudado nos últimos quatro anos. Dizer que a Segunda Guerra Mundial tinha transformado o país seria pouco. A Indonésia podia não ter visto nenhuma das grandes batalhas da guerra, mas experimentara uma ocupação brutal que deixara a população amargurada e furiosa. Centenas de milhares de civis haviam sido recrutados pelos japoneses como trabalhadores forçados. Dezenas de milhares de mulheres haviam sido estupradas por soldados japoneses. A fome grassara em toda parte: só em Java, as estimativas eram de que cerca de 2,4 milhões de pessoas haviam morrido de fome durante a guerra, e talvez outro milhão nas demais ilhas, em consequência das políticas coloniais japonesas. Tendo experimentado a exploração em sua forma mais severa, os indonésios não estavam mais dispostos a ser vassalos de ninguém.[8]

A guerra os transformara também de outras maneiras. Depois de dois anos de Sukarno e Hatta, os indonésios haviam se acostumado a governar a si mesmos: o governo durante a guerra podia ter sido um fantoche dos japoneses, mas ainda assim era mais do que qualquer coisa que os holandeses lhes haviam dado. Tinham também um Exército incipiente. Os japoneses haviam treinado mais de 35 mil soldados e novecentos oficiais indonésios como "Defensores da Pátria". "Não fosse pelo treinamento japonês, nenhum de nossos soldados teria formação militar", lembrou um nacionalista anos depois. "Foi assim que o Japão nos ajudou. Eles foram realmente cruéis, mas foram eles que treinaram nossos soldados."[9]

Após anos de propaganda reclamando a "Ásia para os asiáticos", os indonésios não estavam mais dispostos a reverenciar o mito da superioridade europeia. Eles haviam demonstrado que não desejavam o domínio dos holandeses, acreditando-se inteiramente capazes de cuidar de seus próprios assuntos. Se os holandeses pensavam que podiam simplesmente entrar no país e recuperar o controle sem oposição, estavam redondamente enganados.

O PRIMEIRO SINAL IMPORTANTE de que a vida não voltaria ao normal tão cedo ocorreu em Surabaia. Em 13 de setembro de 1945, um pequeno grupo de oficiais aliados havia desembarcado na cidade para iniciar negociações com os japoneses. Poucos dias depois, alguns holandeses e eurasiáticos comemoraram sua chegada hasteando a bandeira holandesa no exterior do hotel onde estavam hospedados. Furioso, um grupo de estudantes e baderneiros locais se reuniu, e um deles subiu e arrancou a listra azul da bandeira holandesa, de modo que ela ficou parecendo a bandeira nacionalista indonésia, vermelha e branca. Irrompeu uma enorme briga, que teve de ser apartada por soldados japoneses, mas não antes que um holandês sofresse ferimentos fatais.[10]

Nos dias seguintes, as tensões se exacerbaram em toda a cidade. Multidões de combatentes pela liberdade, gângsteres locais e estudantes idealistas saíram às ruas para atacar lojistas chineses, europeus, eurasiáticos e qualquer pessoa suspeita de simpatias holandesas. Vários milhares de europeus e eurasiáticos foram detidos e levados para a prisão de Kalisosok. Enquanto isso, os confrontos com soldados japoneses começaram a se intensificar. O quartel-general do Kempeitai foi sitiado, e lojas japonesas foram saqueadas em busca de armas e provisões. De um momento para o outro, combatentes indonésios se viram de posse de um arsenal.[11]

Quando os britânicos chegaram em grande número, em 25 de outubro, um exército heterogêneo de jovens indonésios e ex-membros da Guarda Nacional tinha se formado, um exército bem armado e inteiramente preparado para defender a cidade contra um eventual retorno dos holandeses. "Nós que nos revoltamos", declarou Sutomo, um de seus líderes, "preferiríamos ver a Indonésia afogada em sangue ou tragada pelo oceano a vê-la colonizada mais uma vez!" Começaram a circular rumores de que as forças britânicas, compostas sobretudo por indianos e gurkhas nepaleses, eram na verdade holandeses com o rosto pintado de preto.[12]

Os britânicos, que esperavam uma operação rotineira de manutenção da paz, esforçaram-se para acalmar a situação. Brigas irromperam por toda a cidade, culminando num grande ataque de combatentes locais a posições britânicas. Centenas de soldados indianos foram mortos pelos indonésios, e outras centenas aprisionados. Em desespero, os britânicos pediram que Sukarno e Muhammad Hatta fossem até a cidade e negociassem um cessar-fogo. Assim foi feito, mas não levou muito tempo para que os combates voltassem a irromper. As paixões estavam inflamadas demais para serem contidas.

Mas quando o próprio comandante britânico — o brigadeiro Mallaby — foi morto, durante uma tentativa de apaziguar uma multidão, os britânicos por fim perderam a paciência. Durante três semanas em novembro, eles lançaram uma pesada campanha de bombardeio contra Surabaia. Soldados britânicos lutaram de casa em casa, e, enquanto civis aterrorizados fugiam para a zona rural, aviões britânicos os bombardeavam. A cidade foi enfim pacificada, mas também em grande parte reduzida a escombros e cinzas. Estimativas do número de mortos variam de 2500 a 15 mil, entre os quais uma elevada proporção de civis inocentes. Nada menos que 90% da população fugiu.[13]

Todo o episódio foi um terrível desperdício de vidas do início ao fim. Os combatentes indonésios nunca tiveram qualquer chance contra o poderio dos Aliados, mas se recusaram a se dar por vencidos até serem expulsos dos arredores da cidade. Seu slogan *Merdeka atau mati* — "Liberdade ou morte" — parecia ser algo que tomavam muito literalmente: há vários relatos de jovens combatentes se jogando contra os tanques britânicos em ataques suicidas fadados ao fracasso. No entanto, apesar de toda a insensata perda de vidas, os indonésios tinham ao menos mostrado ao mundo que não desistiriam de sua independência sem lutar. A Batalha de Surabaia foi um símbolo de que a *merdeka* era uma causa que valia a pena. Ela é ainda hoje comemorada, a 10 de novembro, que na Indonésia é conhecido como o "Dia dos Heróis".[14]

Cenas semelhantes ocorreram em todo o país nos meses e anos seguintes. Em Jacarta, enquanto os Aliados tentavam instituir uma nova administração civil, batalhas irrompiam todas as noites entre vigilantes pró-holandeses e nacionalistas indonésios. Em Sumatra, Bali e Celebes, milhares de rapazes e moças entraram nas florestas, armados apenas com lanças, facas e revólveres tomados dos japoneses. Em 1946, ao receberem ordem de entregar a cidade de Bandung, as milícias nacionalistas optaram por incendiá-la. Na zona montanhosa de Karo, ao norte de Medan, em Sumatra, o exemplo foi seguido: 53 aldeias foram incendiadas, transformando a região num "mar de fogo".[15]

Os anos que se seguiram foram um exercício de despropósito. Os britânicos saíram da Indonésia pouco mais de um ano depois de terem chegado, ensanguentados, cansados e desiludidos com toda a questão. A administração holandesa que deixaram para trás estava decidida a recobrar o controle da colônia de qualquer jeito. Em 1946, ela enviou esquadrões da morte a Celebes numa brutal campanha de contrainsurgência; mas, apesar da execução de cerca de 6 mil pessoas, os republicanos se recusaram a ser pacificados. Entre 1947 e 1949, os holandeses lançaram uma série de "ações policiais", supostamente para a restauração da ordem, mas também para restabelecer seu próprio controle. Eles conseguiram conquistar grandes regiões de Java e Sumatra, mas só à custa de expulsar um elevado número de pessoas. Esses eventos foram tão devastadores quanto tudo o que aconteceu durante a Segunda Guerra Mundial: estima-se que entre 45 mil e 100 mil combatentes indonésios tenham sido mortos e pelo menos 25 mil civis tenham sido apanhados no fogo cruzado. Somente em Sumatra e Java, mais de 7 milhões de pessoas foram deslocadas.[16]

Em 1949, estava se tornando claro até para os holandeses que tamanho desperdício era insustentável. Por mais que eles lutassem, não poderiam derrotar um movimento que ao mesmo tempo se recusava a se acovardar e era apoiado por uma grande parte da população. Não podiam tampouco se permitir ignorar a opinião mundial. A Austrália há muito se manifestara de forma explícita quanto à independência indonésia, seguida pela Índia e outras nações; mas foi a intervenção norte-americana que por fim solapou as ambições holandesas. Quando os Estados Unidos ameaçaram retirar seu auxílio via Plano Marshall aos Países Baixos, os holandeses por fim decidiram reduzir seus prejuízos e partir. Em dezembro de 1949, mais de quatro anos depois de ter declarado sua independência, a Indonésia era uma nação livre e soberana.[17]

O fim do império

Infelizmente, a Indonésia não foi o único país asiático que teve de lutar pela independência após 1945, e os holandeses não foram a única potência ocidental a tapar os ouvidos aos gritos por liberdade. Na esteira da Segunda Guerra Mundial, eventos semelhantes ocorreram em todo o continente. A era do colonialismo europeu, que definira a Ásia nos últimos duzentos anos, estava finalmente chegando ao fim.

O país cuja experiência mais se assemelhou à da Indonésia foi a colônia francesa da Indochina, que compreendia Vietnã, Camboja e Laos. Assim como as Índias Orientais Neerlandesas, a Indochina francesa fora invadida pelo Japão perto do início da Segunda Guerra Mundial. Ambas tiveram seus governantes supremos europeus aprisionados. E ambas tinham ganhado um certo grau de independência nos últimos dias da guerra. Os japoneses haviam estabelecido governos fantoches no Vietnã (sob o imperador Bao Dai), no Camboja (sob o rei Norodom Sihanouk) e no Laos (sob o Lao Issarak, ou movimento do "Laos Livre"). Em todos os casos, esses fantoches tinham sido estimulados a romper qualquer laço com a França, e lhes fora prometida total independência em algum momento no futuro.[18]

Das três nações da Indochina, foi o Vietnã que abraçou a ideia da independência de maneira mais apaixonada. Durante a guerra, formara-se um movimento de resistência chamado Viet Minh (Liga pela Independência do Vietnã), liderado pelo nacionalista comunista Ho Chi Minh. Duas semanas depois de Sukarno declarar a independência da Indonésia, Ho apareceu perante uma multidão de 300 mil pessoas em Hanói para fazer o mesmo no Vietnã. Num discurso eloquente, que citava tanto a Declaração de Independência americana quanto a Declaração dos Direitos do Homem e do Cidadão francesa, ele anunciou que "todo o povo vietnamita" estava disposto "a sacrificar seus bens e a própria vida para salvaguardar sua independência e liberdade".[19]

Mais ou menos como os holandeses na Indonésia, os franceses não abandonariam a colônia sem lutar. Seu retorno ao Vietnã também seguiu padrão semelhante. Mais uma vez, foram os britânicos que abriram o caminho, desta vez movendo uma batalha sangrenta contra o Viet Minh em Saigon. Mais uma vez os britânicos se retiraram assim que os franceses se restabeleceram no país. Uma série de negociações e tréguas foram feitas e quebradas, culminando em guerra total entre colonizadores e colonizados. Assim como acontecera com os holandeses na Indonésia, os franceses possuíam poder de fogo, organização e treinamento superiores, mas ainda assim eram incapazes de rivalizar com um exército móvel de guerrilheiros que contavam com o apoio de uma proporção significativa da população. Quando os franceses por fim desistiram da luta, em 1954, cerca de 90 mil soldados coloniais franceses e talvez 200 mil vietnamitas tinham sido mortos.[20]

O legado dessa guerra colonial foi venenoso. Ela deixou o país partido ao meio, com o Viet Minh no norte e uma série de governos autoritários no sul. Esses dois lados permaneceriam em guerra pelos vinte anos seguintes. Pior ainda, seu conflito iria envolver as superpotências. A principal diferença entre a Indonésia e o Vietnã foi que o movimento de independência no Vietnã era formado por comunistas declarados. E, como os Estados Unidos haviam prometido conter a difusão do comunismo a qualquer custo, retomaram a luta mais ou menos do ponto onde os franceses a deixaram. Mas seus esforços não foram muito mais bem-sucedidos. A guerra americana no Vietnã acabaria sendo um dos maiores desastres na história de ambas as nações: em 1975, ela tinha custado mais de 58 mil vidas americanas e cerca de 1,3 milhão de vidas vietnamitas. Se esse era o preço da "liberdade", era de fato um preço muito alto e sangrento.[21]

As outras partes da Indochina francesa se saíram ligeiramente melhor, mas não por muito tempo. O Camboja e o Laos obtiveram a independência em 1953, mas seriam muito afetados pela guerra civil no vizinho Vietnã, que frequentemente transbordava para seus territórios. Em pouco tempo eles se veriam envolvidos em suas próprias guerras civis, e em 1975 caíram nas mãos do comunismo. No Camboja isso teria resultados trágicos: nos anos 1970, o Khmer Vermelho, sob a liderança de Pol Pot, daria início a um reino de terror em que inimigos étnicos e de classe foram sistematicamente massacrados e mortos por inanição. Ninguém sabe quantas pessoas eles mataram, mas as estimativas variam de 1,6 milhão a 2 milhões.[22]

É impossível dizer se tudo isso teria acontecido caso os franceses tivessem decidido não tentar se aferrar a seu império moribundo. Com toda probabilidade, algum tipo de violência e caos era inevitável, dada a atmosfera de fervor ideológico desencadeada pela guerra. Mas os franceses não fizeram a si mesmos nenhum favor no cenário internacional: era difícil apresentar-se como guardião dos valores da liberdade, igualdade e fraternidade e ao mesmo tempo zombar da Carta da ONU ao negar o direito de autodeterminação ao povo da Indochina.

AO CONTRÁRIO DOS FRANCESES e dos holandeses, os britânicos nunca caíram na armadilha de tentar se aferrar às suas colônias asiáticas. Apesar de todos os seus defeitos, eles ao menos pareceram compreender que o mundo e a Ásia haviam mudado. A Grã-Bretanha havia mudado também. Não era mais a potência que fora, e agora dependia da ajuda financeira dos americanos, que haviam insistido para que ela abandonasse seu império.

Ao longo dos anos seguintes, a Grã-Bretanha se desfez de suas colônias asiáticas, uma por uma. A primeira foi a joia da coroa imperial britânica, a Índia, que se tornou independente em 1947. Vale a pena notar que uma das razões pelas quais os britânicos estavam tão ansiosos para se desembaraçar do caos na Indonésia era que vários dos soldados sob seu comando eram indianos. Esperar que soldados indianos subjugassem um movimento de independência quando eles próprios estavam passando pelo mesmo processo em seu país significava procurar problemas. Com efeito, somente após a Batalha de Surabaia cerca de seiscentos soldados indianos desertaram: muitos se casaram com indonésias e permaneceram na cidade pelo resto da vida.[23]

A Birmânia e o Ceilão vieram logo em seguida, conquistando sua independência em 1948. A Malaia não se tornou independente até 1957, mas apenas porque os britânicos estavam decididos a sufocar uma revolta de chineses comunistas; no entanto, deixaram muito claro desde o início que iriam entregar o controle político completo assim que os comunistas tivessem sido derrotados. Em 1963, Bornéu do Norte e Sarawak também se tornaram independentes da Grã-Bretanha, e juntaram-se à Malaia para dar origem ao novo Estado da Malásia; o mesmo fez Singapura, antes de se separar para constituir seu próprio Estado, em 1965. Brunei, um protetorado britânico, tornou-se inteiramente independente em 1967. Ao longo dos trinta anos seguintes, a única colônia asiática mantida pela Grã-Bretanha foi Hong Kong, finalmente entregue à China em 1997.

Nenhuma dessas colônias teve de sofrer uma luta prolongada pela independência. Isso não significa, contudo, que tenham escapado da violência. Grande parte do mesmo caos político, étnico e religioso que tomou conta da Indonésia também se abateu sobre as colônias da Grã-Bretanha. Em Hong Kong e Singapura, na esteira imediata da guerra, colaboradores dos japoneses foram linchados. Ondas de vingança submergiram a Malaia, seguidas não só pela insurreição comunista que se tornou conhecida como a "Emergência Malaia", mas também pela perseguição da minoria chinesa do país. O Ceilão, hoje Sri Lanka, passou por uma série de distúrbios e greves gerais nas vésperas da independência, e também posteriormente, por tensões cada vez maiores entre o povo cingalês e a minoria tâmil. A Birmânia enfrentou uma insurreição comunista apenas dois meses depois de alcançar a liberdade, e uma nova insurreição dez meses mais tarde, desta vez do povo karen, no sul e no sudoeste do país, que desejava um Estado independente próprio. Muitas vezes foi difícil conter as forças movidas pela ideia de independência: todos concordavam quanto ao princípio da autodeterminação, mas onde ele parava?[24]

Foi a Índia que viu o maior derramamento de sangue. Ali, foi a violência religiosa que lançou o país no caos. Diferenças irreconciliáveis entre hindus e muçulmanos durante e após a guerra tinham levado os britânicos a considerarem uma divisão entre as duas comunidades: ao receber a independência, a nação seria dividida em três — um Estado predominantemente hindu ao sul e um Estado predominantemente muçulmano, em duas partes, ao noroeste e nordeste. Mas durante o processo de partição a ordem pública ruiu completamente. Muçulmanos fugiram da Índia para os recém-criados Paquistão Oriental e Ocidental (agora Paquistão e Bangladesh); hindus e siques fugiram na direção oposta. Houve massacres de grande escala em ambos os lados. Ao todo, cerca de 15 milhões de pessoas foram deslocadas, e houve entre 200 mil e 2 milhões de mortos — o número exato ainda é motivo de acaloradas disputas. Famílias foram destroçadas e quase 100 mil mulheres foram sequestradas e então ou estupradas ou forçadas à conversão religiosa seguida por casamento com seus raptores. O legado de amargura e ódio gerado por essa catástrofe humanitária envenenou as relações entre a Índia e o Paquistão desde então.[25]

As últimas colônias europeias remanescentes na Ásia foram as de Portugal. Talvez não seja coincidência que a única potência colonial que não havia estado diretamente envolvida na Segunda Guerra Mundial seja aquela que se aferrou às suas colônias asiáticas por mais tempo. Apenas em 1975 o Timor-Leste declarou sua independência, e Macau só foi entregue à China no final do século xx. Mas nem mesmo as colônias portuguesas escaparam da violência associada à independência. Alguns dias após sua independência o Timor-Leste foi invadido pela vizinha Indonésia, que deu início a uma selvagem ocupação. Os timorenses tiveram de sofrer mais 24 anos de violência e atrocidades antes de finalmente conquistarem uma independência duradoura.

A nova ordem

A Segunda Guerra Mundial não causou diretamente a maior parte desses eventos, mas nenhum deles teria acontecido sem ela. Fora a guerra que enfraquecera as potências europeias ao ponto de elas não poderem mais dominar as colônias. Fora a guerra também que criara o ambiente adequado para que os movimentos nacionalistas asiáticos se expandissem e florescessem. E fora a guerra que os armara e os lançara em posições de poder.

Mas talvez as maiores mudanças causadas pela guerra tenham sido psicológicas. Uma geração inteira tinha sido introduzida à experiência da violência, bem como à ideia de que mudanças radicais podiam ser produzidas por meios violentos. As dificuldades criadas pela guerra — ocupação, lei marcial, inflação, escassez, fome — fizeram com que muitos sentissem que não havia mais nada a perder; porém a atmosfera de otimismo que veio com o fim da guerra gerou a convicção de que, depois de tantas agruras, algo novo e bom estava prestes a acontecer.

Todas essas esperanças e angústias eram sustentadas por uma crença no conceito de "liberdade". Esse tinha sido o lema durante toda a guerra, e agora era o grito de ordem de todo político e combatente da resistência na Ásia. Segundo ex-revolucionários em Sumatra, "*merdeka*" era a única palavra na boca de todos, "mas o que era realmente essa *merdeka* ainda não sabíamos, não compreendíamos a independência". Tudo que eles sabiam era que "independente significava não colonizado".[26]

Infelizmente, diferentes grupos tinham diferentes definições de "liberdade". Para minorias religiosas e étnicas ela significava estar livre de

Esse desenho de Chittaprosad de 1950 ["Tirem as mãos da Ásia", lê-se na bandeira] resume uma atitude comum na Ásia na esteira da Segunda Guerra Mundial.

perseguição, mas para alguns de seus vizinhos significava libertar-se de estrangeiros e outsiders. Para comunistas como Ho Chi Minh, significava a libertação da exploração imperialista e capitalista, enquanto para os próprios imperialistas e capitalistas significava a liberdade de restabelecer o que haviam tido antes da guerra e começar a ganhar dinheiro de novo.

Na verdade, nenhum desses grupos falava sobre a liberdade genuína, no sentido existencial. O que eles realmente queriam não era "liberdade", mas um realinhamento de poder: de outsiders para grupos nacionais; dos capitalistas para as pessoas comuns; "deles" para "nós". E, nesse processo, o conceito de liberdade genuína se perdeu. Ou pior, começou a ser associado a algo verdadeiramente aterrorizante: o caos desenfreado. À medida que o velho imperialismo ruía, e nada parecia tomar seu lugar senão uma atmosfera de violência e desordem, pessoas desiludidas paravam de falar sobre liberdade e começavam a ansiar por um retorno à ordem.

O que não necessariamente compreendiam era que isso também teria um preço.

O RESTABELECIMENTO DA "ORDEM" na Indonésia levou vinte anos. Ele começou para valer quando Sukarno empregou o recém-formado Exército Nacional da Indonésia para reprimir a insurreição comunista em Madiun em 1948. Numa ardorosa transmissão radiofônica, ele disse à nação que havia uma difícil escolha a fazer: seguir os comunistas, "que destruirão a ideia de independência indonésia", ou seguir Sukarno e Hatta, que iriam trazer a "liberdade de toda opressão". A revolta foi sufocada com grande perda de vidas — cerca de 8 mil somente em torno de Madiun — e dezenas de milhares de detenções.[27]

Como de costume, Trimurti viu-se envolvida na ação. Detida mais uma vez por suspeita de comunismo, ela por um tempo acreditou que seria executada. A acusação não era verdadeira — ela nunca fora comunista, e na época era na verdade filiada ao Partido Trabalhista, mais moderado. Contudo, o estigma a seguiria pelo resto da vida.

O esmagamento dos comunistas em Madiun foi significativo por várias razões. Em primeiro lugar, demonstrou sem margem para dúvidas que Sukarno e Hatta não eram eles próprios comunistas, o que acalmou os temores americanos com relação a algumas de suas políticas socialistas. O apoio americano seria essencial na batalha diplomática para obrigar os holandeses a deixar o país. Em segundo lugar, demonstrou o crescente poder do Exército indonésio, então a única instituição capaz de impor qualquer tipo de ordem no país. Por fim, mas não menos importante, estabeleceu um modelo para os assuntos indonésios: dali em diante, o Exército seria implacável na repressão a seus inimigos, em particular se fossem comunistas.

Durante os anos seguintes haveria muitas outras insurreições. Em 1951, as ilhas em torno de Ambon tentaram se separar, assim como nos anos seguintes a região de Achém, no norte de Sumatra. Um grupo de coronéis dissidentes tentou estabelecer um governo alternativo em Sumatra, assim como outro grupo de dissidentes em Sulawesi. Em Java Ocidental, muçulmanos radicais se recusaram a aceitar a ideia de um Estado de múltiplas crenças e proclamaram o Estado islâmico de Darul Islam. Logo conquistaram seguidores em outras partes da Indonésia: ao longo de toda a década de 1950 até bem entrada a década seguinte, o Darul Islam moveu uma luta terrorista que provocou a morte de mais de 40 mil pessoas e o deslocamento de milhões. O legado desse movimento tem ecos que continuam a ser sentidos na Indonésia.[28]

Todas essas insurreições foram reprimidas pelo Exército, que pouco a pouco foi ganhando mais poder. Ao longo da década de 1950, líderes militares promoveram-se descaradamente como "defensores da unidade nacional" e deixaram claro para todos que era somente graças à sua intervenção que havia algum tipo de lei e ordem. Em 1957 foi declarada lei marcial em todo o país, o que deu ao Exército oportunidade de agir com impunidade quase total. Líderes locais foram demitidos por corrupção — de fato praticada por muitos — e substituídos por oficiais do Exército. Pouco a pouco o Exército assumia o controle.[29]

Sukarno tentou limitar o poder dos militares promovendo a única outra força no país capaz de se opor a eles — o Partido Comunista da Indonésia (PKI), que possuía uma multidão de seguidores em quase toda parte. Mas, na atmosfera da Guerra Fria dos anos 1950 e 1960, esse era um jogo perigoso. Em primeiro lugar, criava indisposições com os Estados Unidos, que logo começaram a apoiar oponentes de Sukarno no campo da direita: no final dos anos 1950, a CIA foi flagrada fornecendo armas, treinamento e até aviões a rebeldes antigovernistas.[30] Em segundo lugar, começou a incomodar o Exército, que se ressentiu de ser jogado contra um velho inimigo.

A situação chegou a um ponto crítico em 1965, quando comunistas sequestraram generais do Exército e os assassinaram numa base aérea perto de Jacarta. O Exército reagiu de forma rápida e brutal: declarou os sequestros uma tentativa de golpe e lançou uma ampla campanha nacional de repressão aos comunistas, durante a qual o presidente do PKI, D. N. Aidit, foi detido e executado, assim como a maior parte dos demais líderes. Além disso, foi lançada uma inflamada campanha de propaganda em que se acusavam integrantes do Movimento das Mulheres de participar de uma frenética orgia enquanto os generais sequestrados eram torturados e mutilados diante delas por seus camaradas comunistas.

De repente, ataques espontâneos a comunistas começaram a irromper pelo país. Amigos e familiares de comunistas também eram atacados, e na verdade qualquer um com ideias suspeitamente esquerdistas. O Movimento das Mulheres não era de forma alguma comunista, estritamente falando, mas, por causa das calúnias, suas integrantes tornaram-se alvos. Alguns desses ataques se transformaram em verdadeiros massacres. Em Java Oriental, comunistas foram enfileirados por jovens islamitas que cortaram suas cabeças e jogaram seus corpos nos rios. Em Sumatra, trabalhadores das plantations que haviam protestado por melhores condições de trabalho foram massacrados aos milhares. Em Bali irrompeu uma guerra civil na qual aldeias inteiras foram dizimadas e incendiadas.

A orquestração desses eventos ficou a cargo dos generais do Exército, que permaneceram de braços cruzados enquanto os massacres ocorriam e, em alguns casos, até forneceram listas de nomes a milícias locais. Quando os assassinatos começaram a diminuir, como aconteceu em Java, ou quando saíram do controle, como aconteceu em Bali, oficiais do Exército acabaram assumindo o controle e realizaram o expurgo de maneira mais ordenada: comunistas foram arrebanhados e processados em centros de detenção antes de serem transportados de ônibus para a zona rural, onde podiam ser executados e empilhados em valas comuns.[31]

O expurgo em massa que se espalhou pela Indonésia entre 1965 e 1967 foi provavelmente o evento mais traumático na história do país, tendo ceifado a vida de pelo menos meio milhão de pessoas. Outras centenas de milhares foram detidas: talvez nada menos que 1 milhão durante os quinze anos seguintes. O Partido Comunista foi banido. Jornais que criticavam os militares foram fechados. Depois que o Exército assumiu o controle do país, Sukarno foi gradual e cuidadosamente excluído do governo. Seu lugar foi tomado pelo líder do expurgo militar, Suharto, que aos poucos consolidou sua posição até seu poder se tornar praticamente absoluto.[32]

Ao longo dos trinta anos seguintes haveria pouca dissidência na Indonésia. Os distúrbios isolados que chegaram a ocorrer — em Achém, por exemplo, ou no Timor-Leste — foram reprimidos com brutal ferocidade. Assim Suharto conseguiu o que vinte anos de distúrbios e debates não tinham conseguido até então: uniu a nação. De fato, sob alguns aspectos, ele tinha definido o que constituía uma nova nação no pós-guerra: o que unia a Indonésia não era uma língua comum, um objetivo comum ou valores e ideais — era a autoridade. A Indonésia era muito simplesmente o que o Exército dizia que ela era, porque não havia restado ninguém que fosse capaz de discutir com eles.

De certa maneira isso foi um alívio. Agora ao menos haveria algum tipo de ordem nos assuntos públicos; de fato, o novo regime de Suharto chegou a se autodenominar a "Nova Ordem". O conceito que tanto inspirara a nação em 1945 — a *merdeka*, a liberdade — fora silenciosamente deixado de lado.

17. O nascimento de uma nação africana

MUITOS DOS PROCESSOS QUE TIVERAM lugar na Ásia em 1945 seriam repetidos na África alguns anos mais tarde. Também ali os nacionalistas agarraram as oportunidades geradas pela Segunda Guerra Mundial — mas, como sua experiência da guerra foi muito diferente da experiência na Ásia, assim também foram seus caminhos rumo à independência.

Não existe ninguém cuja história possa representar todas as facetas da experiência da África na esteira da guerra, mas a história de Waruhiu Itote, um membro dos quicuios nos contrafortes do monte Quênia, abarca muitas questões relacionadas ao nacionalismo que surgiram durante esses anos turbulentos.

Itote era filho de um agricultor.[1] Tinha uma educação limitada e uma boa dose de ambição pessoal, mas também um grande senso de inquietação que, antes da guerra, não conseguia propriamente nomear. Quando jovem, em 1939, fora para Nairóbi em busca de fortuna, mas logo se deparou com obstáculos. Tentou abrir uma pequena loja com amigos, por exemplo, mas descobriu que era quase impossível obter uma licença: a classe mercantil na cidade era predominantemente asiática, e os europeus no poder pareciam querer manter as coisas assim. Houve uma longa lista de outras atividades das quais também se viu excluído. Sendo um africano negro, ele não tinha permissão para entrar em nenhum dos grandes hotéis de Nairóbi, exceto como criado. Nas estações ferroviárias, era obrigado a usar banheiros diferentes dos utilizados por asiáticos e europeus. Havia até certos tipos de cerveja que não tinha permissão para beber. Tais proibições o deixavam furioso e ressentido, não só porque pareciam absurdas e injustas, mas também porque ele não tinha nenhuma ideia de como resistir a elas ou mudá-las.

Quando a guerra chegou, o governo colonial tentou estimular o alistamento no Exército. Italianos e alemães eram retratados como "os piores monstros na Terra", apontados como prontos para invadir o Quênia. Itote acabou se alistando, menos para combater esses monstros que para escapar do tédio e do desemprego. Assim, em janeiro de 1942, pouco antes de seu vigésimo aniversário, ele se alistou no King's African Rifles. Depois de um período de treinamento na vizinha Tanganica, foi embarcado para o Ceilão, e em seguida para os combates na fronteira entre a Índia e a Birmânia.

No curso de suas viagens, Itote entrou em contato com uma série de pessoas que de outra forma jamais poderia ter conhecido. As conversas com elas abriram seus olhos para uma miríade de possibilidades políticas e pessoais que ele nunca havia considerado. Em 1943, por exemplo, conheceu um soldado britânico que lhe mostrou que a Índia e a Birmânia faziam parte do mesmo Império Britânico que havia subjugado o Quênia — por que Itote estava tão disposto a lutar pela preservação do mundo de seus opressores? Ele ficou embaraçado ao admitir que não tinha uma resposta adequada para essa pergunta. Durante uma licença em Calcutá, conheceu civis indianos instruídos que lhe contaram sobre o acordo que a Índia havia concluído para obter a independência assim que a guerra terminasse. Eles lhe perguntaram o que os quenianos tinham pedido em troca de sua lealdade, porém mais uma vez Itote ficou embaraçado, visto que até onde sabia os quenianos não haviam pedido nada.[2] Ele conheceu também pela primeira vez soldados americanos negros, que lhe contaram sobre seu próprio anseio por direitos civis. Um deles, um homem chamado Stephenson, advertiu-o de que era pouco provável que os britânicos ficassem agradecidos pela contribuição de Itote para o esforço de guerra. "Os brancos que estão lutando agora serão para sempre heróis em seus países", ele previu, "enquanto vocês africanos serão heróis por um dia e depois serão esquecidos. Se vocês querem ser heróis, por que não lutam por seus próprios países?"[3]

Mas talvez sua maior lição política tenha sido aprendida no calor da batalha. Nas florestas da Birmânia, os soldados brancos que lutavam a seu lado passavam graxa de sapato no rosto para ficarem mais parecidos com Itote: os atiradores japoneses de tocaia tinham o hábito de escolher qualquer um que se destacasse do resto. Todos os seus colegas soldados — negros, brancos ou asiáticos — tinham igual medo dos japoneses, e esse medo produzia uma espécie de camaradagem que ele nunca havia experimentado:

> Entre os obuses e balas não havia nenhum orgulho, nenhum ar de superioridade da parte de nossos companheiros de armas europeus. Tomávamos o mesmo chá, bebíamos a mesma água, usávamos os mesmos banheiros e compartilhávamos as mesmas piadas. Não havia nenhum insulto racial, nenhuma referência a "crioulos", "macacos" etc. O calor da batalha havia levado tudo isso embora, deixando apenas nossa humanidade e destino compartilhados, fosse a morte ou a sobrevivência.[4]

A guerra, e sua natureza indiscriminada, parecia ter virado de cabeça para baixo todas as convicções com que Itote crescera na África.

Ao voltar para o Quênia, em 1945, ele teve dificuldade para se reajustar à vida civil, e não levou muito tempo para que seus velhos ressentimentos ressurgissem. Ele tentou começar um negócio de carvão, mas não lhe permitiram vender nos mercados mais lucrativos, reservados a homens de negócio asiáticos. Acabou conseguindo um emprego nas ferrovias, mas teve de aceitar uma remuneração menor que a de asiáticos e europeus em posições equivalentes, só por causa de sua cor.

Depois de tudo o que vira em suas viagens pelo mundo, Itote não estava mais disposto a tolerar essa discriminação. Assim, pela primeira vez ingressou num grupo político: tornou-se membro da União Africana do Quênia, ou KAU, cujo líder, Jomo Kenyatta, passara grande parte dos últimos vinte anos fazendo campanha pelos direitos civis. Kenyatta era um herói pessoal de Itote, e continuaria a ser pelo resto da vida. Mas ele logo ficou desiludido com a KAU, que lhe pareceu dominada por velhos cautelosos e medrosos demais para agarrar a oportunidade de mudança. Sua frustração era exacerbada pela compreensão de que nenhum desses anciões, com exceção do próprio Kenyatta, tinha viajado ou experimentado a guerra em primeira mão. "Quando é que eles aprenderiam que o resto do mundo não era como o Quênia?", lamentou. "Que, na verdade, o Quênia era um dos últimos bastiões do feudalismo, do racismo, do privilégio e da dominação das minorias? Quando é que compreenderiam que as coisas *podiam* ser mudadas?"[5]

Mais ou menos nessa mesma época, ele ingressou também no Sindicato dos Trabalhadores do Setor de Transportes e Atividades Afins — que fazia campanha não só pelos direitos dos trabalhadores mas também por reformas sociais e políticas muito mais abrangentes. O sindicato era liderado por Fred Kubai, um dos maiores agitadores do país, um homem que não tinha medo de usar meios violentos para alcançar seus objetivos. Numa declaração famosa, Kubai disse em 1950 que, se as pessoas se unissem contra os governantes, poderiam forçar a independência em apenas três anos. Inspirado por esse espírito radical, Itote participou entusiasticamente de protestos e greves, mesmo quando a única recompensa parecia ser a brutalidade da polícia e mais repressão do governo.

A terceira organização em que Itote ingressou era talvez a mais radical de todas: uma gangue de ex-soldados chamada Anake a Forti, ou "Grupo dos Quarenta", assim conhecida porque a maior parte de seus integrantes havia ingressado no Exército britânico nos anos 1940. Mais tarde, Itote enfatizaria a natureza política do grupo, que moveu uma campanha de intimidação contra aqueles que colaboravam com programas do governo nas reservas quicuias. Mas as atividades da gangue em Nairóbi eram também claramente criminosas. Veteranos de guerra desiludidos como Itote, com frequência excluídos das formas mais legítimas de emprego ou empreendimento, tinham se voltado para o roubo e a extorsão porque essa parecia ser a única maneira de ganhar a vida. O próprio Itote começou a invadir lojas para roubar armas de fogo e dinheiro, não somente para ele próprio, mas para financiar as atividades políticas do grupo. No turvo submundo de Nairóbi, as linhas entre violência, criminalidade e política estavam ficando cada vez mais borradas.

No final da década de 1940, os vários grupos em que Itote havia ingressado começaram a se fundir num único movimento. Os sindicatos militantes haviam começado a controlar a KAU e a expulsar sua antiga liderança, mais moderada. Ao mesmo tempo, tinham começado a forjar vínculos com o submundo criminoso de Nairóbi. Itote era ele próprio um desses vínculos, e saboreava a sensação recém-descoberta de se sentir importante.

Se houve um momento que cimentou sua devoção à causa da independência foi provavelmente a ocasião, em 1950, em que ele compareceu a uma cerimônia secreta e fez o juramento formal de dar a própria vida em sacrifício à nação. Dezenas de milhares de quicuios estavam fazendo juramentos semelhantes em todo o país. Segundo Itote, esse juramento solene suscitava uma sensação de "sacralidade", e conectava aqueles que o realizavam com algo grandioso e ideológico — algo que faltara para africanos como ele durante a guerra. "Estávamos lutando com as armas da Verdade, do Amor e da Justiça", ele escreveu mais tarde, "contra um verdadeiro arsenal de oponentes, disfarçados como Cristianismo, Lealdade, Riqueza e Poder."[6] Os monstros e heróis mitológicos estavam finalmente ganhando vida.

No verão de 1952, pouco antes da declaração do estado de emergência, Itote e alguns companheiros foram visitar seu líder simbólico, Jomo Kenyatta, em sua fazenda em Gatundu. Kenyatta estava ciente de que seria detido nos dias seguintes, ou até morto. "Tudo neste mundo tem um preço", Itote se lembra de ouvi-lo dizer, "e devemos pagar a liberdade com o sangue."[7]

A descrição que Itote faz de seu líder espiritual naquela tarde transcende o mero respeito: as previsões de Kenyatta acerca da própria prisão, as instruções a seus discípulos para manter a fé e a promessa de continuar com eles mesmo após a morte lembram a Última Ceia antes da crucificação de Cristo. Mais tarde, quando a revolta irrompeu para valer, combatentes africanos cantavam hinos cristãos em que substituíam o nome "Jesus" por "Jomo".[8] Para Itote, porém, o que mais o inspirava era o nacionalismo, não a religião. Para ele, Kenyatta e um Quênia independente estavam tão entrelaçados que era impossível imaginar um sem o outro.[9] Receber a bênção de Kenyatta foi, portanto, o último ritual de que precisava antes de passar ao estágio culminante de sua luta.

Alguns dias mais tarde, Itote se dirigiu para as florestas do monte Quênia. Adotou o codinome "General China" e começou a treinar grupos de voluntários nas modalidades de guerra na selva. Ao mesmo tempo, outros veteranos da Birmânia e radicais violentos, como Stanley Mathenge e Dedan Kimathi, também foram para as florestas.

Assim começou o movimento insurgente que se tornaria conhecido como "Mau-Mau".

Heróis da guerra, heróis da revolução

A Revolta dos Mau-Mau no Quênia teve suas raízes numa ampla variedade de ressentimentos de longa data, muitos dos quais bastante mais sérios que a mesquinha discriminação racial que Waruhiu Itote havia experimentado em Nairóbi. O principal deles era o deslocamento de negros africanos de suas terras por colonos europeus; mas havia também outras queixas, como a introdução de um controverso imposto, restrições ao movimento e ao emprego, tentativas de proibição de costumes tribais como poligamia e circuncisão feminina — isso para não falar das lutas entre as tribos e dentro delas próprias, que podem provocar conflito em qualquer sociedade.[10]

Do mesmo modo que na Indonésia, porém, a raiz de todas as queixas quenianas residia na sensação de impotência do cidadão comum. Por mais que protestassem pelo direito à terra e ao emprego, os negros africanos tinham dificuldade de se fazer ouvir, uma vez que não contavam com nenhuma representação política relevante. Em 1951, apesar de excederem a população europeia do Quênia numa proporção de mais de 170 para um, somente quatro dos 37 membros do Conselho Legislativo eram africanos. E, ao contrário de seus homólogos europeus, nenhum desses membros fora eleito: eles haviam sido nomeados a partir de uma lista de candidatos pré-aprovados justamente por ser pouco provável que causassem demasiados problemas.[11]

Assim como na Ásia, havia anos os líderes africanos vinham se empenhando para mudar esse sistema injusto, mas a Segunda Guerra Mundial trouxera um novo ímpeto para suas reivindicações. Num nível puramente abstrato, conceitos como liberdade, igualdade e dignidade humana tinham de repente passado ao primeiro plano: era em nome desses ideais que a guerra estava sendo travada, e os quenianos não podiam deixar de notar que eles estavam em falta no país. É bem pouco provável que os britânicos tenham ficado surpresos diante da renovada exigência de seus súditos africanos pelo direito de escolher o próprio governo: esse era um direito fundamental que os próprios britânicos haviam endossado em 1941, ao redigirem a Carta do Atlântico.

Alimentada pela experiência da guerra, uma atmosfera semelhante de idealismo e insatisfação crescia em todo o continente. Entre 1939 e 1945, mais de 800 mil negros africanos foram alistados ou recrutados para os Exércitos aliados: meio milhão das colônias britânicas e talvez outros 300 mil da África francesa.[12] O retorno desses homens causou problemas para governos coloniais em toda parte. Em Tanganica, por exemplo, os veteranos estavam entre os setores mais contrariados da sociedade — muitos nunca tinham desejado ir para a guerra, para início de conversa, tendo sido arbitrariamente convocados para o Exército britânico por burocratas africanos com cotas a preencher.[13] Na Nigéria do pós-guerra, veteranos desempregados participaram de uma série de raivosas manifestações contra o governo colonial — em 1950, chegaram a iniciar uma revolta em grande escala na cidade de Umuahia.[14] Já em 1948, na Costa do Ouro, veteranos protestaram nas ruas contra a falta de reconhecimento oficial pelos sacrifícios que haviam feito durante a guerra. A violenta reação da polícia e os cinco dias de distúrbios que se seguiram desencadearam o processo de independência do país.[15]

Também na África francófona os veteranos com frequência desempenharam um papel decisivo para o início dos protestos contra o poder colonial. No Congo Belga, por exemplo, ex-soldados aliados com frequência expressavam amargura diante da ironia de terem lutado pela liberdade da metrópole enquanto eles próprios não dispunham de liberdade em suas terras.[16] Na Guiné Francesa, soldados iniciaram uma campanha por salários iguais, sob a divisa "Sacrifícios iguais = Direitos iguais". Nesse caso, foram os militares veteranos que assumiram a agitação contra as instituições coloniais no pós-guerra, e foram eles também que começaram a questionar os poderes tradicionais de seus próprios chefes tribais.[17] Enquanto isso, na Costa do Marfim, veteranos defendiam a abolição do trabalho forçado, e faziam frequentes manifestações por igualdade, algumas das quais terminaram em violência; em todo o país a população clamava por uma nova "África para os africanos".[18]

É importante ressaltar que a maior parte dos soldados retornados não engrossaram as fileiras de revolucionários e descontentes. Na verdade, houve regiões inteiras, países inteiros, em que os veteranos não desempenharam praticamente nenhum papel na conquista da independência — Botswana é um bom exemplo.[19] Mas historiadores que descartam os veteranos como atores marginais nas várias lutas africanas por independência estão perdendo de vista a questão ideológica mais ampla. Os soldados africanos tinham voltado para seus países como heróis, e não surpreende que um aspecto mitológico desse heroísmo tenha sido transposto para os movimentos de independência que se seguiram. Na memória coletiva africana, não importa que os soldados tenham ou não lutado ativamente pela independência: o importante é que eles simbolizaram um recém-descoberto sentimento de igualdade.[20]

Era sem dúvida assim que eles eram vistos na época por alguns de seus líderes culturais e políticos. Como afirmou em 1946 o escritor ugandense Robert Kakembo, o soldado africano tinha "provado aos europeus que não era inferior" — agora, ao menos, ele merecia ser valorizado.[21] Victor Biaka Boda, senador da África Ocidental Francesa, ressaltou igualmente que "um africano morre do mesmo modo que um branco, e deve ter os mesmos direitos; ele é um cidadão exatamente como o outro".[22] De fato, na visão de alguns veteranos, a guerra elevara os africanos *acima* de seus antigos senhores coloniais. "Só os franceses sabem o que fizemos por eles", lembrou um veterano marfinense muitos anos depois. "Nós os libertamos. O que poderia ser maior que isso?" Nessas circunstâncias, já não era mais apropriado que os africanos se curvassem aos europeus.[23]

A experiência civil

A grande diferença entre a Ásia e a África durante a Segunda Guerra Mundial é que a maior parte da África nunca foi invadida: assim, os civis africanos experimentaram muito mais continuidade durante a guerra que seus homólogos asiáticos. Isso não significa, porém, que as coisas tenham sido fáceis para os africanos. A Segunda Guerra Mundial causou tamanhas perturbações na economia mundial que civis em toda parte foram obrigados a suportar enormes mudanças em seu estilo de vida num espaço de tempo muito curto. Isso teria um efeito imenso em toda a África.

Mais uma vez o Quênia oferece um bom exemplo do tipo de sublevação que afetava a vida das pessoas. As mudanças na economia do país haviam provocado enormes perturbações. O boom do tempo de guerra trouxera enormes lucros para os empresários, chefes tribais e proprietários de terras, que de repente descobriram que podiam vender suas mercadorias e serviços a preços inflados. Os pobres, por outro lado, sofreram terrivelmente. Com a disparada dos preços, a comida ficou escassa, e algumas regiões, sobretudo no centro e no sul do país, foram acossadas pela fome. Milhares de pessoas foram recrutadas para trabalhar em fazendas europeias e plantações de sisal, quase sempre por salários miseráveis. Outras milhares migraram para as cidades em busca de trabalho. Essas pessoas viviam numa sociedade paralela que logo começou a perder seus laços com a terra e teve que avançar tateando para o mundo novo e muito mais incerto do trabalho assalariado. A guerra, portanto, introduziu o Quênia, de maneira muito abrupta, na mesma crise de modernidade que já havia atingido outras partes do mundo mais cedo no século xx.[24]

Ao mesmo tempo, novas tensões raciais começaram a se desenvolver na zona rural, sobretudo entre fazendeiros e os agricultores que ocupavam suas terras — os "*squatters*", como eram conhecidos. Essas tensões também tinham motivação econômica. Antes de 1939, a maioria dos colonos brancos encontrava-se atolada em dívidas, tendo sido obrigada a recorrer ao trabalho dos *squatters* para cultivar suas terras. Mas o boom do tempo de guerra e a chegada de maquinário agrícola moderno obtido graças ao auxílio americano os haviam tornado ricos. Assim, muitos fazendeiros brancos já não precisavam dos *squatters* ou não os queriam mais em suas terras. Em 1945 e 1946, quando foram renovados, os contratos anuais desses agricultores passaram a estipular novos limites à quantidade de terra que seus arrendatários tinham permissão de cultivar e os obrigaram a vender seu gado. As famílias que se recusaram a aceitar as novas regras, que em alguns casos reduziam sua renda em até 75%, foram expulsas e "repatriadas" à força para as reservas quicuias. Dessa forma, mais de 100 mil agricultores quicuios foram arrancados das terras que haviam ocupado por décadas, e que muitos consideravam suas. Esses eventos causaram tanto ressentimento e engrossaram de tal forma as fileiras dos pobres e desabrigados que alguns historiadores interpretaram o estado de emergência vivido alguns anos depois não como uma luta pela independência, mas como uma revolta dos camponeses.[25]

Nesse meio-tempo, as cidades quenianas também foram transformadas pela guerra. A população de Nairóbi cresceu mais de 50% entre 1939 e 1945, enquanto a de Mombaça quase dobrou, passando de 55 mil para 100 mil pessoas.[26] A maior parte dos novos habitantes de Nairóbi vivia comprimida em lúgubres conjuntos habitacionais da prefeitura e em bairros miseráveis no leste da cidade, infestados pelo crime, onde dezenas de milhares competiam por empregos não qualificados de baixa remuneração. Esses lugares eram terrenos de recrutamento perfeitos para os sindicatos da cidade, e muitas pessoas, inclusive Waruhiu Itote, se inscreveram.[27]

À medida que crescia a consciência de classe entre os despossuídos e desfavorecidos, uma série de greves gerais se espalhou pelo país. Elas começaram em Mombaça em 1947 e logo afetaram Nairóbi e outras regiões. Em Nairóbi, especialmente, em pouco tempo se tornaram uma mistura de exigências sindicais e demandas mais amplas pelo fim do regime colonial. Em 1950, esses atos de desafio tinham se tornado um modelo para a ação muito mais radical que caracterizaria o próximo levante. Assim, a Revolta dos Mau-Mau foi não apenas uma insurreição nacionalista e uma revolta camponesa, mas também uma franca luta de classes.[28]

GUERRA CIVIL OU INSURREIÇÃO NACIONALISTA, conflito racial ou crise econômica, revolta camponesa ou luta de classes urbana, ou mesmo crise de modernidade: como quer que classifiquemos as tensões no Quênia, elas têm de ser vistas à luz da enorme turbulência causada pela Segunda Guerra Mundial. Todos os ingredientes do conflito sem dúvida já existiam antes da guerra, mas foi ela que os levou a um ponto crítico. E foi o fracasso em lidar com esses problemas no pós-guerra que levou ao estado de emergência apenas alguns anos depois.

Embora não tenham caído no mesmo tipo de violência que logo atingiria o Quênia, muitos países africanos passaram pelas mesmas penúrias. A exploração de camponeses e agricultores, por exemplo, foi algo que aconteceu em todo o continente durante a guerra. Governos em toda parte haviam estabelecido juntas de comércio, controles de preços e subsídios para a mecanização das maiores fazendas — tudo para manter os custos baixos e a produção elevada. Infelizmente, o controle de preços significou a exclusão da maior parte dos agricultores do boom do tempo de guerra: só as juntas de comércio e os proprietários estrangeiros de grandes fazendas puderam desfrutar da enorme receita obtida com a venda de sua produção nos mercados internacionais. Para piorar as coisas, muitos governos haviam introduzido ou expandido o recrutamento militar, de modo a assegurar a oferta de mão de obra. Em Tanganica, como no Quênia, dezenas de milhares de camponeses haviam sido forçados a trabalhar em plantações de sisal em condições análogas à escravidão.[29] Na Nigéria, 100 mil pessoas foram recrutadas para trabalhar nas minas de estanho.[30] Na África Ocidental Francesa o recrutamento também foi muito comum; fazendeiros em toda a região eram obrigados a preencher cotas impossíveis à sua própria custa, e comunidades inteiras eram submetidas a enormes mudanças contra a sua vontade.[31] Foi por causa de práticas como essa, que muitas vezes persistiram após a guerra, que irromperam protestos camponeses em toda a África. Em 1946, arrendatários sudaneses no Projeto de Gezira entraram em greve em protesto contra a exploração do governo. Dois anos depois, fazendeiros na Costa do Ouro se uniram a comerciantes e veteranos de guerra num boicote a empresas de propriedade de europeus. Houve também revoltas camponesas de variados graus em Tanganica, Rodésia do Sul, Moçambique e África do Sul, para citar apenas alguns exemplos.[32]

Com os protestos urbanos e industriais estava acontecendo a mesma coisa. Não foi somente o Quênia que viu enormes greves gerais de trabalhadores nos anos do pós-guerra — eventos semelhantes ocorreram em outras partes da África Oriental Britânica, no Egito, na Argélia, no Marrocos e em toda a África Ocidental Francesa. No Senegal, recrutas militares forçados a trabalhar nas ferrovias sob condições que mesmo seus generais reconheciam como "uma espécie de escravidão" chegaram perto de se amotinar em 1946.[33] Na África do Sul, mais de 75 mil mineiros e operários da indústria siderúrgica entraram em greve em 1946, sendo esmagados por uma brutal ação policial que deixou vários mortos.[34] Na cidade nigeriana de Enugu, mineiros de carvão que entraram em greve em 1949 foram igualmente massacrados pela polícia.[35] Variados graus de violência de ambos os lados com frequência acompanharam esses eventos.

Um congolês resumiu as frustrações africanas numa carta apaixonada que enviou ao adido militar americano em Kinshasa perto do fim da guerra: "Estamos sendo tratados como o cão que foi à caça com seu dono e não recebeu sequer uma parte do butim".[36] Um sentimento semelhante de traição estava sendo expresso em jornais e discursos políticos em todo o continente. Os ventos da mudança que soprariam por toda a África no final dos anos 1950 e início da década de 1960 já começavam a se fazer sentir em 1945. Aqueles que os ignoraram, ou tentaram se interpor em seu caminho, o fizeram por sua conta e risco.

Estado de emergência

O derramamento de sangue em que o Quênia esteve mergulhado no início da década de 1950 produziu algumas das imagens mais chocantes do fim do império na África. Ele começou em outubro de 1952, com a declaração de um estado de emergência pelas autoridades coloniais e a detenção de Jomo Kenyatta e cinco outros proeminentes líderes políticos. Em retaliação, combatentes do Mau-Mau cometeram uma série de assassinatos violentos. O primeiro europeu a ser morto foi Eric Bowker, um solitário comerciante rural abatido a golpes de machete enquanto tomava banho, alguns dias após a declaração do estado de emergência. Um mês depois, um oficial naval aposentado chamado Ian Meiklejohn e sua mulher, Dorothy, foram atacados em casa, perto da floresta de Aberdares, depois do jantar; Dorothy sobreviveu, mas Ian morreu pouco tempo depois em razão dos múltiplos ferimentos. No mês de janeiro seguinte, todo o país ficou assombrado com o assassinato de uma jovem família em sua fazenda nos arredores de Kinangop. O chefe da família, um homem na casa dos trinta anos chamado Roger Ruck, muito estimado na comunidade, fora atraído para o quintal por seus próprios trabalhadores, apenas para ser retalhado com machetes. Ao ouvir seus gritos, Esme, a esposa, saiu correndo e foi igualmente retalhada. Os atacantes então entraram na casa para saqueá-la e, ao encontrarem o filho de seis anos do casal, Michael, em seu quarto no andar de cima, deram-lhe o mesmo destino. Fotografias do quarto ensanguentado do menino, com seus brinquedos espalhados pelo chão, apareceram em jornais tanto no Quênia quanto no exterior.[37]

Esses episódios, e cerca de outros trinta ataques realizados ao longo dos seis meses seguintes, provocaram arrepios entre os europeus no Quênia, que ficaram profundamente perturbados com a motivação abertamente racial das mortes. Assim, não surpreende que seus próprios temores raciais tenham logo vindo à superfície. Eles começaram a imaginar o Mau-Mau não como um movimento pela independência, mas como uma espécie de culto primitivo motivado pelo amor à violência. Seus clérigos começaram a falar da "brutal e abominável maldade de um poder satânico desencadeado nesta terra", e espalharam-se rumores de que a cerimônia de iniciação ao Mau-Mau envolvia a ingestão de sangue humano.[38] Muitos começaram a recear que os rebeldes não parariam até que o cristianismo fosse destruído e todos os europeus tivessem sido expulsos do Quênia. Assim, alguns colonos começaram a exigir não só a eliminação das forças "escuras" e "malignas" do Mau-Mau, mas também o total extermínio do povo quicuio.[39]

Porém por mais aterrorizados que eles tenham ficado, e por mais publicidade que o assassinato de europeus possa ter tido, os colonos nunca foram o verdadeiro foco do terror do Mau-Mau. A maior parte da violência do grupo não era dirigida aos europeus, mas a africanos fiéis ao regime. Ao longo do estado de emergência, somente 32 colonos foram mortos pelo Mau-Mau, em contraste com cerca de 1800 africanos executados de maneira igualmente brutal, mas sem grande publicidade.[40]

A maior atrocidade da guerra, o massacre de Lari, é um exemplo perfeito disso. Num ataque planejado nos mínimos detalhes, rebeldes locais do Mau-Mau atraíram a Guarda Nacional para fora da região antes de atear fogo às casas de famílias africanas fiéis ao regime e retalhar mulheres e crianças que tentavam escapar pelas janelas. Ao retornar e encontrar suas comunidades em chamas, os homens da Guarda Nacional saíram atrás dos rebeldes em busca de vingança. Moradores suspeitos de simpatia pelo Mau-Mau foram arrastados de suas casas, e em pouco tempo um segundo massacre estava em curso. Ao raiar do dia, havia pelo menos duzentos mortos, possivelmente quatrocentos. Um punhado de policiais esteve envolvido na segunda parte do massacre, mas do começo ao fim ele foi acima de tudo uma questão africana: em Lari, assim como em outras partes do Quênia, a insurreição foi tanto uma guerra civil quanto uma guerra de independência.[41]

Num esforço para controlar essa situação de caos e ódio, as autoridades britânicas tomaram medidas drásticas. Alguns esforços simbólicos foram feitos para pôr os colonos europeus na linha e impedi-los de clamar vingança. Alguns dos membros mais racistas e sádicos das forças de segurança foram punidos, sobretudo no Exército britânico. Grandes efetivos foram enviados para os arredores das florestas numa tentativa de manter os rebeldes cercados. Mas a medida mais eficaz foi aquela que eles próprios haviam introduzido pela primeira vez na África do Sul mais de cinquenta anos antes e mais recentemente contra os comunistas na Grécia e os insurgentes na Malaia: isolar os rebeldes das pessoas que os apoiavam. A partir de 1954, os britânicos começaram a cercar os quicuios e a conduzi-los para campos militares e aldeias fortificadas estreitamente monitorados. Ao longo dos anos seguintes, ao menos 150 mil quicuios (talvez 320 mil) permaneceram confinados atrás de cercas de arame farpado em um complexo de campos chamado, não sem razão, de "gulag britânico". Embora brutal, essa solução esmagou a rebelião. Por meio de uma rede de informantes e colaboradores, eles então caçaram os rebeldes remanescentes em seus esconderijos na floresta. No final de 1956, a insurreição estava efetivamente encerrada.[42]

WARUHIU ITOTE DESEMPENHOU um papel crucial em todos esses eventos. Durante o primeiro ano da revolta, seus seguidores aumentaram de uma ninharia de cerca de trinta homens para uma força de 7500 combatentes.[43] No meio do ano, já era capaz de fazer ataques-surpresa simultâneos a diferentes postos da Guarda Nacional. Queimou escolas e igrejas no condado de Nyeri, sabotou pontes ferroviárias para impedir que o perseguissem e iniciou uma campanha de assassinato a defensores do regime em toda a região. Vez por outra, bem raramente, atacava fazendas e empresas de colonos, em geral para roubar armas e dinheiro. No final de abril de 1953, durante um desses ataques a uma serraria em Chehe, seus homens toparam com Nerena Meloncelli, uma italiana que abateram a golpes de machete junto com seus dois filhos.[44] Itote mais tarde tentou se distanciar desses ataques, insistindo que sempre "rejeitara completamente" a matança indiscriminada de mulheres e crianças. Ao mesmo tempo, afirmava que algum tipo de violência fora sempre necessário: "Nosso povo jamais teria conquistado a independência unicamente por meios pacíficos".[45]

Apesar da determinação em lutar, Itote ainda era um homem capaz de conciliação — ou traição, na visão de alguns. Sua captura em janeiro de 1954 anunciou o começo do fim para o Mau-Mau. Embora não o mencione em suas memórias, Itote transmitiu muitas informações durante seu interrogatório — foi através de seu testemunho que os britânicos finalmente compreenderam a escala do apoio de que o Mau-Mau havia desfrutado entre os quicuios.[46] Depois de julgado, Itote foi condenado à morte por associação a terroristas, mas a pena foi mais tarde comutada em prisão quando ele concordou em tentar negociar um acordo de paz com seus antigos companheiros de armas. O acordo fracassou, mas a vida de Itote foi poupada. Ele passaria os nove anos seguintes encarcerado.

Quando enfim foi libertado, em 1962, o Quênia era um lugar diferente. A revolta terminara havia muito — tinha efetivamente se encerrado em 1956, com a morte do último líder escondido na floresta, Dedan Kimathi. O país estava na iminência de se tornar independente, assim como grande parte do que havia restado do Império Britânico na África, e Jomo Kenyatta, mentor e ídolo de Itote, a caminho de se tornar o primeiro presidente do país. Em seu retorno a Nyeri, Itote foi saudado por milhares de pessoas numa tumultuada recepção como um herói quicuio. Mas muitos no Quênia reprovaram tal celebração; para eles, a lembrança do Mau-Mau ainda era uma fonte de terror.

Waruhiu Itote, também conhecido como "General China", no banco dos réus, durante seu julgamento em 1954.

Itote dedicaria o resto da vida a uma forma de conciliação. Em suas memórias, que foram rapidamente reconhecidas como uma espécie de "versão oficial" da luta do Mau-Mau, ele enfatizou que a sua luta não era pelos direitos dos quicuios, mas pelo "traço comum de negritude" que unia todo o povo do Quênia.[47] Em 1964, Itote ingressou no Serviço Nacional da Juventude, uma instituição multiétnica dedicada a formar jovens com ideais elevados, valores morais sólidos e sentimento de patriotismo. Passou os vinte anos seguintes transformando jovens quicuios, luos, kambas e merus em *quenianos*. Por ocasião de sua morte, em 1993, ele próprio havia sido transformado de um herói quicuio numa espécie de tesouro nacional: um "verdadeiro filho do Quênia, que ocupará para sempre uma elevada posição no panteão dos heróis nacionais", como foi dito em seu funeral.[48]

A natureza esquiva da "liberdade"

Assim como a independência indonésia fez parte de uma rede de movimentos semelhantes na Ásia, assim também o Quênia foi representativo do que aconteceu no resto da África. Nas décadas que se seguiram à Segunda Guerra Mundial, uma a uma, as colônias lutaram por independência. A primeira a alcançá-la foi a Líbia, que fora uma colônia italiana. A Itália renunciou a todas as suas reivindicações ao país em seu tratado de paz com os Aliados, e a Líbia obteve sua independência formal em 1951. Tunísia e Marrocos foram os seguintes, conquistando sua independência da França em 1956. No ano seguinte a colônia britânica da Costa do Ouro tornou-se a independente Gana. Em grande parte, as demais colônias caíram como peças de dominó: do final dos anos 1950 até a década de 1960, mais de trinta Estados-nações foram criados, e nos anos 1980 não restava uma única colônia europeia no continente.

A maioria desses países conquistou sua independência de maneira relativamente pacífica; mas alguns, como o Quênia, sofreram um processo bem mais violento. A Argélia é um bom exemplo. Desde o início estava claro que qualquer transição para a independência na Argélia não seria fácil. No dia em que a Segunda Guerra Mundial chegou ao fim na Europa, manifestantes muçulmanos em Sétif ergueram uma bandeira nacionalista vermelha, branca e verde no meio das festividades do Dia da Vitória. O que deveria ter sido uma celebração logo se transformou num massacre, quando manifestantes e policiais abriram fogo uns contra os outros (ainda não está claro quem disparou os primeiros tiros). Nos dias seguintes, cerca de cem europeus foram assassinados, ao passo que outros foram vítimas de estupros e mutilações; em represália, vários milhares de muçulmanos foram mortos. Era uma amostra do que estava por vir. Nove anos depois, enquanto o Mau-Mau aterrorizava o Quênia colonial, irrompeu na Argélia uma selvagem guerra civil que reclamaria a vida de 700 mil pessoas e deslocaria outros milhões. As exigências argelinas de maior liberdade, igualdade e democracia haviam degenerado num banho de sangue: o legado de violência, extremismo e fragmentação política continuava sendo sentido no fim do século.[49]

Guerras de independência igualmente violentas ocorreram na maioria dos países africanos que abrigavam grandes populações de colonos europeus: não só no Quênia e na Argélia, mas também em Ruanda e Burundi, Angola e Moçambique e, muito mais tarde, na Rodésia do Sul. Em cada caso, os colonos europeus reivindicaram maiores privilégios à população africana; e em cada caso, tal como no Quênia, um coquetel letal de violência racial, étnica, civil e política se seguiu. O derramamento de sangue nas colônias portuguesas de Angola e Moçambique foi particularmente grave. Depois de uma longa campanha de desobediência civil em ambos os países, a guerra finalmente irrompeu nos anos 1960, resultando em centenas de milhares de mortes. Após a independência, cerca de meio milhão de portugueses e europeus de outras nacionalidades fugiram, deixando os dois países abandonados num caos político e étnico até então desconhecido. Moçambique continuou mergulhado na guerra civil até o início dos anos 1990. Angola não encontrou paz até o início do século XXI.[50]

Mesmo os países que conseguiram fazer uma transição relativamente pacífica para a independência nem sempre escaparam da violência mais tarde. Hesito em retratar a África como um espaço definido pelo conflito,

porque tal retrato não faz justiça à diversidade da experiência num continente que, por décadas, recebeu pouco mais que cobertura negativa nos
meios de comunicação internacionais. No entanto, guerras civis, conflitos
étnicos, golpes militares e desintegração econômica foram generalizados
na África após as independências. Somente nos anos 1960, houve quarenta
insurreições bem-sucedidas entre as nações africanas recém-independentes.[51] No fim do século, a África tinha se tornado um continente de deslocados, com o maior número de refugiados internacionais do mundo.
Era também uma das regiões menos democráticas do planeta: em 1990,
abrigava 25 ditaduras militares e dezenove ditaduras civis. Os sonhos de
democracia parlamentar que haviam acompanhado as exigências de liberdade em 1945 eram pouco mais que uma lembrança distante.[52]

Aqui não é o lugar para examinar os motivos que levaram à instabilidade das nações africanas durante o resto do século, que foram tão
diversos quanto o próprio continente. Basta dizer que as fronteiras arbi-
trárias traçadas pelos europeus durante a repartição da África no século
XIX raramente condiziam com as fronteiras tribais e étnicas dos povos
que ali viviam. Tampouco a ideia de Estado-nação legada aos africanos
foi sempre adequada para organizar um continente tão diverso e mul-
tiétnico. As elites europeias não prepararam bem os africanos para assumir
o controle de seus países: as restrições que tinham sofrido em termos de
oportunidades haviam impedido que adquirissem a experiência de que
precisavam para governar com habilidade. Mas nem todos os problemas
da África podem ser atribuídos aos europeus: muitas das elites africanas
que assumiram o poder após a independência revelaram-se tão corruptas
e exploradoras quanto os europeus haviam sido. Mohamed Mathu, um
veterano do Mau-Mau, comentou amargamente na década de 1970 que
era difícil escapar ao sentimento de que o povo havia lutado e sofrido pela
independência "apenas para que africanos calçassem os sapatos de nossos
antigos senhores europeus". O Quênia hoje continua sendo uma nação
mergulhada em caos político e étnico.[53]

Os sonhos de um admirável mundo novo — um mundo caracterizado por igualdade, liberdade e justiça — revelaram-se tão ilusórios na África após as independências quanto haviam sido no resto do mundo em 1945. Nenhuma nação africana alcançou verdadeiramente a independência — ao menos não da forma como seus líderes haviam prometido. Elas podiam ter se livrado do domínio europeu, mas ainda dependiam do comércio com a Europa e de companhias europeias, algumas das quais exerciam um poder econômico tão imenso que podiam mais ou menos impor seus próprios termos comerciais. Assim, muitos africanos continuaram a se sentir explorados muito tempo depois de sua suposta libertação do domínio estrangeiro. Esse sentido de exploração econômica era tão forte que o primeiro presidente de Gana, Kwame Nkrumah, chegou a cunhar um novo termo para ele: neocolonialismo.[54]

Por outro lado, os países africanos tampouco eram genuinamente independentes na esfera política. Há inúmeros exemplos de interferência externa na política africana ao longo de toda a segunda metade do século xx, alguns dos quais bastante sérios — desde o assassinato de Patrice Lumumba, o primeiro primeiro-ministro democraticamente eleito do Congo, em 1961, ao apoio britânico e israelense a Idi Amin durante e após seu golpe de Estado em Uganda, em 1971.[55] Mais importante, americanos e soviéticos começaram a usar a África como playground para travar suas guerras por procuração — sobretudo em Angola e Moçambique, mas em menor medida em todo o continente. Depois da independência, praticamente todas as nações africanas foram obrigadas a se alinhar com uma potência estrangeira: se não com seus antigos senhores coloniais, pelo menos com uma das superpotências.

Talvez o mais deprimente de tudo seja o fato de muitas nações africanas não terem conseguido se libertar da dependência psicológica em relação às potências ocidentais. Isso talvez não surpreenda, uma vez que quase todos os novos líderes da África haviam estudado em escolas e universidades europeias, e as instituições que chefiavam tinham sido em grande parte fundadas por europeus. Mas sua dependência era muito mais profunda que isso. A Europa, e por extensão o Ocidente como um

todo, era considerada por muitos uma espécie de monstro, cuja influência maligna podia ser vista em toda parte. A princípio, idealistas pan-
-africanos — por exemplo Kwame Nkrumah e Julius Nyerere — foram
capazes de usar essa ideia como uma forma de unir os africanos contra
um inimigo comum. Mais tarde, ditadores corruptos como Robert Mu-
gabe exploraram esse mito para desviar a atenção da péssima gestão
que faziam em seus países. Contudo, quando as coisas davam errado,
era quase sempre para a Europa e para os Estados Unidos que os africanos se voltavam: durante a fome somali nos anos 1980, por exemplo, ou
a crise do ebola em 2014; ou durante as guerras civis do século XXI em
Mali e Serra Leoa.

Em 2006, o intelectual tanzaniano Godfrey Mwakikagile escreveu,
desesperado, sobre como os africanos, desiludidos por anos de pobreza,
violência e corrupção, tinham começado a relembrar seu passado colonial
com uma espécie de nostalgia perversa. Contou que um partido político
no Gabão chegou a fazer campanha nos anos 1990 pela volta do domínio europeu, uma vez que seus próprios líderes os haviam decepcionado.
Pessoas em todo o continente, disse ele, suplicavam por ajuda, dizendo
a repórteres ocidentais que "só vocês brancos podem nos salvar".[56] Segundo Mwakikagile, grandes partes do continente tinham se resignado a
um futuro de esmolas do Ocidente e de agências internacionais, nenhum
dos quais operava segundo um programa africano: "De certo modo, fomos [...] reconquistados e recolonizados; nossa eterna dependência de outros países não nos permite afirmar uma genuína independência. Detes-
tamos admiti-lo, mas sabemos que é verdade".[57]

Os africanos só podiam se consolar com a ideia de que, em seu anseio
por encontrar um verdadeiro sentido de independência — ou melhor, um
verdadeiro sentido de si mesmos —, eles não são essencialmente diferentes de ninguém. Na esteira da Segunda Guerra Mundial, todas as nações
se esforçaram para se redefinir, e isso levou a variados graus de conflito
interno. Se os africanos sofreram mais do que a maioria, isto é apenas um
reflexo do ponto do qual partiram. Não é fácil livrar-se do domínio daqueles que desejam nos controlar, nem estabelecer uma democracia estável

pela primeira vez, nem desenvolver a economia, transformar a sociedade, promover a unidade entre tribos hostis ou estabelecer relações com uma série de novos países criados logo além de suas fronteiras. Fazer tudo isso ao mesmo tempo seria uma exigência absurda para qualquer nação.

Por mais que possamos desejá-lo, no mundo globalizado do pós-guerra em que vivemos, nada nem ninguém pode jamais ser considerado verdadeiramente independente.

18. Democracia na América Latina

HÁ MOMENTOS NA VIDA de muitos de nós em que, chegando a uma bifurcação na estrada, compreendemos tarde demais que topamos com uma espécie de crise, que a diferença entre um caminho e outro é tão grande que qualquer decisão que tomemos irá necessariamente transformar tanto a nós mesmos quanto àqueles ao nosso redor, e de maneira permanente. Para Carlos Delgado Chalbaud, esse momento se apresentou no outono de 1945. A decisão que ele tomou, e o destino que lhe coube, são emblemáticos dos processos que ocorreram em toda a América Latina na esteira da Segunda Guerra Mundial.

Delgado era um oficial e professor do Exército venezuelano. Desde 1943, chefiava os estudos da academia militar em Caracas. Era culto, amava música clássica e falava várias línguas, inclusive inglês e francês perfeitos — mas sua verdadeira área de expertise era a engenharia militar, que ensinava com paixão. De modo geral, era estimado pelos colegas oficiais, que o consideravam sério, honesto, sensato, conservador — em suma, uma pessoa confiável. Mas ele era também um outsider. Ao contrário dos colegas, crescera no exílio, na França, depois que o pai tentara depor o ditador militar do país. Desde os quatro anos ele só conhecia a Venezuela como um conceito — um lar perdido. E só pôde retornar ao país de maneira definitiva pouco antes da Segunda Guerra Mundial, quando a atmosfera começara a mostrar sinais de mudança.[1]

O dilema de Delgado se apresentou num dia de setembro de 1945. Ele foi abordado por um amigo, que o puxou de lado e lhe disse, muito solenemente, que um grande grupo de oficiais do Exército estava planejando um golpe de Estado. A Venezuela naquela época era governada pelo último de uma linhagem de ditadores militares, o general Isaías Medina Angarita, cujo comportamento autocrático tinha começado a afastar uma população que clamava por mudanças. Uma grande e ruidosa oposição tinha se desenvolvido em todo o país, sob a liderança de um novo partido político, a Acción Democrática (AD). E agora parecia que o Exército também estava se voltando contra a ditadura. Os oficiais mais jovens, em particular, estavam irritados com as péssimas condições de trabalho, e acusavam Medina de não ter conexão nem com eles nem com as necessidades do país. O plano era derrubá-lo e instalar um governo democrático. Eles já tinham conseguido a adesão da AD, e queriam que Delgado se unisse à causa.

Delgado foi pego de surpresa. Disse ao amigo que não estava "nem mental nem moralmente preparado para algo dessa natureza", e pediu 48 horas para pensar sobre o assunto. Deu sua palavra de honra de que permaneceria em silêncio sobre o que lhe fora contado.[2]

Ao longo dos dois dias seguintes ele se debateu com os prós e contras de se unir à conspiração. Politicamente, estava inclinado a apoiá-la. Ao contrário da maioria de seus compatriotas, tinha crescido com os princípios da democracia, que considerava o único sistema político legítimo. Entretanto, não estava inteiramente convencido de que o melhor caminho para a democracia fosse um golpe militar. Além disso, sabia melhor do que muitos o que aconteceria se o plano fosse frustrado. Sua vida no exílio começara por conta de um golpe de Estado fracassado, e aos vinte anos ele próprio cruzara o Atlântico com o pai para tentar de novo. A tentativa terminou em desastre: seu pai foi morto e Delgado só escapou com vida por pouco. Essas lembranças devem ter pesado muito sobre ele em seu período de reflexão. A decisão de repetir o esforço não podia ser tomada de forma leviana. Entretanto, havia um lado ambicioso em Delgado que não podia deixar uma oportunidade como essa escapar. Estava claro que a conspiração era bem organizada, e que provavelmente gozaria de enorme apoio popular. Estar no coração de eventos transcendentais, finalmente pertencer a um grupo unido, ter a oportunidade de triunfar onde o pai fracassara — todos esses fatores devem ter pesado em sua decisão final, porque algumas semanas depois, quando enfim se deu o golpe, Carlos Delgado Chalbaud foi um de seus líderes.

A INSURREIÇÃO QUE TEVE LUGAR em 18 de outubro de 1945 deveu muito a Delgado. Foi ele quem a pôs em movimento; foi ele que pessoalmente deteve o ministro da Guerra e assumiu o controle da academia militar em Caracas. Foi ele também que avisou às províncias e ao líder da AD, Rómulo Betancourt, que a revolução estava em curso.

Durante as 24 horas seguintes, seus colegas conspiradores conseguiram se apoderar do palácio presidencial e de vários portos e quartéis em outras partes da Venezuela. Rebeldes na Marinha assumiram o controle de Puerto Cabello e rebeldes na Força Aérea apoderaram-se da principal base aérea em Maracay. Nada disso aconteceu sem derramamento de sangue: as estimativas do número de mortos variam de várias centenas a 2500.[3] Medina, enquanto isso, refugiou-se num dos quartéis militares que permaneceram leais a ele, o Ambrosio Plaza, mas, assim que ficou claro que estava cercado, em inferioridade numérica e prestes a ser bombardeado pela Força Aérea, o ditador se rendeu. Em 19 de outubro, menos de 36 horas depois de iniciado, o golpe chegou a um desfecho bem-sucedido.

Nessa noite, Delgado e outros líderes rebeldes se reuniram no palácio presidencial para formar a nova Junta de Governo Revolucionário. Em suas muitas discussões ao longo das semanas anteriores, os conspiradores já haviam concordado que ela teria sete membros — cinco civis e dois militares. Rómulo Betancourt, que gozava de enorme apoio popular, foi aceito por unanimidade como presidente interino, juntamente com três outros membros da AD (ou "adecos", como eram chamados) e um independente. Quando chegou o momento de escolher os membros militares, Delgado agarrou sua oportunidade. Os candidatos militares mais populares, ele afirmou, eram o capitão Mario Vargas (representando os oficiais de baixa patente) e seu irmão Julio César Vargas (representando os de alta patente). No entanto, como ter dois irmãos na junta poderia ser considerado nepotista, Delgado pensava que o mais velho deles deveria dar lugar a outro oficial de alta patente — e astutamente sugeriu a si mesmo como alternativa. Sua proposta foi aceita.

Esse momento histórico completou uma notável jornada para Delgado. Sua angustiada decisão, mal fazia um mês, de se unir à conspiração contra Medina dava frutos que iam além de seus sonhos mais exaltados. Até o golpe, ele fora pouco mais que um professor, lecionando engenharia na academia militar. Agora, num piscar de olhos, tornara-se o membro mais graduado das Forças Armadas no novo governo. Passaria os três anos seguintes como ministro da Defesa da Venezuela.

O Triênio da Venezuela

Momentos de ambição pessoal como esse talvez sejam inevitáveis entre revolucionários. Para seu crédito, no entanto, a nova junta — Delgado inclusive — fez o possível para se manter fiel ao espírito da revolução que havia posto em marcha. Seu governo, anunciaram, era apenas provisório. O principal objetivo era "convocar o país para eleições gerais, de modo que através do sistema de sufrágio direto, universal e secreto os venezuelanos possam eleger seus representantes, redigir sua própria Constituição e escolher o futuro presidente da república". Para assegurar que nenhum deles pudesse abusar de sua posição, criaram uma regra estrita segundo a qual, uma vez anunciadas as eleições, nenhum membro da junta teria permissão para se candidatar à presidência. A nova Venezuela — a Venezuela democrática — não deveria ser manchada pela maneira não democrática como o poder fora tomado.[4]

De modo geral, a junta cumpriu sua palavra. Menos de um mês após o golpe, ela nomeou uma comissão para redigir a minuta de uma nova Constituição — mas, em vez de recheá-la com adecos ou militares, como poderia ter sido feito no passado, assegurou que ela representasse um amplo espectro político, até mesmo partidários dos regimes anteriores. Depois de muito debate, a comissão concedeu o direito de voto a todos os cidadãos, mulheres e homens, analfabetos e alfabetizados, e instituiu um sistema de representação proporcional. Os partidos de oposição tiveram permissão para operar, inclusive comunistas, democratas cristãos e até aqueles associados ao general Medina. Apenas um ano após tomar o poder, a junta realizou a primeira de uma série de eleições, que observadores vindos dos Estados Unidos descreveram como "mais ou menos limpas". Um ano depois, seguiu-se a eleição presidencial. Encantada, a Venezuela experimentava pela primeira vez uma democracia digna do nome. Esse período se estenderia de 1945 a 1948, numa experiência que ficou conhecida desde então como o Triênio.[5]

Não foi só em escala nacional que a nova junta fez mudanças revolucionárias: eles também aplicaram seus princípios de democracia e liberdade de associação em nível local. Realizaram eleições municipais em maio de 1948. Estimularam a formação de organizações populares de massa, como sindicatos e movimentos camponeses: nos dois anos transcorridos desde o golpe de outubro de 1945, o governo reconhecera oficialmente 740 sindicatos — 240 mais do que os autorizados em toda a década anterior. Além disso, tal como no resto do mundo, o número de afiliados a sindicatos estabelecidos disparou, por vezes até 500%, 600%. Esses sindicatos foram também autorizados pela primeira vez a se confederar. Em 1948, a recém-formada Confederação dos Trabalhadores da Venezuela gabou-se de possuir cerca de 300 mil membros (e talvez 50 mil adicionais em outros sindicatos controlados pelos comunistas). A igualmente nova Federação Camponesa da Venezuela possuía outros 100 mil membros. Considerando-se que a população do país na época era de apenas 4,2 milhões, isso representava uma enorme porcentagem da força de trabalho que estava ativamente engajada na vida pública.[6]

O governo do Triênio também fez mudanças revolucionárias na economia. A Venezuela era uma nação construída sobre suas reservas de petróleo, mas estas eram em grande parte exploradas por companhias britânicas e norte-americanas. Durante a guerra, novos impostos e regras haviam sido introduzidos para assegurar que os lucros da indústria do petróleo fossem igualmente compartilhados entre essas empresas e a nação. Assim, o governo do Triênio estava agora abarrotado de dinheiro:

em 1947, os ganhos com o petróleo foram seis vezes maiores do que antes da guerra.[7]

De repente, a Venezuela podia se lançar em muitos dos grandes projetos centralizados que outras nações estavam instituindo na época. Em 1946, o governo quadruplicou o orçamento para a habitação, e voltou a dobrá-lo no ano seguinte. O governo anterior já tinha aprovado uma série de projetos habitacionais durante a guerra, e agora eles se expandiram por todo o país. Um boom na construção civil teve início em Caracas. Nos anos 1950, a capital havia se transformado de uma cidade de construções tradicionais de um só andar e com telhados de telhas vermelhas numa cidade de arranha-céus modernistas.[8]

Em paralelo a essa expansão da construção veio uma expansão do conhecimento. O orçamento da educação foi elevado de 38 milhões de bolívares em 1945 para 119 milhões em 1948, com outros 53 milhões dados ao Ministério de Obras Públicas para erguer dezenas de escolas primárias e secundárias. Uma forte campanha para reduzir o analfabetismo adulto foi iniciada, e dentro de três anos havia 3600 centros de alfabetização de adultos em todo o país.[9]

O orçamento da Venezuela para a saúde também foi quadruplicado, e instalações médicas foram estendidas a muitas zonas rurais pela primeira vez. Segundo Rómulo Betancourt, o governo do Triênio gastou três vezes mais em redes de água e esgoto do que seus predecessores haviam gastado em *todo o século anterior*. Também teve início uma campanha maciça para erradicar a malária. Após os sucessos obtidos com o DDT durante a guerra, a pulverização com o inseticida na Venezuela começou em dezembro de 1945, finalmente erradicando a malária em enormes regiões do país.[10]

Por fim, mas não menos importante, o Exército, a Marinha e a Aeronáutica receberam novos efetivos, novas armas, melhor treinamento, comida e suprimentos médicos de melhor qualidade, melhores condições de higiene, novas bibliotecas, novas faculdades técnicas, um novo Instituto de Navios e Construção Naval, um aumento de 25% no número de pilotos e de 100% no número de especialistas, além de uma completa renovação de suas instalações culturais e recreativas. Um ano depois de assumir o cargo de ministro da Defesa, Carlos Delgado Chalbaud podia falar confiantemente de um "renascimento" nas Forças Armadas do país.[11]

É FÁCIL, e tentador, caracterizar as mudanças que ocorreram na Venezuela após o golpe de outubro em termos cor-de-rosa. Assim como na Indonésia, o advento da democracia foi inegavelmente um triunfo para o povo. Mas, também como na Indonésia, o ritmo da reforma foi tão rápido e caótico que perturbou os mais conservadores. Empresários, católicos e algumas seções das Forças Armadas começaram a expressar temores com relação aos levantes sociais que estavam ocorrendo. Os sindicatos eram um motivo de preocupação especial, porque suas frequentes greves paralisavam as empresas: somente em 1947 houve 55 grandes greves, quase catorze vezes mais do que em 1944.[12] Alguns tradicionalistas se ressentiam do poder recém-descoberto das classes trabalhadoras e desprezavam a nova administração dominada pela AD como *el gobierno de los alpargatudos*, isto é, o governo dos camponeses de alpercatas.[13] A Igreja se ressentia das tentativas de secularizar a educação e colocá-la sob controle público, e promoveu uma imagem do governo como uma instituição de ateus.[14] Os partidos de oposição acusavam o governo de tentar consolidar o poder da Acción Democrática, e citaram casos em que partidários da AD haviam intimidado ou até atacado seus membros. Na cidade de Mérida, por exemplo, ocorreram conflitos entre os partidários da AD e o principal partido de oposição, o Copei, que deixaram cinco mortos.[15] Existiam também preocupações com a corrupção e a ineficiência, e questões sobre a destinação dada a enormes somas de dinheiro público.[16]

Fora do país, também havia preocupações. O presidente interino Betancourt admitia sem reservas a existência de tensões entre seu governo e alguns vizinhos, em particular a Nicarágua e a República Dominicana, duas ditaduras militares que estimulavam conspirações contra o novo regime democrático da Venezuela. As relações com a Argentina de Juan Perón eram também, segundo Betancourt, "distantes, frias, reticentes e até mesmo belicosas".[17] Entretanto, ele era bem menos comunicativo com relação às dificuldades que tinha com os Estados Unidos, onde havia uma gama de opiniões sobre o que ele e seu governo estavam tentando fazer. Aqueles nos círculos financeiros, por exemplo, reagiram com "perplexidade" ao anúncio de um novo imposto sobre petrolíferas americanas.[18] Alguns observadores militares começaram a entrar em pânico ante a suposta atividade comunista observada nos sindicatos de petroleiros, e após as eleições presidenciais de 1948 um grupo de cinquenta empresários americanos escreveu à embaixada dos Estados Unidos em Caracas para acusar o governo da AD de colaboração com os comunistas.[19] Mas qualquer pessoa com algum conhecimento dos assuntos venezuelanos sabia que não havia nada de particularmente alarmante sobre o novo governo: funcionários da embaixada americana em Caracas o comparavam ao governo trabalhista na Grã-Bretanha. Em certo momento, o secretário de Estado interino, Dean Acheson, escreveu um memorando bastante severo a seus colegas no Departamento de Guerra aconselhando-os a não exagerar a ameaça de comunismo no país. A série de greves na indústria do petróleo, disse ele, não tinha nada a ver com os comunistas, mas com "exigências razoáveis dos trabalhadores".[20]

Pouco a pouco, porém, a atmosfera na Venezuela começou a mudar. Quando a Guerra Fria se estabeleceu, e as frustrações dentro do país aumentaram, o entusiasmo com a nova democracia principiou a azedar. Assim como nos Estados Unidos, a paranoia em relação ao comunismo cresceu, e muita gente passou a acusar o governo de ter inclinações comunistas. Grupos marginais como a Frente Nacional Anticomunista brotaram rapidamente e iniciaram campanha para que o Exército destituísse o governo da AD. Grupos semelhantes começaram a se afirmar no establishment militar venezuelano. Em meados de 1948 formou-se um grupo autodenominado Organização Militar Anticomunista, que difundia rumores de que "os adecos eram comunistas que queriam destruir as Forças Armadas".[21]

Assim como em 1945, muitos oficiais começaram a se queixar de que não estava sendo permitido ao Exército desempenhar seu legítimo papel na vida da nação. O mais destacado deles foi o chefe do Estado-Maior Geral, Marcos Pérez Jiménez, cujos seguidores passaram a acusar o governo de tudo, de corrupção a traição nacional. Começou a circular o rumor de que o governo estava formando sua própria milícia política para rivalizar com o Exército. Essas histórias imitavam os relatos de milícias semelhantes na Europa oriental que estavam na época ajudando os comunistas a tomar o poder: assim, mesmo quando o comunismo não era mencionado explicitamente, sua presença ainda era sugerida.[22]

Carlos Delgado Chalbaud serviu como ministro da Defesa durante todo esse período. Por um longo tempo, ele foi a única ponte real entre os reformistas radicais do governo e os elementos descontentes do Exército. Ao negociar, sempre pedia calma, afirmando reiteradamente que o Exército não era uma organização política e que deveria "em todos os momentos dar seu pleno e eficiente apoio às decisões tomadas pela suprema liderança do presidente da República".[23] Mas, no verão de 1948, uma atmosfera de conspiração já se consolidara no Exército.

Assim como em 1945, Delgado foi abordado por um grupo de conspiradores que lhe perguntou se estaria disposto a unir-se a eles num segundo golpe de Estado. Como na ocasião anterior, ele tentou ganhar tempo para ter uma oportunidade de pensar. Delgado estava na verdade muito solidário com as frustrações do Exército. Os militares estavam acostumados a um certo grau de eficiência: ordens eram dadas, ordens eram cumpridas, coisas eram feitas. A democracia, por sua vez, não era sempre exatamente assim. Mas ele temia também que um segundo golpe representasse uma traição aos princípios do primeiro, temia que desta vez ele fosse estar derrubando não uma ditadura, mas um governo democraticamente eleito. Além disso, haveria um elemento de traição pessoal envolvido: Rómulo Gallegos, o presidente recém-eleito, era um amigo pessoal — Delgado chegara a compartilhar uma casa com ele por um tempo quando estava no exílio em Barcelona.

Desta vez, porém, os conspiradores se recusaram a lhe dar qualquer tempo para pensar, dizendo que ou bem estava com eles ou contra eles, e que de uma maneira ou de outra teria de aceitar as consequências. Sob pressão, Delgado optou por se unir à conspiração.

E assim, mais uma vez, ele se viu envolvido num golpe de Estado. E assim, como antes, esteve bem no centro da ação. Em 24 de novembro de 1948, foi Delgado quem deu a ordem para o Exército assumir o controle do governo. Ao contrário do golpe anterior, este foi completamente sem sangue. No entanto, as consequências foram profundas. O partido no governo, a Acción Democrática, foi imediatamente declarado ilegal, e em todo o país seus membros foram caçados e detidos — Betancourt afirmou mais tarde que cerca de 10 mil foram jogados na prisão. Um punhado de protestos, sobretudo de estudantes e sindicatos, foi violentamente reprimido. A democracia foi suspensa.[24]

Agora, no lugar de um governo eleito, tomava o poder um triunvirato militar composto por Delgado, Marcos Pérez Jiménez e o tenente-coronel Luis Felipe Llovera Páez. Mas, como o membro mais graduado do grupo, foi Delgado que se tornou o novo presidente da Venezuela.

Carlos Delgado Chalbaud em 1949.

A América Latina após a Segunda Guerra Mundial

A natureza turbulenta da política da Venezuela entre 1945 e 1948 refletia as enormes pressões internas que o país vivia na época — entre conservadores e radicais, civis e militares, empresários e trabalhadores, clérigos e reformistas educacionais, e entre partidos políticos rivais de todas as cores. Mas a Venezuela não existia num vácuo. Ao lado dessas pressões internas havia forças internacionais que também pressionavam o país, de todos os lados: não só seus vizinhos imediatos — que incluíam colônias europeias, ditaduras repressivas e outras democracias semelhantes a ela própria —, mas também a gigantesca superpotência situada ao norte, que exercia enorme influência sobre todo o hemisfério. Nesse contexto, muitos dos eventos na Venezuela foram moldados tanto por influências externas quanto por influências internas.

As datas dos dois golpes de Delgado são instrutivas. O primeiro aconteceu em outubro de 1945, apenas algumas semanas depois do fim da Segunda Guerra Mundial, quando a onda de esperança e expectativa que inundava o resto do mundo também inundava a América Latina. O próprio Delgado reconheceu que o primeiro golpe fora empreendido em nome dos "grandes ideais de liberdade, igualdade e fraternidade" e ocorrera "no contexto da moderna atmosfera de justiça social" que varria o mundo.[25] A onda de populismo, reformismo democrático e ativismo sindical que tomou conta da Venezuela nos três anos seguintes fez parte do mesmo fenômeno.

O segundo golpe, em novembro de 1948, ocorreu numa atmosfera completamente diferente, num momento em que pessoas no mundo todo especulavam sobre o início de uma nova guerra global na qual todos seriam mais uma vez forçados a escolher um lado. Governos de Ottawa a Buenos Aires estavam cada vez mais temerosos no que dizia respeito à subversão, e tomaram medidas fortes contra todas as formas de divergência. De acordo com Delgado, o segundo golpe foi realizado a fim de restituir à Venezuela uma sensação de ordem, ou "disciplina social", como ele a chamou. "O país não pode retornar a uma atmosfera de agitação pública e nem à exacerbação de paixões políticas", disse ele a um jornalista colombiano em 1949, "nem se deve especular sobre as necessidades e calamidades sociais." O importante na atmosfera de 1948 não era mais liberdade e igualdade, mas estabilidade.[26]

Nesse contexto, os paralelos entre a Venezuela e outros países latino-americanos são impressionantes. Terminada a Segunda Guerra Mundial, e impelidos pela sensação de que o mundo estava renascendo, vários países da região correram para abraçar a democracia. Não foi só na Venezuela que uma ditadura foi derrubada: no Equador, um levante popular em 1944 derrubou o regime repressivo de Carlos Alberto Arroyo del Río e levou a eleições no ano seguinte. Na Guatemala, outra rebelião popular levou à destituição de Jorge Ubico e estabeleceu uma democracia representativa pela primeira vez na história do país. Na Bolívia, o impopular ditador Gualberto Villarroel foi linchado durante uma violenta revolta, e, num eco do que havia acontecido com Benito Mussolini na Itália, seu corpo foi pendurado num poste de luz; eleições foram imediatamente prometidas para janeiro de 1947. Em outros países, a democracia chegou de maneira menos violenta. O Peru realizou as primeiras eleições livres de sua história em 1945. Os ditadores da Argentina, do Brasil e de Cuba também foram convencidos a realizar eleições livres nessa época. O México introduziu algumas reformas eleitorais em 1946. Até Anastasio Somosa, da Nicarágua, e Rafael Leónidas Trujilo, da República Dominicana, dois dos ditadores mais obstinados e repressivos em toda a região, sentiram-se obrigados a pelo menos reverenciar a nova atmosfera de democracia com palavras ocas. Segundo um levantamento anual feito logo após a guerra, "os anos de 1944 e 1945 trouxeram mais mudanças democráticas em mais países da América Latina do que talvez qualquer ano isolado desde as guerras de independência" no século XIX.[27]

Ao lado dessa corrida para a mudança democrática foi introduzida uma série de reformas econômicas e culturais também estimuladas pela guerra. Como vimos, a Venezuela, com suas estratégicas reservas de petróleo, terminou a guerra muito mais rica do que antes, mas outros países também se viram com um enorme excedente de dólares em 1945, sobretudo

Argentina, Brasil e Cuba.[28] Em todo o continente estavam sendo feitos investimentos em novos projetos colossais de infraestrutura, novas escolas, novas universidades, novas moradias públicas. À medida que a industrialização se expandia, expandia-se também a urbanização. Novos subúrbios e novos bairros foram construídos em toda parte, projetados segundo o novo estilo internacional. Um ou dois deles, como o campus universitário da Cidade do México, se tornariam mais tarde patrimônios mundiais da Unesco. Em 1947, Le Corbusier foi convidado para ir à Colômbia, onde lhe pediram para supervisionar o replanejamento de Bogotá. Toda a América do Sul fervilhava.

Nessa atmosfera, a militância trabalhista só fez crescer. A enorme expansão dos sindicatos na Venezuela repetiu-se em toda parte, e em 1946 havia entre 3,5 milhões e 4 milhões de sindicatos em toda a América Latina. A inquietação civil e industrial também cresceu. No Chile, por exemplo, o número de greves aumentou mais de sete vezes entre 1942 e 1946, chegando a envolver quase 100 mil trabalhadores. No Peru também houve um número crescente de greves entre 1945 e 1948. O Brasil, enquanto isso, viu sua maior onda de greves em mais de 25 anos: somente em São Paulo, em maio de 1945, enquanto a vitória era proclamada na Europa, havia mais de trezentas em curso, envolvendo 150 mil trabalhadores. Ativistas sindicais em toda parte transbordavam confiança.[29]

NÃO HÁ DÚVIDA de que todos esses eventos em países vizinhos reforçavam-se mutuamente, como atestam a formação de organizações transcontinentais como a Confederação dos Trabalhadores da América Latina e a pressão direta exercida por países sobre seus vizinhos. Algumas das nações mais democráticas da América Latina — o Uruguai é um bom exemplo — eram muito veementes em sua condenação de qualquer país culpado de violações aos direitos humanos.[30] Mas de longe o mais poderoso defensor da democracia em 1945 eram os Estados Unidos. Durante a guerra, agências americanas haviam bombardeado a região com propaganda que mostrava o país como o defensor da democracia e provedor de uma vida boa, e financiado a mídia local para fazer o mesmo. Em alguns casos, os Estados Unidos tinham intervindo diretamente em governos latino-americanos a fim de promover uma maior democracia, mesmo quando isso envolvia uma maior tolerância ao comunismo.[31]

Quando os Estados Unidos começaram a mudar de opinião, no início da Guerra Fria, os governos latino-americanos também os acompanharam. Partidos comunistas foram proibidos em uma série de países. O Brasil declarou o comunismo ilegal já em maio de 1947, o Chile em abril de 1948, a Costa Rica em julho de 1948. Em Estados nos quais o comunismo não era uma grande ameaça, outros partidos de esquerda foram perseguidos — o Apra, no Peru, por exemplo, foi expulso do governo local e central e reprimido de maneira semelhante à Acción Democrática na Venezuela. Longe de condenar essas ações, o Departamento de Estado americano parecia endossá-las quase sem reservas.[32]

O que se seguiu foi uma regressão da democracia em toda a região. A Venezuela não foi o único país a ver seu primeiro experimento com eleições livres derrubado: houve também golpes militares no Peru (1948), em Cuba (1952), na Colômbia (1953) e na Guatemala (1954). Em meados dos anos 1950, a maior parte da repúblicas latino-americanas era dominada mais uma vez não pela democracia, mas pela ditadura — em sua maioria militares e de natureza autoritária. Novos golpes militares ocorreriam mais tarde no Brasil (1964), no Uruguai (1973) e no Chile (1973), cada um deles derrubando um governo anteriormente democrático. Ao final da Guerra Fria, a única república latino-americana com um histórico ininterrupto de democracia era a Costa Rica, talvez porque tivesse sido o único país da América Latina a desmantelar seu Exército no início da Guerra Fria. Enquanto isso, países que não haviam experimentado um verdadeiro renascimento democrático depois da guerra, como Nicarágua, El Salvador, Honduras e República Dominicana, viram um reendurecimento da repressão. Se no passado havia criticado abertamente tais regimes, agora o Departamento de Estado americano caíra num estranho silêncio: na atmosfera paranoide da Guerra Fria, a democracia não parecia nem de longe tão importante quanto a unidade do hemisfério.[33]

De maneira geral, os Estados Unidos não desempenharam um papel direto nesses eventos. Não foi necessário: nas palavras do diplomata americano Spruille Braden, "tudo o que deixamos de dizer ou fazer pode constituir uma intervenção, não menos do que aquilo que efetivamente fazemos ou dizemos".[34] Mas, quando a Guerra Fria se intensificou, os Estados Unidos se mostraram cada vez mais dispostos a jogar sujo. Há indícios circunstanciais de que o adido militar americano na Venezuela em 1948, coronel Edward F. Adams, tenha tido algum tipo de papel no golpe de novembro: nada foi provado na época, mas muitos historiadores concordam que havia algo com relação à sua presença entre os principais conspiradores que não se encaixa bem.[35] Já o papel desempenhado pelos Estados Unidos no golpe guatemalteco em 1954 é muito mais claro. Não só há ampla documentação para provar que o Departamento de Estado e interesses comerciais americanos estiveram profundamente envolvidos na desestabilização do governo guatemalteco, como também vários membros da CIA o admitiram abertamente. Spruille Braden, embora não trabalhasse mais para o Departamento de Estado, esteve mais uma vez no centro de todo o lamentável episódio.[36]

Nos anos seguintes, os Estados Unidos iriam solapar a liberdade e a democracia numa série de nações latino-americanas, não só reconhecendo oficialmente os regimes de ditadores militares, mas também reverenciando-os.[37] Eles interferiram de forma direta em disputas eleitorais, proveram financiamento secreto para grupos de direita e espalharam propaganda difamatória sobre qualquer grupo com ideias mesmo que moderadamente esquerdistas.[38] Além disso, apoiaram regimes repressivos, forneceram treinamento para membros de grupos de extermínio e — em casos extremos, como na Guatemala ou na Nicarágua — fomentaram deliberadamente sangrentas guerras civis.[39] Tudo isso foi documentado, e há sem dúvida muito mais material sigiloso sobre a questão nos arquivos da CIA e do Departamento de Estado. Esse comportamento não condiz com a promessa feita pelos Estados Unidos em 1948 de promover "justiça, liberdade e paz" junto aos vizinhos; nem com a promessa, feita para o mundo repetidas vezes, de que se absteriam de intervir nos assuntos internos de outras nações.[40]

O preço da repressão

Em retrospecto, fica evidente que os Estados Unidos estavam agindo de maneira tanto ilegal quanto não democrática. Mas na atmosfera da época isso não era tão claro. Ninguém na alta cúpula de segurança americana sancionou ações na América Latina para solapar a democracia: muito pelo contrário, eles acreditavam estar *fortalecendo* a democracia. Ao longo de toda a Guerra Fria o verdadeiro monstro sempre foi o comunismo, não a ditadura. A batalha para derrotar esse monstro justificava quase qualquer coisa, até apoiar regimes com os antecedentes mais terríveis em matéria de direitos humanos.

O próprio Carlos Delgado Chalbaud acreditava estar agindo em nome da democracia. Em 1948, ao se tornar presidente da Venezuela, ele enfrentou questionamentos severos por parte de colegas estadistas em outros países, da imprensa e de representantes diplomáticos de vizinhos da Venezuela. Como ele podia justificar estar envolvido tanto num golpe para estabelecer a democracia como num golpe para removê-la? Se realmente acreditava que a Venezuela estava ficando instável, por que não tinha agido mais cedo, em vez de esperar até depois das eleições? Compatriotas venezuelanos como Rómulo Betancourt não resistiram a apontar que Delgado parecia ter se dado muito bem em ambos os golpes. Os governos de México, Cuba, Guatemala e Uruguai anunciaram que suspenderiam "indefinidamente" o reconhecimento do novo governo militar.[41]

Mas o próprio Delgado sempre insistiu que havia agido puramente por princípios. Sua única motivação, afirmou, fora salvar a nação das poderosas forças que a impeliam para a discórdia. Em outubro de 1945 ele tomara medidas para refrear os impulsos antidemocráticos da tradicional oligarquia venezuelana; e, em novembro de 1948, para refrear os impulsos revolucionários de "demagogos" na AD.[42] Assim, pelo menos na visão de Delgado, os dois golpes eram parte do mesmo processo. "Os fenômenos sociais são assim", ele disse a um jornal colombiano no fim da década. "Fazem parte de uma cadeia histórica. Os eventos de outubro [de 1945] e novembro [de 1948], como já dissemos, são passos vigorosos na marcha ascendente da nação."[43] No fim das contas, tudo o que Delgado realmente queria era guiar seu país para uma via intermediária entre ordem e mudança, indivíduo e sociedade, liberdade e pertencimento; ou, como ele o expressou, encontrar um equilíbrio "entre a vida livre e digna do cidadão e a disciplina social".[44]

Seu erro foi acreditar que essas coisas podiam ser alcançadas pela força. Ao tomar parte não em um mas em dois golpes, ele estava efetivamente endossando a ideia de que, ao fim e ao cabo, só os militares tinham o direito de decidir o que era certo ou errado para o país. Essa crença sempre fizera parte da cultura militar venezuelana, e a rigor das culturas militares de muitos países latino-americanos, e continuaria a governar o pensamento político em todo o continente pelo resto do século. Assim, Delgado também era parte de uma "cadeia histórica", que incluía soldados como ele, muitos de seus compatriotas, as elites latino-americanas em geral e, por fim, as instituições de segurança combinadas de todo o hemisfério ocidental.

Essa ideia de que os militares é que sabem o que é melhor teria profundas implicações para a América Latina. Mas também profundas implicações pessoais para o próprio Delgado. De todos os líderes militares que governaram Estados latino-americanos durante o século xx, ele foi sem dúvida um dos mais moderados. Desde o momento em que tomou o poder, Delgado insistiu na firme intenção de restabelecer a democracia assim que possível, tão logo "um clima de serenidade e verdadeira harmonia" tivesse sido restaurado.[45] "Quando o Exército assumiu a responsabilidade que teve de assumir", disse ele numa coletiva à imprensa pouco depois de tomar o poder, "não foi para agir contra os princípios democráticos, mas, ao contrário, para salvaguardá-los." Eleições foram finalmente marcadas para 1952.[46]

Mas outras facções dentro do Exército, e dentro da nação como um todo, não queriam que os militares abdicassem do controle; e, ao se aproximar o prazo para as novas eleições, uma delas planejou seu próprio golpe. Em 13 de novembro de 1950, no momento em que Delgado saía de casa, um grupo de homens armados o agarrou e o empurrou para dentro de um carro. Levaram-no para uma vila no condomínio Las Mercedes, em Caracas, e o assassinaram. Até hoje não está claro quem esteve por trás do sequestro, ou quais eram suas intenções. O assassino de Delgado, um descontente político chamado Rafael Simón Urbina, nunca pôde revelar quem lhe encomendara o serviço, se é que houvera mesmo uma encomenda: foi morto pouco tempo depois, quando estava sob a custódia da polícia.

A morte de Delgado significou o fim do breve flerte da Venezuela com a democracia, e uma mudança na atmosfera política da América Latina. O país teria de esperar até o final da década de 1950 para que a democracia fosse restaurada. No resto do continente, a persistência de regimes militares se estenderia por mais tempo e mais profundamente, com trágicas consequências para a democracia em toda a região.

Ao CONTRÁRIO DA INDONÉSIA ou do Quênia, a Venezuela não teve de se inventar após a Segunda Guerra Mundial. Ela estava mais ou menos segura em suas fronteiras, e não sofria tanto com as profundas divisões de língua, etnicidade e religião que cindiam esses dois países. A Venezuela era diferente também porque tinha se livrado do colonialismo e estabelecido sua soberania nacional muitas décadas antes, enquanto a Indonésia e o Quênia haviam tido de lutar por ela desesperadamente. Entretanto, a Segunda Guerra Mundial despertou ali muitas das mesmas paixões que despertou em outros lugares. A tentativa da Venezuela de empreender uma ruptura completa com seu passado em 1945 foi tão revolucionária quanto a da Indonésia ou a do Quênia: os povos desses três países buscavam essencialmente a mesma coisa — mais democracia. A onda de idealismo que acompanhou o fim da guerra ajudou todos eles a abraçarem novas ideias e novas instituições — mas desencadeou também uma grande inquietação, manifestada sob a forma de imensos protestos, greves de trabalhadores e crescente violência. Assim como a Indonésia e o Quênia, a Venezuela finalmente teve de fazer uma escolha entre liberdade e ordem, e viver com as consequências dessa escolha.

À sua maneira, a Venezuela foi forçada a enfrentar os desafios da independência após 1945 tanto quanto o Quênia ou a Indonésia. Todos os três países experimentaram variados graus de interferência externa em seus assuntos — da parte de seus antigos senhores coloniais, das superpotências ou de ambos. Todos pertenciam ao "sul global", e passariam os anos seguintes acusando as nações mais desenvolvidas do norte, muitas vezes com boas razões, de explorá-las em busca de lucros. Manter a própria independência nesse ambiente era uma batalha constante que nenhuma dessas nações podia dizer sinceramente ter ganhado em algum momento.

Por fim, de maneira crucial, a Venezuela foi obrigada a enfrentar a mesma questão com que o Quênia e a Indonésia se defrontaram após a guerra: o que é uma nação? Tanto o golpe de 1945 quanto o de 1948 haviam sido realizados em nome da Venezuela, mas o que era "a Venezuela"? Num país que compartilhava a mesma língua, religião e ascendência de muitos à sua volta, o que havia além da mera localização geográfica que podia tanto separá-lo de seus vizinhos quanto unir a nação? Havia uma cultura comum no país? Nesse caso, quem decidia o que era essa cultura? As elites tradicionais, a Igreja, o povo, os trabalhadores? Ou o Exército? E se as discordâncias desses diferentes grupos degeneravam em violência, podia a Venezuela dizer verdadeiramente que era uma nação única e unificada?

Cada uma dessas nações colheu benefícios consideráveis ao se imaginar como um grupo único e unificado— um senso de propósito comum, uma sensação de segurança frente aos estrangeiros, um sentido de pertencimento. Às vezes essas coisas podem ser não apenas reconfortantes mas essenciais para manter a ordem na sociedade. Mas elas têm um preço. Assim como o sonho do federalismo mundial impõe limites às liberdades nacionais, também os sonhos de nação restringem as liberdades de grupos menores e indivíduos. Ninguém que se identifique com qualquer grupo e respeite suas regras é jamais verdadeiramente livre: a cooperação requer compromisso, o qual nem sempre condiz com os valores daqueles que estão obcecados em perseguir suas próprias utopias. S. K. Trimurti, Waruhiu Itote e Carlos Delgado Chalbaud tiveram todos de aprender que ideais não bastavam. Era também necessário assumir o controle, ou engolir os próprios princípios e fazer um acordo.

19. Israel: Nação de arquétipos

"A VIDA É UMA GUERRA PERMANENTE." Assim falou Aharon Appelfeld quando o entrevistei em sua casa em Jerusalém, em 2016, e logo ficou claro que dizia isso tanto de forma literal quanto metafórica. "Eu estava na Europa quando irrompeu a Segunda Guerra Mundial. Aqui em Israel fui uma criança-soldado na Guerra de Independência. Depois houve a Guerra do Sinai, depois a Guerra dos Seis Dias, depois a Guerra do Yom Kippur — e em todas fui um soldado." Mas ele também falou sobre sua luta para se inserir na sociedade israelense, aprender a língua e assimilar os muitos terrores que experimentara quando criança. "Não importa aonde você vá ou o que você faça, a vida é uma guerra permanente."[1]

Appelfeld teve sua primeira experiência da guerra quando o Exército alemão, a caminho da invasão da Rússia, varreu a região da Europa central onde ele morava. Era o verão de 1941, e ele tinha apenas nove anos. Ele e a família tinham deixado Czernowitz, na região fronteiriça do norte da Romênia, para passar as férias na casa de seus avós nos montes Cárpatos, ali perto:

> Era meio-dia e eu estava na cama, dormindo, doente. De repente começou um tiroteio. Gritei pelos meus pais. Ouvi mais tiros. Pulei a janela e me escondi no milharal atrás de casa. Enquanto estava lá, ouvi os alemães torturando minha linda mãe. Ouvi minha mãe gritando. Ouvi os alemães assassinarem minha avó e minha mãe.[2]

Na sequência dessa primeira onda de assassinatos, ele e o pai foram levados à força para um gueto, expulsos em vagões de gado para a Transnístria e por fim obrigados a seguir em marcha forçada até um campo de concentração improvisado numa fazenda coletiva abandonada na Ucrânia. Era final de outono, e por duas semanas eles marcharam em meio à lama e à chuva torrencial. "Tive sorte. Meu pai era forte e me carregava nos ombros. A maioria das crianças e dos velhos morreu ao longo do caminho."

No campo de concentração, Appelfeld foi separado do pai, que foi despachado junto com os outros homens para trabalhar. Após alguns dias sozinho, cercado apenas pelos fracos e moribundos, ele compreendeu instintivamente que, se ficasse ali, jamais sobreviveria. Assim, se arriscou: esgueirou-se por baixo da cerca e fugiu.

O primeiro lugar onde se escondeu foi a floresta. Sobreviveu por algum tempo comendo maçãs podres e bagas, mas, quando a chuva piorou e as noites ficaram mais longas, entendeu que tinha de encontrar abrigo. Começou a bater à porta das casas dos vilarejos, pedindo trabalho, até que por fim uma prostituta o acolheu. Durante todo o inverno ele trabalhou como seu criado, ordenhando a vaca, limpando a cabana e indo à aldeia para comprar mantimentos. À noite ele a via beber vodca, servir os camponeses locais e depois brigar com eles quando pediam demais dela ou se recusavam a pagar. "Eu só tinha completado um ano de ensino. Esse foi o segundo."

Quando um dos clientes da mulher o acusou de ser judeu, Appelfeld soube que era hora de ir embora. Assim, voltou a fugir para a floresta, onde encontrou refúgio em meio a um bando de ladrões:

> Eles me usavam para roubar cavalos. Como eu era pequeno, conseguiam me enfiar pela janela dos estábulos, depois bastava eu abrir a porta para eles. [...] Às vezes me davam um pedaço de pão para comer, às vezes salsichas, às vezes queijo. Em geral me ignoravam. Eu era como os dois cães que eles tinham — mais um animalzinho.

Mas logo os ladrões começaram a lhe fazer perguntas, por isso ele resolveu ir embora de novo. Encontrou mais alguns camponeses na floresta dispostos a adotá-lo, "mas eles não eram nada melhores que os criminosos". Durante dois anos aquela criança pequena, subnutrida, vagou de um lugar para outro, sobrevivendo com pouco mais do que a inteligência e pura sorte. Como ser judeu significava a morte certa, Appelfeld aprendeu a se passar por cristão. Era louro e falava bem o ucraniano, língua usada pela criada da família antes da guerra. Mas, acima de tudo, simplesmente se mantinha em silêncio e aprendeu a observar o mundo à sua volta:

> Isso também foi uma espécie de escola. Aprendi muito sobre a vida. E sobre os seres humanos. Eles muitas vezes podem ser bondosos, e em outros momentos completos animais. No fim da guerra, eu era capaz de ver um homem e saber imediatamente se ele era perigoso.

Em 1944, o Exército Vermelho varreu a Ucrânia, e Appelfeld junto com ela. Ele convenceu uma unidade de abastecimento a lhe dar trabalho como ajudante de cozinha e observou enquanto eles avançavam de aldeia em aldeia, cometendo estupros e assassinatos. "O Exército russo era um exército de bêbados. Eles passavam o tempo todo bebendo, dia e noite. Praguejando e bebendo e estuprando e cantando canções patrióticas. Esse foi meu terceiro ano de ensino." Ele ainda tinha somente doze anos.

Por fim, Appelfeld foi encontrado por soldados da Brigada Judaica do Exército britânico, que o levaram primeiro para a Itália, depois para a Iugoslávia e finalmente até Haifa, numa viagem clandestina pelo Mediterrâneo. Ele estava feliz por estar mais uma vez entre judeus, mas isso não significava que se sentisse completamente seguro. Quando por fim chegou à Palestina, em 1946, tinha perdido havia muito tempo qualquer fé na ideia de um porto seguro. Para ele, a Palestina era apenas mais uma estação em sua fuga.

Nessa nova terra havia novas guerras a mover. No curso dos dois anos seguintes a Palestina se envolveu numa sangrenta guerra civil entre árabes e judeus. Em 1948, quando os judeus declararam o Estado independente de Israel, foram imediatamente atacados pelos vizinhos. Longe de ganhar uma nova vida, parecia que Appelfeld iria apenas experimentar mais do mesmo: "Na Europa, tinha havido uma guerra com muitos mortos. Agora, em Israel, havia uma guerra com muitos mortos". Ele recebeu um rifle e foi instruído a defender o kibutz.

Havia também batalhas metafóricas. Esperava-se que Appelfeld esquecesse o alemão, a língua dos assassinos de judeus. Ele era igualmente desestimulado a falar ucraniano, russo e romeno — as línguas que o tinham ajudado a sobreviver na Europa. Agora, tudo tinha de ser feito em hebraico. Esperava-se também que ele mudasse de nome. Seus pais o haviam batizado Erwin, um nome muito alemão — agora ele passara a ser Aharon. Mas, acima de tudo, esperava-se que ele adotasse uma nova atitude. "Tínhamos vindo para Israel para, como se dizia, 'construir e ser reconstruídos'. Isso era interpretado pela maioria de nós como a extinção da memória, uma completa transformação pessoal e uma total identificação com aquela estreita faixa de terra." Em suma, disse Appelfeld, esperava-se que "eu apagasse meu passado e construísse uma nova vida sobre seus escombros".[3]

Ele começou a fazer isso da melhor maneira que conseguiu. Estudou hebraico diligentemente. Começou a correr, a escalar e a levantar peso. Queria ficar alto, vigoroso e queimado de sol para parecer um soldado. Mas, por mais arduamente que tentasse, continuava baixo, magro e pálido; e durante algum tempo gaguejava ao falar. À noite, sonhava que estava sendo perseguido por um mal enorme e sem nome, ou prestes a cair em um poço profundo onde mãos invisíveis o puxavam para baixo. Dizia a si mesmo repetidamente para esquecer o passado e assimilar seu novo lar. Tinha a impressão de estar andando na ponta dos pés na beira de um abismo. "Toda a minha experiência na Europa entrou numa espécie de porão, um porão escuro profundamente enterrado dentro de mim. Não é preciso ser Freud para compreender que algo assim é perigoso."

O que o salvou foi aprender a escrever ficção. Quando estava na casa dos vinte anos, estudou na Universidade Hebraica, e pouco a pouco se deu conta de que não fazia sentido fingir que era algo diferente da pessoa

O romancista israelense Aharon Appelfeld, sessenta anos após a guerra.

em que a guerra o transformara. Compreendeu que sempre carregaria a Diáspora dentro de si — e que, apesar de toda a pressão para que o negasse, suas lembranças eram tão valiosas e ricas quanto a nova vida que havia abraçado. Começou a procurar a companhia de outros sobreviventes do Holocausto nos cafés de Jerusalém, e a apreciar os silêncios que se faziam entre eles, muito mais expressivos do que o oceano de palavras que pareciam caracterizar o resto da sociedade israelense. E começou a escrever. "Outros simplesmente enlouqueceram, de diferentes formas. Tive sorte. Eu era um escritor."

Appelfeld publicou sua primeira coletânea de contos em 1962. A partir de então, escreveu mais de quarenta livros, quase todos sobre os efeitos da Segunda Guerra Mundial na vida de sobreviventes judeus. Suas histórias estão repletas de prostitutas, órfãos e comerciantes do mercado clandestino — todos baseados em pessoas reais com quem topou durante e após a guerra. Deixou de tentar resistir às lembranças dessa época, que pareciam estar marcadas em sua alma. Em vez disso, aprendeu a aceitá-las pelo que são — parte da beleza da vida e parte de sua guerra perpétua.

Nação de heróis

A nação que acolheu Aharon Appelfeld em 1946 tinha uma concepção muito particular de si mesma. Muito antes que Sartre escrevesse sua tese sobre o existencialismo, os judeus sionistas tinham compreendido que estavam nus diante do universo, e que se quisessem sobreviver num mundo hostil tinham de assumir a responsabilidade por seu próprio destino.[4] Impelidos por uma combinação de anseio ancestral e valores socialistas, eles tinham vindo para a Palestina determinados a construir uma nova vida naquela que consideravam sua antiga pátria. Assim, drenaram pântanos e fizeram o deserto florescer. Fundaram novos kibutzim e moshavim — fazendas e comunidades baseadas num éthos coletivista. Além disso, construíram uma nova cidade, Tel Aviv, de um branco brilhante, à margem do Mediterrâneo. Não fosse pelos árabes, com quem eram obrigados a compartilhar a terra, e pelos britânicos, que controlavam aquela parte do Oriente Médio, poderiam ter tido uma história de irrestrito progresso e harmonia. Era o que se pensava.[5]

Quando irrompeu a Segunda Guerra Mundial, o Yishuv — isto é, a comunidade judaica na Palestina — não ficou de braços cruzados esperando para ver o que o destino lhe reservava. Seus integrantes deram um passo à frente e lutaram pela liberdade. Paraquedistas judeus foram enviados para trás das linhas inimigas a fim de ajudar guerrilheiros e membros da Resistência. Na Suécia, na Espanha e na Turquia, grupos de espiões judeus foram criados para estabelecer rotas de fuga da Europa de Hitler. Trinta mil judeus haviam se oferecido para lutar ao lado dos britânicos na Síria, na África do Norte e na Itália. Mas isso não significava que cumpriam pas-

"A vida é uma guerra": alunos de uma yeshiva em treinamento, 1947-8.

sivamente as ordens destes — na verdade, eles também formaram comandos especiais para desafiar as proibições de imigração britânicas, em vigor desde antes da guerra, e levar clandestinamente navios com refugiados judeus para lugares seguros.[6]

Essa determinação de tomar as rédeas do próprio destino continuou após o fim da guerra. Em 1946, o "Movimento de Resistência" judaico promoveu uma revolta a fim de expulsar os britânicos da Palestina. Em 1947, as Nações Unidas foram convencidas a lhes conceder uma pátria. Quando os árabes da Palestina se levantaram em protesto, forças de defesa judaicas os expulsaram. E, quando os britânicos finalmente saíram, o Yishuv não esperou que a ONU cumprisse sua promessa e declarou sua própria independência. Já no dia seguinte, o novíssimo Estado de Israel foi invadido em quatro frentes, por Egito, Jordânia, Síria e Líbano — e não apenas repeliu os invasores, como empurrou suas fronteiras para trás. Esses não eram os judeus frouxos do *shtetl** que, nas palavras de um líder do Yishuv, "preferiam a vida de um cão batido à morte com honra". Esses eram jovem pioneiros. "Novos judeus", uma nação de heróis.[7]

Durante anos, todo o país esteve envolvido numa tarefa única e coletiva: a criação do futuro. Israel era uma nova nação em todos os aspectos. Tinha novas fronteiras, um novo parlamento, um novo banco nacional, uma nova moeda, uma nova Suprema Corte e um novo exército cidadão. O Estado subscrevia a todos os valores do mundo do pós-guerra: segundo a declaração de independência, Israel seria uma nação baseada em "liberdade, justiça e paz", e prometia "completa igualdade de direitos sociais e políticos a seus habitantes, a despeito de religião, raça ou sexo".[8] O primeiro governo de David Ben-Gurion deu particular ênfase à "completa igualdade civil para as mulheres [...] e à abolição de todas as formas de discriminação contra as mulheres tal como manifestadas nas leis turcas e normas compulsórias".[9] Israel deveria ser um exemplo resplandecente do admirável mundo novo. Até mesmo o nome do país era novidade: até que Ben-Gurion anunciasse sua independência, ninguém sabia ao certo se ele se chamaria Sião, Judeia, Ivria ou uma variedade de outros possíveis nomes.[10]

Nos anos seguintes, todo o país se tornou uma colmeia de frenética atividade. A lista de projetos planejados e iniciados durante essa época extraordinária parece impossivelmente ambiciosa. Enormes programas de irrigação foram postos em andamento, como o aqueduto de Yarkon-Neguev e o sistema nacional de distribuição de água, que pretendia levar água desde o mar da Galileia até o deserto do Neguev. Uma política de rápido desenvolvimento de estradas e ferrovias foi implementada, prevendo novas estradas do Neguev até o mar Vermelho e uma rodovia ao longo da margem ocidental do mar Morto. Um vasto projeto de florestamento foi iniciado, dando origem a uma cadeia de parques espalhados pelo país. Além disso, foram criadas companhias estatais nas áreas naval (Zim) e de

---

* Iídiche para povoação ou bairro urbano de população predominantemente judaica, sobretudo na Europa oriental. (N. T.)

aviação (El Al). A construção de escolas e hospitais foi mais uma prioridade nacional: nos quinze anos que se seguiram à independência, Israel mais do que triplicou o número de vagas escolares, e quadruplicou o número de leitos hospitalares.[11]

A antiga tradição sionista de construir novas fazendas e assentamentos passou a funcionar a todo vapor. Em 1950 e 1951, 190 kibutzim ou mosha-vim foram construídos na zona rural israelense — uma média de um a cada quatro dias. Eles eram construídos não apenas nos vales férteis de Israel e ao longo da planície costeira, mas também em partes remotas do Neguev, inclusive Yotvata e uma nova fazenda experimental em Ein Yahav. Além de aldeias, trinta cidades foram fundadas, e um enorme novo porto planejado. Em cidades estabelecidas, novos subúrbios brotaram tão rapidamente quanto podiam ser construídos. Em Jerusalém, por exemplo, bairros inteiros — como Katamon, Kiryat HaYovel e Ir Ganim — foram planejados e construídos em apenas alguns anos.[12]

Nas décadas que se seguiram à independência, o desenvolvimento teve precedência sobre tudo. Para financiar todos os hospitais, conjuntos habitacionais e escolas — e a ciência e tecnologia, uma nova obsessão que iria finalmente transformar Israel na primeira potência nuclear da região —, foi preciso fazer concessões. Em 1952, Israel aceitou um pagamento da Alemanha no valor de 450 milhões de marcos alemães (865 milhões de dólares) a título de "reparação pelo dano material sofrido pelos judeus sob os nazistas". O governo tentou apresentar o fato como uma forma de justiça histórica: o povo que havia tentado exterminar os judeus do mundo estava agora ajudando a financiar a construção de um Estado judaico. Mas, para muitos, pareceu que Israel estava vendendo sua honra por dinheiro. Apesar de violentos protestos em frente ao Knesset, o parlamento, a inde-nização foi aceita, e o impulso em direção ao desenvolvimento continuou.[13]

Por um tempo, o Estado parecia estar envolvido em todos os aspectos da vida do povo. Depois que a turbulenta guerra de 1948 pôs em fuga a maior parte dos árabes do país, 90% das terras passaram para o controle do Estado — assim como as fontes de água da nação, seus fornecedores de energia elétrica e suas refinarias de petróleo. Foi fundada uma companhia de habitação nacional, chamada Amidar, para construir uma vasta rede de conjuntos habitacionais, e havia uma nova agência nacional de emprego para ajudar imigrantes recém-chegados a encontrar trabalho. Em meados dos anos 1950, o setor governamental era responsável por 20% da economia do país. Outros 20% eram detidos e controlados pela organização de sindicatos de Israel, a Histadrut. Em ambos os casos, esses grupos eram dominados pelo mesmo partido político — o socialista Mapai, de Ben-Gurion.[14]

A condução simultânea de tantos planos e projetos exigia uma grande dose tanto de improvisação quanto de ambição. Servidores públicos sobrecarregados queixavam-se de não ter tempo para dormir, mas também se regozijavam em meio ao entusiasmo de toda aquela atividade. Como disse um deles, "quem poderia dormir, quem não faria qualquer coisa para, num momento como este, viver mais tempo desperto, de maneira ainda mais intensa, mais próxima, mais atenta e dedicada?".[15] Líderes governamentais começaram a ficar conhecidos por ignorar o conselho de economistas e especialistas que questionavam a viabilidade e mesmo a possibilidade de certos projetos. Assim, quando um comitê consultivo concluiu que os planos do governo de construir uma cidade em torno de Bersebá eram inviáveis, Ben-Gurion simplesmente dissolveu o comitê e nomeou outro. Dentro de apenas sete anos havia 20 mil imigrantes judeus vivendo em Bersebá. Doze anos depois, a cidade quadruplicara sua população para 80 mil, tornando-se o maior assentamento no deserto do Neguev, com estação de trem, hospital e, logo, sua própria universidade.[16]

Até mesmo os romancistas da nação foram arrebatados pela ideia heroica que Israel fazia de si mesmo. A "Geração de 1948", como eles eram conhecidos, escrevia histórias em estilo documental nas quais o principal protagonista era quase sempre o "sabra" — o menino-soldado duro por fora mas terno por dentro, e livre dos complexos e temores da Diáspora, mas "nascido do mar", como o país que o criou.[17] Seus romances eram impregnados dos valores dos pioneiros sionistas, do kibutz, do Exército e do recém-nascido Estado de Israel — e a atmosfera irresistível é de companheirismo, autossacrifício e otimismo cauteloso.[18] Heróis morrem pelo país.[19] Romances terminam com bebês nascendo.[20] Essa era uma geração com os olhos fixos no horizonte, para a qual os medos do passado podiam ser transcendidos pelas esperanças de um futuro novo, utópico.[21]

Como recordou Aharon Appelfeld, havia algo tranquilizador nisso, mas também algo insuportavelmente sufocante. O Estado cuidava de seus cidadãos: assegurava trabalho e moradia para a população em geral, aposentadorias para os idosos, pensões para os doentes e feridos e licença-maternidade para as mulheres — e, acima de tudo, dava a seu povo uma terra que eles podiam chamar de sua, e que defenderiam com unhas e dentes até o fim. Mas, em troca, exigia compromisso. Havia pouco espaço para o individualismo nessa sociedade, e nenhuma tolerância em relação aos passivos ou fracos. Appelfeld recordou:

> De fato, o país era como um exército. Todos sabiam seu lugar e suas responsabilidades. Era preciso ser um herói. Era preciso lutar pelo país. Era preciso ser socialista. Havia todo tipo de ordens. Mas só Deus tem o poder de dizer essas coisas. Pouco a pouco você começa a se sentir esmagado.

E por trás de toda essa atividade frenética, em segundo plano, estava o Holocausto. "Tudo era uma luta contra o passado, contra o passado judaico, contra o destino judaico." O país inteiro, tal como o próprio Appelfeld naqueles primeiros anos, parecia andar na ponta dos pés à beira de um abismo.

"O Outro" judeu

Infelizmente, pessoas como Aharon Appelfeld eram parte do problema. Durante os dez anos anteriores, os britânicos haviam mantido estritos limites de imigração na Palestina. Com a independência, porém, esses limites foram subitamente suspensos. Uma política de portas abertas foi oficializada em 1950 com a "Lei do Retorno", que garantia a todos os judeus, onde quer que estivessem, o direito de viver no país como cidadãos israelenses plenos. Quase da noite para o dia, o fluxo constante de imigrantes judeus tornou-se uma inundação: em apenas três anos e meio Israel recebeu cerca de 685 mil judeus estrangeiros, mais que dobrando a população do país. O influxo foi tão gigantesco, e tão repentino, que o ministro da Agricultura, Pinhas Lavon, o descreveu como uma "revolução sem sangue".[22]

Para o Yishuv, isso representava um desafio diferente e inaudito. Por um lado, havia muita simpatia pelos imigrantes, sua maioria refugiados como Appelfeld — não só da Europa destroçada pela guerra, mas também de lugares atingidos por novas ondas de antissemitismo, como o Iraque, o Iêmen e partes da África do Norte. Era importante receber essas pessoas de braços abertos; afinal, não era essa a razão de ser de Israel? Mas, ao lado dessas preocupações humanitárias, havia também uma série de sentimentos muito mais ambivalentes. A ideia de receber centenas de milhares de recém-chegados alarmava muitos: para onde iriam todos eles? Como encontrariam trabalho? Quem lhes daria alimentação e alojamento? E, de maneira mais intangível, o que o influxo de tantos estrangeiros faria com o senso de identidade israelita? A vasta maioria desses imigrantes não eram os "novos" judeus tão caros ao mito sionista, mas "velhos" judeus, judeus da Diáspora que nunca tinham desejado vir para Israel, e só estavam chegando agora porque, como expressou desdenhosamente um repórter do *Haaretz*, "não têm para onde ir". Num país que apenas começava a estabelecer algum tipo de identidade nacional, a "enxurrada" de recém-chegados ameaçava a própria existência do ideal sabra.[23]

Não surpreende, portanto, que imigrantes como Aharon Appelfeld enfrentassem enorme pressão para se conformar às normas do Yishuv quase no momento em que pisavam fora do navio. Esperava-se que aprendessem hebraico como uma questão de urgência. Muitos, como Appelfeld, foram pressionados a abrir mão de suas antigas identidades e a adotar nomes mais adequados a seu novo ambiente. Mas, acima de tudo, eles eram compelidos a abraçar a cultura da nova nação, uma cultura de irreprimível positividade, confiança e assertividade.

Para alguns recém-chegados, havia algo terrivelmente atraente na ideia de que o passado podia ser descartado como uma roupa velha, de que era possível tornar-se novo e forte simplesmente decidindo ser assim. Muitos se lembram de sua chegada a Israel como uma espécie de renascimento, afirmando que lhes fora dada "uma identidade inteiramente nova"; que "aqui começou minha nova vida"; que uma "nova realidade" passara a envolver "toda sua personalidade".[24] Aharon Barak, que mais tarde se tornaria presidente da Suprema Corte de Israel, talvez tenha sido quem expressou a experiência de forma mais sucinta. Ele descreveu sua chegada, em 1947, como uma revelação: "Eu não falava a língua, não conhecia a terra. Mas, quando tirei minhas roupas velhas, livrei-me do passado, da Diáspora, do gueto. E quando me vi de calças, camisa cáqui e sandálias, eu era uma nova pessoa. Um israelense".[25]

Para outros, porém, a maneira como a transição para a sociedade israelense foi conduzida pareceu desnecessariamente severa. O historiador Tom Segev descreveu em detalhes a forma como algumas crianças que o Holocausto havia deixado órfãs foram tratadas quando chegaram ao país. As que se recusavam a participar de atividades na escola ou em kibutzim eram com frequência rotuladas de "corrompidas", "antissociais", "desviantes", "ingratas", "retardadas" ou "histéricas". Uma criança foi diagnosticada por um psiquiatra como "excessivamente apegada à mãe" — que fora morta na guerra. Outra foi descrita como "perturbada" porque falava demais em polonês, enquanto uma terceira foi criticada pela incapacidade de prestar atenção — ela só falava húngaro, enquanto todos à sua volta falavam exclusivamente em hebraico. Aharon Appelfeld experimentou um preconceito semelhante por gostar de falar alemão. Para seus novos compatriotas, o alemão era a língua dos monstros que haviam tentado exterminar o povo judeu do mundo, mas Appelfeld não suportava a ideia de desistir dele, pois via o idioma como a língua da mãe que perdera para a guerra.[26]

Preconceitos como esses eram comuns na sociedade israelense, e nas principais instituições do país. Assim, ex-combatentes da Resistência europeia que ingressavam na Histadrut eram repreendidos por falar em iídiche em vez de hebraico.[27] Refugiados desorientados enviados para os kibutzim eram criticados por serem "folgados", ou por esperarem "tratamento especial".[28] E raramente imigrantes recrutados para o Exército gozavam de confiança e obtinham permissão para participar ativamente de quaisquer batalhas, apesar da desesperada necessidade de combatentes. Na guerra de 1948, eles foram usados sobretudo como tropas de apoio, e criticados por seus comandantes por serem "homens difíceis, teimosos e covardes", propensos a fugir "no momento decisivo".[29]

Repetidas vezes, os sobreviventes eram questionados: por que vocês não se rebelaram? Por que marcharam docilmente para a própria morte? Perguntas como estas podiam ter nascido de um desejo genuíno de compreensão, mas a acusação estava implícita: os fracos e frouxos judeus europeus haviam sido cúmplices de seu próprio extermínio. O Yishuv simplesmente não podia conceber que tais coisas tivessem sido possíveis na Palestina: como disse David Ben-Gurion, "ninguém teria sido capaz de nos massacrar nas sinagogas; cada menino e menina teria fuzilado cada soldado alemão".[30]

Havia outras perguntas, mais brutais. "Em quase todos os contatos com os habitantes do país", escreveu um sobrevivente, "surgia a pergunta de como tínhamos conseguido permanecer vivos. Ela era feita repetidamente e nem sempre da maneira mais delicada. Eu tinha a impressão de estar sendo censurado por ter sobrevivido."[31] Perguntas como essas nasciam em parte do pesar: a maioria das pessoas no Yishuv havia perdido algum ente querido no Holocausto, e não podia evitar um certo ressentimento em relação àqueles que haviam sobrevivido. Mas elas nasciam também do preconceito: muitos sabras suspeitavam que os judeus europeus que tinham sobrevivido ao Holocausto só haviam conseguido permanecer vivos mediante alguma espécie de transigência moral. A descrição permanente do sobrevivente do Holocausto em 1945 é a de "Minha irmã na praia", uma famosa história de Yitzhak Sadeh, fundador da unidade de comando de elite israelense, a Palmach. Na história, um grupo de jovens e vigorosos combatentes da Palmach resgatam uma donzela esfarrapada e passiva em perigo, e ela grita que não é merecedora de seu heroísmo. Sua carne fora marcada como "somente para oficiais".[32]

Sob esse estranho coquetel de preocupação humanitária e desprezo velado havia uma atmosfera de medo semirreconhecido. Aterrorizava o Yishuv que sua sociedade de heróis fosse infectada com o que chamava mordazmente de "mentalidade da Diáspora" — isto é, a atitude frouxa e a passividade que haviam permitido que tantos judeus fossem aniquilados na Europa. Imagens de infecção começaram a aparecer por toda a sociedade. Representantes do Mapai expressavam temores de que o influxo de tantas pessoas traumatizadas pudesse transformar toda a Palestina em "um grande hospício". Autoridades sanitárias se preocupavam com a possibilidade de epidemias de doenças como tifo ou tuberculose. Quando uma epidemia de poliomielite irrompeu, começaram a circular rumores de que os responsáveis eram os imigrantes: simbolicamente, a pólio é uma doença cujos sintomas incluem fraqueza física e paralisia, a própria antítese do ideal sabra.[33]

À medida que um número cada vez maior de imigrantes chegava ao país, a linguagem usada para descrevê-los tornava-se mais áspera e intransigente. Anos mais tarde, a romancista Yehudit Hendel, da "Geração de 1948", descreveu as divisões que cindiam a sociedade israelense:

> Para falar sem rodeios, havia quase duas raças neste país. Havia uma raça de pessoas que se julgavam deuses. Havia aqueles que tinham tido a honra e o privilégio de ter nascido em Degania [o primeiro kibutz de Israel], ou no bairro de Borochov, em Givataim [o bastião do movimento trabalhista israelense] [...] e havia, podemos dizer com segurança, uma raça inferior. Pessoas que víamos como inferiores, que tinham algum tipo de defeito, algum tipo de corcunda, em suma, aquelas que vieram depois da guerra. Aprendi na escola que a coisa mais feia, mais desprezível do mundo, não é o exílio, mas o judeu que veio de lá.[34]

Os "deuses" do Yishuv faziam pouca distinção entre os diferentes tipos de imigrantes, muitos dos quais vinham não da Europa em absoluto, mas de outras partes do Oriente Médio e da África do Norte, sobretudo após 1949. Eles eram agrupados numa mesma massa como um vasto "Outro" coletivo, cuja presença punha em risco tudo que o Yishuv prezava. Essas pessoas eram "inadequadas para Israel", advertiu o jornal de direita *Haboker*. Elas estavam "solapando a saúde e o equilíbrio psicológico e moral do Yishuv", advertiu o jornal de esquerda *Davar*. Até mesmo Ben-Gurion, um dos principais arquitetos da política de imigração em massa, as via como "uma multidão heterogênea, poeira humana desprovida de língua, educação, raízes, tradição ou sonhos nacionais". A única esperança para essas pessoas, segundo ele, era remodelar-se como "novos judeus", renascidos no estilo de vida correto, israelense.[35]

O fato de o próprio primeiro-ministro descrever os imigrantes como "poeira humana" sugere uma perturbadora subcorrente na sociedade israelense no final da década de 1940 e início dos anos 1950. Outros dirigentes do Mapai não haviam hesitado em chamar sobreviventes do Holocausto de "escória", e a gíria "sabão", usada para descrevê-los, tornou-se generalizada (sua raiz estava no mito de que os nazistas ferviam judeus mortos para fazer sabão durante o Holocausto).[36] Um veterano israelense da Segunda Guerra Mundial, que testemunhara ele próprio as condições na Europa ao descer de paraquedas atrás das linhas inimigas, descreveu sua consternação diante do tratamento que estava sendo dado por Israel aos sobreviventes do Holocausto no pós-guerra:

> Para onde quer que eu me virasse, alguém perguntava: por que os judeus não se rebelaram? Por que seguiram como cordeiros para o matadouro? De repente me dei conta de que estávamos envergonhados daqueles que haviam sido torturados, fuzilados, queimados. Existe uma espécie de acordo velado em Israel segundo o qual as pessoas que morreram no Holocausto não prestavam. Inconscientemente, aceitamos a ideia nazista de que os judeus eram subumanos. [...] A história está nos pregando uma peça amarga: não levamos nós mesmos os 6 milhões a julgamento?[37]

Nação de vítimas

Não é preciso ter muita imaginação para ver que esse desprezo pela suposta fraqueza, passividade e paralisia dos judeus da Diáspora estava relacionado a um medo das mesmas tendências que já existiam dentro do próprio

Yishuv — e foi exatamente isso que análises psicanalíticas e feministas do período posterior à guerra afirmaram.[38] Apesar de todos os mitos sobre seu heroísmo na Segunda Guerra Mundial — sobre grupos de espionagem, operações de resgate e paraquedistas lançados atrás das linhas inimigas —, os esforços do Yishuv tinham na verdade sido bastante ineficazes. Segundo líderes guerrilheiros judeus na Europa, muitos dos cerca de trinta paraquedistas lançados atrás das linhas inimigas acabaram por se revelar mais um fardo que uma ajuda.[39] O esforço de espionagem não foi muito melhor — os próprios chefes de espionagem da Agência Judaica admitiram que o número de pessoas que salvaram foi "microscópico".[40] Os vários planos para negociar com os nazistas haviam sido inúteis; as tentativas de conseguir que os britânicos permitissem a imigração em massa foram infrutíferas, e a própria força de defesa judaica, o Haganá, não conseguiu introduzir senão um número simbólico de judeus na Palestina durante os anos culminantes do Holocausto.[41] Na verdade, o Yishuv havia sido tão impotente durante a guerra quanto os judeus da Diáspora. Se os judeus palestinos tivessem enfrentado situação semelhante, teria sido difícil manter a ilusão de que eram uma nação de heróis; mas até que o fizessem, cada sobrevivente do Holocausto seria uma advertência. Alguns dos próprios sobreviventes não tinham receio de externar isso: como observou sem rodeios um líder comunitário polonês, "vocês estavam dançando enquanto nós ardíamos nos crematórios".[42]

Por muitos anos, houve um desconfortável pacto de silêncio entre os imigrantes europeus e os sabras israelenses, em parte porque os imigrantes não queriam falar sobre suas penosas experiências, e em parte porque os sabras não queriam ouvir. Mas em parte também porque os sobreviventes do Holocausto ainda não tinham conseguido encontrar uma voz, sobretudo numa língua que ainda não era a deles: Aharon Appelfeld, por exemplo, só começou a se expressar em meados dos anos 1950, e só publicou sua primeira coletânea de contos em 1962. Isso não significa que a questão do Holocausto estivesse enterrada. Longe disso. Ela permaneceu no primeiro plano da consciência política ao longo de toda a década de 1950.[43] Mas a maior parte dos sabras não se comovia com a constante retórica sobre os

"6 milhões" ou os "campos de extermínio". Apesar de seu horror, no que dizia respeito ao Yishuv, tratava-se de algo que tinha acontecido com "eles", os judeus da Diáspora, não "conosco".[44]

Se houve um evento isolado que mudou essa visão, ou pelo menos simbolizou uma transformação que começava a ocorrer na sociedade israelense, foi o julgamento de Adolf Eichmann, em 1961. Eichmann foi um dos administradores nazistas de mais alta patente envolvidos no Holocausto. Numa missão ousada — poderíamos até dizer "heroica" —, agentes israelenses o capturaram na Argentina e o levaram para Jerusalém a fim de ser julgado. As provas documentais contra ele eram esmagadoras, por isso nunca houve dúvida quanto à sua culpa. Mas seu julgamento não era apenas uma ocasião de considerá-lo culpado: era também uma ocasião de mostrar ao mundo — e especialmente à juventude israelense — o que os judeus tinham sofrido antes de conquistarem o direito à própria pátria. "Este não é um julgamento comum", afirmou o primeiro-ministro Ben-Gurion:

> Aqui, pela primeira vez na história judaica, justiça histórica está sendo feita pelo povo judeu soberano. Durante muitas gerações fomos nós que sofremos, que fomos torturados, fomos mortos — e nós que fomos julgados. Nossos adversários e nossos assassinos foram também nossos juízes. Pela primeira vez Israel está julgando os assassinos do povo judeu. Não é um indivíduo que está no banco dos réus neste julgamento histórico, e não apenas o regime nazista, mas o antissemitismo ao longo da história.[45]

O julgamento de Eichmann unificou o povo judeu como poucos eventos em Israel haviam feito antes. Enquanto dezenas de sobreviventes testemunhavam e davam detalhes sobre a extensão da desumanidade que tinham sofrido nas mãos dos nazistas — mas também suas tentativas de resistência (uma vez que os promotores estavam ansiosos para mostrar que os sobreviventes do Holocausto também haviam sido heróis) —, todo o país ouvia pelo rádio. Comentaristas como Hannah Arendt criticaram esses testemunhos por serem irrelevantes para o caso específico de Eichmann, mas foram essas histórias que mais fascinaram a nação. Pela primeira vez, os sabras começaram a ver o Holocausto não como algo que tinha acontecido com "eles", mas algo que tinha acontecido "conosco".

Nas décadas seguintes, embora continuasse a se ver como uma nação de heróis, Israel adotou uma identidade paralela como uma nação de mártires. O Holocausto não era mais apenas algo que tinha acontecido com uma geração diferente num continente diferente. De súbito, ele tinha relevância universal. Assim, em 1967, quando uma nova guerra irrompeu — a Guerra dos Seis Dias —, o medo da aniquilação se apoderou do país num grau jamais visto, não só entre aqueles que tinham sobrevivido ao Holocausto, mas também entre o resto da população. "As pessoas achavam que seríamos exterminados se perdêssemos a guerra", afirmou um jovem soldado pouco após o término do confronto.

> Recebemos essa ideia — ou a herdamos — dos campos de concentração. Ela é uma ideia concreta para qualquer pessoa que tenha crescido em Israel, mesmo que não tenha experimentado pessoalmente a perseguição de Hitler e somente ouvido falar ou lido sobre ela. O genocídio é uma ideia exequível.[46]

Esse sentimento de vitimização compartilhada foi ampliado seis anos mais tarde quando a guerra voltou a irromper. Em 1973, Israel foi pego inteiramente de surpresa ao ser atacado pelo Egito e a Síria no Yom Kippur, o dia mais sagrado do ano judaico. A Guerra do Yom Kippur foi a primeira, desde 1948, em que Israel não esteve em boa medida no controle dos acontecimentos, e abalou fortemente o país. Mais uma vez, um novo Holocausto parecia iminente. Mais tarde, um coronel lembrou:

> Nossa sensação era de total isolamento. [...] O país estava prestes a ser destruído e ninguém havia se oferecido [para ajudar]. [...] Até então acreditávamos na oposição entre as palavras "Holocausto" e "heroísmo" e nos identificávamos com o heroísmo. A guerra nos fez compreender o significado do Holocausto e as limitações do heroísmo.[47]

"O Outro" árabe

O problema de se criar uma cultura de heróis e mártires é que as sociedades não podem acreditar em tais coisas se não acreditarem também num monstro. O medo de um novo Holocausto implica necessariamente que os inimigos de Israel sejam os novos nazistas. E, como os inimigos mais imediatos de Israel são nações árabes, basta um pequeno salto da imaginação para começar a ver todos os árabes — inclusive aqueles que vivem em Israel — como potenciais assassinos. Ao que parece, não há nada de novo nisso: os judeus vêm comparando os árabes aos nazistas desde antes da Segunda Guerra Mundial. Mas, antes de 1945, essas comparações não tinham nada da virulência e da sensação de terror que adquiriram em anos posteriores.[48]

Uma das muitas coisas que dividiam Israel nas décadas de 1940 e 1950 era o fato de que diferentes setores da sociedade possuíam diferentes inimigos. Para aqueles que tinham sobrevivido à guerra na Europa, a Alemanha nazista era o apogeu do mal. Já para os judeus sefarditas, a Alemanha nunca havia sido a verdadeira inimiga: eles tinham fugido do Iraque, do Iêmen, do Egito e do Marrocos em face da violência e da discriminação praticadas pelos árabes. Mas, para os judeus que haviam crescido na Palestina e assimilado a ideologia sionista com o leite materno, não havia nenhuma distinção real entre nazistas e árabes, ou qualquer outro dos muitos inimigos que eles haviam enfrentado ao longo da história: em todos os casos, eram encarnações do mal universal do antissemitismo. Como disse Ben-Gurion em 1947, o Holocausto foi "apenas o clímax da perseguição ininterrupta a que estivemos sujeitos por séculos". Ou, para dizê-lo mais sucintamente, como fez Ariel Sharon quase sessenta anos mais tarde, "sabemos que não podemos confiar em ninguém exceto nós mesmos".[49]

Nessa atmosfera, não surpreende que nazistas e árabes tenham se fundido num único inimigo para múltiplos usos. A história de Israel desde a independência só serviu para exacerbar esse processo. Toda vez que o país entrou em guerra com seus vizinhos, como fez em cada década desde que se tornou uma nação, ele invocou a memória do Holocausto. Durante a guerra civil de 1948, por exemplo, Ben-Gurion descreveu os judeus mortos como "vítimas de um segundo Holocausto".[50] Durante a campanha do Sinai de 1956, os jornais de Israel retrataram o presidente Nasser do Egito como um potencial "Hitler do Leste".[51] As guerras de 1967 e 1973 foram acompanhadas por uma atmosfera de pânico existencial reminiscente da atmosfera predominante durante o Holocausto; para justificar a invasão do Líbano em 1982, o primeiro-ministro Menachem Begin afirmou que "a alternativa é Treblinka";[52] no início dos anos 1990, durante a Guerra do Golfo, quando o Iraque atacou Israel com mísseis Scud, a imprensa israelita encheu-se de artigos comparando Saddam Hussein a Hitler;[53] e em 2006 o primeiro-ministro Benjamin Netanyahu mais uma vez tentou convencer judeus no mundo todo de que um novo Holocausto era iminente. "É 1938 e o Irã é a Alemanha", disse ele.[54]

Israel não é mais a nação de heróis que outrora aspirou a ser. Em vez disso, tornou-se a eterna vítima, o "judeu entre as nações", sempre destinado a ser o foco do ódio do mundo em geral e dos árabes em particular. Qualquer perigo (e Israel de fato enfrenta vários) é automaticamente interpretado como um perigo *existencial*. Qualquer crítica (e Israel é sem dúvida desproporcionalmente objeto de críticas) é imediatamente reimaginada como perseguição.

Essa visão de mundo tem sérias consequências não só para o senso de bem-estar do país, mas também para a estabilidade geopolítica da região. Como Israel é o último refúgio para os judeus do mundo, correr e se esconder não é uma opção; e, de todo modo, sua história lhes ensinou que correr e se esconder não funciona. Assim, para muitos israelenses, a única linha de ação disponível é resistir e lutar, com todos os meios.

Aqui reside o maior dos medos de Israel, um medo que poucos ousam reconhecer. Se a vida é de fato uma guerra permanente, como sugere Aharon Appelfeld, então em algum momento haverá atrocidades. Uma guerra existencial não pode ser travada sem entusiasmo. Quando uma nação enfrenta não só a derrota, mas a aniquilação, ela deve estar preparada para fazer o que for necessário.

Nação de monstros

Em 1948, no mesmo momento em que o povo judeu planejava sua admirável nova sociedade e aspirava a tornar-se um modelo de justiça e esperança
para o mundo, tropas judaicas já haviam começado a entrar em aldeias árabes, aterrorizando e afugentando as populações civis que viviam ali. Havia
um bom motivo para isso: qualquer população árabe que existisse perto
de assentamentos judaicos era automaticamente uma ameaça. Não havia
tampouco nada de especial nisso: muitas outras nações estavam fazendo
exatamente a mesma coisa, exatamente ao mesmo tempo, com minorias
étnicas consideradas hostis — em toda a Europa oriental, por exemplo,
e também na Índia e no Paquistão. Mas esse certamente não era o novo
começo que os idealistas tinham imaginado.

A versão oficial desse violento capítulo na história de Israel é que os
árabes não foram formalmente expulsos, e sim fugiram por vontade própria para escapar da guerra civil. Mas mesmo aqueles que participaram
das operações militares na época reconhecem que os árabes foram deliberadamente afugentados e que uma atmosfera de extrema violência e
brutalidade os encorajou a partir.[55] Centenas de aldeias foram esvaziadas, e
mais tarde completamente arrasadas. Inevitavelmente, houve atrocidades.
Em Lida, uma mesquita onde civis aterrorizados buscavam abrigo durante
a batalha foi o alvo deliberado de um canhão antitanque.[56] Houve também
vários casos de massacre a sangue-frio, o mais famoso em Deir Yassin,
onde pelo menos uma centena de homens, mulheres e crianças foram
assassinados por forças judaicas — embora algumas estimativas elevem
substancialmente esse número.[57] Em Dawaymeh, segundo fontes do próprio governo israelense, tropas judaicas mataram dezenas de prisioneiros,
queimaram mulheres palestinas vivas dentro de suas casas e assassinaram
crianças palestinas partindo seus crânios.[58]

Desde 1948 houve muitos, muitos outros crimes. Em 1956, civis árabes
foram massacrados em Kafr Qasim.[59] Depois da Guerra dos Seis Dias em
1967, soldados israelenses falaram algumas vezes sobre terem testemu-

nhado o assassinato ilegal de prisioneiros de guerra.[60] Em 1991, durante a Primeira Intifada, o jornalista Ari Shavit, do *Haaretz*, expôs a doutrina de internos árabes em campos de detenção israelenses em Gaza.[61] Em 2014, a Human Rights Watch acusou Israel de crimes de guerra por causa do bombardeio "indiscriminado" e "ilegalmente desproporcional" de áreas civis na Faixa de Gaza.[62] A lista poderia prosseguir indefinidamente.

Quando catalogamos essa sucessão de atrocidades, como fez uma geração de historiadores desde os anos 1980, é fácil ver que Israel não é a nação de heróis que acredita ser; tampouco é uma nação de vítimas. Escritores como Benny Morris, Avi Shlaim e Ilan Pappé — os "novos historiadores", como são conhecidos — demonstraram em grandes detalhes que Israel é capaz tanto de se defender quanto de praticar suas próprias atrocidades. A eles se uniram acadêmicos judeus na Diáspora, assim como historiadores palestinos, que, de forma compreensível, anseiam por desmontar a rede de mitos autocomplacentes que Israel construiu ao longo dos anos.[63] Mas, ao concentrar tamanha atenção nas iniquidades israelenses, o pêndulo oscilou na outra direção. Agora, um novo mito apareceu: Israel não é mais uma nação de heróis ou vítimas, mas uma nação de agressores.

Mais uma vez, a linguagem usada para expressar essa nova mitologia é a linguagem da Segunda Guerra Mundial. É comum hoje ouvir afirmações de que Israel é um Estado "fascista", que é culpado de "limpeza étnica" e até de "genocídio". O termo árabe para as expulsões de 1948, *Nakba* ("a catástrofe"), é hoje frequentemente usado como o equivalente palestino do Holocausto.[64] Desde a virada do milênio, ocorreram no mundo todo manifestações anti-Israel em que se veem cartazes justapondo a bandeira israelense à suástica.[65] Até partidos políticos convencionais começaram a estabelecer uma relação entre israelenses e nazistas: na Grã-Bretanha, por exemplo, o Partido Trabalhista teve de implorar a seus membros em 2016 que parassem de comparar o conflito entre Israel e a Palestina com o Holocausto.[66]

Essas comparações são feitas não só no exterior, mas também em Israel, onde desde os anos 1980 alguns intelectuais judeus vêm chamando a nação de um Estado "judaico-nazista".[67] Mesmo aqueles que se desesperam com tais comparações admitem que, dada a história judaica, tornou-se quase impossível não as fazer. Em seu artigo de 1991 sobre os campos de prisioneiros de Israel, por exemplo, Ari Shavit deixou claro que não havia absolutamente nenhuma base histórica para traçar paralelos entre Israel e a Alemanha nazista — não havia câmaras de gás israelenses, nem experimentos médicos com seres humanos, nem assassinatos em massa organizados. "O problema é que não há falta de similaridade suficiente. A falta de similaridade não é forte o bastante para silenciar de uma vez por todas os ecos funestos."[68]

Nação de cisões

Evocar o Holocausto não é o mesmo que compreendê-lo. Aharon Appelfeld, que passou a vida toda pensando sobre as consequências emocionais da Segunda Guerra Mundial, sempre rejeitou a visão maniqueísta da história que emerge com tanta frequência em seu país. Nenhum dos personagens em seus romances é herói, mártir ou monstro — todos são apenas pessoas feridas que "passam a vida inteira se perguntando como deveriam viver e o que deveriam fazer". Israel poderia aprender com essas pessoas, ele acredita. "Às vezes tenho a impressão de que é impossível escrever literatura num país tão impregnado de ideologia. A própria vida, em toda a sua complexidade, não é algo sobre o qual realmente refletimos."[69]

A comunidade internacional poderia igualmente aprender com esses personagens. Nós também deveríamos tomar cuidado para não povoar nossa imaginação com heróis, mártires e monstros, e sim reconhecer as complexidades da vida no moderno mundo do pós-guerra. Toda nação acredita ser heroica ou martirizada em algum nível, e possui uma lista de outras nações que acredita serem monstros. Israel está frequentemente nessa lista. Nenhum outro país de tamanho e importância equivalentes gerou em parte alguma o mesmo número de artigos na imprensa internacional, ou recebeu algo parecido com a mesma atenção em nossas tvs, rádios e telas de computador. Partidos políticos no mundo todo declaram sua "política em relação a Israel" de uma forma que seria impensável com relação a qualquer outro: poucos países têm uma "política em relação à Indonésia", por exemplo, ou uma "política em relação ao Quênia", ou uma "política em relação à Venezuela". A questão Israel/Palestina é um problema global e perpétuo, ao contrário de outros impasses geopolíticos.[70]

A pergunta que precisamos nos fazer é por que as coisas deveriam ser assim. Não desejo subestimar nenhum dos crimes e erros de julgamento cometidos por Israel, que são muitos, substanciais e justamente condenados no mundo todo. Quero, no entanto, colocá-los em contexto. A expulsão dos árabes em 1948 ocorreu durante uma brutal guerra civil, mas não foi nem de longe tão calculista quanto as expulsões similares que estavam ocorrendo em toda a Europa exatamente ao mesmo tempo e muitas vezes com crueldade muito maior. Quase 12 milhões de alemães foram expulsos de várias partes da Europa oriental depois que a Segunda Guerra Mundial havia supostamente terminado. Da mesma forma, quase 1,2 milhão de poloneses foram expulsos da Lituânia, da Ucrânia e da Bielorrússia e quase meio milhão de ucranianos foram expulsos da Polônia. Húngaros foram expulsos da Eslováquia, italianos foram expulsos da Croácia, albaneses foram expulsos da Grécia e turcos foram expulsos da Bulgária. Nesse meio-tempo, a partição da Índia e do Paquistão em 1947 envolveu de 12 milhões a 15 milhões de refugiados em ambos os lados, e provavelmente 1 milhão de mortes. Se todas essas outras expulsões foram aceitas, esquecidas ou enterradas — pela comunidade internacional certamente, se não pelas nações envolvidas —, por que a expulsão palestina continua sendo uma questão global até hoje?[71]

Israel cometeu repetidas violações dos direitos humanos; por outro lado, todos os seus vizinhos árabes fizeram o mesmo, sem causar nem de longe a mesma indignação. Israel com frequência tratou seus cidadãos muçulmanos árabes espantosamente mal — mas outras nações no mundo todo também demonizaram e perseguiram suas minorias muçulmanas, sobretudo a partir de 2001, sem provocar metade da indignação. O maior crime de que Israel é acusado — a ocupação da Cisjordânia e da Faixa de Gaza — inspirou repetidos e sonoros protestos no mundo todo. No entanto, uma série de nações combateram, ocuparam e oprimiram Estados menores desde o fim da Segunda Guerra Mundial, inclusive *todos* os membros permanentes do Conselho de Segurança da ONU. Se é correto pressionar Israel a renunciar ao controle dos territórios palestinos, também deveria ser correto que outras nações, mais poderosas, fossem obrigadas a se submeter ao mesmo escrutínio.

A verdade é que as objeções comuns em relação a Israel muitas vezes dizem tanto sobre quem objeta quanto sobre Israel. Além daqueles que conhecem bem o país e o criticam por boas e sólidas razões, há muitos outros que se aferraram ao assunto por razões que pouco têm a ver com Israel. Por exemplo, alguns americanos atacam Israel como uma forma de expressar uma indignação mais geral contra a política externa americana no Oriente Médio, em particular sua desastrosa e dispendiosa ocupação do Iraque após 2003. Na Europa, onde grande parte das críticas a Israel vem da esquerda liberal, essas críticas sempre aumentam toda vez que o país elege um governo de direita. De fato, para os europeus progressistas, o antissionismo é uma boa maneira de expressar antipatia em relação ao nacionalismo em geral. Já no Sudeste Asiático, muçulmanos que expressam ódio por Israel muito raramente têm alguma ideia de como Israel de fato é: esse ódio é apenas uma maneira de demonstrar solidariedade islâmica. E, permeando todos esses pontos de vista, há uma grande dose de desinformação, absurdos históricos e velhos preconceitos contra judeus, árabes ou ambos; tudo isso tem a lamentável consequência de desmerecer as críticas genuínas a Israel e a seus vizinhos.

No próprio Oriente Médio, o ódio a Israel é uma maneira conveniente de que os governos dispõem para desviar a atenção de seus próprios problemas internos. Logo após a Segunda Guerra Mundial, as pessoas em toda essa região esperavam o nascimento de um admirável mundo novo. Elas estavam felizes por se livrar do jugo do colonialismo, alimentavam sonhos de uma unidade árabe e se decepcionaram ao ver que as batalhas que haviam travado — por liberdade, direitos civis, melhores condições de vida e visões de utopia — teriam de voltar a ser travadas inúmeras vezes. Em todos esses países, tal como em Israel, a vida foi uma guerra perpétua.

O conflito árabe-israelense foi apenas uma guerra entre muitas: além dela, houve a Revolução Iraniana, a Guerra Civil do Líbano, a Guerra Irã-Iraque, a invasão do Kuwait pelo Iraque, a Primavera Árabe, a Guerra Civil Síria e várias guerras no Iêmen, para citar apenas alguns exemplos.

Se ao menos pudessem enxergar para além de suas diferenças, judeus e árabes compreenderiam que têm muito em comum. Ambos quase sempre foram desrespeitados e tratados como inferiores pelas nações mais poderosas do mundo, que os viam como incapazes de tomar as rédeas do próprio destino. Antes da Segunda Guerra Mundial, eles foram jogados uns contra os outros pelos britânicos; depois dela, suas rivalidades foram instigadas pelas superpotências. Todos os países na região foram forçados a lutar pela independência, e todos passaram grande parte do pós-guerra tentando construir novas instituições e novas formas de governo, resistindo ao mesmo tempo a tentativas do mundo exterior de interferir em seus assuntos internos.

É fácil para o resto do mundo observar à distância e condenar um lado ou outro, mas nós também somos parte do problema. Ao nos entregarmos a uma narrativa de heróis e vilões, monstros e mártires, perpetuamos uma visão de mundo em que é impossível ser um indivíduo comum, imperfeito. Somos todos obrigados a lutar, como os personagens nos livros de Aharon Appelfeld, para encontrar algum modo de seguir vivendo, mesmo com dificuldade. Este é o caso de todas as nações do Oriente Médio — talvez de todas as nações do mundo —, mas particularmente o de Israel, cuja história sempre o leva de volta à Segunda Guerra Mundial.

20. Nacionalismo europeu

SE UMA NAÇÃO NÃO É NADA senão uma comunidade imaginária, o que nos impede de reimaginá-la? Em vez de mostrar lealdade somente àqueles que vivem em nosso grupo, ou nosso país, não poderíamos nos alinhar com toda a humanidade? No pós-guerra, esse foi o argumento do Movimento Federalista Mundial. Ativistas como Garry Davis e Cord Meyer e pensadores influentes como Emery Reves e Albert Einstein sugeriram que por um mero ato da imaginação a paz mundial poderia finalmente tornar-se uma realidade. Tudo que precisávamos fazer era abandonar nosso apego emocional a Estados-nações e começar a tratar a humanidade como um todo unificado.

Como vimos, porém, poucas partes do mundo gostaram dessa nova ideia. Para as superpotências, parecia não haver razão para abandonar o nacionalismo: ele lhes servira bem durante toda a guerra e lhes dera a vitória. Em países como a Indonésia, o Quênia e a Venezuela, as pessoas começaram a abraçar ativamente o nacionalismo em 1945 como uma nova força na luta pela liberdade e a democracia. Enquanto isso, em Israel, o sionismo era promovido como a única maneira de salvar os judeus remanescentes do antissemitismo universal. No mundo inteiro, a ideia do Estado-nação parecia ter sido fortalecida pela guerra — e não enfraquecida.

Se houve uma possível exceção a essa regra, foi a Europa, a única região do mundo em que um número substancial de pessoas apoiou ativamente a ideia de abandonar o nacionalismo como um ideal. Elas tinham testemunhado em primeira mão a devastação que o nacionalismo era capaz de causar se lhe permitissem escapar ao controle; e, por isso mesmo, muitas ansiavam por uma ideologia que as libertasse do ciclo interminável de guerras que tinha arruinado o continente durante séculos.

Assim, foi na Europa e não em nenhuma outra parte do mundo que esse sonho primeiro se enraizou. A ideia do que viria a se tornar conhecido como o "projeto europeu" era muito mais viável que a do federalismo mundial. Diferentemente de seu primo mais amplo, o projeto europeu nunca teve de se debater com a hipótese de incluir a União Soviética. Ele também teve a oportunidade de começar como um movimento pequeno — apenas um punhado de países — e crescer com o tempo. Foi por isso muito mais bem-sucedido do que o federalismo jamais foi: ao longo das décadas seguintes, daria origem à maior e mais poderosa organização supranacional do mundo.

Um dos principais arquitetos desse sonho de uma Europa federalista foi um jornalista italiano chamado Altiero Spinelli. Sua história é muito conhecida na Europa, mas, como se situa no cerne do que o continente viria a se tornar nas décadas posteriores à guerra, merece ser brevemente recontada aqui.[1]

No início da Segunda Guerra Mundial, Spinelli era um prisioneiro político na ilha de Ventotene, quarenta quilômetros ao largo da costa da Itália. Ele havia sido preso no final dos anos 1920 por conspirar contra o regime fascista de Mussolini, e passara os últimos doze anos em várias prisões e campos de detenção sem nada para fazer além de ler sobre filosofia política e imaginar novos esquemas e programas para a libertação da humanidade.

Em 1941, ele e um outro prisioneiro, Ernesto Rossi, começaram a delinear um projeto para uma nova Europa. Eles previram que a guerra seria vencida pelos Aliados, mas que isso não teria serventia se nada fosse feito para mudar a estrutura política do continente. "A população [...] não sabe exatamente o que quer ou como agir", escreveram eles. "Mil sinos ressoam em seus ouvidos. Com seus milhões de mentes, ela não consegue se orientar, e acaba se fragmentando em várias tendências, correntes e facções, todas lutando entre si." Spinelli e Rossi acreditavam que, a menos que encontrassem uma nova causa para se unir após a guerra, os europeus iriam inevitavelmente recair em suas velhas rivalidades e ciúmes, e seria apenas uma questão de tempo antes que toda a Europa fosse mais uma vez consumida pelo conflito.[2]

A chave para pôr fim a esse ciclo vicioso, segundo eles, era dar às pessoas um objetivo superior ao qual aspirar. Fora o nacionalismo que permitira que os europeus fossem explorados, divididos, conquistados e, por fim, jogados uns contra os outros. De fato, o Estado-nação era "o inimigo fundamental da liberdade". Assim, a única maneira de pôr fim tanto à guerra quanto a outras formas de exploração era retirando o poder de governos individuais e criando um organismo separado, superior. Se isso fosse factível, a guerra poderia ser transformada numa coisa do passado, e a Europa poderia finalmente se tornar "livre e unida".[3]

Eles escreveram seu manifesto em papel de cigarro — era difícil encontrar papel para escrever durante a guerra, sobretudo num campo de detenção — e o contrabandearam para a península na bolsa da mulher de outro preso. Em 1943, quando os Aliados invadiram o sul da Itália, Spinelli foi enfim libertado. Começou imediatamente a disseminar seu manifesto entre os movimentos de Resistência tanto na Itália quanto em outras partes da Europa. Mas o progresso foi lento. Já em 1945 ficou claro que sua visão da Europa não se materializaria da forma como ele havia esperado, de maneira espontânea, seguindo a onda revolucionária de otimismo no pós-guerra, nem seria implementada metodicamente pelos Aliados após uma conferência de paz. Os Aliados na Europa ocidental não estavam interessados em novas ideias políticas após a guerra — tudo que desejavam era manter a lei e a ordem.

Assim, Spinelli foi obrigado a rever seus planos. Em vez de criar de imediato uma nova Europa federalista, ele e seus camaradas teriam de fazer isso do jeito difícil, por meio de negociações e acordos. Ao longo dos quarenta anos seguintes ele faria uma campanha incansável à medida que tratados internacionais eram negociados cláusula por cláusula. Embora fosse um comunista de coração, Spinelli não tinha nenhum escrúpulo em trabalhar com socialistas, liberais e democratas cristãos; na verdade, não acreditava mais na divisão ideológica entre esquerda e direita. Para ele, a única divisão

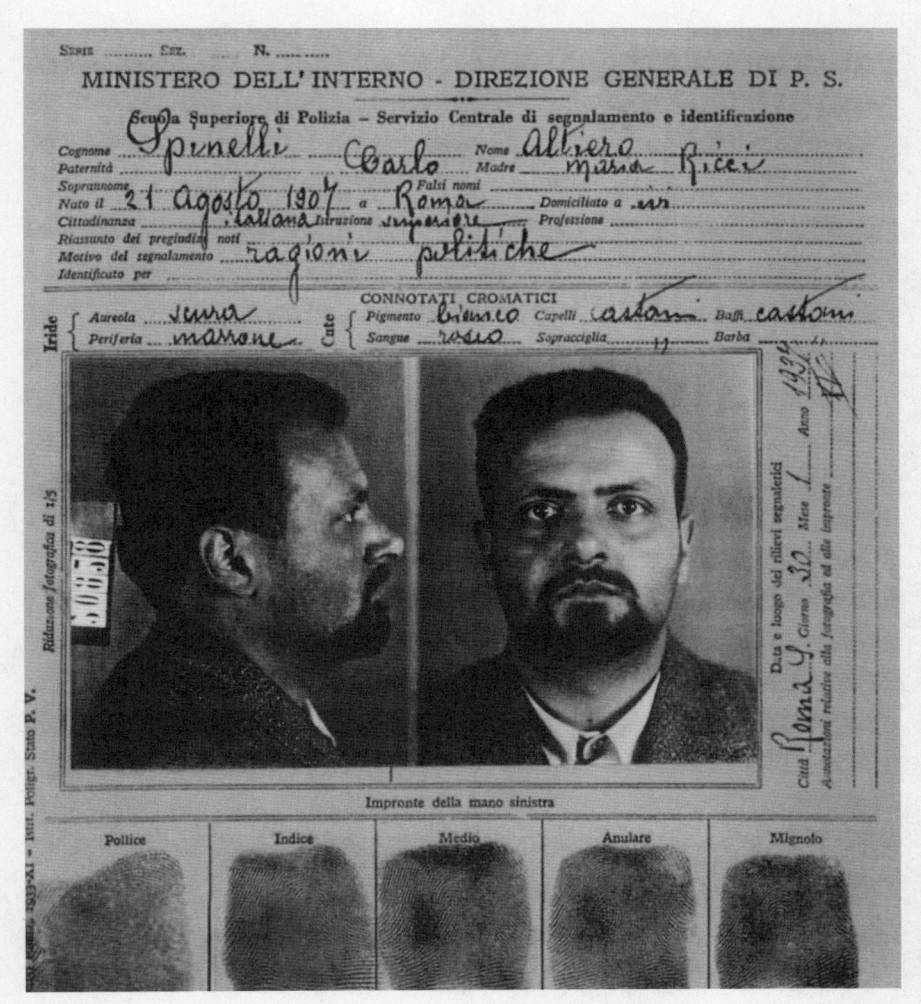

Ficha de Altiero Spinelli na prisão, em 1937, após sua detenção por razões políticas.

verdadeira era entre aqueles que ainda defendiam o nacionalismo e aqueles que se dispunham a depositar sua fé num Estado supranacional.

O primeiro grande avanço veio em 1951, com a criação da Comunidade Europeia do Carvão e do Aço. Seis anos depois, com o Tratado de Roma, foi criada a Comunidade Econômica Europeia — um mercado comum e união aduaneira entre Bélgica, França, Itália, Luxemburgo, Países Baixos

O sonho europeu: cartaz de Reijn
Dirksen de 1950, originalmente criado
para promover o Plano Marshall.

e Alemanha Ocidental. Gradualmente expandida, ela passou a incluir a
Dinamarca, a Irlanda e o Reino Unido em 1973, a Grécia em 1981, e Portugal
e Espanha em 1986. Sempre se supôs que o objetivo final fosse a plena integração entre os Estados: não só do ponto de vista econômico, mas também
com uma única legislatura e uma política externa unificada.

Em 1979, pela primeira vez, pessoas em toda a Europa participaram
de eleições diretas para o Parlamento Europeu, e Spinelli foi eleito para
representar a Itália central. Ele usou sua nova posição para defender a ideia
da abertura de fronteiras sem controle de passaportes, e foi fundamental

para persuadir o Parlamento Europeu a votar o passo seguinte no processo — a plena união europeia.

Spinelli morreu em 1986, apenas alguns meses depois de o Ato Único Europeu ter sido assinado em Haia. Ele não viveu para ver a queda do Muro de Berlim e a subsequente corrida de países da Europa oriental para ingressar na União Europeia (UE). Não testemunhou o Tratado de Maastricht e a criação da Moeda Europeia Única; ou o Tratado de Lisboa, que fortaleceu o papel do Parlamento Europeu. Mas é lembrado hoje como o homem sem o qual nada disso teria acontecido. Em 1993, em reconhecimento a suas realizações, o maior edifício do complexo do Parlamento Europeu em Bruxelas foi batizado com seu nome.

A sobrevivência do nacionalismo

A União Europeia é provavelmente a instituição supranacional mais bem-sucedida do mundo, e a única a ter arrancado um grau significativo de soberania de seus Estados-membros. Ela deve isso à Segunda Guerra Mundial. A destruição e a perda de vidas no continente haviam sido tão grandes que seus estadistas se tornaram muito mais abertos a ideias de visionários como Spinelli, dispondo-se a compartilhar sua soberania de uma forma que teria sido impensável em outras partes do mundo.

Na superfície, essa fusão parece ter sido muito bem-sucedida: em 2012, a UE recebeu o prêmio Nobel da paz pela maneira como havia transformado a Europa "de um continente de guerra em um continente de paz".[4] Qualquer pessoa que tenha vivido durante a segunda metade do século XX sabe que, longe de estarem em paz, as duas metades da Europa viviam sob a ameaça quase constante de uma Terceira Guerra Mundial. O conflito foi evitado não pela criação da UE ou de seus precursores, mas pela perspectiva de destruição mutuamente assegurada. Assim, muitos historiadores afirmam que não foi a UE que manteve a paz na Europa, mas o pacto de defesa ocidental mais amplo estabelecido com a formação da Otan.[5]

O segundo problema é a ideia de que toda a Europa estava unida na ambição de erradicar os Estados nacionais. Para todos aqueles que aplaudiam a fusão de nações, havia muitos outros que achavam a ideia profundamente incômoda. Eles haviam lutado na Segunda Guerra não por um ideal internacionalista, mas para libertar seus países do nazismo. O que importava para eles era sua própria independência — e, nesse aspecto, não eram muito diferentes das pessoas na Indonésia ou no Quênia após 1945. A ideia de que deveriam agora voluntariamente ceder a soberania, tendo lutado de maneira tão árdua por ela, parecia absurda: seria necessário muito mais que um manifesto escrito em papel de cigarro para fazê-los rejeitar as ideias que os haviam sustentado durante os momentos mais sombrios da guerra.

A verdade é que, se fortaleceu a ideia do Estado-nação ao redor do mundo, a Segunda Guerra Mundial teve o mesmo efeito na Europa. A vitoriosa Grã-Bretanha, assim como as superpotências, não via nenhuma razão para compartilhar sua soberania com ninguém, e foi cética em relação ao sonho europeu desde o princípio: já em 1951, recusou-se a ingressar na Comunidade Europeia do Carvão e do Aço. Os franceses, que tentavam de todas as formas restaurar o orgulho nacional após a guerra, revelaram-se com frequência igualmente céticos, e por vezes tiveram de ser coagidos a cooperar pelos americanos, que ameaçaram retirar sua promessa de auxílio financeiro caso eles não mostrassem uma atitude mais colaborativa.[6] Nem mesmo os italianos aderiram aos apelos de Spinelli. Os da direita continuavam a considerar a nação seu mais elevado ideal; e os da esquerda viam o internacionalismo como algo que só ocorreria depois que os comunistas tivessem tomado o poder em todo o continente: a visão de Spinelli não satisfazia nenhum desses dois grupos. A história foi em grande parte a mesma em outros lugares da Europa.

Altiero Spinelli não precisou esperar muito para se deparar com seu primeiro grande revés. Em 1954, ele e outros eurófilos vinham defendendo a criação de um exército europeu coletivo, mas, embora o plano tenha sido admitido em princípio, o parlamento francês se recusou a ratificá-lo. Isso aconteceu por uma série de razões, a mais importante das quais era uma lembrança sombria da Segunda Guerra Mundial. Como observou sarcasticamente Charles de Gaulle, "uma vez que a França vitoriosa dispõe de um exército e a Alemanha derrotada não, o melhor é suprimir nosso

Exército".[7] O parlamento francês não podia permitir nada que arriscasse dar ao eleitorado a impressão de que eles estavam permitindo que a Alemanha Ocidental se rearmasse.

Nos anos que se passaram desde então, houve muitas rejeições nacionalistas de planos e tratados europeus, mesmo nos países que abraçaram o projeto de integração europeia de maneira mais entusiástica. Em 1984, o parlamento dinamarquês votou pela rejeição do Ato Único Europeu, e oito anos mais tarde os dinamarqueses também votaram pela rejeição do Tratado de Maastricht. Os britânicos se apressaram a rejeitar a adoção de uma moeda europeia única nos anos 1990, afirmando que a política monetária por trás dela era "uma falcatrua dos alemães com o objetivo de controlar toda a Europa".[8] Em 2005, referendos populares na França e nos Países Baixos rejeitaram uma constituição europeia. Em 2009, a República Tcheca se recusou a assinar o Tratado de Lisboa, mais uma vez por temores nacionalistas relativos às intenções alemãs. Em todas as ocasiões, os eurófilos foram forçados a fazer concessões significativas a cada país envolvido. E, como mostram alguns exemplos, a memória da Segunda Guerra Mundial nunca esteve longe da superfície. Em 2016 os britânicos decretariam a rejeição definitiva do projeto europeu ao votar por abandoná-lo completamente.

Se o nacionalismo nunca desapareceu na Europa ocidental, no Leste Europeu ele nunca foi sequer contestado. Ao contrário do que se observou no Ocidente, os países do Bloco Oriental nunca tiveram a oportunidade de refletir sobre os excessos de seu próprio nacionalismo durante a guerra, porque para muitos a guerra não havia de fato terminado: a ocupação nazista fora apenas substituída em 1945 pela ocupação soviética.[9] Assim, a Ucrânia e os Países Bálticos continuaram travando guerras de libertação nacional até meados dos anos 1950, e a resistência passiva aos soviéticos continuou durante as décadas de 1960, 1970 e 1980. Outras insurreições nacionalistas contra o poder soviético ocorreram na Alemanha Oriental (1953), na Hungria (1956), na Tchecoslováquia (1968) e na Polônia (início dos anos 1980).

Quando a Cortina de Ferro finalmente caiu, no começo da década de 1990, os países europeus orientais acorreram para ingressar na UE; mas isso não significava que desejavam abdicar do nacionalismo. Muito pelo contrário: o ingresso na UE era visto por muitos como um seguro contra qualquer agressão futura à sua recém-conquistada independência de Moscou. Como afirmou o presidente polonês Aleksander Kwaśniewski, o ingresso na UE proporcionaria "segurança à Polônia, a cada cidade, aldeia e família polonesa". O presidente da Letônia chegou a evocar lembranças da Segunda Guerra Mundial, afirmando que o ingresso na UE representava a sentença de morte do pacto nazissoviético de 1939.[10]

Nessa atmosfera, o éthos internacionalista do projeto europeu nunca se enraizou de maneira apropriada. Assim como na Europa ocidental, a ideia de abdicar de parte da soberania recém-conquistada em favor de um organismo mais elevado suscitava desagradáveis lembranças entre os países europeus orientais. Basta considerar alguns dos slogans usados pelos eurocéticos durante as várias campanhas de referendos para ver o quanto certas pessoas temiam o projeto europeu. "Ontem Moscou, amanhã Bruxelas", advertiam conservadores na Polônia; "UE = União Soviética", afirmavam cartazes na Letônia; na República Tcheca, eurocéticos desenharam um símbolo da UE entrelaçado com a foice e o martelo. Além dos soviéticos, os nacionalistas invocaram também os nazistas. Em janeiro de 2016, o semanário polonês *Wprost* estampou em sua capa uma fotografia de página inteira mostrando Angela Merkel como um novo Hitler, cercada por destacadas figuras da UE vestidas em uniformes nazistas. Para aqueles que alimentam esse tipo de pensamento, a UE não é um modelo de democracia e liberdade, mas um lembrete de repressão e escravidão.[11]

O nacionalismo contra-ataca

No eterno debate sobre soberania, nem eurófilos nem eurocéticos agem sempre de maneira inteiramente racional. Sob os argumentos bem elaborados de ambos os lados jazem profundos medos coletivos. Os eurófilos gostam de se apresentar como pessoas otimistas, de mentalidade aberta e receptivas às culturas estrangeiras; mas, por dentro, têm pavor de ser excluídos de um clube e ver-se obrigados a competir entre si — ou até mesmo a lutar entre si. A lembrança da Segunda Guerra Mundial os assombra de tal modo que qualquer sugestão de que a UE poderia se fragmentar é automaticamente recebida com previsões de um retorno à guerra "dentro de uma geração".[12] Os eurocéticos, por sua vez, gostam de se apresentar como libertários que lutam pelos direitos dos indivíduos, mas ao mesmo tempo são movidos pelo temor de ver seus direitos, empregos e liberdades tomados por grupos estrangeiros, e de se diluírem na massa indiferenciada do grupo. Não há nada de novo nesses medos, sintomas universais e atemporais da condição humana. Mas as lembranças da Segunda Guerra Mundial e de suas consequências dão tanto a eurófilos quanto a eurocéticos um foco para onde canalizar esses medos, e em certo sentido compreendê-los.

Talvez a melhor demonstração de como a Segunda Guerra é usada dessa maneira tenha sido dada ao mundo no verão de 2016, quando o Reino Unido realizou um referendo para decidir se continuaria na União Europeia, após uma campanha de 25 anos movida por nacionalistas britânicos para que a questão da Europa figurasse no topo da agenda política. Durante todo esse período, nacionalistas tinham sempre celebrado a vitória na Segunda Guerra Mundial como prova de que a Grã-Bretanha era uma nação de heróis, e de que a Europa retardava seu progresso. Essa narrativa se opunha diretamente aos mitos europeus, que sempre enfatizavam que a guerra era uma tragédia, não um triunfo. Assim, quando chegou o momento de o Reino Unido votar por continuar ou não na União Europeia, essas duas versões da história se enfrentaram diretamente.

De uma hora para outra, a Segunda Guerra Mundial se tornou um tema recorrente no noticiário. Num discurso à nação, por exemplo, o primeiro-ministro David Cameron invocou a imagem dos cemitérios da Segunda Guerra e sugeriu que a paz europeia poderia chegar ao fim se a Grã-Bretanha deixasse a UE.[13] O presidente americano Barack Obama, que visitou o Reino Unido na época, também suplicou que os britânicos votassem por "Ficar", lembrando um tempo em que a Grã-Bretanha e os

Estados Unidos tinham "derramado sangue juntos no campo de batalha".[14] Já os partidários do "Sair" invocaram o "espírito de Dunquerque" em 1940, como se a batalha para escapar da UE fosse comparável à luta para derrotar os nazistas. Nigel Farage, líder do Ukip, o Partido da Independência do Reino Unido, chegou a reproduzir várias vezes a música-tema do filme de guerra *Fugindo do inferno* em seu ônibus de campanha.[15]

Nessa bizarra batalha pelas lembranças culturais britânicas da Segunda Guerra Mundial, todas as nuances se perderam. Um exemplo perfeito do quanto as coisas se tornaram absurdas foi a discussão pública na imprensa sobre qual teria sido o voto de Winston Churchill, o primeiro-ministro britânico durante a guerra, caso estivesse vivo. Os partidários do "Sair" se apressaram a reivindicá-lo como um dos seus, dizendo que eram espíritos como o de Churchill que voltariam a transformar a Grã-Bretanha nos "heróis da Europa". Já os partidários do "Ficar", em sua resposta, ressaltaram que Churchill havia defendido a ideia de um "Estados Unidos da Europa" no pós-guerra. Então os defensores do "Sair" alegaram ter "provas" dos anos 1950 de que Churchill detestara a ideia da integração europeia, e os defensores do "Ficar" rebateram dizendo que ele havia apoiado publicamente a Comunidade Econômica Europeia em 1962. Ninguém parou para pensar que relevância tinha essa discussão, se é que tinha alguma, para a concepção que a Grã-Bretanha devia ter de si mesma no século XXI.[16]

O movimento final e previsível veio quando ambos os lados começaram a comparar uns aos outros com os nazistas. Depois que o Ukip revelou um cartaz de campanha demonizando os imigrantes, partidários do "Ficar" imediatamente o compararam a filmes de propaganda nazista dos anos 1930. Para não ficar atrás, proeminentes defensores do "Sair" compararam seus rivais ao ministro da Propaganda de Hitler, Joseph Goebbels, e seus especialistas econômicos a cientistas nazistas.[17] O ex-prefeito de Londres, Boris Johnson, foi apenas um dos muitos que viraram de cabeça para baixo os mitos de solidariedade no pós-guerra acalentados pela UE, afirmando que todo o projeto europeu não passava de uma encarnação moderna de planos nazistas para uma Europa unida.[18]

O comunismo também foi mencionado, ainda que só depois de terminado o referendo. Quando líderes da UE se encontraram na ilha de Ventotene — local deliberadamente escolhido para suscitar a lembrança de Altiero Spinelli e seu manifesto — na esteira do voto britânico, o *Daily Telegraph* publicou um artigo denunciando Spinelli como um comunista que havia planejado uma conquista "secreta" da Europa. Não houve menção ao fato de Spinelli ter sido um tipo muito incomum de comunista — um comunista que tinha se esquivado do stalinismo desde o início, tomado partido dos Estados Unidos durante a Guerra Fria e passado a vida inteira defendendo os direitos dos indivíduos. Mais uma vez, todas as nuances tinham sido ignoradas.[19]

COMO CIDADÃO BRITÂNICO, vi todos esses eventos se desdobrarem com crescente desespero. O que mais me perturbou foi a atmosfera em que o debate ocorreu. As preocupações sensatas de ambos os lados com relação à democracia, à questão do emprego, à economia e à burocracia da UE foram rapidamente perdidas em meio a um tsunami de exageros e mentiras deslavadas. A mais famosa delas foi propagada pelos partidários do "Sair", e dava conta de que o Brexit, como ficou chamado, pouparia à Grã-Bretanha 350 milhões de libras por semana. Embora tenha sido desmentida pelo Escritório de Estatística do Reino Unido, a informação continuou a ser veiculada em letras grandes nas laterais dos ônibus de campanha. Mas os defensores do "Ficar" também fizeram afirmações emotivas e exageradas, em especial sobre como o voto para sair levaria inevitavelmente a uma nova recessão. Nessa atmosfera, o debate racional tornou-se praticamente impossível.[20]

Meus colegas não ficaram imunes a essa atmosfera. Um grupo deles, formado por 380 dos mais importantes e notórios historiadores do país, escreveu uma carta aberta à nação em que também invocavam a lembrança da Segunda Guerra Mundial. Ao deixar a União Europeia, advertiram eles, a Grã-Bretanha estimularia outras nações a chantagear o restante da Europa em busca de objetivos egoístas. O separatismo inevitavelmente cresceria — não só em âmbito nacional, mas também regional, em lugares

como a Escócia e a Catalunha —, e todo o continente seria desestabili-
zado. "Tendo em vista os perigos que enfrenta hoje, a Europa não pode se
permitir esse tipo de estilhaçamento, e com ele os perigos da rivalidade
nacional e da insegurança que atormentaram a história do continente antes de 1945."[21] Durante algum tempo, pensei em me aliar a esse grupo. Eu
acreditava apaixonadamente que a Grã-Bretanha devia permanecer na UE,
apesar de seus defeitos, mas preferi manter distância porque o tom maniqueísta da carta ia contra tudo que sempre defendi: a mensagem que eles
vendiam era uma das principais razões pelas quais a campanha do "Ficar"
se tornara amplamente conhecida como "projeto do medo".

Em 23 de junho de 2016, o Reino Unido votou para sair da UE por
uma margem de cerca de 52% a 48%. Nos dias seguintes, experimentei
uma ampla gama de emoções: choque, incredulidade, decepção, pavor. Eu
havia enfim sucumbido ao fervor que parecia ter se apoderado de todos
no país durante meses, e passei muitas horas reclamando com amigos e
vizinhos do quanto meus compatriotas eram tolos — mas, como a maioria de meus amigos e vizinhos também tinham votado para "Ficar", eles
também estavam em choque. Uma profunda sensação de ruína se instalou
entre nós. Eu me repreendi por não ter me aliado ao grupo de historiadores
pró-UE — não porque fosse bobo o bastante para acreditar que isso teria
feito alguma diferença, mas por vergonha de não ter empreendido todos
os esforços para evitar o que via como um desastre.

Foi somente após alguns dias que consegui me recompor. Eu disse a
mim mesmo que estava agindo de maneira tola. Como historiador, sei que
as marés da história raramente viram num único momento como esse.
Sei também que é impossível antever o futuro: a história está repleta de
previsões sinistras que nunca chegam a ocorrer, e de previsões igualmente
malfadadas de paz e harmonia. Não havia nenhuma razão para supor que
os eurocéticos não estavam certos: talvez, afinal de contas, a Grã-Bretanha
e a Europa caminhassem melhor separadas. Sentei-me e fiz algo que devia
ter feito semanas antes — peguei caneta e papel e tentei compilar uma lista
de fatos concretos sobre os prós e os contras da saída da UE. Rapidamente
me dei conta de que a tarefa era impossível. Sem saber como seria a futura

relação com a Europa, não havia como avaliar se ela tendia a ser pior ou melhor do que aquilo que a Grã-Bretanha estava jogando fora.

Assim, o que havia me instigado a reagir de maneira tão veemente? Fora uma ideia exagerada da importância da Grã-Bretanha? Eu realmente acreditava que todo o edifício europeu poderia desmoronar sem meu país? Ou estava apenas reagindo de forma tardia aos meses de divisão e inimizade que tinha acabado de viver, e imaginando essas cisões em escala maior?

Cada vez mais meus pensamentos me levavam de volta tanto para 1945 quanto para a carta redigida por meus colegas historiadores pró-UE. Por fim me dei conta de que o problema não era o Brexit em si: as ideias que ele representava é que haviam me deixado apreensivo. O contexto do voto era tão importante quanto o próprio voto. Nos anos anteriores ao referendo, eu havia testemunhado uma crise econômica, a ascensão do populismo radical em toda a Europa, uma Rússia ressurgente flexionando seus músculos geopolíticos e a impotência cada vez maior de instituições internacionais como a ONU e a UE. Um historiador precisaria estar cego para não ver os paralelos entre esses eventos e os que levaram à Segunda Guerra Mundial. Em comparação com esse desenlace, o voto por "Sair" não foi assim tão ruim; mas, como reverteu uma política estabelecida no Reino Unido por quase cinquenta anos, também pareceu um passo atrás rumo ao passado.

Nesse contexto, talvez não espante que eu tenha reagido mal. Embora se esforcem por manter um distanciamento racional, os historiadores são criaturas emotivas como quaisquer outras.

O abuso da história

Uma coisa é ser afetado por eventos que nos lembram o passado, outra muito diferente é evocar deliberadamente o passado com o objetivo de influenciar as reações de outros. Tirar proveito dos símbolos da Segunda Guerra Mundial para fins políticos não é algo exclusivo da Grã-Bretanha.

Ao longo de todo este livro esbocei muitos exemplos de como a memória da guerra foi manipulada para servir a fins dúbios, mas agora quero dar um exemplo que demonstra o quanto esse processo é insidioso e para onde está nos levando. Ele não tem quase nada a ver com a União Europeia, exceto pelo fato de ilustrar como os objetivos da UE parecem irrelevantes para a maioria dos nacionalistas.

Em 2008, o governo polonês ordenou a construção de um novo museu dedicado à Segunda Guerra Mundial. Designaram um professor de história para dirigi-lo, e instruíram-no a criar uma exposição que tivesse em seu centro a experiência polonesa da guerra. E com muita razão: embora a Polônia tivesse sido o principal campo de batalha da Segunda Guerra Mundial na Europa, as perspectivas de seu povo nunca tiveram a proeminência que merecem numa história geralmente dominada por narrativas soviéticas, americanas e britânicas.

O homem nomeado para dirigir o museu, Paweł Machcewicz, era um polonês orgulhoso; mas, antes disso, um historiador orgulhoso. Ele sabia que, para que o museu proposto tivesse sentido, não podia concentrar-se exclusivamente na experiência polonesa — afinal, o tema era a guerra *mundial*, não uma guerra polonesa. Assim, propôs um conceito bem semelhante à abordagem que tentei adotar neste livro: ele usaria a experiência de civis poloneses durante a guerra como um microcosmo de algo muito maior, e a cada passo compararia e contrastaria eventos na Polônia com eventos em outras partes da Europa e do mundo. A perspectiva polonesa permaneceria no centro da exposição, mas ele queria assegurar que pessoas do mundo inteiro pudessem visitar o museu e reconhecer sua própria experiência da guerra. A fim de alcançar esse objetivo, Machcewicz reuniu um comitê de historiadores não só da Polônia, mas também de instituições em países como EUA, Rússia, Grã-Bretanha, França, Alemanha e Israel. O governo polonês, diga-se a seu favor, apoiou incondicionalmente o projeto.[22]

Em 2015, no entanto, um novo governo foi eleito. De inspiração nacionalista radical, o Partido Lei e Justiça havia chegado ao poder retratando a Polônia como uma nobre vítima acossada por inimigos passados e presentes. No contexto desse novo governo, o novo ministro da Cultura, Piotr

Gliński, queria que a exposição refletisse a visão de mundo de seu partido, com uma ênfase maior no heroísmo e no martírio da nação durante a guerra. O museu, disse ele, "não era suficientemente polonês".

No outono de 2016, apenas alguns meses antes da abertura prevista do museu, Piotr Gliński anunciou que ele seria fundido com um museu alternativo dedicado ao desditoso heroísmo das tropas polonesas durante a Batalha de Westerplatte, em 1939. A fusão era uma óbvia artimanha: como o Museu de Westerplatte não existia sequer no papel, tratava-se apenas de uma desculpa para criar uma nova instituição, de modo que Gliński pudesse demitir Machcewicz e sua equipe e jogar por terra oito anos de trabalho. Nos dias seguintes, dezenas de historiadores do mundo todo, inclusive eu, escreveram a Gliński pedindo que reconsiderasse sua decisão. Em seguida o ombudsman polonês questionou a legalidade da fusão, e o assunto foi parar nos tribunais.

Visitei a exposição em 22 de janeiro de 2017, como parte de um grupo seleto de historiadores e jornalistas. Machcewicz e sua equipe optaram por fazer uma apresentação preliminar de seu trabalho para nós nesse dia porque não sabiam ao certo se viriam a ter oportunidade de voltar a fazê--lo: a Suprema Corte polonesa provavelmente daria seu veredicto sobre a possível fusão no dia seguinte. Foi um momento de emoção pungente para todos, à beira do insuportável. Não só a exposição era ela própria uma experiência muito comovente — jamais vi num museu um antídoto tão forte contra a ideia de que a guerra é gloriosa —, como a incerteza acerca de seu futuro só aumentava a emoção.

No dia seguinte à minha visita, a Suprema Corte respaldou a decisão do governo de mudar o foco do museu, mas, pouco tempo depois, Paweł Machcewicz conseguiu uma suspensão temporária da sentença em outro tribunal. No momento em que escrevo, ainda não foi decidido se ele poderá manter seu cargo e se a exposição que montou com sua equipe será adulterada para se adequar às ideias estreitas de um pequeno segmento do espectro político polonês.

O que essa passagem demonstra, tanto quanto a discussão sobre o Brexit, é que a história importa: como disse o romancista George Orwell em 1949, "quem controla o passado controla o futuro". Além disso, sendo a pedra fundamental da cultura europeia do pós-guerra, é a história da Segunda Guerra Mundial que mais importa. Políticos em todo o continente sabem instintivamente que quem quer que controle nossa compreensão da guerra controlará um poderoso instrumento político.

Historiadores como Paweł Machcewicz tentaram apresentar a guerra como uma experiência coletiva, uma tragédia global que afetou diferentes partes do mundo de diferentes maneiras, mas que não obstante afetou a todos. Trata-se de uma visão inclusiva da história, compartilhada e promovida por instituições como a União Europeia, que dá espaço para a contemplação do fato de que ninguém sai inteiramente ileso ou impoluto de uma guerra mundial. Já os nacionalistas radicais desejam apenas realçar o sofrimento e o heroísmo de uma pequena fatia do todo, como se apenas a sua experiência importasse. Eles culpam os estrangeiros e promovem uma narrativa mitológica para sustentar a sacralidade da nação. Segundo essa concepção de mundo, a nação é o único grupo que importa. Por amor à unidade nacional, o quadro mais amplo é alegremente sacrificado, bem como as oportunidades de reconciliação entre velhos inimigos.

O que esses ideólogos muitas vezes não conseguem enxergar é que essa "unidade nacional" não passa ela própria de um mito. A Polônia não fala com uma única voz, como tampouco a Grã-Bretanha, a França ou qualquer outra nação europeia. A única coisa que lhes permite conceberem-se como uma comunidade única é uma certa flexibilidade no que define um polonês, um britânico ou um francês. Qualquer tentativa de impor um ponto de vista único conduzirá necessariamente a conflitos.

Aqui reside um perigo, porque, se uma nação não é nada senão uma comunidade imaginária, ela pode ser reimaginada — não somente como um grupo maior, como a UE, mas também como uma sucessão de grupos menores, separados do todo. Como escreveu Altiero Spinelli em seu manifesto de Ventotene, quando mil sinos ressoam nos ouvidos das pessoas da Europa, o que as impedirá de se fragmentar em "tendências, correntes e facções, todas lutando entre si?".

Hoje, como em 1945, não é só a Europa que está perigosamente dividida, mas também nações como a Grã-Bretanha e a Polônia. A Segunda Guerra Mundial, que outrora inspirou as nações da Europa a se unirem, tornou-se hoje igualmente uma inspiração para nacionalistas e separatistas regionais — e na verdade qualquer indivíduo com algum interesse pessoal. Após mais de setenta anos, o projeto europeu do pós-guerra enfim começou a se fragmentar.

PARTE VI

Dez mil fragmentos

21. Trauma

Na última seção explorei alguns dos ideais e sonhos que inspiraram nações a se separar de impérios e outros organismos supranacionais, num processo com frequência violento. Muitas colônias não só tiveram de lutar pela independência como em seguida sofreram com a guerra civil, quando grupos com diferentes ideologias começaram a lutar pelo controle do governo. E, ainda assim, para aqueles que vivem nesses países hoje, está claro que o esforço valeu a pena. Vale a pena, dizem eles, lutar pela liberdade.

Mas o que acontece quando a separação entre os povos não se dá por sua escolha? Quando é realizada contra sua vontade? Na esteira da Segunda Guerra Mundial, não foram apenas impérios que se desuniram, mas também nações, comunidades e famílias, e essa separação com frequência não foi *buscada*, mas *imposta*.

Um país que sofreu mais do que a maioria nesse aspecto foi a Coreia. Colonizada pelo Japão antes da Segunda Guerra Mundial e cruelmente explorada, a Coreia foi enfim libertada pelos Aliados em 1945. Mas isso não trouxe paz. O país foi dividido entre seus libertadores — os soviéticos no norte e os americanos no sul —, cujas ideias contrastantes acabariam por cindir a nação de modo violento e permanente.

Quando jovem, Choi Myeong-sun testemunhou muitos desses acontecimentos, e sofreu suas próprias divisões. Sua história é emblemática do que significava sentir-se impotente diante das forças desumanas que exploravam e dividiam seu país.

CHOI NASCEU EM 1926, num subúrbio pobre de Seul. Mesmo antes da Segunda Guerra Mundial, ela cresceu na presença de um pavor indefinível. Quando tinha oito ou nove anos, sua irmã mais velha, que era muito bonita, desapareceu de repente. Durante os dois ou três anos seguintes ninguém soube o que havia acontecido, e a mãe de Choi passava os dias chorando. Então, um dia, sua irmã reapareceu. Estava com um aspecto terrível, "parecia uma mendiga [...] só ossos". Ninguém disse a Choi o que tinha acontecido, mas ela sabia que a polícia japonesa estava envolvida de alguma maneira e entreouviu vizinhos dizendo que era o destino de qualquer mulher bonita "suportar o infortúnio". Durante os meses seguintes Choi viu a irmã se consumir por causa de uma doença misteriosa, e morrer em um ano.[1]

Quando veio a Segunda Guerra Mundial, o resto da família começou a se desintegrar, como Choi lembrou mais tarde:

> Eu era particularmente chegada a meu segundo irmão, mas ele foi convocado para as Forças Armadas quando tinha cerca de vinte anos. Pouco depois meu irmão mais velho se mudou com a mulher e a família para a Manchúria em busca de trabalho, e fui deixada sozinha com meus pais. Senti muita falta do meu segundo irmão, embora ele nos escrevesse de Hiroshima. Eu estava pouco a pouco ficando cada vez mais farta da pobreza.

Em janeiro de 1945, Choi e a mãe estavam vivendo sozinhas, tendo somente a renda da mãe para sustentá-las.

Um dia, um funcionário do Centro Comunitário do Bairro aproximou-se de Choi e lhe perguntou se consideraria trabalhar no Japão. Se ela ficasse na Coreia, disse ele, corria o risco de ser convocada para o Corpo de Voluntárias — um programa japonês que obrigava mulheres coreanas a trabalhar sem remuneração em indústrias de guerra essenciais. Mas, se fosse para o Japão por vontade própria, teria um bom emprego, com um bom salário.

Choi pensou sobre a oferta durante alguns dias, e, quanto mais pensava, mais gostava da ideia. Ela queria contribuir para as finanças da família; e, se fosse para o Japão, talvez até conseguisse ver o irmão. Contou à mãe o que o funcionário lhe havia dito, mas a mãe suplicou-lhe que não fosse. Parecia estar com medo de alguma coisa, mas não disse o quê. No fim das contas, Choi decidiu ignorar as apreensões da mãe. No dia seguinte, enquanto ela estava fora trabalhando, arrumou uma pequena mala e se dirigiu ao Centro Comunitário do Bairro. Vinte e quatro horas depois estava num navio com destino ao Japão.

O emprego não era de maneira alguma o que ela havia esperado. Choi não foi levada para uma fábrica ou escritório, mas para a casa de um oficial militar de alta patente. A princípio não compreendeu quais seriam suas obrigações, uma vez que a família já dispunha de criada e cozinheira. Levaram-na para um quarto, alimentaram-na e disseram-lhe para esperar. Sua função só ficou clara para ela naquela noite, quando o militar veio ao quarto e estuprou-a. Ao que parece, sua esposa estava doente e acamada. Choi tinha sido trazida exclusivamente para satisfazer suas necessidades sexuais.

Quase todas as noites, ao longo dos dois meses seguintes, Choi foi obrigada ao mesmo suplício. Durante o dia, enquanto o oficial estava no trabalho, passava longas horas com a família dele, suplicando que a deixassem ir embora. Apelava diretamente à esposa do homem, dizendo que ele a amaria mais se não houvesse uma concubina na casa. "Por cerca de dois meses, não parei de importuná-los, e a mulher começou a ficar farta de mim. Tornou-se maldosa, mas continuei a importuná-la da manhã à noite."

Por fim a mulher do oficial pareceu ceder e disse a Choi para arrumar sua mala. Contentíssima, ela juntou seus pertences e seguiu o filho do oficial até uma estação, onde foi entregue a dois homens estranhos. Ela pensou que a levariam para um navio com destino a seu país, mas na verdade foi levada para um bordel militar. Fora traída mais uma vez. Durante os cinco meses seguintes Choi foi forçada a suportar o que descreveu como um "inferno em vida". Vivia numa pequena cela numa espécie de armazém, sob guarda armada. Era obrigada a servir a até vinte soldados por dia, e com frequência muito mais, e eles tinham permissão para tratá-la como desejassem. Seu único contato humano era com os homens a quem servia, os guardas e as japonesas que por vezes traziam comida. Embora houvesse outras mulheres no bordel, nunca lhe foi permitido falar com elas: eram mantidas em quartos separados e permaneciam em silêncio nas raras ocasiões em que se encontravam, por medo de punições. Choi recordou:

> Como eu não fazia o que mandavam, era surrada com frequência. Acabava desmaiando, e, quando isso acontecia, me davam injeções para me reanimar. [...] Eu estava sempre apanhando porque me deitava e cobria o rosto com a saia, porque não os chupava quando me mandavam, porque falava coreano e não japonês, e assim por diante. Batiam-me tanto que eu parecia perder toda a energia. Simplesmente ficava deitada ali, como um cadáver, com os olhos abertos, mas sem me concentrar em nada.

Por fim, os meses de abuso contínuo cobraram seu preço. Sua vagina ficou em carne viva e inchada e começou a cheirar mal, mas apesar disso ela ainda era obrigada a trabalhar. Um médico foi vê-la e lhe deu vários comprimidos e injeções, mas ela continuou a piorar. Com o tempo, ficou tão doente que já não tinha mais utilidade para o bordel. Finalmente foi posta num navio e enviada de volta para a Coreia.

Choi desembarcou em Seul em julho, tão sem dinheiro quanto um mendigo, e tão doente que mal podia andar. Quando enfim chegou em casa, aos tropeços, a mãe só chorou. Nunca perguntou onde a filha havia estado, mas parecia saber tudo. Chorava sem parar e gritava que as filhas haviam sido arruinadas da mesma maneira. Choi foi enviada ao hospital, onde se descobriu que havia estado grávida, mas o bebê morrera. A razão pela qual estava tão doente era que o feto estava apodrecendo dentro dela.

Naquele verão a Coreia foi libertada dos japoneses. Enquanto o país lutava para se reerguer, Choi fazia o mesmo. Ela se casou com um vizinho e deu-lhe um filho; mas ele logo começou a surrá-la e por fim a expulsou de casa, dizendo que contraíra sífilis dela. Mais tarde ela se casou de novo, e teve outros quatro filhos, mas as circunstâncias de sua família nunca foram felizes:

Quando fiz trinta anos, comecei a me sentir inquieta e mentalmente confusa. De repente, do nada, eu odiava meu marido, meu sangue fervia e eu tinha um ataque, gritava para ele ir embora. [...] Eu ficava assustada ao encontrar pessoas e estremecia ao ouvir qualquer ruído alto. Passei trinta anos dentro de casa, andando de gatinhas.

Ela não tinha coragem de falar com ninguém sobre seu passado, com medo do que pensariam dela e de seus filhos.

Em meados dos anos 1980, Choi Myeong-sun estava morando com o filho mais velho, que tinha agora mais de quarenta anos. O estado mental dele havia se deteriorado subitamente, e ele fora admitido num hospital psiquiátrico para a realização de exames. Choi, que só recentemente reaprendera a andar ereta, foi chamada pelos médicos do filho. Eles lhe perguntaram se ela alguma vez havia tido sífilis: seu filho, ao que parecia, contraíra a doença no útero, e agora a bactéria estava afetando seu cérebro. Ela apenas abaixou a cabeça e chorou, incapaz de falar.

SEGUNDO A TEORIA PSICANALÍTICA, a mente humana simplesmente não está equipada para lidar com o tipo de trauma que Choi Myeong-sun foi forçada a suportar. A reação normal a uma grave ameaça é fugir ou lutar, mas, quando somos impedidos de fazê-lo — quando nos vemos indefesos diante da possibilidade de estupro ou tortura —, nossa mente é inundada por medo existencial. A experiência perturba os processos delicados pelos quais a mente normalmente se autorregula. Os escudos mentais que nos protegem de estímulos excessivos em nosso dia a dia de repente desmoronam. A maneira cuidadosa como demos sentido à nossa vida até então, como equilibramos a razão contra os desejos inconscientes, ou arquivamos nossas lembranças do que é bom e do que é mau — de repente, em face da ameaça, tudo isso deixa de ter sentido.[2]

Às vezes um trauma como esse pode ter efeitos severos, de longo prazo, sobretudo se for prolongado ou repetido, como no caso de Choi Myeong-sun. Os sobreviventes perdem a capacidade de distinguir entre o que é real e o que é lembrado, o que é passado e o que é presente — sofrem flashbacks em que experimentam sensações reais, como se o trauma estivesse acontecendo novamente. Nos piores casos, podem sofrer um profundo colapso da personalidade e se tornar incapazes.

Choi Myeong-sun experimentou muitos dos sintomas clássicos do que hoje é comumente conhecido como transtorno de estresse pós-traumático. Depois de voltar do Japão, ela não falou sobre o que tinha acontecido durante décadas — em parte, podemos suspeitar, porque não suportava encarar o horror de tudo aquilo, mas também porque não podia confiar que alguém fosse entender. Sua incapacidade de encarar o mundo exterior se manifestou numa severa agorafobia. Todas as suas relações estavam envenenadas pelo seu passado. Ela tentou aplacar a dor com tranquilizantes, e se tornou adicta deles, mas, como isso não bastava, tornou-se agressiva consigo mesma. Passou anos numa relação abusiva com o marido porque isso era tudo que pensava merecer, e os sintomas psicossomáticos que desenvolveu a mantiveram literalmente de gatinhas durante décadas. Era uma manifestação do que Anna Freud chamou de "identificação com o agressor": ela estava se punindo, tal como outros a haviam punido durante a guerra.

Talvez a parte mais triste da história de Choi seja o seu desfecho: ver que havia transmitido sífilis ao filho quando bebê. No final da década de 1980, ao ser entrevistada por uma ONG coreana que conduzia uma investigação sobre escravidão sexual durante a guerra, tudo que conseguia dizer sobre o filho era que "a culpa foi minha, destruí a vida dele". Da maneira como via as coisas, tinha feito com ele tudo que havia sido feito com ela — infectara-o, destruíra sua vida. Havia se tornado o agressor.

Trauma e impotência

Choi Myeong-sun poderia ter se recuperado com mais facilidade se o ambiente para o qual retornou tivesse sido estável, mas a Coreia sofrera seus próprios traumas. Entre 1939 e 1945, pelo menos 750 mil coreanos haviam sido compulsoriamente recrutados para trabalhar em fábricas japonesas, e outros 750 mil "voluntariamente" mobilizados. O irmão do meio de Choi Myeong-sun esteve entre eles. Mulheres também eram recrutadas com frequência para todos os tipos de trabalho. Segundo a lei colonial japonesa, todas as mulheres entre catorze e 45 anos eram obrigadas a participar no Corpo do Serviço Nacional de Mão de Obra durante dois meses cada ano. No fim da guerra, elas estavam também sendo convocadas à força para o Corpo de Voluntárias — o serviço que Choi Myeong-sun tinha esperado evitar indo para o Japão. O recrutamento das chamadas "mulheres de conforto" era a ponta do iceberg: apenas a parte mais cruel de um sistema muito mais amplo de escravidão colonial.[3]

Lamentavelmente, o fim da guerra e do domínio japonês não puseram fim à sensação de impotência da Coreia. Ao contrário dos povos da Indonésia e do Vietnã — ou, do outro lado do mundo, da Itália e da França —, os coreanos nunca tiveram o prazer de participar da própria libertação. Sua subjugação ao domínio japonês durou até os últimos instantes da guerra, momento em que outro grupo de estrangeiros chegou e assumiu o comando — os soviéticos a partir do norte, os americanos a partir do sul. Os coreanos pareciam não ter nenhum controle sobre o próprio destino.

No norte, a chegada dos soviéticos não trouxe bons presságios. Segundo reportagens e documentos diplomáticos da época, os soldados soviéticos que chegaram na primeira onda eram violentos e indisciplinados: abriram caminho para o sul fazendo pilhagens, despojando as lojas e depósitos, desmontando fábricas e enviando as peças para a União Soviética, atacando indiscriminadamente as mulheres locais enquanto avançavam. Mais uma vez, o destino das mulheres de conforto pareceu emblemático. Mun Pilgi, uma coreana forçada a trabalhar num bordel na Manchúria, descreveu sua libertação como apenas mais um episódio de um trauma prolongado: "Agora que os japoneses tinham partido, os russos tentavam nos estuprar". Ela foi obrigada a fugir dos soviéticos, fazendo seu caminho de volta para Seul a pé.[4]

A experiência dos coreanos do sul do país foi igualmente desalentadora, e, mais uma vez, o tratamento dado às "mulheres de conforto" dizia tudo.

Pak Duri, uma coreana encarcerada num acampamento de exploração sexual em Formosa (atual Taiwan), afirmou ter sido detida pelos americanos por mais três meses após a suposta libertação. A única diferença real entre servir soldados japoneses e soldados americanos era o fato de que os últimos deixavam gorjetas maiores: se isso era "liberdade", não era um bom presságio para o país.[5] De fato, ao chegar ao sul da Coreia em 1945, as tropas americanas não expurgaram imediatamente a nação dos japoneses e seus colaboradores, mas, em prol da preservação da lei e da ordem, mantiveram as coisas mais ou menos como estavam. Os colaboradores nunca foram levados à justiça, e a força policial continuou inteiramente não purgada. A maneira cordial, até amistosa, como os americanos trataram os derrotados japoneses foi recebida com indignação universal, mas em grande parte impotente.[6]

Historiadores muitas vezes compararam a atuação dos soviéticos e dos americanos em suas respectivas zonas da Coreia. De modo geral, os soviéticos eram brutais mas eficientes, ao passo que os americanos chegavam com boas intenções mas sem um plano claro de ação, deixando grande parte de sua zona num estado quase caótico. Essas comparações, no entanto, deixam escapar um ponto importante: o que mais importava para a maioria dos coreanos era o fato de continuarem sendo governados por estrangeiros.

Isso se tornou patente no final de 1945, quando os Aliados anunciaram um plano para que o país fosse governado por uma administração supervisionada por Grã-Bretanha, China, União Soviética e Estados Unidos. Assim que a notícia foi publicada, irromperam protestos em ambos os lados do paralelo 38. No norte, políticos nacionalistas moderados, que até o momento vinham cooperando com os soviéticos, renunciaram em massa. Os soviéticos reagiram detendo todos eles, inclusive um dos líderes mais populares do país, Cho Man-sik, cuja inabalável integridade lhe valera o apelido de "o Gandhi da Coreia". Ele nunca mais foi visto, e diz-se que foi executado no início da guerra civil. Enquanto isso, no sul, houve exaltadas manifestações e greves: escolas foram fechadas, assim como fábricas, lojas e ferrovias. Alguns desses protestos foram violentos. Um político local, por exemplo, pressionado pelos americanos a endossar o plano da administração supervisionada, foi encontrado morto na manhã seguinte: tinha levado um tiro na cabeça na frente de casa.[7]

O que mais perturbava os coreanos era a maneira como as superpotências pareciam decididas a instalar seus próprios sistemas de poder e controle no país, assim como haviam feito os japoneses décadas antes.

No norte, os soviéticos instalaram um governo stalinista, pró-soviético, sob seu fantoche, Kim Il-sung. Todos aqueles que resistiam ao novo regime, ou expressavam ideias antissoviéticas ainda que moderadas, eram detidos ou removidos de seus cargos. No final de 1945, muitos no norte já haviam sucumbido ao desespero: refugiados começaram a se deslocar em grande número para o sul, numa taxa de 6 mil por dia. Em julho de 1947, segundo o *New York Times*, quase 2 milhões tinham fugido para a zona americana.[8]

Enquanto isso, no sul, os americanos patrocinaram uma coalizão conservadora de expatriados coreanos, nacionalistas de direita e abastados proprietários de terra, alguns dos quais tinham estado intensamente envolvidos na colaboração com os japoneses. O dirigente que emergiu foi um líder autoritário brutal, Syngman Rhee, que presidiu a repressão em grande escala de comunistas, socialistas, esquerdistas e moderados, e cujo reinado foi marcado por repetidos massacres de civis inocentes.

Em 1948, quando americanos e soviéticos por fim retiraram suas tropas, o país estava completamente polarizado, e continuou dividido ao meio. Todas as tentativas de encontrar um terreno comum entre o norte comunista e o sul nacionalista tinham fracassado, e os governos provisórios de ambos os lados se recusaram a aprovar qualquer tipo de acordo de compartilhamento de poder. A reunificação começava a parecer impossível sem o uso de força. Assim foi armado o palco para a Guerra da Coreia, um dos conflitos mais brutais da segunda metade do século xx.

Guerra civil

Os historiadores costumam retratar a Guerra da Coreia como o primeiro conflito aberto na nova Guerra Fria entre as superpotências, e ela certamente não teria tomado os rumos que tomou sem o envolvimento das superpotências. A Coreia do Norte empregou conselheiros soviéticos desde o princípio, e após o estágio inicial da guerra cerca de 200 mil soldados comunistas chineses também lutaram pelo país. Enquanto isso, os sul-coreanos dependeram fortemente de uma coalizão sem precedentes de outros 57 países, dos quais os Estados Unidos eram o mais importante.[9] Em certo sentido, portanto, a Guerra da Coreia foi um microcosmo das tensões que abalaram o mundo todo no pós-guerra. A divisão ideológica que cindiu a Coreia foi a mesma que cindiu a Europa, e que continuaria a cindir o mundo todo durante grande parte do século. Mas essa interpretação ignora o fato de que ela foi também uma guerra civil, travada predominantemente por coreanos, e tampouco explica a pura brutalidade da violência, muitas vezes dirigida a civis e não a soldados.

Os ódios desencadeados durante a guerra foram muito mais profundos do que se pode explicar racionalmente, e têm a ver tanto com a Segunda Guerra Mundial quanto com a Guerra Fria. Muitos dos oficiais em ambos os lados tinham sido treinados pelas Forças Armadas japonesas e absorvido seu violento éthos nacionalista. Alguns haviam servido como policiais na Coreia antes de 1945 e já tinham um histórico de violência e impunidade. Outros haviam lutado no exterior, durante a ocupação japonesa de partes da China e do Sudeste Asiático, e participado de atrocidades. Mesmo aqueles que nunca haviam sido treinados por japoneses tinham lembranças da ocupação japonesa no fundo da mente. Na Coreia do Norte, havia ainda uma camada de líderes políticos que tinham vivido na União Soviética durante os últimos trinta anos, e tinham experiência direta do terror stalinista. De uma forma ou de outra, a maioria dos coreanos tinha um modelo psicológico de subjugação implacável, e era em parte o medo de ser vítimas de tal subjugação que os impelia a agir de maneira tão brutal.

Do início ao fim, a Guerra da Coreia foi caracterizada por uma extraordinária crueldade. Quando os norte-coreanos investiram em direção ao sul pela primeira vez, o regime sul-coreano reagiu assassinando mais de 100 mil suspeitos de esquerdismo, quase todos civis inocentes. Quando a maré virou, e os sul-coreanos começaram a marchar para o norte, este

reagiu na mesma moeda. O massacre mais abominável cometido por comunistas em retirada aconteceu na prisão de Taejŏn, onde entre 5 mil e 7
mil pessoas foram executadas — mas cenas como essa ocorreram por todo
o país. Para os americanos, isso imediatamente evocou a Segunda Guerra
Mundial: o *Washington Post* chegou a chamar o local de um massacre de
"o Buchenwald Vermelho".[10]

Como havia acontecido durante a Segunda Guerra Mundial, as mulheres se viram mais uma vez como objeto de exploração. Num eco assustador
do sistema japonês, o Exército sul-coreano também instalou "postos especiais de conforto" para seus soldados, onde norte-coreanas capturadas eram
sujeitadas às mesmíssimas formas de escravidão sexual que mulheres como
Choi Myeong-sun tinham sido obrigadas a experimentar em 1945. A única
diferença substancial era que, enquanto os japoneses tinham praticado esse
tipo de violência sobretudo contra mulheres estrangeiras, os coreanos o
perpetravam agora com mulheres de sua própria nacionalidade.[11]

A Guerra da Coreia durou três anos e resultou na morte de cerca de 1,25
milhão de pessoas, uma grande proporção delas civis. Quando finalmente
chegou ao fim, em julho de 1953, a nova linha do armistício não ficava
distante do paralelo 38 onde os dois lados haviam começado. A guerra não
tinha resolvido nada.

De um ponto de vista psicológico, tudo o que a guerra realmente tinha feito fora reforçar a ideia de que a brutalidade era necessária para a
sobrevivência: num mundo maniqueísta de agressores e vítimas, ambos
os lados tinham aprendido que era melhor ser agressor.

Esse também foi um legado da Segunda Guerra Mundial e do período
do domínio imperial japonês. É instrutivo que tanto a Coreia do Norte
quanto a Coreia do Sul tenham sido governadas por ditaduras repressivas após 1945. Ambos os regimes desprezavam a fraqueza que os levara a
ser subjugados pelos japoneses e estavam determinados a punir qualquer
comportamento que os fizesse recordar essa fraqueza. As ironias nessa
atitude são penosas. Durante os anos 1960 e 1970, o ditador militar da
Coreia do Sul, Park Chung-hee, condenou a "mentalidade servil" de seu
país em relação a estrangeiros poderosos, ao mesmo tempo que submetia

seu próprio povo a uma brutal repressão. Igualmente, na Coreia do Norte, Kim Il-sung condenou a mentalidade "subserviente" do povo em relação aos estrangeiros, ao mesmo tempo que exigia sua subserviência.

Essas atitudes continuaram a dominar o pensamento oficial na Coreia do Sul até meados dos anos 1980; na Coreia do Norte, prosseguem até hoje. A autopunição que isso envolve é muito dolorosa: como Choi Myeong-sun, a nação aprendeu a se mover de gatinhas.[12]

Flashbacks

A experiência de subjugação aos japoneses deixou profundas cicatrizes no subconsciente coletivo coreano. Se existe alguma dúvida com relação a isso, basta observar os surtos de medo e sentimento antinipônico que desde a Segunda Guerra Mundial tomam a nação de tempos em tempos.

Em 1948, por exemplo, quando os americanos trouxeram um punhado de altos funcionários japoneses para ajudá-los a estabilizar a economia sul-coreana, começaram a circular rumores incontroláveis de que "o Japão estava sendo rearmado e teria permissão para reconquistar a Coreia". De repente, os jornais coreanos estavam repletos de editoriais furiosos. "Nossos inimigos, os japoneses, vêm de novo à nossa terra?", perguntava o *Chosun Ilbo*, indignado. Em 24 de junho, uma coalizão de 26 diferentes grupos políticos emitiu uma declaração conjunta afirmando que "elementos imperialistas japoneses, incendiários da Segunda Guerra Mundial", estavam "tentando se armar e reocupar a Coreia". Políticos como Kim Ku começaram imediatamente a exigir uma "luta implacável dos 30 milhões de coreanos para livrar a Coreia dos exploradores japoneses". Essas declarações não eram apenas retórica política: também refletiam um medo subconsciente, irracional, mas genuíno, de que a Coreia pudesse novamente cair sob domínio japonês.[13]

Tais temores foram abafados pelos acontecimentos dos anos seguintes, mas, em 1965, voltaram a irromper em uma série de protestos antinipônicos nas ruas de Seul. O principal gatilho dessa vez era a assinatura de um tratado para normalizar as relações com os japoneses. O Japão era uma potência ascendente na região, assim como os Estados Unidos, e havia um grande ressentimento pelo fato de a Coreia do Sul ter começado a realinhar seus interesses com esses dois países.

Enquanto isso, a renovada subserviência da Coreia tanto aos Estados Unidos quanto ao Japão foi simbolizada pela promoção de uma nova e imensa indústria sexual, voltada em grande parte a turistas japoneses e soldados e marinheiros das bases militares americanas. A exploração continuada de mulheres coreanas — e por extensão da própria Coreia — despertava incômodas lembranças do passado.[14]

Em anos mais recentes houve muitos flashbacks semelhantes da Segunda Guerra Mundial. O mais poderoso deles foi o ressurgimento da questão das "mulheres de conforto", nos anos 1990. A Coreia do Sul acabara de sair de um longo período de ditadura militar, e, na nova atmosfera democrática, algumas mulheres finalmente sentiram-se capazes de revelar o que lhes acontecera. Foi durante esse período que Choi Myeong-sun dispôs-se pela primeira vez a contar sua história.

Mais uma vez, essas revelações desencadearam sentimentos profundos em toda a Coreia do Sul. Em 1992, durante uma visita do primeiro-ministro do Japão ao país, manifestantes em frente à embaixada japonesa em Seul exigiram um pedido de desculpas. Não demorou para que essas manifestações se tornassem uma ocorrência semanal. Toda quarta-feira, por mais de vinte anos, multidões se reuniram em frente à embaixada, e antigas mulheres de conforto como Choi Myeong-sun tornaram-se um símbolo vivo da vitimização nacional da Coreia. Em 2011 foi erguido um monumento em honra delas: uma estátua de bronze mostrando uma jovem de joelhos, com os punhos cerrados e os olhos fixos na embaixada japonesa. Com toda essa pressão, o governo japonês por fim cedeu. Em dezembro de 2015, eles concordaram em doar 1 bilhão de ienes (cerca de 8 milhões de dólares na época) para uma nova fundação dedicada à cura das feridas psicológicas daquelas que haviam servido como mulheres de conforto.[15]

Em certa medida, esses eventos representaram um saudável passo à frente para a Coreia do Sul, que por fim começou a confrontar o que havia acontecido às suas mulheres durante a guerra. A ênfase em tratar suas feridas psicológicas era também um reconhecimento do trauma que elas haviam sofrido e continuavam a sofrer. No entanto, a maneira como a questão foi tratada pelos sul-coreanos ocultava tantos fatos quanto revelava. Bastava ler os relatos das próprias mulheres de conforto para ver que muitos aspectos de seus traumas não estavam sendo considerados. Choi Myeong-sun não fora levada a uma vida de escravidão por causa de um japonês, mas depois de ser traída por um coreano do Centro Comunitário do Bairro. Outras mulheres falaram de estupros por soviéticos ou da exploração sexual americana, que prosseguiram por muito tempo depois de terminada a guerra. Todas essas mulheres sofreram enormemente em anos posteriores não só por causa do trauma inicial, mas também pelo estigma posto sobre elas pela sociedade sul-coreana.

"Governo japonês! Exigimos um pedido de desculpas às 'mulheres de conforto' vítimas dos militares japoneses!" — cartaz numa das manifestações de quarta-feira em frente à embaixada japonesa em Seul. A foto foi tirada em 2013, mais de 21 anos após o início dos protestos semanais.

Havia também outras questões mais amplas. Feministas ressaltavam que a violência contra mulheres era endêmica na sociedade sul-coreana e apresentavam estatísticas chocantes da violência sexual e doméstica no país.[16] Acadêmicos chamaram a atenção para a natureza repressiva dos próprios regimes coreanos no pós-guerra, cruéis não somente com as mulheres, mas com toda a sociedade. Um deles chegou a qualificar a ditadura militar sul-coreana dos anos 1960 como um "regime necropolítico", isto é, um regime que se propagava tratando as pessoas como objetos, espremendo-as até a última gota de vida, antes de descartá-las. Sua atitude em relação às mulheres de conforto e ao comércio sexual que tanto contribuíam para o PIB da Coreia era o símbolo máximo disso. Tudo isso também foi um legado da Segunda Guerra Mundial.[17]

A história de Choi Myeong-sun, e da Coreia como um todo, revela como os efeitos do trauma podem ser disseminados. A Coreia do Sul ainda está nos primeiros estágios do enfrentamento de seu passado, sobretudo no que diz respeito às coisas terríveis que coreanos fizeram com seus compatriotas em reação à impotência que experimentaram durante a ocupação japonesa. A Coreia do Norte, que continua sob um regime selvagemente repressivo, nem sequer iniciou o processo.

Nações divididas

Até certo ponto, a história da Coreia durante e após a guerra é a história de todos nós. A Segunda Guerra Mundial foi um trauma global, que desencadeou imensas forças sobre as quais ninguém tinha controle. Muitos países foram tão impotentes em relação a seu próprio destino durante a guerra quanto a Coreia. Mesmo os vencedores incontestes — Grã-Bretanha, Estados Unidos e União Soviética — foram arrastados para a violência contra a própria vontade, e a um grande custo tanto em termos de vidas quanto em termos econômicos. Houve, é claro, enormes diferenças de experiência entre indivíduos e nações, mas ninguém ficou inteiramente incólume. Os traumas sofridos por pessoas como Choi Myeong-sun tornaram-se parte de nossa experiência coletiva: quer sejamos coreanos ou não, a história dela ressoa no mundo todo.[18]

No período do pós-guerra, desenvolveu-se na Coreia uma cultura de martírio que soa familiar para pessoas de todos os países ocupados durante a guerra, e de todas as nações que se livraram dos grilhões do império nos anos seguintes. Como a maior parte do mundo, a Coreia esperava por um renascimento em 1945, por uma chance de construir algo novo, baseado nos princípios de liberdade, igualdade e progresso. Acima de tudo, esperava unidade — não a unidade grandiosa, global, sonhada por pessoas como Cord Meyer ou Garry Davis, mas a simples unidade nacional que manteria juntas as duas metades do país. Tanto os norte-coreanos quanto os sul-coreanos fizeram o possível para forçar uma decisão, apenas para descobrir, uma vez mais, que ela estava fora de suas mãos.

A Coreia não foi a única nação a ser dividida por estrangeiros. O Vietnã também passaria muitos anos cindido em dois pedaços da Guerra Fria. O Irã sofreu o mesmo destino por alguns anos, antes que os soviéticos fossem convencidos a se retirar. Na Europa foi ainda pior, uma vez que o cisma entre Oriente e Ocidente expressou-se em grande escala pela divisão de todo o território europeu, que passaria mais de quarenta anos separado por uma "Cortina de Ferro". Ela foi expressa em escala nacional com a partição da Alemanha, e em escala menor na divisão de cidades como Viena e Berlim. O muro que separava a Berlim Ocidental capitalista da Berlim Oriental comunista se tornaria um dos símbolos mais poderosos do século xx.

O colapso do Império Britânico produziu cismas similares. Em 1947, quando se retiraram da Índia, os britânicos a dividiram numa Índia predominantemente hindu ao sul e num Paquistão predominantemente muçulmano ao nordeste e noroeste. Assim, o destino de milhões de pessoas foi decidido não por um ato de autodeterminação, mas por resoluções apressadas de burocratas britânicos. A falha geopolítica que isso criou não perdeu nada de sua volatilidade nas décadas seguintes, quando a Índia e o Paquistão se envolveram em sua própria versão local da Guerra Fria, inclusive com direito a armas nucleares.

A divisão da Palestina produziu resultados igualmente perturbadores. Em 1947, a ONU redigiu um plano de divisão sem a participação ou a bênção da população árabe. Isso foi seguido por uma guerra civil, na qual Israel se apoderou de uma faixa ainda maior de terra. A sensação de impotência que isso gerou em árabes palestinos está na raiz do conflito que até hoje assola a região.

O legado mais danoso das traumáticas turbulências causadas pela Segunda Guerra Mundial é o sentimento de impotente humilhação que elas engendraram. Isso se aplica a todos os povos que foram "martirizados" durante e após a guerra, mesmo àqueles que pensam ter se recuperado há muito tempo. Quando uma comunidade ou nação é violada, e sua própria existência ameaçada, ela conserva uma lembrança dessa violação no fundo de sua alma coletiva. Mas, se a violência e a humilhação experimentadas por um povo se prolongam, e se nunca lhe é dado um ambiente estável em que possa se recuperar, as possibilidades de que o trauma algum dia se resolva vão a zero.

Ao analisar as sociedades de qualquer dessas nações tão violentamente partidas durante e após a guerra, faríamos bem em lembrar o que Choi Myeong-sun disse a um entrevistador do Conselho Coreano no início dos anos 1990: "Por fora, eu pareço normal. Mas sofro de um transtorno nervoso. Quem poderia adivinhar minha agonia interior com essa história medonha, enterrada em meu coração?".

22. Perda

Houve uma época em que Evgenia Kiseleva foi feliz. Antes da guerra, quando ainda não tinha 25 anos, ela vivia na vila mineira de Pervomaisk, na província de Luhansk, na Ucrânia. Era casada com um belo homem chamado Gavril, chefe da brigada de incêndio local, por quem era muito apaixonada. Todos os dias ia trabalhar numa loja de alimentos, onde vendia peixe às mulheres da vila; e todo fim de tarde voltava para casa, ao encontro do marido. Eles já tinham um filho, e, no final de 1940, um segundo estava a caminho.

Para Evgenia, a guerra foi um trauma do qual jamais iria se recuperar. "Meu marido e eu vivíamos felizes, mas, quando começou, em 1941, a guerra nos separou para sempre. E meu sofrimento principiou."[1] Gavril partiu para o Exército, e Evgenia, que agora amamentava um bebê recém-nascido, foi morar com os pais.

Não demorou muito para que as imensas forças da Segunda Guerra Mundial os arrasassem. A casa dos pais de Evgenia foi atingida por um obus, matando sua mãe e ferindo gravemente seu pai. Seu filho mais velho ficou temporariamente cego por uma explosão. Evgenia viu-se de repente responsável por todos eles. Em prol da segurança da família, foi obrigada a abandonar a mãe morta nas ruínas da casa, sem enterrá-la. Pôs o pai ferido num carrinho de mão e o empurrou até um hospital de campanha germânico — mas, antes que pudesse encontrar ajuda, a perna dele infeccionou gravemente. Ele acabou morrendo na frente dela. Nos dias seguintes, Evgenia arrastou os filhos de abrigo em abrigo, aterrorizada com os soldados invasores e um verdadeiro apocalipse de "obuses, tanques, morteiros, metralhadoras" e "medo sagrado". Anos depois, ao descrever a guerra, comparou-a com o Juízo Final.[2]

Terminado o conflito, Evgenia partiu à procura de Gavril. Durante algum tempo temeu o pior, mas acabou por descobrir que havia mais de uma maneira de perder um marido para a guerra. Quando finalmente o localizou, em 1946, revelou-se que, durante a longa separação dos dois, Gavril tinha se juntado a outras duas mulheres — aparentemente havia se casado com elas e tido um filho com cada uma. A reunião dos dois foi constrangedora, para dizer o mínimo. Com relutância, Gavril levou Evgenia para seu novo apartamento, onde ela passou uma noite horrível, insone, dividindo um quarto com ele e uma das novas "esposas". No dia seguinte, rumou para casa, derrotada. "Eu não conseguia ver a estrada, tantas eram as lágrimas."[3]

Desse dia em diante, Evgenia não voltou a encontrar o amor verdadeiro. De volta à sua vila natal, juntou-se com um inválido de guerra chamado Dmitri Tiúritchev, um mineiro de carvão que se revelou um bêbado e um mulherengo, muitas vezes brutal tanto com ela como com seus filhos. Foram vinte anos de brigas intermitentes até que ela finalmente o deixou, em 1966. Durante todo esse tempo, não se divorciou de Gavril: na verdade, quando ele morreu, em 1978, continuava tecnicamente casada com ele.

Suas relações com o resto da família também nunca foram idílicas. Seus filhos cresceram e se casaram, mas ela discutia o tempo todo com as noras, e ocasionalmente se engalfinhava com elas. Toda a família tinha problemas com abuso de álcool; mas, na verdade, todo mundo que ela conhecia parecia ter esse problema: sua época ficou conhecida como "o século da vodca".[4]

Perto do fim da vida, Evgenia vivia sozinha, uma senhora amarga, sem nenhuma companhia exceto a televisão. Olhando para trás, culpava a guerra por sua situação, mas não da mesma forma que Choi Myeong-sun. O que a assombrava não era a lembrança do trauma que havia experimentado, mas a perda de algo que poderia ter tido. Em particular, pranteava a perda de seu primeiro amor, Gavril. "Ele era tão bonito. E além disso tinha caráter", ela escreveu em seu diário após a morte dele. "Ele me amava, mas a guerra nos separou para sempre. Não fosse pela guerra, isso jamais teria acontecido."[5]

Perda pessoal

Como quantificar a perda? Já é bastante difícil estimar o número de pessoas mortas durante a guerra, e historiadores e demógrafos discutem com frequência sobre como chegar a estatísticas mais precisas das baixas. Mas cada vida perdida também arruína a vida dos que ficam. Cada morte tem profundas reverberações. É impossível calcular os efeitos de toda a angústia, solidão e sonhos frustrados que se espalharam como ondas por famílias e comunidades, ou a maneira como essas ondas colidiram e se combinaram com as perdas de outras famílias e comunidades de toda uma nação.

Cada pessoa na história de Evgenia Kiseleva foi de alguma forma afetada pela guerra. A própria Evgenia viu os pais serem mortos diante de seus olhos, teve o lar destruído, foi separada do marido e traumatizada de muitas outras formas. Não é possível saber como teria sido sua vida sem a guerra, de modo que sua própria maneira de estimá-lo — em termos de amor perdido — parece tão boa quanto qualquer outra. É impossível dizer se Gavril teria ficado com ela se a guerra nunca tivesse acontecido. Talvez ele acabasse por deixá-la de qualquer forma; mas, nesse caso, ela teria tido os pais para consolá-la, um lar para o qual retornar, uma comunidade estável para apoiá-la e um leque maior de homens com quem construir uma nova relação romântica. Quando ela pranteava a morte de seu casamento, estava pranteando a morte de todas essas coisas, sem as quais sua vida se tornara um mero fragmento de suas possibilidades.

A história de Evgenia é emblemática do destino de milhões de mulheres soviéticas após a guerra. Uma das principais razões pelas quais ela foi incapaz de reencontrar o amor foi o fato de muitos homens em idade de se casar terem sido mortos. Milhões de outras mulheres se viram em circunstâncias semelhantes. Segundo estatísticas soviéticas, nas décadas que se seguiram à guerra havia cerca de 20 milhões de mulheres a mais que homens no país. Assim, um terço de todas as mulheres soviéticas que haviam chegado à maioridade na década anterior à guerra continuaram solteiras ao menos pelos vinte anos seguintes. A decepção de Evgenia, portanto, deveria ser vista como parte de uma epidemia de solidão que arruinou a vida de mulheres em todas as regiões ocidentais da União Soviética.[6]

A União Soviética, por sua vez, deveria ser vista como um mero fragmento de um quadro muito maior. Em grandes partes da Europa, da China e do Japão, e até em algumas partes dos Estados Unidos e da Austrália, uma geração de rapazes tinha sido literalmente dizimada pela guerra. Na Alemanha, segundo uma testemunha da época, "o fato mais extraordinário era a total ausência de homens entre dezessete e quarenta anos".[7] Os que conseguiram voltar da guerra, como o marido de Evgenia, muitas vezes tinham sido transformados. Mulheres no mundo todo sofreram essa perda, e desde então não pararam de se perguntar o que poderia ter sido de sua vida se a guerra nunca tivesse acontecido.

E o que dizer dos homens na história de Evgenia? À primeira vista, eles parecem ter saído ganhando: a falta de competição lhes permitia sair impunes de situações que teriam sido impensáveis antes da guerra, quer isso significasse estar casado com três mulheres ao mesmo tempo (como no caso de Gavril) ou ter casos abertos com várias outras mulheres numa cidadezinha (como no caso de Dmitri). O sonho comunista de igualdade entre os sexos, abalado mesmo antes da guerra, recebeu um duro golpe diante da realidade da vida na sociedade soviética do pós-guerra. E o mesmo aconteceu em outras partes do mundo, onde os esforços pela igualdade de gênero também estacaram. Ao final do conflito, era bem pouco provável que toda uma geração de homens que tinham sido removidos da sociedade, colocados em ambientes exclusivamente masculinos e convencidos de que faziam parte de um grupo especial para a ordem do país considerasse as mulheres suas iguais.

Mas se alguns homens se comportaram mal depois da guerra, não devemos desprezar os efeitos do que testemunharam enquanto estavam fora. Tomemos, por exemplo, a história do segundo marido de Evgenia,

Dmitri. Ela nunca mencionou o que ele viu ou fez durante seu tempo no Exército, mas afirma que era um inválido de guerra, portanto é razoável supor que parte de suas experiências tenham sido traumáticas. Segundo estatísticas soviéticas (por menos confiáveis que sejam), 15 milhões de homens foram gravemente feridos pela guerra.[8] Muitos soldados aprenderam a beber enquanto estavam fora — o Exército Vermelho era, segundo todos os relatos, um exército de bêbados —, e milhões não só testemunharam atos de extrema violência, mas também participaram dela. É impossível saber se Dmitri estava destinado desde sempre a ser um sociopata, mas seu comportamento não era nada incomum entre veteranos de guerra. Alcoolismo, explosões de ira, incapacidade de experimentar intimidade, desintegração familiar — todas essas condições são bem documentadas entre ex-soldados submetidos a combate prolongado.

Em outros países, esses sintomas se manifestavam como uma parte do que hoje seria chamado de transtorno de estresse pós-traumático. Somente na Europa ocidental, mais de 150 mil soldados britânicos e americanos desertaram e 100 mil tiveram de ser retirados de combate por incapacidade de fazer frente ao estresse. Esses homens também tiveram de enfrentar a perda de quem acreditavam ser antes.[9]

Se os índices de estresse pós-traumático causado por guerras posteriores do século xx servem como parâmetro de comparação, então o impacto psicológico da Segunda Guerra Mundial é potencialmente assombroso.[10] Mas há evidências de que o trauma da guerra não se apresentou dessa maneira em absoluto, sobretudo na União Soviética. Num país onde a introspecção era malvista, onde se esperava que o indivíduo se sacrificasse em prol do coletivo e onde doenças mentais e debilidades de qualquer tipo eram tabu, os homens não procuravam ajuda, apenas entorpecimento. Os veteranos soviéticos — na verdade, o povo como um todo — jamais confrontaram a enormidade do que tinham experimentado durante a Segunda Guerra Mundial. Em vez disso, enterraram suas experiências em trabalho árduo, ironias e, acima de tudo, como no caso do segundo marido de Evgenia, bebedeiras.[11]

Turbulências demográficas

Se indivíduos e famílias estavam entorpecidos pela violência que haviam sofrido, o mesmo acontecia com a sociedade soviética como um todo. Até hoje, ninguém sabe quantas pessoas foram mortas durante a guerra. O número oficial em 1956, dado por um dos primeiros líderes soviéticos da Guerra Fria, Nikita Khruschóv, foi de 20 milhões; em 1991, o governo de Mikhail Gorbatchóv atualizou a cifra para 25 milhões. Estimativas feitas por historiadores e economistas variam entre 18 milhões e 27 milhões, embora a maioria das pessoas concorde que, desta vez, os números mais elevados são realmente mais prováveis.[12]

Por mais horríveis que possam ser, esses números ainda não refletem todas as perdas sofridas pela União Soviética. Muitos daqueles que morreram estavam fadados a se conhecer, se apaixonar e ter filhos. Se levarmos em conta o número de bebês que jamais nasceram por causa da guerra — um cálculo que é possível fazer, tomando as taxas de natalidade médias dos dados do recenseamento soviético —, as perdas verdadeiras são muito maiores. Um demógrafo calculou que, se a guerra nunca tivesse ocorrido, em 1970 teria havido pelo menos 50 milhões de pessoas adicionais vivendo na União Soviética. Assim, até mesmo acadêmicos são ocasionalmente tentados ao luto pelo que poderia ter sido.[13]

Essas perdas provocaram um grande número de outras mudanças em alguns dos aspectos mais íntimos da vida familiar. A guerra deixou órfãs milhões de crianças soviéticas. O mesmo ocorreu no resto da Europa, onde, segundo um relatório da Cruz Vermelha em 1948, cerca de 13 milhões de crianças cresciam sem pai. Muitas delas não tinham absolutamente nenhum modelo masculino na família: também tinham perdido para a guerra o direito a uma vida familiar tradicional.[14]

Na União Soviética, devido à falta de moradias, o número de famílias estendidas que passaram a compartilhar o mesmo lar também disparou após 1945. Em particular, viúvas idosas com frequência passaram a viver com os filhos, em vez de enfrentar a vida sozinhas: foi por isso que a *babushka* se tornou uma figura tão central nas famílias russas no final do século xx.[15] Embora Evgenia tenha vivido sozinha durante a maior parte de seus últimos anos, seus filhos e netos frequentemente viveram em famílias estendidas com as famílias de seus cônjuges. Bem no fim da vida, ela própria foi morar com um neto por um tempo, mas a essa altura ele também tinha se tornado alcoólatra, e ela foi obrigada a se mudar quando não pôde mais lidar com ele. Assim, as mudanças provocadas pela guerra também afetaram a vida de crianças que só nasceriam décadas depois, à medida que seus efeitos continuaram a se propagar através das gerações.

Houve outras repercussões, mais surpreendentes. Depois de toda a confusão da guerra e do pós-guerra, pais como Evgenia começaram a aconselhar os filhos a não perder tempo e se casarem e ter filhos o mais cedo que pudessem. Assim, a idade em que as pessoas se casavam caiu consideravelmente, e continuou a cair: nos anos do pós-guerra imediato a mulher média se casava aos 25 anos, mas ao final do período soviético estava se casando antes dos 22.

Em grande parte do Ocidente, a corrida para compensar o tempo perdido após a guerra resultou numa diminuição similar da idade do casamento e numa súbita elevação da taxa de natalidade. Muitos países experimentaram um "baby boom", inclusive a maior parte da Europa ocidental, da América do Norte, do Japão, da Austrália e da Nova Zelândia. Esse súbito aumento da natalidade teria enormes consequências não só para as famílias, mas também para as sociedades. Foi essa geração que, crescendo e se tornando uma multidão de adolescentes e jovens adultos, contribuiu para o idealismo e o ativismo dos anos 1960, para o aumento da arrecadação que sustentou os setores públicos dos anos 1970, 1980 e 1990, então em expansão, e para o excesso de aposentados que ameaça esmagar os sistemas de assistência médica e previdenciária no século xxi. As turbulências demográficas que ocorreram na esteira da Segunda Guerra Mundial tiveram enormes consequências no mundo todo.[16]

Identidades perdidas

A guerra não afetou todas as partes da União Soviética de forma igual. A leste dos montes Urais, ou nas repúblicas asiáticas centrais do Cazaquistão e do Uzbequistão, a vida não foi tão gravemente perturbada. Mas as repúblicas ocidentais, que suportaram o maior impacto dos combates, foram inconcebivelmente devastadas. A maior parte dos historiadores concorda que a Ucrânia, onde vivia Evgenia Kiseleva, provavelmente testemunhou o pior da matança. Mais uma vez os números são incertos, mas, se dermos crédito às estimativas mais difundidas, de 7 milhões a 8 milhões de mortes, isso significa que um ucraniano em cada cinco perdeu a vida durante a guerra.[17] Mesmo dentro do país diferentes comunidades foram afetadas em diferentes graus: em alguns lugares bem poucas pessoas foram mortas; em outros, aldeias inteiras foram massacradas, deixando a paisagem inteiramente vazia de gente. Como em todo o resto da Europa, os judeus sofreram de maneira desproporcional. Cerca de metade de todos os judeus ucranianos foram mortos durante a guerra, e a vasta maioria dos que sobreviveram só conseguiram fazer isso fugindo. Em 1944, quando os alemães tinham finalmente sido expulsos, a Ucrânia era como uma tapeçaria com grandes pedaços arrancados, e com um ou dois fios de cores específicas removidos por completo.

A matança, contudo, não terminou aí. Mesmo enquanto se desenrolava a guerra com os alemães, irrompera um conflito civil entre guerrilheiros ucranianos e a minoria polonesa. Num eco do Holocausto, aldeias polonesas inteiras foram massacradas, e mais de 100 mil pessoas foram mortas. A solução soviética para esse conflito étnico selvagem foi deportar cerca de 800 mil poloneses do oeste da república, através da fronteira com a Polônia. Assim, toda a metade ocidental da Ucrânia, já esvaziada de judeus, era esvaziada agora também de poloneses.[18]

Mas as tribulações da Ucrânia ainda não tinham terminado. Um dos efeitos da Segunda Guerra Mundial foi redespertar as esperanças nacionalistas dos ucranianos, sobretudo no oeste da república. Ali, eles resistiram ao retorno dos soviéticos e travaram uma longa e malfadada guerra de independência, que se estendeu até meados dos anos 1950. Centenas de milhares de pessoas se viram em meio ao fogo cruzado: somente entre 1945 e 1947, mais de 55 mil guerrilheiros ucranianos foram mortos, e bem mais de 100 mil de seus familiares deportados para zonas remotas do império soviético. Assim, após a guerra, a Ucrânia passou por uma limpeza étnica e também política. Na verdade, ela havia enfrentado não um, mas quatro conflitos — uma guerra mundial, uma guerra de independência e ao menos duas tentativas de genocídio indiscriminado.[19]

Quando arrancamos repetidamente pedaços de uma tapeçaria, danificando-a a cada vez, em que momento o que resta já não tem mais nada a ver com a tapeçaria original? Em 1945, todas as cidades da Ucrânia haviam sido destruídas, assim como a maior parte de sua infraestrutura; ela tinha novas fronteiras e enormes buracos em sua população; perdera a maior parte de seus judeus e quase todos os seus poloneses, e suas esperanças de independência, por um breve momento redespertadas pela guerra, haviam sido cruelmente esmagadas.

Muitos dos habitantes da Ucrânia não sabiam mais se deviam se identificar como ucranianos. Evgenia Kiseleva, embora tivesse frequentado uma escola ucraniana quando menina, considerava-se russa. Em seus anos de maturidade, não só aceitou a cultura soviética dominante, como abraçou-a. Após o colapso de seus dois casamentos e a lenta e penosa desintegração de sua família, o Estado soviético era a única parte de sua vida que lhe proporcionava algum tipo de estabilidade, dando-lhe um emprego, uma casa, uma aposentadoria e um sentido de pertencimento. Talvez seja uma bênção que ela não tenha vivido para ver tudo isso também se desintegrar.

Em 1991, quando a Ucrânia conquistou sua independência, milhões de pessoas como Evgenia se viram numa desagradável espécie de limbo. No mundo pós-soviético, elas não eram nem verdadeiramente ucranianas nem verdadeiramente russas, e não sabiam ao certo onde investir suas lealdades. Essa crise de identidade até hoje atormenta a Ucrânia, que continua a se ver dividida entre os que temem um retorno ao passado soviético e os que anseiam por ele.

E quanto à União Soviética como um todo? Exilando pessoas, esmagando movimentos de independência e impondo os valores do Estado, as autoridades acreditavam estar tornando o país mais forte e unificado. Não foi apenas o povo ucraniano que foi reprimido; o mesmo aconteceu em muitos outros territórios reconquistados: Lituânia, Letônia, Estônia e Moldávia, nas regiões de fronteira ocidentais; e a Crimeia e as repúblicas do Cáucaso, no sul. Embora a estratégia tenha sido bem-sucedida no curto prazo, também disseminou as sementes de um descontentamento futuro: pessoas de cada uma dessas regiões se lembrariam com grande ressentimento da maneira como haviam sido tratadas no pós-guerra. Em 1953, quando Stálin morreu, a União Soviética se mantinha unida graças a pouco mais que a força bruta.

Um Estado assim jamais poderia durar. Ao longo das décadas seguintes, o irreprimível desejo de liberdade, tanto pessoal quanto nacional, continuaria a solapar o domínio soviético. Por fim, como todos os outros impérios europeus, a União Soviética se desintegraria.

23. Proscritos

MATHIAS MENDEL NASCEU numa época anterior às nações. Cresceu em Hedwig, uma aldeia germanófona nos contrafortes dos montes Cárpatos. Embora ele e a família fossem alemães, a maior parte dos habitantes da região eram eslovacos, e seu professor na escola só falava húngaro: eram os últimos dias do Império Austro-Húngaro, quando a nacionalidade significava ao mesmo tempo tudo e nada. De qualquer forma, Mathias sempre deu por certo que aquele era o lugar ao qual ele e sua comunidade pertenciam. Alemães viviam nessa parte da Europa havia mais de quinhentos anos.[1]

Após a Primeira Guerra Mundial, quando a Tchecoslováquia se tornou um Estado independente, pouco mudou em sua aldeia. Ele cresceu e se casou com uma mulher chamada Maria, que era metade eslovaca. Em 1924 eles tiveram uma filha, Margit, e três anos depois outra, a quem batizaram de Maria como a mãe. Durante os treze ou catorze anos seguintes, teriam cinco outros filhos: quatro meninos (Ernst, Richard, Emil e Willi) e uma menininha chamada Anneliese.

Embora fossem pobres, de modo geral eram felizes. Aravam o campo, plantavam batatas e cereais e possuíam algum gado. Toda primavera Mathias ia trabalhar nas grandes fazendas aristocráticas da Alemanha, e só retornava em outubro, depois que a colheita era feita. O salário que ganhava durante essas viagens ao exterior era o único dinheiro que tinham.

Durante as quatro primeiras décadas do século xx, foi assim que Mathias e a família viveram. Em todo esse tempo, nenhum dos grandes eventos políticos alterou de maneira significativa os ritmos atemporais da aldeia. Mas então veio a Segunda Guerra Mundial e nada jamais voltou a ser como era.

A primeira coisa que mudou foi a atmosfera em torno da questão nacional. A comunidade de Mathias tinha vivido entre eslovacos durante séculos num espírito de cooperação mútua, mas, depois da ascensão dos nazistas ao poder, surgiram novas tensões. De repente, a única questão política que parecia importar era a da etnicidade, e que pessoas tinham direitos à terra. Os acontecimentos se sucederam com rapidez. A Alemanha capturou a região dos Sudetos em 1938 e marchou para a Tchecoslováquia um ano depois. A Eslováquia declarou sua independência em 1939, e em seguida foi invadida pela Hungria. Séculos de tolerância entre vizinhos desintegraram-se rapidamente.

Mathias parou de trabalhar como agricultor. Passou a guerra envolvido em projetos de construção de estradas, e conseguiu um emprego numa fábrica de produtos químicos. Em 1944, foi recrutado pela Guarda Nacional para ajudar a proteger sua aldeia: guerrilheiros eslovacos, que haviam se rebelado contra o próprio regime, estavam agora atacando qualquer pessoa com vínculos com a Alemanha. Parecia que eslovacos e alemães não eram mais amigos.

O fim veio em 1945, quando o Exército Vermelho chegou do leste. Temendo o que estava prestes a atingir a Eslováquia, o alto-comando alemão ordenou uma evacuação geral de toda a minoria germanófona.

Antes que se desse conta, a família Mendel estava sendo dividida. Os primeiros a partir foram dois dos meninos — Emil, de nove anos, e Willi, de sete —, enviados para os Sudetos pela Kinderlandverschickung, a autoridade responsável pela evacuação de crianças, para ir viver com estranhos. As crianças mais velhas partiram em seguida, com amigos e vizinhos, numa caminhada rumo à Alemanha. A mulher de Mathias, Maria, que estava, mais uma vez, na fase avançada de uma gravidez, pegou Anneliese, de cinco anos, e foi para a Áustria. Ela daria à luz seu oitavo filho, Dittmann, em plena fuga.

Logo só restou Mathias. Como membro da Guarda Nacional, ele ficou para trás por algum tempo para ajudar a proteger a aldeia, mas em pouco tempo também eles seriam evacuados. A unidade partiu rumo a Praga, mas não demorou a ser capturada pelo Exército Vermelho e posta

Mathias Mendel pouco depois de
sua expulsão da Tchecoslováquia.

num campo de concentração usado anteriormente para o internamento
de judeus. Por fim Mathias foi libertado, mas não teve permissão de voltar
a Hedwig. Em vez disso, foi expulso do país, junto com todos os outros
alemães na Tchecoslováquia. Nunca mais voltaria a ver a terra natal.

MATHIAS SÓ SE REUNIRIA à família no verão de 1946, quando finalmente
os encontrou na vila de Möckmühl, próxima a Heilbronn, no sul da Alemanha. O país a que chegaram era um lugar caótico. A família Mendel era
apenas um grão de areia num universo de mais de 4 milhões de alemães
que haviam fugido diante do avanço do Exército Vermelho. A maioria
vinha de partes orientais do Reich junto à antiga fronteira polonesa, mas
outras, como os Mendel, procediam de outras nações na Europa central.

Havia tantos refugiados que era difícil encontrar lugar para todos. Após anos de bombardeios pelos Aliados, a maior parte das cidades alemãs estava em ruínas: cerca de 3,9 milhões dos 19 milhões de moradias do país tinham sido destruídas. Os refugiados eram forçados a se abrigar em qualquer coisa que tivesse um teto: bunkers, celeiros, quartéis do Exército, fábricas abandonadas e até antigos campos de concentração. Os Mendel tiveram sorte: encontraram refúgio com um fazendeiro que lhes deu dois quartinhos, contanto que Mathias trabalhasse. Os quatro filhos mais velhos também conseguiram encontrar trabalho em fazendas da região.[2]

Não eram só famílias como os Mendel que estavam à procura de um lugar para viver nessa época: a Alemanha estava repleta de todo tipo de refugiados. Os números são assombrosos. Aos 4 milhões de alemães que haviam fugido do leste se somavam outros 4,8 milhões que haviam abandonado as cidades a fim de escapar dos bombardeios. Tampouco eram somente os alemães que tinham sido deslocados pela guerra: os nazistas haviam forçado milhões de trabalhadores estrangeiros a vir para o país, a maioria contra a própria vontade, e ao final do confronto cerca de 8 milhões continuavam lá. A maioria vinha da União Soviética, da Polônia e da França, mas havia também contingentes significativos de países como Itália, Grécia, Iugoslávia, Tchecoslováquia, Bélgica e Países Baixos. Os Exércitos aliados, com a ajuda da Administração das Nações Unidas para o Auxílio e Restabelecimento, trabalhavam dia e noite para repatriar essas pessoas o mais rápido possível, mas havia centenas de milhares que se recusavam a voltar para casa, temendo o que encontrariam lá. Muitos preferiam viver no exílio a viver sob o comunismo.

Assim, apesar dos melhores esforços dos Aliados, o número de refugiados continuava obstinadamente alto. Se incluirmos os cerca de 275 mil prisioneiros de guerra britânicos e americanos, o número total de pessoas deslocadas na Alemanha em 1945 chega a mais de 17 milhões. Com a possível exceção da China, que também presenciara vastos deslocamentos internos durante a guerra, essa era provavelmente a maior concentração de refugiados e pessoas deslocadas que o mundo já tinha visto.[3]

Havia tantos refugiados na Alemanha do pós-guerra que os partidos políticos faziam apelos diretos a eles. Esse cartaz, produzido para um referendo sobre a constituição da Baviera em 1946, apelava para as esperanças dos refugiados em uma Alemanha reunificada.

Para piorar as coisas, refugiados continuavam a chegar. Na esteira da guerra, pessoas de outras partes da Europa continuavam a afluir para a Alemanha. Algumas eram judeus fugindo de novas ondas antissemitismo no leste. Algumas eram colaboradores, ou supostos colaboradores, fugindo de represálias em seus países. Mas a grande maioria eram alemães étnicos que tinham sido enxotados de outras partes da Europa oriental e central. Como Mathias Mendel havia descoberto, após a guerra nenhuma nação queria ter uma minoria alemã vivendo em seu país. A comunidade de Hedwig foi apenas uma entre milhares que seriam varridas na esteira da guerra.

Entre 1945 e 1948, todos os 3 milhões de alemães dos Sudetos, na Tchecoslováquia, foram expulsos das regiões de fronteira tchecas. A eles se juntou quase toda a população da Prússia Oriental, da Silésia e da Pomerânia — as partes da Alemanha que haviam sido anexadas pela Polônia e a União Soviética em 1945. Muitas dessas pessoas, como os Mendel, já tinham fugido nos últimos dias de guerra, mas, durante os três ou quatro anos seguintes, segundo estatísticas do governo alemão, outras 4,4 milhões foram expulsas à força. Por fim, outros países na Europa seguiram o exemplo: 1,8 milhão de alemães étnicos foram igualmente expulsos da Hungria, da Romênia e da Iugoslávia.[4]

Essas expulsões em massa eram realizadas com grande brutalidade. Na Tchecoslováquia, civis germanófonos foram literalmente empurrados para o outro lado da fronteira, levando apenas os bens que podiam carregar. Em Praga e outras cidades, alemães foram cercados e instalados em centros de detenção, à espera de serem expulsos, e muitos foram submetidos a interrogatórios e torturas a fim de revelar o papel que haviam desempenhado na ocupação alemã. Massacres indiscriminados ocorreram por todo o país, os mais notórios em Ústí nad Labem (antes conhecida como Aussig), mas também em cidades menores como Postoloprty, onde, segundo registros tanto tchecos quanto alemães, pelo menos 763 alemães foram massacrados e enterrados em valas comuns nos arredores da cidade. Atrocidades semelhantes contra alemães foram cometidas na Polônia, onde autoridades dos campos de internação imitavam deliberadamente alguns dos piores comportamentos dos nazistas a fim de se vingar de seus prisioneiros civis.

A expulsão dos alemães de toda a Europa oriental e central foi tão violenta que estima-se que pelo menos meio milhão deles tenha morrido durante o processo.[5]

Se acrescentarmos todas essas pessoas àquelas que já estavam deslocadas em 1945, o número total de refugiados que passaram pela Alemanha entre 1945 e 1950 é de cerca de 25 milhões. Considerando que a população alemã nessa época não chegava a 67 milhões, isso representa uma maré de miséria humana diferente de tudo que a Europa viu desde então.

A separação dos povos

A expulsão dos alemães da Europa oriental e central foi apenas um exemplo de um fenômeno que ocorreu em todo o continente em 1945. O mundo em que Mathias Mendel havia crescido — um mundo em que eslovacos, alemães e húngaros conseguiam viver em harmonia, sem prestar demasiada atenção a suas diferenças — estava desaparecendo a passos rápidos.

Os húngaros também sofreram com a decisão do país de apoiar a Alemanha. Na esteira da guerra, funcionários do governo eslovaco quiseram expulsá-los do território — todos os 600 mil. Os Aliados, tendo visto o que fora feito aos alemães, recusaram-se a permitir, e, no fim, somente 70 mil húngaros foram mandados de volta "para casa", como parte de uma troca de população, enquanto outros 44 mil foram removidos de suas aldeias históricas e obrigados a se integrar a comunidades eslovacas em outras partes do país.[6]

Outras nações igualmente expulsaram populações indesejadas após a guerra. A Polônia, por exemplo, não só expulsou os alemães, como também removeu cerca de 482 mil ucranianos do país, sobretudo da região da Galícia, no sudeste. Quando as fronteiras com a Ucrânia foram fechadas, frente a novas expulsões em 1947, as autoridades polonesas encontraram outras maneiras de remover essa minoria. Aldeias inteiras de ucranianos foram esvaziadas, dividindo as comunidades, que se dispersaram em pequenos grupos entre aldeias polonesas do lado oposto do país. Se os ucranianos não podiam ser removidos, podiam ser obrigados a se integrar: as Igrejas ortodoxa e uniata foram banidas, e aqueles que eram apanhados falando ucraniano eram punidos. Para impedir que eles voltassem aos lugares que chamavam de lar, muitas de suas antigas aldeias foram incendiadas.[7]

Ao final, praticamente todos os países na metade oriental da Europa adotaram um comportamento semelhante. As repúblicas soviéticas da Lituânia, da Bielorrússia e da Ucrânia expulsaram cerca de 1,2 milhão de poloneses após 1945, sobretudo das zonas de fronteira que esses países tinham adquirido recentemente da Polônia por meio de vários acordos de paz. Da mesma forma, 250 mil finlandeses foram expulsos da Carélia ocidental quando a região foi cedida à União Soviética. A Bulgária obrigou cerca de 140 mil turcos e ciganos a cruzarem a fronteira com a Turquia. A lista continua. Romenos expulsaram húngaros e vice-versa. A Iugoslávia expulsou italianos, a Ucrânia expulsou romenos, a Grécia expulsou albaneses cham. Na esteira da guerra, cada nação na Europa oriental parecia determinada a eliminar o máximo possível de influências estrangeiras.[8]

O resultado foi uma limpeza étnica em escala continental. No curso de apenas um par de anos, a proporção de minorias nacionais nesses países foi reduzida em mais da metade. O antigo cadinho imperial que Mathias Mendel havia conhecido nos seus tempos de menino fora destruído para sempre.[9]

Expulsões pós-coloniais

Os motivos por trás das várias expulsões na Europa estavam invariavelmente ligados ao medo. A Segunda Guerra Mundial ensinara aos povos de países como a Tchecoslováquia que eles não podiam confiar nos fragmentos de nações estrangeiras em seu seio, porque esses fragmentos podiam ser usados para cravar uma cunha no coração do Estado, parti-lo em pedaços, dominá-lo. Os nazistas tinham usado a minoria alemã na Tchecoslováquia como uma desculpa para invadi-la em 1938 e 1939; assim, não surpreende que tchecos e eslovacos tenham reagido culpando essa minoria, punindo-a e expulsando-a. Ser banido da terra foi o preço que Mathias Mendel e pessoas como ele tiveram de pagar pela cobiça da Alemanha nazista.

Também havia fragmentos de potências estrangeiras nos países da Ásia e da África. Os japoneses na Coreia, os britânicos na Índia, os holandeses na Indonésia e os franceses na Argélia eram todos comunidades de estrangeiros que também haviam participado de uma cultura de colonização e dominação, motivo pelo qual os povos nativos desses países também procuraram expulsá-las após 1945.

Evidentemente, as razões pelas quais os britânicos estavam na Índia eram muito diferentes das razões pelas quais a família de Mathias Mendel estava na Eslováquia — eles não tinham crescido de maneira orgânica dentro do país, tinham vindo para dominá-lo. E o ódio dos indonésios pelos holandeses não tinha a ver exatamente com etnicidade — era a cultura de imperialismo que eles queriam extirpar. Não obstante, o resultado final era o mesmo. Esses fragmentos estrangeiros precisavam ser expelidos.

Os primeiros a voltar para casa foram os japoneses. A Segunda Guerra Mundial havia arruínado seu império, e assim todos os japoneses que viviam no exterior foram obrigados a partir, mesmo aqueles cujas famílias tinham vivido em lugares como a Coreia, a Manchúria ou Formosa por duas ou três gerações. Mais de 6,5 milhões de japoneses foram deportados nos quatro anos que se seguiram à guerra. Pouco mais da metade deles eram soldados e outros membros do establishment militar. Mas os 3 milhões restantes eram civis: empresários, comerciantes, administradores e suas famílias. Assim como Mathias Mendel, eles foram obrigados a abandonar seus lares e deixar todos os seus bens para trás.[10]

A expulsão dessas pessoas foi ao mesmo tempo semelhante e diferente da que estava acontendo na Europa. Assim como na Europa, graves atrocidades haviam sido cometidas na Ásia na esteira da guerra. Na Manchúria e na Coreia do Norte, civis japoneses foram com frequência atacados, torturados, estuprados e massacrados. Um ano após o fim da guerra, mais de meio milhão de japoneses expatriados continuavam desaparecidos: estima-se que somente na Manchúria cerca de 179 mil civis japoneses e 66 mil militares tenham morrido em meio à confusão e ao inclemente inverno que se seguiu à guerra. Em outras partes do império, porém, os japoneses não sofreram nada semelhante ao suplício experimentado pelos alemães expulsos. Em parte, isso se deve ao fato de sua remoção ter sido realizada pelos Aliados, não pela comunidade local, ávida por fazer justiça com as próprias mãos. Mas houve também outras razões. A atmosfera em torno das deportações na Ásia era muito diferente daquela que pairava na Europa, havia muito pouco da ideologia tóxica de limpeza racial e étnica que ocasionou tanta crueldade em relação aos alemães na Polônia e na Tchecoslováquia. Em vez disso, falava-se apenas do império. Os japoneses tinham sido derrotados, seu império desmoronara, portanto era hora de voltarem para casa. De modo geral, os próprios expatriados japoneses reconheciam isso, e partiam mais ou menos de bom grado.[11]

O país para o qual retornavam, como a Alemanha, era um caos de destruição. Sessenta e seis grandes cidades haviam sido intensamente bombardeadas durante a guerra. Em Tóquio, 65% de todas as residências haviam sido destruídas — em Osaka foram 57%, e em Nagoya, 89% —, e Hiroshima e Nagasaki tinham sido devastadas por bombas atômicas. Quase um terço da população urbana japonesa carecia de um teto no final da guerra, e portanto não via com bons olhos o retorno de outros 6,5 milhões de pessoas a um país onde os padrões de vida tinham ruído. Ao contrário dos alemães expulsos, os repatriados japoneses nunca receberiam grande compaixão de seus compatriotas: por pior que tivesse sido seu sofrimento, jamais poderiam competir com aqueles que tinham experimentado a bomba atômica.[12]

Como na Europa, o desmantelamento do império japonês funcionou nos dois sentidos: ao mesmo tempo que implicou a repatriação de colonos japoneses, implicou também a remoção de estrangeiros do Japão. Segundo fontes do governo militar americano na época, havia cerca de 1,5 milhão de estrangeiros no Japão, sobretudo coreanos, taiwaneses e chineses. Estudos posteriores elevaram esse número a mais de 2 milhões. Muitas dessas pessoas tinham sido levadas para o Japão durante a guerra e desejavam ansiosamente voltar para casa; mas algumas tinham nascido lá e reivindicavam o direito de permanecer como cidadãos imperiais. No ano seguinte ao fim da guerra, cerca de 1 milhão retornou para seus países de origem, a maioria delas para a Coreia. Os que se recusaram a partir eram também em sua maioria coreanos; cerca de 600 mil, no total.

Essas pessoas não eram vistas com bons olhos em 1945, e desde então foram objeto de severa discriminação. Infelizmente, o processo de descolonização contribuiu para isso. Quando os japoneses abriram mão formalmente de seu direito de governar a Coreia, renunciaram também às suas responsabilidades para com a minoria de coreanos que vivia em seu país. Assim, foram negados aos coreanos no Japão o direito ao voto, a pensões de guerra, ao seguro de saúde nacional, à previdência social e a um passaporte. Até hoje, coreanos que vivem no Japão há várias gerações não gozam dos mesmos direitos que os cidadãos japoneses, a menos que primeiro renunciem à identidade coreana: eles ainda são, depois de todo esse tempo, considerados "estrangeiros" por muitos japoneses. O fato de terem sido levados para o país como súditos do Japão imperial foi em grande parte esquecido.[13]

Após o colapso do império japonês na Ásia veio o longo e vagaroso desmantelamento dos impérios europeus, que também envolveu a remoção de elites imperiais e o êxodo em massa de europeus das colônias que antes haviam dominado. Depois que a Índia e o Paquistão conquistaram sua independência em 1947, por exemplo, mais de 100 mil britânicos deixaram o subcontinente.[14] Os britânicos também deixaram a Birmânia, a Malásia, Singapura e, mais tarde, suas várias colônias na África. No início dos anos 1990, mais de 328 mil brancos nascidos nesses países tinham "voltado" para a Grã-Bretanha (embora o número total fosse sem dúvida muito maior, uma vez que os nascidos na Grã-Bretanha não aparecem nos dados do recenseamento).[15] Embora todas essas pessoas se considerassem orgulhosamente britânicas, muitas jamais voltaram a se sentir em casa. No império, elas tinham se acostumado a uma vida de privilégios; de volta à Grã-Bretanha, tinham de se defender sozinhas, sem criados domésticos e na atmosfera de racionamento e austeridade do pós-guerra. Era um desfecho desesperadamente decepcionante para dois séculos de aventura colonial.

O desmantelamento do império holandês teve consequências bem mais imediatas e bem mais traumáticas. Tendo travado uma guerra selvagem e fracassada contra a independência indonésia, eles não tiveram escolha senão partir: algo entre 250 mil e 300 mil cidadãos holandeses retornaram à Europa no início dos anos 1950. Sua experiência foi muito mais difícil que a de seus equivalentes britânicos. Muitos tinham passado vários anos em campos de detenção japoneses e vivido depois uma violenta guerra civil, mas, ao chegar aos Países Baixos, receberam pouca simpatia de seus compatriotas holandeses — esses pareciam imaginar que os recém-chegados acabavam de voltar de uma alegre e confortável viagem de férias. Assim, os colonos holandeses foram de maneira geral ignorados e rejeitados pela sociedade, e continuaram a sofrer nos anos seguintes. Estudos psicossociológicos do final do século xx mostram que os ex-colonos das Índias Orientais Neerlandesas sofriam com maiores taxas de divórcio, desemprego e problemas de saúde que grupos equivalentes na sociedade holandesa convencional.[16]

Coisas semelhantes podem ser ditas dos colonos que retornaram para a França, a Bélgica e Portugal na segunda metade do século xx. Após a Guerra da Argélia, cerca de 1 milhão de colonos franceses, ou *pieds noirs*, como eram conhecidos, fugiram para a França. No espírito anticolonial dos anos 1960, eles jamais foram vistos com muita simpatia: em vez disso, foram transformados em bodes expiatórios para o fracasso do projeto colonial francês. Uma década depois, mais de 300 mil colonos portugueses fugiram de Angola para Portugal, e um número similar abandonou Moçambique. O país ao qual eles chegaram estava ocupado demais lidando com as sequelas dos anos de ditadura para lhes dar muita atenção.[17]

É fácil imaginar esse movimento de retorno de europeus à Europa como uma espécie de desfragmentação: os pedacinhos da Europa que haviam se implantado em outras nações no mundo todo estavam sendo mandados de volta para o lugar ao qual pertenciam. Mas muitas dessas pessoas não se sentiam de maneira alguma parte dos países a que "retornavam", e tiveram enorme dificuldade para se ajustar à vida na Europa. É claro que as circunstâncias de seu retorno em nada se assemelharam àquelas experimentadas por pessoas como Mathias Mendel — e seria possível alegar que sua cultura de exploração e privilégio merecia acabar. Mas não se pode negar a sensação de perda dos retornados: após dois séculos de colonialismo, todo um estilo de vida tinha chegado ao fim.

A reação internacional

O período que se seguiu à Segunda Guerra Mundial foi muitas vezes chamado de uma era de refugiados e exilados. Nos anos que se passaram desde 1945, houve uma crise humanitária após outra. O colapso do império, o início da Guerra Fria, lutas internas pelo poder em nações do mundo inteiro, fome, inundações, guerras civis — todas essas coisas, e outras, mantiveram as marés de miséria humana fluindo de maneira mais ou menos constante.

Na esteira da guerra, uma série de instituições foram criadas para lidar com esses problemas: à já mencionada Administração das Nações Unidas para o Auxílio e Restabelecimento seguiram-se a Organização Internacional de Refugiados e a Agência das Nações Unidas para Refugiados (Acnur), instituídas no início da década de 1950. Supunha-se que esta última seria apenas temporária: tantas nações estavam preocupadas com as implicações políticas de criar um organismo permanente que a estabeleceram por um período de três anos. Mas os refugiados não paravam de chegar. Os deslocamentos provocados pela Segunda Guerra Mundial revelaram-se não um fenômeno temporário, mas um sinal de como o mundo havia mudado.[18]

À medida que surgiram novas emergências, o mandato Acnur foi renovado e expandido. Ela coordenou uma resposta ao êxodo da Hungria em 1956 e da Argélia no final dos anos 1950. Lidou com refugiados africanos na esteira da descolonização na década de 1960, e nos anos 1970 cuidou de refugiados do Vietnã, do Camboja e de Bangladesh. Na década de 1980, ajudou pessoas que fugiam de guerras civis na América Central e da fome na Etiópia, e nos anos 1990 tentou levar alívio àqueles que fugiam da limpeza étnica em Ruanda e na Iugoslávia.[19]

Nos últimos anos, uma sucessão de crises fez as fileiras dos refugiados incharem. Para citar apenas alguns exemplos, houve grandes guerras no Iraque e no Afeganistão, distúrbios internos na África central e no Chifre da África, enormes turbulências ocasionadas pela Primavera Árabe e, o mais desastroso de tudo, uma prolongada guerra civil na Síria. Em 2014, segundo a onu, 13,9 milhões de pessoas foram deslocadas por conta de conflitos ou perseguições — o maior número registrado desde a Segunda Guerra Mundial. O total de refugiados e pessoas deslocadas no mundo foi estimado em 59,5 milhões — mais uma vez, um número sem precedentes. O problema não está melhorando, está ficando pior.[20]

Durante todo esse tempo, uma das nações mais generosas em relação a refugiados tem sido a Alemanha. De acordo com sua Lei Fundamental, escrita em 1948, "pessoas perseguidas por razões políticas terão o direito de asilo" — e ao longo dos quarenta anos seguintes esse direito se aplicou a todos que solicitaram asilo, sem condições.[21] Assim, a Alemanha Ocidental aceitou receber mais de 3 milhões de refugiados da Alemanha Oriental comunista antes que o Muro de Berlim fosse construído, em 1961. E, após a fracassada revolução na Hungria em 1956, esteve entre os primeiros países a oferecer asilo para as dezenas de milhares de refugiados que fluíram através da fronteira húngara. Durante o colapso do comunismo na Europa oriental, a Alemanha abriu suas portas para centenas de milhares de pessoas do leste em busca de asilo — quase 600 mil somente entre 1988 e 1992. Ao longo dos três anos seguintes, a Alemanha também acolheu 345 mil refugiados do conflito na Iugoslávia. Em 1999, havia mais de 1,2 milhão de refugiados e pessoas em busca de asilo no país.[22]

Em 2015, em resposta a uma nova guerra na Síria, a Alemanha declarou uma política de portas abertas para todos os refugiados que estivessem fugindo da crise. Durante os meses seguintes, centenas de milhares de migrantes cruzaram o Mediterrâneo, muitos deles levando fotografias da chanceler alemã, Angela Merkel, e dizendo aos repórteres de tv que "a Angela disse que podíamos vir". No fim do ano, o número de pessoas em busca de asilo na Alemanha havia quadruplicado, chegando a pouco menos de 1 milhão.[23]

Muitas outras nações europeias jamais foram tão generosas, principalmente em momentos como a crise de refugiados de 2015. Algumas construíram cercas ao longo de suas fronteiras para impedir que eles entrassem. Outras ressaltaram — com alguma razão — que muitas das pessoas que estavam vindo para a Europa não eram refugiados, mas migrantes econômicos. Quase todos os países criticaram a Alemanha por abrir suas portas, afirmando que eles estavam apenas tentando expiar sua culpa histórica, e acusando-os de "exibição tirânica de virtude germânica" e até de "imperialismo moral".[24]

Para Dittmann Mendel, o oitavo filho de Mathias Mendel, há uma explicação mais simples para a política de refugiados alemã. Ele cresceu numa comunidade que sabia o que significava ser expulso da terra natal. Sua família tivera de recomeçar do zero, construir sua própria casa e depender da boa vontade de estranhos; e ele com frequência ouvia os pais conversando com amigos do antigo país, com muita tristeza, sobre o mundo que tinham sido obrigados a deixar para trás. "Ao menos em parte, talvez sejamos mais compreensivos que outros países em relação ao problema dos refugiados porque também tivemos que enfrentá-lo", diz ele.[25]

24. A globalização dos povos

A Segunda Guerra Mundial não trouxe somente dor e trauma. Nem resultou sempre na polarização dos povos. Em algumas nações, acontecia exatamente o processo oposto: os enormes deslocamentos provocados pela guerra trouxeram consigo os benefícios da diversidade, à medida que comunidades de refugiados se tornaram a base de novas minorias.

Também é certo que nem todos que se deslocaram durante e após a guerra foram forçados a isso: muitos por vontade própria. Para essas pessoas, a ideia de se afastar da vida anterior representava não uma perda, mas uma oportunidade. A guerra lhes brindava com uma chance de ver o mundo, de experimentar novas ideias e adquirir novas habilidades, talvez até de construir uma vida melhor. Uma dessas pessoas foi Sam King, filho de um plantador de bananas caribenho, e sua história demonstra uma das maiores mudanças sociais ocasionadas pela guerra: o boom migratório.

Sam King era adolescente quando a Segunda Guerra irrompeu, mas o pai já tinha seu futuro minuciosamente planejado. Como filho mais velho, esperava-se que ele se encarregasse da fazenda da família em Priestman's River, na Jamaica, quando o pai se aposentasse. A perspectiva não empolgava King de modo algum. Ele tinha observado as batalhas anuais do pai contra a seca e as enchentes, contra os danos provocados por furacões, contra as pragas que atacavam suas bananas e arruinavam seus cocos. Tinha visto as colheitas apodrecerem nos campos quando o mercado internacional de súbito se esgotava. Uma vida como a de seu pai não parecia oferecer nada senão adversidade. "Eu decidi [...] que seria difícil suportar tal infortúnio, e que o melhor a fazer era procurar uma saída."[1]

A guerra lhe ofereceu exatamente a oportunidade que buscava. Um dia, quando ele tinha dezoito anos, apareceu um anúncio no *Daily Gleaner* solicitando voluntários para a Royal Air Force. Sua mãe lhe disse: "Filho, a pátria mãe está em guerra. Vai! E se você viver será uma boa coisa". Assim, ele fez o exame da RAF, no qual foi aprovado com uma boa nota. E, em 1944, embarcou no *SS Cuba* para cruzar o Atlântico.[2]

Durante os meses seguintes, ele experimentaria muitas coisas que jamais tinha imaginado. A primeira foi a própria guerra. "Eu sabia o que era uma guerra", ele recordou anos depois, "mas, quando a vemos com nossos próprios olhos, é assustador." Em novembro, ao chegar a Glasgow, King ficou chocado ao descobrir que grande parte da cidade havia sido destruída por bombardeios. O mesmo podia ser dito de cada cidade pela qual passou, sobretudo Londres, que ainda estava sob ataques de mísseis V1 e V2.

Ele ficou chocado também com o frio. No momento de sua chegada, a temperatura na Grã-Bretanha era de apenas 4°C: "Eu pensei que fosse morrer!". Mas seus instrutores mandaram que ele e os outros recrutas jamaicanos tirassem a roupa e jogassem uma partida de futebol: depois de correr para lá e para cá, eles se viram suando, e perceberam que a vida no país não seria tão ruim.

A RAF treinou King como mecânico de aviões e o pôs para trabalhar na manutenção de bombardeiros Lancaster. Ele trabalhava longas horas, mas estava feliz. "Tive o privilégio de trabalhar com pessoas de todas as partes do mundo, da Noruega ao Sudão. Estávamos todos trabalhando arduamente para derrotar a Alemanha nazista." Ele se sentiu seduzido pelo forte sentimento de comunidade que isso gerava: "Era bom fazer parte da Grã-Bretanha".[3]

Sam King aproveitou com entusiasmo as oportunidades que teve. Enquanto estava na Grã-Bretanha, começou um curso por correspondência a fim de completar a educação escolar que não havia tido quando menino na Jamaica. Além disso, matriculou-se num curso de carpintaria da RAF, para aprender uma nova habilidade. Sempre que tinha uma folga, traba-

Sam King com o uniforme da RAF
depois de sair da Jamaica, em 1944.

lhava em canteiros de obra, para ganhar um dinheiro extra e poupar. O futuro parecia mais brilhante do que ele jamais havia imaginado.

"A guerra me deu a chance de sair da minha aldeia", ele confessou numa entrevista perto do fim da vida. "Não direi que a guerra foi algo bom, mas aproveitei a oportunidade. Sem a guerra, meu pai teria me amarrado por lá. Mas eu não tinha nenhuma intenção de plantar bananas como ele."[4]

Diversidade na Europa ocidental

A população da Grã-Bretanha foi transformada entre 1939 e 1945. À medida que os nazistas marcharam através da Europa, governos, exércitos e pessoas comuns fugiram do continente e se instalaram no Reino Unido.

A Marinha norueguesa navegou para a Escócia. Sobras da Marinha francesa ficaram baseadas em Plymouth, e sobras da Força Aérea polonesa formaram mais de uma dezena de esquadrões em torno de Londres e Lincolnshire. Milhares de judeus também fugiram para a Grã-Bretanha, inclusive Georgina Sand, cuja história abre este livro. Londres, em especial, tornou-se o quartel-general dos Franceses Livres, dos Belgas Livres, dos governos tcheco e polonês no exílio, da monarquia holandesa e de uma série de outros grupos europeus oficiais e não oficiais. Eles se misturavam com homens das colônias e domínios britânicos que vinham se juntar à luta, sobretudo canadenses, australianos, africanos ocidentais e caribenhos como Sam King. Mais de 170 mil irlandeses tinham ido trabalhar na Grã-Bretanha durante a guerra. E talvez o maior grupo a acrescentar a essa mistura fossem as centenas de milhares de militares americanos ali estacionados. A Grã-Bretanha durante a guerra foi mais diversificada do que nunca.[5]

Quase nenhuma dessas pessoas eram imigrantes de longo prazo. Em sua maior parte, tratava-se de combatentes ou refugiados da Europa, homens e mulheres, que só permaneceram na Grã-Bretanha durante a guerra. Após 1945, com o anúncio da vitória, a Marinha norueguesa ficou livre para retornar ao fiorde de Oslo. Os Franceses Livres voltaram à França e os vários governos no exílio partiram para reconstruir seus países. Os enormes contingentes das Forças Armadas dos Estados Unidos embarcaram em navios e cruzaram de volta o Atlântico. Em 1947, Sam King também foi desmobilizado e enviado de volta para a Jamaica.

Mas se as pessoas imaginavam que a Grã-Bretanha voltaria a ser o que havia sido antes da guerra, estavam muito enganadas. Ao mesmo tempo que um grupo de estrangeiros partia, outro grupo chegava. Dezenas de milhares de refugiados poloneses chegaram ao país na esteira da guerra e se instalaram no oeste de Londres e em outras partes. Eram homens que tinham lutado no Exército britânico durante a guerra, mas não tinham uma nação para onde voltar, uma vez que os soviéticos haviam anexado sua pátria. Tendo permitido que Stálin fizesse isso, a Grã-Bretanha tinha para com eles uma dívida de responsabilidade. Assim, em 1947, o Parlamento britânico aprovou o Lei do Reassentamento Polonês, e mais de 100 mil imigrantes poloneses chegaram.[6]

A Grã-Bretanha precisava dessas pessoas. Todo o país estava sendo reconstruído, e havia uma enorme demanda de mão de obra. As novas instituições do Estado de bem-estar social precisavam ser expandidas, sobretudo o Serviço Nacional de Saúde, que cresceria para se tornar um dos maiores empregadores do mundo. A infraestrutura da Grã-Bretanha havia sido gravemente danificada, em especial no que dizia respeito à habitação, e precisava ser reconstruída com urgência. Vagas de emprego começaram a aparecer em toda parte: a necessidade de compensar anos de negligência numa variedade de indústrias exigia mais mão de obra do que a Grã-Bretanha sozinha podia fornecer.

Grande parte desse déficit foi suprido com mão de obra irlandesa — a tal ponto que a Irlanda foi rapidamente esvaziada de seu próprio povo. Entre 1945 e 1971, cerca de um terço da população irlandesa com menos de trinta anos deixou o país em busca de emprego, a maioria indo para a Grã-Bretanha. O governo britânico também começou a recrutar pessoas de outros países. Primeiro, criou um programa de emprego para voluntários europeus, seguido por um programa ainda maior chamado "Westward Ho!", que buscou atrair até 100 mil trabalhadores de outras partes da Europa.[7]

Processos semelhantes aconteciam em todo o continente. Assim como a Grã-Bretanha, outros países europeus criaram programas para atrair mão de obra estrangeira. Um dos primeiros foi a Bélgica, que empregou 50 mil deslocados nas minas de carvão e na indústria do aço quase assim que a guerra terminou. A França abriu um Escritório Nacional de Imigração para organizar o recrutamento de trabalhadores de países próximos, e mais tarde a Alemanha deu início a um programa semelhante.

Dentro de pouco tempo, enormes contingentes de pessoas estavam se deslocando de partes mais pobres da Europa para as regiões com maior oferta de emprego. Nos quinze anos que se seguiram à guerra, uma média de mais de 264 mil italianos deixou a Itália *a cada ano*, a maioria deles em busca de trabalho na Alemanha, na Suíça e na França. Da mesma forma, centenas de milhares de espanhóis e portugueses foram para a França, turcos e iugoslavos para a Alemanha, finlandeses para a Suécia e assim por diante.

Portanto, exatamente ao mesmo tempo que a Europa oriental expulsava suas minorias étnicas e se esforçava para criar Estados-nações monoculturais, a Europa ocidental se misturava como nunca antes. No início dos anos 1970, as poderosas nações industriais do noroeste da Europa já tinham acolhido cerca de 15 milhões de migrantes.[8]

Imigração procedente das colônias

Sam King voltara para casa com relutância. De novo na fazenda do pai, ouviu rumores sobre as transformações que estavam acontecendo na Grã-Bretanha e começou a se sentir inquieto. Não estava feliz na Jamaica. A ilha havia mudado em sua ausência. Como muitas outras partes do mundo, enfrentava a turbulência do pós-guerra, reivindicações de independência, greves trabalhistas e desemprego generalizado. Havia uma nova inquietação no ar.

King também havia mudado. Desde sua volta, estava perdido.

> Tentei pensar com calma, examinar os vários projetos a que poderia me dedicar, mas todos se revelavam obscuros e vagos. Eu não conseguia me ver avançando do ponto de vista social ou financeiro em Priestman's River, ou mesmo na Jamaica. [...] Estava impaciente e ansioso, admito, mas sentia que o tempo estava se esgotando.[9]

Então, um dia, ele viu um segundo anúncio no *Daily Gleaner*. Um navio de transporte de tropas chamado *Empire Windrush* atracaria em Kingston naquele mês de maio, e passagens baratas estavam sendo oferecidas para qualquer pessoa que quisesse ir procurar emprego na Grã-Bretanha. Ele soube imediatamente o que tinha de fazer. Falou com a mãe e o pai, que lhe deram sua bênção — mas com grande tristeza, porque sentiam que se ele fosse para a Grã-Bretanha provavelmente jamais voltaria. Seu pai vendeu três vacas para pagar sua passagem. E, em 24 de maio de 1948, Sam King embarcou mais uma vez num navio rumo à "pátria mãe", desta vez como civil.

KING NÃO TINHA COMO saber no momento, mas aquela travessia do Atlântico em 1948 fazia parte de algo mais que apenas um marco pessoal: ele estava na vanguarda de uma revolução que pegaria a Grã-Bretanha inteiramente de surpresa.

O governo britânico acreditava que seria capaz de controlar a imigração depois da guerra. Todos os programas criados para atrair trabalhadores da Europa tinham rigorosos limites e critérios. O imigrante ideal, no que dizia respeito ao governo britânico, era alguém capaz de se dissolver de maneira imperceptível na sociedade britânica — alguém jovem, saudável de corpo e mente, de classe média, protestante e, acima de tudo, branco. Foi por isso que eles tentaram tão ativamente recrutar refugiados dos Países Bálticos através de seu programa de emprego para voluntários europeus; eram eles que o governo sentia que mais provavelmente se adequariam.

Havia, contudo, uma evidente falha nos planos britânicos. Ao contrário do que acontecia no caso dos trabalhadores europeus, não havia nenhuma barreira para os imigrantes procedentes do Império Britânico. Como "cidadãos do Reino Unido e das colônias", pessoas como Sam King gozavam do direito automático de entrar no Reino Unido, trabalhar, viver e até votar. Esses direitos foram assegurados a todos os cidadãos da Commonwealth até 1962, quando o governo começou a revogá-los. Ao chegar à Grã-Bretanha, esses imigrantes procedentes do império gozavam de muitas vantagens sobre alguns de seus rivais europeus. Já falavam inglês e estavam familiarizados com muitos aspectos da cultura britânica: como disse King, "éramos cristãos e jogávamos críquete".[10] Embora tivessem de percorrer um longo caminho, suas viagens eram muito facilitadas pelos vínculos de seus países com a Grã-Bretanha — eles simplesmente seguiam as rotas comerciais há muito estabelecidas.

Em consequência de toda essa imigração, as cidades britânicas foram rapidamente transformadas, das monoculturas que tinham sido em 1939 nos cadinhos multiculturais e multirraciais que são hoje. Em 1971, mais de 300 mil antilhanos haviam se instalado na Grã-Bretanha. A eles se uniram 300 mil indianos, 140 mil paquistaneses e mais de 170 mil africanos. Essas comunidades formariam a base para ondas futuras de imigração.

Foi, como expressou alegremente a poeta de origem jamaicana Louise Bennett, uma "colonização reversa".[11]

Algo parecido estava acontecendo em toda a Europa ocidental. Ao lado dos fluxos de pessoas dentro do continente chegavam migrantes de muito mais longe. Nos 25 anos que se seguiram à Segunda Guerra Mundial, a França metropolitana se tornaria o lar não só de italianos, espanhóis e portugueses, mas também de milhões de nativos de suas antigas colônias. Quase 1 milhão de *pieds noirs*— franceses nascidos na Argélia — fugiram da África do Norte na esteira da Guerra de Independência Argelina, deflagrada em 1954. Junto deles vieram cerca de 600 mil argelinos nativos em busca de uma vida melhor. Em seguida, 140 mil marroquinos e 90 mil tunisianos, recrutados por meio do Escritório Nacional de Imigração, e cerca de 250 mil cidadãos franceses vindos de departamentos e territórios ultramarinos como Guadalupe, Martinica e Reunião. A diversidade da França atual tem suas raízes nesses anos do pós-guerra.

Os Países Baixos também viram o "retorno" de 300 mil cidadãos holandeses da recém-independente Indonésia. Eles levaram consigo 32 mil molucanos, em sua maioria cristãos camponeses que não queriam ter nada a ver com o Estado indonésio. Mais tarde, uniram-se a eles cerca de 160 mil nativos das colônias do Suriname e das Antilhas Holandesas. Fluxos similares de pessoas seguiram de Angola e Moçambique para Portugal e da República Democrática do Congo para a Bélgica.[12]

Numa escala global, esses movimentos populacionais em direção à Europa tornaram-se parte de uma tendência mais ampla de migração dos países do hemisfério Sul para os países mais ricos do norte. Não foram só as populações das antigas colônias que migraram rumo ao norte para suas "pátrias mães" na Europa; houve somalis e cingaleses que foram para os países do golfo Pérsico em busca de trabalho, filipinos e indonésios que foram para Hong Kong ou o Japão, e mexicanos e porto-riquenhos que iniciaram uma nova vida nos Estados Unidos. Historiadores e cientistas políticos escrevem com frequência sobre os antilhanos que foram para a Grã-Bretanha após a guerra, mas em meados dos anos 1970 havia na verdade mais migrantes caribenhos só na cidade de Nova York que em toda a Europa ocidental. Laços coloniais eram importantes; mas muito mais importantes eram as oportunidades que os migrantes buscavam.[13]

A transformação ocorrida na América Latina ao longo das três décadas que se seguiram à Segunda Guerra Mundial é reveladora. Antes do conflito, levas de europeus tinham migrado para países como Argentina e Brasil em busca de fortuna, mais ou menos como tinham migrado para suas colônias na Ásia e na África. Uma vez terminada a guerra, esse padrão foi retomado: centenas de milhares de refugiados europeus e migrantes econômicos começaram a chegar. Mas, com a continuidade da expansão econômica europeia nas décadas de 1950 e 1960, os números logo entraram em queda. Agora, as nações latino-americanas mais ricas passaram a depender de mão de obra migrante da própria região: paraguaios, chilenos e bolivianos foram para a Argentina; e centenas de milhares de colombianos aportaram na Venezuela, em busca de trabalho nas fazendas e campos de petróleo. Por fim, quando toda a região caiu numa espiral insustentável de dívida nos anos 1970, a maioria dos latino-americanos começou a seguir os mesmos padrões de migração que o resto do sul global, isto é, a fugir para o norte em busca das oportunidades que nunca tinham se materializado verdadeiramente em seus próprios países. E não foi só para os Estados Unidos que eles foram. Argentinos começaram a migrar para países como Itália e Espanha: era uma espécie de migração econômica ao contrário.[14]

Sob alguns aspectos não havia nisso nada de novo. Tratava-se simplesmente de uma progressão a partir de algo que já vinha ocorrendo havia um século: o movimento dos pobres da zona rural para as cidades, mais ricas, só que ampliado em escala internacional. O que *era* novo era o volume de pessoas que migravam e o ritmo em que chegavam; e ambos haviam sido enormemente acelerados pela Segunda Guerra Mundial. Uma geração que fora sacudida pelo início da modernidade e os efeitos globais da guerra sentia-se muito menos enraizada em suas comunidades do que as gerações de seus pais e avós: como Sam King, eles viam a oportunidade de uma vida melhor e queriam agarrá-la. A mesma ânsia que impelia os movimentos de independência de colônias no mundo inteiro também impelia milhões de indivíduos a voar com as próprias asas e a buscar fortuna em outros lugares.

E não apenas o anseio por movimento havia crescido, como também as oportunidades para que isso fosse feito. O sistema global de cooperação comercial, econômica e internacional construído depois de 1945 acelerou uma tendência que de outro modo poderia ter levado muito mais tempo para se desenvolver. A indústria do transporte marítimo expandiu-se subitamente nesses anos; e uma nova indústria de viagens aéreas floresceu, valendo-se das enormes frotas de aviões construídos para a guerra. A globalização como a conhecemos hoje na verdade teve início na esteira da Segunda Guerra Mundial.

Na Europa ocidental em particular, isso deu início a uma revolução. Era como se fragmentos da Índia ou do Caribe tivessem se desprendido e se encravado na Grã-Bretanha. De repente, lascas da África do Norte tinham sido transplantadas para a França, e pedacinhos da Turquia e dos países do Levante tinham se espalhado pela Alemanha e pelos Países Baixos.

Economistas, artistas e gastrônomos se apressam a destacar os enormes benefícios que essa revolução trouxe para a Europa, mas é inegável que também houve custos. Um deles foi um crescente sentimento de alienação entre os europeus. Não foram apenas as populações imigrantes que foram fragmentadas: sua chegada abriria fissuras nas próprias comunidades em que estavam ingressando. Também isto teria profundas consequências nos anos seguintes.[15]

A Geração Windrush

SAM KING, então, não imaginava no que estava se metendo quando embarcou no *Empire Windrush* em 1948. Durante a guerra, fora acolhido como um aliado pela Grã-Bretanha. Tinha visto muito pouco preconceito manifesto, e o pouco que vira tendia a vir não dos britânicos, mas de estrangeiros — como os soldados americanos em Manchester que tentaram bater em seu amigo e tomar sua namorada, ou o oficial sul-africano que tentara alojá-lo separadamente da tripulação de terra branca. Em ambas as ocasiões, britânicos haviam intercedido em sua defesa.

Em 1948, quando ele retornou ao país, a situação era ligeiramente diferente. Ao que parecia, uma coisa era ter negros na Grã-Bretanha de maneira temporária para ajudar a travar uma guerra, e outra completamente diferente era tê-los no país em tempo de paz, talvez até de forma permanente.

A antipatia em relação à sua chegada começou antes mesmo de seu desembarque, e foi expressa no topo da sociedade britânica. Ao ouvir que o *Empire Windrush* estava transportando 492 imigrantes antilhanos para Londres, o ministro do Trabalho, George Isaacs, advertiu o Parlamento: "A chegada desses números substanciais de homens sem nenhum arranjo organizado está fadada a resultar em dificuldades e decepções".[16] O secretário para as colônias, Arthur Creech Jones, assegurou que se tratava de um evento único, e que era pouco provável que "um movimento de massa" de imigrantes jamaicanos voltasse a ocorrer.[17] Pouco tempo depois, onze trabalhistas do Parlamento escreveram ao primeiro-ministro solicitando uma nova legislação para impedir a vinda dessas pessoas no futuro:

> O povo britânico felizmente goza de uma profunda unidade sem uniformidade [...] e é abençoado pela ausência de um problema racial de cor. Um influxo de pessoas de cor domiciliadas aqui provavelmente prejudicará a harmonia, a força e a coesão de nossa vida pública e social, causando discórdia e infelicidade entre todos os envolvidos.[18]

A imprensa não tardou a encampar o argumento. No próprio dia do desembarque do *Empire Windrush* em Tilbury, uma manchete no *Daily Graphic* chamou sua chegada de o início de uma "invasão". Pessoas como Sam King eram apenas o começo, ele alertava: um "enorme exército de trabalhadores desempregados" estava a caminho desde a Jamaica.[19]

É tentador descartar essas preocupações como absurdos racistas: a chegada de 492 homens estava longe de constituir uma "invasão" ou um "movimento de massa", sobretudo tendo em vista as centenas de milhares de imigrantes brancos que estavam sendo ativamente cortejados pelo governo ao mesmo tempo. Mas se esses comentários eram indubitavelmente racistas, havia também algo mais acontecendo. Apesar de todo o seu preconceito latente, as autoridades britânicas estavam genuinamente preocupadas com a coesão social no pós-guerra, e temiam que trabalhadores caribenhos negros simplesmente não fossem capazes de se adaptar. Os imigrantes europeus pelo menos pareciam britânicos, enquanto os negros seriam sempre visíveis na multidão.[20]

Quando Sam King chegou a Londres, começou a descobrir isso por si mesmo. Ao desembarcar do *Empire Windrush*, havia sido bem tratado. Deram-lhe um lugar para dormir num abrigo antiaéreo abandonado no sul de Londres e os membros de uma igreja local o acolheram calorosamente. Mas, ao longo dos meses seguintes, começou a notar preconceito em toda parte, às vezes sutil, às vezes manifesto. Quando foi até a agência de empregos inscrever-se como carpinteiro, disseram-lhe que sendo jamaicano seu trabalho não poderia estar à altura dos padrões britânicos. Foi somente quando ele apresentou um certificado mostrando que tinha feito um curso da RAF que, constrangidos, ofereceram-lhe algumas opções de emprego. Foi difícil encontrar alojamento, e era comum ver cartazes nas janelas das pensões dizendo: "Não se aceitam negros, não se aceitam cães". Quando ele e o irmão pediram um empréstimo para comprar a própria casa, receberam uma carta do credor hipotecário recusando o pedido e aconselhando-os a voltar para a Jamaica. Mais tarde, quando trabalhava para os correios, era objeto de frequentes imprecações de colegas brancos, que gritavam para ele: "Volte pra casa!". Um execu-

O apelo à unidade do governo britânico durante a guerra. O orgulho pela diversidade das pessoas que vinham em ajuda ao país não durou muito após 1945.

tivo chegou a lhe dizer abertamente: "Se fosse por mim, você não seria nem carteiro na minha agência".[21]

King se recusou a permitir que esses comentários e atitudes o refreassem. Sempre se considerara britânico, e se orgulhava disso. Ingressou no sindicato. Ingressou no Partido Trabalhista. Abriu sua casa para compatriotas jamaicanos que não conseguiam encontrar abrigo. Ajudou a fundar uma cooperativa de crédito para seus companheiros imigrantes, e foi a mola propulsora por trás do primeiro jornal negro da Grã-Bretanha, a *West Indian Gazette*. Em 1958, depois que distúrbios raciais atingiram Notting Hill, em Londres, ele ajudou sua amiga e colega de trabalho Claudia Jones a criar um carnaval antilhano, numa tentativa de mostrar o lado positivo da cultura caribenha: ele acabaria por se transformar num dos maiores festivais de rua anuais da Europa, o Carnaval de Notting Hill.

Em 1982, King foi eleito para o conselho local de Southwark, e um ano depois tornou-se o primeiro prefeito negro do distrito. Começou imediatamente a receber telefonemas de pessoas ameaçando cortar sua garganta e incendiar sua casa. Uma guarda policial permanente foi colocada em sua residência. Embora essas coisas o irritassem, nunca deixou que obscurecessem seu julgamento: "O negativismo só serve para deprimir e desalentar".

Antes de sua morte em 2016, aos noventa anos de idade, o conselho para o qual havia trabalhado instalou uma placa comemorativa azul em sua antiga casa, em reconhecimento a tudo que realizara em vida, e a tudo que fizera por sua comunidade.[22]

Reações adversas

As atitudes com que Sam King se deparou estavam profundamente arraigadas na cultura britânica. Depois de mais de dois séculos de colonialismo, os britânicos tinham estabelecido uma ampla variedade de suposições sobre as raças negras, considerando-as atrasadas, preguiçosas, inferiores, e essas suposições foram sendo postas em xeque pela chegada de pessoas como ele, que eram não só instruídas como também diligentes, ambiciosas, eruditas e capazes. Alguns aprenderam com a experiência, inclusive um dos primeiros atormentadores de Sam King, que, passando mais tarde por tempos difíceis, recorreu a ele para obter ajuda; mas outros nunca foram capazes de ver além da cor de sua pele.

Se houve poucos movimentos anti-imigração organizados na Grã-Bretanha durante os anos 1940 e 1950, não foi por uma falta de hostilidade. O povo britânico, mais ou menos como o governo britânico, passou grande parte dessa época em negação: eles simplesmente supunham que os imigrantes negros e asiáticos logo iriam embora. Ironicamente, foram as primeiras tentativas britânicas de limitar a imigração que por fim expuseram a verdade. A Lei dos Imigrantes da Commonwealth, de 1962, impôs severas restrições à imigração primária, de modo que aqueles que chegavam agora não eram mais homens e mulheres solteiros em busca de emprego, mas os familiares daqueles que já estavam na Grã-Bretanha. A família de Sam King foi um bom exemplo. "Minha mãe teve nove filhos, e oito vieram para a Grã-Bretanha", ele afirmou mais tarde. Essa consolidação familiar não era própria de pessoas que pretendiam voltar para a Jamaica. King e os seus estavam na Grã-Bretanha para ficar.[23]

A sociedade britânica começou então a perceber que estava experimentando uma mudança permanente em seu estilo de vida. O político conservador Enoch Powell fez uma série de discursos famosos sobre como os britânicos tinham agora a impressão de estar vivendo em "território estrangeiro".[24] Foi fundado um partido novo, racista, chamado Frente Nacional, cujo programa incluía a "repatriação de todos os imigrantes de cor e seus descendentes".[25] Marchas racistas foram realizadas em Londres, Huddersfield, Bradford, Leicester, Oldham e muitos outros lugares por todo o país, com frequência levando a choques violentos com a polícia e contra manifestantes.[26]

Uma inquietação semelhante foi vista em toda a Europa. Nos anos 1970, partidos fascistas como o União do Povo Holandês e o União do Povo Alemão começaram a surgir em toda parte. A eles se uniram agremiações populistas radicais de direita como o Front National, na França, e o Partido do Progresso, na Dinamarca e na Noruega. Separatistas regionais como a Liga do Norte, na Itália, e o Bloco Flamengo, na Bélgica, também entraram na onda. Esses partidos viram um rápido aumento de sua popularidade ao longo das décadas de 1970 e 1980, todos adotando a rejeição xenofóbica de imigrantes como política central. Partidos mais convencionais também viram uma oportunidade nesse aspecto. O melhor exemplo é o Partido da Liberdade da Áustria, que, nos anos 1980, ao passar de uma posição conservadora moderada para uma estridentemente contrária à imigração, viu sua parcela de votos subir de cerca de 5% para 33%. Em maio de 2016, o candidato do Partido da Liberdade não conseguiu se tornar presidente da Áustria por uma margem tão estreita que novas eleições tiveram de ser realizadas no fim do ano (as quais ele também perdeu por pouco).[27]

No momento em que escrevo, a direita radical está mais poderosa na Europa do que em qualquer outro momento desde a Segunda Guerra Mundial. O governo da Hungria, dominado pelo Fidesz, um partido da extrema direita, tem sido frequentemente criticado por políticos e jornais do mundo todo por seu autoritarismo e demonização de estrangeiros. O único consolo para os críticos do Fidesz é ele ser menos extremado que o Jobbik, que é abertamente racista e recebeu mais de 20% dos votos em 2014.[28] O Partido Lei e Justiça, da Polônia, que chegou ao poder em 2015, é também um partido da direita radical que foi rechaçado pelos grupos mais moderados no país, e até por alguns de seus antigos integrantes.[29] Na França, o apoio ao Front National vem crescendo de maneira constante há vinte anos. O Partido da Independência do Reino Unido recebeu 3,8 milhões de votos nas eleições gerais de 2015, fazendo dele o terceiro partido mais popular na Grã-Bretanha. Todas essas legendas têm uma coisa em comum: são furiosamente contrárias à imigração.

Em diversas outras nações industriais ricas no mundo todo as atitudes em relação à imigração seguiram caminhos muito parecidos. A Austrália é um bom exemplo: depois de 1945, o primeiro ministro da Imigração, Arthur Calwell, moveu uma campanha para "povoar ou perecer": "Temos de ocupar este país, ou vamos perdê-lo", disse. "Precisamos nos proteger do perigo amarelo do norte." Na esteira da Segunda Guerra Mundial, a Ásia não podia ainda ser concebida senão como uma ameaça, por isso Calwell tentou estimular sobretudo a imigração europeia, de preferência britânica. Essa "Política da Austrália Branca" só foi desmantelada nos anos 1960; mas a imigração que veio nos anos seguintes, predominantemente da Ásia, nunca foi plenamente aceita. Na década de 1990, a política Pauline Hanson fundou o One Nation, um partido de linha semelhante aos da direita radical na Europa e nos Estados Unidos. Ela exigia o cessar completo da imigração e o fim do multiculturalismo. "Acredito que corremos o risco de ser inundados de asiáticos", disse em seu discurso inaugural no Parlamento. Desde então, a imigração tornou-se uma das questões mais sensíveis no país. A aversão da Austrália a imigrantes vindos da Ásia é tão forte que, a partir de 2012, os refugiados começaram a ser alojados bem longe do continente, em campos na Micronésia ou na Papua-Nova Guiné.[30]

Medo e liberdade

Então, o que temem essas pessoas? Uma das razões — e justificativas — mais comuns para a xenofobia nos países industrializados é que os nativos receiam por seus empregos. Os imigrantes são com frequência censurados por solapar a força de trabalho tradicional e fazer os salários caírem. Mas, quer isso seja ou não verdade, essa não parece ser a principal preocupação das pessoas. Se fosse, seria de esperar que a animosidade em relação aos estrangeiros crescesse em tempos de desemprego elevado, mas dados históricos da Europa ocidental mostram que os vínculos entre xenofobia e taxas de desemprego são muito tênues.[31]

A ameaça real que a imigração representa para comunidades no mundo desenvolvido parece ter menos a ver com o emprego do que com a cultura. Como Enoch Powell deixou claro na Grã-Bretanha dos anos 1960, trata-se de um jogo de números. Quando a proporção de imigrantes negros atingia um quarto ou um terço da população em algumas cidades, ele a chamava de uma "invasão": "Em toda a nossa história, nunca enfrentamos um perigo maior". Os britânicos, ele escreveu, estavam sendo "deslocados no único país que lhes pertence".[32] Nos anos seguintes, sentimentos semelhantes se expressaram em toda a Europa, Australásia e América do Norte: o que as pessoas temiam não era perder o emprego, mas suas comunidades.

Isso era em parte paranoia, em parte preconceito, mas também continha algumas sementes de verdade. Comunidades *estavam* sendo erodidas. Pessoas *estavam* começando a se sentir alienadas. Nações *estavam* sendo transformadas. Isso não ocorria inteiramente por culpa dos imigrantes, é claro, mas, como eles eram — e são — a manifestação mais perceptível das mudanças pelas quais as sociedades desenvolvidas haviam passado desde o fim da Segunda Guerra Mundial, tornaram-se um símbolo poderoso de alienação.

Os números da imigração no próprio século XXI são assombrosos, sobretudo nos países mais ricos da Commonwealth. Em 1947, somente 10% da população australiana havia nascido no exterior e quase três quartos dessa porcentagem eram britânicos ou irlandeses. Em 2015, essa proporção havia disparado para mais de 28%, com o maior crescimento vindo de imigrantes asiáticos.[33] Padrões semelhantes podem ser encontrados na Nova Zelândia e no Canadá. Em cada um desses países, as comunidades que nas décadas de 1940 e 1950 haviam parecido tão estáveis, tão uniformes — e tão brancas —, tinham se transformado a ponto de se tornar irreconhecíveis.[34]

Proporções similares de imigrantes podem ser vistas atualmente em muitos países da Europa. Em 2013, segundo a Organização para a Cooperação e Desenvolvimento Econômico, mais de 28% da população suíça também tinha nascido fora do país. Ali a imigração tornou-se uma questão política tão delicada que aqueles que pretendiam reintroduzir controles mais rigorosos conseguiram forçar o governo a realizar um referendo sobre a introdução ou não de cotas de imigração no país, o qual a propósito venceram.[35]

À primeira vista, os números para o resto da Europa não parecem ser tão dramáticos. Nos Países Baixos, a população nascida no estrangeiro em 2013 era só de 11,6%; na França, 12%; na Alemanha, quase 13%; e, na Áustria, quase 17%. Mas esses números não levam em conta os filhos e netos de imigrantes que chegaram a esses países após a Segunda Guerra Mundial — pessoas com frequência facilmente identificáveis pela cor da pele. Para aqueles que se recusam a se conformar com as mudanças em suas sociedades, esses imigrantes são um permanente lembrete da maneira como seus países foram alterados.

Já nos Estados Unidos, mais de 13% da população vinha de outros países. O setor demográfico que cresce de forma mais acelerada é o de pessoas de origem hispânica: de fato, o espanhol está se tornando rapidamente a segunda língua do país. Não admira que americanos brancos, anglo-saxões, sintam-se "estrangeiros em sua própria terra".[36]

O Reino Unido viu mudanças semelhantes em sua composição cultural, sobretudo nas cidades. Londres é uma séria candidata ao título de cidade mais diversificada do mundo. Ali falam-se mais de trezentas línguas, e há pelo menos cinquenta diferentes comunidades não nativas de 10 mil pessoas ou mais. Quase um em cada cinco londrinos é negro ou mestiço. Quase um em cada cinco é de origem asiática. Em 2013, o prefeito da cidade, Boris Johnson, anunciou — talvez enganosamente — que a capital britânica era na verdade a "sexta maior cidade" da França, com mais franceses vivendo lá do que em Bordeaux.[37]

Ainda que isso contribua para fazer de Londres um lugar interessante para se viver, não contribui muito para gerar um sentido de pertencimento. Há uma rotatividade tão elevada de pessoas na cidade que qualquer senso de comunidade é com frequência apenas temporário, e deve ser desfrutado enquanto dura antes que amigos e vizinhos se mudem e sejam substituídos. Os londrinos estão acostumados com isso agora. Os que viveram lá a vida toda, como eu, aprenderam a se desapegar das tradições com que cresceram e a desfrutar as ondas de novas ideias que estão sempre agitando a cidade; mas isso não significa que o façam sem pesar, ou sem um sentimento doloroso e ocasional de nostalgia pelas coisas que conheceram na juventude e agora desapareceram para sempre.

Nos últimos anos, a nova linha de frente da imigração deslocou-se de cidades grandes como Londres para cidades menores, como Boston, em Lincolnshire, que em 2016 converteu-se num símbolo de todos os equívocos da política de imigração britânica. Nessa comunidade coesa de 60 mil habitantes, foi muito mais difícil lidar com as mudanças repentinas trazidas pela imigração em grande escala. Entre 2005 e 2016, quase 7 mil imigrantes poloneses chegaram à cidade, e as pessoas logo começaram a temer que sua comunidade e tradições se perdessem. Na época do referendo do Brexit, Boston tinha se tornado "o lugar mais dividido da Inglaterra", e um dos bastiões do Partido da Independência do Reino Unido. Ali, o temor aos estrangeiros na verdade mascarava a apreensão de perder algo mais precioso: o sentido de pertencimento.[38]

Há, é claro, outras explicações para os medos das pessoas. A imigração em grande escala representava uma ameaça não só para o sentido de pertencimento, mas também para o senso de direito dos povos. As culturas europeias, que haviam explorado o mundo por meio de seus impérios, não viram com bons olhos a "colonização reversa". Assim também, os povos que conquistaram a Australásia, a África do Sul, o Canadá e os Estados Unidos nos séculos xviii e xix acreditaram que tinham o direito de expulsar os que estavam ali antes deles — mas queixaram-se quando viram suas culturas importadas contestadas.

Talvez o melhor exemplo desse comportamento seja o dos Estados Unidos, um país inteiramente construído sobre a imigração, mas onde os imigrantes são com frequência demonizados pelo establishment político. A retórica anti-imigração vem crescendo ali desde pelo menos a década de 1980, mas provavelmente atingiu seu ápice na campanha presidencial de 2016, quando Donald Trump, numa célebre declaração, acusou os imigrantes mexicanos de serem "estupradores" e "traficantes de drogas", e prometeu não só deportar 11 milhões de imigrantes ilegais de volta para a América Latina, mas construir um muro entre os Estados Unidos e o México.[39] Seu slogan de campanha, "Make America Great Again", foi interpretado por alguns americanos como um apelo velado para voltar a fazer dos Estados Unidos um país branco.[40]

Para as minorias do país, talvez seja tentador, até mesmo satisfatório, constatar uma espécie de justiça histórica na maneira como as ondas de imigração passaram por cima dos brancos americanos, e continuarão sem dúvida a fazê-lo, a despeito da retórica de Trump. Mas regozijar-se com os infortúnios da classe trabalhadora branca não apenas é desagradável, como deixa escapar as nuances do quadro maior. Muitos dos eleitores de Trump eram eles próprios imigrantes, ou filhos de imigrantes, que tinham chegado ao país sem nada, com a expectativa de prosperar mediante o trabalho árduo e a determinação. Pessoas assim haviam sido a própria encarnação do sonho americano.

Mas o mundo mudou irreversivelmente desde os anos 1940 e 1950, quando os Estados Unidos eram verdadeiramente uma "grande" nação. A migração em massa é apenas um componente de um processo muito maior de globalização que há décadas vem carcomendo as perspectivas dos trabalhadores americanos. Agora não são apenas recém-chegados que ameaçam tomar os empregos americanos — os próprios empregos migraram para fora do país, onde a mão de obra é ainda mais barata. A mecanização também está revolucionando o ambiente de trabalho: as tecnologias que em 1945 prometiam aos americanos uma vida de lazer agora ameaçam privá-los de seus meios de vida.

Segundo Arlie Russell Hochschild, as pessoas que se sentiram deixadas para trás pela globalização votaram em Trump porque haviam perdido a fé nos líderes tradicionais, que tinham permitido que o sonho americano murchasse e morresse. Não era exatamente que a classe trabalhadora branca concedesse de má vontade aos imigrantes a chance de triunfar: eles estavam mais irritados com a queda vertiginosa de seu próprio padrão de vida nos anos anteriores. As oportunidades, tão abundantes em 1945 e nas décadas seguintes, pareciam ter murchado a tal ponto que agora os americanos tinham de lutar tão arduamente quanto os imigrantes apenas para sobreviver.

Aqui, mais uma vez, a xenofobia que eles por vezes manifestaram não era de fato xenofobia, mas ressentimento pela impotência que sentiam diante de forças globais, e a deprimente constatação de que o futuro que acreditavam esperar por eles não existia mais.[41]

O novo "Outro"

Na aurora do século xxi, todos esses medos se cristalizaram num único metamedo, que se tornou emblemático de nossa época. Em 11 de setembro de 2001, extremistas islâmicos lançaram uma série de ataques aos Estados Unidos, o mais famoso dos quais foi a investida de aviões de passageiros contra as torres gêmeas do World Trade Center em Nova York. Nos anos seguintes, terroristas islâmicos bombardeariam trens intermunicipais em Madri (março de 2004), a rede de transporte público em Londres (julho de 2005) e o aeroporto internacional de Bruxelas (março de 2016), e lançariam uma série de ataques na França e na Alemanha. De repente, parecia que os abastados países industriais do mundo desenvolvido tinham mais uma razão para temer as populações imigrantes: agora, não eram somente os empregos, a comunidade e os privilégios históricos que estavam ameaçados, mas a civilização ocidental como um todo. Na verdade, não há nada de novo nesse medo. Trata-se do mesmo medo que foi sentido em relação aos nazistas, depois transferido para os comunistas, e que tem estado à procura de um pouso desde o fim da Guerra Fria.

O lobby anti-imigração procura instigar esse medo sempre que possível, porque ele põe em questão nossa política de imigração desde a Segunda Guerra Mundial. Ela parece justificar o que eles vêm dizendo o tempo todo: ao permitir o ingresso de um número tão grande de muçulmanos em suas sociedades desde os anos 1940, os governos ocidentais convidaram o inimigo a entrar.

Foi por isso que Donald Trump prometeu proibir a imigração de muçulmanos durante a campanha presidencial americana de 2016, e que a Hungria se recusou a receber refugiados muçulmanos da Guerra da Síria no mesmo ano. E foi por isso que, também em 2016, o candidato holandês à presidência Geert Wilders pediu a "desislamização" dos Países Baixos — e com isso levou seu Partido Para a Liberdade à liderança nas pesquisas de intenção de voto, embora enfrentasse ao mesmo tempo processos por incitação ao ódio racial.[42] Os muçulmanos ocupam agora o mesmo lugar na imaginação europeia que os judeus ocupavam no início do século XX: as ações de uma pequena minoria abriram a porta para a demonização de uma religião inteira.

Ironicamente, as únicas pessoas que se beneficiam desse tipo de pensamento são os próprios terroristas islâmicos. Como o principal objetivo do terrorismo é disseminar o medo, grupos terroristas como a Al-Qaeda e o Estado Islâmico podem se congratular por um trabalho bem-feito. Suas ações em 2001 e posteriores provocaram uma reação que nem em seus sonhos mais delirantes eles poderiam imaginar. Em razão delas, foi lançado um ataque ao Afeganistão, onde muitos dos terroristas estavam baseados, que logo se transformou numa guerra santa, e num exemplo para muçulmanos descontentes em toda parte. Os terroristas islâmicos acabaram provocando também uma segunda guerra entre os Estados Unidos e o Iraque, que desestabilizou ainda mais o Oriente Médio. E, pelo caminho, uma sucessão de mártires e heróis foram apresentados ao mundo na mídia convencional. A imparável ascensão do extremismo islâmico desde o fim da Guerra Fria foi construída sobre a capacidade de provocar uma reação do Ocidente.

No entanto, os extremistas islâmicos também têm medo. A razão pela qual desejam derrubar a democracia ocidental é que ela ameaça suas tradições, sua cultura e um estilo de vida que eles imaginam ter permanecido inalterado durante séculos. A seu ver, os governos de países predominantemente muçulmanos como a Arábia Saudita e a Jordânia parecem dançar ao som de ideias ocidentais. Eles veem os efeitos da imigração em massa, à medida que trabalhadores de todo o sul da Ásia afluem aos países do golfo Pérsico em busca de trabalho. Veem valores islâmicos sendo erodidos por novas tradições ocidentais e o crescimento da tecnologia da informação. Veem os antigos privilégios reservados aos homens e líderes religiosos evaporando-se lentamente. E sabem que, a menos que façam alguma coisa dramática, destrutiva, gigantesca — a menos que possam criar sua própria revolução global —, essas mudanças continuarão inevitavelmente.

O mesmo pode ser dito de algumas seções das novas populações muçulmanas dos países ocidentais ricos. Essas comunidades vieram, como Sam King, em busca de uma vida melhor na esteira da Segunda Guerra Mundial. Como ele, tiveram de lutar por um lugar na sociedade, e se resignaram a fazer concessões em prol da adaptação ao lar adotivo. Mas as coisas são diferentes para seus filhos e netos. Muçulmanos nascidos na França, por exemplo, têm um senso de direito que seus pais nunca tiveram: consideram-se tão franceses quanto qualquer de seus compatriotas, e com razão. No entanto, o preconceito contra eles perdura. Eles se sentem atacados pelos dois lados: são ao mesmo tempo rejeitados pela sociedade e pressionados a se integrar mais completamente.

Como observou Jean-Paul Sartre em 1944, essas pessoas enfrentam uma escolha impossível: quando se integram completamente, estão se negando; mas, quando não se integram, estão aceitando a eterna condição de outsider, de "Outro".[43] Não surpreende que uma pequena porcentagem delas tenha achado difícil demais enfrentar o conflito interno que isso suscita e optado por, em vez disso, abraçar a rejeição, alimentá-la e devolvê-la para as sociedades em que vivem.

COMECEI ESTE LIVRO afirmando que somos todos, em certo sentido, refugiados e imigrantes. Para algumas das pessoas cuja vida descrevi, esse é literalmente o caso. Pessoas como Georgina Sand, cuja história abre o livro, Aharon Appelfeld e Sam King deixaram seus países de origem para sempre e viveram o resto da vida no exterior. Para muitos outros, como Anthony Curwen e Waruhiu Itoto, os pontos de inflexão se apresentaram em países estrangeiros, em épocas de guerra ou revolução. Mas todos os personagens retratados aqui experimentaram enormes reviravoltas na vida em consequência direta da Segunda Guerra Mundial. Mesmo que não tenham viajado para outros países, o mundo que conheciam até então foi transformado, a ponto de se tornar irreconhecível, pelas coisas que experimentaram e pelo tempo em que viveram. O mesmo pode ser dito da maioria das pessoas que sobreviveram às mudanças espetaculares do século xx.

A guerra desencadeou forças que mudaram nosso mundo em 1945 e continuaram a afetar nosso estilo de vida até hoje. Antes de mais nada, ela provocou muitíssimos traumas, que assombraram as pessoas e as sociedades desde então. Além disso, criou as superpotências, e as tensões entre Oriente e Ocidente que definiram o mundo pelos 45 anos seguintes. A guerra varreu os impérios europeus e japonês, tornando centenas de milhões livres para escolher — ou pelo menos tentar escolher — o próprio destino. Produziu avanços na ciência e na tecnologia, nos direitos humanos e no direito internacional, na arte, na arquitetura, na medicina e na filosofia. Abriu caminho para novos sistemas políticos e econômicos e estabeleceu os fundamentos da globalização que conhecemos hoje. A agitação que desatou nos povos pôs culturas estranhas em estreita proximidade, e agora o ritmo de mudança é tão acelerado que um número cada vez menor de nós pode dizer com absoluta segurança quem serão nossos vizinhos amanhã, ou em que lugar do mundo terminaremos nossos dias.

A despeito do que possamos desejar, essas mudanças não podem ser desfeitas. À medida que o século xxi avança, enfrentamos uma escolha. Podemos abraçar a mudança mundial, engrossar as forças do progresso e tentar fazê-las trabalhar em nosso proveito; ou podemos resistir e tentar manter a mudança à distância, de modo a proteger o que restou dos velhos estilos de vida que tanto valorizamos. Se a história pode servir de modelo, então suspeito que provavelmente adotaremos ao mesmo tempo as duas linhas de ação, sem satisfazer nenhuma delas completamente.

Existe uma terceira escolha: podemos dar um pontapé em todo o sistema e tentar recomeçar do zero. O mundo hoje está cheio de pessoas que prometem exatamente isso. Elas estão furiosas, desiludidas com a maneira como o mundo mudou, e procuram mais do que nunca um culpado. Este é menos um legado da Segunda Guerra Mundial que um retorno às próprias maneiras de pensar que ocasionaram a guerra.

As frustrações que se apoderaram do mundo hoje serão familiares para qualquer um que tenha estudado a escalada da guerra nos anos 1930. Agora, como então, grandes partes do mundo estão submetidas a elevados índices de desemprego, crescente pobreza e estagnação econômica. Há uma ira cada vez maior diante da disparidade entre ricos e pobres, uma crescente desconfiança em relação aos estrangeiros e, acima de tudo, um medo cada vez maior do que costumava ser chamado de modernidade, e que hoje chamamos de globalização.

Em 1945, acreditávamos ser capazes de resolver esses problemas. E, a menos que comecemos a resolvê-los de novo, demagogos e revolucionários surgirão para fazer isso por nós, assim como fizeram em meados do século xx.

Epílogo

A Segunda Guerra Mundial não foi apenas mais um acontecimento — ela mudou tudo. Enquanto forças armadas varriam o mundo de um extremo a outro, consumindo economias inteiras, sacrificando civis tão facilmente quanto soldados, até aqueles apanhados na violência podiam ver que alguma coisa fundamental estava sendo destruída. "É preciso entender que um mundo está morrendo", observou o repórter de guerra americano Ed Murrow em 1940. "Os velhos valores, os velhos preconceitos e as velhas bases de poder e prestígio estão desaparecendo." Os Aliados, em ambos os lados do Atlântico, e em ambos os lados do Pacífico, entraram na guerra contra a Alemanha e o Japão convencidos de que lutavam para preservar um estilo de vida. Mas, na verdade, acabariam por se tornar espectadores enquanto esse estilo de vida desaparecia.[1]

O mundo que emergiu em 1945 era completamente diferente do mundo que havia entrado em guerra. Por um lado, estava cheio de cicatrizes físicas e psicológicas: cidades inteiras tinham sido destruídas, nações inteiras devastadas. E, em grande parte da Europa e da Ásia oriental, comunidades inteiras foram assassinadas e deslocadas. Centenas de milhões de pessoas haviam conhecido a violência numa escala jamais imaginada. Por outro lado, o mundo em 1945 estava provavelmente mais unificado do que nunca. Amizades haviam sido forjadas no fogo da guerra, e por um período houve genuína esperança de que elas pudessem permanecer em tempo de paz. O fim da guerra também trouxe sentimentos de libertação de que pessoas em toda parte se lembrariam pelo resto da vida. Essas duas forças — o medo e a liberdade — estariam entre as principais propulsoras da criação do mundo do pós-guerra.

Este livro foi uma tentativa de mostrar como a Segunda Guerra Mundial, e suas consequências materiais e psicológicas, moldaram nossa vida. Nos capítulos iniciais, na Parte I, mostrei como, num esforço para lidar com a violência e a crueldade que haviam testemunhado, pessoas em toda parte adotaram novos modos de pensar. Foi-lhes mostrado um universo povoado de heróis, monstros e mártires. Elas imaginaram a guerra como uma luta titânica entre o bem e o mal. Criaram uma mitologia para dar sentido ao incompreensível, assegurar que seus sacrifícios tinham valido a pena e insuflar a esperança de que a escuridão tivesse sido banida para sempre.

Foi esse tipo de pensamento que permitiu que o mundo se recuperasse tão rapidamente. Nossos heróis continuaram a agir com heroísmo, assumindo a responsabilidade de impor a ordem, construir novas instituições e curar nações destroçadas. Aqueles que considerávamos monstros foram destruídos, levados à justiça, silenciados, domados e por vezes até reformados. As vítimas da guerra, sempre que possível, se retiraram para cuidar de suas feridas. E todos, em toda parte, começaram a ter fé de que uma nova era havia despontado.

Assim nasceu uma época de ideais. Na Parte II, mostrei como esses ideais inspiraram sonhos de utopia entre aqueles que estavam convencidos de que a humanidade aprendera as lições da guerra. Cientistas sonharam com um mundo não só impulsionado por novas tecnologias — os jatos, foguetes e computadores que surgiram da guerra —, mas infundido com a maneira científica de pensar: racional, esclarecido e pacífico. Arquitetos sonharam com novas cidades radiantes ressurgindo dos escombros como fênix, onde todos finalmente teriam acesso a luz, ar fresco e uma vida saudável. Planejadores sociais e filósofos viram uma oportunidade para aproximar as pessoas, resolver as diferenças entre elas e tornar o mundo um lugar mais justo e igual. Imaginaram um futuro não de medo, mas de liberdade.

Nessa atmosfera, parecia muito natural que todo sonho fosse um sonho universal, e que toda solução para nossos males fosse igualmente universal. Na Parte III, mostrei como políticos, advogados e economistas do pós-guerra tentaram criar um sistema para permitir que o mundo agisse de maneira conjunta, unificada. As instituições globais que eles fundaram na esteira da guerra eram muito mais abrangentes que quaisquer outras até então, e muito mais robustas; mas, para alguns idealistas, elas não foram longe o suficiente. Esses visionários afirmavam que, se todos os seres humanos deviam ter as mesmas liberdades, direitos e responsabilidades, então deviam viver também sob o mesmo sistema, e opinar igualmente sobre a maneira como esse sistema era dirigido. Eles queriam nada menos que um governo mundial.

Foi por conta de ideias como essa que os sonhos do pós-guerra começaram a murchar. Para cada pessoa que via o governo mundial como uma oportunidade de paz eterna, havia outra que o imaginava como uma forma de perpétua escravidão. De todas as miragens a que os povos se lançaram na esteira da guerra, a mais inatingível era sem dúvida a ideia de universalidade absoluta. Assim, ao mesmo tempo que tentava se unir, o mundo começou a se fragmentar.

Como mostrei na Parte IV, um dos maiores legados da Segunda Guerra Mundial foi ter produzido não uma única superpotência, mas duas, cada uma das quais vendo as pretensões de dominação do mundo da outra com crescente desconfiança. Os americanos sabiam que, se um governo mundial fosse criado, não haveria nenhuma garantia de que seria democrático: eles estavam tão determinados a impedir que o mundo caísse nas mãos de Stálin quanto haviam estado a impedir que caísse nas mãos de Hitler. Os soviéticos, por sua vez, estavam igualmente comprometidos em deter a difusão do poder americano, e começaram a usar a mesma linguagem de heróis, monstros e mártires adotada durante a Segunda Guerra Mundial para descrever seu novo conflito ideológico com o Ocidente. Essa divisão entre Oriente e Ocidente seria replicada em todo o globo, visto que nações em toda parte foram assediadas, persuadidas e coagidas a tomar um lado ou outro.

Não foram somente as superpotências que puseram em questão a ideia de unidade mundial. Na Parte V, mostrei como sonhos de liberdade inspirados pela Segunda Guerra Mundial produziram uma ressurgência do nacionalismo em toda parte. Pessoas na Ásia, na África e no Oriente Médio começaram a clamar por independência dos impérios europeus que as haviam dominado por séculos; mas sua paixão pela autodeterminação resultou por vezes na fragmentação de nações em unidades cada vez menores. Em muitas partes do mundo em desenvolvimento, governos autoritários e ditaduras tomaram o poder em nome da restauração da ordem: se o entendimento entre as facções não surgisse de forma natural, mais cedo ou mais tarde acabaria sendo imposto, com frequência à custa da liberdade.

A única região em que o nacionalismo permaneceu em suspenso por algum tempo foi a Europa, mas mesmo ali ele irrompia ocasionalmente em flashbacks da Segunda Guerra Mundial. A União Europeia foi criada numa tentativa de eliminar a ameaça de guerra entre as nações da Europa, mas no fim acabaria por inspirar sonhos de liberdade nacional. No momento em que escrevo, a UE também começou a se fragmentar, e o nacionalismo voltou a crescer em todo o continente.

Na Parte VI, explorei alguns dos legados mais destrutivos da Segunda Guerra Mundial, que levaram essas tendências divisivas a seu extremo lógico — dividir nações, dividir comunidades e famílias, e criar um sentimento de trauma e perda que continua no coração de muitas sociedades ainda hoje. E terminei examinando a divisão final da sociedade em suas menores partes constituintes — os indivíduos que foram separados de suas comunidades, muitas vezes a contragosto, e se espalharam pelo mundo à procura de trabalho, oportunidades ou estabilidade. A globalização dos povos, que foi mais um processo enormemente acelerado pela Segunda Guerra Mundial, gerou novas tensões nas nações mais ricas, que também se tornaram fragmentadas e atomizadas. Maior liberdade não trouxe maior felicidade.

Indivíduos também podem ser divididos. Alguns dos que sofreram traumas severos durante a guerra viram-se incapazes de conciliar suas experiências com quem pensavam ser e quem queriam ser. Viram-se desconectados do novo e resplandecente futuro pelo qual todos estavam lutando, condenados em vez disso a reviver o passado num eterno loop. Vários daqueles cujas histórias contei nestas páginas sofreram esse destino — não só as vítimas da guerra, como Otto Dov Kulka, Aharon Appelfeld, Evgenia Kiseleva e Choi Myeong-sun, mas também alguns de seus "monstros", como Yuasa Ken. Mesmo alguns dos "heróis" da guerra — pessoas como Ben Ferencz ou Garry Davis — foram incapazes de deixá-la para trás. As coisas que tinham visto e as lições que tinham aprendido os perseguiriam de maneira implacável pelo resto da vida.

Muitos dos indivíduos retratados neste livro se viram divididos também de outras formas, por conflitos internos e dilemas ocasionados por situações vividas durante e após a guerra. Hans Bjerkholt e Cord Meyer, por exemplo, foram obrigados a reavaliar seu compromisso com ideias em que haviam acreditado apaixonadamente antes e durante a guerra. Bjerkholt, ainda que com relutância, abandonou o Partido Comunista a fim de mergulhar em sua espiritualidade recém-descoberta, e Meyer deixou de lado o sonho de unidade mundial para começar uma nova cruzada contra a União Soviética. De maneira inversa, Anthony Curwen foi impelido a abraçar o comunismo, e até mesmo a revolução violenta, depois de ter sido um pacifista durante toda a guerra. Todas essas pessoas foram obrigadas a tomar as decisões que tomaram por circunstâncias fora de seu controle. Nenhuma se decidiu de maneira leviana.

De forma semelhante, tanto Eugene Rabinowitch quanto Andrei Sakharov tiveram de conciliar crenças aparentemente contraditórias: ambos haviam trabalhado na criação de armas nucleares, mas estavam profundamente comprometidos com a promoção da paz e a cooperação entre as superpotências. Algumas pessoas tiveram de lutar com dilemas desse tipo de maneira reiterada. Carlos Delgado Chalbaud, por exemplo, teve de justificar sua participação não em uma revolução, mas em duas — a primeira para instalar a democracia na Venezuela, a segunda para removê-la. Waruhiu Itote também teve de fazer uma dupla transição: primeiro de soldado leal a rebelde contra os britânicos; depois de rebelde a pacificador.

Quase todas essas pessoas expressaram algum tipo de alienação e afastamento — de seus países, famílias ou comunidades, e até de si mesmas. As mesmas divisões que se revelavam em escala global ou nacional estavam presentes na mais íntima de todas as escalas.

Essa relação entre o global, o nacional e o pessoal é a parte mais importante deste livro. A Segunda Guerra não mudou apenas o nosso mundo; ela também nos mudou. Colocou-nos face a face com alguns de nossos maiores medos, e gerou traumas que ainda não compreendemos inteiramente; algumas partes do mundo jamais se recuperaram da experiência. Mas a guerra também nos inspirou, nos ensinou o verdadeiro valor da liberdade — não apenas a liberdade política e nacional, ou a liberdade de culto e crença, mas também a liberdade pessoal, e as impressionantes responsabilidades que ela impõe ao indivíduo.

Foi por isso que coloquei histórias de pessoas no próprio coração desta história. Elas não são apenas uma janela para nosso passado, mas uma chave para compreendermos nosso comportamento hoje. Aqueles que pensam na história como uma força progressiva, que nos leva pouco a pouco em direção a um mundo melhor, mais racional, subestimam a capacidade do homem para a irracionalidade. A história é impelida tanto por nossas emoções coletivas quanto por qualquer marcha racional rumo ao "progresso". Algumas das forças mais poderosas que impelem nosso mundo ou nasceram durante a Segunda Guerra Mundial ou surgiram de nossas reações a suas consequências. É somente compreendendo de onde vieram essas emoções que podemos ter alguma esperança de evitar sermos varridos por elas.

Não é fácil. Estamos envoltos num manto de mitologia; somente ao removê-lo poderemos chegar às raízes do medo, da indignação e do sentimento de superioridade moral que dominam grande parte de nosso pensamento. Mais uma vez, são as histórias de indivíduos que podem nos fornecer uma chave. No início deste livro, contei a história de Leonard Creo, que aceitou com prazer as medalhas que recebeu durante a guerra e os elogios que vieram com ela, e só aos poucos percebeu que não havia feito nada de heroico, apenas agido como qualquer ser humano agiria diante das circunstâncias. "O Exército precisa de heróis", ele me disse. "É por isso que distribui medalhas. Eles têm que tirar o melhor desses preguiçosos." A sociedade também precisa de heróis, e está disposta a promover exemplos de heroísmo para o resto do mundo, mesmo que isso signifique ocultar a verdade.[2]

Se é preciso tempo para que nossos "heróis" possam reconhecer o que de fato aconteceu no passado, o mesmo pode ser dito de nossos "monstros". Na maior parte das vezes, eles nunca chegam a tanto. Foram necessários anos de contemplação silenciosa para que Yuasa Ken por fim compreendesse que havia cometido não apenas crimes, mas atrocidades, na China. Quando ele finalmente retornou ao Japão depois da guerra, ficou assombrado ao ver que nenhum daqueles que haviam colaborado com ele nessas atrocidades reconhecia ter feito qualquer coisa de errado. Às vezes é simplesmente mais fácil recordar uma versão conveniente dos eventos do que o verdadeiro desdobramento dos fatos.

As nações também agem assim. De que outra forma se pode explicar a obstinada recusa de nações como Estados Unidos e Grã-Bretanha em reconhecer sua falta de clemência durante a Segunda Guerra Mundial, tanto em relação aos países que derrotaram como àqueles que libertaram? Ou a maneira como facções nacionalistas no Japão continuam a negar crimes que é de conhecimento geral que cometeram? Por que outra razão iriam os poloneses ou os franceses dedicar tanta energia a lembrar seus tempos de resistência "heroica", e tão pouca a reconhecer sua própria covardia ou crueldade? Todos os países cedem a essas tendências, assim como todos os indivíduos, e deveriam se lembrar disso ao travar as batalhas de hoje.

Talvez os mitos mais danosos surgidos da Segunda Guerra Mundial tenham sido os de martírio. Passei grande parte deste livro explorando o sofrimento: acredito que é fundamental para cada nação reconhecer os traumas pelos quais passou, porque somente ao chorar nossas perdas somos capazes de seguir adiante. Mas nações feridas muitas vezes preferem elevar sua angústia a algo sagrado, uma vez que isso lhes permite acreditar que não tiveram nenhuma participação no próprio sofrimento, que ele foi obra exclusivamente de outros. Essa santa inocência lhes concede tanto absolvição de pecados passados quanto justificação para pecados futuros. Em vez de examinar suas perdas para aceitá-las, elas brandem sua dor e a transformam em santa indignação.

Essas emoções são deliberadamente estimuladas por aqueles que desejam explorá-las em benefício próprio: políticos inescrupulosos, magnatas dos meios de comunicação, demagogos religiosos e assim por diante. Eles nos convidam a nos perdermos na força da superioridade moral da multidão. Os que respondem a seu apelo e se deixam varrer pela emoção coletiva até podem ganhar um sentimento de propósito e de pertencimento, mas somente ao preço de abdicar da própria liberdade. E, se a Segunda Guerra Mundial nos deixou uma lição importante, é que a liberdade, uma vez perdida, raramente é recobrada com facilidade.

Infelizmente, abraçar a liberdade também não é uma opção fácil. A verdadeira liberdade exige abandonar a multidão, até para fazer frente a ela quando necessário, e pensar por si mesmo sempre que possível. Ela nos obriga a enfrentar nossas perdas de frente, e a compreender que também cometemos erros e somos em parte responsáveis por nosso próprio sofrimento. Uma pessoa livre é uma pessoa sobre a qual pesam responsabilidades e verdades incômodas.

Mais uma vez, histórias de sobreviventes da guerra podem nos fornecer exemplos de como trilhar esse caminho solitário. Comecei este livro com a história de Georgina Sand, e é com ela que terminarei. Criança austríaca refugiada, Georgina foi obrigada a inventar uma nova vida para si na Grã-Bretanha. Após repetidos deslocamentos ao longo de um período de dez anos, finalmente se estabeleceu com o marido em Londres. Mas sabe que a experiência provocou danos irreversíveis. "Por muitos anos não falei com ninguém sobre o que havia acontecido. Meus filhos nunca souberam. Só quando fiquei mais velha, e as crianças já estavam crescidas, foi que voltei a pensar no assunto, mas eu não queria falar a respeito. Era penoso demais." Ela sabe que seu casamento nem sempre foi feliz, que o marido às vezes a tratava como a criança que ela era quando haviam se conhecido, e que ela própria permitia passivamente que ele organizasse a vida do casal, como se ainda fosse tão indefesa quanto nos tempos de refugiada. Georgina também reconhece que cometeu erros com os filhos, e que transmitiu a eles sua insuportável ansiedade. E há muito se reconciliou com o fato de que enquanto viver será sempre uma outsider. "Mas estou mais calma agora", disse-me ela. "Aprecio o que tenho. As experiências muitas vezes foram penosas, mas talvez tenham sido elas que fizeram de mim a mulher que sou."

Todas as pessoas retratadas neste livro foram forçadas a chegar a conclusões semelhantes. A Segunda Guerra Mundial continuou sendo um ponto fixo na vida de todas, mas, à medida que o mundo mudava à sua volta, cada uma delas percebeu que a maneira de pensar que havia adotado para fazer frente à guerra já não lhe servia mais. Se elas quisessem abraçar um novo futuro, não tinham escolha senão enfrentar seus velhos medos e ressentimentos e fazer todo o possível para superá-los.

A menos que também possamos nos reconciliar com os traumas e decepções com que nos deparamos desde a guerra, estaremos condenados a repetir os erros do passado. Se não pudermos abraçar a riqueza e as complexidades da vida, por penosa que ela seja, recorreremos em vez disso a simplismos reconfortantes. Continuaremos a nos contar histórias de heróis infalíveis, e monstros que são a própria corporificação do mal. Continuaremos a nos imaginar como mártires, cujo sofrimento nos torna sagrados e justifica cada uma de nossas ações, por perversa que seja. E sem dúvida continuaremos a expressar esses mitos na linguagem da Segunda Guerra Mundial, tal como temos feito desde 1945, como se as décadas que nos separam daquele tempo nunca tivessem acontecido.

1. Os líderes de vinte nações, entre as quais seis das dez maiores economias do mundo, nos degraus do Château de Bénouville, na França, em 2014. A ocasião? Nem uma conferência comercial nem uma cúpula política, mas uma comemoração da Segunda Guerra Mundial: o septuagésimo aniversário do Dia D.

2. Um Spitfire, um bombardeiro Lancaster e um Hurricane sobrevoam o Palácio de Buckingham durante as celebrações do casamento do príncipe William com Kate Middleton. Esses aviões da Segunda Guerra Mundial tornaram-se um símbolo da Grã-Bretanha tanto quanto a própria família real.

3. A arte da vítima: *Inocência roubada*, de Kang Duk-kyung. Kang foi estuprada por um policial militar japonês em 1944 e passou o resto da guerra encarcerada num bordel militar. Sua pintura mostra uma cerejeira, símbolo nacional do Japão, coberta de pimentas fálicas. Sob suas raízes estão os crânios das mulheres já consumidas.

4. O herói conquista sua garota: este mural de Eduardo Kobra mostra um marinheiro e uma enfermeira celebrando o Dia da Vitória sobre o Japão na cidade de Nova York. Trata-se de uma versão retrabalhada da famosa fotografia de Alfred Eisenstaedt publicada em 1945 pela revista *Life*, que deu aos americanos um final de conto de fadas para a guerra.

5. O mundo renascido: na câmara do Conselho de Segurança da ONU, o enorme mural de Per Krohg mostra pessoas subindo do inferno da Segunda Guerra Mundial para um mundo novo e luminoso. Acima da cadeira do presidente, uma fênix renasce das cinzas.

6. A Segunda Guerra Mundial é com frequência evocada em nome de rivalidades nacionalistas. Aqui, o periódico italiano *Il Giornale* proclama o início do "Quarto Reich" na Alemanha de Angela Merkel em 2012.

7. A União Europeia como o inimigo. Em janeiro de 2016, o semanário polonês *Wprost* retratou proeminentes políticos da UE como Hitler e seus generais. A manchete diz: "Querem supervisionar a Polônia novamente".

8. "Dachau!" O jornal nacionalista grego *Dimokratia* afirma que as medidas de austeridade impostas pela União Europeia, detalhadas num memorando de 2012, estão transformando a Grécia num campo de concentração.

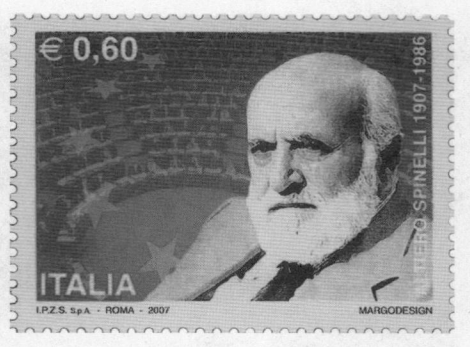

9. O maior herói de guerra da Grã-Bretanha, Winston Churchill, estampa um dos lados da cédula de cinco libras do país. Introduzida no verão de 2016, a cédula imediatamente provocou especulações na imprensa sobre como Churchill teria votado no referendo do Brexit.

10. Um herói alternativo da guerra aparece nesse selo postal italiano de 2007: Altiero Spinelli, que passou os anos da guerra elaborando o projeto de uma União Europeia.

11. Desde os anos 1990, o interesse pela Segunda Guerra Mundial cresceu exponencialmente na China. *O massacre de Nanquim*, grande sucesso de 2009 dirigido por Lu Chuan, é uma das muitas produções cinematográficas que descrevem o selvagem início da guerra em 1937.

12. O martírio e o heroísmo durante a Segunda Guerra Mundial são temas recorrentes na TV e no cinema russos. *Stalingrado* (2013), de Fiódor Bondarchuk, quebrou todos os recordes de bilheteria no país.

13. O martírio e a salvação como experiência museológica. Depois de percorrerem a angustiante exposição no Museu do Holocausto em Yad Vashem, os visitantes são recompensados com essa vista das colinas de Jerusalém. Assim, o sionismo e o Holocausto se entrelaçam: a Terra de Israel é literalmente a luz no fim do túnel.

14. Martírio por procuração na América Latina. O Memorial do Holocausto em Montevidéu é uma prova de que os judeus vitimados durante a Segunda Guerra Mundial são considerados vítimas universais. No entanto, a realidade aqui é mais complexa do que parece. Esse memorial foi erguido em 1994, numa época em que o Uruguai ainda pranteava as atrocidades cometidas por sua própria e recém-extinta ditadura.

15. O novo Museu da Segunda Guerra Mundial em Gdansk, concluído em 2017, utiliza a arquitetura para transmitir uma inquietante sensação de distopia. No entanto, sua inovadora exposição de abertura pareceu nuançada demais para o governo nacionalista, que a criticou por "não ser suficientemente polonesa".

16. Desde 1945, a Europa ocidental tem vivido um grande boom de imigração. Nesta controversa imagem, tirada durante as eleições alemãs de 2005, dois imigrantes muçulmanos são vistos ao lado de um cartaz eleitoral em que se lê: "Melhor para nosso país".

17. A ascensão da direita radical na Europa e nos Estados Unidos desde 2008 suscitou inúmeros paralelos com a década de 1930. Durante sua campanha presidencial, Donald Trump foi com frequência comparado a Hitler, sobretudo por sua maneira de demonizar imigrantes e muçulmanos. Aqui, o *Philadelphia Daily* faz um trocadilho com as palavras "furor" e "Führer".

Agradecimentos

Eu gostaria de agradecer aos funcionários dos muitos arquivos e bibliotecas do mundo todo que consultei ao longo dos cinco anos que levei para escrever este livro: eles foram, sem exceção, amáveis e prestativos, às vezes muito além do dever. Entre essas instituições, cabe destacar a British Library, que possui coleções inigualáveis em línguas estrangeiras; sem ela, este livro teria sido impossível. Todas as demais instituições estão arroladas nas notas ao fim do livro.

Quero agradecer também a Eleo Gordon, Daniel Crewe e Michael Flamini, e a meus muitos editores em outras partes do mundo, pela fé que mostraram em mim e em meus livros. Agradeço igualmente aos muitos tradutores, assessores de imprensa, profissionais de marketing, vendedores e outros que estiveram envolvidos na produção deste livro. Sendo eu mesmo um ex-editor, compreendo que a edição é um esforço coletivo, e que embora autores e editores costumem levar todo o crédito, grande parte do trabalho duro é feito por outras pessoas nos bastidores. Devo agradecimentos também a meus agentes Simon Trewin e Jay Mendel, pela ajuda e conselhos inestimáveis.

Este livro não teria sido possível sem o auxílio de inúmeras pessoas que traduziram documentos para mim, guiaram-me através de algumas das minhas pesquisas em língua estrangeira e ajudaram-me a conseguir documentos que de outro modo teriam permanecido inacessíveis. Em particular, sou grato a Ben Groom, Dave Rickwood, Andrew Walkley, Lisa Sjukur, Tuti Suwidjiningsih, Kenneth Noble, Rie Nakanishi, James Dawes, Jeong Ho-Cheol e Tomoko Smidt-Olsen. Tenho ainda uma grande dívida para com todos aqueles que consentiram que eu usasse suas histórias e fotografias, em especial aqueles que entrevistei e com quem me correspondi pessoalmente: Georgina Sand, Leonard Creo, Otto Dov Kulka, Nagai Tokusaburou, Ben Ferencz e seu filho Don, Gabriel Bach, Aharon Appelfeld e Dittmann Mendel. Se há algum erro ou omissão nas páginas precedentes — e é provável que haja muitos —, a culpa é inteiramente minha.

Por fim, como de hábito, eu gostaria de agradecer a minha mulher, Liza, e a meus filhos, Gabriel e Grace, a quem este livro é dedicado. Não faço isso movido pela tradição, mas por um sentimento de enorme dívida pessoal: ao longo de cinco anos, eles suportaram minhas repetidas ausências, meu abandono dos deveres familiares e minhas prolongadas retiradas da vida cotidiana para um mundo que, pelo menos para meus filhos, deve soar como história antiga. Espero que um dia eles venham a ler estas páginas e compreendam que o que me afastou deles em tantas ocasiões não foi uma preocupação doentia com o passado, mas um interesse pelo presente e a esperança de que o mundo possa um dia confrontar as ansiedades e traumas que nos afetaram a todos.

Notas

Introdução [pp. 19-32]

1. Entrevista ao autor, 12 set. 2015. Georgina Sand é um pseudônimo escolhido por minha entrevistada.
2. R. Ernest Dupuy e Trevor N. Dupuy, *The Harper Encyclopedia of Military History* (4. ed. Nova York: HarperCollins, 1993), pp. 1083-309.
3. K. O. Mbadiwe, citado em Marika Sherwood, "'There is No New Deal for the Blackman in San Francisco': African Attempts to Influence the Founding Conference of the United Nations, April-July, 1945". *International Journal of African Historical Studies*, v. 29, n. 1, p. 78, 1966.
4. Leonardo Argüello Barreto, da Nicarágua, e Roberto Jimenez, do Panamá, falando na oitava sessão plenária da Conferência de Fundação da ONU: ver *The United Nations Conference on International Organization: Selected Documents* (Washington, DC: US Government Printing Office, 1946), pp. 385, 388.
5. Wendell Willkie, *One World* (Londres: Cassel & Co., 1943), pp. 134-40, 147, 169.
6. Erich Fromm, *The Fear of Freedom* (Oxford: Routledge Classics, 2001), pp. ix, 118. Ver também S. H. Foulkes, *Introduction to Group Analytic Psychotherapy* (Londres: Heineman, 1948). Para desenvolvimentos posteriores do tema, ver Earl Hopper e Haim Weinberg (Orgs.), *The Social Unconscious in Persons, Groups and Societies*, v. 1: *Mainly Theory* (Londres: Karnac, 2011), pp. xxiii-lvi.
7. Jean-Paul Sartre, *Existencialism and Humanism* (Londres: Methuen, 2007), pp. 32-3.

1. O fim do mundo [pp. 35-46]

1. Toyofumi Ogura, *Letters from the End of the World* (Tóquio: Kodansha International, 2001), p. 16.
2. Ibid., pp. 37, 54, 57, 105.
3. Ibid., pp. 55, 162-3.
4. Citado por Jay Lifton, *Death in Life: Survivors of Hiroshima* (Hardsmondsworth, Pelican, 1971), pp. 22-3; uma tradução alternativa é dada em Yoko Ota, "City of Corpses". In: Richard H. Minear (Org.), *Hiroshima: Three Witnesses* (Princeton, NJ: Princeton University Press, 1990), p. 185; ver também p. 211.
5. Ver, por exemplo, English Translation Group, *The Witness of Those Two Days. Hiroshima & Nagasaki August 6 & 9, 1945* (Tóquio: Japan Confederation of A- and

H-Bomb Sufferers Organization, 1989. 2 v.), passim, mas especialmente v. 1, p. 149; Takashi Nagai, *The Bells of Nagasaki* (Tóquio: Kodansha International, 1948), pp. 13, 14; Michihiko Hachiya, *Hiroshima Diary* (Chapel Hill: University of North Carolina Press, 1955), p. 54; Paul Ham, *Hiroshima Nagasaki* (Londres: Doubleday, 2012), p. 322; Arata Osata (Org.), *Children of the A-Bomb* (Nova York: Putnam, 1963), passim; Lifton, *Death in Life*, pp. 26-31.

6. *L'Osservatore Romano*, 7 ago. 1945, citado em Paul Boyer, *By the Bomb's Early Light* (Chapel Hill: University of North Carolina Press, 1944), p. 15.

7. Ota, "City of Corpses", pp. 165-6.

8. Hans Erich Nossack, *Der Untergang* (Hamburgo: Ernst Kabel Verlag, 1981), p. 68.

9. Frederick Taylor, *Dresden* (Londres: HarperCollins, 2004), p. 328; Victor Klemperer, *To the Bitter End: The Diaries of Victor Klemperer, 1942-1945* (Londres: Weidenfeld & Nicolson, 1999), entrada de 22 maio 1945; o general Anderson é citado em Richard Overy, *The Bombing War* (Londres: Allen Lane, 2013), p. 410.

10. Jörg Friedrich, *The Fire: The Bombing of Germany, 1940-1945* (Nova York: Columbia University Press, 2006), p. 344.

11. Antony Beevor, *Stalingrad* (Londres: Viking, 1998), pp. 406-17.

12. Krzysztof Zanussi e Ludwika Zachariasiewicz, citados em Norman Davies, *Rising 44* (Londres: Pan, 2004), pp. 476, 492.

13. Ver <philippinediaryproject.wordpress.com/1945/02/13>. Diário de Lydia C. Gutierrez, entrada de terça-feira, 13 fev. 1945, publicado como "Liberation Diary: The Longest Wait". *Sunday Times Magazine*, 23 abr. 1967.

14. Ota, "City of Corpses", p. 148; Nossack, *Der Untergang*, p. 67.

15. Cyrus Sulzberger, "Europe: The New Dark Continent". *New York Times Magazine*, p. SM3, 18 mar. 1945.

16. Sir Charles Webster e Noble-Frankland, *The Strategic Air War against Germany, 1939-1945*, v. 4 (Londres: HMSO, 1961), p. 484; John W. Dower, *Embracing Defeat: Japan in the Wake of World War II* (Nova York: W. W. Norton, 2000), p. 45; Norman Davies, *God's Playground*, v. 2 (Nova York: Oxford University Press, 2005), p. 355; Tony Judt, *Postwar* (Londres: Pimlico, 2005), p. 17; Keith Lowe, *Savage Continent* (Londres: Viking, 2012), p. 10; Unesco Postwar Educational Survey, "The Philippines" (1948), p. 8, disponível em: <unesdoc.unesco.org/images/0015/001553/155396eb.pdf>.

17. G. Sebald, *On the Natural History of Destruction* (Harmondsworth: Penguin, 2004), p. 3; R. Ernest Dupuy e Trevor N. Dupuy, *The Harper Encyclopedia of Military History*, 4. ed. (Nova York: HarperCollins, 1993), p. 1309; Lifton, *Death in Life*, p. 20.

18. Max Hastings, *All Hell Let Loose: The World at War, 1939-1945* (Londres: HarperPress, 2011), p. 669; Antony Beevor, *The Second World War* (Londres: Weidenfeld & Nicolson, 2012), p. 781. Dupuy e Dupuy falam em 50 milhões (*Harper Encyclopedia of Military*, p. 1309), mas suas estimativas para os chineses mortos são demasiado baixas.

19. Para objeções ao termo ver Michael Marrus, *The Holocaust in History* (Nova York: Penguin, 1989), pp. 3-4.

20. Para outra terminologia, similarmente trágica, ver Rick Atkinson, *The Guns at Last Light* (Londres: Little, Brown, 2013), pp. 631-2; Lucy Dawidowicz, *The War against the Jews, 1933-1945* (Harmondsworth: Pelican, 1979), p. 18.

21. Max Hastings, *Armageddon: The Battle for Germany, 1944-45* (Londres: Macmillan, 2004).

22. Documentário em seis partes de Daniel Costelle e Isabelle Clarke, *Apocalypse: La deuxième Guerre mondiale* (CC&C, 2009).

23. Atkinson, *The Guns at Last Light*, p. 640; Andrew Roberts, *The Storm of War* (Londres: Allen Lane, 2009), p. 579; Beevor, *The Second World War*, p. 781.

24. Vladimir Putin, discurso pelo 60º aniversário do Dia da Vitória na Europa, 9 maio 2005, disponível em: <news.bbc.co.uk/2/hi/europe/4528999.stm>.

25. Hu Jintao, "Speech at a Meeting Marking the 60th Anniversary of the Victory of the Chinese People's War of Resistance against Japanese Aggression and the World Anti-Fascist War", 3 set. 2005, disponível em: <www.china.org.cn/english/2005/Sep/140771.htm>.

26. Herbert Conert, citado em Taylor, *Dresden*, p. 396.

27. Dawidowicz, *The War against the Jews, 1933-1945*, p. 480; Sara E. Karesh e Mitchell M. Hurvitz, *Encyclopedia of Judaism* (Nova York: Facts on File, 2006), p. 216.

28. Para estatísticas japonesas ver John W. Dower, *War Without Mercy: Race and Power in the Pacific War* (Nova York: Pantheon, 1986), pp. 298-9; para chinesas, ver Roberts, *The Storm of War*, p. 267; para francesas, alemãs e britânicas, ver Lowe, *Savage Continent*, pp. 13-6; para americanas, ver Hastings, *All Hell Let Loose*, p. 670. Para estatísticas da população total, ver Angus Maddison, *The World Economy: Historical Statistics* (Paris: OCDE, 2003), passim.

29. Sigmund Freud, "Beyond the Pleasure Principle" (1920). In: Salman Akhtar e Mary Kay O'Neil (Orgs.), *On Freud's "Beyond the Pleasure Principle"* (Londres: Karnac, 2011); e Sigmund Freud, *Civilization and Its Discontents* (Harmondsworth: Penguin, 2002), pp. 56-7.

30. Ver, por exemplo, Richard Bessel, *Nazism and War* (Londres: Weidenfeld & Nicolson, 2004), pp. 94-6; e Lowe, *Savage Continent*, pp. 9-10.

31. Han, *Hiroshima Nagasaki*, p. 225.

32. Nossack, *Der Untergang*, pp. 18-9.

33. Ibid., p. 98; Keith Lowe, *Inferno* (Londres: Viking, 2007), p. 319.

34. Ogura, *Letters from the End of the World*, p. 16.

35. Ibid., carta 9 (10 maio 1946), p. 122.

2. Heróis [pp. 47-61]

1. A história que se segue foi tomada de duas entrevistas pessoais com Leonard Creo em 10 ago. e 29 set. 2015.

2. Leonard Creo, citação de medalha.

3. Ver, por exemplo, *Star and Stripes*, 26 e 28 ago., 9 set. 1944; *Life*, 4 set. 1944; *Daily Express*, 28 ago. 1944. Para uma discussão de imagens e histórias similares, ver Mary Louise Roberts, *What Soldiers Do: Sex and the American GI in World War II France* (Chicago: Chicago University Press, 2013), pp. 59-73.

4. IWM Docs, 94/8/1, capitão I. B. Mackay, memórias datilografadas, p. 104.

5. IWM Docs, 06/126/1, Derek L. Henry, memórias datilografadas, p. 57.

6. Para interpretações eróticas, ver Roberts, *What Soldiers Do*, passim; Patrick Buisson, *1940-1945: Années erotiques* (Paris: Albin Michel, 2009), passim; e Ian Buruma, *Year Zero: A History of 1945* (Londres: Atlantic, 2013), p. 23.

7. "Paris — The Full Story". *Daily Express*, 28 ago. 1944; e Alan Moorehead, *Eclipse* (Londres: Granta, 2000), p. 153.

8. Maria Haayen, citada em Buruma, *Year Zero*, p. 23.

9. Citada em ibid.

10. P. R. Reid, *The Latter Days at Colditz* (Londres: Hodder e Stoughton, 1953), pp. 281-2.

11. Discurso do presidente William J. Clinton na comemoração do Dia da Vitória na Europa, 8 maio 1995, disponível em: <www.presidency.ucsb.edu/node/221180>; Studs Terkel, *"The Good War": An Oral History of World War Two* (Londres: Hamish Hamilton, 1984); Tom Brokaw, *The Greatest Generation* (Londres: Pimlico, 2002), p. xxx.

12. Hanna Segal, "From Hiroshima to the Gulf War and After: A Psychoanalytic Perspective". In: Anthony Elliott e Stephen Frosh (Orgs.), *Psychoanalysis in Contexts: Paths between Theory and Modern Culture* (Londres; Nova York: Routledge, 1995), p. 194.

13. Discurso de Clinton na comemoração do Dia da Vitória na Europa, 8 maio 1995. Ver também seu discurso de comemoração do Dia D, 6 jun. 1994, disponível em: <www.presidency.ucsb.edu/node/219274>.

14. Discurso do presidente Jacques Chirac em 6 jun. 2004, disponível em: <georgew-bush-whitehouse.archives.gov/news/releases/2004/06/20040606.html>.

15. Charles Glass, *Deserter* (Londres: HarperPress, 2013), pp. xiii, 228.

16. IWM Docs, 6839, Madame A. de Vigneral, diário datilografado.

17. IWM Docs, 91/13/1, major A. J. Forrest, memórias datilografadas, "Scenes from a Gunner's War", cap. 7, p. 7.

18. Ver Roberts, *What Soldiers Do*, p. 281, n. 49; e Peter Schrijvers, *Liberators: The Allies and Belgian Society, 1944-1945* (Nova York: Cambridge University Press, 2009), p. 243.

19. J. Robert Lilley, *Taken by Force: Rape and American GIs during World War II* (Basingstoke: Palgrave Macmillan, 2007), pp. 11-2. Para estatísticas sobre estupro soviético na Europa oriental ver Keith Lowe, *Savage Continent* (Londres: Viking, 2012), p. 55.

20. Nancy Arnot Harjan, citada em Terkel, "The Good War", p. 560.

21. Yvette Levy, citada em William I. Hitchcock, *Liberation* (Londres: Faber & Faber, 2008), p. 307.

22. Aaron William Moore, *Writing War: Soldiers Record the Japanese Empire* (Cambridge, MA: Harvard University Press, 2013), pp. 200, 210-4.

23. Robert Ross Smith, *Triumph in the Philippines* (Washington, DC: Office of the Chief of Military History, Department of the Army, 1963), pp. 306-7. O número de 100 mil filipinos talvez seja demasiado elevado, mas números precisos nunca foram estabelecidos: ver Jose Ma. Bonifacio M. Escoda, *Warsaw of Asia: The Rape of Manila* (Quezon City: Giraffe Books, 2000), p. 324.

24. Carmen Guerrero Nakpil, citada em Alfonso J. Aluit, *By Sword and Fire: The Destruction of Manila in World War II, 3 February-3 March 1945* (Manila: National Commission for Culture and the Arts, 1994), p. 397.

25. Ver, por exemplo, a mensagem especial do presidente Harry S. Truman ao Congresso, 19 jul. 1950; seus comunicados ao povo por rádio e TV, 1º set. 1950 e 15 dez. 1950; seu discurso à Assembleia Geral da ONU, 24 out. 1950; e seu discurso sobre o Estado da União, 8 jan. 1951: todos disponíveis em The American Presidency Project: <www.presidency.ucsb.edu>.

26. Presidente John F. Kennedy, "The Vigor We Need". *Sports Illustrated*, 16 jul. 1962; comentários do presidente Lyndon B. Johnson ao conceder postumamente a Medalha de Honra do Congresso a Daniel Fernandez, 6 abr. 1967, disponível em: <www.presidency.ucsb.edu/node/237620>.

27. Nataliya Danilova, *The Politics of War Commemoration in the UK and Russia* (Basingstoke: Palgrave Macmillan, 2015), pp. 20-1.

28. Discurso do presidente Ronald Reagan pelo 40º aniversário do Dia D, 6 jun. 1984, disponível em: <www.presidency.ucsb.edu/node/261649>.

29. Discurso do presidente George W. Bush em Nova York, 10 nov. 2001: "Remarks to the United Nations General Assembly", disponível em: <www.presidency.ucsb.edu/node/216893>.

30. Discurso do presidente George W. Bush na Virgínia, 7 dez. 2001: "Remarks at a Cerimony Commemorating the 60th Anniversary of Pearl Harbor in Norfolk", disponível em: <www.presidency.ucsb.edu/node/213309>.

31. Discursos em jantar oferecido pelo presidente mexicano, Vicente Fox, em Monterrey, 22 mar. 2002; boas-vindas ao primeiro-ministro britânico, Tony Blair, em Crawford, Texas, 6 abr. 2002; coletiva de imprensa com o presidente Vladimir Putin, 24 maio 2002; discurso no Virginia Military Institute, 17 abr. 2002; discurso sobre "conservadorismo compassivo" em San José, Califórnia, 30 abr. 2002: todos esses discursos estão disponíveis em: <www.presidency.ucsb.edu>.

32. Comentários numa cerimônia no Memorial Day em Colleville-sur-Mer, 22 maio 2002, disponíveis em: <www.presidency.ucsb.edu/node/215074>.

33. Ver, por exemplo, o discurso de Putin no Dia da Vitória, 9 maio 2005, disponível em: <news.bbc.co.uk/1/hi/world/europe/4528999.stm>.

34. Ver o "Speech at a Meeting Marking the 60th Anniversary of the Victory of the Chinese People's War of Resistance against Japanese Aggression and the World Anti-Fascist War" do presidente Hu Jintao, disponível em: <www.china.org.cn/english/2005/Sep/140771.htm>.

35. Lowe, *Savage Continent*, pp. 61-3, passim.

3. Monstros [pp. 62-79]

1. Sigmund Freud, *Civilization and Its Discontents* (Harmondsworth: Penguin, 2002), p. 50. Ver também Hannah Segal, "From Hiroshima to the Gulf War and After: A Psychoanalytic Perspective". In: Anthony Elliott e Stephen Frosh (Orgs.), *Psychoanalysis in Contexts: Paths between Theory and Modern Culture* (Londres; Nova York: Routledge, 1995), p. 194.

2. Mark Bryant, *World War II in Cartoons* (Londres: Grub Street, 1989), pp. 77, 90, 83, 99; John W. Dower, *War Without Mercy: Race and Power in the Pacific War* (Nova York: Pantheon, 1986), pp. 192, 196, 242; Roger Moorhouse, *Berlin at War* (Londres: Bodley Head, 2010), p. 371.

3. Imagens de "This is the Enemy", reproduzidas em Sam Keen, *Faces of the Enemy: Reflections of the Hostile Imagination: The Psychology of Enmity* (San Francisco: Harper & Row, 1986), pp. 33, 37; L. J. Jordaan, *Nachtmerrie over Nederland: Een herinnerings-album* (Amsterdam: De Groene Amsterdammer, 1945); Dower, *War Without Mercy*, pp. 93, 113.

4. Ver cartazes de propaganda antissemítica nazista na Bélgica e França: IWM PDT 8359; IWM PST 6483; IWM PST 8358; IWM PST 3142. Ver também cartuns de David Low, "Rendezvous" e "He Must Have Been Mad". *Evening Standard*, 20 set. 1939 e 15 maio 1941; cartum de Vicky, "Sabotage in Nederland". *Vrij Nederland*, 24 ago. 1950; Arthur Szyk, *The New Order* (Nova York: G. P. Putnam's Sons, 1941), passim; cartão-postal de propaganda alemã e retratos soviéticos de Hitler e Himmler em Bryant, *World War II in Cartoons*, pp. 43, 77, 98, 131; Keen, *Faces of the Enemy*, pp. 33, 74, 76, 77, 127.

5. Dower, *War Without Mercy*, pp. 192, 241; "As long as the Japanese dwarves have not been vanquished, the struggle will not stop": <chineseposters.net/posters/d25-201.php>; "As the invasion by the Japanese dwarves does not stop for a day [...]": <chineseposters.net/posters/pc-1938-005.php>; "Defeat Japanese Imperialism". International Institute of Social History, Landsberger Collection D25/197.

6. Keith Lowe, *Savage Continent* (Londres: Viking, 2012), p. 118; Bryant, *World War in Cartoons*, pp. 14, 26, 115; Jordaan, *Nachtmerrie over Nederland*.

7. Ilya Ehrenburg, escrevendo em *Krasnaya Zvezda*, 13 ago. 1942; citado em Alexander Werth, *Russia at War* (Londres: Barrie & Rockliff, 1964), p. 414.

8. Dower, *War Without Mercy*, pp. 89-91, 242-3.

9. Cartaz soviético da hidra, IWM PST 5295; cartaz alemão do esqueleto voador, IWM PST 3708; cartum britânico da Alemanha como demônio alado, *Punch*, 6 nov. 1939; para a Alemanha como robô, lobisomem e Cavaleiro do Apocalipse, ver Jordaan, *Nachtmerrie over Nederland*; para EUA como a Morte e Frankenstein, ver Bryant, *World War II in Cartoons*, pp. 77, 124. Ver também Dower, *War Without Mercy*, pp. 244-61.

10. Capa da *Collier's*, 12 dez. 1942; capa da *Manga*, fev. 1943.

11. Jordaan, *Nachtmerrie over Nederland*; Bryant, *World War II in Cartoons*, p. 85. Ver também Keen, *Faces of the Enemy*, p. 45.

12. Ver, por exemplo, Dower, *War Without Mercy*, p. 73.

13. Robert Rasmus, citado em Studs Terkel, *"The Good War": An Oral History of World War Two* (Londres: Hamish Hamilton, 1984), pp. 44-5; ver também Keen, *Faces of the Enemy*, p. 26.

14. Dower, *War Without Mercy*, pp. 302-5; discurso do presidente William J. Clinton na comemoração do Dia da Vitória na Europa, 8 maio 1995, disponível em: <www.presidency.ucsb.edu/node/221180>.

15. Panfleto pós-hostilidade citado em Eugene Davidson, *The Death and Life of Germany* (Londres: Jonathan Cape, 1959), p. 81.

16. Hans Fredrik Dahl, "Dealing with the Past in Scandinavia". In: Jon Elster (Org.), *Retribution and Reparation in the Transition to Democracy* (Nova York: Cambridge University Press, 2006), p. 151.

17. Charles de Gaulle, 13 out. 1945, citado em Davidson, *The Death and Life of Germany*, p. 82.

18. Lowe, *Savage Continent*, p. 131; Derek Sayer, *The Coasts of Bohemia* (Princeton, NJ: Princeton University Press, 1998), p. 240. Tomáš Staněk, *Odsun Němcůz Českolovenska, 1945-1947* (Praga: Academia/Naše vojsko, 1991), p. 59.

19. Motoe Terami-Wada, *The Japanese in the Philippines 1880s-1980s* (Manila: National Historical Commission of the Philippines, 2010), pp. 118-37. Caracterizações em ficção de língua inglesa são mais generosas, mas mesmo assim retornam frequentemente a atrocidades japonesas em tempo de guerra: ver Ronald D. Klein, *The Other Empire: Literary Views of Japan from the Philippines, Singapore and Malaysia* (Quezon City: University of the Philippines Press, 2008), pp. 10-5.

20. Yukawa Morio, citado em Nakano Satoshi, "The Politics of Mourning". In: Ikehata Setsuho e Lydia N. Yu Jose (Orgs.), *Philippines-Japan Relations* (Quezon City: Ateneo de Manila University Press, 2003), p. 337.

21. Klein, *The Other Empire*, pp. 176-9.

22. Sung-Hwa Cheong, *The Politics of Anti-Japanese Sentiment in Korea* (Westport, CT: Greenwood Press, 1991), pp. 135-43; Kim Jinwung, *A History of Korea* (Bloomington: Indiana University Press, 2012), p. 449.

23. "Japan-Bashers Try to Turn a Trade War into a Race War". *Chicago Tribune*, 23 jul. 1989; "The Danger from Japan". *New York Times Magazine*, 28 jul. 1985; "Yellow Peril Reinfects America". *Wall Street Journal*, 7 abr. 1989; ver também Dower, *War Without Mercy*, pp. 313-4.

24. Michael Berry, "Cinematic Representations of the Rape of Nanking". In: Peter Li (Org.), *Japanese War Crimes* (New Brunswick, NJ: Transaction Books, 2009), p. 203; Shelly Kracer, "A Matter of Life and Death: Lu Chuan and Post-Zhuxuanlu Cinema", disponível em: <cinema-scope.com/features/features-a-matter-of-life-and-death-lu-chuan-and-post-zhuxuanlu-cinema-by-shelly-kraicer>. Ver também *Don't Cry, Nanking* (1995), de Wu Ziniu, *O massacre de Nanquim* (2009), de Lu Chuan, e o campeão de bilheteria de Zhang Yimou, *Flores do Oriente* (2011).

25. Ver "China and Japan: Seven Decades of Bitterness", disponível em: <www.bbc.co.uk/news/magazine-25411700>; "China Mulls Holidays Marking Japanese

Defeat and Nanjing Massacre", disponível em: <www.bbc.co.uk/news/world-asia-26342884>; "China Ratifies National Memorial Day for Nanjing Massacre Victims", disponível em: <english.peopledaily.com.cn/90785/8549181.html>.

26. "Czech Poll Descends into Anti-German Insults". *Financial Times*, 25 jan. 2013; "Nationalistische Kampagne bringt Zeman auf die Burg". *Die Welt*, 26 jan. 2013; "Konjunktur für antideutsche Polemik in Europa". *Die Welt*, 27 jan. 2013.

27. *Dimokratia*, 9 fev. 2012.

28. *Il Giornale*, 3 ago. 2012.

29. Eric Frey, *Das Hitler Syndrom* (Frankfurt-am-Main: Eichborn, 2005), pp. 29, 54, 70, 80, 150, passim.

30. "Congress MP Compares Narendra Modi to Hitler and Pol Pot". *Times of India*, 7 jun. 2013; "Kevin's Sister Crusades against Gays". *The Australian*, 14 jul. 2011.

31. "The New Furor". *Philadelphia Daily News*, 8 dez. 2015.

32. Michael Butter, *The Epitome of Evil: Hitler in American Fiction, 1939-2002* (Nova York: Palgrave Macmillan, 2009), passim.

33. Christopher R. Browning, *Ordinary Men: Reserve Police Battalion 101 and the Final Solution in Poland* (Nova York: HarperCollins, 1992). O best-seller de Daniel Goldhagen, *Hitler's Willing Executioners: Ordinary Germans and the Holocaust* (Nova York: Little Brown, 1996), foi escrito em parte como uma reação às afirmações de Browning.

34. Ver, por exemplo, as controvérsias em torno do *Historikerstreit* nos anos 1980 e a Prague Declaration on European Conscience and Communism de 2008: *"Historikerstreit": Die Dokumentation der Kontroverse um die Einzigartigkeit der natio-nalsozialistischen Judenvernichtung* (Munique: Piper, 1991), passim; Peter Novick, *The Holocaust in American Life* (Nova York: Mariner, 2000), pp. 9-10; Zvi Gitelman, "Comparative and Competitive Victimization in the Post-Communist Sphere". In: Alvin H. Rosenfeld (Org.), *Resurgent Antisemitism: Global Perspectives* (Bloomington: Indiana University Press, 2013), pp. 227-9.

35. Noda Masaaki, "One Army Surgeon's Account of Vivisection on Human Subjects in China". In: Peter Li (Org.), *Japanese War Crimes*, pp. 142-4.

36. Ibid., pp. 150-1.

37. Ibid., p. 148.

38. Laurence Rees, entrevista com Yuasa em seu *Their Darkest Hour* (Londres: Ebury Press, 2008), p. 214.

39. Masaaki, "One Army Surgeon's Account", p. 156.

40. Ibid., p. 160.

41. Ibid., p. 135.

42. Hannes Heer, *"Hitler war's": Die Befreiung der Deutschen von ihrer Vergangenheit* (Berlim: Aufbau, 2008), passim; Butter, *The Epitome of Evil*, p. 177.

43. Para uma visão alternativa de que a tentativa de "compreender" agressores leva à absolvição, ver Arhur G. Miller, Amy M. Buddie e Jeffrey Kretschmar, "Explaining the Holocaust: Does Social Psychology Exonerate the Perpetrators?". In: Leonard

S. Newman e Ralph Erber (Orgs.), *Understanding Genocide* (Nova York: Oxford University Press, 2002), pp. 301-44.

44. Para uma boa introdução à vasta série de indícios associando atrocidade a pessoas aparentemente normais, ver Olaf Jensen e Claus-Christian W. Szejnmann (Orgs.), *Ordinary People as Mass Murderers* (Basingstoke: Palgrave Macmillan, 2008).

4. Mártires [pp. 80-98]

1. Otto Dov Kulka, *Landscapes of the Metropolis of Death* (Londres: Allen Lane, 2013), passim.
2. Ibid., pp. 82-3.
3. Ibid., pp. 23, 77.
4. Robert Jay Lifton, *Death in Life: Survivors of Hiroshima* (Harmondsworth: Pelican, 1971), especialmente pp. 505-11.
5. Kulka, *Landscapes of the Metropolis of Death*, p. 80.
6. Hasia R. Diner, *We Remember with Reverence and Love: American Jews and the Myth of Silence after the Holocaust, 1945-1962* (Nova York; Londres: New York University Press, 2009), passim.
7. Anne Karpf, *The War After* (Londres: Minerva, 1997), p. 5.
8. Ver Saul Friedländer, "West Germany and the Burden of the Past: The Ongoing Debate". *Jerusalem Quartely*, v. 42, p. 16, 1987; Shlomo Sand, *The Invention of the Jewish People* (Londres; Nova York: Verso, 2009), p. 285.
9. Keith Lowe, *Savage Continent* (Londres: Viking, 2012), pp. 13-6.
10. Andrew Roberts, *The Storm of War* (Londres: Allen Lane, 2009), p. 267; Diana Lary e Stephen MacKinnon (Orgs.), *Scars of War: The Impact of Warfare on Modern China* (Vancouver: University of British Columbia Press, 2001), p. 6; Antony Beevor, *The Second World War* (Londres: Weidenfeld & Nicolson, 2012), p. 780.
11. Discurso do presidente William J. Clinton na comemoração do Dia da Vitória na Europa, 8 maio 1995, disponível em: <www.presidency.ucsb.edu/node/221180>.
12. Al Newman da *Newsweek* e relatório do Exército dos EUA sobre Buchenwald; citados em William I. Hitchcock, *Liberation* (Londres: Faber & Faber, 2008), p. 299.
13. Carta do tenente-general Sir Frederick Morgan ao subsecretário de Estado do Foreign Office, 14 set. 1946, IWM Docs, 02/49/1; ver também Ben Shephard, *The Long Road Home: The Aftermath of the Second World War* (Londres: Bodley Head, 2010), pp. 295-9.
14. Lowe, *Savage Continent*, pp. 193-8.
15. Dienke Hondius, *Return: Holocaust Survivors and Dutch Anti-Semitism* (Westport, CT: Praeger, 2003), passim; Hitchcock, *Liberation*, pp. 271-2; János Pelle, *Az utolsó vérvádak* (Budapeste: Pelikán, 1995), pp. 228-9; Shephard, *The Long Road Home*, p. 393.
16. Peter Novick, *The Holocaust in American Life* (Nova York: Mariner, 2000), pp. 86-90.

17. Leah Goldberg, citado em Tom Segev, *1949: The First Israelis* (Nova York: Henry Holt, 1986), p. 138.

18. David Ben-Gurion, citado em Tom Segev, *The Seventh Million* (Nova York: Hill & Wang, 1993), pp. 118-9.

19. Gideon Hausner, *Justice in Jerusalem* (Londres: Thomas Nelson, 1966), pp. 291-2.

20. Jean-Paul Sartre, *Anti-Semite and Jew* (Nova York: Schocken Books, 1948), pp. 83, 136; Evan Carton, "The Holocaust, French Poststructuralism, the American Literary Academy, and Jewish Identity Politics". In: Peter C. Herman (Org.), *Historicizing Theory* (Albany: State University of New York Press, 2004), pp. 20-2.

21. Jean-Paul Bier, "The Holocaust, West Germany and Strategies of Oblivion, 1947--1979". In: Anson Rabinbach e Jack Zipes (Orgs.), *Germans and Jews since the Holocaust* (Nova York: Holmes & Meier, 1986), pp. 202-3; Alf Lüdtke, "'Coming to Terms with the Past': Illusions of Remembering, Ways of Forgetting Nazism in West Germany". *Journal of Modern History*, v. 64, n. 3, pp. 544-6, 1993.

22. Phillip Lopate, citado em Novick, *The Holocaust in American Life*, pp. 235-6.

23. Elie Wiesel, discurso na 28ª sessão especial da Assembleia Geral da ONU, citado em UN Press Release GA/10330, 24 jan. 2005, consultado em: <www.un.org/News/Press/docs/2005/ga10330.doc.htm>.

24. Hannah Arendt, *Eichmann in Jerusalem* (Harmondsworth: Penguin, 1994), pp. 282-5, e reação em Novick, *The Holocaust in American Life*, pp. 134-7.

25. John Sack, *An Eye for an Eye* (Nova York: Basic Books, 1993), e reação em Lowe, *Savage Continent*, p. 182.

26. Christopher R. Browning, *Ordinary Men: Reserve Police Battalion 101 and the Final Solution in Poland* (Nova York: HarperCollins, 1992); Daniel Goldhagen, *Hitler's Willing Executioners: Ordinary Germans and the Holocaust* (Londres: Little, Brown, 1996).

27. Ver, por exemplo, o discurso do rabino-chefe britânico Jonathan Sacks no Dia Internacional da Lembrança do Holocausto em 2013, consultado em: <www.hmd.org.uk/resources/podcast/chief-rabbi-lord-sacks-speech-uk-commemoration event-holocaust-memorial-day-2013>.

28. Obituário de Alice Herz-Sommer, *Telegraph*, 24 fev. 2014; obituário de Leon Weinstein, *Los Angeles Times*, 4 jan. 2012; obituário de Sonia Weitz, *Boston Globe*, 25 jun. 2010.

29. Discursos do presidente de Israel, Shimon Peres, 27 abr. 2014; papa João Paulo II, 24 mar. 2000; e presidente dos EUA, Barack Obama, 23 abr. 2012, disponíveis, respectivamente, em: <mfa.gov.il/MFA/AboutIsrael/History/Holocaust/Pages/President-Peres-at-Holocaust-Remembrance-Day-ceremony-at-Yad-Vashem-27-Apr-2014.aspx>; <www.natcath.org/NCR_Online/documents/YadVashem.htm>; <www.presidency.ucsb.edu/node/300855>.

30. Leon Wieseltier, Elie Wisel, reverendíssimo Paul Moore Jr. e Shalmi Barmore, todos citados em Novick, *The Holocaust in American Life*, pp. 201, 211, 236.

31. Zoë Waxman, "Testimonies as Sacred Text: The Sanctification of Holocaust

Writing". *Past and Present*, v. 206, supl. 5, pp. 321-41, 2010; Novick, *The Holocaust in American Life*, pp. 201, 211; Michael Goldberg, *Why Should Jews Survive?* (Nova York: Oxford University Press, 1995), pp. 41-65.

32. Várias figuras políticas de alto escalão nos EUA, inclusive Barack Obama, fizeram referência a soldados americanos que libertaram Auschwitz. Embora isso seja *factualmente* incorreto, é inteiramente condizente com o atual pensamento mitológico: os "Estados Unidos" representam o herói, e Auschwitz representa o mártir que ele salvou.

33. Novick, *The Holocaust in American Life*, p. 11.

34. Paul S. Fiddes, *Past Event and Present Salvation: The Christian Idea of Atonement* (Londres: Darton, Longman & Todd, 1989), p. 218; Jürgen Moltmann, *The Crucified God* (Londres: SCM Press, 1974), pp. 273-4; cardeal Jean-Marie Lustiger, "The Absence of God? The Presence of God? A Meditation in Three Parts on *Night*". In: Harold Bloom (Org.), *Elie Wiesel's Night* (Nova York: Infobase, 2010), pp. 27-37; Franklin H. Littel, *The Crucifixion of the Jews* (Nova York: Harper & Row, 1975), passim; Gershon Greenberg, "Crucifixion and the Holocaust: The View of Pius XII and the Jews". In: Carol Rittner e John K. Roth (Orgs.), *Pope Pius XII and the Holocaust* (Londres: Continuum, 2002), pp. 137-53.

35. Para uma análise das supostas lições do Holocausto, ver Novick, *The Holocaust in American Life*, pp. 239-63.

36. Kulka, *Landscapes of the Metropolis of Death*, p. 80.

37. Werner Weinberg, *Self-Portrait olf a Holocaust Survivor* (Jefferson, NC: McFarland & Co., 1985), p. 152.

38. Para um excelente resumo do mito do mártir nacional polonês, ver Genevieve Zubrzycki, "Polish Mythology and the Traps of Messianic Martyrology". In: Gérard Bouchard (Org.), *National Myths: Constructed Pasts, Contested Presents* (Oxford: Routledge, 2013), pp. 110-32.

39. 28ª sessão especial da Assembleia Geral da ONU, citada em UN Press Release GA/10330, 24 jan. 2005, consultado em: <www.un.org/News/Press/docs/2005/ga10330.doc.htm>.

40. Thomas Kühne, "Europe Exploits the Holocaust to Spread Its Message of Tolerance". *Guardian*, 27 jan. 2011.

41. Edna Aizenberg, "Nation and Holocaust Narration; Uruguay's Memorial del Holocausto del Pueblo Judío". In: Jeffrey Lesser e Raanan Rein (Orgs.), *Rethinking Jewish-Latin Americans* (Albuquerque: University of New Mexico Press, 2008), pp. 207-30.

42. Locksley Edmondson, "Reparations: Pan-African and Jewish Experiences". In: William F. S. Miles (Org.), *Third World View of the Holocaust: Summary of the International Symposium* (Boston, MA: Northeastern University, 2002), p. 4.

43. Novick, *The Holocaust in American Life*, p. 13.

44. Ruth Amir, *Who Is Afraid of Historical Redress?* (Boston, MA: Academic Studies Press, 2012), p. 239.

5. O começo do mundo [pp. 99-113]

1. Takashi Nagai, *The Bells of Nagasaki* (Tóquio: Kodansha International, 1984), p. 82.
2. Ibid., p. 101.
3. Ibid., pp. 48, 60.
4. Para Nagai como um ícone cultural no Japão nos anos 1940 e 1950, ver a introdução de William Johnston a Nagai, *The Bells of Nagasaki*, p. xx; Paul Glynn, *A Song for Nagasaki* (Londres: Fount Paperbacks, 1990), pp. 202-50; e John Dower, *Embracing Defeat: Japan in the Wake of World War II* (Nova York: W. W. Norton, 2000), pp. 197-8.
5. Glynn, *A Song for Nagasaki*, pp. 188-90.
6. Nanbara Shigeru, reitor da Universidade Imperial de Tóquio no pós-guerra, discurso para estudantes, nov. 1945, citado em Dower, *Embracing Defeat*, p. 488.
7. Dower, *Embracing Defeat*, pp. 497-500.
8. Ibid., pp. 493-4.
9. "South Korean Court Tells Japanese Company to Pay for Forced Labor". *New York Times*, 30 jul. 2013; "Chinese Families Suing Japan Inc. for War Redress in Bigger Numbers". *Japan Times*, 13 maio 2014; "Unfinished Business". *Foreign Policy*, 28 jun. 2010. Ver também Dower, *Embracing Defeat*, pp. 531-4.
10. Ver a história de Tsuji Masanobu em Dower, *Embracing Defeat*, p. 513. Ver também pp. 464-5 e 508-21.
11. Noda Masaaki, "One Army Surgeon's Account of Vivisection on Human Subjects in China". In: Peter Li (Org.), *Japanese War Crimes* (New Brunswick, NJ: Transaction Books, 2009), pp. 135-8. Para uma exposição mais longa sobre este tema, ver Noda Masaaki, *Senso to Zaiseki* (Tóquio: Iwanami Shoten, 1998).
12. Ver Harry S. Truman, proclamação 2660, "Victory in the East", 16 ago. 1945, disponível em: <www.presidency.ucsb.edu/node/231321>.
13. Graeme Gill, *Symbols and Legitimacy in Soviet Politics* (Nova York: Cambridge University Press, 2011), pp. 198-200.
14. Discurso de Gustáv Husák na abertura da exposição "Tchecoslováquia 1985", em Moscou, 31 maio 1985, citado em Foreign Broadcast Information Service, *East Europe Report JPRS-EPS-85-070* (Arlington, VA: Joint Publications Research Service, 25 jun. 1985), p. 7; declaração de Tito da Iugoslávia Democrática Federal, 9 mar. 1945. In: Fabijan Trgo (Org.), *The National Liberation War and Revolution in Yugoslavia (1941-1945): Selected Documents* (Belgrado: Military History Institute of the Yugoslav People's Army, 1982), p. 711; Kurt Hager, "Der Sozialismus ist Unbesiegbar". *Einheit*, v. 40, n. 4/5, pp. 313-8, 1985.
15. Prokop Murra, "Order of the Day". *Tirana*, 9 maio 1985, citado em Joint Publications Research Service, *East Europe Report JPRS-EPS-85-072* (Arlington, VA: Joint Publications Research Service, 1 jul. 1985), p. 1.
16. De fato, o luto da Alemanha Oriental foi oficialmente desencorajado. Ver "Aufruf zum 40. Jahrestag des Sieges über den Hitlerfaschismus und der Befreiung des deutschen Volkes". *Neues Deutschland*, 11 jan. 1985, p. 1.

17. Resolução de independência de Nehru, 13 dez. 1946. In: Mushirul Hasan (Org.), *Nehru's India: Selected Speeches* (Nova Delhi: Oxford University Press, 2007), p. 32.

18. Sukarno, discurso no nascimento de Pantja Sila, 1º jun. 1945. In: Sukarno, *Toward Freedom and the Dignity of Man: A Collection of Five Speeches by President Sukarno of the Republic of Indonesia* (Jacarta: Department of Foreign Affairs, 1961), p. 20.

19. Nehru, discurso sobre filiação indiana à Comunidade das Nações, 16 maio 1949. In: Hasan (Org.), *Nehru's India*, p. 87.

20. Ferhart Abbas, citado em Benjamin Stora e Zakya Daoud, *Ferhat Abbas: Une utopie algérienne* (Paris: Denoël, 1995), p. 133.

21. Keith Lowe, *Savage Continent* (Londres: Viking, 2012), passim.

22. Ver, por exemplo, *Alemanha, ano zero* (1948), filme de Roberto Rosselini.

23. Discurso de Romano Prodi, presidente da Comissão Europeia, "The New Europe and Japan", Tóquio, 19 jul. 2000, disponível em: <europa.eu/rapid/press-release_SPEECH-00-277_en.htm>.

24. Ver a Declaração Schuman, disponível em: <europa.eu/about-eu/basic-information/symbols/europe-day/schuman-declaration/index_en.htm>.

25. Declaração ao Comitê de Relações Exteriores do Senado dos EUA, 9 abr. 1953. In: Konrad Adenauer, *Journey to America: Collected Speeches, Statementes, Press, Radio and TV Interviews* (Washington, DC: Press Office, German Diplomatic Mission, 1953), p. 51; e Konrad Adenauer, *World Indivisible: With Liberty and Justice for All* (Nova York: Harper & Bros, 1955), p. 6.

26. Vincent Della Sala, "Myth and the Postnational Polity: The Case of the European Union". In: Gérard Bouchard (Org.), *National Myths* (Oxford: Routledge, 2013), p. 161.

27. Discurso do secretário-geral da ONU Ban Ki-moon, Universidade Estatal de Moscou, 10 abr. 2008, disponível em: <www.un.org/sg/en/content/sg/statement/2008-04-10/secretary-generals-address-moscow-state-university>; Shashi Tharoor, subsecretário-geral da ONU para Comunicações e Informação Pública, citado em *World Chronicle*, n. 980, p. 2, 8 jun. 2005; declarações de Michel Barnier, da França, Max van der Stoel, dos Países Baixos, e Stefan Travrov, da Bulgária, na 28ª sessão especial da Assembleia Geral da ONU citadas em UN Press Release GA/10330, 24 jan. 2005, consultado em: <www.un.org/News/Press/docs/2005/ga10330.doc.htm>.

28. Jawaharlal Nehru, discurso à Assembleia Constituinte Indiana, 16 maio 1949. In: Hasan (Org.), *Nehru's India*, p. 82.

6. Ciência [pp. 117-35]

1. Para uma breve biografia de Eugene Rabinowitch, escrita por seu filho, ver Alexander Rabinowitch, "Founder and Father". *Bulletin of the Atomic Scientists*, v. 61, n. 1, pp. 30-7, 2005.

2. Eugene Rabinowitch, citado em Robert Jungk, *Brighter Than a Thousand Suns* (Londres: Victor Gollancz, 1958), p. 183.

3. Para o texto completo do Relatório Franck, ver ibid., pp. 335-46.

4. Citado em Josh Schollmeyer, "Minority Report". *Bulletin of the Atomic Scientists*, v. 61, n. 1, p. 39, 2005.

5. Rabinowitch, "Founder and Father", p. 36.

6. Eugene Rabinowitch, "Five Years After". *Bulletin of the Atomic Scientists*, v. 7, n. 1, p. 3, 1951.

7. Hans M. Kristensen e Robert S. Norris, "Global Nuclear Weapons Inventories, 1945-2013". *Bulletin of the Atomic Scientists*, v. 69, n. 5, p. 75, 2013.

8. Eugene Rabinowitch, *The Dawn of a New Age* (Chicago: University of Chicago Press, 1963), p. 183.

9. E. B. White, editorial, 18 ago. 1945, reproduzido em E. B. White, *The Wild Flag* (Boston, MA: Houghton Mifflin, 1946), p. 108; "The Bomb". *Time*, 20 ago. 1945; William L. Laurence, *Dawn over Zero* (Londres: Museum Press, 1947), p. 227.

10. *New York Times*, 29 set. 1945.

11. *New York Times*, 26 set. 1945.

12. Raymond Gram Swing, *Coronet*, e *New York Herald Tribune*, todos citados em Paul Boyer, *By the Bomb's Early Light* (Chapel Hill: University of Norh Carolina Press, 1994), pp. 33, 136 e 109.

13. Gerald Wendt, "What Happened in Science". In: Jack Goodman (Org.), *While You Were Gone: A Report on Wartime Life in the United States* (Nova York: Simon & Schuster, 1946), pp. 253-4.

14. Citado em Boyer, *By the Bomb's Early Light*, p. 143; ver também pp. 145-9.

15. Ver Jean-Paul Sartre, "The Liberation of Paris: An Apocalyptic Week". In: Ronald Aronson e Adrian van den Hoven (Orgs.), *We Have Only This Life to Live: The Selected Essays of Jean-Paul Sartre* (Nova York: New York Review of Books, 2013), p. 117; Albert Einstein, "A Reply to the Soviet Scientists". *Bulletin of the Atomic Scientists*, v. 4, n. 2, p. 37, 1948; e "Gen. Spaatz on Atomic Warfare". *Life*, 16 ago. 1948, p. 104.

16. *Picture Post*, 25 ago. 1945.

17. Ver, na *Illustrated Weekly of India*, Antolycus, "As I See It", 19 ago. 1945; "Journey to the Moon: Atomic Power Might Make Idle Dreams Come True One Day", 2 set. 1945; "Atomic Power in Industry", 18 nov. 1945.

18. Ver os ensaios de Dolores L. Augustine, Dick van Lente, Hirofumi Utsumi e Sonja D. Schmid in Dick van Lente (Org.), *The Nuclear Age in Popular Media: A Transnational History, 1945-1965* (Nova York: Palgrave Macmillan, 2012).

19. Roslynn D. Haynes, *From Faust to Strangelove: Representations of the Scientist in Western Literature* (Baltimore: Johns Hopkins University Press, 1994), passim.

20. Ver os números do International Symposium on Crimes of Bacteriological Warfare de 2002 citados em Brian J. Ford, *Secret Weapons: Technology, Science and the Race to Win World War II* (Oxford: Osprey, 2011), p. 173.

21. Ibid., pp. 45-52, 115-61.

22. W. H. Helfand et al. "Wartime Industrial Development of Penicillin in the United States". In: John Parascandola (Org.), *The History of Antibiotics: A Symposium* (Madison, WI: American Institute of the History of Pharmacy, 1980), pp. 40, 50-1.

23. *Straits Times* (Singapura), 20 set. 1945 e 9 out. 1945; Thomas R. Dunlap, *DDT: Scientists, Citizens, and Public Policy* (Princeton, NJ: Princeton University Press, 1981), pp. 17, 60-3.

24. Ford, *Secret Weapons*, pp. 270-4.

25. Ibid., pp. 250-8; Don Murray, "Percy Spencer and His Itch to Know". *Reader's Digest* (EUA), ago. 1958, p. 114.

26. "Harry Coover, Super Glue's Inventor, Dies at 98". *New York Times*, 27 mar. 2011.

27. Gary Chapman, "Hedy Lamarr's Invention Finally Comes of Age". *Los Angeles Times*, 31 jan. 2000.

28. Nikolai Bulganin, discurso à sessão plenária do Comitê Central, jul. 1955, citado em David Holloway, *Stalin and the Bomb* (New Haven, CT: Yale University Press, 1994), p. 356.

29. Sonja D. Schmid, "Shaping the Soviet Experience of the Atomic Age: Nuclear Topics in *Ogonyok*". In: Dick van Lente (Org.), *The Nuclear Age in Popular Media*, p. 41.

30. Cientista soviético citado na *Illustrated Weekly of India*, 8 nov. 1959.

31. *Neue Berliner Illustrierte* e *Stern*, citados em Dolores L. Augustine, "Learning from War: Media Coverage of the Nuclear Age in the Two Germanies". In: Dick van Lente (Org.), *The Nuclear Age in Popular Media*, p. 89.

32. *Illustrated Weekly of India*, 19 ago. 1945, 14 jul. 1946, 3 out. 1946.

33. Boyer, *By the Bomb's Early Light*, pp. 115-6; George Gamow, *Atomic Energy in Cosmic and Human Life* (Nova York: Macmillan, 1946), p. 153; O. R. Frisch, *Meet the Atoms: A Popular Guide to Modern Physics* (Nova York: A. A. Wyn, 1947), pp. 220-1.

34. Jungk, *Brighter Than a Thousand Suns*, pp. 217-8; Kai Bird e Martin J. Sherwin, *American Prometheus: The Triumph and Tragedy of J. Robert Oppenheimer* (Nova York: Random House, 2005).

35. Joel Shurkin, *Broken Genius: The Rise and Fall of William Shockley, Creator of the Electronic Age* (Basingstoke: Macmillan, 2006), pp. 65, 95-9; J. Robert Oppenheimer, "Physics in the Contemporary World". *Bulletin of the Atomic Scientists*, v. 4, n. 3, p. 65, 1948.

36. Eugene Rabinowitch, "The Labors of Sisyphus". *Bulletin of the Atomic Scientists*, v. 7, n. 10, p. 291, 1951.

37. Ernst Chain, "A Short History of the Penicillin Discovery from Fleming's Early Observations in 1929 to the Present Time". In: Parascandola (Org.), *The History of Antibiotics*, pp. 22-3.

38. Para uma discussão destas questões, ver em particular P. W. Bridgman, "Scientists and Social Responsibility". *Bulletin of the Atomic Scientists*, v. 4, n. 3, 1948, e discussão posterior, pp. 69-75; mas essas questões são repetidas ao longo dos dez primeiros anos da revista.

39. Oppenheimer, "Physics in the Contemporary World", p. 66.

40. Dr. Theodor Hauschke, citado em Jungk, *Brighter Than a Thousand Suns*, p. 231.
41. Ver Boyer, *By the Bomb's Early Light*, pp. 181-95.

7. Utopias planejadas [pp. 136-59]

1. Alan Milward, *War, Economy and Society, 1939-1945* (Berkeley; Los Angeles: University of California Press, 1977), pp. 284-6.
2. Theodor Adorno, *Minima Moralia* (Londres: Verso, 2005), p. 54.
3. A história da vida de Giancarlo foi tomada sobretudo de Benedict Zucchi, *Giancarlo De Carlo* (Oxford: Butterworth Architecture, 1992), especialmente pp. 157-73, e John McKean, *Giancarlo De Carlo: Layered Places* (Stuttgart; Londres: Edition Axel Menges, 2004), especialmente pp. 202-4.
4. McKean, *Giancarlo De Carlo*, p. 202.
5. Ibid., p. 202.
6. Ibid., p. 203.
7. Keith Lowe, *Savage Continent* (Londres: Viking, 2012), p. 10; arquivos da onu, fotos unrra 1202, 1204 e S-0800-0016-01-17.
8. Tony Judt, *Postwar* (Londres: Pimlico, 2005), p. 17.
9. uk National Archives, cab 21/2110; Lowe, *Savage Continent*, pp. 6-7, 400-1; Judt, *Postwar*, pp. 16-7; John W. Dower, *Embracing Defeat: Japan in the Wake of World War II* (Nova York: W. W. Norton, 2000), p. 47; Pankaj Mishra, "Land and Blood". *New Yorker*, 25 nov. 2013.
10. Entre 1945 e 1970 a população mundial cresceu cerca de 50%, mas a população das cidades aproximadamente dobrou: ver Departamento de Assuntos Econômicos e Sociais da onu, "World Urbanization Prospects: The 2011 Revision". Documento de trabalho n. st/esa/ser.a/322, p. 4.
11. Sigfried Giedion, Space, *Time & Architecture* (5. ed. Cambridge, ma: Harvard University Press, 2008), pp. 819, 822; Le Corbusier, *The Radiant City* (Londres: Faber & Faber, 1967), p. 96.
12. Paul Morand, "Nouveau Style". *Voix Française*, 19 mar. 1943; citado em Pierre Le Goic, *Brest en reconstruction* (Rennes: Presses Universitaires de Rennes, 2001), p. 129.
13. Paul Schmitthenner, citado em Jörn Düwel e Niels Gutschow (Orgs.), *A Blessing in Disguise* (Berlim: Dom, 2013), p. 163; e Konstanty Gutschow, citado em Spiegel Online, "Out of the Ashes: A New Look at Germany's Postwar Reconstruction", disponível em: <www.spiegel.de/international/germany/out-of-the-ashes-a-new-look-at-germany-s-postwar-reconstruction-a-702856-2.html>. Ver também Jeffry M. Diefendorf, *In the Wake of the War* (Nova York: Oxford University Press, 1993), pp. 188-9.
14. Stanisław Jankowski, "Warsaw: Destruction, Secret Town Planning, 1939-1944, and Postwar Reconstruction". In: Jeffry M. Diefendorf (Org.), *Rebuilding Europe's Bombed Cities* (Basingstoke: Macmillan, 1990), p. 81.

15. Julian Huxley, prefácio a Flora Stephenson e Phoebe Pool, *A Plan for Town and Country* (Londres: The Pilot Press, 1944), p. 7. Ver também Patrick Abercrombie, *The Greater London Plan 1944* (Londres: HMSO, 1945), p. 1.

16. Cabinet Committee on the Reconstruction of Town and Country, citado em Anthony Sutcliffe e Roger Smith, *History of Birmingham*, v. 3: *Birmingham, 1939--1970* (Londres: Oxford University Press for Birmingham City Council, 1974), p. 464; Frank H. Rushford, *City Beautiful: A Vision of Durham* (Durham, NC: Durham County Advertiser, 1944); J. B. Morrell, *The City of Our Dreams* (Londres: St. Anthony's Press, 1955).

17. Thomas Sharp, *Exeter Phoenix* (Londres: Architectural Press, 1946), p. 134.

18. James Watson e Patrick Abercrombie, *A Plan for Plymouth* (Plymouth: Underhill, 1943), p. 11.

19. Catherine Bauer, "The County of London Plan — American Reactions: Planning Is Politics — But Are Planners Politicians?". *Architectural Review*, v. 96, n. 574, p. 81, 1944.

20. Diefendorf, *In the Wake of War*, p. 183.

21. Folheto da Associação Nacional de Corretoras Imobiliárias americana publicada em 1944, citada em Friedhelm Fischer, "German Reconstruction as an International Activity". In: Diefendorf (Org.), *Rebuilding Europe's Bombed Cities*, pp. 133-4.

22. Le Corbusier, *The Athens Charter* (Nova York: Viking, 1973), p. 54.

23. José Luis Sert, *Can Our Cities Survive?* (Cambridge, MA: Harvard University Press, 1944), pp. 246-9.

24. Lewis Mumford, *The Culture of Cities* (Londres: Secker & Warburg, 1940), pp. 296, 298, 330.

25. Ebenezer Howard, *To-morrow: A Peaceful Path to Real Reform* (Londres: Swan Sonnenschein, 1898), p. 10. Para discussão do legado de Howard, ver Stephen V. Ward (Org.), *The Garden City* (Londres: E & F. N. Spon, 1992); e Stanley Buder, *Visionaries and Planners: The Garden City Movement and the Modern Community* (Nova York: Oxford University Press, 1990).

26. Frank Lloyd Wright, *Modern Architecture: Being the Kahn Lectures for 1930* (Princeton, NJ: Princeton University Press, 2008), p. 112.

27. Frank Lloyd Wright, *The Disappearing City* (Nova York: William Farquhar Payson, 1932), p. 17; ver também a introdução de Neil Levine a *Modern Architecture*, de Wright, p. xlix. Para o debate sobre os méritos da dispersão como uma defesa nuclear, ver *Bulletin of the Atomic Scientists*, v. 7, n. 9, pp. 242-4, 1951.

28. Sert, *Can Our Cities Survive?*, p. 210.

29. Giedion, *Space, Time & Architecture*, p. 822.

30. Karl Marx e Friedrich Engels, *The Communist Manifesto* (Harmondsworth: Penguin, 1985), p. 105. Ver também Robert H. Kargon e Arthur P. Molella, *Invented Edens: Techno-Cities of the Twentieth Century* (Cambridge, MA: MIT Press, 2008), p. 27; e Owen Hatherley, *Landscapes of Communism* (Londres: Allen Lane, 2015), pp. 11, 13.

31. Klaus von Beyme, "Reconstruction in the German Democratic Republic". In: Diefendorf (Org.), *Rebuilding Europe's Bombed Cities*, p. 193.

32. Hatherley, *Landscapes of Communism*, p. 20.

33. Mumford, *The Culture of Cities*, p. 403; Le Corbusier, *The Athens Charter*, pp. 103-4.

34. Wright, *The Disappearing City*, pp. 28, 44.

35. Syrkus, citado em Katrin Steffen e Martin Kohlrausch, "The Limits and Merits of Internationalism: Experts, the State and the International Community in Poland in the First Half of the Twentieth Century". *European Review of History*, v. 16, n. 5, p. 723, 2009.

36. Le Corbusier, *The Radiant City*, p. 118.

37. McKean, *Giancarlo De Carlo*, p. 203.

38. Zucchi, *Giancarlo De Carlo*, p. 158.

39. Giancarlo De Carlo escrevendo em *Casabella Continuita* em 1954, citado em Zucchi, *Giancarlo De Carlo*, p. 15.

40. Zucchi, *Giancarlo De Carlo*, p. 161.

41. Ibid., pp. 10, 13.

42. Ibid., p. 10.

43. Jane Jacobs, *The Death and Life of Great American Cities* (Londres: Jonathan Cape, 1962); Oscar Newman, *Defensible Space* (Nova York: Macmillan, 1972).

44. Ver Emrys Jones, "Aspects of Urbanization in Venezuela". *Ekistics*, v. 18, n. 109, pp. 420-5, 1964; Alice Coleman, *Utopia and Trial* (Londres: Hilary Shipman, 1985), p. 17.

45. Lewis Silkin, citado em Budes, *Visionaries and Planners*, p. 186.

46. Michael Young e Peter Willmott, *Family and Kinship in East London* (Harmondsworth: Penguin, 2007), pp. 197-9; Buder, *Visionaries and Planners*, pp. 188-9.

47. Lewis Mumford, citado em Buder, *Visionaries and Planners*, p. 203.

48. Zucchi, *Giancarlo De Carlo*, p. 169.

49. McKean, *Giancarlo De Carlo*, p. 204.

50. Judt, *Postwar*, pp. 70-1.

51. Advisory Committee to Japan's Ministry of Foreign Affairs, citado em Dower, *Embracing Defeat*, p. 539. Ver também nota 34 na p. 646.

52. Jawaharlal Nehru, transmissão radiofônica para a nação, 31 dez. 1952, citado em Mushirul Hasan (Org.), *Nehru's India: Selected Speeches* (Nova Delhi: Oxford University Press, 2007), p. 160.

53. F. A. Hayek, *The Road to Serfdom* (Londres: Routledge, 1944).

54. R. M. Hartwell, *A History of the Mont Pèlerin Society* (Indianápolis: Liberty Fund, 1995), pp. 18-9.

8. Igualdade e diversidade [pp. 160-82]

1. Para a história de Françoise Leclercq, ver seu discurso à conferência da União das Mulheres Francesas em 23 nov. 1975, reproduzido em Union des Femmes Françaises, *Les Femmes dans la Résistance* (Mônaco: Éditions du Rocher, 1977), pp. 168-70.

2. Filme documentário *2ème congrès de l'Union des Femmes Françaises*, disponível nos Cine Archives do Parti Communiste Français Mouvement Ouvrier et Démocratique: <www.cinearchives.org/Catalogue-d-exploitation-494-132-0-0.html>.

3. Madeleine Dreyfus, da Oeuvre de Secours aux Enfants, e Madeleine Barot, da Cimade: ver Caroline Moorehead, *Village of Secrets* (Londres: Chatto & Windus, 2014), passim.

4. Mireille Albrecht, *Berty* (Paris: Robert Laffont, 1986), pp. 169-333; Siân Rees, *Lucie Aubrac* (Londres: Michael O'Mara, 2015), pp. 135-55; Charlotte Delbo, *Convoy to Auschwitz: Women of the French Resistance* (Boston, MA: Northearstern University Press, 1977), passim.

5. Jane Slaughter, *Women and the Italian Resistance, 1943-1945* (Denver: Arden Press, 1977), pp. 33, 58.

6. Jelena Batinić, *Women and Yugoslav Partisans* (Nova York: Cambridge University Press, 2015), pp. 260-2.

7. Vina A. Lanzona, *Amazons of the Huk Rebellion* (Madison, WI: University of Wisconsin Press, 2009), pp. 72-5; para a Indonésia, ver abaixo, cap. 16.

8. Anna Krylova, *Soviet Women in Combat* (Nova York: Cambridge University Press, 2010), p. 145.

9. Genevieve Vailland, *Le Travail des femmes* (Paris: Jeune Patron, 1947), p. 9; Hanna Diamond, *Women and the Second World War in France, 1939-48: Choices and Constraints* (Harlow: Longman, 1999), p. 34.

10. Denise Breton, "La Résistance, étape importante dans l'évolution de la condition féminine". In: Union des Femmes Françaises, *Les Femmes dans la Résistance*, pp. 227, 228, 233-4; citação de René Cerf-Ferrière: p. 230.

11. *A Woman in Berlin* (Londres: Virago, 2006), p. 62.

12. Robert Gildea, *Fighters in the Shadows* (Londres: Faber & Faber, 2015), p. 131.

13. Ver Nadje Al-Ali, *Secularism, Gender and the State in the Middle East: The Egyptian Women's Movement* (Nova York: Cambridge University Press, 2009), pp. 64, 73-4.

14. Saskia Wieringa, *Sexual Politics in Indonesia* (Basingstoke: Palgrave Macmillan, 2002), pp. 115-6, 252-5.

15. Francesca Miller, *Latin American Women and the Search for Social Justice* (Hanover, NH: University Press of New England, 1991), p. 143.

16. Ver Jadwiga E. Pieper Mooney, "Fighting Fascism and Forging New Political Activism: The Women's International Democratic Federation (WIDF) in the Cold War". In: Jadwiga E. Pieper Mooney e Fabio Lanza (Orgs.), *De-Centering Cold War History* (Oxford: Routledge, 2013), pp. 52-3; e Francisca de Haan, "Hoffnungen auf eine bessere Welt: die frühen Jahre der Internationalen Demokratischen Frauenföderation (IDFF/WIDF) (1945-50)". *Feministische Studien*, v. 27, n. 2, pp. 243-6, 2009.

17. René Cerf-Ferrière, *Chemin clandestin* (Paris: Julliard, 1968), p. 189. Ver também Diamond, *Women and the Second World War in France, 1939-48*, pp. 179-85, que oferece interpretações alternativas.

18. Mary Zeiss Stange et al. (Orgs.), *Encyclopedia of Women in Today's World*, v. 1 (Los Angeles: Sage, 2011), pp. 1529-31.

19. Simone de Beauvoir, *The Second Sex* (Londres: Picador, 1988), pp. 737, 741.

20. Diamond, *Women and the Second World War in France, 1939-48*, p. 55; Claire Duchen, *Women's Rights and Women's Lives in France, 1944-1968* (Londres: Routledge, 1994), pp. 64-5; Sarah Fishman, "Waiting for the Captive Sons of France: Prisoner of War Wives, 1940-1945". In: Margaret Higonnet et al. (Orgs.), *Behind the Lines: Gender and the Two World Wars* (New Haven, CT: Yale University Press, 1987), p. 193.

21. Jeanne Bohec, *La Plastiqueuse à bicyclette* (Paris: Mercure de France, 1975), p. 186.

22. Philip Morgan, *The Fall of Mussolini* (Nova York: Oxford University Press, 2007), p. 193.

23. "Merci de nous écrire". *Elle*, 27 ago. 1946, p. 22; "L'aide aux mères de famille". *Pour la vie*, n. 34, 1950; citado em Duchen, *Women's Rights and Women's Lives in France, 1944-1969*, p. 67; manual de ciência doméstica de Mme. Foulon-Lefranc, *La Femme au Foyer*, citado em ibid., pp. 66, 68; ver também pp. 65, 67, 101-2; Diamond, *Women and the Second World War in France, 1939-48*, pp. 162-3.

24. François Billoux, "À la Libération, une legislation sociale favourable aux femmes". In: Union des Femmes Françaises, *Les Femmes dans la Résistance*, p. 251; Diamond, *Women and the Second World War in France, 1939-1948*, pp. 175-6.

25. Sharon Elise Cline, "Feminité à la Française: Femininity, Social Change and French National Identity, 1945-1970". Madison, WI: Universidade de Wisconsin-Madison, 2008, p. 144. Tese (Doutorado).

26. Duchen, *Women's Rigths and Women's Lives in France, 1944-1968*, p. 54.

27. Madeleine Vincent, *Femmes: Quelle libération?* (Paris: Éditions Sociales, 1976), pp. 29-30, 37-8.

28. Al-Ali, *Secularism, Gender and the State in the Middle East*, pp. 73-4; Wieringa, *Sexual Politics in Indonesia*, pp. 115-6, 252-5; Miller, *Latin American Women and the Search for Social Justice*, p. 143.

29. Ver o website da Organização Internacional do Comércio, consultei especialmente <www.ilo.org/dyn/normlex/en/f?p=NORMLEXPUB:11300:0:NO:P11300_INSTRUMENT_ID:312245>.

30. "Gender Pay Gap 'May Take 118 Years to Close' — World Economic Forum". BBC News, 19 nov. 2015, disponível em: <www.bbc.co.uk/news/world-europe-34842471>.

31. Stange et al. (Orgs.), *Encyclopedia of Women in Today's Word*, v. 1, pp. 1529-31; "Women in Saudi Arabia Vote for the First Time". *Washington Post*, 12 dez. 2015.

32. Toril Moi, "The Adulteress Wife". *London Review of Books*, v. 32, n. 3, p. 4, 11 fev. 2010.

33. Coluna "My Day", 16 fev. 1962. In: Eleanor Roosevelt, *My Day: The Best of Eleanor Roosevelt's Acclaimed Newspaper Columns, 1936-1962* (org. David Emblidge. Boston, MA: Da Capo Press, 2001), p. 301.

34. Michella M. Marino, "Mothers, Spy Queens, and Subversives: Women in the McCarthy Era". In: Caroline S. Emmons (Org.), *Cold War and McCarthy Era: People and Perspectives* (Santa Barbara, CA: ABC-Clio, 2010), p. 140.

35. Ver Mooney, "Fighting Fascism", pp. 52-3; e De Haan, "Hoffnungen auf eine bessere Welt", pp. 243-6.

36. Lynne Attwood, *Creating the New Soviet Woman* (Basingstoke: Macmillan, 1999), pp. 114, 150-5, 167; David K. Willis, *Klass: How Russians Really Live* (Nova York: St Martin Press, 1985), pp. 155-82; Susan Bridger, "Soviet Rural Women: Employment and Family Life". In: Beatrice Farnsworth e Lynne Viola (Orgs.), *Russian Peasant Women* (Nova York: Oxford University Press, 1992), pp. 271-93.

37. Valentina Pavlovna Chudayeva, citada em Svetlana Alexiyevich, *War's Unwomanly Face* (Moscou: Progress, 1988), pp. 189, 244.

38. De Beauvoir, *The Second Sex*, pp. 15-6.

39. Ibid., p. 639.

40. Moi, "The Adulteress Wife", pp. 3-6.

41. Sakiko Fukuda-Parr, Terra Lawson-Remer e Susan Randolph, *Fulfilling Social and Economic Rights* (Nova York: Oxford University Press, 2015), p. 146.

42. Jean-Paul Sartre, *Anti-Semite and Jew* (Nova York: Schocken Books, 1948), originalmente publicado em francês em 1946.

43. Anatole Broyard, "Portrait of the Inauthentic Negro". *Commentary*, v. 10, n. 1, pp. 56-64, 1950; W. E. B. Du Bois, *The World and Africa/Color and Democracy* (Nova York: Oxford University Press, 2007), p. 13 — *The World and Africa* foi originalmente publicado em 1947.

44. De Beauvoir, *The Second Sex*, pp. 14, 18, 23, 159, 706-7, 723.

45. Ibid., pp. 23-4.

46. Godfrey Hodgson, *America in Our Time* (Princeton, NJ: Princeton University Press, 2005), p. 58.

47. Ronald Allen Goldberg, *America in the Forties* (Nova York: Syracuse University Press, 2012), p. 103.

48. Citado em ibid., p. 103.

49. Leila J. Rupp, "The Persistence of Transnational Organizing: The Case of the Homophile Movement". *American Historical Review*, v. 116, n. 4, p. 1019, 2011.

50. Allan Bérubé, *Coming Out under Fire: The History of Gay Men and Women in World War II* (Chapel Hill: University of North Carolina Press, 2010), pp. 228, 244, 257.

51. Paul Ginsborg, "The Communist Party and the Agrarian Question in Southern Italy, 1943-48". *History Workshop*, v. 17, p. 89, 1984; Ilario Ammendolia, *Occupazione delle Terre in Calabria, 1945-1949* (Roma: Gangemi, 1990), pp. 22-8.

9. Liberdade e pertencimento [pp. 183-204]

1. A história de Hans Bjerkholt foi tomada de três fontes: Gabriel Marcel (Org.), *Fresh Hope for the World* (Londres: Longmans, Green & Co., 1960), pp. 79-91; e dois panfletos escritos por Bjerkholt, "The Revolution of Our Time" e "Perche ho scelto

il Riarmo morale", dos Archives Cantonales Vaudoises na Suíça, pp746/2.1/71 e pp746/2.1/72.

2. Daniel Sack, *Moral Re-Armament: The Reinventions of an American Religious Movement* (Nova York: Palgrave Macmillan, 2009), pp. 190-2.

3. Max Weber, *The Protestant Ethic and the Spirit of Capitalism* (Nova York: Oxford University Press, 2011), pp. 177-8.

4. Keith Lowe, *Savage Continent* (Londres: Viking, 2012).

5. Émile Durkheim, *The Elementary Forms of the Religious Life* (Londres: George Allen and Unwin, 1915), pp. 225-6.

6. R. Ernest Dupuy e Trevor N. Dupuy, *The Harper Encyclopedia of Military History* (4. ed. Nova York: HarperCollins, 1993), pp. 1083, 1309.

7. Diário de Irena Grocher, sobre a libertação de Varsóvia, citado em Michal Grynberg (Org.), *Words to Outlive Us: Eyewitness Accounts from the Warsaw Ghetto* (Londres: Granta, 2003), p. 404.

8. Major Corrie Halliday, iwm Sound 15 620, rolo 32; e tenente de voo Frank Ziegler, citado em Max Arthur, *Forgotten Voices of the Second World War* (Londres: Ebury Press, 2004), p. 473.

9. Capitão John MacAuslan, iwm Sound 8225, rolo 4.

10. Emmanuil Kazakevich, citado em Elena Zubkova, *Russia after the War* (Armonk, ny: M. E. Sharpe, 1998), p. 28.

11. Jean-Paul Sartre, "The Liberation of Paris: An Apocalyptic Week". In: Ronald Aronson e Adrian van den Hoven (Orgs.), *We Have Only This Life to Live: The Selected Essays of Jean-Paul Sartre* (Nova York: New York Review of Books, 2013), pp. 115-8; originalmente publicado em *Clarté*, 24 ago. 1945.

12. Jean-Paul Sartre, *Existencialism and Humanism* (Londres: Methuen, 2007), pp. 30, 38.

13. Jean-Paul Sartre, "The Republic of Silence". In: Aroson e Van den Hoven (Orgs.), *We Have Only This Life to Live*, p. 84; originalmente publicado em *Les Lettres françaises*, set. 1944.

14. Para outras interpretações da enorme e súbita popularidade de Sartre, ver Patrick Baert, *The Existentialist Moment* (Cambridge: Polity Press, 2015), pp. 5-13, 135-49.

15. Erich Fromm, *The Fear of Freedom* (Oxford: Routledge Classics, 2001), p. 17.

16. Ibid., p. 181.

17. Ibid., pp. 90-1, 111, 218.

18. Ibid., p. 232.

19. Ibid., pp. 232-3; Sartre, "The Liberation of Paris", p. 118.

20. Gabriel Marcel, Damasio Cardoso, Luigi Rossi e Maurice Mercier citados em Marcel (Org.), *Fresh Hope for the World*, pp. 15, 33, 79, 123.

21. Sack, *Moral Re-Armament*, p. 5.

22. Lowe, *Savage Continent*, p. 64; Mark Mazower, *No Enchanted Palace* (Princeton, nj: Princeton University Press, 2009), p. 61.

23. Patrick Johnstone, *The Future of the Global Church: History, Trends and Possibilities* (Downers Grove, il: InterVarsity Press, 2011), p. 99.

24. "Einletung der Herausgeber". In: Joachim Köhler e Damian van Melis (Orgs.), *Siegerin in Trümmern: Die Rolle der katholischen Kirche in der deutschen Nachkriegsgesellschaft* (Stuttgart: Verlag W. Kohlhammer, 1998), p. 11; Benjamin Ziemann, *Encounters with Modernity: The Catholic Church in West Germany, 1945-1975* (Nova York: Berghahn, 2014), pp. 10, 49.

25. Witold Zdaniewicz, *Kościół Katolicki w Polsce, 1945-1982* (Poznań: Pallottinum, 1983), pp. 47-50; Carlo Falconi, *La Chiesa e le organizzazioni cattoliche in Italia (1945-1955)* (Roma: Einaudi, 1956), p. 52.

26. Falconi, *La Chiesa e le organizzazioni cattoliche in Italia (1945-1955)*, p. 133.

27. Ver <www.brin.ac.uk/figures/#ChangingBelief>.

28. Entrevista com Anthony Curwen, IWM Sound 9810, rolo 9 (ver também cap. 15 abaixo); Lowe, *Savage Continent*, pp. 278, 336; Fernando Claudin, *The Communist Movement: From Comintern to Cominform* (Harmondsworth: Penguin, 1975), p. 309; Cynthia S. Kaplan, "The Impact of World War II on the Party". In: Susan J. Linz (Org.), *The Impact of World War II on the Soviet Union* (Totowa, NJ: Rowman and Allanheld, 1985), p. 160.

29. Emmanuel Levinas, "Freedom of Speech". In: Emmanuel Levinas, *Difficult Freedom* (Baltimore: Johns Hopkins University Press, 1990), p. 205.

30. Ver a introdução dos organizadores em Leslie Bethell e Ian Roxborough (Orgs.), *Latin America between the Second World War and the Cold War, 1944-1948* (Nova York: Cambridge University Press, 1992), p. 13.

31. Jon Kraus, "Trade Unions, Democratization, and Economic Crises in Ghana". In: Jon Kraus (Org.), *Trade Unions and the Coming of Democracy in Africa* (Nova York: Palgrave Macmillan, 2007), pp. 89-91. Para comentários sobre o crescimento de sindicatos em outras nações africanas, ver outros ensaios no mesmo volume; e David Killingray e Richard Rathbone (Orgs.), *Africa and the Second World War* (Basingstoke: Macmillan, 1986), pp. 15, 155.

32. Robert D. Putnam, *Bowling Alone: The Collapse and Revival of American Community* (Nova York: Simon & Schuster, 2000), pp. 71, 81, 84, 103, 112 e apêndice III; e citações das pp. 54-5, 83.

33. Ibid., pp. 54, 275-6, 283-4. Para um resumo de críticas à abordagem de Putnam, ver John Field, *Social Capital* (Oxford: Routledge, 2008), pp. 41-3.

34. Bjerkholt, em Marcel (Org.), *Fresh Hope for the World*, p. 87.

35. Bjerkholt, "The Revolution for Our Time".

36. Tom Driberg, *The Mystery of Moral Re-Armament: A Study of Frank Buchman and His Movement* (Londres: Secker & Warburg, 1964), p. 299.

37. Dr. Hensley Henson, bispo de Durham e reverendíssimo M. J. Browne, bispo de Galway, citados em ibid., pp. 192-3.

38. Allan W. Eister, *Drawing-Room Conversion: A Sociological Account of the Oxford Group Movement* (Durham, NC: Duke University Press, 1950), pp. 210-6.

39. Basil Entwistle e John McCook Roots, *Moral Re-Armament: What Is It?* (Los Angeles: Pace, 1967).

10. Economia mundial [pp. 207-30]

1. Chittaprosad, citado em Prodyot Ghosh, *Chittaprosad: A Doyen of Art-World* (Calcutá: Shilpayan Artists Society, 1995), pp. 3-4.
2. Ibid., p. 7; Nikhil Sarkar, *A Matter of Conscience: Artists Bear Witness to the Great Bengal Famine of 1943* (Calcutá: Punascha, 1944), p. 28.
3. Ghosh, *Chittaprosad*, p. 7.
4. Amartya Sen, *Poverty and Famines: An Essay on Entitlement and Deprivation* (Oxford: Clarendon Press, 1981), pp. 55, 69; Srimanjari, *Through War and Famine: Bengal, 1939-45* (Nova Delhi: Orient BlackSwan, 2009), pp. 158-9. Um *maund* é uma medida equivalente a cerca de 37 quilos.
5. Famine Inquiry Commission, Report on Bengal (Nova Delhi: Government of India, 1945), pp. 38-41, 63, 104-5.
6. Bengala exportou 185 mil toneladas de arroz em 1942, o ano em que a fome começou: ver Madhusree Mukerjee, *Churchill's Secret War* (Nova York: Basic Books, 2010), p. 67.
7. Famine Inquiry Commission, *Report on Bengal*, pp. 105-6; Lizzie Collingham, *The Taste of War* (Londres: Allen Lane, 2011), pp. 145, 152; Ian Stephens, *Monsoon Morning* (Londres: Ernest Benn, 1966), p. 179.
8. Freda Bedi, *Bengal Lamenting* (Lahore: The Lion Press, 1944), p. 105.
9. Collingham, *The Taste of War*, p. 151.
10. Ver artigos de jornal de Chittaprosad, "Journey through Midnapore — Den of Rice Smuggling Mahajans". *People's War*, 16 jul. 1944, p. 4; "The Riches Piled Here: An Insult to Hungry Thousands around". *People's War*, 6 ago. 1944, p. 4; "Life Behind the Front Lines". *People's War*, 24 set. 1944.
11. Chittaprosad, *Hungry Bengal* (Bombaim: [s.n.], 1944), pp. 6, 8.
12. Ghosh, *Chittaprosad*, pp. 4-5. Ver também os comentários que ele fez no filme *Confession*, em 1972, citados em Sanjoy Kumar Mallik (Org.), *Chittaprosad: A Retrospective*, v. 2 (Nova Delhi: Delhi Art Gallery, 2011), pp. 489-90.
13. Famine Inquiry Commission, *Report on Bengal*, p. 110; Sen, *Poverty and Famines*, p. 202; Paul R. Greenough, *Prosperity and Misery in Modern Bengal: The Famine of 1943-1944* (Nova York: Oxford University Press, 1982), p. 140; mas ver também Arup Maharatna, *The Demography of Famines: An Indian Historical Perspective* (Nova Delhi: Oxford University Press, 1996), p. 147, que situa o número entre 1,8 milhão e 2,4 milhões. Para estatísticas relativas a epidemias, ver Srimanjari, *Through War and Famine*, p. 216.
14. Collingham, *The Taste of War*, p. 241; Sugaa Bose, "Starvation Amidst Plenty: The Making of Famine in Bengal, Honan and Tonkin, 1942-45". *Modern Asian Studies*, v. 24, n. 4, p. 699, 1990; Bùi Minh Dũng, "Japan's Role in the Vietnamese Starvation of 1944-45". *Modern Asian Studies*, v. 29, n. 3, p. 576, 1995.
15. Keith Lowe, *Savage Continent* (Londres: Viking, 2012), pp. 34-40; Collingham, *The Taste of War*, p. 1.

16. Ver Sen, *Poverty and Famines*, passim. Para uma visão que se opõe à análise de Sen, ver Mark B. Tauger, "Entitlement, Shortage and the Bengal Famine of 1943: Another Look". *Journal of Peasant Studies*, v. 31, n. 1, pp. 45-72, 2003.

17. Ian Friel, *Maritime History of Britain and Ireland* (Londres: British Museum Press, 2003), p. 245; UN Department of Economic Affairs, *Economic Report: Salient Features of the World Economic Situation, 1945-47* (Lake Sucess, NY: UN, 1948), p. 79.

18. Alan Milward, *War, Economy and Society, 1939-1945* (Berkeley; Los Angeles: University of California Press, 1977), p. 247.

19. UN Department of Economic Affairs, *Salient Features of the World Economic Situation, 1945-47*, pp. 108, 113.

20. Milward, *War, Economy and Society, 1939-1945*, pp. 356-7.

21. Ibid., p. 347; William Charles Chamberlain, *Economic Development of Iceland through World War II* (Nova York: Columbia University Press, 1947), p. 96.

22. David Killingray, "Labour Mobilization in British Colonial Africa". In: David Killingray e Richard Rathbone (Orgs.), *Africa and the Second World War* (Basingstoke: Macmillan, 1986), pp. 70, 82-90. Ver também John Iliffe, *A Modern History of Tanganyika* (Nova York: Cambridge University Press, 1979), pp. 351-4.

23. Nancy Ellen Lawler, *Soldiers of Misfortune: Ivoirien Tirailleurs of World War II* (Athens: Ohio University Press, 1992), p. 18.

24. Fontes para a tabela: UN Department of Economic Affairs, *Salient Features of the World Economic Situation, 1945-47*, pp. 39, 43, 46 (EUA), 56 (América Latina), 68 (Australásia), 86 (Ásia), 100 (Oriente Médio), 116 (África), 160, 162, 165, 166 (Europa). Para o Quênia, ver Kenya Cost of Living Commission, *Cost of Living Commission Report* (Nairóbi, 1950), p. 4. Para a Argélia, ver Charles Issawi, *An Economic History of the Middle East and North Africa* (Nova York: Columbia University Press, 1982), p. 188. Para a China, ver Arthur N. Young, *China's Wartime Finance and Inflation, 1937-1945* (Cambridge, MA: Harvard University Press, 1965), tabela 52, p. 352.

25. UN Department of Economic Affairs, *Salient Features of the World Economic Situation, 1945-47*, pp. 160, 164.

26. Ibid.

27. Collingham, *The Taste of War*, p. 247; Diana Lary, *The Chinese People at War: Human Suffering and Social Transformation, 1937-1945* (Nova York: Cambridge University Press, 2010), p. 122; Chang Kia-Ngau, *The Inflationary Spiral: The Experience in China, 1939-1950* (Cambridge, MA: Technology Press of the Massachusetts Institute of Technology, 1958), pp. 371-3.

28. Tomasz Pattantyus, "My Life as a 12-Year Old Billionaire". *Santa Clarita Valley Signal*, 22 ago. 2009.

29. Pierre L. Siklos, *War Finance, Reconstruction, Hyperinflation and Stabilization in Hungary, 1938-1948* (Basingstoke: Macmillan, 1991), p. 1.

30. Thomas Piketty, *Capital in the Twenty-First Century* (Cambridge, MA: The Belknap Press of Harvard University Press, 2014), pp. 107-9.

31. Bedi, *Bengal Lammenting* (Lahore: The Lion Press, 1944), p. 102.

32. Lowe, *Savage Continent*, pp. 67-8, 157. Para um estudo de caso em profundidade, ver Martin Conway, "Justice in Postwar Belgium: Popular Passions and Political Realities". In: István Deák, Jan T. Gross e Tony Judt (Orgs.), *The Politics of Retribution in Europe* (Princeton, NJ: Princeton University Press, 2000), pp. 143-7.

33. Iliffe, *A Modern History of Tanganyika*, p. 375; W. M. Spellman, *A Concise History of the World since 1945* (Basingstoke: Palgrave Macmillan, 2006), pp. 86-7; para o Quênia, ver cap. 17.

34. Srimanjari, *Through War and Famine*, p. 222.

35. O governo dos EUA, contudo, reconheceu que esse foi apenas um estado de coisas temporário, e calculou mais realisticamente sua participação a longo prazo no PIB mundial em 31%: Kurt Schuler e Andrew Rosenberg (Orgs.), *The Bretton Woods Transcripts* (Nova York: Center for Financial Stability, 2012), introdução, visão geral sobre a Comissão I. Em 1950, a participação dos EUA no PIB mundial caíra para cerca de 27%; ver Angus Maddison, *The World Economy: Historical Statistics* (Paris: OECD, 2003), pp. 85, 259.

36. UN Department of Economic Affairs, *Salient Features of the World Economic Situation, 1945-47*, p. 224.

37. Maddison, *The World Economy*, p. 88. Alan Milward tem uma estimativa mais baixa, de cerca de 60%, com base no PNB per capita em vez do PIB: *War, Economy and Society, 1939-1945*, p. 331.

38. UN Department of Economic Affairs, *Salient Features of the World Economic Situation, 1945-47*, pp. 45, 60, 110-1, 124; Maddison, *The World Economy*, pp. 51, 85.

39. UN Department of Economic Affairs, *Salient Features of the World Economic Situation, 1945-47*, pp. 46, 48, 110.

40. Chamberlin, *Economic Development in Iceland through World War II*, p. 99.

41. E. M. H. Lloyd, *Food and Inflation in the Middle East, 1940-45* (Palo Alto, CA: Stanford University Press, 1956), p. 190.

42. Milward, *War, Economy and Society, 1939-1945*, p. 349.

43. Mark Harrison, "The Economics of World War II: An Overview". In: Mark Harrison (Org.), *The Economics of World War II* (Nova York: Cambridge University Press, 1998), tabela 1.11; Tony Judt, *Postwar* (Londres: Pimlico, 2007), p. 17; Milward, *War, Economy and Society 1939-1945*, p. 270.

44. Maddison, *The World Economy*, pp. 50, 56, 172-4.

45. Ibid., p. 50; Milward, *War, Economy and Society, 1939-1945*, pp. 349-50; "Britain Pays Off Final Instalment of US Loan — After 61 Years". *Independent*, 29 dez. 2006.

46. O PIB per capita da Grã-Bretanha e o dos EUA eram equivalentes em 1938. Após a guerra, o nível da Grã-Bretanha era 30% inferior ao dos EUA e permaneceu assim desde então. Ver Mark Harrison, "The Economics of World War II", tabela 1.10; e Maddison, *The World Economy*, pp. 63-5, 88-9.

47. Picketty, *Capital in the Twenty-First Century*, pp. 275, 397; Lowe, *Savage Continent*, pp. 66-8.

48. Discurso de White citado em Schuler e Rosenberg (Orgs.), *The Brettton Woods Transcripts*, primeiro encontro, Comissão 1, 3 jul. 1944, transcrição p. 2.

49. Ed Conway, *The Summit* (Londres: Little, Brown, 2014), pp. 169-70.

50. Ibid., pp. 210-1, 331.

51. Ibid., pp. 222, 224.

52. Discurso de Roosevelt ao Congresso sobre os acordos de Bretton Woods, 12 fev. 1945, disponível em: <www.presidency.ucsb.edu/node/210026>.

53. O Acordo Geral de Tarifas e Comércio seria finalmente substituído pela Organização Mundial do Comércio em 1994. O texto do acordo, de 1947, está disponível em <www.wto.org/english/docs_e/legal_e/gatt47_e.pdf>.

54. Discurso de Roosevelt ao Congresso sobre os acordos de Bretton Woods, 12 fev. 1945.

55. Lionel Robbins, citado em Susan Howson e Donald Moggridge (Orgs.), *The Wartime Diaries of Lionel Robbins and James Meade, 1943-45* (Basingstoke: Macmillan, 1990), p. 193.

56. A. D. Shroff, citado em Schuler e Rosenberg (Orgs.), *The Bretton Woods Transcripts*, terceiro encontro, Comissão 1, 10 jul. 1944, transcrição pp. 4-7.

57. Conway, *The Summit*, pp. 356, 371. Um experimento inicial, quando os EUA forçaram a Grã-Bretanha a tornar sua moeda inteiramente conversível, foi tão desastroso que causou um colapso nos valores de moedas no mundo inteiro.

58. Joseph E. Stiglitz, *Globalization and Its Discontents* (Londres: Allen Lane, 2002), pp. 42-4; Jeffrey Sachs, *The End of Poverty* (Harmondsworth: Penguin, 2005), p. 74; Godfrey Mwakikagile, *Africa Is in a Mess: What Went Wrong and What Should Be Done* (Dar es Salam: New Africa Press, 2006), p. 27.

59. Conway, *The Summit*, pp. xix-xx.

60. Picketty, *Capital in the Twenty-First Century*, p. 573.

61. James A. Gillespie, "Europe, America and the Space of International Health". In: Susan Gross Solomon et al. (Orgs.), *Shifting Boundaries of Public Health: Europe in the Twentieth Century* (Rochester, NY: University of Rochester Press, 2008), p. 126.

62. Mallik, *Chittaprosad: A Retrospective*, v. 1, pp. 46, 50.

63. Ghosh, *Chittaprosad*, pp. 3-4; Sarkar, *A Matter of Conscience*, p. 30. Ver também "An Artist, Possessed". *The Hindu*, 7 jul. 2011.

64. S. Guhan, "The World Bank's Lending in South Asia". In: Devesh Kapur, John P. Lewis e Richard Webb (Orgs.), *The World Bank: Its First Half Century* (Washington, DC: Brookings Institution Press, 1977), pp. 327, 337, 356-8, 380-3.

65. UN Conference on Trade and Development, *The Least Developed Countries Report*, 2014 (Genebra: UNCTAD, 2014), pp. 23, 26, disponível em: <unctad.org/en/PublicationsLibrary/ldc2014_en.pdf>.

11. Governo mundial [pp. 231-47]

1. Garry Davis, blog pessoal, 10 nov. 2009, disponível em: <www.worldservice.org/2009_11_01_archive.html>.

2. Garry Davis, blog pessoal, 22 jan. 2008, disponível em: <www.worldservice. org/2008_01_01_archive.html>.

3. Garry Davis, *The World Is My Country* (Nova York: G. P. Putnam's Sons, 1961), p. 21.

4. "Garry Davys, Gadfly and World Citizen No. 1, Dies at 91". *Washington Post*, 6 ago. 2013; Davis, *The World Is My Country*, pp. 18-9.

5. Paul Gallico, "What Makes Americans Renounce Citizenship?". *St Petersburg Times*, 1 jun. 1948.

6. *Pravda*, citado em Davis, *The World Is My Country*, p. 49.

7. Herbert V. Evatt, *The Task of Nations* (Nova York: Duell, Sloan & Pearce, 1949), pp. 223-5.

8. "The Drop-Outs". *Times of India*, 4 fev. 1975, p. 6; "World Citizen". *Manchester Guardian*, 10 dez. 1948, p. 4; "The First Citizen of the World". *The World News*, 4 jun. 1949, p. 6; *New Yorker* citada em Davis, *The World Is My Country*.

9. "Man of No Nation Saw One World of No War", obituário. *New York Times*, 28 jul. 2013; Davis, *The World Is My Country*, pp. 18, 48-9; blog de Garry Davis, consultado em: <blog.worldservice.org./2010/05/world-thought-corollary-to-world-action. html>.

10. Davis, *The World Is My Country*, p. 18.

11. Garry Davis, discurso no City Hall, Ellsworth, Maine, set. 1953, reproduzido em ibid., pp. 220-1.

12. Wendell Willkie, *One World* (Londres: Cassell & Co., 1943), pp. 140, 165-6.

13. Ibid., p. 165.

14. Thomas G. Weiss, *Global Governance: Why? What? Whither?* (Cambridge: Polity Press, 2013), p. 23.

15. Emery Reves, *The Anatomy of Peace* (Londres: George Allen & Unwin, 1946), p. v. Para uma biografia de Reves, e números de vendas, ver Silvan S. Schweber, *Einstein and Oppenheimer: The Meaning of Genius* (Cambridge, MA: Harvard University Press, 2009), pp. 64-5 e 336, n. 85.

16. Reves, *The Anatomy of Peace*, pp. 107, 160.

17. Ibid., pp. 165, 108.

18. "Open Letter to the American People". *New York Times*, 10 out. 1945; ver também Schweber, *Einstein and Oppenheimer*, p. 66.

19. Committee to Frame a World Constitution, *The Preliminary Draft of World Constitution* (Chicago: University of Chicago Press, 1948).

20. "Voices in Parliament: A Brief Study of a Successful All-Party Parliamentary Group", consultado em: <www.oneworldtrust.org/publications/doc_view/195-appgwg-and-owt-history?tmpl=component&format=raw>; <www.citoyensdu-monde.fr>.

21. World Movement for World Federal Government (WMWFG), resposta a questionário da ONU sobre organizações não governamentais, 25 out. 1950: UN Archives, S-0441-0057-04, parte A. Ver também a "Montreux Declaration" do Movimento: <www.wfm-igp.org/our-movement/history>.

22. Discurso de abertura na Moral Re-Armament World Assembly, Caux, Suíça, 15 jul. 1947, citado em Frank N. D. Buchman, *Remaking the World: The Speeches of Frank N. D. Buchman* (Londres: Blandford, 1947), p. 157.

23. Jan Smuts, discurso na sexta sessão plenária da Conferência da ONU em San Francisco, 1945. In: UN, *The United Nations Conference on International Organization: Selected Documents* (Washington, DC: US Government Printing Office, 1946), p. 338.

24. A compilação de ensaios sombrios sobre a bomba atômica feita pela Federação de Cientistas Americanos foi também um best-seller do *New York Times* em 1946. Ver Dexter Masters e Katherine Way (Orgs.), *One World or None* (Nova York: McGraw--Hill, 1946). Ver igualmente o filme de 1946 de mesmo nome, disponível em: <publicdomainreview.org/collections/one-world-or-none-1946>.

25. Uma cópia completa da Carta da ONU é dada num apêndice ao livro de Paul Kennedy, *The Parliament of Man* (Londres: Allen Lane, 2006), pp. 313-41.

26. Brian Urquhartm, *A Life in Peace and War* (Londres: Weidenfeld & Nicolson, 1987). Ver também Jean Richardot, *Journeys for a Better World: A Personal Adventure in War and Peace* (Lanham, MD: University Press of America, 1994), pp. 85-6, 111-3.

27. Joseph Paul Boncour, citado em *Gazette de Lausanne*, 27 jun. 1945, "La Conférence de San-Francisco", p. 6.

28. "A World Charter". *Times of India*, 28 jun. 1945, p. 4; *Straits Times*, 25 out. 1945, p. 4.

29. Eyo Ita, citado em "The Last Best Hope of Man on Earth". *West African Pilot*, 6 fev. 1945, p. 2.

30. *New York Times*, 27 jun. 1945, p. 10.

31. Senador Tom Connally, *Congressional Record* (Senado), 91 (23 jul. 1945), p. 7953; congressista Charles A. Eaton, *Congressional Record* (Câmara dos Representantes), 91 (6 jul. 1945), pp. 7299-300 — ambos citados em Thomas M. Franck, *Nation against Nation: What Happened to the UN Dream and What the US Can Do about It* (Nova York: Oxford University Press, 1985), p. 9.

32. Ibid., p. 8.

33. Website oficial da ONU: <www.un.org/en/sections/history-united-nations-charter/1945-san-francisco-conference/index.html>.

34. Barack Obama, "Proclamation 8740 — United Nations Day 2011", 24 out. 2011, disponível em: <www.presidency.ucsb.edu/node/297404>.

35. Mark Mazower, *No Enchanted Palace* (Princeton, NJ: Princeton University Press, 2009), p. 6 e notas relacionadas na p. 206.

36. Ver UN, *The United Nations Conference on International Organization: Selected Documents*.

37. Alberto Lleras Camargo, discurso na quinta sessão plenária da Conferência da ONU em San Francisco, ibid., p. 328.

38. Abdel Hamid Badawi, discurso na terceira sessão plenária da Conferência da ONU em San Francisco, ibid., p. 289.

39. Para discursos sobre o veto por representantes de El Salvador, Grécia, Filipinas, Colômbia, Equador, Iraque, Cuba e Nova Zelândia, ver ibid., pp. 301, 304, 306,

328, 333, 356, 363, 370. Ver também New Zealand Department of External Affairs, *United Nation Conference on International Organization* (Wellington: Department of External Affairs, 1945), pp. 77-9; e Marika Sherwood, "'There Is No Deal for the Blackman in San Francisco': African Attempts to Influence the Founding Conference of the United Nations, April-July 1945". *International Journal of African Historial Studies*, v. 29, n. 1, p. 91, 1996.

40. Artigo 2, parágrafo 7, Carta das Nações Unidas.

41. Mazower, *No Enchanted Palace*, pp. 142-8.

42. Escott Reid, *On Duty: A Canadian at the Making of the United Nations, 1945-1946* (Kent, OH: Kent State University Press, 1983), p. 24.

43. Kennedy, *The Parliament of Man*, pp. 46-7.

44. "Towards a New World Order". *West African Pilot*, 20 ago. 1945.

45. Reves, *The Anatomy of Peace*, pp. 166, 177, 191.

46. "Oran Declaration", citada em Davis, *The World Is My Country*, p. 216.

47. Para uma análise cronológica de todos os vetos do Conselho de Segurança até 1990, bem como históricos detalhados, ver Anjali V. Patil, *The UN Veto in World Affairs, 1946-1990* (Londres: Mansell, 1992).

48. Conferência de Benjamin Ferencz sobre direito penal internacional, disponível no website da ONU: <legal.un.org/avl/ls/Ferencz_CLP_video_5.html>.

12. Direito mundial [pp. 248-69]

1. A história de Benjamin Ferencz e todas as citações foram tomadas de correspondência pessoal com o autor em jun. 2015; do website do próprio Ferencz, <www.benferencz.org/stories.html>; e de uma série de conferências feitas por Ferencz sobre direito internacional, disponíveis no website das Nações Unidas: <legal.un.org/avl/ls/Ferencz_CLP.html>. Há também uma útil biografia escrita por Tom Hoffman, *Benjamin Ferencz: Nuremberg Prosecutor and Peace Advocate* (Jefferson, NC: McFarland, 2014).

2. Keith Lowe, *Savage Continent* (Londres: Viking, 2012), pp. 135-41.

3. Ibid., p. 150.

4. Henri Rochat, citado no filme documentário de Marcel Ophüls, *A tristeza e a piedade*, parte II: "A escolha" (1969).

5. Jozo Tomasevich, *War and Revolution in Yugoslavia, 1941-1945* (Palo Alto, CA: Stanford University Press, 2001), p. 765; Lowe, *Savage Continent*, pp. 249-65.

6. R. M. Douglas, *Orderly and Humane: The Expulsion of the Germans after the Second World War* (New Haven, CT: Yale University Press, 2012), p. 1; Lowe, *Savage Continent*, pp. 234-42.

7. Lowe, *Savage Continent*, p. 131.

8. Philip Snow, *The Fall of Hong Kong* (New Haven, CT: Yale University Press, 2003), pp. 296-7.

9. Konrad Mitchall Lawson, "Wartime Atrocities and the Politics of Treason in the Ruins of the Japanese Empire, 1937-1953" (Cambridge, MA: Harvard University, 2012), p. 129. Tese (Doutorado em História); John W. Dower, *Embracing Defeat: Japan in the Wake of World War II* (Nova York: W. W. Norton, 2000), p. 449.

10. Haji Buyong Adil, citado em Cheh Boon Kheng, *Red Star over Malaya* (3. ed. Singapore University Press, 2003), p. 184.

11. *La Terre Vivaroise*, 29 out. 1944, citado em Philippe Bourdrel, *L'Épuration sauvage* (Paris: Perrin, 2002), pp. 316-7.

12. Sir Hartley Shawross, citado em International Military Tribunal, *Trials of the Major War Criminals before the International Military Tribunal*, v. 3 (Nuremberg: International Military Tribunal, 1947-9), p. 144.

13. Para o julgamento de Yamashita Tomoyuki e sua influência subsequente sobre o direito penal internacional, ver Allan A. Ryan, *Yamashita's Ghost* (Lawrence: University Press of Kansas, 2012), pp. xiv-xv, 250-341.

14. Alpheus Thomas Mason, *Harlan Fiske Stone: Pillar of the Law* (Hamden, CT: Archon Books, 1968), p. 716.

15. International Military Tribunal, *Trials of the Major War Criminals*, v. 1: *Official Documents*, p. 186, disponível em: <www.loc.gov/rr/frd/Military_Law/pdf/NT_Vol-I.pdf>.

16. William C. Chase, *Front Line General: The Commands of Maj. Gen. Wm. C. Chase* (Houston, Pacesetter Press, 1975), p. 144.

17. B. V. A. Röling e C. F. Rütter (Orgs.), *The Tokyo Judgment*, v. 1 (Amsterdam: APA--University Press Amsterdam, 1977), p. 496.

18. Jackson, citado em Robert E. Conot, *Justice at Nuremberg* (Londres: Weidenfeld & Nicolson, 1983), p. 68.

19. Ver <benferencz.org/1946-1949.html>.

20. International Military Tribunal, *Trials of the Major War Criminals*, v. 4, pp. 30, 53, disponível em: <www.loc.gov/rr/frd/Military_Law/pdf/NT_war-criminals_Vol-IV.pdf>.

21. Ibid., p. 413.

22. Correspondência com o autor por e-mail, 18 jun. 2015.

23. Ver <benferencz.org/1943-1946.html>.

24. James K. Pollock, James H. Meisel e Henry L. Bretton, *Germany under Occupation: Illustrative Materials and Documents* (Ann Arbor: George Wahr Publishing Co., 1949), p. 173.

25. Eugene Davidson, *The Death and Life of Germany* (Londres: Jonathan Cape, 1959), p. 128.

26. Lowe, *Savage Continent*, pp. 150, 153, 161.

27. Dennis Deletant, *Communist Terror in Romania* (Londres: Hurst & Co., 1999), pp. 72-6; Peter Kenez, *Hungary from the Nazis to the Soviets* (Nova York: Cambridge University Press, 2006), p. 149; Tony Judt, *Postwar* (Londres: Pimlico, 2007), p. 60.

28. Dower, *Embracing Defeat*, p. 454.

29. Philip R. Piccigallo, *The Japanese on Trial* (Austin: University of Texas Press, 1979), pp. 263-5.

30. Dower, *Embracing Defeat*, pp. 525-6.

31. Lawson, "Wartime Atrocities and the Politics of Treason", pp. 43-94, 130-2.

32. Segundo o website da ONU: <treaties.un.org/Pages/ViewDetails.aspx?src= TREATY&mtdsg_no=IV-I&chapter=4&clang=_en>.

33. Para esta citação e as subsequentes, consultei a conferência de Ferencz, no website das Nações Unidas: <legal.un.org/avl/ls/Ferencz_CL_video_5.html>.

13. Estados Unidos [pp. 273-95]

1. Cord Meyer, *Facing Reality* (Nova York: Harper & Row, 1980), pp. 5-6. Para o que se segue, ver também p. 1-33; "A Hidden Liberal". *New York Times*, 30 mar. 1967; Merle Miller, "One Man's Long Journey — From a One-World Crusade to the 'Department of Dirty Trics'". *New York Times Magazine*, 7 jan. 1973; obituário, *New York Times*, 16 mar. 2001.

2. Cord Meyer, *Peace or Anarchy* (Boston, MA: Little, Brown, 1947), p. 5.

3. Meyer, *Facing Reality*, p. 39.

4. Meyer, *Peace or Anarchy*, pp. 209-10.

5. Meyer, *Facing Reality*, p. 50.

6. Ibid., pp. 50, 56-7.

7. Ibid., pp. 61-4.

8. "A Hidden Liberal", p. 30. Ver também Miller, "One Man's Long Journey"; Godfrey Hodgson, "Cord Meyer: Superspook". *Sunday Times Magazine*, 15 jun. 1975.

9. Meyer, *Facing Reality*, p. xiv.

10. Discurso de Vandenberg em Cleveland, 11 jan. 1947, reproduzido no *Washington Post*, 12 jan. 1947.

11. Truman, discurso radiofônico ao povo americano, 1º set. 1945, disponível em: <www.presidency.ucsb.edu/node/231097>; Churchill, discurso à Câmara dos Comuns, 16 ago. 1945, reproduzido em David Cannadine (Org.), *Blood, Toil, Tears and Sweat: Winston Churchill's Famous Speeches* (Londres: Cassell & Co., 1989), p. 282.

12. Charles E. Bohlen, *Witness to History* (Nova York: W. W. Norton, 1973), p. 215.

13. Wendell Willkie, *One World* (Londres: Cassell & Co., 1943), p. 72.

14. Memorando de Stimson para Truman, 11 set. 1945. US Departament of State, *Foreign Relations of the United States (FRUS)* (Washington, DC: US Government Printing Office), 1945, v. 2, p. 42; <digicoll.library.wisc.edu/cgi-bin/FRUS/FRUS-idx?type=turn&entity=FRUS/FRUS1945v02.p0052&id=FRUS/FRUS1945v02&isize=M>.

15. Simon Sebag Montefiori, *Stalin: The Court of the Red Tsar* (Londres: Weidenfeld & Nicolson, 2003), p. 34; obituário de Gromiko, *New York Times*, 4 jul. 1998.

16. Lucius D. Clay, *Decision in Germany* (Londres: William Heinemann, 1950), p. 26.

17. Segundo o senador republicano Tom Connally, citado em Edward R. Stettinius, *Roosevelt and the Russians* (Garden City, NY: Doubleday, 1949), p. 306.

18. Ed Conway, *The Summit* (Londres: Little, Brown, 2014), pp. 274, 275.

19. Ver, por exemplo, Lane para o secretário de Estado, 13 nov. 1945. *FRUS 1945*, v. 2, pp. 412-4; e Arthur Bliss Lane, *I Saw Poland Betrayed* (Nova York: Bobbs-Merrill, 1948), pp. 193-6.

20. Memorando de conversa de Charles E. Bohlen. *FRUS 1945*, v. 5, pp. 131-4; W. Averell Harriman e Elie Abel, *Special Envoy to Churchill and Stalin, 1941-1946* (Londres: Hutchinson, 1976), p. 448.

21. Ver Keith Lowe, *Savage Continent* (Londres: Viking, 2012), pp. 321-30; e queixa de Churchill para Stálin em Potsdam, 24 jul. 1945. *FRUS: Diplomatic Papers: The Conference at Berlin (the Potsdam Conference) 1945*, v. 2, p. 362.

22. Crane para Truman, 3 maio 1945. *FRUS 1945*, v. 4, pp. 205-7.

23. Bohlen, *Witness to History*, p. 214.

24. Meyer, *Facing Reality*, p. 82.

25. Citado em Albert Eugene Kahn, *High Treason: The Plot against the People* (Nova York: Lear Publishers, 1950), p. 331.

26. Bill Mauldin, citado em Studs Terkel, *"The Good War": An Oral History of World War Two* (Londres: Hamish Hamilton, 1984), p. 363.

27. Ted Morgan, *Reds: McCarthyism in Twentieth-Century America* (Nova York: Random House, 2003), pp. 224-5.

28. Angus Maddison, *The World Economy: Historical Statistics* (Paris: OECD, 2003), pp. 174, 323.

29. Denis Brogan, "The Illusion of American Omnipotence". *Harper's Magazine*, dez. 1952, p. 205.

30. Candidatos republicanos William Jenner (Indiana), George B. Schwabe (Oklahoma), Hugh Butler (Nebraska) e o Republican National Committee, citados em Morgan, *Reds*, pp. 301-2.

31. Howard Laski, "America — 1947". *Nation*, 13 dez. 1947, p. 641.

32. Robert J. Donovan, *Conflict and Crisis: The Presidency of Harry S. Truman, 1945-48* (Nova York: W. W. Norton, 1977), pp. 163-76, 332-7; Ronald Allen Goldberg, *America in the Forties* (Nova York: Syracuse University Press, 2012), p. 123.

33. Morgan, *Reds*, pp. 299-300.

34. Daniel Bell, *The End of Ideology* (Nova York: The Free Press, 1965), p. 123.

35. Ver Godfrey Hodgson, *America in Our Time* (Garden City, NY: Doubleday,1976), p. 93; Hamilton Fish, *The Challenge of World Communism* (Milwaukee: Bruce Publishing Co., 1946), pp. 47, 109, 139, 144; Larry Ceplair, *Anti-Communism in Twentieth-Century America* (Santa Barbara, CA: Praeger, 2011), p. 119.

36. Carta a George H. Earl, 28 fev. 1947, citada in Morgan, *Reds*, p. 304.

37. Karl H. von Wiegand, "Red Tidal Wave Menaces Christian Civilization", artigo para Hearst Newspapers, 12 maio 1945, citado em Fish, *The Challenge of World Communism*, p. 23.

38. J. Edgar Hoover, "Red Fascism in the United States Today". *The American Magazine*, 1947; "Communists Penetrate Wall Street". *Commercial and Financial Chronicle*, 6 nov. 1947; Harry D. Gideonse, "The Reds Are after Your Child". *The American Magazine*, 1948.

39. Ver, por exemplo, "Red Fascism's Goal", no *Daily Mirror* de Nova York, 15 fev. 1946; Hoover, "Red Fascism in the United States Today"; Jack B. Tenney, *Red Fascism* (Los Angeles: Federal Printing Co., 1947) e Norman Thomas, "Which Way America — Fascism, Communism, Socialism or Democracy?". *Town Meeting Bulletin*, 16 mar. 1948, pp. 19-20.

40. George Meany e H. V. Kaltenborn, citados em Les K. Adler e Thomas G. Peterson, "Red Fascism: The Merger of Nazi Germany and Soviet Russia in the American Image of Totalitarianism, 1930s-1950s". In: Walter L. Hixson (Org.), *The American Experience in World War II*, v. 12: *The United States Transformed: The Lessons and Legacies of the Second World War* (Londres: Routledge, 2003), pp. 24, 28.

41. Arthur Bliss Lane, citado em Adler e Paterson, "Red Fascism", p. 22.

42. Louis C. Wyman, citado em ibid., p. 20.

43. Coletiva de imprensa de Truman em Key West, 30 mar. 1950, disponível em: <www.presidency.ucsb.edu/node/230873>.

44. Landon R. Y. Storrs, *The Second Red Scare and the Unmaking of the New Deal Left* (Princeton, NJ: Princeton University Press, 2013), p. 2. Diferentes estatísticas para diferentes períodos de tempo também são dadas em Morgan, *Reds*, p. 305; e Tim Weiner, *Enemies: A History of the FBI* (Londres: Allen Lane, 2012), p. 149.

45. Meyer, *Facing Reality*, p. 79.

46. Ver, por exemplo, as repetidas investigações de Thomas Blaisdell, Esther Brunauer, Leon e Mary Keyserling e muitos outros em Storrs, *The Second Red Scare*, pp. 268-85.

47. Meyer, *Facing Reality*, pp. 70-81.

48. Bernice Bernstein e Esther Paterson, citada em Storrs, *The Second Red Scare*, p. 180.

49. Pauli Murray, citado em ibid., p. 183.

50. Hodgson, *America in Our Time*, p. 45; Storrs, *The Second Red Scare*, pp. 1-7; Richard Hofstadter, *Anti-Intellectualism in American Life* (Nova York: Knopf, 1963), pp. 41--2; Michella M. Marino, "Mothers, Spy Queens, and Subversives: Women in the McCarthy Era". In: Caroline S. Emmons (Org.), *Cold War and McCarthy Era: People and Perspectives* (Santa Barbara, CA: ABC-Clio, 2010), pp. 130, 141.

51. Hodgson, *America in Our Times*, p. 26.

52. O texto do "longo telegrama" de George Kennan é reproduzido em George Kennan, *Memoirs, 1925-1950* (Boston, MA: Little, Brown, 1967), p. 557.

53. Kennan, *Memoirs*, pp. 294-5.

54. Vandenberg, citado em James T. Patterson, *Grand Expectations: The United States, 1945-1974* (Nova York: Oxford Universitary Press, 1996), p. 128.

55. Truman, discurso para o Congresso, 12 mar. 1947, disponível em: <www.presidency.ucsb.edu/node/232818>.

56. Kennan, *Memoirs*, pp. 319-20.

57. Michael Burleigh, *Small Wars, Far Away Places* (Londres: Macmillan, 2013), p. 64.

58. Hodgson, *America in Our Time*, p. 32; Walter LaFeber, *America, Russia and the Cold War, 1945-2002* (Nova York: McGraw-Hill, 2002), p. 1; Craig Calhoun (Org.), *Dictionary of the Social Sciences* (Nova York: Oxford University Press, 2002), p. 76.

59. Ver David Halberstam, *War in a Time of Peace: Bush, Clinton and the Generals* (Londres: Bloomsbury, 2003), p. 326; Robert Kagan, "Superpowers Don't Get to Retire". *The New Republic*, 26 maio 2014.

60. A. M. Meerloo, *Aftermath of Peace: Psychological Essays* (Nova York: International Universities Press, 1946), pp. 163-4.

61. Para pontos de vista psicanalíticos sobre os usos de inimigos nacionais, particularmente no caso dos EUA durante a Guerra Fria, ver Hanna Segal, "From Hiroshima to the Gulf War and After: A Psychoanalytic Perspective". In: Anthony Elliott e Stephen Frosh (Orgs.), *Psychoanalysis in Contexts: Paths between Theory and Modern Culture* (Londres; Nova York: Routledge, 1955), p. 194; e Michael Rustin, "Why Are We More Afraid Than Ever? The Politics of Anxiety after Nine Eleven". In: Susan Levy e Alessandra Lemma (Orgs.), *The Perversion of Loss: Psychoanalytic Perspectives on Trauma* (Nova York: Brunner-Routledge, 2004), pp. 21-36.

14. União Soviética [pp. 296-318]

1. Andrei Sakharov, *Memoirs* (Londres: Hutchinson, 1990), p. 40.

2. Ibid., pp. 97, 111, 164, 204; ver também Jay Bergman, *Meeting the Demands of Reason: The Life and Thought of Andrei Sakharov* (Ithaca, NY: Cornell University Press, 2009), pp. 68-9.

3. Sakharov, *Memoirs*, pp. 36, 164, 225.

4. Ibid., p. 288.

5. Citado em Bergman, *Meeting the Demands of Reason*, pp. 71-7. Ver também Andrei Sakharov, "I Tried to Be on the Level of My Destiny". *Molodezh Estonii*, 11 out. 1988, reeditado em Jonathan Eisen (Org.), *The Glasnost Reader* (Nova York: New American Library, 1990), pp. 330-1.

6. Boris Galin, citado em Elena Zubkova, *Russia after the War* (Armonk, NY: M. E. Sharpe, 1998), p. 34.

7. Citado por Sheila Fitzpatrick, "Postwar Soviet Society". In: Susan J. Linz (Org.), *The Impact of World War II on the Soviet Union* (Totowa, NJ: Rowman & Allenheld, 1985), p. 130.

8. Ibid., p. 137; Orlando Figes, *The Whisperers* (Londres: Allen Lane, 2007), p. 457; Sakharov, *Memoirs*, pp. 76-7.

9. Figes, *The Whisperers*, p. 456; Robert Service, *A History of Modern Russia* (Harmondsworth: Penguin, 2003), p. 295.

10. G. F. Krivosheev (Org.), *Soviet Casualties and Combat Losses in the Twentieth Century* (Londres: Greenhill Books, 1997), pp. 91, 97; Keith Lowe, *Savage Continent* (Londres: Viking, 2012), p. 16; *The Whisperers*, p. 465; Zubkova, *Russia after the War*, p. 24.

11. Fitzpatrick, "Postwar Soviet Society", p. 130; Mark Spoerer, *Zwangsarbeit unter dem Hakenkreuz* (Stuttgart; Munique: Deutsche Verlags-Anstalt, 2001), p. 222.

12. Ver, por exemplo, testemunhos de Lilia Budko, Natalia Melnichenko, Vera Odinets, Tamara Kuráieva e Tamara Umniáguina em Svetlana Alexiyevich, *War's Unwonmanly Face* (Moscou: Progress, 1988), pp. 195, 237, 238, 243. [Citados na tradução de Cecília Rosas para *A guerra não tem rosto de mulher*. São Paulo: Companhia das Letras, 2016.]

13. Zubkova, *Russia after the War*, p. 69.

14. Alexander Werth, *Russia at War* (Londres: Barrie & Rockliff, 1964), p. 1037.

15. Zubkova, *Russia after the War*, pp. 44, 84.

16. Entrevista de Mólotov a Felix Chuev, 28 nov. 1974, em Albert Resis (Org.), *Molotov Remembers: Inside Kremlin Politics* (Chicago: Ivan R. Dee, 1993), p. 59.

17. Milovan Djilas, *Conversations with Stalin* (Nova York: Harcourt Brace Jovanovich, 1962), p. 114.

18. Todos esses três acordos estão disponíveis em: <avalon.law.yale.edu/subject_menus/wwii.asp>.

19. Mark Mazower (Org.), *After the War Was Over* (Princeton, NJ: Princeton University Press, 2000), p. 7; Bethell e Roxborough (Orgs.), *Latin America*, p. 6; Lowe, *Savage Continent*, pp. 154-8, 291-2.

20. Ver UN, *The United Nations Conference on International Organization: Selected Documents* (Washington, DC: US Government Printing Office, 1946), p. 317; New Zealand Department of External Affairs, *United Nations Conference on International Organization* (Wellington: Department of External Affairs, 1945), p. 4; Anthony Gaglione, *The United Nations under Trygve Lie, 1945-1953* (Lanham, MD: Scarecrow Press, 2001), p. 112.

21. Ver relatório de Jdanov à conferência de Partidos Comunistas em Szklarska Poręba, 22 set. 1947, que encontrei em russo, alemão e francês em: <www.cvce.eu/obj/le_rapport_jadnov_22_septembre_1947-fr-914edbc9-abdf-48at-9c4a-02f3d662724.html>.

22. Nikita Khrushchev, *Khrushchev Remembers* (Boston: MA: Little, Brown, 1970), p. 362.

23. Entrevista de Mólotov a Felix Chuev, 1º jul. 1979, in Albert Resis (Org.), *Molotov Remembers*, p. 58.

24. Sir Archibald Clerk Kerr, telegrama a Ernest Bevin, 3 dez. 1945. US Departament of State, *Foreign Relations of the United States (FRUS)* (Washington, DC: US Government Printing Office, 1945), v. 2, p. 83.

25. W. Averell Harriman e Elie Abel, *Special Envoy to Churchill and Stalin, 1941-1946* (Londres: Hutchinson, 1976), p. 519; Khrushchev, *Khrushchev Remembers*, p. 225. Ver também David Holloway, *Stalin and the Bomb* (New Haven, CT: Yale University Press, 1994), p. 169.

26. Respostas a perguntas feitas por Alexander Werth, 24 set. 1946, disponíveis em: <www.marxists.org/reference/archive/stalin/works/1946/09/24.htm>.

27. Holloway, *Stalin and the Bomb*, pp. 148-9; Zubkova, *Russia after the War*, p. 86.

28. Konstantin Simonov, citado em Zubkova, *Russia after the War*, p. 95; Sakharov, *Memoirs*, p. 41; Jerry F. Hough, "Debates about the Postwar World". In: Susan J. Linz (Org.), *The Impact of World War II on the Soviet Union* (Totowa, NJ: Rowman & Allanheld, 1985), pp. 260-2, 268-70.

29. Zubkova, *Russia after the War*, p. 36.

30. Ibid., p. 36; Figes, *The Whisperers*, pp. 458-9.

31. V. F. Zima, *Golod v USSR, 1946-1947 godov: Proiskhozhdenie i posledstviia* (Moscou: Institut rossiiskoi istorii RAN, 1996), p. 11; ver também Nicholas Ganson, *The Soviet Famine of 1946-47 in Global and Historical Perspective* (Basingstoke: Palgrave Macmillan, 2009), pp. xv-xvi.

32. Zubkova, *Russia after the War*, p. 60.

33. Figes, *The Whisperers*, p. 459.

34. Alexander Statiev, *The Soviet Counterinsurgency in the Western Borderlands* (Nova York: Cambridge University Press, 2010), p. 106; Lowe, *Savage Continent*, p. 344; programa da Liga de Resistência Armada Estoniana, citado em Mart Laar, *War in the Woods: Estonia's Struggle for Survival, 1944-1956* (Washington, DC: The Compass Press, 1992), p. 108.

35. Stálin, entrevista ao *Pravda*, 13 mar. 1946; Mólotov, citado em Gerhard Wettig, *Stalin and the Cold War in Europe* (Lanham, MD: Rowman & Littlefield, 2008); Andrei Vichinski, discurso à Foreign Press Association em Nova York, 11 nov. 1947 — ver relato da Australian Associated Press. *The Cairns Post*, 13 nov. 1947; Gueórgui Malenkov, discurso ao soviete de Moscou, 6 nov. 1949. *World News and Views*, v. 29, n. 46, 1946.

36. Anne Applebaum, *Gulag* (Londres: Allen Lane, 2003), pp. 395-6; Alexander Solzhenitsyn, *The Gulag Archipelago*, v. 1 (Londres: Collins & Harvill, 1974), pp. 237-76.

37. Yuri Teplyakov, "Stalin's War against His Own Troops: The Tragic Fate of Soviet Prisoners of War in German Captivity". *Journal of Historical Review*, v. 14, n. 4, p. 8, 1994; Zubkova, *Russia after the War*, p. 105.

38. Statiev, *The Soviet Couterinsurgency in the Western Borderlands*, pp. 176-7; Lowe, *Savage Continent*, pp. 354-8.

39. Stálin, citado em Simon Sebag Montefiore, *Stalin: The Court of the Red Tsar* (Londres: Weidenfeld & Nicolson, 2003), p. 482.

40. Figes, *The Whisperers*, pp. 488-92; Hough, "Debates about the Postwar World", pp. 268-70.

41. Sakharov, *Memoirs*, p. 93.

42. Figes, *The Whisperers*, p. 488; Sakharov, *Memoirs*, p. 123.

43. Vladimir Shlapentokh, *A Normal Totalitarian Society* (Armonk, NY: M. E. Sharp, 2001), p. 159; ver também Frederick Charles Barghoorn, *Soviet Russian Nationalism* (Nova York: Oxford University Press, 1956), passim.

44. Khrushchev, *Khrushchev Remembers*, p. 262; Figes, *The Whisperers*, p. 509.

45. Khrushchev, *Khrushchev Remembers*, p. 258.

46. Sakharov, *Memoirs*, p. 146.

47. Andrei Sakharov, *Progress, Coexistence and Intellectual Freedom* (org. de Harrison E. Salisbury. Nova York: W. W. Norton, 1968), p. 84. Ver também Bergman, *Meeting the Demands of Reason*, pp. 135-49.

48. Sakharov, *Memoirs*, pp. 194-5.

15. Polarização mundial [pp. 319-34]

1. Andrei Jdanov, Relatório sobre a Situação Internacional, 22 set. 1947, à conferência do Cominform em Szklarska Poręba, disponível em: <www.cvce.eu/en/obj/le_rapport_jdanov_22_septembre_1947-fr-914edbc9-abdf-48a6-9c4a-02f3d6627a24.html>. Ver também a declaração conjunta dos Partidos Comunistas europeus após a conferência, disponível em: <www.cvce.eu/obj/declaration_sur_les_problemes_de_la_situation_internationale_septembre_1947-fr-e6e79de9-03b6-4632-ac96-53760cec8643.html>.

2. George Kennan (sob o pseudônimo "X"), "The Sources of Soviet Conduct". *Foreign Affairs*, v. 25, n. 4, pp. 566-82, 1947. Para a maneira como este artigo foi mal compreendido, ver também George Kennan, *Memoirs, 1925-1950* (Boston, MA: Little, Brown, 1967), pp. 354-67.

3. Ver A. W. Singham e Shirley Hune, *Non-Alignement in an Age of Alignements* (Londres: Zed Books, 1986), p. 68

4. Anthony Curwen, entrevista a Lyn Smith do Imperial War Museum, maio 1987, IWM Sound Archive 9810.

5. Para a Suécia, ver Carl-Gustaf Scott, "The Swedish Midsummer Crisis of 1941: The Crisis that Never Was". *Journal of Contemporary History*, v. 37, n. 3, pp. 371-94, 2002; para Portugal, ver Luís Rodrigues e Sergiy Glebov, *Military Bases: Historical Perspectives, Contemporary Challenges* (Amsterdam: IOS Press, 2009), p. 152; para a Suíça, ver Independent Commission of Experts, *Second World War, Switzerland, National Socialism and the Second World War: Final Report* (Zurique: Pendo Verlag, 2002), p. 189.

6. Para a Suécia, ver Heinrich August Winkler, *The Age of Catastrophe* (New Haven, CT: Yale University Press, 2015), p. 790; para a Espanha, ver Stanley G. Payne, *Franco and Hitler* (New Haven, CT: Yale University Press, 2009); para o Vaticano, ver Gerald Steinacher, *Nazis on the Run* (Nova York: Oxford University Press, 2012), pp. 101-48.

7. Para uma boa história da Otan, ver Peter Duignan, *Nato: Its Past, Present and Future* (Stanford, CA: Hoover Institution Press, 2000).

8. Para a América Latina em geral, ver Bethell e Roxborough (Orgs.), *Latin America*, pp. 1-32; para Cuba especificamente, ver Alex von Tunzelmann, *Red Heat* (Londres: Simon & Schuster, 2011), p. 256.

9. Marco Wyss, *Arms Transfers, Neutrality and Britain's Role in the Cold War* (Boston, MA: Brill, 2012), pp. 25-6; "Spy Plane Shot Down in Baltic Found". *Telegraph*, 20 jun. 2003.

10. Ver Jakob Tanner, "Switzerland and the Cold War: A Neutral Country between the 'American Way of Life' and 'Geistige Landesverteidigung'". In: Joy Charnley e Malcolm Pender (Orgs.), *Switzerland and War* (Berna: Peter Lang, 1999), pp. 113-28; Wyss, *Arms Transfers*, passim; Daniel A. Neval, *"Mit Atombomben bis nach Moskau": Gegenseitige Wahrnehmung der Schweiz und des Ostblocks im Kalten Krieg, 1945-1968* (Zurique: Chronos, 2003), passim.

11. "Der gefrässige Staat". *Neue Zurcher Zeitung*, 22 nov. 2014; Dominique Grisard, "Female Terrorists and Vigilant Citizens: Gender, Citizenship and Cold War Direct-Democracy". In: Jadwiga E. Pieper Mooney e Fabio Lanza (Orgs.), *De--Centering Cold War History* (Oxford: Routledge, 2013), pp. 123-44.

12. Paul Kennedy, *The Parliament of Man* (Londres: Allen Lane, 2006), pp. 54, 74.

13. Nehru, discurso de 7 set. 1947, citado em H. M. Wajid Ali, *India and the Non-Aligned Movement* (Nova Delhi: Adam Publishers & Distributors, 2004), p. 12.

14. Nehru, discurso ao Parlamento indiano, 1951, citado em Kristin S. Tassin, "'Lift up Your Head, My Brother': Nationalism and the Genesis of the Non-Aligned Movement". *Journal of Third World Studies*, v. 23, n. 1, p. 148, 2006.

15. Ver, por exemplo, seu discurso perante as Nações Unidas, 30 set. 1960. In: Sukarno, *Toward Freedom and the Dignity of Man: A Collection of Five Speeches by President Sukarno of the Republic of Indonesia* (Jacarta: Department of Foreign Affairs, 1961), pp. 127-9; e discurso perante a Conferência de Belgrado, set. 1961, reproduzido na revista da conferência, *Belgrade Conference 1961*, n. 3, pp. 7-9.

16. Gamal Abdel Nasser, do Egito, citado em Tassim, "'Lift up Your Head, My Brother'", p. 158; e Ibrahim Abboud, do Sudão, falando na Conferência de Belgrado, set. 1961, reproduzido na revista da conferência, *Belgrade Conference 1961*, n. 4, p. 5.

17. William Potter e Gaukhar Mukhatzhanova, *Nuclear Politics and the Non-Aligned Movement: Principles vs. Pragmatism* (Londres: Routledge, 2012), pp. 17-36.

18. Ver os princípios de não alinhamento acordados na conferência preparatória do Cairo, 1-18 jun. 1960, em P. M. H. Bell, *The World since 1945* (Londres: Bloomsbury Academic, 2010), pp. 253-4.

19. Geir Lundestad, *East, West, North, South* (Londres: Sage, 2014), p. 274; Odd Arne Westad, *The Global Cold War* (Nova York: Cambridge University Press, 2007), pp. 108-9.

20. Bell, *The World since 1945*, p. 258.

21. Tanner, "Switzerland and the Cold War", pp. 113-26.

22. Conferência de Michael Manley à Third World Foundation, Londres, 29 out. 1979. *International Foundation for Development Alternatives Dossier*, v. 16, 1980, disponível em: <www.burmalibrary.org/docs19/ifda_dossier-16.pdf>.

23. Discurso de Sukarno em *Belgrade Conference 1961*, n. 3, pp. 8-9; ver também seu discurso similar às Nações Unidas, 30 set. 1960, em Sukarno, *Toward Freedom and the Dignity of Man*, p. 129.

24. Título do discurso de Sukarno às Nações Unidas, 30 set. 1960, ibid., p. 121.

25. Discurso de Bourgwiba em *Belgrade Conference 1961*, n. 4, p. 8.

16. O nascimento de uma nação asiática [pp. 337-57]

1. Adrian Vickers, *A History of Modern Indonesia* (Nova York: Cambridge University Press, 2013), pp. 1, 9, 14; Joseph H. Daves, *The Indonesian Army from Revolusi to Reformasi*, v. 1: *The Struggle for Independence and the Sukarno Era*. Charleston: CreateSpace Independent Publishing Platform, 2013.
2. Citado em S. K. Trimurti, *95 Tahun S. K. Trimurti: Pejuang Indonesia* (Jacarta: Yayasan Bung Karno, 2007), p. 15. A história de Trimurti foi compilada a partir dessa coletânea de seus escritos, junto de uma biografia escrita por I. N. Soebagijo, *S. K. Trimurti: Wanita Pengabdi Bangsa* (Jacarta: Gunung Agung, 1982).
3. Trimurti, *95 Tahun*, p. 18.
4. Ibid., p. 19.
5. Ibid., p. 24.
6. Vickers, *A History of Modern Indonesia*, pp. 100, 106-7, 114; Daves, *The Indonesian Army*, v. 1, pp. 42-4; Ian Buruma, *Year Zero: A History of 1945* (Londres: Atlantic, 2013), pp. 114-20; Anthony Reid, *The Indonesian National Revolution, 1945-1950* (Hawthorn: Longman, Austrália, 1974), pp. 115-6; Jan Ruff-O'Herne, *Fifty Years of Silence* (Sydney: Heinemann Australia, 2008), p. 135.
7. Benedict R. O'G. Anderson, *Java in a Time of Revolution: Occupation and Resistance, 1944-1946* (Ithaca, NY: Cornell University Press, 1972), pp. 132-3; Buruma, *Year Zero*, p. 115.
8. John W. Dower, *War Without Mercy: Race and Power in the Pacific War* (Nova York: Pantheon, 1986), p. 296; Vickers, *A History of Modern Indonesia*, pp. 91-5; Saskia Wieringa, *Sexual Politics in Indonesia* (Basingstoke: Palgrave Macmillan, 2002), pp. 82, 95; Yuki Tanaka, "'Comfort Women' in the Dutch East Indies". In: Margaret Stetz e Bonnie B. C. Oh (Orgs.), *Legacies of the Comfort Women of World War II* (Armonk, NY: M. E. Sharp, 2001), pp. 63-4.
9. Daves, *The Indonesian Army*, v. 1, pp. 40, 67; Mbeligai Bangun, citado em Mary Margaret Steedly, *Rifle Reports: A Story of Indonesian Independence* (Berkeley; Los Angeles: University of California Press, 2013), p. 43.
10. Anderson, *Java in a Time of Revolution*, p. 128.
11. Para isto, e a descrição subsequente da batalha, ver Daves, *The Indonesian Army*, v. 1, pp. 74-84; William H. Frederick, *Visions and Heat: The Making of the Indonesian Revolution* (Athens: Ohio University Press, 1989), pp. 197-202, 225-67, 278-80; e Anderson, *Java in a Time of Revolution*, pp. 151-66.
12. Sutomo, transmissão radiofônica, citado em Frederick, *Vision and Heat*, p. 255; ver também transmissões similares por Sumarsono; Anderson, *Java in a Time of Revolution*, p. 161; Buruma, *Year Zero*, p. 119.
13. Frederick, *Visions and Heat*, p. 279; Vickers, *A History of Modern Indonesia*, p. 102-3.
14. Frederick, *Visions and Heat*, pp. 278-9; Daves, *The Indonesian Army*, v. 1, p. 83.
15. Vickers, *A History of Modern Indonesia*, p. 103; Daves, *The Indonesian Army*, v. 1, p. 73; Steedly, *Rifle Reports*, p. 231.

16. Reid, *The Indonesian National Revolution*, pp. 107-8, 119, n. 7; Vickers, *A History of Modern Indonesia*, p. 105.

17. Vickers, *A History of Modern Indonesia*, pp. 115-6; Michael Burleigh, *Small Wars, Far Away Places* (Londres: Macmillan, 2013), pp. 46-7.

18. D. R. SarDesai, *Southeast Asia: Past and Present* (Boulder, CO: Westview Press, 1997), pp. 200-3.

19. Ho Chi Minh, "Declaration of Independence of the Democratic Republic of Vietnam". In: Gregory Allen Olson (Org.), *Landmark Speeches on the Vietnam War* (College Station: Texas A&M University Press, 2010), pp. 17-8.

20. Burleigh, *Small Warks, Far Away Places*, p. 243.

21. Ibid., p. 243; P. M. H. Bell, *The World since 1945* (Londres: Bloomsbury Academic, 2010), p. 298.

22. Bell, *The World since 1945*, p. 298.

23. Vickers, *A History of Modern Indonesia*, p. 103; Daves, *The Indonesian Army*, v. 1, p. 84.

24. SarDesai, *Southeast Asia: Past and Present*, p. 234; Cheah Boon Kheng, *Red Star over Malaya* (3. ed. Singapore University Press, 2003), pp. 177-84, 232-9.

25. Ian Talbot e Gurharpal Singh, *The Partition of India* (Nova York: Cambridge University Press, 2009), pp. 2-3, 154-75.

26. Elben Hezer e E. H. Sinuraya, citados em Steedly, *Rifle Reports*, p. 259.

27. Sukarno, discurso de 19 set. 1948, citado em J. D. Legge, *Sukarno: A Political Biography* (Londres: Allen Lane, 1972), p. 231; Vickers, *A History of Modern Indonesia*, p. 114.

28. Daves, *The Indonesian Army*, v. 1, pp. 233-68, 412; Vickers, *A History of Modern Indonesia*, pp. 123, 143; Cees van Dijk, *Rebellion under the Banner of Islam: The Darul Islam in Indonesia* (Haia: Martinus Nijhoff, 1981), passim.

29. Daves, *The Indonesian Army*, v. 1, pp. 338-9; Vickers, *A History of Modern Indonesia*, p. 148.

30. Daves, *The Indonesian Army*, v. 1, pp. 357, 369, 388-95; Vickers, *A History of Modern Indonesia*, p. 144.

31. Wieringa, *Sexual Politics in Indonesia*, pp. 280-9; Joseph H. Daves, *The Indonesian Army from Revolusi to Reformasi*, v. 2: *Soeharto and the New Order*. Charleston: CreateSpace Independent Publishing Platform, 2013, pp. 72, 75, 149; Vickers, *A History of Modern Indonesia*, pp. 161-2.

32. Daves, *The Indonesian Army*, v. 2, p. 156; Vickers, *A History of Modern Indonesia*, pp. 162, 172-3.

17. O nascimento de uma nação africana [pp. 358-79]

1. A maior parte da história que se segue foi tomada das memórias de Waruhiu Itote, *"Mau Mau" General* (Nairóbi: East African Publishing House, 1967). O material primário suplementar é de Myles Osborne (Org.), *The Life and Times of General China* (Princeton, NJ: Marcus Wiener Publishers, 2015).

2. Itote, *"Mau Mau" General*, p. 14.

3. Ibid., p. 13.

4. Ibid., p. 27.

5. Ibid., p. 39.

6. Ibid., p. 40.

7. Ibid., p. 45.

8. Henry Kashinga Wachanga, *The Swords of Kirinyaga* (Nairóbi: East African Literature Bureau, 1975), p. 87; John Lonsdale, "The Moral Economy of Mau Mau: Wealth, Poverty and Civic Virtue in Kikuyu Political Thought". In: Bruce Berman e John Lonsdale, *Unhappy Valley: Conflict in Kenya & Africa* (Londres: James Currey, 1992), p. 443.

9. Itote, *"Mau Mau" General*, pp. 216-7.

10. Para uma lista de queixas, ver Wachanga, *The Swords of Kirinyaga*, p. xxv, mas para mais detalhes ver David Anderson, *Histories of the Hanged* (Londres: Weidenfeld & Nicolson, 2005), pp. 9-41, e Lonsdale, "The Moral Economy of Mau Mau", pp. 315-468.

11. Anderson, *Histories of the Hanged*, p. 9.

12. Para estatísticas, ver David Killingray, "African Civilians in the Era of the Second World War, c. 1939-1950". In: John Laband (Org.), *Daily Lives of Civilians in Wartime Africa* (Westport, CT: Greenwood Press, 2007), p. 146; e Elizabeth Schmidt, "Popular Resistance and Anticolonial Mobilization: The War Effort in French Guinea". In: Judith A. Byfield et al. (Orgs.), *Africa and World War II* (Nova York: Cambridge University Press, 2015), p. 446.

13. John Iliffe, *A Modern History of Tanganyika* (Nova York: Cambridge University Press, 1979), p. 370.

14. Geoffrey I. Nwaka, "Rebellion in Umuahia, 1950-1951: Ex-Servicemen and Anti-Colonial Protest in Eastern Nigeria". *Transafrican Journal of History*, v. 16, pp. 47-62, 1987.

15. Adrienne M. Israel, "Ex-Servicemen at the Crossroads: Protest and Politics in Post-War Ghana". *Journal of Modern African Studies*, v. 30, n. 2, pp. 359-68, 1992. Para relatos de testemunhas oculares desses acontecimentos, ver a produção do BBC World Service de 2014, *Witness: Ghana Veterans and the 1948 Accra Riots*.

16. Antoine Lumenganeso e "Kalubi" citados em François Ryckmans, *Mémoires noires: Les Congolais racontent le Congo belge, 1940-1960* (Bruxelas: Éditions Racine, 2010), pp. 24-6.

17. Schmidt, "Popular Resistance and Anticolonial Mobilization", pp. 454-7.

18. Nancy Ellen Lawler, *Soldiers of Misfortune: Ivoirien Tirralleurs of World War II* (Athens: Ohio University Press, 1992), pp. 15, 208-18.

19. Ashley Jackson, *Botswana, 1939-1945* (Oxford: Clarendon Press, 1999), pp. 237-55.

20. Para o convincente argumento de que veteranos da Segunda Guerra Mundial não desempenharam um grande papel *prático* nas lutas de independência, ver Eugene P.

A. Schleh, "The Post-War Careers of Ex-Servicemen in Ghana and Uganda". *Journal of Modern African Studies*, v. 6, n. 2, pp. 203-20, 1968; Gabriel Olusanya, "The Role of Ex-Servicemen in Nigerian Politics", ibid., pp. 221-32; David Killingray, "Soldiers, Ex-Servicemen and Politics in the Gold Coast, 1939-50". *Journal of Modern African Studies*, v. 21, n. 3, pp. 523-34, 1983.

21. Robert Kakembo, *An African Soldier Speaks* (Londres: Edinburgh House Press, 1946), pp. 9-10, 22.

22. Lawler, *Soldiers of Misfortune*, p. 220.

23. Namble Silué, citado em ibid., p. 15.

24. Lizzie Collingham, *The Taste of War* (Londres: Allen Lane, 2011), pp. 133-7; Lonsdale, "The Moral Economy of Mau Mau", pp. 315-468.

25. Collingham, *The Taste of War*, p. 133; Anderson, *Histories of the Hanged*, p. 26. Para a Revolta dos Mau-Mau como uma rebelião camponesa, ver Donald L. Barnett e Karari Njama, *Mau Mau from Within* (Nova York: Modern Reader Paperbacks, 1970); e Wunyabari O. Maloba, *Mau Mau and Kenya: An Analysis of a Peasant Revolt* (Bloomington: Indiana University Press, 1993).

26. John Lonsdale, "The Depression and the Second World War in the Transformation of Kenya". In: David Killingray e Richard Rathbone (Orgs.), *Africa and the Second World War* (Basingstoke: Macmillan, 1986), p. 128.

27. Anderson, *Histories of the Hanged*, pp. 181-90.

28. Ver David Hyde, "The Nairobi General Strike (1950): From Protest to Insurgency". In: Andrew Burton (Org.), *The Urban Experience in Eastern Africa c. 1750-2000* (Nairóbi: British Institute in Eastern Africa, 2002), pp. 235-53; e descrição de Marshall S. Clough de interpretações marxistas quenianas em seu *Mau Mau Memoirs: History Memory and Politics* (Boulder, CO: Lynne Rienner, 1998), p. 243.

29. Nicholas Westcott, "The Impact of the Second World War on Tanganyika, 1939--49". In: Killingray e Rathbone (Orgs.), *Africa and the Second World War*, pp. 146-7.

30. Ashley Jackson, *The British Empire and the Second World War* (Londres: Hambledon Continuum, 2006), p. 45.

31. Carolyn A. Brown, "African Labor in the Making of World War II". In: Byfield et al. (Orgs.), *Africa and World War II*, p. 62.

32. Allen Isaacman, "Peasants and Rural Social Protests in Africa". *African Studies Review*, v. 33, n. 2, 1990, especialmente pp. 53-8.

33. General Rocafort, citado em Catherine Bogosian Ash, "Free to Coerce: Forced Labor during and after the Vichy Years in French West Africa". In: Byfield et al. (Orgs.), *Africa and World War II*, p. 123.

34. Hein Marais, *South Africa: Limits to Change* (Londres: Zed Books, 2001), pp. 12-3.

35. Brown, "African Labor in the Making of World War II", p. 67.

36. "Kalubi", citado em Ryckmans, *Mémoires noires*, p. 25.

37. Caroline Elkins, *Britain's Gulag: The Brutal End of Empire in Kenya* (Londres: Bodley Head, 2014), pp. 38, 42-3; Anderson, *Histories of the Hanged*, pp. 88-95. Para artigos da imprensa sobre os assassinatos dos Ruck, ver, por exemplo, "Murder Raid in

Kenya". *The Times*, 26 jan. 1953; "Family of Three Found Slashed to Death". *Daily Mirror*, 26 jan. 1953; "A Vile, Brutal Wickedness". *Illustrated London News*, 7 fev. 1953, pp. 190-1.

38. Funeral dos Ruck citado em "A Vile, Brutal Wickedness". *Illustrated News*, 7 fev. 1953, pp. 190-1; Itote, *"Mau Mau" General*, pp. 277.

39. J. F. Lipscomb, *White Africans* (Londres: Faber & Faber, 1955), p. 142; Elkins, *Britain's Gulag*, pp. 43, 46-51.

40. Anderson, *Histories of the Hanged*, p. 4.

41. Ibid., pp. 125-32; Elkins, *Britain's Gulag*, p. 45. Para relatos de testemunhas oculares do massacre, ver Karigo Muchai, *The Hardcore* (Richmond, BC: LSM Information Center, 1973), pp. 23-4; e Peter Evans, *Law and Disorder: Scenes from Life in Kenya* (Londres: Secker & Warburg, 1956), pp. 170-88.

42. Para a disciplina das forças britânicas ver, por exemplo, o julgamento do capitão G. S. L. Griffiths do King's African Rifles, em Anderson, *Histories of the Hanged*, p. 259. Para estatísticas sobre internação, ver ibid., p. 5; Elkins, *Britain's Gulag*, p. xi.

43. Números de acordo com o próprio Itote: ver Osborne (Org.), *The Life and Times of General China*, p. 17. Anderson, *Histories of the Hanged*, p. 233, estima a força operacional de Itote em 4 mil homens.

44. Anderson, *Histories of the Hanged*, pp. 92, 232.

45. Itote, *"Mau Mau" General*, pp. 43, 129-38.

46. Para o interrogatório de Itote, ver Osborne (Org.), *The Life and Times of General China*, pp. 145-99.

47. Itote, *"Mau Mau" General*, p. 40.

48. Elogio de John Nottingham para Waruhiu Itote, em Osborne (Org.), *The Life and Times of General China*, p. 251.

49. Para a Argélia durante a Segunda Guerra Mundial, ver Mohamed Khenouf e Michael Brett, "Algerian Nationalism and the Allied Military Strategy and Propaganda during the Second World War: The Background to Sétif". In: Killingray e Rathbone (Orgs.), *Africa and the Second World War*, pp. 258-74. Para Sétif e estatísticas da Guerra da Argélia, ver Alistair Horne, *A Savage War of Peace* (Londres: Macmillan, 1977), pp. 26-8, 538.

50. Norrie MacQueen, *The Decolonization of Portuguese Africa* (Harlow: Longman, 1997), pp. 124-204, 223-31; James W. Martin III, *A Political History of the Civil War in Angola, 1974-1980* (New Brunswick, NJ: Transaction Books, 2011), p.ix-x.

51. W. M. Spellman, *A Concise History of the World since 1945* (Basingstoke: Palgrave Macmillan, 2006), p. 83.

52. P. M. H. Bell, *The World since 1945* (Londres: Bloomsbury Academic, 2010), p. 447.

53. Mohamed Mathu, *The Urban Guerrilla* (Richmond, BC: LSM Information Center, 1974), p. 87.

54. Kwame Nkrumah, *Neo-Colonialism: The Last Stage of Imperialism* (Londres: Nelson, 1965).

55. "Opening the Secret Files on Lumumba's Murder". *Washington Post*, 21 jul. 2002; "Revealed: How Israel Helped Amin to Take Power". *Independent*, 16 ago. 2003.
56. Godfrey Mwakikagile, *Africa Is in a Mess: What Went Wrong and What Should Be Done* (Dar es Salaam: New Africa Press, 2006), pp. 22-5.
57. Ibid., pp. 26-7.

18. Democracia na América Latina [pp. 380-98]

1. Ocarina Castillo D'Imperio, *Carlos Delgado Chalbaud* (Caracas: El Nacional, 2006), pp. 48, 65-7.
2. Ibid., p. 56.
3. Robert J. Alexander, *Rómulo Betancourt and the Transformation of Venezuela* (New Brunswick, NJ: Transaction Books, 1982), p. 214.
4. Comunicado citado em ibid., pp. 217-8.
5. Ibid., pp. 228-33, 236; Maleady para secretário de Estado, 7 jan. 1947. US Departament of State, *Foreign Relations of the United States (FRUS)* (Washington, DC: US Government Printing Office, 1947), v. 8, p. 1055.
6. Alexander, *Rómulo Betancourt*, pp. 239-42; Angus Maddison, *The World Economy: Historical Statistics* (Paris: OECD, 2003), p. 122.
7. Alexander, *Rómulo Betancourt*, pp. 258-65.
8. Muriel Emanuel (Org.), *Contemporary Architects* (Basingstoke: Macmillan, 1980), pp. 852-3; Miguel Tinker Salas, *Venezuela: What Everyone Needs to Know* (Nova York: Oxford University Press, 2015), pp. 73, 87.
9. Alexander, *Rómulo Betancourt*, pp. 276-8.
10. Ibid., pp. 273-5; Sean M. Griffing et al., "Malaria Control and Elimination, Venezuela, 1800s-1970s". *Emerging Infectious Diseases*, v. 20, n. 10, 2014, disponível em: <doi.org/10.3201/eid2010.130917>.
11. Delgado, discurso de 24 jun. 1946, citado em Castillo D'Imperio, *Carlos Delgado Chalbaud*, p. 71; ver também pp. 73-4.
12. Bethell e Roxborough (Orgs.), *Latin America*, p. 14.
13. Castillo D'Imperio, *Carlos Delgado Chalbaud*, p. 83.
14. Ibid., p. 84.
15. Alexander, *Rómulo Betancourt*, pp. 296, 314-5.
16. Sheldon T. Mills, chefe da Divisão dos Assuntos da Costa Norte e Oeste, memorando ao diretor do Departamento de Assuntos das Repúblicas Americanas, 22 nov. 1948. *FRUS 1948*, v. 9, pp. 126-7.
17. Alexander, *Rómulo Betancourt*, pp. 283-4.
18. Secretário de Estado Byrnes para encarregado de Negócios na Venezuela, 7 jan. 1946. *FRUS 1946*, v. 11, p. 1331.
19. Sheldon B. Liss, *Diplomacy and Dependency: Venezuela, the United States, and the Americas* (Salisbury, NC: Documentary, 1978), p. 134.

20. Secretário de Estado interino Acheson para secretário de Guerra Patterson, 17 jun. 1946, *FRUS 1946*, v. 11, p. 1346.

21. Castillo D'Imperio, *Carlos Delgado Chalbaud*, p. 90; Alexander, *Rómulo Betancourt*, p. 296.

22. Relatório confidencial do secretário de Estado interino Lovett, 3 dez. 1948, e do embaixador Donnelly para o secretário de Estado, 4 dez. 1948. *FRUS 1948*, v. 9, pp. 133-4; Alexander, *Rómulo Betancourt*, pp. 314-5; Castillo D'Imperio, *Carlos Delgado Chalbaud*, pp. 82-90.

23. Comunicado de Delgado, 24 jun. 1948, citado em Castillo D'Imperio, *Carlos Delgado Chalbaud*, p. 92.

24. Castillo D'Imperio, *Carlos Delgado Chalbaud*, pp. 84, 93, 97-8; Alexander, *Rómulo Betancourt*, pp. 312-3.

25. Entrevista de Delgado a Gonzalo de la Parra, de *El Universal* (México), citada em Venezuela, Junta Militar de Gobierno, *Saludo de la Junta Militar de Gobierno a los Venezolanos con Ocasión del Año Nuevo* (Caracas: Oficina Nacional de Información y Publicaciones, 1950), p. 28.

26. Delgado citado em Castillo D'Imperio, *Carlos Delgado Chalbaud*, p. 109; entrevista de Delgado a Rafael Gómez Picón, de *Sábado* (Bogotá), citada em Venezuela, *Saludo*, p. 14.

27. Bethell e Roxborough (Orgs.), *Latin America*, pp. 4-6; William Ebenstein, "Political and Social Thought in Latin America". In: Arthur P. Whitaker (Org.), *Inter-American Affairs 1945* (Nova York: Columbia University Press, 1946), p. 137.

28. UN Department of Economic Affairs, *Economic Report: Salient Features of the World Economic Situation, 1945-47* (Lake Success, NY: UN, 1948), p. 18; Maddison, *The World Economy*, pp. 133, 135.

29. Ver o ensaio de Leslie Bethell sobre "Brazil", de Andrew Barnard sobre "Chile", e de Nigel Haworth sobre "Peru". In: Bethell e Roxborough (Orgs.), *Latin America*, pp. 45, 70, 184; ver também a introdução dos organizadores, ibid., pp. 13-4.

30. Alexander, *Rómulo Betancourt*, pp. 284-5; Liss, *Diplomacy and Dependency*, pp. 132, 136.

31. Bethell e Roxborough (Orgs.), *Latin America*, pp. 9-10.

32. Declaração de princípios do Departamento de Estado dos EUA, 30 jun. 1950. *FRUS 1950*, v. 2, pp. 1029-30.

33. Bethell e Roxborough (Orgs.), *Latin America*, pp. 18-9.

34. Braden, citado em Stephen G. Rabe, *Eisenhower and Latin America: The Foreign Policy of Anticommunism* (Chapel Hill: University of North Carolina Press, 1988), p. 14.

35. Para desconfianças contemporâneas, ver press release do Departamento de Estado dos EUA, 13 dez. 1948. *FRUS 1948*, v. 9, pp. 144-5; para historiadores que mantêm desconfianças, ver Steve Ellner, "Venezuela". In: Bethell e Roxborough (Orgs.), *Latin America*, p. 166; e Salas, *Venezuela*, p. 85.

36. Tim Weiner, *Legacy of Ashes* (Londres: Allen Lane, 2007), pp. 93-104; Stephen Schlesinger e Stephen Kinzer, *Bitter Fruit: The Story of the American Coup in Guatemala* (Boston, MA: Harvard University Press, 2005), pp. 96-7; Nick Cullather, *Secret History: The CIA's Classified Account of Its Operations in Guatemala, 1952-1954* (Palo Alto, CA: Stanford University Press, 1999).

37. Em 1954, por exemplo, o ditador da Venezuela Marcos Pérez Jiménez foi agraciado com a Legião do Mérito: ver Operations Coordinating Board to National Security Council, 19 jan. 1955, "Progress Report on NSC 5432/1 United States Objectives and Courses of Action with Respect to Latin America". *FRUS 1952-54*, v. 4, p. 95.

38. Francesca Miller, *Latin American Women and the Search for Social Justice* (Hanover, NH: University Press of New England, 1991), pp. 154, 185.

39. Weiner, *Legacy of Ashes*, pp. 380-1.

40. Ver a Carta da Organização dos Estados Americanos assinada em Bogotá, em 1948, artigos 1 a 3; consultada em: <www.oas.org/en/sla/dil/inter_american-treaties_A-41_charter_OAS.asp>; e a Carta da ONU, particularmente artigo 2, cláusula 7: <www.un.org/en/charter-united-nations>.

41. Secretário de Estado interino Lovett para representantes diplomáticos nas Repúblicas Americanas, 28 dez. 1948. *FRUS 1948*, v. 9, p. 150.

42. Castillo D'Imperio, *Carlos Delgado Chalbaud*, p. 112.

43. Delgado, entrevista, *Sábado*, citado em Venezuela, *Saludo*, p. 15.

44. Delgado, citado em Castillo D'Imperio, *Carlos Delgado Chalbaud*, p. 109.

45. Ibid., p. 111.

46. Delgado, citado em relatório do embaixador Donnelly para secretário de Estado. *FRUS 1948*, v. 9, p. 130.

19. Israel: Nação de arquétipos [pp. 399-425]

1. Salvo indicação em contrário, todas as citações vêm de uma entrevista ao autor, 13 set. 2016. Material adicional foi compilado a partir dos livros autobiográficos de Aharon Appelfeld, *The Story of a Life* (Harmondsworth: Penguin, 2006) e *Table for One* (New Milford, CT: The Toby Press, 2007), e de uma entrevista a Ari Shavit em seu livro *My Promised Land* (Londres: Scribe, 2015).

2. Citado em Shavit, *My Promised Land*, pp. 140-1.

3. Appelfeld, *The Story of a Life*, pp. 114, 116.

4. Para o pensamento existencialista de pioneiros, ver anotações em diário de membros de kibutz em Ein Harod, citadas in Shavit, *My Promised Land*, pp. 36-7.

5. Ver, por exemplo, David Ben-Gurion, *Israel: A Personal History* (Nova York: Funk & Wagnalls, 1971), p. 135.

6. Tom Segev, *The Seventh Million* (Nova York: Hill & Wang, 1993), pp. 84-96.

7. Yizhak Gruenbaum, citado em ibid., p. 71.

8. Para texto da declaração em inglês, ver o website do Ministério das Relações Exteriores israelense: <www.mfa.gov.il/mfa/foreignpolicy/peace/guide/pages/declaration%20of%20establishment%20of%20state%20of%20israel.aspx>.

9. David Ben-Gurion, citado em Martin Gilbert, *Israel: A History* (Londres: Black Swan, 1999), p. 251.

10. Ibid., p. 187.

11. Anita Shapira, *Israel: A History* (Waltham, MA: Brandeis University Press, 2012), pp. 212-5, 220; Gilbert, *Israel*, p. 267.

12. Shavit, *My Promised Land*, pp. 150-1; Gilbert, *Israel*, p. 267; Shapira, *Israel*, p. 212. Ver também David Kroyanker, "Fifty Years of Israeli Architecture as Reflected in Jerusalem's Buildings", 26 maio 1999, que consultei no website do Ministério das Relações Exteriores israelense, <www.mfa.gov.il/mfa/abouttheministy/publications/pages/fify%20years%20of%20israeli%20architecture%20as%20reflected%20i.aspx>.

13. Acordo de indenizações entre Israel e Alemanha Ocidental, citado em Gilbert, *Israel*, p. 283.

14. Shapira, *Israel*, pp. 212-5; Gilbert, *Israel*, p. 267.

15. Uri Yadin, do gabinete do procurador-geral, anotação em diário em 5 abr. 1948, citado em Shapira, *Israel*, p. 180.

16. Shapira, *Israel*, p. 210; "Beersheba". *Canadian Jewish Chronicles*, p. 9, 7 out. 1955.

17. Citação da famosa primeira linha do livro de Moshe Shamir, *With His Own Hands* (Jerusalém: Israel Universities Press, 1970): "Elik nasceu do mar".

18. Por exemplo, Yigal Mossinsohn, *Way of a Man* (Tel Aviv: N. Tversky Publishers, 1953); e o conto de 1948 de S. Yizhar, "The Prisoner", reproduzido em Robert Alter (Org.), *Modern Hebrew Literature* (West Orange, NJ: Behrman House, 1975).

19. Shlomo Nitzan, *Togetherness* (Tel Aviv: Hakibbutz Hameuchad, 1956); Moshe Shamir, *He Walked through the Fields* (Merhavia: Sifriat Poalim, 1947).

20. Shamir, *He Walked through the Fields*; Hanoch Bartov, *Each Had Six Wings* (Merhavia: Sifriat Poalim, 1954).

21. Para ensaios sobre a literatura israelense desse período, ver Bryan Cheyette, "Israel". In: John Sturrock (Org.), *The Oxford Guide to Contemporary World Literature* (Nova York: Oxford University Press, 1996), pp. 238-9; Gila Ramras-Rauch, *The Arab in Israeli Literature* (Londres: I. B. Tauris, 1989), pp. 55-112; Avner Holtzman, "'They Are Different People': Holocaust Survivors as Reflected in the Fiction of the Generation of 1948". *Yad Vashem Studies*, v. 30, pp. 337-68, 2002. Disponível em: <www.yadvashem.org/odot_pdf/Microsoft%20Word%20-%205424.pdf>.

22. Shapira, *Israel*, p. 208; Shavit, *My Promised Land*, p. 148; Gilbert, *Israel*, pp. 257, 275.

23. Arieh Geldblum, "Fundamental Problems of Immigrant Absorption". *Haaretz*, 28 set. 1945, p. 3; ver também Segev, *The Seventh Million*, p. 180.

24. Ehud Loeb, Eliezer Ayalon e Walter Zwi Bacharach, citados no website do Yad Vashem quando de minha consulta: <www.yadvashem.org/yv/en/education/in-

terviews/road_ahead.asp>; <www.yadvashem.org/yv/en/education/interviews/ayalon.asp>; <www.yadvashem.org/yv/en/education/interviews/bacharch.asp>.

25. Aharon Barak, citado em Shavit, *My Promised Land*, p. 145.

26. Segev, *The Seventh Million*, pp. 168-70; Appelfeld, *The Story of a Life*, pp. 111-2.

27. Segev, *The Seventh Million*, p. 180.

28. Ibid., pp. 170, 172, 174.

29. Ben Shephard, *The Long Road Home: The Aftermath of the Second World War* (Londres: Bodley Head, 2010), p. 361; Segev, *The Seventh Million*, p. 177.

30. Ben-Gurion, citado em Hannah Starman, "Israel's Confrontation with the Holocaust: A Journey of Uncertain Indentity". In: C. J. A. Stewart et al. (Orgs.), *The Politics of Contesting Identity* (Edimburgo: University of Edinburgh, 2003), p. 130.

31. Simha Rotem, citado em Segev, *The Seventh Million*, p. 160.

32. Para o texto desta homilia, e uma abrangente leitura de seu subtexto cultural, ver Idith Zertal, *From Catastrophe to Power: The Holocaust Survivors and the Emergence of Israel* (Berkeley; Los Angeles: University of California Press, 1998), pp. 264-9.

33. Segev, *The Seventh Million*, p. 120; Shapiro, *Israel*, p. 230; Ronit Lentin, *Israel and the Daughters of the Shoah* (Nova York: Berghahn Books, 2000).

34. Yehudit Hendel, entrevista ao documentário de TV israelense *Cloudburst*, transmitido pela primeira vez em jun. 1989; ver Segev, *The Seventh Million*, p. 179.

35. Shmuel Ussishkin em *Haboker*, 16 nov. 1951; Eliezer Livneh em *Davar*, 9 nov. 1951; David Ben-Gurion, citado em Shapiro, *Israel*, pp. 229-30.

36. Yoel Palgi, *Into the Inferno* (New Brunswick, NJ: Rutgers University Press, 2003), p. 259; Segev, *The Seventh Million*, pp. 121, 183.

37. Palgi, *Into the Inferno*, pp. 258-9.

38. Ver, por exemplo, Lentin, *Israel and the Dauthters of the Shoah*, pp. 176-212; Ruth Amir, *Who Is Afraid of Historical Redress?* (Boston, MA: Academic Studies Press, 2012), pp. 245-9; e Rafael Moses, "An Israeli View". In: Id. (Org.), *Persistent Shadows of the Holocaust* (Madison, CT: International Universities Press, 1993), pp. 130-1.

39. Haike Grossman e Egon Rott, citados em Segev, *The Seventh Million*, pp. 87-8.

40. Teddy Kollek, *For Jerusalem* (Londres: Weidenfeld & Nicolson, 1978), p. 46.

41. Dalia Ofer, *Escaping the Holocaust* (Nova York: Oxford University Press, 1990), pp. 317, 319; Segev, *The Seventh Million*, pp. 84-96.

42. Josef Rosensaft, citado em Shephard, *The Long Road Home*, p. 363.

43. Ver, por exemplo, os apaixonados debates sobre aceitar ou não pagamentos de indenização da Alemanha, ou o prolongado Caso Kastner.

44. Shapira, *Israel*, p. 265.

45. Ben-Gurion, *Israel*, p. 599.

46. *The Seventh Day: Soldiers Talk about the Six-Day War* (Londres: André Deutsch, 1970), pp. 217-8.

47. Coronel Ehud Praver, citado em Segev, *The Seventh Million*, pp. 394-5.

48. Para comparações dos anos 1930 ver, por exemplo, Yitzhak Tabenkin, bem como comentaristas árabes citados em Benny Morris, *Righteous Victims* (Nova York: Vintage, 2001), pp. 133, 136.

49. David Ben-Gurion, 4 jul. 1947, citado em Gilbert, *Israel*, p. 146; Ariel Sharon, discurso no Knesset, 26 jan. 2005, citado em *Haaretz*, 27 jan. 2005.

50. Ben-Gurion, citado em Ilan Pappé, *The Ethnic Cleansing of Palestine* (Londres: Oneworld, 2007), p. 72; Segev, *The Seventh Million*, pp. 448-51.

51. "Without Intermediaries". *Maarlav*, 5 nov. 1956, p. 4, citado em Segev, *The Seventh Million*, p. 297.

52. Menachem Begin, citado em Shapira, *Israel*, p. 380.

53. Ronald J. Berger, *The Holocaust, Religion and the Politics of Collective Memory* (New Brunswick, NJ: Transaction Books, 2013), p. 207.

54. Netanyahu, discurso à Assembleia Geral das Comunidades Judaicas Unidas, citado em Michael Marrus, *Lessons of the Holocaust* (Toronto: University of Toronto Press, 2016), p. 109.

55. Ver, por exemplo, Shmaryahu Gutman, comandante militar de Lida em 1948, citado em Shavit, *My Promised Land*, pp. 118-27.

56. Shavit, *My Promised Land*, p. 114.

57. Para descrições críveis de Deir Yassin, ver Morris, *Righteous Victims*, p. 208 e notas relacionadas. Para uma ampla variedade de estatísticas controversas relacionadas ao massacre, ver também Gilbert, *Israel*, p. 169; e Pappé, *The Ethnic Cleansing of Palestine*, p. 91.

58. Pappé, *The Ethnic Cleasing of Palestine*, pp. 196-7.

59. Para Kafr Qasim, ver Amir, *Who Is Afraid of Historical Redress?*, pp. 243-5.

60. Ver, por exemplo, *The Seventh Day*, p. 90.

61. Shavit, *My Promised Land*, pp. 230-6.

62. "HRW: Israel Committed War Crimes in Gaza". *The Times of Israel*, 12 set. 2014.

63. Sobre o conflito Israel-Palestina, ver, por exemplo, obras de Edward W. Said, Rashid Khalidi, Norman G. Finkelstein e Noam Chomsky.

64. Pappé, *The Ethnic Cleasing of Palestine*, p. xvii.

65. "German Protesters Dare to Compare Israelis to Nazis". *The Week*, 6 jan. 2008.

66. Para o Relatório Chakrabarti sobre antissemitismo no Partido Trabalhista britânico, ver <https://labour.org.uk/wp-content/uploads/2017/10/Chakrabarti-Inquiry-Report-30June16.pdf>.

67. Yeshayahu Leibowitz, citado em Segev, *The Seventh Million*, p. 401; ver também pp. 409-10.

68. Shavit, *My Promised Land*, p. 231.

69. Appelfeld, *Table for One*, pp. 97, 105.

70. Esse não é apenas um perpétuo problema europeu, americano e do Oriente Médio: para a demonização de Israel no Sudeste Asiático, ver Anthony Reid, *To*

Nation by Revolution: Indonesia in the Twentieth Century (Singapura: NUS Press, 2011), pp. 262-4.

71. Keith Lowe, *Savage Continent* (Londres: Viking, 2012), pp. 222, 243, 248; Ian Talbot e Gurharpal Singh, *The Partition of India* (Nova York: Cambridge University Press, 2009), pp. 2-3.

20. Nacionalismo europeu [pp. 426-43]

1. Para a história de Spinelli, ver sua autobiografia: Altiero Spinelli, *Come ho tentato di diventare saggio* (Bolonha: Società Editrice il Mulino, 1984 e 1987. 2 v.). Para o Manifesto de Ventotene e outros escritos, ver Altiero Spinelli, *From Ventotene to the European Constitution* (org. de Agustin José Menéndez. Oslo: Centre for European Studies, 2007).

2. Spinelli, "Ventotene Manifesto". In: Spinelli, *From Ventotene to the European Constitution*, p. 18; Spinelli, *Come ho tentato di diventare saggio*, v. 1, p. 308.

3. Spinelli, "Ventotene Manifesto", p. 23 e *Come ho tentato di diventare saggio*, v. 1, p. 309.

4. Menção do Prêmio Nobel da Paz, 12 out. 2012, exposição do Centro Nobel da Paz, Oslo.

5. Ver, por exemplo, a coletânea de ensaios escritos pelo grupo Historians for Britain, *Peace-Makers of Credit-Takers?: The EU and Peace in Europe*.

6. "Euro Federalists Financed by US Spy Chiefs". *Telegraph*, 19 set. 2000. Ver também "The European Union Always Was a CIA Project: As Brexiteers Discover". *Telegraph*, 27 abr. 2016.

7. De Gaulle, citado em Richard Mayne, *Postwar: The Dawn of Today's Europe* (Londres: Thames & Hudson, 1983), p. 314.

8. Entrevista de Nicholas Ridley a Dominic Lawson no *Espectator*, 14 jul. 1990.

9. Keith Lowe, *Savage Continent* (Londres: Viking, 2012), especialmente pp. 187-268.

10. Kwaśniewski, discurso de 16 abr. 2003, publicado no website presidencial polonês: <www.president.pl/en/archive/news-archive/news-2003/art,79,poland-has-signed-the-accession-treaty.html>; Ewald Mikkel e Geoffrey Pridham, "Clinching the 'Return to Europe': The Referendums on EU Accession in Estonia and Latvia". In: Aleks Szczerbiak e Paul Taggart (Orgs.), *EU Enlargement and Referendums* (Abington: Routledge, 2005), p. 179.

11. Ver ensaios em ibid., pp. 123, 150, 178; *Wprost*, 11-17 jan. 2016.

12. Jacek Rostowski, ministro polonês das Finanças, citado em "Germany and France: Eurozone Will Not Force Out Greece". *Telegraph*, 15 set. 2011.

13. Cameron, discurso no British Museum, 9 maio 2016, transmitido ao vivo pelo Sky News Channel.

14. Barack Obama, "As Your Friend, I Tell You That the EU Makes Britain Even Greater". *Telegraph*, 22 abr. 2016.

15. Penny Mordaunt, escrevendo no *Telegraph*, 25 fev. 2016; música-tema de Nigel Farage em "Brexit Debate Brings Out Britain's World War Two Fixation". *Daily Mail* (edição on-line), 3 jun. 2016.

16. *Telegraph*, 15 maio 2016; *Daily Express*, 2 jun. 2016; "Boris Johnson's Abuse of Churchill". *History Today*, 1 jun. 2016, disponível em: <www.historytoday.com/felix-klos/boris-johnsons-abuse-churchill>.

17. Alan Sked, citado em *Daily Express*, 9 jun. 2016; Michael Gove, citado em *Daily Express*, 22 jun. 2016.

18. Entrevista de Boris Johnson, *Telegraph*, 15 maio 2016.

19. "The Secret History of the EU". *Telegraph*, 27 ago. 2016.

20. "EU Referendum: The Claims That Won It for Brexit, Fact Checked". *Telegraph*, 21 jun. 2016.

21. Carta inteira publicada em <www.historiansforbritainineurope.org> e transcrita no *Guardian*, 25 maio 2016.

22. Comentários de Paweł Machcewicz durante sua apresentação da exposição permanente do museu, 22 jan. 2017; "A Museum Becomes a Battlefield over Poland's History". *New York Times*, 9 nov. 2016.

21. Trauma [pp. 447-63]

1. A história de Choi Myeong-sun é traçada em maior detalhe em Keith Howard (Org.), *True Stories of the Korean Comfort Women* (Londres: Cassell, 1995), pp. 168-76.

2. Para uma descrição mais detalhada do trauma e de seus efeitos, ver Caroline Garland (Org.), *Understanding Trauma: A Psychoanalytical Approach* (Londres: Karnac Books, 2002); e Susan Levy e Alessandra Lemma (Orgs.), *The Perversion of Loss: Psychoanalytic Perspectives on Trauma* (Nova York: Brunner-Routledge, 2004).

3. Ustinia Dolgopol e Snehal Paranjape, *Comfort Women: An Unfinished Ordeal: Report of a Mission* (Genebra: International Commission of Jurists, 1994), pp. 23-4.

4. "Japanese Charge Russian Abuses". *New York Times*, 4 nov. 1945; Yoshimi Yoshiaki, *Comfort Women* (Nova York: Columbia University Press, 2002), pp. 188-9; Sheila Miyoshi Jager, *Brothers at War: The Unending Conflict in Korea* (Nova York: W. W. Norton, 2013), p. 20; Mun Pilgi, citado em Howard (Org.), *True Stories of the Korean Comfort Women*, p. 86.

5. Pak Duri, citado em Joshua D. Pilzer, *Hearts of Pine: Songs in the Lives of Three Korean Survivors of the Japonese "Comfort Women"* (Nova York: Oxford University Press, 2012), p. 34.

6. Jagers, *Brothers at War*, pp. 26-35, 489; H. Merrell Benninghoff para secretário de Estado, 15 set. 1945. US Departament of State, *Foreign Relations of the United States (FRUS)* (Washington, DC: US Government Printing Office, 1945), v. 6, pp. 1049-53.

7. Jager, *Brothers at War*, pp. 39-41; Robert Scalapino e Chong-Sik Lee, *Communism in Korea* (Berkeley: University of California Press, 1972), pp. 338-40; Allan R. Millett, *The War of Korea, 1945-1950: A House Burning* (Lawrence: University Press of Kansas, 2005), p. 69; Andrei Lankov, *From Stalin to Kim Il Sung: The Formation of North Korea, 1945-1960* (Londres: Hurst & Co., 2002), pp. 23-4.

8. Para estatísticas, ver "Double Problem Faced in Korea". *New York Times*, 6 dez. 1945, e "Korean Population Soars". *New York Times*, 9 jul. 1947.

9. Paul Kennedy, *The Parliament of Man* (Londres: Allen Lane, 2006), pp. 56-7; Jager, *Brothers at War*, pp. 64, 124.

10. Bethany Lacina e Nils Petter Gleditsch, "Monitoring Trends in Global Combat: A New Dataset of Battle Deaths". *European Journal of Population*, v. 21, n. 2/3, p. 154, 2005; Jager, *Brothers at War*, pp. 85-97; "Reds Kill 700 at a Korean 'Buchenwald'", e "82 Slain with Bamboo Spears as Reds Attack Loyal Koreans". *Washington Post*, 4 out. 1950.

11. C. Sarah Soh, *The Comfort Women* (Chicago: University of Chicago Press, 2008), pp. 193, 215-27.

12. Park e Kim, citados em Jager, *Brothers at War*, p. 341.

13. us Army Military Government in Korea, *Summation of the United States Military Government Activities in Korea*, n. 33 (Seul: National Economic Board, 1948), p. 181; *Chosun Ilbo*, 9 jun. 1948; *Korean Independence*, 21 jul. 1948; *Chayu Sinmun*, 25 jun. 1948. Ver também um resumo em Sung-Hwa Cheong, *The Politics of Anti-Japanese Sentiment in Korea* (Westport, CT: Greenwood Press, 1991), pp. 6-8.

14. Dolgopol e Paranjape, *Comfort Women*, p. 138; Pilzer, *Hearts of Pine*, pp. 8, 116; Cheong, *The Politics of Anti-Japanese Sentiment in Korea*, p. 136; Jin-kyung Lee, *Service Economies: Militarism, Sex Work, and Migrant Labor in South Korea* (Minneapolis: University of Minnesota Press, 2010), pp. 25-6.

15. Para a história da questão das "mulheres de conforto" até 2016, ver Aniko Varga, "National Bodies: The 'Comfort Women' Discourse and Its Controversies in South Korea". *Studies in Ethnicity and Nationalism*, v. 9, n. 2, pp. 287-303, 2009; Mikyoung Kim, "Memorializing Comfort Women: Memory and Human Rights in Korea-Japan Relations". *Asian Politics and Policy*, v. 6, n. 1, pp. 83-96, 2014; e Naoko Kumagai, "The Background to the Japan-Republic of Korea Agreement: Compromises Concerning the Understanding of the Comfort Women Issue". *Asia-Pacific Review*, v. 23, n. 1, pp. 65-99, 2016.

16. Young Hee Shim, *Sexual Violence and Feminism in Korea* (Seul: Hanyang University Press, 2004), pp. 156-62, 177-82.

17. Lee, *Service Economies*, pp. 5-8, 25-6.

18. Memoriais e estátuas às mulheres de conforto foram erguidos em vários países: mais de meia dúzia nos EUA, mas também na China, em Taiwan, nas Filipinas e na Austrália.

22. Perda [pp. 464-73]

1. A história de Evgenia Kiseleva foi tomada de sua autobiografia, reproduzida in N. N. Kozlova e I. I. Sandormiskaia, *Ia tak khochu nazvat'kino: "Naivnoe pis'mo". Opyt lingvo-sotsiologicheskogo chteniia* (Moscou: Gnozis, 1996), p. 89. O estilo "ingênuo" de Kiseleva é quase intraduzível: como estou interessado aqui apenas em sua história, usei grafias corretas e acrescentei pontuação nesta citação e em todas as subsequentes. Para um brilhante acompanhamento para estas memórias e discussão de seu estilo único, ver Irina Paperno, *Stories of the Soviet Experience: Memoirs, Diaries, Dreams* (Ithaca, NY: Cornell University Press, 2009), pp. 118-58.
2. Kozlova e Sandomirskaia, *Ia tak khochu nazvat'kino*, pp. 91-4.
3. Ibid., p. 101.
4. Ibid., p. 122.
5. Ibid., p. 145.
6. USSR Central Statistical Office, *Soviet Census 1959: Preliminary Results* (Londres: Soviet Booklets, 1959), p. 4. Outros historiadores e economistas estimam que o excesso de mulheres em relação a homens foi menor, de cerca de 13 milhões: ver resumo in Keith Lowe, *Savage Continent* (Londres: Viking, 2012), p. 24.
7. IWM Docs, 06/12/126/1, major A. G. Moon, memórias datilografadas.
8. O número oficial de feridos foi 15 205 592, mas o número real poderia ser muito inferior devido à dupla contagem. Por outro lado, muitas baixas, especialmente do início da guerra, não foram notificadas. Ver G. F. Krivosheev (Org.), *Soviet Casualties and Combat Losses in the Twentieth Century* (Londres: Greenhill Books, 1997), p. 87-8.
9. Charles Glass, *Deserter* (Londres: HarperPress, 2013), p. xiii, 228.
10. Estudos sobre o transtorno de estresse pós-traumático após a Guerra do Vietnã constataram que 15% dos veteranos continuavam a sofrer sintomas dez anos depois: ver Marc Piliusuk, *Who Benefits from Global Violence and War: Uncovering a Destructive System* (Westport, CT: Praeger Security International, 2008), pp. 12-5.
11. C. A. Merridale, relatório financiado pelo British Economic and Social Research Council sobre "Death, Mourning and Memory in Modern Russia: A Study in Large-Scale Trauma and Social Change" (2000).
12. Lowe, *Savage Continent*, pp. 16, 402.
13. Robert A. Lewis, Richard H. Rowland e Ralph S. Clem, *Nationality and Population Change in Russia and the USSR: An Evaluation of Census Data, 1897-1970* (Nova York: Praeger, 1976), p. 275.
14. Thérèse Brosse, *War-Handicapped Children* (Paris: Unesco, 1950), p. 28.
15. Sergey Afontsev et al., "The Urban Household in Russia and the Soviet Union, 1900-2000: Patterns of Family Formation in a Turbulent Century". *History of the Family*, v. 13, n. 2, pp. 187-8, 2008.
16. Para estatísticas dos EUA ver o website do recenseamento governamental, <www.census.gov>, particularmente <www.census.gov/prod/2014pubs/p25-1141.pdf>

sobre a geração do baby boom. Ver também Diane J. Macunovich, *Birth Quake: The Baby Boom and Its Aftershocks* (Chicago: University of Chicago Press, 2002).

17. Lowe, *Savage Continent*, p. 16.

18. Para uma descrição mais detalhada, ver ibid., pp. 212-9. A Crimeia nessa altura não era parte da Ucrânia, mas se tornaria em 1954.

19. Alexander Statiev, *The Soviet Counterinsurgency in the Western Borderlands* (Nova York: Cambridge University Press, 2010), pp. 117, 178.

23. Proscritos [pp. 474-88]

1. A história de Mathias Mendel vem de uma série de conversas com seu filho, Dittmann Mendel, em maio 2015, e correspondência por e-mail em nov. 2016.

2. Keith Lowe, *Savage Continent* (Londres: Viking, 2012), p. 27; Adam Tooze, *The Wages of Destruction* (Harmondsworth: Penguin, 2007), p. 672; Mark Wyman, *DPs: Europe's Displaced Persons, 1945-1951* (Ithaca, NY: Cornell University Press, 1998), pp. 41-4.

3. Lowe, *Savage Continent*, p. 27. Errei pelo lado conservador: Adam Tooze tem algumas estimativas muito mais elevadas. Ver seu *The Wages of Destruction*, p. 672.

4. Lowe, *Savage Continent*, pp. 231, 243.

5. Artigo XII do Acordo de Postdam, 1945, disponível no website da Yale Law School: <avalon.law.yale.edu/20th_century/decade17.asp>. Ver também Lowe, *Savage Continent*, pp. 125-44, 230-48; R. M. Douglas, *Orderly and Humane: The Expulsion of the Germans after the Second World War* (New Haven, CT: Yale University Press, 2012), p. 1.

6. Lowe, *Savage Continent*, pp. 247-8.

7. Ibid., pp. 222, 224-9.

8. Ibid., pp. 222, 248.

9. Raymond Pearson, *National Minorities in Eastern Europe, 1848-1945* (Londres: Macmillan, 1983), p. 229.

10. Lori Watt, *When Empire Comes Home: Repatriation and Reintegration in Postwar Japan* (Cambridge, MA: Harvard University Asia Center, 2009), pp. 2, 17-8; John W. Dower, *Embracing Defeat: Japan in the Wake of World War II* (Nova York: W. W. Norton, 2000), pp. 48-50.

11. Watt, *When Empire Comes Home*, pp. 205-7; Dower, *Embracing Defeat*, pp. 50-8.

12. Dower, *Embracing Defeat*, pp. 45-53.

13. Ibid., pp. 54, 393-4; Sonia Ryang, *Koreans in Japan* (Londres: Routledge, 2000), p. 4; Watt, *When Empire Comes Home*, p. 196.

14. Segundo relatórios do recenseamento, havia 155 mil súditos britânicos vivendo na Índia em 1931; mas em 1951 restavam menos de 31 mil na Índia e no Paquistão. Ver J. H. Hutton (Org.), *Census of India: Part I Report* (Delhi: Manager of Publications, 1933), p. 425; R. A. Gopalaswami (Org.), *Census of India, 1951*, v. I, parte II-A (Delhi: Government of India Press, 1955), pp. 308-23; e E. H. Slade (Org.), *Census of Pakistan, 1951*, v. I (Karachi: Government of Pakistan, 1951), tabela 10.

15. Ceri Peach, "Postwar Migration to Europe: Reflux, Influx, Refuge". *Social Science Quarterly*, v. 78, n. 2, pp. 271-2, 1997.

16. Ibid., p. 271; Trudy T. M. Mooren, *The Impact of War: Studies on the Psychological Consequences of War and Migration* (Deft: Eburon, 2001), pp. 84, 91; Watt, *When Empire Comes Home*, p. 199.

17. Mooren, *The Impact of War*, pp. 84, 91; Peach, "Postwar Migration to Europe", pp. 271-2; Benjamin Stora, *Algeria, 1830-2000: A Short History* (Ithaca, NY: Cornell University Press, 2001), p. 8; Norrie MacQueen, *The Decolonization of Portuguese Africa* (Harlow: Longman, 1997), pp. 124-204, 223-31; Ricardo E. Ovalle-Bahamón, "The Wrinkles of Decolonization and Nationness: White Angolans as *Retornados* in Portugal". In: Andrea L. Smith (Org.), *Europe's Invisible Migrants* (Amsterdam: Amsterdam University Press, 2003), p. 158.

18. Resolução 319 (IV) da Assembleia Geral da ONU, 265ª reunião plenária, 3 dez. 1949.

19. Para uma boa introdução à Agência das Nações Unidas para Refugiados e ao trabalho que realiza, ver seu manual, *An Introduction to International Protection* (Genebra: UNHCR, 2005), disponível em: <www.refworld.org/docid/4214cb4f2.html>.

20. "UNHCR Global Trends: Forced Displacement in 2014", disponível em: <www.unhcr.org/556725e69.html>.

21. Artigo 16, mais tarde emendado para 16a, Lei Fundamental da República Federal da Alemanha. Consultado (em inglês) em: <www.bundestag.de/blob/284870/ce-0d03414872be57fccb703634dcd/basic_law_data.pdf>. Ver também Kay Hailbronner, "Asylum Law Reform in the German Constitution". *American University International Law Review*, v. 9, n. 4, pp. 159-79, 1994.

22. Stephen Castles e Mark J. Miller, *The Age of Migration* (3. ed. Nova York: Palgrave Macmillan, 2003), pp. 201, 203; Friedrich Kern, *Osterreich: Offene Grenze der Menschlichkeit* (Viena: Bundesministeriums für Inneres, 1959), p. 68; Anthony M. Messina, *The Logics and Politics of Post-WWII Migration to Western Europe* (Nova York: Cambridge University Press, 2007), pp. 43-4.

23. "Germany on Course to Accept One Million Refugees in 2015". *Guardian*, 8 dez. 2015; "One Year ago, Angela Merkel Dared to Stand Up for Refugees in Europe. Who Else Even Tried?". *Telegraph*, 24 ago. 2016.

24. "Germany's Refugee Response Not Guilt-Driven, Says Wolfgang Schäuble". *Guardian*, 4 mar. 2016; "Orban Accuses Germany of 'Moral Imperialism' on Migrants". *Wall Street Journal*, 23 set. 2015.

25. Correspondência com o autor, 22 nov. 2016.

24. A globalização dos povos [pp. 489-513]

1. Entrevista no website da Windrush Foundation, consultada em: <www.windrushfoundation.org/profiles/sam-king/sam-king>.

2. Entrevista de Samuel Beaver King. Imperial War Museums, IWM Sound 30021, rolo 1, disponível em: <www.iwm.org.uk/collections/item/object/80028544>.

3. IWM Sound 30 021, rolo 1; entrevista à BBC, "Black Soldiers' Role in World War II 'Should Be Taught in Schools'", 11 nov. 2015, disponível em: <www.bbc.co.uk/newsbeat/article/34638038/black-soldiers-role-in-world-war-two-should-be-taught-in-schoolsZ>.

4. IWM Sound 30 021, rolo 3.

5. Tracey Connolly, "Emigration from Ireland to Britain during the Second World War". In: Andy Bielenberg (Org.), *The Irish Diaspora* (Londres: Pearson Education, 2000), p. 56.

6. Segundo o recenseamento de 1951, havia 162339 poloneses na Grã-Bretanha, contra cerca de 44 mil em 1931. Ver Colin Holmes, *John Bull's Island: Immigration and British Society* (Basingstoke: Macmillan, 1988), pp. 168, 211-2.

7. Edna Delaney, "Placing Irish Postwar Migration to Britain in a Comparative European Perspective, 1945-1981". In: Bielenberg (Org.), *The Irish Diaspora*, p. 332; Ben Shephard, *The Long Road Home: The Aftermath of the Second World War* (Londres: Bodley Head, 2010), pp. 329-32.

8. Shephard, *The Long Road Home*, p. 332; Delaney, "Irish Postwar Migration to Britain", p. 333; Ceri Peach, "Postwar Migration to Europe: Reflux, Influx, Refuge". *Social Science Quarterly*, v. 78, n. 2, p. 275, 1997.

9. Entrevista no website da Windrush Foundation.

10. IWM Sound 30 021, rolo 2.

11. Segundo números do recenseamento de 1971: ver Ceri Peach, "Patterns of Afro-Caribbean Migration and Settlement in Great Britain, 1945-1981". In: Colin Brock (Org.), *The Caribbean in Europe* (Londres: Frank Cass, 1986), p. 64.

12. Números para 1970 em Stephen Castles e Mark J. Miller, *The Age of Migration* (3. ed. Nova York: Palgrave Macmillan, 2003), pp. 73-5.

13. David Lowenthal, "West Idian Emigrants Overseas". In: Colin G. Clarke (Org.), *Caribbean Social Relations* (Liverpool: Centre for Latin American Studies, University of Liverpool, 1978), p. 84.

14. Castles e Miller, *The Age of Migration*, pp. 144-7; Miguel Tinker Salas, *Venezuela: What Everyone Needs to Know* (Nova York: Oxford University Press, 2015), p. 80.

15. Anthony M. Messina, *The Logics and Politics of Post-WWII Migration to Western Europe* (Nova York: Cambridge University Press, 2007), p. 27.

16. Hansard, 8 jun. 1948, col. 1851.

17. David Kynaston, *Austerity Britain, 1945-51* (Londres: Bloomsbury, 2007), pp. 274-5.

18. Citado em ibid., p. 275.

19. "Thames Welcome for West Indians: Start of 'Invasion'". *Daily Graphic and Daily Sketch*, 22 jun. 1948.

20. Shephard, *The Long Road Home*, pp. 329-32.

21. Sam King, *Climbing Up the Rough Side of the Mountain* (Peterborough: Upfront, 1998), pp. 64, 101, 114, 118, 127-9, 256; obituário do *Guardian*, 30 jun. 2016.

22. King, *Climbing Up the Rough Side of the Mountain*, p. 156.

23. IWM Sound 30 021, rolo 2.

24. J. Enoch Powell, *Still to Decide* (Londres: B. T. Batsford, 1972), pp. 184-5; Gary P. Freeman, *Immigrant Labor and Racial Conflict in Industrial Societies: The French and British Experience, 1945-1975* (Princeton, NJ: Princeton University Press, 2015), pp. 286-90.

25. National Front, *For a New Britain: The Manifesto of the National Front* (Croydon: National Front, 1974), p. 18.

26. Stan Taylor, *The National Front in English Politics* (Londres: Macmillan, 9182), pp. 130-40.

27. Messina, *The Logics and Politics of Post-WWII Migration to Western Europe*, pp. 60-1.

28. "Hungary Election: Concerns as Neo-Nazi Jobbik Party Wins 20% of Vote". *Independent*, 7 abr. 2014.

29. "Conservatives' EU Alliance in Turmoil as Michal Kamiński Leaves 'Far Right' Party". *Guardian*, 22 nov. 2010.

30. Calwell citado em Shephard, *The Long Road Home*, p. 337; Pauline Hanson, discurso para Câmara dos Representantes, 10 set. 1996, disponível em: <australianpolitics.com/1996/09/10/pauline-hanson-maiden-speech.html>; "Australian Asylum: 'Cruel' Conditions on Nauru", disponível em: <www.bbc.co.uk/news/world-australia-38022204>.

31. Messina, *The Logics and Politics of Post-WWII Migration to Western Europe*, pp. 76-7.

32. Powell, *Still to Decide*, pp. 185, 201.

33. Roland Wilson (Org.), *Census of the Commonwealth of Australia, 30 June, 1947* (Camberra: Commonwealth Government Printer, 1947), parte XII, pp. 642-3. Para 2015, ver Australian Bureau of Statistics, press release, 30 mar. 2016, catálogo n. 3412.0, "Migration, Australia, 2014-15", disponível em: <www.abs.gov.au/ausstats/abs@.nsf/mf/3412.0>.

34. Números para 2013, segundo a OCDE (2016), "Foreign-Born Population (Indicator)", doi: 10.1787/5368e1b-en. Ver <data.oecd.org/migration/foreign-born-population.htm>.

35. Ibid.

36. Ibid. Ver também Arlie Russell Hochschild, *Strangers in Their Own Land* (Nova York: New Press, 2016).

37. Números de recenseamento, 2001, relatados em "Every Race, Colour, Nation and Religion on Earth". *Guardian*, 21 jan. 2005; números sobre etnicidade do recenseamento de 2011 exraídos do website do Office of National Statistics, tabela QS201EW; para a afirmação de Boris Johnson, e como ela era enganosa (Londres era possivelmente a 23ª maior cidade francesa), ver <www.bbc.co.uk/news/magazine-26823489>.

38. *Independent*, 28 jan. 2016.

39. "Trump Reveals How He Would Force Mexico to Build Border Wall". *Washington Post*, 5 abr. 2016; "Trump Vows to Stop Immigration from Nations 'Compromised' by Terrorism". *New York Times*, 22 jul. 2016.

40. Um partidário de Trump chegou a fazer um outdoor contendo esse slogan: ver "'Make America White Again': A Politician's Billboard Ignites Uproar". *Washington Post*, 23 jun. 2016.
41. Hochschild, *Strangers in Their Own Land*.
42. "Hungary PM Predicts 'Paralel Muslim Society' Due to Migration". *Daily Express*, 27 set. 2016; "The Netherlands' Most Popular Party Wants to Ban All Mosques". *Independent*, 28 ago. 2016.
43. Jean-Paul Sartre, *Anti-Semite and Jew* (Nova York: Schocken Books, 1948), particularmente caps. 3 e 4. Sartre deixa claro que sua tese se aplica tanto a negros e árabes quanto a judeus (p. 146).

Epílogo [pp. 515-23]

1. Ed Murrow, transmissão radiofônica, 15 set. 1940, citado em James Owen e Guy Walters (Orgs.), *The Voice of War* (Londres: Viking, 2004), p. 80.
2. Entrevista ao autor, 10 ago. 2015.

Referências bibliográficas

ABERCROMBIE, Patrick. *The Greater London Plan 1944*. Londres: HMSO, 1945.

ADENAUER, Konrad. *Journey to America: Collected Speeches, Statements, Press, Radio and TV Interviews*. Washington, DC: Press Office, German Diplomatic Mission, 1953.

_____. *World Indivisible: With Liberty and Justice for All*. Nova York: Harper & Bros, 1955.

ADORNO, Theodor. *Minima Moralia*. Londres: Verso, 2005.

AFONTSEV, Sergey et al. "The Urban Household in Russia and the Soviet Union, 1900-2000: Patterns of Family Formation in a Turbulent Century". *History of the Family*, v. 13, n. 2, 2008.

AIZENBERG, Edna. "Nation and Holocaust Narration: Uruguay's Memorial del Holocausto del Pueblo Judío". In: LESSER, Jeffrey; REÍN, Raanan (Orgs.). *Rethinking Jewish-Latin Americans*. Albuquerque: University of New Mexico Press, 2008.

AL-ALI, Nadje. *Secularism, Gender and the State in the Middle East: The Egyptian Women's Movement*. Nova York: Cambridge University Press, 2009.

ALBRECHT, Mireille. *Berty*. Paris: Robert Laffont, 1986.

ALEXANDER, Robert J. *Rómulo Betancourt and the Transformation of Venezuela*. New Brunswick, NJ: Transaction Books, 1982.

ALEXIYEVICH, Svetlana. *War's Unwomanly Face*. Moscou: Progress, 1988. [Ed. bras.: *A guerra não tem rosto de mulher*. Trad. de Cecília Rosas. São Paulo: Companhia das Letras, 2016.]

ALI, H. M. Wajid. *India and the Non-Aligned Movement*. Nova Delhi: Adam Publishers & Distributors, 2004.

ALUIT, Alfonso J. *By Sword and Fire: The Destruction of Manila in World War II, 3 February-3 March 1945*. Manila: National Commission for Culture and the Arts, 1994.

AMIR, Ruth. *Who Is Afraid of Historical Redress?* Boston, MA: Academic Studies Press, 2012.

AMMENDOLIA, Ilario. *Occupazione delle Terre in Calabria, 1945-1949*. Roma: Gangemi, 1990.

ANDERSON, Benedict R. O'G. *Java in a Time of Revolution: Occupation and Resistance, 1944-1946*. Ithaca, NY: Cornell University Press, 1972.

ANDERSON, David. *Histories of the Hanged*. Londres: Weidenfeld & Nicolson, 2005.

APPELFELD, Aharon. *The Story of a Life*. Harmondsworth: Penguin, 2006.

_____. *Table for One*. New Milford, CT: The Toby Press, 2007.

APPLEBAUM, Anne. *Gulag*. Londres: Allen Lane, 2003.

ARENDT, Hannah. *Eichmann in Jerusalem*. Harmondsworth: Penguin, 1994. [Ed. bras.: *Eichmann em Jerusalém*. São Paulo: Companhia das Letras, 1999.]

ARONSON, Ronald; VAN DEN HOVEN, Adrian (Orgs.). *We Have Only This Life to Live: The Selected Essays of Jean-Paul Sartre*. Nova York: New York Review of Books, 2013.

ARTHUR, Max. *Forgotten Voices of the Second World War*. Londres: Ebury Press, 2004.

ATKINSON, Rick. *The Guns at Last Light*. Londres: Little, Brown, 2013.

ATTWOOD, Lynne. *Creating the New Soviet Woman*. Basingstoke: Macmillan, 1999.

AUGUSTINE, Dolores L. "Learning from War: Media Coverage of the Nuclear Age in the Two Germanies". In: VAN LENTE, Dick (Org.). *The Nuclear Age in Popular Media: A Transnational History, 1945-1965*. Nova York: Palgrave Macmillan, 2012.

A WOMAN in Berlin. Londres: Virago, 2006. [Ed. bras.: *Uma mulher em Berlim*. Rio de Janeiro: Record, 2003.]

BARGHOORN, Frederick Charles. *Soviet Russian Nationalism*. Nova York: Oxford University Press, 1956.

BARNETT, Donald L.; NJAMA, Karari. *Mau Mau from Within*. Nova York: Modern Reader Paperbacks, 1970.

BARTOV, Hanoch. *Each Had Six Wings*. Merhavia: Sifriat Poalim, 1954.

BATINIĆ, Jelena. *Women and Yugoslav Partisans*. Nova York: Cambridge University Press, 2015.

BAUER, Catherine. "The County of London Plan — American Reactions: Planning Is Politics — But Are Planners Politicians?". *Architectural Review*, v. 96, n. 573, 1944.

BEDI, Freda. *Bengal Lamenting*. Lahore: The Lion Press, 1944.

BEEVOR, Antony. *Stalingrad*. Londres: Viking, 1998. [Ed. bras.: *Stalingrado*. Rio de Janeiro: Record, 2002.]

_____. *The Second World War*. Londres: Weidenfeld & Nicolson, 2012. [Ed. bras.: *A Segunda Guerra Mundial*. Rio de Janeiro: Bertrand, 2012.]

BELL, Daniel. *The End of Ideology*. Nova York: The Free Press, 1965.

BELL, P. M. H. *The World since 1945*. Londres: Bloomsbury Academic, 2010.

BEN-GURION, David. *Israel: A Personal History*. Nova York: Funk & Wagnalls, 1971.

BERGER, Ronald J. *The Holocaust, Religion and the Politics of Collective Memory*. New Brunswick, NJ: Transaction Publishers, 2013.

BERGMAN, Jay. *Meeting the Demands of Reason: The Life and Thought of Andrei Sakharov*. Ithaca, NY: Cornell University Press, 2009.

BERRY, Michael. "Cinematic Representations of the Rape of Nanking". In: LI, Peter (Org.). *Japanese War Crimes*. New Brunswick, NJ: Transaction Publishers, 2009.

BÉRUBÉ, Allan. *Coming Out under Fire: The History of Gay Men and Women in World War II*. Chapel Hill: University of North Carolina Press, 2010.

BESSEL, Richard. *Nazism and War*. Londres: Weidenfeld & Nicolson, 2004.

BETHELL, Leslie; ROXBOROUGH, Ian (Orgs.). *Latin America between the Second World War and the Cold War, 1944-1948*. Nova York: Cambridge University Press, 1992.

BIER, Jean-Paul. "The Holocaust, West Germany and Strategies of Oblivion, 1947--1979". In: RABINBACH, Anson; ZIPES, Jack (Orgs.). *Germans and Jews since the Holocaust*. Nova York: Holmes & Meier, 1986.

BIRD, Kai; SHERWIN, Martin J. *American Prometheus: The Triumph and Tragedy of J. Robert Oppenheimer*. Nova York: Random House, 2005.

BOHEC, Jeanne. *La Plastiqueuse à bicyclette*. Paris: Mercure de France, 1975.

BOHLEN, Charles E. *Witness to History*. Nova York: W. W. Norton, 1973.

BOSE, Sugata. "Starvation Amidst Plenty: The Making of Famine in Bengal, Honan and Tonkin, 1942-45". *Modern Asian Studies*, v. 24, n. 4, 1990.

BOURDREL, Philippe. *L'Épuration sauvage*. Paris: Perrin, 2002.

BOYER, Paul. *By the Bomb's Early Light*. Chapel Hill: University of North Carolina Press, 1994.

BRIDGER, Susan. "Soviet Rural Women: Employment and Family Life". In: FARNSWORTH, Beatrice; VIOLA, Lynne (Orgs.). *Russian Peasant Women*. Nova York: Oxford University Press, 1992.

BRIDGMAN, P. W. "Scientists and Social Responsibility". *Bulletin of the Atomic Scientists*, v. 4, n. 3, 1948.

BROKAW, Tom. *The Greatest Generation*. Londres: Pimlico, 2002.

BROSSE, Thérèse. *War-Handicapped Children*. Paris: Unesco, 1950.

BROWNING, Christopher R. *Ordinary Men: Reserve Police Battalion 101 and the Final Solution in Poland*. Nova York: HarperCollins, 1992.

BROYARD, Anatole. "Portrait of the Inauthentic Negro". *Commentary*, v. 10, n. 1, 1950.

BRYANT, Mark. *World War II in Cartoons*. Londres: Grub Street, 1989.

BUCHMAN, Frank N. D. *Remaking the World: The Speeches of Frank N. D. Buchman*. Londres: Blandford, 1947.

BUDER, Stanley. *Visionaries and Planners: The Garden City Movement and the Modern Community*. Nova York: Oxford University Press, 1990.

BUI MINH DŨNG. "Japan's Role in the Vietnamese Starvation of 1944-45". *Modern Asian Studies*, v. 29, n. 3, 1995.

BUISSON, Patrick. *1940-1945: Années érotiques*. Paris: Albin Michel, 2009.

BURLEIGH, Michael. *Small Wars, Far Away Places*. Londres: Macmillan, 2013.

BURUMA, Ian. *Year Zero: A History of 1945*. Londres: Atlantic, 2013.

BUTTER, Michael. *The Epitome of Evil: Hitler in American Fiction, 1939-2002*. Nova York: Palgrave Macmillan, 2009.

BYFIELD, Judith A. et al. (Orgs.). *Africa and World War II*. Nova York: Cambridge University Press, 2015.

CALHOUN, Craig (Org.). *Dictionary of the Social Sciences*. Nova York. Oxford University Press, 2002.

CANNADINE, David (Org.). *Blood, Toil, Tears and Sweat: Winston Churchill's Famous Speeches*. Londres: Cassell & Co., 1989.

CARTON, Evan. "The Holocaust, French Poststructuralism, the American Literary Academy, and Jewish Identity Politics". In: HERMAN, Peter C. (Org.). *Historicizing Theory*. Albany: State University of New York Press, 2004.

CASTLES, Stephen; MILLER, Mark J. *The Age of Migration*. 3. ed. Nova York: Palgrave Macmillan, 2003.

CEPLAIR, Larry. *Anti-Communism in Twentieth-Century America*. Santa Barbara, CA: Praeger, 2011.

CERF-FERRIÈRE, René. *Le Chemin clandestin*. Paris: Julliard, 1968.

CHAIN, Ernst. "A Short History of the Penicillin Discovery from Fleming's Early Observations in 1929 to the Present Time". In: PARASCANDOLA, John (Org.). *The History of Antibiotics: A Symposium*. Madison, WI: American Institute of the History of Pharmacy, 1980.

CHAMBERLIN, William Charles. *Economic Development of Iceland through World War II*. Nova York: Columbia University Press, 1947.

CHANG KIA-NGAU. *The Inflationary Spiral: The Experience in China, 1939-1950*. Cambridge, MA: Technology Press of the Massachusetts Institute of Technology, 1958.

CHASE, William C. *Front Line General: The Commands of Maj. Gen. Wm. C. Chase*. Houston: Pacesetter Press, 1975.

CHEAH BOON KHENG. *Red Star over Malaya*. 3. ed. Singapura: Singapore University Press, 2003.

CHEONG, Sung-Hwa. *The Politics of Anti-Japanese Sentiment in Korea*. Westport, CT: Greenwood Press, 1991.

CHEYETTE, Bryan. "Israel". In: STURROCK, John (Org.). *The Oxford Guide to Contemporary World Literature*. Nova York: Oxford University Press, 1996.

CHITTAPROSAD. *Hungry Bengal*. Bombaim: [s.n.], 1944.

CLAUDIN, Fernando. *The Communist Movement: From Comintern to Cominform*. Harmondsworth: Penguin, 1975.

CLAY, Lucius D. *Decision in Germany*. Londres: William Heinemann, 1950.

CLINE, Sharon Elise. *Féminité à la Française: Femininity, Social Change and French National Identity, 1945-1970*. Madison, WI: University of Wisconsin-Madison, 2008. Tese (Doutorado).

CLOUGH, Marshall S. *Mau Mau Memoirs: History, Memory and Politics*. Boulder, CO: Lynne Rienner, 1998.

COLEMAN, Alice. *Utopia on Trial*. Londres: Hilary Shipman, 1985.

COLLINGHAM, Lizzie. *The Taste of War*. Londres: Allen Lane, 2011.

COMMITTEE TO FRAME A WORLD CONSTITUTION. *The Preliminary Draft of a World Constitution*. Chicago: University of Chicago Press, 1948.

CONNOLLY, Tracey. "Emigration from Ireland to Britain during the Second World War". In: BIELENBERG, Andy (Org.). *The Irish Diaspora*. Londres: Pearson Education, 2000.

CONOT, Robert E. *Justice at Nuremberg*. Londres: Weidenfeld & Nicolson, 1983.

CONWAY, Ed. *The Summit*. Londres: Little, Brown, 2014.

CONWAY, Martin. "Justice in Postwar Belgium: Popular Passions and Political Realities". In: DEÁK, István; GROSS, Jan T.; JUDT, Tony (Orgs.). *The Politics of Retribution in Europe*. Princeton University Press, 2000.

CULLATHER, Nick. *Secret History: The CIA's Classified Account of Its Operations in Guatemala, 1952-1954*. Palo Alto, CA: Stanford University Press, 1999.

CURRIE, Robert; GILBERT, Alan; HORSLEY, Lee. *Churches and Churchgoers: Patterns of Church Growth in the British Isles since 1700*. Oxford: Clarendon Press, 1977.

D'IMPERIO, Ocarina Castillo. *Carlos Delgado Chalbaud*. Caracas: El Nacional, 2006.

DAHL, Hans Fredrik. "Dealing with the Past in Scandinavia". In: ELSTER, Jon (Org.). *Retribution and Reparation in the Transition to Democracy*. Nova York: Cambridge University Press, 2006.

DANILOVA, Nataliya. *The Politics of War Commemoration in the UK and Russia*. Basingstoke: Palgrave Macmillan, 2015.

DAVES, Joseph H. *The Indonesian Army from Revolusi to Reformasi*, v. 1: *The Struggle for Independence and the Sukarno Era*; v. 2: *Soeharto and the New Order*. Charleston: CreateSpace Independent Publishing Platform, 2013.

DAVIDSON, Eugene. *The Death and Life of Germany*. Londres: Jonathan Cape, 1959.

DAVIES, Norman. *Rising '44*. Londres: Pan, 2004.

_____. *God's Playground*. Nova York: Oxford University Press, 2005.

DAVIS, Garry. *The World Is My Country*. Nova York: G. P. Putnam's Sons, 1961.

DAWIDOWICZ, Lucy. *The War against the Jews, 1933-1945*. Harmondsworth: Pelican, 1979.

DE BEAUVOIR, Simone. *The Second Sex*. Londres: Picador, 1988. [Ed. bras.: *O segundo sexo*. Trad. de Sérgio Milliet. Rio de Janeiro: Nova Fronteira, 1980. 2 v.]

DE HAAN, Francisca. "Hoffnungen auf eine bessere Welt: Die frühen Jahre der Internationalen Demokratischen Frauenföderation (IDFF/WIDF) (1945-50)". *Feministische Studien*, v. 27, n. 2, 2009.

DELANEY, Edna. "Placing Irish Postwar Migration to Britain in a Comparative European Perspective, 1945-1981". In: BIELENBERG, Andy (Org.). *The Irish Diaspora*. Londres: Pearson Education, 2000.

DELBO, Charlotte. *Convoy to Auschwitz: Women of the French Resistance*. Boston, MA: Northeastern University Press, 1997.

DELETANT, Dennis. *Communist Terror in Romania*. Londres: Hurst & Co., 1999.

DELLA SALA, Vincent. "Myth and the Postnational Polity: The Case of the European Union". In: BOUCHARD, Gérard (Org.). *National Myths*. Oxford: Routledge, 2013.

DIAMOND, Hanna. *Women and the Second World War in France, 1939-48: Choice and Constraints*. Harlow: Longman, 1999.

DIEFENDORF, Jeffry M. *Rebuilding Europe's Bombed Cities*. Basingstoke: Macmillan, 1990.

_____ (Org.). *In the Wake of War*. Nova York: Oxford University Press, 1993.

DINER, Hasia R. *We Remember with Reverence and Love: American Jews and the Myth of Silence after the Holocaust, 1945-1962*. Nova York e Londres: New York University Press, 2009.

DJILAS, Milovan. *Conversations with Stalin*. Nova York: Harcourt Brace Jovanovich, 1962.

DOLGOPOL, Ustinia; PARANJAPE, Snehal. *Comfort Women: An Unfinished Ordeal: Report of a Mission*. Genebra: International Commission of Jurists, 1994.

DONOVAN, Robert J. *Conflict and Crisis: The Presidency of Harry S. Truman, 1945-48*. Nova York: W. W. Norton, 1977.

DOUGLAS, R. M. *Orderly and Humane: The Expulsion of the Germans after the Second World War*. New Haven, CT: Yale University Press, 2012.

DOWER, John W. *War without Mercy: Race and Power in the Pacific War*. Nova York: Pantheon, 1986.

_____. *Embracing Defeat: Japan in the Wake of World War II*. Nova York: W. W. Norton, 2000.

DRIBERG, Tom. *The Mystery of Moral Re-Armament: A Study of Frank Buchman and His Movement*. Londres: Secker & Warburg, 1964.

DU BOIS, W. E. B. *The World and Africa/Color and Democracy*. Nova York: Oxford University Press, 2007.

DUCHEN, Claire. *Women's Rights and Women's Lives in France, 1944-1968*. Londres: Routledge, 1994.

DUIGNAN, Peter. *NATO: Its Past, Present, and Future*. Stanford: Hoover Institution Press, 2000.

DUNLAP, Thomas R. *DDT: Scientists, Citizens, and Public Policy*. Princeton, NJ: Princeton University Press, 1981.

DUPUY, R. Ernest; DUPUY, Trevor N. *The Harper Encyclopedia of Military History*. 4. ed. Nova York: HarperCollins, 1993.

DURKHEIM, Émile. *The Elementary Forms of the Religious Life*. Londres: George Allen and Unwin, 1915. [Ed. bras.: *As formas elementares da vida religiosa*. Trad. de Paulo Neves. São Paulo: Paulinas, 1989.]

DÜWEL, Jörn; GUTSCHOW, Niels (Orgs.). *A Blessing in Disguise*. Berlim: Dom, 2013.

EDMONDSON, Locksley. "Reparations: Pan-African and Jewish Experiences". In: MILES, William F. S. (Org.). *Third World Views of the Holocaust: Summary of the International Symposium*. Boston, MA: Northeastern University, 2002.

EINSTEIN, Albert. "A Reply to the Soviet Scientists". *Bulletin of the Atomic Scientists*, v. 4, n. 2, 1948.

EISEN, Jonathan (Org.). *The Glasnost Reader*. Nova York: New American Library, 1990.

EISTER, Allan W. *Drawing-Room Conversion: A Sociological Account of the Oxford Group Movement*. Durham, NC: Duke University Press, 1950.

ELKINS, Caroline. *Britain's Gulag: The Brutal End of Empire in Kenya*. Londres: Bodley Head, 2014.

EMANUEL, Muriel (Org.). *Contemporary Architects*. Basingstoke: Macmillan, 1980.

EMMONS, Caroline S. (Org.). *Cold War and McCarthy Era: People and Perspectives*. Santa Barbara, CA: ABC-Clio, 2010.

ENGLISH TRANSLATION GROUP. *The Witness of Those Two Days: Hiroshima & Nagasaki August 6 & 9, 1945*. Tóquio: Japan Confederation of A- and H-Bomb Sufferers Organization, 1989. 2 v.

ENTWISTLE, Basil; ROOTS, John McCook. *Moral Re-Armament: What Is It?* Los Angeles: Pace, 1967.

ESCODA, Jose Ma. Bonifacio M. *Warsaw of Asia: The Rape of Manila*. Quezon City: Giraffe Books, 2000.

EVANS, Peter. *Law and Disorder: Scenes from Life in Kenya*. Londres: Secker & Warburg, 1956.

EVATT, Herbert V. *The Task of Nations*. Nova York: Duell, Sloan & Pearce, 1949.

FALCONI, Carlo. *La Chiesa e le organizzazioni cattoliche in Italia (1945-1955)*. Roma: Einaudi, 1956.

FAMINE INQUIRY COMMISSION. *Report on Bengal*. Nova Delhi: Government of India, 1945.

FIDDES, Paul S. *Past Event and Present Salvation: The Christian Idea of Atonement*. Londres: Darton, Longman & Todd, 1989.

FIELD, John. *Social Capital*. Oxford: Routledge, 2008.

FIGES, Orlando. *The Whisperers*. Londres: Allen Lane, 2007. [Ed. bras.: *Sussurros: A vida privada na Rússia de Stálin*. Rio de Janeiro: Record, 2019.]

FISH, Hamilton. *The Challenge of World Communism*. Milwaukee: Bruce Publishing Co., 1946.

FISHMAN, Sarah. "Waiting for the Captive Sons of France: Prisoner of War Wives, 1940-1945". In: HIGONNET, Margaret et al. (Orgs.). *Behind the Lines: Gender and the Two World Wars*. New Haven, CT: Yale University Press, 1987.

FORD, Brian J. *Secret Weapons: Technology, Science and the Race to Win World War II*. Oxford: Osprey, 2011.

FOREIGN BROADCAST INFORMATION SERVICE. *East Europe Report*. Arlington, VA: Joint Publications Research Service, 25 jun. 1985.

FOULKES, S. H. *Introduction to Group-Analytic Psychotherapy*. Londres: Heinemann, 1948.

FRANCK, Thomas M. *Nation against Nation: What Happened to the UN Dream and What the US Can Do about It*. Nova York: Oxford University Press, 1985.

FREDERICK, William H. *Visions and Heat: The Making of the Indonesian Revolution*. Athens: Ohio University Press, 1989.

FREEMAN, Gary P. *Immigrant Labor and Racial Conflict in Industrial Societies: The French and British Experience, 1945-1975*. Princeton, NJ: Princeton University Press, 2015.

FREUD, Sigmund. "Beyond the Pleasure Principle" (1920). In: AKHTAR, Salman; O'NEIL, Mary Kay (Orgs.). *On Freud's "Beyond the Pleasure Principle"*. Londres: Karnac, 2011. [Ed. bras.: "Além do princípio do prazer". In: _____. *Obras completas*, v. 14. Trad. de Paulo César de Souza. São Paulo: Companhia das Letras, 2010.]

_____. *Civilization and its Discontents* (1930). Harmondsworth: Penguin, 2002. [Ed. bras.: "O mal-estar na civilização". In: _____. *Obras completas*, v. 18. Trad. de Paulo César de Souza. São Paulo: Companhia das Letras, 2010.]

FREY, Eric. *Das Hitler Syndrom*. Frankfurt-am-Main: Eichborn, 2005.

FRIEDLÄNDER, Saul. "West Germany and the Burden of the Past: The Ongoing Debate". *Jerusalem Quarterly*, v. 42, 1987.

FRIEDRICH, Jörg. *The Fire: The Bombing of Germany, 1940-1945*. Nova York: Columbia University Press, 2006. [Ed. bras.: *O incêndio: Como os Aliados destruíram as cidades alemãs*. Rio de Janeiro: Record, 2006.]

FRIEL, Ian. *Maritime History of Britain and Ireland*. Londres: British Museum Press, 2003.

FRISCH, O. R. *Meet the Atoms: A Popular Guide to Modern Physics*. Nova York: A. A. Wyn, 1947.

FROMM, Erich. *The Fear of Freedom*. Oxford: Routledge Classics, 2001. [Ed. bras.: *O medo à liberdade*. Trad. de Álvaro Cabral. Rio de Janeiro: Zahar, 1967.]

FUKUDA-PARR, Sakiko; LAWSON-REMER, Terra; RANDOLPH, Susan. *Fulfilling Social and Economic Rights*. Nova York: Oxford University Press, 2015.

GAGLIONE, Anthony. *The United Nations under Trygve Lie, 1945-1953*. Lanham, MD: Scarecrow Press, 2001.

GAMOW, George. *Atomic Energy in Cosmic and Human Life*. Nova York: Macmillan, 1946.

GANSON, Nicholas. *The Soviet Famine of 1946-47 in Global and Historical Perspective*. Basingstoke: Palgrave Macmillan, 2009.

GARLAND, Caroline (Org.). *Understanding Trauma: A Psychoanalytical Approach*. Londres: Karnac Books, 2002.

GHOSH, Prodyot. *Chittaprosad: A Doyen of Art-World*. Calcutá: Shilpayan Artists Society, 1995.

GIEDION, Sigfried. *Space, Time & Architecture*. 5. ed. Cambridge, MA: Harvard University Press, 2008.

GILBERT, Martin. *Israel: A History*. Londres: Black Swan, 1999.

GILDEA, Robert. *Fighters in the Shadows*. Londres: Faber & Faber, 2015.

GILL, Graeme. *Symbols and Legitimacy in Soviet Politics*. Nova York: Cambridge University Press, 2011.

GINSBORG, Paul. "The Communist Party and the Agrarian Question in Southern Italy, 1943-48". *History Workshop*, v. 17, 1984.

GITELMAN, Zvi. "Comparative and Competitive Victimization in the Post-Communist Sphere". In: ROSENFIELD, Alvin H. (Org.). *Resurgent Antisemitism: Global Perspectives*. Bloomington: Indiana University Press, 2013.

GLASS, Charles. *Deserter*. Londres: HarperPress, 2013.

GLYNN, Paul. *A Song for Nagasaki*. Londres: Fount Paperbacks, 1990.

GOLDBERG, Michael. *Why Should Jews Survive?* Nova York: Oxford University Press, 1995.

GOLDBERG, Ronald Allen. *America in the Forties*. Nova York: Syracuse University Press, 2012.

GOLDHAGEN, Daniel. *Hitler's Willing Executioners: Ordinary Germans and the Holocaust*. Londres: Little, Brown, 1996.

GOPALASWAMI, R. A. (Org.). *Census of India, 1951*. Delhi: Government of India Press, 1955.

GREENBERG, Gershon. "Crucifixion and the Holocaust: The Views of Pius XII and the Jews". In: RITTNER, Carol; ROTH, John K. (Orgs.). *Pope Pius XII and the Holocaust*. Londres: Continuum, 2002.

GREENOUGH, Paul R. *Prosperity and Misery in Modern Bengal: The Famine of 1943-1944*. Nova York: Oxford University Press, 1982.

GRIFFING, Sean M. et al. "Malaria Control and Elimination, in Venezuela, 1800s-1970s". *Emerging Infectious Diseases*, v. 20, n. 10, 2014.

GRISARD, Dominique. "Female Terrorists and Vigilant Citizens: Gender, Citizenship and Cold War Direct-Democracy". In: MOONEY, Jadwiga E. Pieper; LANZA, Fabio (Orgs.). *De-Centering Cold War History*. Oxford: Routledge, 2013.

GRYNBERG, Michał (Org.). *Words to Outlive Us: Eyewitness Accounts from the Warsaw Ghetto*. Londres: Granta, 2003.

GUHAN, S. "The World Bank's Lending in South Asia". In: KAPUR, Devesh; LEWIS, John P.; WEBB, Richard (Orgs.). *The World Bank: Its First Half Century*. Washington, DC: Brookings Institution Press, 1997.

HACHIYA, Michihiko. *Hiroshima Diary*. Org. de Warner Wells. Chapel Hill: University of North Carolina Press, 1955.

HAGER, Kurt. "Der Sozialismus ist Unbesiegbar". *Einheit*, v. 40, n. 4/5, 1985.

HAILBRONNER, Kay. "Asylum Law Reform in the German Constitution". *American University International Law Review*, v. 9, n. 4, 1994.

HALBERSTAM, David. *War in a Time of Peace: Bush, Clinton and the Generals*. Londres: Bloomsbury, 2003.

HAM, Paul. *Hiroshima Nagasaki*. Londres: Doubleday, 2012.

HARRIMAN, W. Averell; ABEL, Elie. *Special Envoy to Churchill and Stalin, 1941-1946*. Londres: Hutchinson, 1976.

HARRISON, Mark (Org.). *The Economics of World War II*. Nova York: Cambridge University Press, 1998.

HARTWELL, R. M. *A History of the Mont Pèlerin Society*. Indianápolis: Liberty Fund, 1995.

HASAN, Mushirul (Org.). *Nehru's India: Select Speeches*. Nova Delhi: Oxford University Press, 2007.

HASTINGS, Max. *Armageddon: The Battle for Germany, 1944-45*. Londres: Macmillan, 2004.

_____. *All Hell Let Loose: The World at War, 1939-1945*. Londres: HarperPress, 2011.

HATHERLEY, Owen. *Landscapes of Communism*. Londres: Allen Lane, 2015.

HAUSNER, Gideon. *Justice in Jerusalem*. Londres: Thomas Nelson, 1966.

HAYEK, F. A. *The Road to Serfdom*. Londres: Routledge, 1944. [Ed. bras.: *O caminho da servidão*. Trad. de Anna Maria Capovilla, José Ítalo Stelle e Liane de Morais Ribeiro. São Paulo: Instituto Ludwig von Mises, 2010.]

HAYNES, Roslynn D. *From Faust to Strangelove: Representations of the Scientist in Western Literature*. Baltimore: Johns Hopkins University Press, 1994.

HEER, Hannes. *"Hitler war's": Die Befreiung der Deutschen von ihrer Vergangenheit*. Berlim: Aufbau, 2008.

HELFAND, W. H. et al. "Wartime Industrial Development of Penicillin in the United States". In: PARASCANDOLA, John (Org.). *The History of Antibiotics: A Symposium*. Madison, WI: American Institute of the History of Pharmacy, 1980.

"HISTORIKERSTREIT": Die Dokumentation der Kontroverse um die Einzigartigkeit der nationalsozialistischen Judenvernichtung. Munique: Piper, 1991.

HITCHCOCK, William I. *Liberation*. Londres: Faber & Faber, 2008.

HIXSON, Walter L. (Org.). *The American Experience in World War II*, v. 12: *The United States Transformed: The Lessons and Legacies of the Second World War*. Londres: Routledge, 2003.

HO CHI MINH. "Declaration of Independence of the Democratic Republic of Vietnam". In: OLSON, Gregory Allen (Org.). *Landmark Speeches on the Vietnam War*. College Station: Texas A&M University Press, 2010.

HOCHSCHILD, Arlie Russell. *Strangers in Their Own Land*. Nova York: New Press, 2016.

HODGSON, Godfrey. *America in Our Time*. Garden City, NY: Doubleday, 1976; reimp. Princeton University Press, 2005.

HOFMANN, Tom. *Benjamin Ferencz: Nuremberg Prosecutor and Peace Advocate*. Jefferson, NC: McFarland, 2014.

HOFSTADTER, Richard. *Anti-Intellectualism in American Life*. Nova York: Knopf, 1963.

HOLLOWAY, David. *Stalin and the Bomb*. New Haven, CT: Yale University Press, 1994.

HOLMES, Colin. *John Bull's Island: Immigration and British Society*. Basingstoke: Macmillan, 1988.

HOLTZMAN, Avner. "'They Are Different People': Holocaust Survivors as Reflected in the Fiction of the Generation of 1948". *Yad Vashem Studies*, v. 30, 2002.

HONDIUS, Dienke. *Return: Holocaust Survivors and Dutch Anti-Semitism*. Westport, CT: Praeger, 2003.

HOPPER, Earl; WEINBERG, Haim (Orgs.). *The Social Unconscious in Persons, Groups and Societies*, v. 1: *Mainly Theory*. Londres: Karnac, 2011.

HORNE, Alistair. *A Savage War of Peace*. Londres: Macmillan, 1977.

HOWARD, Ebenezer. *To-morrow: A Peaceful Path to Real Reform*. Londres: Swan Sonnenschein, 1898.

HOWARD, Keith (Org.). *True Stories of the Korean Comfort Women*. Londres: Cassell, 1995.

HOWSON, Susan; MOGGRIDGE, Donald (Orgs.). *The Wartime Diaries of Lionel Robbins and James Meade, 1943-45*. Basingstoke: Macmillan, 1990.

HUTTON, J. H. (Org.). *Census of India: Part I Report*. Delhi: Manager of Publications, 1933.

HYDE, David. "The Nairobi General Strike (1950): From Protest to Insurgency". In: BURTON, Andrew (Org.). *The Urban Experience in Eastern Africa c. 1750-2000*. Nairóbi: British Institute in Eastern Africa, 2002.

ILIFFE, John. *A Modern History of Tanganyika*. Nova York: Cambridge University Press, 1979.

INDEPENDENT COMMISSION OF EXPERTS — SECOND WORLD WAR. *Switzerland, National Socialism and the Second World War: Final Report*. Zurique: Pendo Verlag, 2002.

INTERNATIONAL MILITARY TRIBUNAL. *Trials of the Major War Criminals before the International Military Tribunal*. Nuremberg: International Military Tribunal, 1947-9.

ISAACMAN, Allen. "Peasants and Rural Social Protests in Africa". *African Studies Review*, v. 33, n. 2, 1990.

ISRAEL, Adrienne M. "Ex-Servicemen at the Crossroads: Protest and Politics in Post--War Ghana". *Journal of Modern African Studies*, v. 30, n. 2, 1992.

ISSAWI, Charles. *An Economic History of the Middle East and North Africa*. Nova York: Columbia University Press, 1982.

ITOTE, Waruhiu. *"Mau Mau" General*. Nairóbi: East African Publishing House, 1967.

JACKSON, Ashley. *Botswana, 1939-1945*. Oxford: Clarendon Press, 1999.

_____. *The British Empire and the Second World War*. Londres: Hambledon Continuum, 2006.

JACOBS, Jane. *The Death and Life of Great American Cities*. Londres: Jonathan Cape, 1962.

JAGER, Sheila Miyoshi. *Brothers at War: The Unending Conflict in Korea*. Nova York: W. W. Norton, 2013.

JAMES III, Martin W. *A Political History of the Civil War in Angola, 1974-1990*. New Brunswick, NJ: Transaction Books, 2011.

JENSEN, Olaf; SZEJNMANN, Claus-Christian W. (Orgs.). *Ordinary People as Mass Murderers*. Basingstoke: Palgrave Macmillan, 2008.

JINWUNG, Kim. *A History of Korea*. Bloomington: Indiana University Press, 2012.

JOHNSTONE, Patrick. *The Future of the Global Church: History, Trends and Possibilities*. Downers Grove, IL: InterVarsity Press, 2011.

JONES, Emrys. "Aspects of Urbanization in Venezuela". *Ekistics*, v. 18, n. 109, 1964.

JORDAAN, L. J. *Nachtmerrie over Nederland: Een herinneringsalbum*. Amsterdam: De Groene Amsterdammer, 1945.

JUDT, Tony. *Postwar*. Londres: Pimlico, 2005. [Ed. bras.: *Pós-guerra: Uma história da Europa desde 1945*. Rio de Janeiro: Objetiva, 2008.]

JUNGK, Robert. *Brighter Than a Thousand Suns*. Londres: Victor Gollancz, 1958.

KAHN, Albert Eugene. *High Treason: The Plot against the People*. Nova York: Lear Publishers, 1950.

KAKEMBO, Robert. *An African Soldier Speaks*. Londres: Edinburgh House Press, 1946.

KARESH, Sara E.; HURVITZ, Mitchell M. *Encyclopedia of Judaism*. Nova York: Facts on File, 2006.

KARGON, Robert H.; MOLELLA, Arthur P. *Invented Edens: Techno-Cities of the Twentieth Century*. Cambridge, MA: MIT Press, 2008.

KARPF, Anne. *The War After*. Londres: Minerva, 1997.

KEEN, Sam. *Faces of the Enemy: Reflections of the Hostile Imagination: The Psychology of Enmity*. San Francisco: Harper & Row, 1986.

KENEZ, Peter. *Hungary from the Nazis to the Soviets*. Nova York: Cambridge University Press, 2006.

KENNAN, George. *Memoirs, 1925-1950*. Boston, MA: Little, Brown, 1967.

_____ (sob o pseudônimo "X"). "The Sources of Soviet Conduct". *Foreign Affairs*, v. 25, n. 4, 1947.

KENNEDY, Paul. *The Parliament of Man*. Londres: Allen Lane, 2006.

KENYA COST OF LIVING COMMISSION. *Cost of Living Commission Report*. Nairóbi, 1950.

KERN, Friedrich. *Osterreich: Offene Grenze der Menschlichkeit.* Viena: Bundesministeriums für Inneres, 1959.

KHRUSHCHEV, Nikita. *Khrushchev Remembers.* Org. de Strobe Talbott. Boston, MA: Little, Brown, 1970.

KILLINGRAY, David. "Soldiers, Ex-Servicemen and Politics in the Gold Coast, 1939-50". *Journal of Modern African Studies*, v. 21, n. 3, 1983.

_____."African Civilians in the Era of the Second World War, *c.* 1939-1950". In: LABAND, John (Org.). *Daily Lives of Civilians in Wartime Africa.* Westport, CT: Greenwood Press, 2007.

KILLINGRAY, David; RATHBONE, Richard (Orgs.). *Africa and the Second World War.* Basingstoke: Macmillan, 1986.

KIM, Mikyoung. "Memorializing Comfort Women: Memory and Human Rights in Korea-Japan Relations". *Asian Politics and Policy*, v. 6, n. 1, 2014.

KING, Sam. *Climbing Up the Rough Side of the Mountain.* Peterborough: Upfront, 1998.

KLEIN, Ronald D. *The Other Empire: Literary Views of Japan from the Philippines, Singapore, and Malaysia.* Quezon City: University of the Philippines Press, 2008.

KLEMPERER, Victor. *To the Bitter End: The Diaries of Victor Klemperer, 1942-1945.* Londres: Weidenfeld & Nicolson, 1999.

KÖHLER, Joachim; VAN MELIS, Damian (Orgs.). *Siegerin in Trümmern: Die Rolle der katholischen Kirche in der deutschen Nachkriegsgesellschaft.* Stuttgart: Verlag W. Kohlhammer, 1998.

KOLLEK, Teddy. *For Jerusalem.* Londres: Weidenfeld & Nicolson, 1978.

KOZLOVA, N. N.; SANDOMIRSKAIA, I. I. *Ia tak khochu nazvat'kino: "Naivnoe pis'mo". Opyt lingvo-sotsiologicheskogo chteniia.* Moscou: Gnozis, 1996.

KRAUS, Jon (Org.). *Trade Unions and the Coming of Democracy in Africa.* Nova York: Palgrave Macmillan, 2007.

KRISTENSEN, Hans M.; NORRIS, Robert S. "Global Nuclear Weapons Inventories, 1945--2013". *Bulletin of the Atomic Scientists*, v. 69, n. 5, 2013.

KRITZ, Reuven. *Hebrew Narrative Fiction of the Struggle for Independence Era.* Kiryat Motzkin: Poreh, 1978.

KRIVOSHEEV, G. F. (Org.). *Soviet Casualties and Combat Losses in the Twentieth Century.* Londres: Greenhill Books, 1997.

KRYLOVA, Anna. *Soviet Women in Combat.* Nova York: Cambridge University Press, 2010.

KULKA, Otto Dov. *Landscapes of the Metropolis of Death.* Londres: Allen Lane, 2013.

KUMAGAI, Naoko. "The Background to the Japan-Republic of Korea Agreement: Compromises Concerning the Understanding of the Comfort Women Issue". *Asia-Pacific Review*, v. 23, n. 1. 2016.

KYNASTON, David. *Austerity Britain, 1945-51.* Londres: Bloomsbury, 2007.

LAAR, Mart. *War in the Woods: Estonia's Struggle for Survival, 1944-1956.* Washington, DC: The Compass Press, 1992.

LACINA, Bethany; GLEDITSCH, Nils Petter. "Monitoring Trends in Global Combat: A New Dataset of Battle Deaths". *European Journal of Population*, v. 21, n. 2/3, 2005.

LAFEBER, Walter. *America, Russia and the Cold War, 1945-2002*. Nova York: McGraw-Hill, 2002.

LANE, Arthur Bliss. *I Saw Poland Betrayed*. Nova York: Bobbs-Merrill, 1948.

LANKOV, Andrei. *From Stalin to Kim Il Sung: The Formation of North Korea, 1945-1960*. Londres: Hurst & Co., 2002.

LANZONA, Vina A. *Amazons of the Huk Rebellion*. Madison, WI: University of Wisconsin Press, 2009.

LARY, Diana. *The Chinese People at War: Human Suffering and Social Transformation, 1937-1945*. Nova York: Cambridge University Press, 2010.

LARY, Diana; MACKINNON, Stephen (Orgs.). *Scars of War: The Impact of Warfare on Modern China*. Vancouver: University of British Columbia Press, 2001.

LAURENCE, William L. *Dawn over Zero*. Londres: Museum Press, 1947.

LAWLER, Nancy Ellen. *Soldiers of Misfortune: Ivoirien Tirailleurs of World War II*. Athens: Ohio University Press, 1992.

LAWSON, Konrad Mitchell. "Wartime Atrocities and the Politics of Treason in the Ruins of the Japanese Empire, 1937-1953". Cambridge: Harvard University, 2012. Tese (Doutorado em História).

LE CORBUSIER. *The Radiant City*. Londres: Faber & Faber, 1967.

_____. *The Athens Charter*. Nova York: Viking, 1973.

LEE, Jin-kyung. *Service Economies: Militarism, Sex Work, and Migrant Labor in South Korea*. Minneapolis: University of Minnesota Press, 2010.

LEGGE, J. D. *Sukarno: A Political Biography*. Londres: Allen Lane, 1972.

LENTIN, Ronit. *Israel and the Daughters of the Shoah*. Nova York: Berghahn Books, 2000.

LEVINAS, Emmanuel. *Difficult Freedom*. Baltimore: Johns Hopkins University Press, 1990.

LEVY, Susan; LEMMA, Alessandra (Orgs.). *The Perversion of Loss: Psychoanalytic Perspectives on Trauma*. Nova York: Brunner-Routledge, 2004.

LEWIS, Robert A.; ROWLAND, Richard H.; CLEM, Ralph S. *Nationality and Population Change in Russia and the USSR: An Evaluation of Census Data, 1897-1970*. Nova York: Praeger, 1976.

LI, Peter (Org.). *Japanese War Crimes*. New Brunswick, NJ: Transaction Books, 2009.

LIFTON, Jay Robert. *Death in Life: Survivors of Hiroshima*. Harmondsworth: Pelican, 1971.

LILLEY, J. Robert. *Taken by Force: Rape and American GIs during World War II*. Basingstoke: Palgrave Macmillan, 2007.

LINZ, Susan J. (Org.). *The Impact of World War II on the Soviet Union*. Totowa, NJ: Rowman and Allanheld, 1985.

LIPSCOMB, J. F. *White Africans*. Londres: Faber & Faber, 1955.

LISS, Sheldon B. *Diplomacy and Dependency: Venezuela, the United States, and the Americas*. Salisbury, NC: Documentary, 1978.

LITTELL, Franklin H. *The Crucifixion of the Jews*. Nova York: Harper & Row, 1975.

LLOYD, E. M. H. *Food and Inflation in the Middle East, 1940-45*. Palo Alto, CA: Stanford University Press, 1956.

LONSDALE, John. "The Moral Economy of Mau Mau: Wealth, Poverty and Civic Virtue in Kikuyu Political Thought". In: BERMAN, Bruce; LONSDALE, John. *Unhappy Valley: Conflict in Kenya & Africa*. Londres: James Currey, 1992.

LOWE, Keith. *Inferno*. Londres: Viking, 2007.

_____. *Savage Continent*. Londres: Viking, 2012. [Ed. bras.: *Continente selvagem*. Trad. de Rachel Botelho e Paulo Schiller. Rio de Janeiro: Zahar, 2017.]

LOWENTHAL, David. "West Indian Emigrants Overseas". In: CLARKE, Colin G. (Org.). *Caribbean Social Relations*. Liverpool: Centre for Latin American Studies, University of Liverpool, 1978.

LÜDTKE, Alf. "'Coming to Terms with the Past': Illusions of Remembering, Ways of Forgetting Nazism in West Germany". *Journal of Modern History*, v. 65, n. 3, 1993.

LUNDESTAD, Geir. *East, West, North, South*. Londres: Sage, 2014.

LUSTIGER, Cardinal Jean-Marie, "The Absence of God? The Presence of God? A Meditation in Three Parts on *Night*". In: BLOOM, Harold (Org.). *Elie Wiesel's Night*. Nova York: Infobase, 2010.

MACQUEEN, Norrie. *The Decolonization of Portuguese Africa*. Harlow: Longman, 1997.

MACUNOVICH, Diane J. *Birth Quake: The Baby Boom and Its Aftershocks*. University of Chicago Press, 2002.

MADDISON, Angus. *The World Economy: Historical Statistics*. Paris: OECD, 2003.

MAHARATNA, Arup. *The Demography of Famines: An Indian Historical Perspective*. Nova Delhi: Oxford University Press, 1996.

MALLIK, Sanjoy Kumar (Org.). *Chittaprosad: A Retrospective*. Nova Delhi: Delhi Art Gallery, 2011. 2 v.

MALOBA, Wunyabari O. *Mau Mau and Kenya: An Analysis of a Peasant Revolt*. Bloomington: Indiana University Press, 1993.

MARAIS, Hein. *South Africa: Limits to Change*. Londres: Zed Books, 2001.

MARCEL, Gabriel (Org.). *Fresh Hope for the World*. Londres: Longmans, Green & Co., 1960.

MARRUS, Michael. *The Holocaust in History*. Nova York: Penguin, 1989.

_____. *Lessons of the Holocaust*. University of Toronto Press, 2016.

MARX, Karl; ENGELS, Friedrich. *The Communist Manifesto*. Harmondsworth: Penguin, 1985. [Ed. bras.: *O manifesto comunista*. Trad. de Álvaro Pina e Ivana Jinkings. São Paulo: Boitempo, 1998.]

MASAAKI, Noda. *Senso to Zaiseki*. Tóquio: Iwanami Shoten, 1998.

_____. "One Army Surgeon's Account of Vivisection on Human Subjects in China". In: LI, Peter (Org.). *Japanese War Crimes*. Nova York: Routledge, 2017.

MASON, Alpheus Thomas. *Harlan Fiske Stone: Pillar of the Law*. Hamden, CT: Archon Books, 1968.

MASTERS, Dexter; WAY, Katharine (Orgs.). *One World or None*. Nova York: McGraw-Hill, 1946.

MATHU, Mohamed. *The Urban Guerrilla*. Richmond, BC: LSM Information Center, 1974.

MAYNE, Richard. *Postwar: The Dawn of Today's Europe*. Londres: Thames & Hudson, 1983.

MAZOWER, Mark. *After the War Was Over*. Princeton, NJ: Princeton University Press, 2000.

_____ (Org.). *No Enchanted Palace*. Princeton, NJ: Princeton University Press, 2009.

MCKEAN, John. *Giancarlo De Carlo: Layered Places*. Stuttgart; Londres: Edition Axel Menges, 2004.

MEERLOO, A. M. *Aftermath of Peace: Psychological Essays*. Nova York: International Universities Press, 1946.

MESSINA, Anthony M. *The Logics and Politics of Post-WWII Migration to Western Europe*. Nova York: Cambridge University Press, 2007.

MEYER, Cord. *Peace or Anarchy*. Boston, MA: Little, Brown, 1947.

_____. *Facing Reality*. Nova York: Harper & Row, 1980.

MILLER, Arthur G.; BUDDIE, Amy M.; KRETSCHMAR, Jeffrey. "Explaining the Holocaust: Does Social Psychology Exonerate the Perpetrators?". In: NEWMAN, Leonard S.; ERBER, Ralph (Orgs.). *Understanding Genocide*. Nova York: Oxford University Press, 2002.

MILLER, Francesca. *Latin American Women and the Search for Social Justice*. Hanover, NH: University Press of New England, 1991.

MILLETT, Allan R. *The War for Korea, 1945-1950: A House Burning*. Lawrence: University Press of Kansas, 2005.

MILWARD, Alan. *War, Economy and Society, 1939-1945*. Berkeley; Los Angeles: University of California Press, 1977.

MOI, Toril. "The Adulteress Wife". *London Review of Books*, v. 2, n. 3, 11 fev. 2010.

MOLOTOV, V. M. Entrevista a Felix Chuev, 1 jul. 1979. In: RESIS, Albert (Org.). *Molotov Remembers: Inside Kremlin Politics*. Chicago: Ivan R. Dee, 2007

MOLTMANN, Jürgen. *The Crucified God*. Londres: SCM Press, 1974.

MONTEFIORI, Simon Sebag. *Stalin: The Court of the Red Tsar*. Londres: Weidenfeld & Nicolson, 2003. [Ed. bras.: *Stálin: A corte do czar vermelho*. São Paulo: Companhia das Letras, 2006.]

MOONEY, Jadwiga E. Pieper. "Fighting Fascism and Forging New Political Activism: The Women's International Democratic Federation (WIDF) in the Cold War". In: MOONEY, Jadwiga E. Pieper; LANZA, Fabio (Orgs.). *De-Centering Cold War History*. Oxford: Routledge, 2013.

MOORE, Aaron William. *Writing War: Soldiers Record the Japanese Empire*. Cambridge, MA: Harvard University Press, 2013.

MOOREHEAD, Alan. *Eclipse*. Londres: Granta, 2000.

MOOREHEAD, Caroline. *Village of Secrets*. Londres: Chatto & Windus, 2014.

MOOREN, Trudy T. M. *The Impact of War: Studies on the Psychological Consequences of War and Migration*. Delft: Eburon, 2001.

MOORHOUSE, Roger. *Berlin at War*. Londres: Bodley Head, 2010.

MORGAN, Philip. *The Fall of Mussolini*. Nova York: Oxford University Press, 2007.

MORGAN, Ted. *Reds: McCarthyism in Twentieth-Century America*. Nova York: Random House, 2003.

MORRELL, J. B. *The City of Our Dreams*. Londres: St Anthony's Press, 1955.

MORRIS, Benny. *Righteous Victims*. Nova York: Vintage, 2001.

MOSES, Rafael. "An Israeli View". In: _____ (Org.). *Persistent Shadows of the Holocaust*. Madison, CT: International Universities Press, 1993.

MOSSINSOHN, Yigal, *Way of a Man*. Tel Aviv: N. Tversky Publishers, 1953.

MUCHAI, Karigo. *The Hardcore*. Richmond, BC: LSM Information Center, 1973.

MUKERJEE, Madhusree. *Churchill's Secret War*. Nova York: Basic Books, 2010.

MUMFORD, Lewis. *The Culture of Cities*. Londres: Secker & Warburg, 1940.

MWAKIKAGILE, Godfrey. *Africa Is in a Mess: What Went Wrong and What Should Be Done*. Dar es Salaam: New Africa Press, 2006.

NAGAI, Takashi. *The Bells of Nagasaki*. Tóquio: Kodansha International, 1984. [Ed. bras.: *Os sinos de Nagasaki*. Trad. de Cecília de M. Duprat. São Paulo: Flamboyant, 1959.]

NATIONAL FRONT. *For a New Britain: The Manifesto of the National Front*. Croydon: National Front, 1974.

NEVAL, Daniel A. *"Mit Atombomben bis nach Moskau": Gegenseitige Wahrnehmung der Schweiz und des Ostblocks im Kalten Krieg, 1945-1968*. Zurique: Chronos, 2003.

NEW ZEALAND DEPARTMENT OF EXTERNAL AFFAIRS. *United Nations Conference on International Organization*. Wellington: Department of External Affairs, 1945.

NEWMAN, Oscar. *Defensible Space*. Nova York: Macmillan, 1972.

NITZAN, Shlomo. *Togetherness*. Tel Aviv: Hakibbutz Hameuchad, 1956.

NKRUMAH, Kwame. *Neo-Colonialism: The Last Stage of Imperialism*. Londres: Nelson, 1965.

NOSSACK, Hans Erich. *Der Untergang*. Hamburgo: Ernst Kabel Verlag, 1981.

NOVICK, Peter. *The Holocaust in American Life*. Nova York: Mariner, 2000.

NWAKA, Geoffrey I. "Rebellion in Umuahia, 1950-1951: Ex-Servicemen and Anti--Colonial Protest in Eastern Nigeria". *Transafrican Journal of History*, v. 16, 1987.

OFER, Dalia. *Escaping the Holocaust*. Nova York: Oxford University Press, 1990.

OGURA, Toyofumi. *Letters from the End of the World*. Tóquio: Kodansha International, 2001.

OLUSANYA, Gabriel. "The Role of Ex-Servicemen in Nigerian Politics". *Journal of Modern African Studies*, v. 6, n. 2, 1968.

OPPENHEIMER, J. Robert. "Physics in the Contemporary World". *Bulletin of the Atomic Scientists*, v. 4, n. 3, 1948.

OSADA, Arata (Org.). *Children of the A-Bomb*. Nova York: Putnam, 1963.

OSBORNE, Myles (Org.). *The Life and Times of General China*. Princeton, NJ: Marcus Wiener Publishers, 2015.

OTA, Yoko. "City of Corpses". In: MINEAR, Richard H. (Org.). *Hiroshima: Three Witnesses*. Princeton, NJ: Princeton University Press, 1990.

OVALLE-BAHAMÓN, Ricardo E. "The Wrinkles of Decolonization and Nationness: White Angolans as *Retornados* in Portugal". In: SMITH, Andrea L. (Org.). *Europe's Invisible Migrants*. Amsterdam: Amsterdam University Press, 2003.

OVERY, Richard. *The Bombing War*. Londres: Allen Lane, 2013.

OWEN, James; WALTERS, Guy (Orgs.). *The Voice of War*. Londres: Viking, 2004.

PALGI, Yoel. *Into the Inferno*. New Brunswick, NJ: Rutgers University Press, 2003.

PAPERNO, Irina. *Stories of the Soviet Experience: Memoirs, Diaries, Dreams*. Ithaca, NY: Cornell University Press, 2009.

PAPPÉ, Ilan. *The Ethnic Cleansing of Palestine*. Londres: Oneworld, 2007.

PATIL, Anjali V. *The UN Veto in World Affairs, 1946-1990*. Londres: Mansell, 1992.

PATTERSON, James T. *Grand Expectations: The United States, 1945-1974*. Nova York: Oxford University Press, 1996.

PAYNE, Stanley G. *Franco and Hitler*. New Haven, CT: Yale University Press, 2009.

PEACH, Ceri. "Patterns of Afro-Caribbean Migration and Settlement in Great Britain, 1945-1981". In: BROCK, Colin (Org.). *The Caribbean in Europe*. Londres: Frank Cass, 1986.

_____. "Postwar Migration to Europe: Reflux, Influx, Refuge". *Social Science Quarterly*, v. 78, n. 2, 1997.

PEARSON, Raymond. *National Minorities in Eastern Europe, 1848-1945*. Londres: Macmillan, 1983.

PELLE, János. *Az utolso vervadak*. Budapeste: Pelikán, 1995.

PICCIGALLO, Philip R. *The Japanese on Trial*. Austin: University of Texas Press, 1979.

PICKETTY, Thomas. *Capital in the Twenty-First Century*. Cambridge, MA: The Belknap Press of Harvard University Press, 2014. [Ed. bras.: *O capital no século XXI*. Rio de Janeiro: Intrínseca, 2014.]

PILISUK, Marc. *Who Benefits from Global Violence and War: Uncovering a Destructive System*. Westport, CT: Praeger Security International, 2008.

PILZER, Joshua D. *Hearts of Pine: Songs in the Lives of Three Korean Survivors of the Japanese "Comfort Women"*. Nova York: Oxford University Press, 2012.

POLLOCK, James K.; MEISEL, James H.; BRETTON, Henry L. *Germany under Occupation: Illustrative Materials and Documents*. Ann Arbor: George Wahr Publishing Co., 1949.

POTTER, William; MUKHATZHANOVA, Gaukhar. *Nuclear Politics and the Non-Aligned Movement: Principles vs. Pragmatism*. Londres: Routledge, 2012.

POWELL, J. Enoch. *Still to Decide*. Londres: B. T. Batsford, 1972.

PUTNAM, Robert D. *Bowling Alone: The Collapse and Revival of American Community*. Nova York: Simon & Schuster, 2000.

RABE, Stephen G. *Eisenhower and Latin America: The Foreign Policy of Anticommunism*. Chapel Hill: University of North Carolina Press, 1988.

RABINOWITCH, Alexander. "Founder and Father". *Bulletin of the Atomic Scientists*, v. 61, n. 1, 2005.

RABINOWITCH, Eugene. "The Labors of Sisyphus". *Bulletin of the Atomic Scientists*, v. 7, n. 10, 1951.

_____. "Five Years After". *Bulletin of the Atomic Scientists*, v. 7, n. 1, 1951.

RABINOWITCH, Eugene. *The Dawn of a New Age*. Chicago: University of Chicago Press, 1963.

RAMRAS-RAUCH, Gila. *The Arab in Israeli Literature*. Londres: I. B. Tauris, 1989.

REES, Laurence. *Their Darkest Hour*. Londres: Ebury Press, 2008.

REES, Siân, *Lucie. Aubrac*. Londres: Michael O'Mara, 2015.

REID, Anthony. *The Indonesian National Revolution, 1945-1950*. Hawthorn: Longman Australia, 1974.

_____. *To Nation by Revolution: Indonesia in the Twentieth Century*. Singapura: NUS Press, 2011.

REID, Escott. *On Duty: A Canadian at the Making of the United Nations, 1945-1946*. Kent, OH: Kent State University Press, 1983.

REID, P. R. *The Latter Days at Colditz*. Londres: Hodder and Stoughton, 1953.

RESIS, Albert (Org.). *Molotov Remembers: Inside Kremlin Politics*. Chicago: Ivan R. Dee, 1993.

REVES, Emery. *The Anatomy of Peace*. Londres: George Allen & Unwin, 1946.

RICHARDOT, Jean. *Journeys for a Better World: A Personal Adventure in War and Peace*. Lanham, MD: University Press of America, 1994.

ROBERTS, Andrew. *The Storm of War*. Londres: Allen Lane, 2009.

ROBERTS, Mary Louise. *What Soldiers Do: Sex and the American GI in World War II France*. Chicago: Chicago University Press, 2013.

RODRIGUES, Luís; GLEBOV, Sergiy. *Military Bases: Historical Perspectives, Contemporary Challenges*. Amsterdam: IOS Press, 2009.

RÖLING, B. V. A.; RÜTER, C. F. (Orgs.). *The Tokyo Judgment*. APA-University Press Amsterdam, 1977.

ROOSEVELT, Eleanor. *My Day: The Best of Eleanor Roosevelt's Acclaimed Newspaper Columns, 1936-1962*. Org. de David Emblidge. Boston, MA: Da Capo Press, 2001.

RUFF-O'HERNE, Jan. *Fifty Years of Silence*. Sydney: Heinemann Australia, 2008.

RUPP, Leila J. "The Persistence of Transnational Organizing: The Case of the Homophile Movement". *American Historical Review*, v. 116, n. 4, 2011.

RUSHFORD, Frank H. *City Beautiful: A Vision of Durham*. Durham, NC: Durham County Advertiser, 1944.

RUSTIN, Michael. "Why Are We More Afraid Than Ever? The Politics of Anxiety after Nine Eleven". In: LEVY, Susan; LEMMA, Alessandra (Orgs.). *The Perversion of Loss: Psychoanalytic Perspectives on Trauma*. Hoboken, NJ: Wiley-Blackwell, 2004.

RYAN, Allan A. *Yamashita's Ghost*. Lawrence: University Press of Kansas, 2012.

RYANG, Sonia. *Koreans in Japan*. Londres: Routledge, 2000.

RYCKMANS, François. *Mémoires noires: Les Congolais racontent le Congo belge, 1940-1960*. Bruxelas: Éditions Racine, 2010.

SACHS, Jeffrey. *The End of Poverty*. Harmondsworth: Penguin, 2005. [Ed. bras.: *O dfim da pobreza: Como acabar com a miséria mundial nos próximos vinte anos*. São Paulo: Companhia das Letras, 2005.]

SACK, Daniel. *Moral Re-Armament: The Reinventions of an American Religious Movement*. Nova York: Palgrave Macmillan, 2009.

SACK, John. *An Eye for an Eye*. Nova York: Basic Books, 1993.

SAKHAROV, Andrei. *Progress, Coexistence and Intellectual Freedom*. Org. de Harrison E. Salisbury. Nova York: W. W. Norton, 1968.

SAKHAROV, Andrei. *Memoirs*. Londres: Hutchinson, 1990.

SALAS, Miguel Tinker. *Venezuela: What Everyone Needs to Know*. Nova York: Oxford University Press, 2015.

SAND, Shlomo. *The Invention of the Jewish People*. Londres; Nova York: Verso, 2009.

SARDESAI, D. R. *Southeast Asia: Past and Present*. Boulder, CO: Westview Press, 1997.

SARKAR, Nikhil. *A Matter of Conscience: Artists Bear Witness to the Great Bengal Famine of 1943*. Calcutá: Punascha, 1994.

SARTRE, Jean-Paul. *Anti-Semite and Jew*. Nova York: Schocken Books, 1948. [Ed. bras.: "Reflexões sobre a questão judaica". In: _____. *Reflexões sobre o racismo*. São Paulo: Difel, 1977.]

_____. *Existentialism and Humanism*. Londres: Methuen, 2007. [Ed. bras.: *O existencialismo é um humanismo*. Trad. de João Batista Kreuch. Petrópolis: Vozes de Bolso, 2012.]

_____. "The Liberation of Paris: An Apocalyptic Week". In: ARONSON, Ronald; VAN DEN HOVEN, Adrian (Orgs.). *We Have Only This Life to Live: The Selected Essays of Jean-Paul Sartre*. Nova York: New York Review of Books, 2013.

SATOSHI, Nakano. "The Politics of Mourning". In: SETSUHO, Ikehata; JOSÉ, Lydia N. Yu (Orgs.). *Philippines-Japan Relations*. Quezon City: Ateneo de Manila University Press, 2003.

SAYER, Derek. *The Coasts of Bohemia*. Princeton, NJ: Princeton University Press, 1998.

SCALAPINO, Robert; LEE, Chong-Sik. *Communism in Korea*. Berkeley: University of California Press, 1972.

SCHLEH, Eugene P. A. "The Post-War Careers of Ex-Servicemen in Ghana and Uganda". *Journal of Modern African Studies*, v. 6, n. 2, 1968.

SCHLESINGER, Stephen; KINZER, Stephen. *Bitter Fruit: The Story of the American Coup in Guatemala*. Boston, MA: Harvard University Press, 2005.

SCHMID, Sonja D. "Shaping the Soviet Experience of the Atomic Age: Nuclear Topics in *Ogonyok*". In: VAN LENTE, Dick (Org.). *The Nuclear Age in Popular Media: A Transnational History, 1945-1965*. Nova York: Palgrave Macmillan, 2012.

SCHOLLMEYER, Josh. "Minority Report". *Bulletin of the Atomic Scientists*, v. 61, n. 1, 2005.

SCHRIJVERS, Peter. *Liberators: The Allies and Belgian Society, 1944-1945*. Nova York: Cambridge University Press, 2009.

SCHULER, Kurt; ROSENBERG, Andrew (Orgs.). *The Bretton Woods Transcripts*. Nova York: Center for Financial Stability, 2012.

SCHWEBER, Silvan S. *Einstein and Oppenheimer: The Meaning of Genius*. Cambridge, MA: Harvard University Press, 2009.

SCOTT, Carl-Gustaf. "The Swedish Midsummer Crisis of 1941: The Crisis That Never Was". *Journal of Contemporary History*, v. 37, n. 3, 2002.

SEBALD, W. G. *On the Natural History of Destruction*. Harmondsworth: Penguin, 2004.

SEGAL, Hanna. "From Hiroshima to the Gulf War and After: A Psychoanalytic Perspective". In: ELLIOTT, Anthony; FROSH, Stephen (Orgs.). *Psychoanalysis in Contexts: Paths between Theory and Modern Culture*. Londres; Nova York: Routledge, 1995.

SEGEV, Tom. *1949: The First Israelis*. Nova York: Henry Holt, 1986.

_____. *The Seventh Million*. Nova York: Hill & Wang, 1993.

SEN, Amartya. *Poverty and Famines: An Essay on Entitlement and Deprivation*. Oxford: Clarendon Press, 1981.

SERT, José Luis. *Can Our Cities Survive?* Cambridge, MA: Harvard University Press, 1944.

SERVICE, Robert. *A History of Modern Russia*. Harmondsworth: Penguin, 2003.

SHAMIR, Moshe. *He Walked through the Fields*. Merhavia: Sifriat Poalim, 1947.

_____. *With His Own Hands*. Jerusalém: Israel Universities Press, 1970.

SHAPIRA, Anita. *Israel: A History*. Waltham, MA: Brandeis University Press, 2012.

SHARP, Thomas. *Exeter Phoenix*. Londres: Architectural Press, 1946.

SHAVIT, Ari. *My Promised Land*. Londres: Scribe, 2015.

SHEPHARD, Ben. *The Long Road Home: The Aftermath of the Second World War*. Londres: Bodley Head, 2010.

SHERWOOD, Marika. "'There Is No New Deal for the Blackman in San Francisco': African Attempts to Influence the Founding Conference of the United Nations, April-July, 1945". *International Journal of African Historical Studies*, v. 29, n. 1, 1996.

SHIM, Young-Hee. *Sexual Violence and Feminism in Korea*. Seul: Hanyang University Press, 2004.

SHLAPENTOKH, Vladimir. *A Normal Totalitarian Society*. Armonk, NY: M. E. Sharp, 2001.

SHURKIN, Joel. *Broken Genius: The Rise and Fall of William Shockley, Creator of the Electronic Age*. Basingstoke: Macmillan, 2006.

SIKLOS, Pierre L. *War Finance, Reconstruction, Hyperinflation and Stabilization in Hungary, 1938-48*. Basingstoke: Macmillan, 1991.

SINGHAM, A. W.; HUNE, Shirley. *Non-Alignment in an Age of Alignments*. Londres: Zed Books, 1986.

SLADE, E. H. (Org.). *Census of Pakistan, 1951*. Karachi: Government of Pakistan, 1951.

SLAUGHTER, Jane. *Women and the Italian Resistance, 1943-1945*. Denver: Arden Press, 1997.

SMITH, Robert Ross. *Triumph in the Philippines*. Washington, DC: Office of the Chief of Military History, Department of the Army, 1963.

SNOW, Philip. *The Fall of Hong Kong*. New Haven, CT: Yale University Press, 2003.

SOEBAGIJO, I. N. *S. K. Trimurti: Wanita Pengabdi Bangsa*. Jacarta: Gunung Agung, 1982.

SOH, C. Sarah. *The Comfort Women*. Chicago: University of Chicago Press, 2008.

SOLOMON, Susan Gross et al. (Orgs.). *Shifting Boundaries of Public Health: Europe in the Twentieth Century*. Rochester, NY: University of Rochester Press, 2008.

SOLZHENITSYN, Alexander. *The Gulag Archipelago*, v. 1. Londres: Collins & Harvill, 1974. [Ed. bras: *Arquipélago Gulag*. Trad. de Leonidas Gontijo de Carvalho. Rio de Janeiro: Difel, 1975.]

SPELLMAN, W. M. *A Concise History of the World since 1945*. Basingstoke: Palgrave Macmillan, 2006.

SPINELLI, Altiero. *Come ho tentato di diventare saggio*. Bolonha: Società Editrice il Mulino, 1984 e 1987. 2 v.

_____. *From Ventotene to the European Constitution*. Org. de Agustín José Menéndez. Oslo: Centre for European Studies, 2007.

SPOERER, Mark, *Zwangsarbeit unter dem Hakenkreuz*. Stuttgart; Munique: Deutsche Verlags-Anstalt, 2001.

SRIMANJARI. *Through War and Famine: Bengal, 1939-45*. Nova Delhi: Orient Black-Swan, 2009.

STANĚK, Tomáš. *Odsun Němců z Československa, 1945-1947*. Praga: Academia/Naše vojsko, 1991.

STANGE, Mary Zeiss et al. (Orgs.). *Encyclopedia of Women in Today's World*, v. 1. Los Angeles: Sage, 2011.

STARMAN, Hannah. "Israel's Confrontation with the Holocaust: A Journey of Uncertain Identity". In: STEWART, C. J. A. et al. (Orgs.). *The Politics of Contesting Identity*. Edimburgo: University of Edinburgh, 2003.

STATIEV, Alexander. *The Soviet Counterinsurgency in the Western Borderlands*. Nova York: Cambridge University Press, 2010.

STEEDLY, Mary Margaret. *Rifle Reports: A Story of Indonesian Independence*. Berkeley; Los Angeles: University of California Press, 2013.

STEFFEN, Katrin; KOHLRAUSCH, Martin. "The Limits and Merits of Internationalism: Experts, the State and the International Community in Poland in the First Half of the Twentieth Century". *European Review of History*, v. 16, n. 5, 2009.

STEINACHER, Gerald. *Nazis on the Run*. Nova York: Oxford University Press, 2012.

STEPHENS, Ian. *Monsoon Morning*. Londres: Ernest Benn, 1966.

STEPHENSON, Flora; POOL, Phoebe. *A Plan for Town and Country*. Londres: The Pilot Press, 1944.

STETTINIUS, Edward R. *Roosevelt and the Russians*. Garden City, NY: Doubleday, 1949.

STIGLITZ, Joseph E. *Globalization and Its Discontents*. Londres: Allen Lane, 2002.

STORA, Benjamin. *Algeria, 1830-2000: A Short History*. Ithaca, NY: Cornell University Press, 2001.

STORA, Benjamin; DAOUD, Zakya. *Ferhat Abbas: Une utopie algérienne*. Paris: Denoël, 1995.

STORRS, Landon R. Y. *The Second Red Scare and the Unmaking of the New Deal Left*. Princeton, NJ: Princeton University Press, 2013.

SUKARNO. *Toward Freedom and the Dignity of Man: A Collection of Five Speeches by President Sukarno of the Republic of Indonesia*. Jacarta: Department of Foreign Affairs, 1961.

SUTCLIFFE, Anthony; SMITH, Roger. *History of Birmingham*, v. 3: *Birmingham, 1939-1970*. Londres: Oxford University Press for Birmingham City Council, 1974.

SZCZERBIAK, Aleks; TAGGART, Paul (Orgs.). *EU Enlargement and Referendums*. Abingdon: Routledge, 2005.

SZYK, Arthur. *The New Order*. Nova York: G. P. Putnam's Sons, 1941.

TALBOT, Ian; SINGH, Gurharpal. *The Partition of India*. Nova York: Cambridge University Press, 2009.

TANAKA, Yuki. "'Comfort Women' in the Dutch East Indies". In: STETZ, Margaret; OH, Bonnie B. C. (Orgs.). *Legacies of the Comfort Women of World War II*. Armonk, NY: M. E. Sharp, 2001.

TANNER, Jakob, "Switzerland and the Cold War: A Neutral Country between the 'American Way of Life' and 'Geistige Landesverteidigung'". In: CHARNLEY, Joy; PENDER, Malcolm (Orgs.). *Switzerland and War*. Berna: Peter Lang, 1999.

TASSIN, Kristin S. "'Lift up Your Head, My Brother': Nationalism and the Genesis of the Non-Aligned Movement". *Journal of Third World Studies*, v. 23, n. 1, 2006.

TAUGER, Mark B. "Entitlement, Shortage and the Bengal Famine of 1943: Another Look". *Journal of Peasant Studies*, v. 31, n. 1, 2003.

TAYLOR, Frederick. *Dresden*. Londres: HarperCollins, 2004.

TAYLOR, Stan. *The National Front in English Politics*. Londres: Macmillan, 1982.

TENNEY, Jack B. *Red Fascism*. Los Angeles: Federal Printing Co., 1947.

TEPLYAKOV, Yuri. "Stalin's War against His Own Troops: The Tragic Fate of Soviet Prisoners of War in German Captivity". *Journal of Historical Review*, v. 14, n. 4, 1994.

TERAMI-WADA, Motoe. *The Japanese in the Philippines 1880s-1980s*. Manila, National Historical Commission of the Philippines, 2010.

TERKEL, Studs. *"The Good War": An Oral History of World War Two*. Londres: Hamish Hamilton, 1984.

THE SEVENTH Day: Soldiers' Talk about the Six-Day War. Londres: André Deutsch, 1970.

TOMASEVICH, Jozo. *War and Revolution in Yugoslavia, 1941-1945*. Palo Alto, CA: Stanford University Press, 2001.

TOOZE, Adam. *The Wages of Destruction*. Harmondsworth: Penguin, 2007.

TRGO, Fabijan (Org.). *The National Liberation War and Revolution in Yugoslavia (1941-1945): Selected Documents*. Belgrado: Military History Institute of the Yugoslav People's Army, 1982.

TRIMURTI, S. K. *95 Tahun S. K. Trimurti: Pejuang Indonesia*. Jacarta: Yayasan Bung Karno, 2007.

UN. *The United Nations Conference on International Organization: Selected Documents*. Washington, DC: US Government Printing Office, 1946.

UN CONFERENCE ON TRADE AND DEVELOPMENT. *The Least Developed Countries Report, 2014*. Genebra: UNCTAD, 2014.

UN DEPARTMENT OF ECONOMIC AFFAIRS. *Economic Report: Salient Features of the World Economic Situation, 1945-47*. Lake Success, NY: UN, 1948.

UN DEPARTMENT OF ECONOMIC AND SOCIAL AFFAIRS. "World Urbanization Prospects: The 2011 Revision". Documento de trabalho n. ST/ESA/SER.A/322.

UN SAN FRANCISCO CONFERENCE, 1945. In: UN. *The United Nations Conference on International Organization: Selected Documents*. Washington, DC: US Government Printing Office, 1946.

UNION DES FEMMES FRANÇAISES. *Les Femmes dans la Résistance*. Mônaco: Éditions du Rocher, 1977.

URQUHART, Brian. *A Life in Peace and War*. Londres: Weidenfeld & Nicolson, 1987.

US ARMY MILITARY GOVERNMENT IN KOREA. *Summation of the United States Military Government Activities in Korea*, n. 33. Seul: National Economic Board, 1948.

US DEPARTMENT OF STATE. *Foreign Relations of the United States*. Washington, DC: US Government Printing Office, vários anos.

USSR CENTRAL STATISTICAL OFFICE. *Soviet Census 1959: Preliminary Results*. Londres: Soviet Booklets, 1959.

VAILLAND, Genevieve. *Le Travail des femmes*. Paris: Jeune Patron, 1947.

VAN DIJK, Cees. *Rebellion under the Banner of Islam: The Darul Islam in Indonesia*. Haia: Martinus Nijhoff, 1981.

VAN LENTE, Dick (Org.). *The Nuclear Age in Popular Media: A Transnational History, 1945-1965*. Nova York: Palgrave Macmillan, 2012.

VARGA, Aniko, "National Bodies: The 'Comfort Women' Discourse and Its Controversies in South Korea". *Studies in Ethnicity and Nationalism*, v. 9, n. 2, 2009.

VENEZUELA, Junta Militar de Gobierno. *Saludo de la Junta Militar de Gobierno a los Venezolanos con Ocasión del Año Nuevo*. Caracas: Oficina Nacional de Información y Publicaciones, 1950.

VICKERS, Adrian. *A History of Modern Indonesia*. Nova York: Cambridge University Press, 2013.

VINCENT, Madeleine. *Femmes: Quelle libération?* Paris: Éditions Sociales, 1976.

VON TUNZELMANN, Alex. *Red Heat*. Londres: Simon & Schuster, 2011.

WACHANGA, Henry Kahinga. *The Swords of Kirinyaga*. Nairóbi: East African Literature Bureau, 1975.

WARD, Stephen V. (Org.). *The Garden City*. Londres: E & F. N. Spon, 1992.

WATSON, James; ABERCROMBIE, Patrick. *A Plan for Plymouth*. Plymouth: Underhill, 1943.

WATT, Lori. *When Empire Comes Home: Repatriation and Reintegration in Postwar Japan*. Cambridge, MA: Harvard University Asia Center, 2009.

WAXMAN, Zoë. "Testimonies as Sacred Texts: The Sanctification of Holocaust Writing". *Past and Present*, v. 206, supl. 5, 2010.

WEBER, Max. *The Protestant Ethic and the Spirit of Capitalism*. Nova York: Oxford University Press, 2011. [Ed. bras.: *A ética protestante e o espírito do capitalismo*. São Paulo: Companhia das Letras, 2004.]

WEBSTER, Sir Charles; FRANKLAND, Noble. *The Strategic Air War against Germany, 1939-1945*. Londres: HMSO, 1961.

WEINBERG, Werner. *Self-Portrait of a Holocaust Survivor.* Jefferson, NC: McFarland & Co., 1985.

WEINER, Tim. *Legacy of Ashes.* Londres: Allen Lane, 2007.

_____. *Enemies: A History of the FBI.* Londres: Allen Lane, 2012.

WEISS, Thomas G. *Global Governance: Why? What? Whither?* Cambridge: Polity Press, 2013.

WENDT, Gerald. "What Happened in Science". In: GOODMAN, Jack (Org.). *While You Were Gone: A Report on Wartime Life in the United States.* Nova York: Simon & Schuster, 1946.

WERTH, Alexander. *Russia at War.* Londres: Barrie & Rockliff, 1964.

WESTAD, Odd Arne. *The Global Cold War.* Nova York: Cambridge University Press, 2007.

WETTIG, Gerhard. *Stalin and the Cold War in Europe.* Lanham, MD: Rowman & Littlefield, 2008.

WHITAKER, Arthur P. (Org.). *Inter-American Affairs 1945.* Nova York: Columbia University Press, 1946.

WHITE, E. B. *The Wild Flag.* Boston, MA: Houghton Mifflin, 1946.

WIERINGA, Saskia. *Sexual Politics in Indonesia.* Basingstoke: Palgrave Macmillan, 2002.

WILLIS, David K. *Klass: How Russians Really Live.* Nova York: St Martin's Press, 1985.

WILLKIE, Wendell. *One World.* Londres: Cassell & Co., 1943.

WILSON, Roland (Org.). *Census of the Commonwealth of Australia, 30 June, 1947.* Camberra: Commonwealth Government Printer, 1947.

WINKLER, Heinrich August. *The Age of Catastrophe.* Nova Haven, CT: Yale University Press, 2015.

WRIGHT, Frank Lloyd. *The Disappearing City.* Nova York: William Farquhar Payson, 1932.

_____. *Modern Architecture: Being the Kahn Lectures for 1930.* Princeton, NJ: Princeton University Press, 2008.

WYMAN, Mark. *DPs: Europe's Displaced Persons, 1945-1951.* Ithaca, NY: Cornell University Press, 1998.

WYSS, Marco. *Arms Transfers, Neutrality and Britain's Role in the Cold War.* Boston, MA: Brill, 2012.

YIZHAR, S. "The Prisoner". In: ALTER, Robert (Org.). *Modern Hebrew Literature.* West Orange, NJ: Behrman House, 1975.

YOSHIAKI, Yoshimi. *Comfort Women.* Nova York: Columbia University Press, 2002.

YOUNG, Arthur N. *China's Wartime Finance and Inflation, 1937-1945.* Cambridge, MA: Harvard University Press, 1965.

YOUNG, Michael; WILLMOTT, Peter. *Family and Kinship in East London.* Harmondsworth: Penguin, 2007.

ZDANIEWICZ, Witold. *Kościół Katolicki w Polsce, 1945-1982.* Poznań: Pallottinum, 1983.

ZERTAL, Idith. *From Catastrophe to Power: The Holocaust Survivors and the Emergence of Israel.* Berkeley; Los Angeles: University of California Press, 1998.

ZIEMANN, Benjamin. *Encounters with Modernity: The Catholic Church in West Germany, 1945-1975*. Nova York: Berghahn, 2014.

ZIMA, V. F. *Golod v USSR, 1946-1947 godov: Proiskhozhdenie i posledstviia*. Moscou: Institut rossiiskoi istorii RAN, 1996.

ZUBKOVA, Elena. *Russia after the War*. Armonk, NY: M. E. Sharpe, 1998.

ZUBRZYCKI, Genevieve. "Polish Mythology and the Traps of Messianic Martyrology". In: BOUCHARD, Gérard (Org.). *National Myths: Constructed Pasts, Contested Presents*. Oxford: Routledge, 2013.

ZUCCHI, Benedict. *Giancarlo De Carlo*. Oxford: Butterworth Architecture, 1992.

Créditos das imagens

Miura Kazuko, 1; Keith Lowe, 2, 6, 7, 14, 17, CF-4, CF-5, CF-9, CF-13, CF-15; Atlas Van Stolk, Rotterdam, 3; Adam Nadel, 4; Atta Awisat, 5; Nagai Tokusaburou, 8; Getty Images, 9, 23, 28, CF-1, CF-2, CF-16; US Library of Congress, 10, 16; *Ogonyok*/ Kommersant, 11; Harry S. Truman Library, 18; © The Oxford Group, 19; Delhi Art Gallery Archives, 20, 21, 22, 34; UN Archives, 24; Benjamin Ferencz, 25, 27; David Low/Solo Syndication, 26; Herb Block Foundation, 29; Rex Features, 32, 37, CF-8; George Rodgers/MG Camera Press, 35; Tim Gidal Collection, The Israel Museum, Jerusalém, 38; George C. Marshall Foundation, 40; House of Sharing/Museum of Sexual Slavery by the Japanese Military, 41, CF-3; Dittmann Mendel, 42; Imperial War Museum, Londres, 45; *Wprost*, CF-7; China Film Group Corporation, CF-11; Columbia Pictures, CF-12; Mike Peel (www.mikepeel.net), CF-14; *Philadelphia Daily News*, CF-17.

Foram feitos todos os esforços para localizar os detentores dos direitos autorais de imagens fora de domínio público e obter permissão para reproduzi-las. Quaisquer omissões ou imprecisões trazidas à atenção do editor serão corrigidas em edições subsequentes.

Índice remissivo

Referências de página em *itálico* indicam tabelas e ilustrações ou suas legendas.

ESTA OBRA FOI COMPOSTA POR MARI TABOADA EM DANTE PRO E
IMPRESSA EM OFSETE PELA GRÁFICA PAYM SOBRE PAPEL PÓLEN NATURAL
DA SUZANO S.A. PARA A EDITORA SCHWARCZ EM FEVEREIRO DE 2025